國家社科基金重大項目《巴蜀全書》（10@zh005）
四川省重大文化工程《巴蜀全書》（川宣〔2012〕110號）

蜀學叢刊·學術編

張德鈞文集（上）
ZHANGDEJUN WENJI

張德鈞　著　李冬梅　鄭　偉　編

四川大學出版社

項目策劃：舒　星　袁　捷
責任編輯：袁　捷
責任校對：高慶梅
封面設計：墨創文化
責任印製：王　煒

圖書在版編目（CIP）數據

張德鈞文集 / 李冬梅，鄭偉編． — 成都：四川大學出版社，2019.12
　　ISBN 978-7-5690-3469-1

Ⅰ．①張… Ⅱ．①李… ②鄭… Ⅲ．①社會科學—文集 Ⅳ．①C53

中國版本圖書館CIP數據核字（2020）第015469號

書名　張德鈞文集

編　　者	李冬梅　鄭　偉
出　　版	四川大學出版社
地　　址	成都市一環路南一段24號（610065）
發　　行	四川大學出版社
書　　號	ISBN 978-7-5690-3469-1
印　　刷	成都市金雅迪彩色印刷有限公司
成品尺寸	170mm×240mm
插　　頁	4
印　　張	39.25
字　　數	769千字
版　　次	2020年4月第1版
印　　次	2020年4月第1次印刷
定　　價	468.00圓

版權所有　侵權必究

◆ 讀者郵購本書，請與本社發行科聯繫。
　電話：(028)85408408/(028)85401670/
　(028)86408023　郵政編碼：610065
◆ 本社圖書如有印裝質量問題，請寄回出版社調換。
◆ 網址：http://press.scu.edu.cn

掃碼加入讀者圈

四川大學出版社
微信公眾號

張德鈞先生年輕時照片

張德鈞先生和傅應乾女士的結婚照

1956 年張德鈞先生在北戴河

張德鈞先生與家人合影

張德鈞先生與家人合影

以崇尚科學爲榮，以愚昧無知爲恥（1946年）

"蜀學叢刊"編輯說明

　　《巴蜀全書》計劃對先秦至清末民初的巴蜀文獻進行系統整理和研究。二〇一〇年項目立項時，中共四川省委常委會批准的方案是三個系列：一是編纂《巴蜀文獻聯合目録》，二是整理《巴蜀文獻精品集萃》，三是再造《巴蜀文獻珍本善本》。項目啓動時對三個系列都各擬了整理書目，徵求《巴蜀全書》專家組意見，其修訂稿也經《巴蜀全書》評審組審議、《巴蜀全書》領導小組批准，然後逐步實施。目前這三個系列都在順利推進，各自取得部分階段性成果。

　　我們在這個方案的執行中，發現巴蜀文獻需要整理和研究的實在太多，其狀況遠比當初的設想複雜，許多是以上三個系列無法概括的。有的因時代超出"先秦至清末民初"的界定而無法納入，有的因版本不够"珍本善本"的標準而無法"再造"，有的因内容達不到"精品"的程度而難入"集萃"，有的則因内容龐雜而無法歸類，有的則是項目啓動時没有列入整理目録而出現的最新資料，更多的則是從事巴蜀文化專題研究的資料集成，如此等等，更僕難盡。前賢寫成，不忍割捨，今人研究，又十分急需。爲了盡可能多地搶救巴蜀文獻，也盡早地給學界提供盡可能多的研究資料，我們特在原定三個系列外別立"蜀學叢刊"系列，在目前政府支持經費之外另謀出版，作爲原擬計劃的補充。

　　該系列或係原始資料，或經校勘整理，或係專家手稿，或係研究成果，或係鴻篇巨製，或係單篇輯録，只要能反映巴蜀文化和蜀學成就，形式不必整齊，内容也不必劃一。至於整理出版方式，或按原件影印，或予校勘研究，方式和時間都不必刻定，出版計劃也不必預設，有力則及時出版，無力則且待他日。靈活機動，可進可退。

　　祈手握書稿、願意刊佈之學人，或饒於家資、心存善念之人士，施以援手，共襄此舉！庶可望文獻不墜，蜀學重興！

《巴蜀全書》編纂組
二〇一六年八月

《巴蜀全書》出版說明

　　《巴蜀全書》是收録和整理巴蜀歷史文獻的大型叢書。該項工作二〇一〇年一月經由中共四川省委常委會議批准爲四川省重大文化工程；同年四月又獲國家哲學社會科學規劃辦公室批准，列爲國家社科基金重大委託項目。該計劃將對現今四川省、重慶市及其週邊亦屬傳統"巴蜀文化"區域内的各類古典文獻進行系統調查、整理和研究，實現對巴蜀文獻有史以來規模最大、體例最善、編纂最科學、使用最方便的著録和出版。

　　《巴蜀全書》編纂工程，將收集和整理自周秦以下至民國初年歷代巴蜀學人撰著的重要典籍以及其他作者撰著的反映巴蜀歷史文化的作品，編纂彙集成巴蜀文獻的大型叢書。主體工作將分"巴蜀文獻聯合目録""巴蜀文獻精品集萃""巴蜀文獻珍本善本"三大類型，計劃對兩千餘種巴蜀文獻編製聯合目録和撰寫内容提要，對五百餘部、二十餘萬篇巴蜀文獻進行精心校點或注釋、評析，對百餘種巴蜀善本、珍本文獻進行考察和重版。

　　通過編纂《巴蜀全書》，希望打造出巴蜀文化的"四庫全書"，爲保存和傳播巴蜀歷代的學術文化成果，促進當代"蜀學"振興與巴蜀文化建設，奠定堅實的文獻基礎；爲提升中華民族的文化自覺和文化自信、建設文化强國貢獻力量。

《巴蜀全書》編纂領導小組

整理巴蜀文獻　傳承優秀文化
——《巴蜀全書》前言

舒大剛　萬本根

中華民族，多元一體；中國文化，群星璀璨。在祖國大西南，自古就傳承着一脈具有深厚歷史底藴和鮮明個性的文化，即巴蜀文化。巴蜀地區山川秀麗，物產豐富，自古號稱"陸海""天府"；巴蜀文化源遠流長，内涵豐富，是古代長江文明的源頭，與"齊魯文化""荆楚文化""吴越文化"等同爲中華文化之瑰寶。整理和研究巴蜀文化的載體——巴蜀文獻，因而成爲研究中國歷史和中華文化不可或缺的内容。

一、綜覽巴蜀文化　提高文化自覺

巴蜀地區氣候宜人，資源豐富，是人類早期的發祥地之一。考古發現，這裏有距今二百零四萬年的"巫山人"，有距今三萬五千年的"資陽人"。這裏不僅有大禹治水、巴族廩君、蜀國五主（即蠶叢、柏灌、魚鳧、杜宇、開明五個王朝）等優美動人的歷史傳説，也有寶墩文化諸古城遺址、三峽考古遺址、三星堆遺址、金沙遺址、小田溪遺址、李家壩遺址等重大考古發現。商末周初，庸、蜀、羌、髳、微、盧、彭、濮，以及勇鋭的巴師，曾參與武王伐紂。春秋戰國，巴濮楚鄧，秦蜀苴羌，雖互有戰伐，亦相互交流。秦漢以降，巴蜀的地利和物產，更是抵禦强侮、周濟天下、維護祖國統一、實現持久繁榮的戰略屏障和天然府庫。

在祖國"多元一統"的文化格局中，巴蜀以其豐富的自然和人文資源，哺育出一批又一批傑出人物和文化精英，既有司馬相如、王褒、嚴遵、揚雄、陳壽、常璩、陳子昂、趙蕤、李白、蘇軾、張栻、李心傳、魏了翁、虞集、楊慎、唐甄、李調元、楊鋭、劉光第、廖平、宋育仁、謝無量、郭沫若、巴金等文化巨擘，也有朱之洪、張瀾、謝持、張培爵、吴玉章、楊庶堪、黄復生、尹昌衡、鄒容、熊克武、朱德、劉伯承、聶榮臻、陳毅、趙世炎、鄧小平等革命英傑，他們超拔倫輩，卓然振起，敢爲天下先，勇爲蒼生謀，創造了輝煌燦爛的思想文化，也推動了中國社會的歷史巨變，演繹出一幕幕驚心動魄的歷史大劇。

歷代巴蜀學人在祖國文化的締造中，成就良多，表現突出，許多文化人物和文明成果往往具有先導價值。巴蜀兒女銳意進取的創新精神，使這種創造發明常常居於全國領先地位，成爲祖國文化寶庫中耀眼的明珠。

在傳統思想、文化和宗教領域，中國素號"三教互補"，"儒""釋""道"交互構成中華思想文化的主要內容，而儒學是其主幹。從漢代開始，巴蜀地區的儒學就十分發達，西漢蜀守文翁在成都創建當時全國首個郡國學校——石室學宮，推行"七經"教育，實行儒家教化，遂使蜀地民風丕變，並化及巴、漢，促成中國儒學重要流派——"蜀學"的形成，史有"蜀學比於齊魯"之稱。巴蜀地區是"仙道"派發源地，東漢張陵在蜀中創立"天師道"，中國道教正式誕生。東漢佛教傳入中國後，四川也是其重要傳播區域。

巴蜀"易學"源遠流長，大師輩出。自漢胡安（居邛崍白鶴山，以《易》傳司馬相如）、趙賓（治《易》持論巧慧，以授孟喜）、嚴遵（隱居成都，治《易》《老》）、揚雄（著《太玄》）而下，巴蜀治《易》之家輩出。晉有范長生（著《周易蜀才注》），唐有李鼎祚（著《周易集解》），宋有蘇軾（著《東坡易傳》）、房審權（撰《周易義海》）、張栻（著《南軒易説》）、魏了翁（撰《周易集義》《周易要義》）、李石（著《方舟易説》）、李心傳（著《丙子學易編》），元有趙采（著《周易程朱傳義折衷》）、黃澤（著《易學濫觴》）、王申子（著《周易輯説》），明有來知德（撰《周易集注》）、熊過（著《周易象旨決錄》），清有李調元（著《易古文》）、劉沅（撰《周易恒解》），皆各撰易著，發明"四聖"（伏羲、文王、周公、孔子）之心。巴蜀易學，普及面廣，自文人雅士、方術道流，以至引車賣漿之徒、箍桶織履之輩，皆有精於易理、善於測算者。理學大師程頤兩度入蜀，得遇奇人，遂有感悟，因生"易學在蜀"之嘆。

巴蜀"史學"名著迭出，斐然成章。陳壽《三國志》雅潔典要，名列"前四史"；常璩《華陽國志》體大思精，肇開方志體；譙周《古史考》，開古史考證之先聲；蘇轍《古史》，成舊史重修之名著。至於范祖禹（撰《唐鑑》，助司馬光修《通鑑》）、李燾（撰《續資治通鑑長編》）、王偁（撰《東都事略》）、李心傳（撰《建炎以來繫年要錄》及《朝野雜記》《宋會要》），更是宋代史學之巨擘，故劉咸炘有"唐後史學莫隆於蜀"之説。

整理巴蜀文獻　傳承優秀文化——《巴蜀全書》前言

　　蜀人"好文",巴蜀自古就是歌賦詩詞的沃壤。禹娶塗山(今重慶南岸真武山,常璩《華陽國志·巴志》、酈道元《水經注·江水一》),而有"候人兮猗"的"南音",周公、召公取之"以爲《周南》《召南》"(《呂氏春秋·音初》)。西周江陽(今瀘州)人尹吉甫亦善作詩,《詩經》傳其四篇(曹學佺《蜀中廣記》卷九一)。"文宗自古出巴蜀","漢賦四家",司馬相如、揚雄、王褒居其三。陳子昂、李太白首開大唐雄健浪漫詩風,五代後蜀《花間集》與北宋東坡詞,開創宋詞婉約、豪放二派。"三蘇"(蘇洵、蘇軾、蘇轍)父子,同時輝耀於"唐宋八大家"之林;楊慎著作之富,位列明代儒林之首。"自古詩人例到蜀",漢晉唐宋以及明清,歷代之遷客騷人,多以巴蜀爲理想的避難樂土,而巴蜀的山水風物又豐富其藝情藻思,促成創作高峰的到來。杜甫、陸游均以巴蜀爲第二故鄉,范成大、王士禛亦寫下千古流芳的《吳船錄》和《驛程記》。洎乎近世,郭沫若、巴金,蔚爲文壇宗匠;蜀謳川劇,技壓梨園群芳。

　　"三蘇"父子既是文學大家,也是"蜀學"領袖;綿竹張栻,不僅傳衍南宋"蜀學"之道脈,而且創立"湖湘學派"之新範。明末唐甄撰《潛書》,斥責專制君主,提倡民本思想,被章太炎譽爲"上繼孟、荀、陽明,下啓戴震"的一代名著。晚清廖平撰書數百種,區分今學古學,倡言託古改制。錢基博、范文瀾俱譽其爲近代思想解放之先驅。新都吳虞,批判傳統道德,筆鋒犀利,被胡適譽爲"思想界的清道夫"。

　　在科技領域,秦蜀守李冰開建的都江堰,是至今還在使用的人類最古老的水利工程;漢代臨邛人民,開創了人類歷史上最早使用天然氣煮鹽的記錄。漢武帝徵閬中落下閎修《太初曆》,精確計算回歸年與朔望月,是世界上首部"陰陽合曆"的範本。楊子建《十產論》異胎轉位術領先歐洲五百年。北宋唐慎微《證類本草》,將本草學與方劑學相結合,是世界上第一部大型藥典和植物志。王灼《糖霜譜》詳錄蔗糖製作工藝,是世界上有關製糖技術的首部專書。南宋秦九韶《數學九章》,將中國數學推向古代科學頂峰,其"大衍求一術""正負開方法"俱領先西方世界同類算法五百年。

　　至於巴蜀地區的鄉村建設和家族文化,也是碩果累累,佳話多多。他們或夫婦齊名、比翼雙飛(司馬相如與卓文君,楊慎與黃娥);或兄弟連袂,花萼齊芳(蘇軾、蘇轍、蘇舜欽、蘇舜元、李心傳、李道傳、李性傳等)。更有父子祖孫,世代書香,奕世載美,五世其昌:閬中陳省華及其子堯佐、堯叟、堯咨等,"一門二相,四世六公,昆季雙魁多士,仲伯繼率百僚"(霍松林語);眉山蘇洵、蘇軾、蘇轍及子孫輩過、籥,並善撰文,號稱"五蘇";梓州蘇易簡及其孫舜欽、舜元,俱善詩文,號稱"銅山三蘇";井研李舜臣及其子心傳、道傳、性傳,俱善史法、道學,號稱"四李";丹稜李燾與其子壁、𡌋,俱善史學、文學,時人贊"前有三蘇,後有三李"。降及近世,雙流劉沅及其孫咸榮、咸炘、咸焌，長於經學、道學與史學，號稱"槐軒學派"。如此等等，不一而足。

綜觀巴蜀學術文化，真可謂文章大雅，無奇不有！其先於天下而創者，則有導夫先路之功；其後於天下而作者，則有超邁古今之效！先天後天，不失其序；或創或繼，各得其宜。

二、整理巴蜀文獻　增強文化自信

歷史上的四川，既是文化大省，也是文獻富省。巴蜀上古歷史文化，在甲骨文、金文和《尚書》《春秋》等華夏文獻中都有記錄，同時巴蜀大地還孕育形成了別具特色的"巴蜀文字"。秦漢統一後，歷代巴蜀學人又爲我們留下了汗牛充棟、豐富多彩的古典文獻。唐代中後期（約八世紀初），成都誕生了"西川印子"，北宋初期（十世紀後期）又出現了"交子雙色印刷術"，標誌着雕版印刷的產生、成熟和創新，大大推動了包括巴蜀文獻在内的古典文獻的保存與傳播。據不完全統計，歷史上產生的巴蜀古文獻不下萬餘種，現在依然存世的也在五千種以上。

巴蜀文獻悠久綿長，影響深遠，上自先秦的陶字、金文，下迄漢晉的竹簡、石刻，以及唐刻、宋槧、明刊、清校，經史子集，三教九流，歷歷相續不絕，熠熠彪炳史冊。巴蜀文獻體裁多樣，内容豐富，舉凡政治之興替、經濟之發展、文化之繁榮、兵謀之奇正、社會之變革，以及思想學術之精微、高人韻士之風雅、地理民族之風貌、風俗習慣之奇特，都應有盡有，多彩多姿。它們是巴蜀文化的載體，也是中華文明的重要表徵。

對巴蜀文獻進行調查整理研究，一直是歷代巴蜀學人的夢想。在歷史上，許多學人曾對巴蜀文獻的整理和刊印付出過熱情和心血，編纂有各類巴蜀總集、全集和叢書。《漢書·藝文志》載"揚雄所序三十八篇：《太玄》十九、《法言》十三、《樂》四、《箴》二"。或許是巴蜀學人著述的首次彙集。五代的《花間集》和《蜀國文英》，無疑是輯錄成都乃至巴蜀作品的最早總集。宋代逐漸形成了"東坡七集"（蘇軾）、"欒城四集"（蘇轍）、"鶴山大全集"（魏了翁）等個人全集，以及《三蘇文粹》《成都文類》等文章總集。明代出現楊慎的個人全集《升庵全集》和四川文章總集《全蜀藝文志》。入蜀爲官的曹學佺還纂有類集巴蜀歷史文化掌故而成的資料大全——《蜀中廣記》。清代，李調元輯刻以珍稀文獻和巴蜀文獻爲主的《函海》，可視爲第一部具體而微的"巴蜀文獻叢書"。近代編有各類"蜀詩""蜀詞""蜀文"和"川戲"等選集。

這些都爲巴蜀文獻的系統編纂、出版做出了有益嘗試。

二十世紀初，謝無量曾提出編纂《蜀藏》的設想，因社會動盪而未果。胡淦亦擬編《四川叢書》，然僅草成"擬收書目"一卷。一九八三年中共中央《關於整理我國古籍的指示》下達，國家成立"全國古籍整理出版規劃領導小組"和"全國高等院校古籍整理工作委員會"，四川也成立了"四川省古籍整理出版規劃小組"，製定出《四川省古籍整理出版規劃》（一九八四——一九九〇）。可惜這個規劃並未完全實施，巴蜀文獻仍然處於分散收藏甚至流失毀損的狀態。

二〇〇七年初，國務院下發《關於進一步加強古籍保護工作的意見》，全國各省紛紛編纂地方文獻叢書。四川大學和四川省社科院的學人再度激起整理鄉邦文獻的熱情，向四川省委、省政府提交"編纂《巴蜀全書》，振興巴蜀文化"的建議，四川省委、省政府再度將整理巴蜀文獻提到議事日程。經過多方論證研究，二〇一〇年一月中共四川省委常委會議批准"將四川大學申請的《巴蜀全書》納入全省古籍文獻整理規劃項目"；四月又獲得國家哲學社會科學規劃辦公室批准，將《巴蜀全書》列爲"國家社科基金重大委託項目"。千百年來巴蜀學人希望全面整理鄉邦文獻的夢想終於付諸實施。

三、編纂《巴蜀全書》　推動文化自强

《巴蜀全書》作爲四川建省以來最大的文獻整理工程，將對自先秦至民國初年歷代巴蜀學人的著作或內容爲巴蜀文化的文獻進行全面的調查收集和整理研究，並予以出版。本工程將採取以下三種方式進行：

一是編製《巴蜀文獻聯合目錄》。古今巴蜀學人曾經撰有大量著作，這些文獻在歷經了歷史的風風雨雨後，生滅聚散，或存或亡，若隱若現，已經面目不清了。該計劃根據"辨章學術，考鏡源流"的旨趣，擬對巴蜀文獻的歷史和現狀進行全面普查和系統考證，探明巴蜀文獻的總量、存佚、傳承和收藏情況，以目錄的方式揭示巴蜀文獻的歷史和現狀。

二是編纂《巴蜀文獻精品集萃》。巴蜀文獻，汗牛充棟，它們是研究和考述巴蜀歷史文化的重要資料。對這些文獻，我們將採取三種方式處理：首先，建立"巴蜀全書網"，利用計算機和網絡技術對現存巴蜀文獻進行掃描和初步加工，建立"巴蜀文獻全文資料庫"，向讀者和研究者提供盡可能集中的巴蜀文化資料。其次，本着"去粗取精，古爲今

用"的宗旨，按照歷史價值、學術價值、文化價值"三結合"的原則，遵循時間性、代表性、地域性、獨特性"四統一"的標準，從浩繁的巴蜀古籍文獻中認真遴選五百餘種精品文獻，特別是要將那些在中華傳統文化體系中具有首創性和獨特性的巴蜀古籍文獻彙集起來，進行校勘、標點或注釋、疏證，挖掘其中的思想内涵和治蜀經驗，爲當代社會、經濟、政治、文化建設服務。第三，根據巴蜀文化的歷史實際，收集各類著述和散見文獻，逐漸編成儒學、佛學、道教、民族、地理等專集。

三是重版《巴蜀文獻珍本善本》。成都是印刷術發祥地，巴蜀地區自古以來的刻書、藏書事業都很發達，曾產生和收藏過數量衆多的珍本、善本，"蜀版"書歷來是文獻家收藏的珍品。這些文獻既是見證古代出版業、圖書館業發展的實物，也是進行文獻校讎的珍貴版本，亟待開發，也需要保護。本計劃將結合傳統修復技藝和現代印刷技術，對百餘種巴蜀文獻珍稀版本進行修復、考證和整理，以古色古香的方式予以重印。

通過以上三個系列的研究，庶幾使巴蜀文獻的歷史得到彰顯，内涵得到探究，精華得到凸顯，善本得到流通，從多個角度實現對巴蜀文獻的當代整理與再版。

盛世修書，傳承文明；蜀學復興，文獻先行。"《巴蜀全書》作爲川版的'四庫全書'，蘊含着歷代巴蜀先民共同的情感體驗和智慧結晶，昭示着今天四川各族人民共有的文化源流和精神家園。"（《巴蜀全書》編纂領導小組會議文件。下同）《巴蜀全書》領導小組要求，"我們一定要從建設中華民族共有精神家園、打牢四川人民團結奮鬥共同思想基礎的高度，來深刻認識《巴蜀全書》編纂出版工作的重大意義。特別要看到，這不是一件簡單的古籍整理出版工作，而是一件幾百年來巴蜀學人一直想做而沒有條件做成的文化盛事，是四川文化傳承史上的重要里程碑"。無論是中國古代的文化發展，還是世界近世的文明演進，都一再證明：任何一次大的文化復興活動，都是以歷史文獻的系統收集整理爲基礎和先導的。我們希望通過對巴蜀文獻的整理出版，給巴蜀文化的全面研究和當代蜀學復興帶來契機，爲"發掘和保護我國豐厚的歷史文化遺產，提升我國文化軟實力，推動中華優秀傳統文化走向世界"做一些基礎性工作。

有鑒於此，《巴蜀全書》領導小組明確要求，要廣泛邀請省内外專家學者參與編纂，共襄盛舉。這一決策，實乃提高《巴蜀全書》學術水準和編纂質量的根本保障。領導小組還希望從事此項工作的學人，立足編纂，志在創新，從文獻整理拾級而上，自編纂而研究，自研究而弘揚，自弘揚而創新，"利用編纂出版《巴蜀全書》這個載體，進一步健全研究巴蜀傳統文化的學術體系，以編促學、以纂代訓，大力培養一批精通蜀學的科研帶頭人和學術新人"。可謂期望殷切，任務艱巨，躬逢其盛，能不振起？非曰能之，唯願學焉。

　　希望《巴蜀全書》的編纂能爲巴蜀文化建設和"蜀學"的現代復蘇擁篲前趨，掃除蓁蕪；至於創新發展，開闢新境，上繼前賢，下啓來學，固非區區之所能。謹在此樹其高標，以俟高明云爾！

二〇一四年五月

二〇一七年十二月修訂

《張德鈞文集》整理前言

吾師舒大剛先生嘗言：近代"蜀學"曾經給中國儒學帶來新氣象，並將中國儒學引入新階段、值得人們好好研究，仔細品味。在近代史上，引領和促成近代"蜀學"的中心機構，是當時的"兩院兩堂"（錦江書院和尊經書院，中西學堂和存古學堂）以及後來由"兩院兩堂"發展而成的四川大學。不過，在"兩院兩堂"和四川大學之外，還有一批"蜀學"人士也相當出色，不可小覷。他們或出於縣級"學校"，或出自鄉間"書塾"，雖然門第不高、出身不顯，但在學術上的貢獻卻不小，也產生過重要影響，他們無疑也是近代"蜀學"的組成部分，有的甚至是不可或缺的重要組成部分。[1] 誠如此言，如酷嗜讀書、精於考據、學通四部、兼及佛典的張德鈞先生就是這樣的一位蜀學學者。

張德鈞（一九一六——一九七一），筆名蜀一、莫干，四川南充集鳳鄉人。家世代代務農，家境貧寒，僅受過正規系統的初級小學教育。十三四歲時，入表兄王恩洋私塾讀書。二十歲時，入南充支那内學院從歐陽竟無學。二十三歲時，入樂山復性書院從馬一浮學。曾應張瀾之約，任教於南充建華中學；應熊十力之約，任教於北碚勉仁中學；應李源澄之約，任教於北碚勉仁文學院；應吳芳吉之子吳漢驤之約，任教於江津白屋文學院。又先後在省立南充中學、國立清溪職業學校、成都華西協合大學、中國社會科學院歷史研究所等單位任職。一九七一年病逝，年僅五十五歲。

張德鈞先生平生酷愛讀書，涉獵广泛，不管新學舊學，皆肆力閱覽，尤喜中西哲學及佛學。十五歲時，便讀梁漱溟先生的《東西文化及其哲學》和《印度哲學概論》，因其深奧難懂，遂徧讀宋明儒及佛家法相、唯識各種重要著作，如《陸象山集》《文文山集》《王陽明集》《楊椒山集》《史可法集》《宋元學案》《明儒學案》《成唯識論述記》《二十唯識論述記》《百法明門論》《阿毘達磨五蘊論》《阿毘達磨集論》《雜集論》《瑜伽師地論》《因明入正理論》等，以及介紹西方哲學或講中國哲學的書籍和文

---

[1] 見舒大剛：《龔道耕儒學論集·序》，成都：四川大學出版社，2010年，第1頁。

章，如杜威《五大講演》、張東蓀《新哲學論叢》、梁啓超《先秦政治思想史》《近三百年學術思想史》《清代學術概論》、謝無量《中國哲學史》、鍾泰《中國哲學史》、胡適《中國哲學史大綱》《胡適文存》等。除此之外，關於馬克思主義理論的、經濟的、邏輯的、社會進化的、醫學的著作與文章等，也是潛觀數過，摘抄筆記，以至於會診脈處方，可以行醫治病救人，故有"張半仙"的綽號。

張德鈞先生天資聰穎、學問淵博，又刻苦好學、勤奮著述，據筆者考證，張先生平生雖無專著行世，然所著論文概有七十篇之多，涉及經學研究、哲學及思想史研究、歷史研究、科技及雜論、佛學研究、文學研究及創作等，而尤以考據學見長。其所論所考，旁徵博引，資料翔實，多得其實，故學人多以爲據，郭沫若先生對其也是非常贊賞。如《關於袁枚的生年》一文，考證袁枚生於一七一六年，深得郭沫若先生之意。又如《關於編改彈詞的女詩人侯芝》一文，把侯芝的身世做了進一步的查考，郭沫若先生認爲，"這在撰述文學史上，可能是有用的資料"，對於其在談《〈再生緣〉前十七卷和它的作者陳端生》一文中的推測有所補正。對於《陳端生的母系對她在文學成就上的影響》一文，郭沫若先生更是說："陳寅恪先生在《論〈再生緣〉》一文中，早就注意到陳端生的母親汪氏對於陳端生的影響，並涉及汪氏的父親和弟兄。但因所接觸的資料有限，他的論證每出於猜想，而且有些猜得不大正確。張德鈞同志對於這一個問題，作了進一步的搜索，有所弋獲。"再如《由〈里堂詩集〉抄本說到〈雲貞行〉的年代》一文，郭沫若先生認爲："他的看法和敬堂同志在《陳端生是'陳'雲貞嗎?》中的看法，大有距離"，值得學界探討。不僅如此，郭沫若還多次委託張德鈞對其相關研究做進一步的資料補充和研究，諸如關於袁枚生年的考證、對於焦循《里堂詩集》抄本的研究、對於《再生緣》前十七卷的作者陳端生的討論，如此等等，足見郭沫若先生對其學識和研究的認可。當然，張德鈞先生也多是不失所望，每次都能很快地滿足要求，形成專文給予詳細地考證。

除考據學文字外，張德鈞先生也有多篇專門闡述經學要義、哲學思想以及佛家哲理的文章，如《釋〈易〉九卦義》《今日治經方法》《經術與經學》《理氣問題討論》《論陸王之言心性》《孟子的認識論》《人間佛教與社會主義》《唯識二分與三境義述》等，這些文章大多有自己獨到的見解，頗能駁正當時的一些誤說。據其自傳所述，《唯識二分與三境義述》，即是他駁正表兄王恩洋講唯識錯謬的文章。其他如《駁呂思勉〈理學綱要〉篇二之錯誤》《法相唯識宗的哲學思想管見——與任繼愈同志商榷》等文，則是對呂思勉《理學綱要》和任繼愈《法相宗哲學思想略論》有關論述的駁斥。其師馬一浮先生，對其所作文章，多有評述，如評《辨義理之學與哲學》，認爲"分疏得是，文亦流暢"。評《〈曾子立事〉篇解》，説"理會入細，科分次第亦密，就其見處知能究心"。評《釋〈四箴〉》，説"義理分齊甚明，有以得其語脈"。其友熊十力對其所駁皮氏文（見《皮氏〈易經通論〉平議》），也認爲"重卦之人不必爭論誰何，汝意極是"。師友之間，常有切磋，相互探討，這在馬一浮和熊十力給張德鈞的答語、示語和信札中都有體現。

張德鈞先生問學於歐陽竟無、馬一浮等名師大家，又與李源澄等蜀中名賢相友朋，研究張德鈞先生及其學術著作，不僅對於探討民國以來蜀中人物和學術具有不可忽視的作用，而且對於研究蜀學的成就與特色也具有非常積極的意義。然而由於張先生比較內向，不喜應酬，以致人不相識。又以天不假年，因病早逝，論著未經整理，遺稿多散落於各種期刊、報紙，故其嘉言博論，多有湮沒。因此，非常遺憾的是，在現今的種種整理和研究之中，這位受學於名家，學通四部，精於考據，富有品學與氣質的一位蜀學學者卻被學界忽視了，至今學界沒有一部，或者是一篇關於張德鈞先生其人其文的專門研究。爲彌補張氏之研究缺憾，以爲蜀學研究添磚加瓦，故值國家社科基金重大項目、四川省重大文化工程——《巴蜀全書》編纂"蜀學叢刊系列"之際，在張德鈞先生親屬的幫助下，筆者特啓動《張德鈞文集》的編纂。期望通過廣泛蒐集，精心編校，能將張先生的學術論著彙爲一編，獻於學界，這樣不僅可以爲學界提供張先生全面的學術材料，而且也可以具體展現出這位蜀學學者的學術觀點、研究成績，以及其爲蜀學研究、民國以來的學術史研究所做出的貢獻。

李冬梅
二〇一九年十一月

凡　　例

一、本書收録張德鈞先生學術論文及文學創作共七十篇。爲充分展現張先生的治學領域，以及依據文章所論述的内容，本書之綱目，大體分爲六類，依次爲：經學研究、哲學及思想史研究、歷史研究、科技及雜論、佛學研究、文學研究及創作。

二、爲方便學者深入了解張德鈞先生的生平及其學術旨趣，凡有關張先生的傳記、師友往來書札等資料，盡力收羅，編爲附録。

三、張先生的學術論著，大多散見於各種期刊、報紙，本書於各篇論文篇末，皆詳細載明原發表之刊物或報紙名稱、卷期、年月及頁碼，以方便學者核實。

四、張先生文章，有少數篇章曾重複登載於不同刊物。爲節省篇幅，本書參酌各篇發表的年代先後，視其文句增刪的情況，選取内容詳備者以爲定本，並於篇末註明所有刊載的刊物名稱、卷期、年月及頁碼。

五、張先生的學術論著，大多發表於一九三三至一九六五年間，當時繁簡、句讀没有統一的規範。本書參照國家現行的古籍整理要求，一律採用繁體字及新式標點符號，如果原稿字體不妥、標點有誤，則逕直改正。

六、張先生的學術論著，對於徵引古書原文，或未能明確標示，或常約括一篇一章之大意，或略有删節。本書盡量覆核原典，並視引文情況，酌加標點。

七、凡原稿中衍脱乙倒等譌誤，爲方便學人閲讀，本書對所誤之字直接予以改正，並以"編按"字樣，出校文以説明，如云"某原作某，今正""某原作某，今據文意改"等。其他，依此例改。

八、校記採用當頁腳注，與張先生原有注釋、按語混合編排。爲避免混淆，本書於每則校記前加"編按"二字以别之。

九、凡原稿中形近譌字、俗字等，本書皆逕直改爲正字或現行通用字，不再出校記説明。

十、張先生文章，有些篇章文字漫漶，不可辨識，爲謹慎計，以□标識。

目 錄

上 册

經學研究

皮氏《易經通論》平議 3
釋《易》九卦義 8
《洪範約義》後序 12
《大戴禮·曾子立事》篇箋解 14
今日治經方法 46
經術與經學 47

哲學及思想史研究

駁呂思勉《理學綱要》篇二之錯誤 51
理氣問題討論 59
伊川《四箴》釋義 61
關洛學說先後考 72
與友人書一 76
與友人書二 79
答友人問 84
讀書雜識　八則 88
跋《張子全書》 90
讀《十力語要》卷二 92

001

論陸王之言心性	96
胡子《知言》發微	98
書與西法師論性善義	105
儒家之人生觀與修養論簡述	111
王充《論衡》與《白虎通義》的世界觀	116
論錯誤思維和存在沒有同一性	121
《莊子》內篇是西漢初人的著作嗎？	148
孟子的認識論	177
方以智《物理小識》的哲學思想	189
譚嗣同思想述評	208

歷史研究

關於程伊川兩項事	247
明道與伊川——兩種人格類型	253
關於曹植的評價問題	261
關於王莽殺高康的問題	281
談于時和充軍伊犁的經過	285
梁啓超紀譚嗣同事失實辨	287
關於袁枚的生年	293
申論《蘭亭序》真偽	295
《蘭亭序》依託說的補充論辯——與嚴北溟等先生商榷	301

下　冊

科技及雜論

| 關於《造紙在我國的發展和起源》的問題 | 313 |
| 兩千年來我國使用香蕉莖纖維織布考述 | 320 |

做好古代醫書的重印工作——評商務印書館重版《類證活人書》	335
候風儀	339
從"水上菜園"到"水上稻田"	341

佛學研究

《金剛仙論》考	345
笈多譯《金剛經論》考	354
《金剛經疏宣演》校記	360
唯識二分與三境義述	361
僧馥《勝鬘經注》考述	369
附：僧馥《勝鬘經注》輯佚	384
杜詩用"招提"本起	399
吉藏《勝鬘寶窟》所引古注考	406
附：竺道攸《勝鬘經注》佚文	414
《十八部論》考證	416
竺道生生年考	428
關於清刻《大藏》與歷代藏經——對《柏林寺和龍藏經板》一文的商榷	438
讀湯用彤先生《漢魏兩晉南北朝佛教史》記	445
法相唯識宗的哲學思想管見——與任繼愈同志商榷	468

文學研究及創作

一個讀書的好方法——筆記	515
蠋戲老人說詩	516
重視修改文章的工作	518
對《再談〈胡笳十八拍〉》的商兌	522
關於編改彈詞的女詩人侯芝	541
陳端生的母系對她在文學成就上的影響	547
由《里堂詩集》抄本說到《雲貞行》的年代	550

五言律詩　二首
　　大佛亭小坐 ··· 553
　　烏尤寺 ··· 553
七言律詩　二首
　　和湛翁夫子上巳日韻 ·· 554
五言絕句　一首
　　偶成 ··· 555
七言絕句　三首
　　過龍泉驛遇敵機 ··· 556
　　晚泊中巖望邱先生故居 ·· 556
　　宴坐 ··· 556
少年　（詩） ·· 557
柳絮　（小說） ·· 558
最好的禮物　（愛國故事） ··· 559

附　　錄

答張德鈞　二則 ··· 馬一浮 563
示張德鈞　七十五則 ·· 馬一浮 565
張德鈞　七則 ··· 馬一浮 575
致張德鈞書札　三通 ·· 馬一浮 576
張德鈞試卷評語　五則 ··· 馬一浮 578
　　評張德鈞《辨義理之學與哲學》 ··· 578
　　評張德鈞《〈易〉爲六藝之原論》 ·· 578
　　　　附：一九四〇年一月四日第一次考試試題 ····················· 578
　　評張德鈞《說治經方法》 ·· 578
　　　　附：一九四〇年六月二十日第二次考試試題 ·················· 578
　　評張德鈞《〈曾子立事〉篇解》 ·· 578
　　評張德鈞《釋〈四箴〉》 ·· 579
　　　　附：一九四一年六月一日第四次考試試題 ····················· 579
閱改張德鈞詩評語 ·· 馬一浮 580

題張德鈞藏《宜黃丘居士遺著〈楞伽疏證〉殘卷》 三首 …………………… 馬一浮 581
答張德鈞 ………………………………………………………………… 馬一浮 582
贈張德鈞行 ……………………………………………………………… 馬一浮 583
談讀書窮理之態度 ……………………………………… 馬一浮著　張德鈞記 584
答張德鈞 ………………………………………………………………… 熊十力 585
答張德鈞 ………………………………………………………………… 熊十力 586
示張德鈞 ………………………………………………………………… 熊十力 587
自傳 ……………………………………………………………………… 張德鈞 588
憶父親 …………………………………………………………………… 張亞芬 591
回憶父親 ……… 張正平、張亞芬、張正鵠、張正雄、張正儀撰　張正學組織整理 592

後記 ……………………………………………………………………… 李冬梅 598

經 學 研 究

皮氏《易經通論》平議

　　皮鹿①門之於《易》也，最無深造。其《通論》一書，凡前後所説，蓋皆以完其孔子以前不得有經之臆説耳。故論重卦之人則曲申史遷舊説，屬諸文王。論《卦辭》《爻辭》誰作，則臆斷以爲孔子，而不知其説實悖於理而舛於事也（坊間有《周易解題及其讀法》一書，又襲皮氏之説）。案：以重卦爲文王者，孔氏《正義》既破之於前，羅泌、顧亭林等又破之於後，而皮氏猶申言之不已者，蓋其意以爲解經以最初之説爲主。夫言重卦爲文王者，乃漢初史遷所紀，而其後揚雄、班固、王充並云然爾。至東漢以降，鄭玄之徒始有異議，然遷之父談受《易》於楊何，則史公言《易》必用楊何之説，是固未可以後起之見疑前史也。此皮氏所持之理據，然而未審也。解經以先出之説爲主，固也。然史以前更有經，經之説重於史矣。使經無成説，則次而取諸史焉，可也。使經既先有成説，而史後與之異，則豈得執史之説以駁經耶？是固不可也。然則經於重卦之人，其説如何，余以二端證之，雖未可質定爲誰，而究非文王，則有可斷言者。一、《周官》云："太卜掌三易之法，一曰《連山》，二曰《歸藏》，三曰《周易》。其經卦皆八，其別皆六十四。""連山""歸藏"，其爲人名代號或指義，前修雖多有諍，罔有定説。然並謂其爲周前之籍，則翕然無異議者也。《周官》既云三書"經卦皆八，其別皆六十四"，則其重卦久矣，何得謂至文王始爾耶？鹿門嘗論三代易名，亦引及《周官》，而於此竟不措心，何耶？二、孔冲遠云："鄭玄之徒以爲神農重卦，孫盛以爲夏禹重卦，史遷等以爲文王重卦。其言夏禹及文王重卦者，案《繫辭》神農之時已有'蓋取諸《益》與《噬嗑》'，以此論之，不攻自破。神農重卦，亦未爲得。"此引《繫傳》原文以破史遷等説，其亦可以無疑矣。顧皮氏救之云：案此説亦太泥。《朱子語類》曰："十三卦所謂蓋取諸《離》，蓋取諸《益》者，言結繩而爲網罟，有《離》之象，非謂觀《離》而始有此也。"沈寓山《寓簡》曰："《大傳》言：'蓋取諸《益》，取諸《睽》，凡十三卦，蓋聖人謂耒耜得《益》，弧矢得《睽》耳。非謂先有卦名，乃作某器也。'"陳澧曰："案《繫辭》所言'取諸'者，與《考工記》

---

① 編按，"鹿"原誤作"籠"，今正。下同。

'輪人取諸圜也''取諸易直也''取諸急也',文義正同。輪人意取諸圜,非因見圜物而取之也,非因見易直與急之物而取之也。"此三説皆極通,可無疑於神農時已有《益》與《噬嗑》,而不得云文王重卦矣。皮氏所引三説固不可謂無理,然案之《繫傳》,則亦不能無失,何者?上傳明明云《易》有聖人之道四焉:以言者尚其辭,以動者①尚其變,以製器者尚其象,以卜筮者尚其占。則《下傳》所云取諸《離》《益》等者,正指陳製器尚象之實耳。若謂製器非因先有《易》象而取之,則可謂以言者非先有《易》辭而尚之,以動者非先有《易》變而尚之,以卜筮者非先有《易》占而尚之乎?既無辭變象占矣,則又何尚之有?聖人之言,豈自相伐如是哉!皮氏殆未思耳。由此二端可知説文王重卦者,深乖經意。先儒既已破之,無可再立,欲彊爲分疏,亦徒成謬見而已。又京房引孔子曰:"神農重乎八純。"則皮氏謂在西漢之儒皆同史遷之説而無異議,亦失實也。

次當論皮氏《卦辭》《爻辭》爲孔子作之非。皮氏云以卦爻辭爲文王作,止是鄭學之義。以《爻辭》爲周公作,亦始於鄭衆、賈逵、馬融諸人,乃東漢古文家異説。若西漢今文家説皆不如是,史遷、揚雄、班固、王充但云文王重卦,未嘗云作《卦辭》《爻辭》,當以卦爻之辭並屬孔子所作。又曰:"考《繫辭》有云:'聖人設卦觀象繫辭焉,以明吉凶。'又云:'聖人有以見天下之動,而觀其會通,以行其典禮,繫辭焉,以斷其吉凶。'又云:'繫辭焉而命之,動在其中矣。'又云:'繫辭焉,以盡其言。'"據此諸文,明是指卦爻辭謂之《繫辭》。若謂《繫辭》中四處所云"繫辭"即是今之《繫辭》(鈞案:從來無此妄人,皮氏此處辭費),孔子不應屢自稱其所著之書,又自言其作辭之義,且不應自稱聖人,蓋《繫辭》即《卦辭》《爻辭》,乃孔子所作,今之《繫辭》乃《繫辭》之傳,孔子弟子所作。《繫辭》中明有"子曰",必非出自孔子手筆。《史記·自序》引《繫辭》之文爲《易大傳》,是其明證。凡孔子所作謂之經,弟子所作謂之傳。所云聖人繫辭焉,以斷其吉凶,乃孔子弟子作傳,稱孔子爲聖人,非孔子作《繫辭》,而稱文王、周公爲聖人也。孔疏云:"經文王所作,傳孔子所作。"不知孔子以前不得有經。《漢書·儒林傳》云:"孔子晚而好《易》,讀之,韋編三絕,而爲之傳。"則已誤以孔子所作爲傳,與《史記》之説大異矣。以上爲皮氏説。案:傳所稱《繫辭》,固指《卦辭》《爻辭》,其説已素(觀李氏《集解》、孔氏《正義》可知。鄭樵《六經奧論》亦嘗專論之),無所容疑,然據此遂以爲卦爻之辭即孔子所繫,則滋謬矣。讀者若不細覈原書,亦鮮不爲其所惑。

---

① 編按,"者"字原無,今據上下文意補。

今以五端破之：一、皮氏引《繫辭》云："聖人有以見天下之動，而觀其會通，以行其典禮，繫辭焉，以斷其吉凶。"今案原書上文實有"子曰"二字，而皮氏略去；其次，又引云："繫辭焉，以盡其言。"今案原書乃云："子曰：聖人立象以盡意，設卦以盡情僞，繫辭焉，以盡其言。"而皮氏略去前節，如此，無怪皮氏以謂乃孔子弟子作傳，稱孔子爲聖人，非孔子作《繫辭》，而稱文王、周公爲聖人也。然《傳》明明冠有"子曰"二字，則顯係七十子述孔子之言，非孔子弟子自作之意，決矣。如皮氏之意，《卦辭》《爻辭》果爲孔子所作，則孔子此處又自道如此，得不將爲自稱其所著之書，又自言其作辭之義，且自稱爲聖人乎？是皮氏所欲避免之難者，適以成其難也。

二、皮氏既以卦爻辭爲孔子作，顧又謂孔子以前《易》但爲卜筮之書而已，其意蓋欲證成孔子以前不得有經也。而不知此說適足以自破，何者？《易》既已用之卜筮，則所以斷夫吉凶得失者，豈可以無辭耶？無辭則烏知其爲吉凶得失耶？故《繫傳》曰："聖人設卦觀象，繫辭焉，而明吉凶。"又曰："繫焉，以斷其吉凶。"又曰："辨吉凶者，存乎辭。"皮氏亦知此云"繫辭"即指卦爻之辭，乃其用則在辨斷吉凶，而謂孔子以前《易》但卜筮未嘗繫辭，吾誠不知其何説也。案：卦爻之辭，處處皆有"元""亨""利""貞""吉""凶""悔""吝""厲""无咎"等字，則其爲卜筮而設，不待智者而知也。今謂孔子始繫此辭，則孔子以前其所以卜筮者，又何所據依而爲吉凶之斷耶？

三、據《左氏春秋》，韓宣子適魯，見《易》象，曰："吾今乃知周公之德。"及《繫傳》"《易》之興也，其當殷之末世，周之盛德耶？當文王與紂之事耶？是故其辭危"云云。則班《書》所謂《易》歷三聖，孔疏以爲父統子業者，其亦近是也。而皮氏乃謂《繫傳》所謂"其辭"云云，當即六十四卦，非必別有《卦辭》。伏羲在未製文字之先，八卦止有點畫。文王在製文字之後，六十四卦必有文字。有文字即是辭，不必作《卦辭》而後爲辭也。案：皮氏至此其亦窮而之於遁也。史遷稱孔子讀《易》，韋編三絕，使其時《易》止六十四字，非別有《卦辭》，孔子即非至聖，又何用三絕韋編乎？且既云讀，則必有成理之文，斷可知也。又孔子稱"文王既沒，文不在茲乎"，若文王止能爲六十四卦施名，則亦何以爲文王也？況單是卦名，則又安足以見"其辭危"耶？案：桓譚《新論》云："《連山》八萬言，《歸藏》四千三百言。《連山》藏於蘭臺，《歸藏》藏於太卜。"此正西漢人之説，則在《周易》以前，《連山》《歸藏》已有《繫辭》如彼，而何謂文王不能演辭耶？皮氏於傳凡云《繫辭》，皆指爲卦爻辭，今於此一"辭"字，乃作異解，而又故不能舉，其亦自亂其例矣。

四、上舉三端，已足證卦爻辭定非孔子所作，而皮氏徒爲臆斷。則史遷所云："孔子晚而喜《易》，序《彖》《繫》《象》《説卦》《文言》"者，正《漢書》所云爲之傳耳，不得以班固爲有誤也。史遷於旁處引殊塗同歸之文，即稱爲傳，可以證也。蓋史遷行文尚變，此處文欲其簡，故止舉一"繫"字，實則即指《繫辭傳》耳，何可泥耶？至文中稱"子曰"者，固是弟子記孔子之言，其未標"子曰"者，可推知即孔子自作（從來疑《十翼》者，都以"子曰"二字爲案，甚誤）。蓋弟子之意以爲：言，心聲也；書，心畫也。聲、畫之形於外者雖異，而同出於心之内者則一，故孔子所作與孔子所説實無二致，所以綴於一處，以便誦習，但標"子曰"以别之，使知出於記者之手，非夫子之親筆也。而其未標"子曰"者，則爲夫子自作又不待言矣。不然若皮氏之説，以有"子曰"二字遂概以爲非孔子手筆者，則《乾·文言傳》亦有"子曰"字，亦並可以爲非孔子所作乎？其亦知二五而不知一十也。

五、皮氏既以卦爻辭爲孔子作，而《彖》《象》《文言》又孔子作，得非謂孔子自作之自解之耶？似此説亦經，難免於有識之誚矣。皮氏乃借況以解嘲，曰："獨不觀揚雄之《太玄》乎？《太玄》準《易》而作者也，雄恐人以爲漫漶不可知，自作十一篇，解散其文，以示後人，正猶孔子作《易》有《卦辭》《爻辭》，恐人不知，自作《彖》《象》《文言》以示後人也。若謂自作不當自解，則揚子既作《贊》矣，何必又有《測》以解《贊》？復又有《言》以解《贊》乎？揚雄《太玄》自作自解，人未有疑之者，獨疑孔子不應自作自解，是知二五而不知十也。"案：皮氏此一段話是欲以影定形也。初謂揚雄造《玄》自作自解，即仿於孔子作《易》。繼乃謂揚雄既可自作自解，孔子又如何不可自作自解？衡以近世邏輯之説，非所謂循環論證者歟（在因明，以未成因立宗，亦爲大過）？此姑不論，但取皮氏之喻亦足以反破其説，皮氏以揚子《太玄》自作自解即可還證孔子亦自作卦爻辭，又作《彖》《象》《文言》以解之者，吾當問汝：果爾，則《太玄》是揚雄自所作卦，準例，應亦得證畫卦、重卦並是孔子一手所爲，可乎？又揚雄仿《論語》作《法言》，其文皆自設問答，準例，應亦得反證《論語》問答亦皆孔子一人所爲，可乎？

由是五端，進退徵責，皆無理據，可知説孔子作卦爻辭者，但胸臆之談耳，孰有智人而信忍其説哉？問曰："然則重卦及繫辭者究爲何人？"亦可考乎？答曰：《繫辭傳》云："古者包犧氏之王天下也，仰則觀象於天，俯則觀法於地，觀鳥獸之文與地之宜，近取諸身，遠取諸物，於是始作八卦，以通神明之德，以類萬物之情。"平庵項氏曰："凡《繫辭》之稱八卦者，即六十四卦也。八卦更相上下，變爲六十四卦，故例以八卦稱之。"胡朏明曰："羲皇仰觀而得天道，俯觀而得地道，中觀於兩間之萬物而得人道。三才之道默成於心，故立八卦以象之，因而重之，遂爲六十四。所謂兼三才而兩之也，言八卦則六十四卦在其中矣。觀於下文所舉《離》《益》《噬嗑》等皆因重之卦，可知也。"據此則以王輔嗣謂伏羲重卦者爲較可信。其作卦爻辭之人，則準孔子，意不可質定，但應闕疑。故《繫辭傳》曰"《易》之興也，其於中古乎？作《易》者，其有憂患乎？是故履德之基也，謙德之柄也"，乃至"巽德之制也"。又曰："《易》之興也，其當殷之末世，周之盛德耶？當文王與紂之事耶？是故其辭危，危者使平，易者使傾。"據此，是聖人亦祇能因辭考義，推爲某時之作而已。然猶設之以疑辭，不敢質定其人也。所謂多聞闕疑，蓋有不知而作，我無是也。而後世說經家生乎孔子之後，乃欲以胸意之見彊定爲誰，徒滋紛紛枝葉之辨，而卒無所歸，毋乃自以爲智邁孔子，抑亦失其所以學《易》之道已。子曰："《易》其至矣乎！夫《易》，聖人之所以崇德而廣業也。假我數年，卒以學《易》，可以無大過已矣。"諸有智者讀此，可不悵然捨其瑣瑣而務於本乎？

（原載《吹萬集·論辨選》，1941年《復性書院選刊》，第52~57頁）

釋《易》九卦義[①]

《易》兼三才之道，而以前民用爲急，用必有其體。體也者，本也。天下《易》本在圖，圖之本在家，家之本在身，身之本在心，心之本爲性。性以有德而存，無德而墮，□一□提。故《易》前民用，又以絜身繕性，爲最要焉。《繫辭傳》曰："聖人以此洗心，退藏於密。以此齋戒，以神明其德。"又曰："聖人之作《易》也，將以順性命之理。"其大要可知矣。《論語》："子曰：'假我數年，五十以學《易》，可以無大過。'"則孔子所兢兢自念者，亦未嘗不在是也，蓋深知夫其在亂而未治者否也。於其所厚者薄，而薄者厚，未之有也。夫六十四卦，靡非絜身繕性之□，而聖人又特□九卦以爲說者，此於自修自省之道，指示尤切，猶浮圖有經中之咒，咒中之心，總持一大法門也。善玩九卦之辭，則過無不寡，德無不進，□無不修，性無不存。其於《易》道，亦思過半矣。《華嚴經》云："一即是多，多即一，義味寂滅悉平等。"佛家自李通女而下，儒家自程明道而下，皆以《易》與《華嚴》並論，則知六十四卦固非多，九卦固非少，□聖人於此常□焉爾。或曰："聖人以此九卦爲處憂患之道。"其言亦是也。前賢訓傳已詳。今以己意所得者，別□於下。其有未明，則不贅。

《易》之興也，其於中古乎？作《易》者，其有憂患乎？

  此泛論《易》之興作所由也。上二句，出興起□際；下二句，出作《易》因緣。中古者，傳□有□文曰：其當殷之末世，周之□□□。憂患者，傳□有□文曰：當文王與紂之事耶？□事託□，不勞□□。蓋聖人以天下爲一家，中國爲一人，一夫不得其所，若己推而內諸□中，故上失其道，生民困屯；則痛切肌膚，不敢獨安；恒思所以移□□□之者，□不能匡濟於目前，□望化光於來祀。此《易》之所由作。亦猶浮圖言：我爲一大□因□出現於世也。而聖人所以□省惕厲，欲以一己□力回旋天運者，尤至切焉。則此九卦是矣。蓋文王以之，孔子亦以之。故其言之深切如此，學爲聖人者，可不於此三致意乎？

[①] 編按，此稿原漫漶不清，多處無法辨認，僅以□表示。

经学研究

是故《履》，德之基也。《谦》，德之柄也。《复》，德之本也。《恒》，德之固也。《损》，德之□也。《益》，德之裕也。《困》，德之辨也。《井》，德之地也。《巽》，德之制也。

此下□述九卦，以明圣人忧患之切也。盖忧之殷者，则持□不得不愈益□重也。文又分三。此初，显体。何谓体？德是也。九卦皆以德为体，卦乃德之符也。基，《尔雅》云：始也。《履》，礼也。又待践也。德非诂言□事，故以践履为始。践履之始，乃德之始，此犹浮图之尸罗波罗蜜也。柄者，持用为践。持谓内持□□，用谓外应事物。凡物盈则消，虚则息，柔则相忧，刚则相戾，惟《谦》则常若不足，常若不足，故能持用不□，内则不进，外则和光，故为德之柄。佛家有常不轻菩萨，是菩萨此德者也。《复》者，《彖》曰：七日来复，天行也。复其见天地之心乎？其象五阴在上，一阳在下，阴表垢□，阳者净心，五阴之下而有一芽萌□，即孟子所谓平旦之象，不可梏亡者，此□□之者善，故曰天行。人虽至庸，犹可作圣，实赖此耳，故生机。圣人不□存□□充得去耳。□先王以□日闭□。商旅不行，后不省方，正是□□此物。若□阴蔽绝，全然无有来复之机，则是一阐提矣。故曰：《复》，德之本。在□家，即谓之自性也。《恒》者，久也。《彖》曰：天地之道，恒久不已也。圣人久于其道而天下化成。佛心①众心，本无差别。七日来复，一念□尔之□，凡人亦与圣人同，而人终有凡圣之区者，以圣能恒□存养□充不已，凡则舍之反□而不足以存，故相去日远。若能恒持不失，则其德自固，如萌芽日长，枝干益□，则非风雨所能摧折。此卦略当于浮图之精进波罗蜜也。《损》者，《大象》曰：君子以惩忿窒欲。忿欲乃根本烦恼，浮图比之于毒（贪、嗔、痴名三毒）。《华严经》云：一念嗔心起，百万障门开。故必损之，其德乃修，如□□必先出其稂莠也。《益》者，《大象》曰：君子以见善则迁，有过则改。善恶二法，如秤两头，低昂□等，此损则彼益，故迁善改过，为德之裕。此二卦，犹浮图之四正勤也。《困》者，陆象山曰：不临□□难处之地，未足以见其德。故曰：《困》，德之辨也。谨案，"辨"，古与"辩"通，则释为□辩义亦可。即《坎》卦所谓"习坎，有孚，维心亨，行有尚"也。《井》者，《彖》曰：养而不穷也。《大象》曰：君子以劳民劝相。《序卦传》曰：困乎上者必反下，故受之以井。《杂卦传》曰：井通

---

① 编按，"佛心"原作"心佛"，今据上下文意乙正。

而困相遇也。蓋此卦承前而來，窮則通，通則不□。井之潤物，亦猶地之出生萬物。故曰：《井》，德之地。君子外困而內通，形勞而心亨也。此二卦，猶佛家安受苦□，□□□忍，而能負荷大法也。《巽》者，《大象》曰：君子以申命行事。蓋內德既充，則可周應外事，故曰德之制也，制猶言用也。此如佛家之方便善巧波羅蜜，爲十度之終也。如是九卦，悉以性德爲體，□傳□卦。□名位有殊，而性體莫二。俗政有□殆，真則無□殆。性本□，而聖人下宜民物。迴真向俗，故九卦□稱，即俗成真，故一德全具。全具者爲聖，分具者爲凡，不具者非□也。

《履》和而至，《謙》尊而光，《復》小而辨於物，《恒》雜而不厭，《損》先難而復易，《益》長裕而不設，《困》窮而通，《井》居其所而遷，《巽》稱而隱。

此二，明□由。朱子曰：此如《書》之九德。是也。蓋和而不至，則流；至而不和，則戾。即非《履》也。《謙》而無尊無光，不是卑劣慢，則□□□，即不成《謙》也。小而□□相涵，則不待其顯大，亦知其爲□染，即非《復》也。雜而厭，則難乎其有恒，即非《恒》也。□□就易，本或不渝，小過雖□，大惡日滋，即非《損》也。善根之萌，不以長□裕養，而徒揠苗助長，彊愈設施，非徒無益而又害之，即不爲《益》也。窮而不能心亨，則其德已失，非所以慮《困》也。居而不遷則常，遷而不居則斷，成不足以養而不窮，即不爲《井》也。稱而不隱則無體，隱而不稱則無用，必稱而隱，而後其用爲□用，如□輪□相，而動不可□也。聖人於此九卦，既顯其體，復備明其相者，蓋恐智者執俗爲真，墮於一偏，則□爲修道進德之障，故爲□落二邊，示以中道，立爲□□，言必如此如此，□後爲《履》爲《謙》爲《復》，乃至爲《井》爲《巽》，悉自勘自驗於心行之間而無真以回□之□，則其方便□矣！故佛家無論大乘小乘，治經皆□重分別法相，亦以此也。

《履》以和行，《謙》以制禮，《復》以自知，《恒》以一德，《損》以遠害，《益》以□利，《困》以寡怨，《井》以辨義，《巽》以行權。

此三，辨業用。以，即用也。文並易明。古說已詳，但釋一二有殊意者。自知，即自證也。從淨三昧中，瞥起一念，此種境界，全非他人所可□知，唯有自證得知，其心仁不仁，皆可自驗。故曰《復》以自知也。害莫大於忿慾，今日戰爭相尋，生靈塗炭，皆起於諸霸者一念之忿與慾耳。若能窒慾於始發，懲忿於大萌，則天下何□如此擾□。佛家謂人之生死輪迴，長劫□露，悉是貪嗔作業，亦可見其爲害至烈。故曰《損》以遠害也。《困》以寡怨者，如《論語》，子貢問曰："伯夷、叔齊何人也?"子曰："古之賢人也。"曰："怨乎?"曰："求仁而得仁，又何怨?"移以解此，最好。《井》無爲而利及四方，君子修德而化行天下，故以成義。辨亦作成辯解也。《巽》稱而隱，是依體而用也，故可以行權。

（原載《黑石月刊》，1945 年創刊號，第 4~6 頁）

《洪範約義》後序

《洪範約義》者，會稽馬先生應緣示教之作也。文分總別，合有十門。總標一書之統要，別釋"九疇"之義趣。總唯一章，表萬殊源於一理也；別則有九，明一理著爲萬殊也。而別門之中，又開總別。總舉其綱，別銷其文，則顯萬物各一太極也。蓋所謂圓融不礙行布，行布不礙圓融者也。而其爲書也，貫天人之理，合內外之道，明性修之德，發理氣之妙，探治忽之本，顯體用之微。理無玄而不窮，性無隱而不盡。辭極淵雅，質有其文，至醇無雜，蓋周、程而後未有之作也。至其爲說也，釋"五行"爲盡物之性，"五事"爲盡己之性，"八政"爲盡人之性，"五紀"爲盡天地之性，"皇極"爲標心德之總名，示盡性之極，則"三德"爲亦盡人之性，"稽疑"爲兼盡人物之性，"庶徵"爲盡己之性以盡天地之性，"福極"爲盡人之性以盡己之性。前後八疇，並是本之迹，故咸有數焉。"皇極"至中乃迹之本，故寄位於五，而無數焉。迹不能無顯，微斯前四以彰顯後四，以著微而悉建於"皇極"，體用一源，顯微無間也。"五行""庶徵"黜向、歆之異說，"五事""福極"掃外教之卮言，銷帝天爲自性，則不疑於怪，會"稽疑"爲同，民則不惑於神。休咎徵於本心，則境不爲外嚮。威體於群倫，則道不遠人。"皇極"是人法之交綰，則終始八疇，天人而可協；"三德"爲五機之對治，則人物九品，性修而可成。而其機要，則在於敬用五事也，故曰五德之相貫之者。思五事之用，發之者敬。天人之精神皆聚於敬，非敬則五事無其體，五行無其用。貌敬則恭，言敬則從，視敬則明，聽敬則聰，思敬則睿。貌、言、視、聽、思，皆人也。恭、從、明、聰、睿，皆天也。人而天之，敬用之效也。全氣是理即人，而天理有所不行，即性有所不盡，而天人隔矣。故總此五事，並爲一心之妙用。聖人敬而用之，則以踐形盡性。凡愚肆而失之，則以徇欲忘生。《洪範》建極之功，實以此門爲最要，其道實至簡至易，其用則至大至神。悟之則當處湛然，迷之則轉求轉遠。得其解者，知爲盛德之形容；昧其源者，惟是數他人之寶藏。其言剴切如此，誠足使人當下便得悟入，而不墮於支離；合下便可行持，而不驚於言說。故謂六藝爲盡性之教，《洪範》爲盡性之書。六藝之道亦建用皇極而已矣，故"九疇"之義，亦徧攝六藝而無餘也。此皆前儒所未發而先生所獨明，誠所謂致廣大而盡精微，極高明而道中庸者歟。鈞以愚魯之姿，慕道膚淺，幸蒙牖納，猥列門牆，而中因省親遂祗獲聞於半偈。近承畢講，始得睹乎全珠。尋玩殷勤，不能暫捨，欣悟交懷，手舞弗暇。雖未能盡究微言，悉領幽致，而江海之浸、膏澤之潤，洽浹於中，不能已矣。爰書所悟，題於紙後，非敢以螢燭之微增朗於日月已。民國庚辰冬月，受業張德鈞敬書。

（原載《吹萬集·序跋選》，1941《復性書院選刊》，第 62 頁）

《大戴禮·曾子立事》篇箋解

今釋此篇略以四門分別：初敘所因，二釋題目，三解本文，四總抉擇。

初敘所因。《大戴禮》者，此一書之總名，對《小戴記》而爲目。在昔，兩書原本一帙，並爲仲尼與七十子之徒所說，而後學所記也。漢初，后蒼傳之，凡二百四篇。門人有戴德、戴聖者，病其繁重，各爲要刪，以傳於世。由是，戴德所傳八十五篇，世謂之《大戴記》；戴聖所傳四十九篇，世謂之《小戴記》。而《小戴》書歷代相仍，立在學官，又得鄭君爲注，故無散失。《大戴記》漢季學官即已罷立，傳習浸少，零落斯衆，今惟存十三卷三十九篇耳。《曾子立事》者，三十九篇之一也。據《漢志》，別有《曾子》十八篇，業已久佚①，後人即以《大戴》所存《曾子》十篇當之，然猶闕八篇，目亦未盡符。（阮元《曾子注釋》云："高似孫《子略》、王應麟《漢書藝文志考證》並引《曾子》，首篇作《修身》，與今異者。《大戴》篇目與古單行《曾子》本不同也。"德鈞謹案：《太平御覽·學部》引《曾子》曰："君子愛人以學，及時以行，難者弗辟，易者弗從。年四十無藝，則無藝矣；五十無聞，則無聞矣。"文句節次並與今《大戴》本異撰，他可知矣。）其始是非一書，究莫能明矣。此篇前修"推爲獨精"（盧文弨《大戴禮記跋》），蓋與餘篇猶見踳駁者不同，特古今訓故雖有多家，但所明止乎文句，幽致頗未盡彰。鈞今猥承師命，撰爲別釋，敢以微智，幽讚神明，亦粗陳指意，用啓未聞者爾。其有舊訓足資省覽者，悉分注文下，不復增益。惟書經秦火，漢師傳寫，率憑憶記，容或偶有紊錯（如《大戴記》與古單行《曾子》本篇目不同，《御覽》引《曾子》與今《大戴》文不同，是傳久致歧也。故汪中《大戴禮正誤》亦謂文有錯簡，乃多所改定）。今依義意，部分輒爲僭加次定，未敢謂即原篇之舊，惟就愚心所安耳。

二釋題目者。《曾子》是標能說之人立事爲顯所說之法，其篇端有"曾子曰"字，明係後學所記，而非曾子自作，故人法雙彰，能所並舉也。曾子者，孔子弟子，字子輿，名參，魯南武城人，道契一貫，位鄰於聖，七十子之上選，最能發明道要，妙合

---

① 編按，"佚"原作"軼"，今據上下文意改。

聖心者也。其説所存，《立事》最精，故後人載之首篇，比於冠冕，足以冒餘篇之理也。所云"立"者有三義：一建義，如《中庸》言"建諸天地而不悖"，《洪範》言"皇建其有極"也；二成義，如《大易》言"成天下之亹亹"，及聖人"成能""成性"之"成"也；三不可毀義，如《傳》言"不朽""太上立德，其次立功，其次立言"也。如是三義，此中並包①攝之也。事者，業也。（訓本《爾雅》）如篇中明業有無量，總説唯三：一爲心慮、二言、三行。心慮是本，言、行是迹。本則隱而難見，迹則顯而易知。人情之惑，乃致察於迹而疏脱乎本，所以其出彌邇，其去彌遠，過患横生，而事無以立也。故曾子抉明勝義，使外内知懼，理無幽顯，道無中邊，性無貴賤，時無始終，一髮全身，點波澈海。此立事所明示人修平等行、無間行而至於無偏無頗、不動不壞之域也。肇法師云："如來功流萬世而常存，道通百劫而彌固，成山假就於始簣，修途託至於初步，果以功業不可朽故也。經云：'三災彌綸，而行業湛然。'信其言也。"此足顯立事之旨矣。

三解本文者。約義大分四科：一明業事，二廣業用，三簡非業用，四顯宗歸。細目已具前表②，隨文更當別出，恐厭繁文，此不縷悉。

　　〇第一，明業事者，於中有六。初，原學，顯修德義；二，正明業，顯中溥義；三，別詮學，示修漸次；四，別詮業，示所應守；五，別舉律儀，廣示修斷（謂所應修所應斷者）；六，略説行果，總成業勝。

曾子曰：君子攻其惡（阮注："孔子曰：'攻其惡，無攻人之惡。'"《解詁》："攻，治也。"），求其過（盧注："省其身。"），彊其所不能（阮注："彊，勉彊也。"），去私欲，從事於義，可謂學矣。

　　此"初，原學，顯修德義"也。常言君子並是成德之目，今在此中，即指立事之人。物有本末，事有終始。此所云事，乃指修德之事，修屬行位，故以學爲始也。朱子曰："學之爲言，效也。人性皆善，而覺有先後，後覺者必效先覺之所爲，乃可以明善而復其初也。"此解與曾子説最爲相應，蓋必有所迷乃用求覺，必有所失乃用求復。復則顯，非新生而是本具；覺則顯，非造作而是現成。故因性起修，因修顯性，性修不二，天人一理也。由是，學之緣起，在求覺復，苟無迷失，即不用學矣。人性本善，因何而有迷失耶？一者氣稟之拘，二者物欲之蔽。故爲學之要無他，解拘去蔽而已。拘蔽解脱，

---

① 編按，"包"原作"苞"，今據上下文意改。
② 編按，"前表"即篇後之"科判"。

則如病去身，本心蕭然，全體自在，鳶飛魚躍，活潑縱橫（即豎超三界，橫徧十方）。拘蔽者何？此中說言一惡二過三爲私欲。此是由粗及細，由標及本。事害於理，爲惡行失乎中，爲過舉心動念，不循本性，謂之私欲。惡相粗重，故言攻過相輕細，故言求私欲爲惑，本過惡所從出（伏曼容曰：蠱者，事也。蠱者，惑亂也。萬事從惑而起，故以蠱爲事也）。故言去必此去，餘二乃可斷也。彊其所不能者，心戰以勝之也。孔子曰"我戰則克"也，然戰必有所依，乃可爲戰，故曰從事於義。義者本心，天理之宰，力能割斷，而爲私欲對反之法也。從事於義，則私欲即得對治，如燈破暗，起滅同時。蓋此二法，敵體相反，有若水火，故《丹書》曰："義勝欲者從，欲勝義者凶。"《樂記》以天理人欲對舉，義亦玄同。然若不講學，則義、欲且不辨，何論於從違？故立事以學爲首基，義甚深遠，亦猶《論語》以《學而①》第一也。

君子愛日以學（《解詁》："愛，惜也。恐玩時棄日也。"），及時以行（《解詁》："及時，隨時也。《易》曰：'君子進德修業，欲及時也。'"），難者弗辟（孔注："辟，音避。"），易者弗從，唯義所在（《解詁》："《論語》曰：'無適也，無莫也，義之與比。'"），日旦就業（阮注："《曲禮》曰：'所習必有業。'"），夕而自省（阮注："《爾雅》：'省，察也。'曾子曰：'吾日三省吾身。'《國語》曰：'士朝而受業，晝而講貫，夕而習復，夜而計過，無憾，而後即安。'"），思以殁其身（《解詁》："殁身，謂終身也。《表記》曰：'俛焉日有孳孳，斃而後已。'"），亦可謂守業矣。

此"二，正明業，顯中溥義"也。《爾雅》云："業，事也。"此中言業，則所以爲用而顯夫體者也。用依於體，則必隨順於體，無所差忒，乃足顯發。然所謂體者，凡有三義：一，曰不息義，泯絕時分相故；二，曰正中義，遠離二邊故；三，曰周溥義，不局方隅故。由是，君子立事守業所尚，亦無非以無間行、中道行而與體相應。故愛日以學，及時以行，是其所以不息也。難是一邊，易是一邊，弗辟弗從，唯義所在，是其所以正中也。旦夕就業，思以殁身，死生無間，小大雙忘，是其所以周溥也。守者，相應於體，而不蹔離之謂。鄭君注"顧諟天之明命"云："謂常目在之。"此與守義相同，極可玩味。若就文理講，則"難者弗辟"，是由"彊其所不能"句來。"易者弗從"，是由"去私欲"句來。"唯義所在"，是由"從事於義"句來。

---

① 編按，"而"字原無，今據上下文意補。

君子學必由其業（孔注："不攻異端也。"），問必以其序（《解詁》："不躐等也。"）。問而不決，承間觀色而復之（《解詁》："間，隙也；觀色者，不干逆色也。"孔注："復，再問也。"），雖不說（孔注："如相說以解之說。"），亦不彊爭也（《解詁》："爭，辨也。"）。

自下"三，別詮學，示修漸次"有二：一，漸次加行；二，正顯漸次。此初也，首句是雙承上兩段來，前雖言學，未知何等學、如何學，故此別詮。此中由者，順應之謂。學業，具如前解，蓋恐初機昧於抉擇，輒墮邪邊，妄以知見爲學。故今聖賢定其趣向，謂學必由業，表埻既明，則取捨斯碻也。首以問者顯是學之初門，思修所資，必以聞先，然匪惜悱，不邀啓發，故聞熏有藉，與問是珍。古字"聞""問"相通，義甚昭晰。然問有其道，不得躁率，故此中言問必以其序，謂要先其易者，後其節目（見《學記》）。務切己事，不遠思修者也（《論語》："博學而篤志，切問而近思，則仁在其中矣。"）。又必有禮，故次說言問而不決，承間觀色而復之，雖不說，亦不彊爭也。此全是推事親之道以事於師（可參《內則》）。親是生命所資，師是慧命所資，德並同天，故禮不宜二也。（荀子謂："禮有三本，以親師與天地並稱。"）孔門孝行，曾子弟一，故其用處皆是孝心之發。此亦可見得其本者，行無不至，用無不大，心無不周。學曾子者，應於此等處盡心也。

君子既學之，患其不博也（阮注："《說文》：'博，大，通也。'孔子曰：'博學於文。'"）。既博之，患其不習也（孔注："習者，溫故。"阮注："曾子自省曰：'傳不習乎？'孔子曰：'學而時習之。'"）。既習之，患其無知也（孔注："知者，知新。"《解詁》："謂心知其義也。"）。既知之，患其不能行也（《解詁》："謂身體其事也。"）。既能行之，貴其能讓也（阮元依《群書治要》引作"患其不能讓也"）。君子之學，致此五者而已矣（阮據《禮器》鄭君注："致，致密也。"《解詁》："致，猶盡也。"）。

此正顯漸次也。"既學之"是承上問來，凡有五重，次弟前後相生，如文可知：博者，多聞也。習者多聞，聞持其聞。積，集也。知者，真積力久，豁然貫通也。行者，由思入理，體其在己也。讓者，謙光之至。行，無行行也。到斯境地，乃民無得而稱焉，其可謂至德也已矣（見《論語》）。君子之學，不詣此極，則心恒惻然、怦然，若無所慊於其懷。故五重行位皆安一患字，顯其願力弘深，大悲徹骨，一切功德皆爲其所運持也。此種漸次與佛家言相通，恐厭繁文，不能具説，茲略表於次：

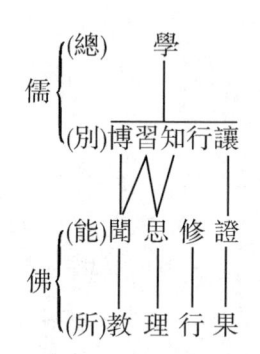

```
         (總) 學
      儒 ┤
         (別) 博 習 知 行 讓
              │ │ │ │
         (能) 聞 思 修 證
      佛 ┤   │ │ │ │
         (所) 教 理 行 果
```

君子博學而孱守之（阮注："《説文》：'孱，连也。'连小乃博之反。孟子曰：'曾子守約。'"），微言而篤行之（《解詁》："微，少。篤，厚也。"），行必先人，言必後人（盧注："君子欲訥於言而敏於行。"），君子終身守此悒悒（悒，阮注《説文》："悒悒，不安也。"）。

自下"四，別詮業，示所應守"。於中分四：初，略標業相；二，顯無間；三，崇内證；四，明憂患。此初也。首句"博學"承上文"患其不博"，來孱守承第二段守業來，亦總旨下三節也。前雖言守業，未知守何等業，如何守業，故此別詮。此中言業者，謂即言行人生事爲，雖有億萬，約其統類，無過此二，故云"何孱守"。於言微之，是言業守矣；於行篤之，是行業守也。行必先人，言必後人，義亦然爾。佛家施教，常以勸人守護根門，把斷要津，蓋有玄同此説。言者即彼口業，故此説行者即彼身業，故思之可見。此處"悒悒"，與下言"憚憚""勿勿""戰戰"，皆形容孱守之貌也。"守"義見前解。

行無求數有名（盧注："數，猶促，速。"孔注："數，音促。"），事無求數有成。身言之，後人揚之；身行之，後人秉之（《解詁》："秉，持也，謂持守之也。"）。君子終身守此憚憚（阮注："憚憚，勞心也。《齊風》：勞心怛怛。"）。

此顯無間也。行事皆業異名。此心湛然恒在，無有攀緣放逸，是謂守。此憚憚，蓋夫未能大觀無我，斯有尋求，及其冥同性量，復何得喪。名既是外，成亦非新（《老子》曰："能敝不新成。"）。故盡其在己，不計其功。後人秉揚，非所逆冀，時行物生，豈有言慮者哉？

君子不絕小不殄微也（盧注："殄亦絕也。"阮注："謂人有小學微善，皆知而稱之。"《解詁》："謂不以小善爲無益而不爲也。"），行自微也不微人（孔注："自卑而尊人。"阮注："《爾雅》：'微，匿也。'"《解詁》："行自微，謂隱行善事也。不微人者，謂非陰密不使人知也。"），人知之則願也（《解詁》："《爾雅》曰：'願，思也。'自思之，恐行有不及。"）；人不知，苟吾自知也（《解詁》："《説文》云：'苟，自急敕也。'"）。君子終身守此勿勿也（盧注："'勿勿'，猶'勉勉'。此'也'字及下文'戰戰也''也'字。"阮據《羣書治要》刪）。

此崇内證也。夫希聲於外者，一切所行皆以要譽爲務也。在己則以小善爲人或不見知，輒絕而不思繼也（《易》曰："繼之者，善也。"）。見人致謹於密微，則以爲細節何足道，輒抹殺之也。又其次者，在己雖一小德，亦必謹世以求寵。見人縱有勝行，亦必掩抑使不彰。其意以爲人有名而己無名，恥也。己有名矣而人過之，又恥也。故恒媢疾人之有技而違之，俾不通，皆出於我執之私也。偶有不虞之譽，則狂喜而不知自省也。求名而弗得，則又潦倒窮愁，怨天尤人，若不可一日生也。此誠喪己之甚哉！所謂小人枉自小了是也。君子不如是，内求自盡而已，自知而已。己善，亦樂人之善也。非但樂人善也，而惟恐人之不爲善也。故在己，則雖小恒視如大，不絕修也。雖大，恒視如小，不自彰也。人或知之，則願然而省，意其爲不虞之譽也。人不知則吾所自急敕者，原求自知而已。待人則雖微必稱之，雖晦必顯之，是所以齊物我之界，忘寵辱之分，一體衆生而不至於獨覺也。此本篇之指也。

君子禍之爲患（《解詁》："禍，裁害也。"），辱之爲畏（《解詁》："辱，污也。"），見善，恐不得與焉；見不善者，恐其及己也。（盧注："《論語》曰：'見善如不及，見惡如探湯。'"阮注："與，及也。"）是故君子疑以終身（盧注："疑善之不與，惡之及己也。"）。君子見利思辱，見惡思詬，嗜慾思恥，忿怒思患（盧注："故愚惑者朝忿忘身。"《解詁》："患，難也。《論語》曰：'忿①思難。'"）。君子終身守此戰戰也（阮注："《毛傳》：'戰戰，恐也。'"）。

此明憂患也。文分二節：初言畏果察因，次言見因思果。所謂果者，禍、辱是也。其必有致之者，則善不與，而不善與之，是即因也。若畏患禍辱之來，則不可不先自絕於其所以致之者，因無，果自無也。故次即順勢説明見因思果之義，不善因即佛家所謂"黑業"，惡報即佛家所謂"非福果"。儒家

---

① 編按，"忿"原誤作"患"，今據《論語·季氏》改。

雖不顯談因果，然言感應，義則無殊。《書》曰"惠迪吉，述逆凶"，如影響禍福，無不自己求之者，語甚昭然，豈容滅沒！黑業雖多，此處約言四種：一利、二惡、三嗜慾、四忿怒。略有當於佛家所謂根本惑，故其餘過類亦可該攝之矣。夫人情之惑也，見因不知果，故果至而後畏；見果不知因，故報盡仍造業。是以聖人推隱見於《春秋》，本天道於《大易》，著感應於《風》《雅》。莊生曰："人之生也，若是其芒乎？念斯冥盲，悲心何已。"

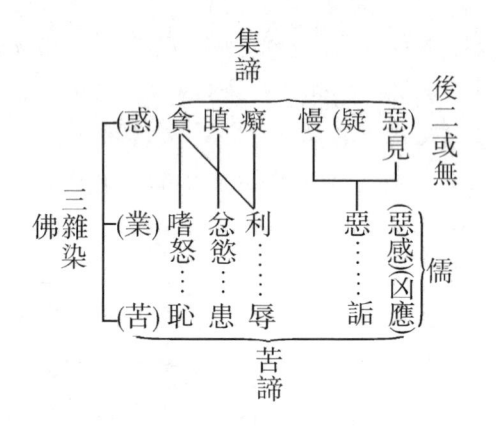

```
                集
                諦
         ┌──────────────┐   後
      (惑)貪 瞋 癡  慢(疑)惡  二
                        見  或
    三                      無
    雜                      
    佛染  (業)嗜 忿 利   惡  儒
         怒 慾 ……  ……   (惡感)(凶應)
         ……  患 辱    詬
      (苦)恥             
         └──────────────┘
                苦
                諦
```

復次，當知聖賢言語深渾，不止一端。此雖著明憂患，亦即示人治心之要，即所以知苦斷集之道也。故佛家道諦此中亦攝，蓋於初原學中雖言攻其惡、求其過，然未知過惡大類有幾，云何攻求，故此更明之耳。利、惡、慾、忿，是即過惡四種思法，是攻求也，見惡而思其禍，則惡即不作；見過而思其辱，則過即不成。故此最爲治心要門。"見"有二義：一讀如字，即炤見義。二讀若現，即發見義，或現行義。謂此四惑於自心現行時，自心本有良知，即炯然炤見，非不覺知。顧諸愚夫煩惱熾盛，雖知爲過患，而欲求眼前適情滿志，故即不克治調伏，隨其流蕩滋長，及後苦果至時，乃生懊惱。聖賢深愍彼愚，故爲設此方便對治法門，謂當四惑現行，本心炯然見覺時，應即思維，此利此惡此慾此忿之四法者皆非善良。今我現行，雖暫快意，然已惱害於他，深非人理，況有王法世教，十目十手，當成苦果，必無可脫，如辱、如詬、如恥、如患，適成自縛，此何可者？於是四惑便得欻然霧散，不復現起。故此四事最爲初機，調心津要，立事守業第一法門。諸有智者，應勤修學。又考佛家大小乘師，最初發心學道，亦以五事停心，謂一貪觀不淨，二瞋觀慈悲，三癡觀因緣，四慢則析根，五亂即數息，亦極善巧，便與此中所說功用實同。真求受用者並應參學，不可妄分門戶，輕計優劣，而自絕於真理之塗也。又小乘師説一切有部於《大毗婆沙論》中，説四種身縛：一欲愛、二瞋恚、三戒盗、四我見，應知與此中所説四惑亦無二致。蓋理詣於真，千聖不殊；道貞夫一，大小莫爽者也。

四縛 ｛ 欲愛——嗜慾 瞋恚——忿怒 戒盗——惡 我見——利 ｝

君子疑則不言（阮注："孔子曰：'多聞闕疑，慎言其餘，則寡尤。'"），未問則不言（阮注："孔子曰：'不憤不啓，不悱不發。'"），兩問則不行其難者。（阮注："待問者如有兩問，亦不先以難者彊之行。"《解詁》："《史記索隱》云：'行，先也。'《學記》曰：善問者如攻堅木，先其易者，後其節目。問必以其序也。'"○此與次條原在"亦可謂內外合矣"下。今以所説是明言行義當與守業相次，故移綴於此。）

自下"五，別舉律儀，廣示修斷"。於中有三：初，言語之儀；二，行修之儀；三，總説言行之儀。此初也，於三別詮學中雖言審問之道，然未知酬對之節，復當如何？故此明之。文有三句，義亦成三：一顯所應説，二顯何種時處説，三顯當如何説。疑者，《説文》云："惑也，惑者，智之反。"《論語》曰："知者不惑也。"又《爾雅》云："惑，迷也。"則又爲覺之反。由是可知，疑則不言者，實含二義：一謂於所未知處則不應言（子曰："知之爲知之，不知爲不知，是知①也。"），二謂於未覺時則不應言。能此二事，則其所言者，必既知既覺，毫無迷惑，實見不虛之理也。故此句是顯所應説，佛家謂如語者、實語者、真實語者，與此處同。未問則不言者，亦有二義：一謂非彼問時則不與言（即阮注所舉"不憤不啓、不悱不發"義），二謂非其所問亦不與言（即問在答處，答在問處）。所謂夫子時然後言也，故此句是顯何種時處説也（《論語》"言未及之而言，謂之躁"，是斥其失）。佛家有定，應答分別，答與此略同。兩問則不行其難者，此句阮、王各備一解，今謂意是來機致問，吾已如理答之，彼仍不悟，重呈所惑，至再至兩，則非上根決矣。此時不應深爲陳理，但可善巧方便，博爲譬喻，以開解之。以其所知，顯彼未知，則彼疑霧易可豁然。故不行其難者（即癡人前那可爲之説夢），此

---

① 編按，"知"原作"智"。

顯當如何說也。佛家謂之觀機立教，亦是此意。

君子患難除之（《解詁》："虞注：'《易·象傳》云：除，修也。《易》曰：君子以恐懼修省。'"），財色遠之，流言滅之。（孔注："荀子曰：'流丸止於甌臾，流言止於智者。'"）禍之所由生，自孅孅也（阮注："《說文》：'孅，銳細也。'"），是故君子夙絕之。（孔注："夙，早也。"）

此行修之儀也。前於崇內證中，雖言君子於善應不絕小，但未知於惡復應如何，故此明之。此中首三句除患難、遠財色、滅流言，皆是示人制之於外以安其內。下三句乃是示人致力乎中，而絕其本也。孅孅者，即指自心以行相深細，人莫覺知故。故劉熙《釋名》云："心，纖①也。"言纖細則無物不貫。據以釋此，義乃相應。佛家云："心如工畫師，畫種種五陰，是故於世間無法而不造，心生則法生，心滅則法滅，心染故土染，心淨故土淨。"由斯可知善惡吉凶都從心出，故除患絕禍，實應於此致功。邵堯夫云："思慮未起，鬼神莫知，不由乎我，更由乎誰？"此聖人之學，至簡至易，當下便可用力。故道不遠人，其至塞乎天地而實不離本心。《易》與《春秋》所言亦不外乎此理。故《易》曰："善不積不足以成名，惡不積不足以滅身。"臣弒其君，子弒其父，非一朝一夕之故，其所由來者漸矣。由辨之不早辨也。董生《春秋繁露》曰：《春秋》之法，貴微重始。弒君三十六，亡國五十二，細惡不絕之所致也。孔子明得失貴賤，反王道之本，譏天王以致太平。刺惡譏微，不遺小大，善無細而不舉，惡無細而不去，進善誅惡，絕諸本而已矣。夫覽求微細於無端之處，誠知小之將為大也，微之將為著也，吉凶未形，聖人所獨立也。此最能發明心要，故聖人之學，心學也。《易》與《春秋》皆示人治必之書也，心不治而言經世理民，不已遠乎？故此篇教人於隱微之地、念慮之萌，恒致意焉。蓋曾子所以守約者如此也。

君子入人之國，不稱其諱，不犯其禁，不服華色之服（盧注："諱，國諱。禁，國禁。"《解詁》："《曲禮》曰：'入竟而問禁，入門而問諱。'華者，猶榮華，容色之異也。"），不稱懼惕之言（阮注："懼惕，危屬也。言其國之隱患也。孔子曰：'邦有道，危言危行；邦無道，危行言孫。'"《解詁》："稱，揚也。恐懼怵惕之言，悚人聽聞者。"），故曰：與其奢也，寧儉；與其倨也，寧句（《解詁》："倨，傲也。句，曲

---

① 編按，"纖"原作"孅"，今據《釋名》改。

之也。《左傳》曰：'直而不倨，曲而不屈。'"）。可言而不信，寧無言也（《解詁》："不信，謂無徵不信也。"）。君子終日言，不在尤之中（阮注："《孝經》曰：'言滿天下無口過。'"）；小人一言，終身爲罪。（此與次條原在"亦可謂無私矣"後，"多知而無親"前，今移綴於此，義較順。）

此總説言行之儀。於文有二：初，謹之於己，以遠罪尤；二，慎以與人，以杜禍亂。此初也。上雖言除患難，而事猶未詳，故此具明之。稱諱、犯禁、華服、危言，皆所以取禍召罪也，四不是。所以對治之者，但此廣説則四，約説則二：服華色是奢所攝，餘三並是倨攝。由倨，故乃有餘三；由奢，故乃服華色。儉則不奢，句則不倨，故復以儉與句爲對治之要也。不信不言者，是體信也；終日言不在尤之中，是達順也。體信爲因，達順爲果。因，是由工夫以證本體；果，是由本體發生大用。

君子亂言而弗殖（孔注："'而'疑衍字。"阮注："殖，生長也。"），神言弗致也（盧注："子不語怪力亂神。"阮注："致，如送詣也。"），道遠日益云。衆信弗主（"云"字，戴震校本依馬繡《繹史》所引刪。盧注："道遠日益，積習之也。不主，謂僉議所同，不爲主。孔廣森曰：'云'絕句，《荀子·大略》作'矣'。阮、王二家因並以'道遠日益云'別爲一句，不與下屬，故阮注曰：'云'字乃'矣'之誤。楊倞云：'爲道久遠，自日有所益。'"《解詁》曰："云，言也。道之旨遠，非一言可盡，君子日益其言，言以明道也。"德鈞謹案：盧注於義爲長，故今仍從舊），黔言弗與（戴氏校云："'黔'，古'陰'字，各本訛作'靈'，今從方本。"德鈞案：《戴記》原爲孔壁遺文，宜多古字。戴校是也，從之），人言不信不和（孔注："和，讀唱和之和。"）。君子不唱流言，不折辭（盧注："言不苟折窮人辭也。"），不陳人以其所能（《解詁》："陳人，陳説於人也。能，謂己之功能。"）。言必有主（《解詁》："主，本也。"），行必有法（《解詁》："法，常也。"），親人必有方。（《解詁》："親，近也。方，道也。"○《解詁》於此分段，今從之。）

此總説之"二，慎以與人，以杜禍亂"也。於行修之儀中，雖説流言滅之，然未知其事爲何等，故此詳之。初陳六不以明相，後結歸正六不者：一曰亂言，顛倒是非，足以階亂，不令長也。二曰神言，假託鬼神，誣民惑衆，不令遂也。三者與道相遠，徒日增其説，雖衆信不主之也。四曰黔言訐人，陰私弗與，謂浸潤不行也。五曰不信之言，語出無徵。"不和"，謂不妄隨順也。六曰流言，訛言多誣，莫究根源（《荀子》楊注："流者，無根源之謂。"），不爲唱也。荀子曰："是非疑，則度之以遠事，驗之以近物，參之以平心，流言止焉，惡言死焉。"足與此處相發，即是滅前六言之道，蓋析之其相雖六，約之則一，流言、惡言即可攝盡其本，皆是不根理事，其究皆可爲惡成患也。至於面折人辭（"折"字有故意求勝之意），炫耀己能，亦召禍取辱之道，而非所以盡己也。故並戒之。次云言必有主，行必有法，親人必有方，是總攬上義，結歸於正也，如文易知。

君子慮勝氣（盧注："血氣盛則害身，故君子有三戒。"），思而後動，論而後行，行之必思言之（《解詁》："《緇衣》曰：'可行也，不可言，君子弗行也。'"），言之必思復之，思復之必思無悔言（盧注："信近於義，言可復也。"阮注："太叔文子曰：'君子之行，思其終也，思其復也。'思復謂思覆，行之絕無偏敝。"），亦可謂慎矣。（阮注："《緇衣》孔子曰：'故言必慮其所終，而行必稽其所敝，則民謹於言而慎於行。'《詩》云：'慎爾出言，敬爾威儀。'"）

自下"六，略說行果，總成業勝"。有二：初行勝，次果勝。此初也，上來雖已別別顯示言行，但未知言行以何爲主，故此明之，亦總括前文，皆行位中事也。此中顯示言行以思爲主，立事之要，在以慮勝氣，不爲氣所勝。慮即是思（見《爾雅》），氣即言行之具，魂魄官骸，並是所攝。隨順軀殼起用，即是爲氣所勝；不隨順軀殼起用，即能勝氣。《孟子》曰："從其大體爲大人，從其小體爲小人。"軀殼是小，本心是大也。然從大、從小皆此一心，非係他物，心思時便能從大，心不思時便從小了。故《洪範》曰："思曰睿，睿作聖。"孟子曰："耳目之官，不思而蔽於物，物交物，則引之而已矣。心之官則思，思則得之，不思則不得也。此天之所以與我者，先立乎其大者，則其小者不能奪也，此爲大人而已矣。"此個先立乎其大，即是立事。《洪範》"敬用五事"，亦即是慮勝氣的工夫，事雖有五，約之則言、行二端而已。言、行雖二，約之則惟一心而已。故六藝所明，無有二道，只此一心，乃是大頭腦處。識得此點，則可落實去做工夫，內外存省，毋得放逸。《中庸》曰："行顧言，言顧行。"顧即是時，時炤管着。這個"炤管"便是思的功用。《易》曰："擬之而後言，議之而後動。"擬議以成其變化，變化者，大用流行也。擬議即是思也，思而後大用出焉。故作聖工夫以思爲首，思能運持言行，然後身業清淨，口業清淨，意業亦復清淨，三輪平等，慮氣一致也。孟子曰："志者，氣之帥也。"志至焉，氣次焉。"持其志，無暴其氣"，正是淵源於此。宋儒言變化氣質。張子謂"德不勝氣，性命於氣；德勝其氣，性命於德"，皆遠有端緒，顧不可與守文之徒言耳。由是應知此中"思而後動，論而後行"，即是以思運持言行。行之必思言之，即是身業清淨。言之必思復之，即是口業清淨，思復之必思無悔言，即是意業亦復清淨。五事敬用，諸根無染，故可謂慎矣。慎即廩守也（由此可知立事即立《洪範》所云五事，守業即守佛氏所云三業也）。

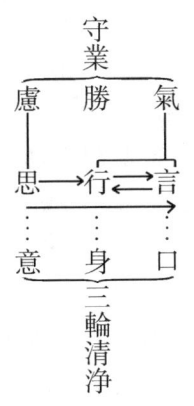

```
        守
        業
    慮  勝  氣
    │   │   │
    思→ 行⇌ 言
    ┊   ┊   ┊
    意   身   口
        三輪清淨
```

人信其言，從之以行（盧注："以言不虛。"）；人信其行，從之以復（盧注："《易》曰：'君子終日乾乾，反覆其道。'"）。復宜其類（阮注："'宜'讀若'宜爾子孫''宜其家人'；'類'謂朋類，即信言行之人。《孝經》引《詩》曰：'孝子不匱，永錫爾類。'"），類宜其年（阮注："年謂久遠可行也。"《解詁》："《周語》曰：'類也者，不忝前哲之謂也。萬年也者，令聞不忘之謂也。'"），亦可謂外內合矣。（《解詁》："《中庸》曰：'合外內之道也，故時措之宜也。'"）

此果勝也。上雖顯行勝，未知其果若何，故此明之，所以總結前文，亦以生起後文，廣業用之理也。信者，《成唯識論》言："於實德能深忍樂欲，心淨為性，對治不信，樂善為業。忍謂勝解，即是信因；樂欲謂欲，即是信果。"此性澄清，能淨心等，以心勝故，立心淨名，如水清珠，能清濁水。復者，即是精進。《成唯識論》言："於善惡品修斷事中勇悍為性，對治懈怠，滿善為業。勇表勝進，簡諸染法。悍表精淳，簡淨無記，即顯精進唯善性攝。此相差別略有五種，所謂被甲、加行、無下、無退、無足。以初發心、長時無間、殷重、無餘，修差別故。"解詳《述記》《義演》等書，此不繁引。由是應知此中意，謂君子既能一業清淨，言行無差，則人被聞薰，觀感德化，即心生淨信，深忍樂欲，從之以行（'之'指君子），行既有得，信益深純，則從之反復（即夫子步亦步，夫子趨亦趨之意）。精勤不懈，剛健篤實，輝光日新，則能轉宜其類。即彼從君子者，相與朋儔，因近此人，聽聞正道，浸潤薰習，則亦如彼向於君子，信言從行，信行從復，自然而化也。既宜其類，則類更有類，類類相資，展轉增勝，其宜無窮，故說以"年"，如一燈光燃百千燈，燈復燃燈，燈燈相繼，其光無盡，而此一燈，實無損減。由是應知人性本善，聖凡無差，但資引發，不由外鑠。彼善友者，即是緣。因信行等者，即是了因。本心善性，乃爲正因，執唯物者深爲害理，故《中庸》曰："誠者自成也，而道自道也。誠者，物之終始，不誠無物，是故君子誠之爲貴。誠者非自成己而已也，所以成物也。成己，仁也；成物，智也。性之德也，合外内之道也。故時措之，宜也。故至誠無息，不息則久，久則徵，徵則悠遠，悠遠則博厚，博厚則高明。"全是發明此義。蓋子思受學於曾子，故其源流不二也。應知此中復者，即無間行，自彊不息，故復宜其類者，即平等智行，深泯人我界；故類宜其年者，即無盡功德，行年無斷相，週而復始。故又外内合者，即應氣一致，故言行不二，故人我平等，故天人合德，故時界雙泯，故圓融無礙，故神用充周，故是。故此顯行、果，總成業勝。

○第二廣業用者，於中有四：初，與人爲善，顯性德之仁；二，不與人爲不善，顯性德之義；三，不求盈責備於人，顯性德之忠；四，總離諸過，燕處中道，顯性德之無私。

君子己善，亦樂人之善也；己能，亦樂人之能也；己雖不能，亦不以援人。（孔注："不引人以自解。"阮注："援，引也。己雖不能，望人能之；反是，則引人同入於不能。忌人之長，形己之短。"《解詁》："援，謂引取人之能以爲能也。"）

此"初，與人爲善，顯性德之仁"也。上來是顯君子自盡其性，自明其德，即所謂忠也。自下顯君子推己之心，以盡人之性，明明德於天下，即所謂恕也。忠者是體，恕者是用。體必先立而後大用乃生，故次體明用。《論語》曾子曰："夫子之道，忠恕而已矣。"故此篇一以貫之者，只是一個忠恕。除忠恕以外，更無餘事。散之則爲萬事，約之只在一心，忠恕亦一心之體用也。忠恕實不相離，故打成兩橛不得。纔忠時，恕即合於内。纔恕時，忠亦攝其中。如光與火，不可擘而爲二。故相可說異，體則不異，皆一心攝。故此下以四重廣用，皆顯此心，自然不容已之仁而非有所勉彊，不同初門，彊其所不能，故皆果位以後之事也。然因該果海，果徹因源，若執定説，此在

經學研究

因位,即行不得,則成大邪。見三世佛,冤極可怖,畏智者慎之。此中已善已能,即是忠也。亦樂人之善,亦樂人之能,即是恕也。統言之,則爲仁也。仁者己立而立人,己達而達人也。己雖不能,亦不以憖人者。此句是防過語,蓋恐愚者生疑,若己善能,然後亦樂人之善能,則己未善能時,即可不樂人之善能耶!故設此防之,所謂思患而豫防也。此猶因明立量,既設同喻,證成有因,宗定隨義,又必異喻以簡濫,宗無因不有也。憖者,孔、阮、王三家,釋各不同,惟阮義較長。今案此字應依《集韻》《韻會》《正韻》等書讀胡玩切,音換,與"慎"同。伴悇,不順也。《詩·大雅》:"無然畔援。"鄭箋云:"猶拔扈也。"(班書《高帝紀》贊曰:"項氏畔換。"韋昭曰:"跋扈也。")是"憖"字原有擾害於他之意,即《大學》所謂"人之有技,媢嫉以惡之;人之彥聖而違之,俾不通"也。(拔扈,謂彊梁也。分解二字,則皆有止意。《左傳·昭十九年》:"九扈爲九農正。扈氏,無淫者也。"杜注:"扈,止也。"《漢書·禮樂志》"拔",蘭堂注云:"拔,舍,止也。"又《爾雅》:"拔、殄,盡也。"① 由此可知"憖"義。)則知己雖不能亦不以憖人者,即不以己不能故輒阻擾人之善能也。此見聖賢用必弘遠。

君子好人之爲善而弗趣也(盧注:"不促速之,恐其倦也。"),惡人之爲不善而弗疾也(阮注:"孔子曰:'人而不仁,疾之,已甚亂也。'"),疾其過而不補也(盧注:"補,謂改也。"《解詁》:"言惡人之過,而不爲之彌縫。"○盧注"改"字,戴校本作"文"),飾其美而不伐也。(《解詁》:"飾,好也。好人之美而不與之矜夸,恐其自足也。")伐則不益,補則不改矣。(德鈞案:此處"改"字疑是"文"字訛。)

自下"二,不與人爲不善,顯性德之義"也。於中分二:初對現在,次對過未。此初也,上雖言樂人能善,未知於人不善又當如何,故此詳之。文勢緊接前來,故先言君子好人之爲善而弗趣也。以對舉引出下文,文顯易知,此見君子與人之道,不過不及,極有分量,故屬於義也。惟後四句,自來注家解各不同,甚可滋惑,當略分疏:一,阮元依王引之云:"補,讀爲遂。遂,古文䢒,字形相近之訛也。"阮因謂疾其過者,君子自病其過也。下文補則不改,謂是自遂其過則不改。此阮説也。德鈞謹案:單就此數句講,如阮説誠可通。但上文云"惡人之爲善而弗疾也",下文云"君子不先人以惡,不疑人以不信",皆是斥指他人説,則此四句不得獨爲自病其過,決矣。況王引

---

① 編按,"拔殄盡也",原作"殄拔殄盡也",今據《爾雅·釋詁》刪前一"殄"字。

027

之説無舊本可徵，故阮説非是。二，王聘珍云："補，謂彌縫其闕。言惡人之過而不爲之彌縫，俟其自改也。"德鈞謹案：王氏此解似得旨，但考之諸經傳中"補過"二字，相承用處（如《周易》："无咎者善補過也。"又曰："君子以善補過。"《孝經》："進思盡忠，退思補過。"《左傳》亦有《孝經》此言），皆無有作彌縫解者，則此處何得獨然？故王説雖善，卻嫌無據。三，盧文弨云："上文云'疾其過而不補也'。注云：'補謂改也。'則此不當云'不改'，蓋當作'補則不復矣'。形近而譌。下文云：'復而能改也。'知當作'復'字無疑。"德鈞謹案：盧氏此説亦嫌於任臆改字。從未有何種板本與"復"字相譌者，何得輒以爲"復"字之譌？故上三説皆非正解。今謂"補"字義釋，仍當從盧注，疾其過而不補者，謂人之爲不善，君子惡而弗疾，冀其改也。及其遂過不改，則疾之矣。疾者，深痛之也。始惡之者，應感而然（好善惡惡，意之誠也），但冀其改，故未深痛；及其不改，則已絕望，更莫如何，故疾之耳（阮氏謂"疾其過"，與上文"弗疾也"相背，其説謬也）。補則不改者。案盧注："補，謂改也。"戴氏校本（武英殿聚珍板）"改"作"文"，則"改"與"文"原有互譌者，據此則此處"改"字乃"文"之譌。《論語》："君子之過也，如日月之食，人皆見之，及其更也，人皆仰之。小人之過也，必文。"故此處云"補"，則不"文"矣，義正相符。乃戴氏以注文"改"字爲譌，而不知注實未譌，卻是本文"改"字爲譌，其亦思之未審也。

君子不先人以惡，不疑人以不信（盧注："謂不億、不信、不逆詐。"）；不説人之過（《解詁》："説，言也。《論語》曰：'成事不説。'"），而成人之美（阮注："孔子曰：'君子成人之美，不成人之惡。'"○"而"字舊本無，阮據《群書治要》補，文理爲足，今從之）。存往者，在來者（孔注："《爾雅》：存、在，皆察也。察人往行來行，知其過改否。"《解詁》："存，恤也。"），朝有過，夕改則與之；夕有過，朝改則與之。（《解詁》："與，許也。往者之過則恤之，來者之善則許之。《論語》曰：'與其進也，不與其退也。唯何甚？人潔己以進，與其潔也，不保其往也。'"）

　　此對過未也，上已説對人現在之施爲，未知於人過未之事當如何？故此顯示。文易可知。此見君子與人爲善之心，無有毫髮之間。義中自有仁在，仁中自有義在。大悲徹骨，願力深遠。湯望衆生，同止至善，心恒惻然怛然，若慈母之倚閭，日盼游子之來歸者。

君子義則有常（《解詁》："《説文》云：'義，己之威儀也。'《緇衣》曰：'衣服不貳，從容有常．'"），善則有鄰（盧注："德不孤。"《解詁》："鄰，親也。"）；見其一，冀其二；見其小，冀其大。（《解詁》："一二、小大，並以人之善言。"）苟有德焉，亦不求盈於人也（汪照《注補》云："德當讀爲得。"孔注："雖冀人爲善之心無窮，然其人止有小德一善者，亦不責難求備也。"《解詁》："盈，滿也。《論語》曰：'無求備於一人。'《表記》曰：'君子以人望人，則賢者可知已矣。'"）。君子不絕人之歡，不盡人之禮；來者不豫，往者不慎也。（孔注："豫，謂未來而推度之也。慎，古通以爲順字，順猶遂也。事已往者，無所繫戀，不必期於遂成之。君子之接物，因境順應云爾。"）去之不謗（盧注："以義去之。"），就之不賂（盧注："以道往也。"），亦可謂忠矣。（《解詁》："忠，盡中心也。此言君子之全交也。"）

此"三，不求盈責備於人，顯君子之忠"也。上雖言君子與人爲善，但未知其分齊如何，故此明之。義則有常者，不隨物遷也；善則有鄰者，亦不絕物也。不絕物，斯不住涅槃；不隨物，斯不溺生死。此至人涉有未始，迷虛觀空，而不厭有，一念之力，而權智雙具。《易》曰"君子敬以直內，義以方外，敬義立而德不孤"也。此蓋言君子之修己也。二者一之。繼大者小之究，見一冀二，是欲其繼善而成性也；見小冀大，是欲其擴充以盡性也。此蓋言君子之存心也。盈者，虧欠之反。苟求一毫無虧欠之人而後與之，則世將無一可與者，亦無以勵人爲善矣。故苟有德焉，亦不求盈於人，蓋將以徐以誘之耳，夫子之設科如是也。歡者欣善之誠，禮者儀節之末。苟儀即周至，然後與之，則幾何其不絕人欣善之心。故不絕人歡則不盡人之禮，苟以是心至斯受之而已矣。夫來者非真來，雖住而不留；往者非實往，雖去而不遷。往來自是假法吾心，何爲之憂喜哉？故來者不豫，往者不慎也。（《解詁》："《爾雅》曰：'豫，樂也。'《方言》《廣雅》並云：'慎，憂也。'"）夫謗而去之，亦非義也；賂而就之，亦無恥也。於己無減，故不謗也；於己無加，故不賂也。此上蓋言君子之應物垂跡也，亦可謂忠。是總結前文，言皆所以盡其心也。

君子恭而不難（《解詁》："難，勞苦也。"），安而不舒（《解詁》："舒，猶慢也。"），遜而不諂，寬而不縱，惠而不儉（《解詁》："《易》曰：'用過乎儉。'儉爲吝嗇。《論語》曰：'猶之與人也，出納之吝。'"），直而不徑（《解詁》："《檀弓》曰：'有直情而徑行者，戎狄之道也。'"），亦可謂無私矣（"無私"，諸本作"知"。阮元云："閣本作'無私'矣，義長。"德鈞案：宋韓元吉本下注云："知，一作無私。"是古有此本矣，今從之)。

此"四，總離諸過，以顯中"也。上雖言君子義則有常，善則有鄰，但未知何等爲常，云何有鄰，故此顯之。此中以六德簡六失。恭、安、遜、寬、惠、直是爲六德，難、舒、詘、縱、儉、徑是爲六失。德是得於中道，失是失於中道。得於中道，故常失於中道，乃私，私則無鄰，無私則有鄰也。六德皆所以顯中，有失則中，不顯，故必遣去。其失中道始成，得乎中道，則全體自在，燕處超然，更無私累矣。此以六德無有六失爲中，即佛家所謂於依他起性，無彼偏計所執，爲圓成實相之指也。廣業用以是終者，攝用歸體也。

〇第三，簡非業用者於中。文分四段：初，簡他非業，明慎所與；二，正顯非業，深嘆以寄戒；三，廣出過類，使外內知懼；四，舉小極大，彰用之失。

多知而無親（盧注："無所親行。"），博學而無方，好多而無定者（阮注："用心躁。"），君子弗與也。君子多知而擇焉（《解詁》："擇，謂擇善。《論語》曰：'擇其善者而從之。'"），博學而算焉（孔注："算，選也。"汪照《注補》："朱子曰：'博學當以其大，而急者爲先，不可雜而無統也。'"），多言而慎焉（《解詁》："《論語》曰：'便便言，唯謹爾。'"）。博學而無行，進給而不讓，好直而徑（《解詁》："徑，急也。《論語》：'直而無禮則絞。'鄭注：'絞，急也。'"），儉而好偪者（汪照云："一作'好，儉而偪者'。"盧注："偪，塞也。言好直即太徑，爲儉又太偪塞於下也。"），君子不與也。夸而無恥（《解詁》："夸，謂夸毗。《爾雅》曰：'夸毗，體柔也。'郭璞注云：'屈己卑身，以柔順人也。'"），彊而無憚（《解詁》："彊，暴也。憚，懼也。"），好勇而忍人者（《解詁》："忍，謂殘忍。"），君子不與也。亟達而無守（孔注："亟，急也。急於求通達，所云邦家必聞者也。"），好名而無體（《解詁》："體，行也。"），忿怒而爲惡（《解詁》："爲，作也。因忿怒而作惡也。"），足恭而口聖（孔注："足恭，便辟爲恭也。"阮注："口聖，自言聖也。《詩》曰：'具曰予聖。'"），而無常位者（《解詁》："位者，立也。凡此，皆不知禮，無以立也。"），君子弗與也。

此"初，簡非業①"也。上言業中雖亦少，分論修所應斷，但未知所應

---

① 編按，"簡非業"，據上文所署小題，當作"簡他非業，明慎所與"。

戒禁。凡有幾種非業事用,其相若何,故此下具明之。爲學首事,必要親師取友,以引發了因。然師有善惡,友有邪正,若擇術不慎,比之匪人,則盲人瞎馬,害極非細,白沙入泥,何可自潔?是故此中先說明有四種人,皆非善友,不應親近,然說雖四類,若嚴別之,則實唯顯二失。初、二是言所業非正,後二"不與"是言氣習染污。即初原學中所謂使人迷失有二:一氣稟之拘,二物欲之害也。文顯易知。但所業非正者,亦斥指三業。如多知而無親,是意業之失。知謂知慮也,親謂實證之也。荀子曰"勞知而不律,先王謂之姦心"是也。博學而無方,是身業之失。《易》曰"直其正也,方其義也,敬以直內,義以方外"是也。好多而無定,是口業之失。《易》曰"躁人之辭多",阮元謂"用心躁,爲無定",是也。故次文又歷舉三正,以遣三失。多知而擇,是遣意業之失;博學而算,是遣身業之失;多言而慎,是遣口業之失。文皆相對,可以知也。又博學而無行者,亦顯意業之失,無行則徒爲心術之害而已也。進給而不讓者,是顯口業之失,所謂禦人以口給也(舊注於此並錯)。好直而徑、儉而好佚者,是顯身業之失,又易可知。故初、二是言所業非正也。其次夸而無恥者,是柔惡;彊而無憚、勇而忍人者,是剛惡,皆起於氣稟之偏也。巫達無守,好名無體,忿怒爲惡,足恭口聖者,並是習染之蔽也。故後二是言氣習染污,此性之所以迷而失也。如是二類,攝一切惡品盡,諸有智者應知遠離。

巧言令色,能小行而篤,難於仁矣。(《解詁》:"篤,固也。《論語》曰:'巧言令色,鮮矣仁。'又曰:'好行小慧,難矣哉。'")嗜酤酒(阮注:"酤,買也。"),好謳歌巷遊而鄉居者乎!吾無望焉耳。(《解詁》:"望,責也。言其無足責也。")出入不時,言語不序,安易而樂暴(阮注:"安於簡易,樂於暴戾。"),懼之而不恐,說之而不聽(《解詁》:"恐,畏也。聽,從也。"),雖有聖人,亦無若何矣。臨事而不敬,居喪而不哀。祭祀而不畏(《解詁》:"畏,敬也。"),朝廷而不恭(《解詁》:"恭,肅也。"),則吾無由知之矣。(《解詁》:"《論語》曰:'居上不寬,爲禮不敬,臨喪不哀,吾何以觀之哉!'")三十、四十之間而無藝,即無藝矣(《解詁》:"藝,謂道藝也。《內則》曰:'三十博學無方,遜友視志。四十方物,出謀發慮。'此時猶不能於道藝,則時過難成,可以決其無藝矣。");五十而不以善聞,則無聞矣(戴震校云:"各本脫'則無聞'三字,今從舊本《曾子書》所引補正。");七十而無德,雖有微過,亦可以勉矣(《解詁》:"勉,讀爲免官之免,謂退止之也。言人老而無德,雖小過當赦,亦宜免退,不與之執事也。")。其少不諷誦(阮注:"《詩》《書》《禮》

031

《樂》諸蓺皆當諷誦。"），其壯不論議（《解詁》："謂講學若出謀發慮也。"），其老不教誨（阮注："孔子曰：'少而不學，長無能也；老而不教，死無思也。是故君子少思長則學，老思死則教。'"），亦可謂無業之人矣。

此"二，正顯非業，深嘆以寄戒"也。上雖言他有非業，我不應與，但未知自所行者如何等事不可為業，故此詳之。文勢分二：初，自"巧言令色"至"亦可以勉矣"為廣敘分；二，自"其少不諷誦"至"無業之人矣"為攝略分。攝略者，將前廣敘之文，以少義略攝之也。由是應知自"巧言"至"無望焉耳"，即當於後分。"其少不諷誦"一句，以鄉有庠、黨有序皆諷誦之所，今乃嗜酒好謳，巷遊而鄉居，則其不安於庠序可知矣。自"出入無時"至"無由知之矣"，即當於後分。"其壯不論議"一句，以《周易》云"擬之而後言，議之而後動"，此中又云"思而後動，論而後行"，合觀之，是論議乃所以為言動事，為之度不論議，則隨順習氣，放辟邪侈，故有種種失德也。自"三十、四十之間"至"亦可以勉矣"，即當於後分。"其老不教誨"一句，以荀子曰"以善先人者謂之教"，今乃無蓺、無聞、無德，其不足以典型於後生，又可知矣。如此良可謂罔之生也，幸而免已，故曰"七十而無德，雖有微過，亦可以免矣"，謂至此乃幸而免也。《周禮·司刺》有三赦，二曰老耄。《曲禮》曰："七十曰老，八十曰耄。"故年至七十即可幸免（雖有罪不加刑焉也），眾注於義似皆未允。"亦可謂無業之人"，總結前文可知。

少稱不弟焉，恥也；壯稱無德焉，辱也；老稱無禮焉，罪也（阮注："孔子曰：'幼而不孫弟，長而無述焉，老而不死，是為賊。'"）。過而不能改，僄也（盧注："僄，傾病人。"汪照云："僄，與倦同。"）。行而不能遂，恥也（《解詁》："遂，成也。"）。慕善人而不與焉，辱也（《解詁》："與，及也。"）。弗知而不問焉，固也（阮注："固，謂鄙固。"）。說而不能，窮也（阮注："《曾子制言》：'闇惑終身，是窮民也。'"）。喜怒異慮，惑也（孔注："愛之欲其生，惡之欲其死，是惑也。"）。不能行而言之，誣也（《解詁》："誣，欺也。"）。非其事而居之，矯也（阮注："矯，詐偽也。"）。道言而飾其辭，虛也（《解詁》："道言，謂道聽塗說，加以文飾。虛，空也。"）。無益而厚受祿，竊也。好道煩言，亂也（《解詁》："好道，好言也。"阮注："煩，讀為忿，煩言，忿爭之言。《春秋左氏傳》曰：'嘖有煩言。'"）。殺人而不戚焉，賊也（阮注："賊，殘賊也。"《解詁》："孟子曰：'賊仁者，謂之賊。'"）。

此"三，廣出過類，使外內知懼"也。前雖具說非業，但其法體名相尚未審知，故此顯示。此中皆先出其事，後出其名，以名依事，起事就名，隨因果法爾。理無差爽，所以使人臨事而懼，顧名思患，不得率意妄行也。故孔子作《春秋》而亂臣賊子懼，意甚深遠。此處蓋亦正名之一端耳。學者讀此，尤應知先哲之所認爲恥辱罪窮等者究爲何事，豈同世間役役計較於聲色貨利之得失耶？誠能由此反諸當躬而致察之，則亦可以免於不善之名矣。此中所舉過類凡十有五，大抵屬於身業者九，屬於口業者六，而其本則由於內心之染污也。故但舉身口之過，而心意之愆即不言可知焉。文句舊注已瞭，不煩更釋，茲但列表於次：

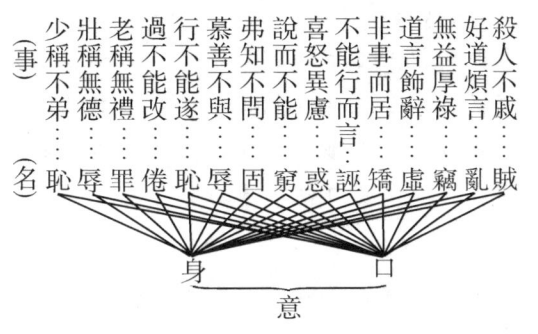

```
         過 行 慕 弗 說 喜 不 非 道 無 好 殺
少 壯 老 不 不 善 知 而 能 事 言 益 道 人
(事)稱 稱 稱 能 能 不 而 怒 異 而 飾 厚 煩 不
    不 無 無 改 遂 與 問 不 慮 行 辭 祿 言 戚
    弟 德 禮                而
                            言
         ⋮  ⋮  ⋮  ⋮  ⋮  ⋮  ⋮  ⋮  ⋮  ⋮  ⋮  ⋮
(名)恥 辱 罪 倦 恥 辱 固 窮 惑 誣 矯 虛 竊 亂 賊
         ╲╲╲╲╲╲╲╲╱╱╱╱╱╱╱
              身        口
                 意
```

人言不善而不違（盧注："色順之也。"），近於說其言（盧注："'說'，古通以爲'悅'字。"）；說其言，殆於以身近之也；殆於以身近之，殆於身之矣。（孔注："殆，幾也。悅之，則幾於近之；近之，則幾於身爲之。"《解詁》："身近，謂身附之也。"）人言善而色蒽焉（盧注："蒽焉，不悅懌之貌。"汪照云："《玉篇》：'蒽，畏懼也。'"），近於不說其言；不說其言，殆於以身近之也；殆於以身近之，殆於身之矣。（盧注："'近'，當字誤爲'遠'〔戴校本作'遠'，當字誤爲'近'〕。"孔注："不悅善言，則亦幾於以身近不善矣。其去身爲不善者，亦幾希矣。此深言樂善之當速，違惡之當嚴也。"阮、王二家解此，亦意同孔注。）

此"四，舉小極大，彰用之失"也。上來雖已顯示非業，但未知用處差忒有何種過，故此以兩事顯之。蓋前廣業用中，雖言君子好人爲善、惡人爲不善，疾其過而不補，飾其美而不伐，卻未顯示於人爲善，我不惡亦不好之；於人爲不善，我不喜亦不憎之，如此亦成罪咎否？此在常人是所疏忽，君子用心至極深細，故亦辨察及之。此即《春秋》決嫌疑、辨是非、慎始察微之旨也。故《春秋》書趙盾弒其君，董仲舒曰："其終始無弒之志，掛惡謀者，過在不遂去，罪在不討賊而已。臣之宜爲君討賊也，猶子之宜爲父嘗藥也。

子不嘗藥，故加之弒父；臣不討賊，故加之弒君。其義一也。"所以示天下廢臣子之節，其惡之大若此也。故盾之不討賊爲弒君也，與子之不嘗藥爲弒父無以異。由是可知曾子此處正是用《春秋》之法，致嚴於始微也。蓋凡夫善最難長，而惡最易成。若當其萌動之初，即有以培覆之（善者培之，惡者覆之），則修善斷惡，猶不甚難。失此不治，則難以爲力，而中人之資罕能自宰其行事，亦多視人之隨喜不隨喜以爲進止也。故人言不善而不違，則彼將以爲吾已默與之矣（故曰："近於說其言。"）。即更不審其言之爲不善矣，乃如其言以爲不善焉（彼初猶恐其言被人指責，不敢輒行，至此見人不違之，纔決定拿起來行也）。是其爲不善者，不啻吾有以使之若爾矣。使之若爾，則不啻身親爲之矣。故此中說"人言不善而不違"云云，至於人言善而吾不隨喜，則彼亦將以爲吾必不樂可之也（故曰："近於不說其言。"）。即不敢自信其言之爲善矣，乃疑其言而不敢即爲善焉。是其不爲善者，亦不啻吾有以使之若爾矣。使之若爾，則不啻身親不爲善矣。故曰"人言善而色葸焉"云云。《春秋》推見至隱，即本此義。故曾子深得聖人之用心也。此中前節是言人言不善而不違，則彼爲不善，殆於吾所致之。次節是言人言善而色葸，則彼遂不爲善，亦殆於吾所致之。其區別：一是爲不善，一是善不爲。爲不善者，直是作惡業也；善不爲者，止是於此善事不去爲耳，非即作惡也。孔、阮、王諸家不審，乃一滾解作爲不善，便成前後合掌，其亦差之毫釐也。古本又以"近"字當爲"遠"誤，總見其理會文字不醒豁，而戴氏更臆改"身之"爲"反之"，則尤失之鹵莽。

〇第四顯宗歸者，於中文分五段：初，舉觀人，明隱見不二，顯宗《易》與《春秋》義；二，舉修斷，明善惡感應，顯宗《詩》教義；三，舉齊家，明小大道同，顯宗《書》教義；四，舉臨事，明上下理一，顯宗《禮》教義；五，舉親親，明德盛化成，顯宗《樂》教義。

故目者心之浮也（阮注："'浮'，《韓詩外傳》作'符'。"《解詁》："浮，孚也。"），言者行之指也（《解詁》："指，示也。《論語》曰：'聽其言，而觀其行。'"），作於中則播於外矣。（盧注："心行見於言目也。"《解詁》："作，動也。播，揚也。"）故曰：以其見者，占其隱者（盧注："謂心目也。"《解詁》："占，視也。"）；故曰：聽其言也，可以知其所好矣。觀說之流，可以知其術也。（盧注："流，謂部分。術，心術也。"阮注："流，謂言流於口。《詩》曰：'巧言如流。'"）

久而復之，可以知其信矣。（阮注："有子曰：'信近於義，言可復也。'"）觀其所愛親，可以知其人矣。（《解詁》："語云：'不知其人，視其友'也。"）臨懼之，而觀其不恐也（《解詁》："自上蒞下曰臨。"）；怒之，而①觀其不惛也（盧注："惛，亂也。"）；喜之，而觀其不誣也（盧注："誣，妄也。"汪照云："'誣'，一作'輕'，人喜則意態輕浮。《文王官人》篇：'喜之以物，以觀其不輕。'是其證'輕''誣'字形相近致誤。"）；近諸色，而觀其不踰也；飲食之，而觀其有常也（阮注："孔子曰：'居處不淫，飲食不溽。'"）；利之，而觀其能讓也（阮注："《樂記》曰：'見利而讓義也。'"）；居哀，而觀其貞也（盧注："文王曰：'省其喪，觀其貞良也。'"阮注："外内用情曰貞。"）；居約，而觀其不營也（阮注："營猶亂也、惑也。"《解詁》："約，貧困也。"汪照云："《韓詩外傳》：'不爲安肆志，不爲危易行。'"）；勤勞之，而觀其不擾人也。（阮注："'人'字衍也，閣本無'人'字。擾，煩也。'臨懼'以下皆文王官人之法，乃人與觀人者適處之境，非觀人者故設之境。"）

　　此"初，舉觀人，明隱見不二，顯宗《易》與《春秋》義"也。上來雖廣陳"業"與"非業"、"用"與"非用"種種法義，但未知如此諸義何所宗本、何所歸攝，故此總攬前義，攝歸六藝，明六藝是所宗本，是所歸依也。初顯宗《易》與《春秋》義者，董仲舒曰："不明乎《易》，不能明《春秋》，《易》本隱之顯，《春秋》推見至隱。"足知《易》與《春秋》之義。"隱見"二字可以攝盡。隱者，本也；見者，迹也。迹是隱之現，本是迹之藏。本迹一源，隱見不二。故可從微之顯推見至隱。此立事觀人所爲機要也。然理不虛道，應赴其實。由是須知所謂隱者即指心地，其相深細，不可視聽；故所謂見者，即指言行，其相昭顯，耳目可接故。然隱雖無朕，而即爲見之根本，故見雖有象，而即爲隱之動發故。故三業並是方便之談，一心乃爲了義之教。此中説云："目者心之浮也，言者行之指也，作於中則播於外矣。"其所明即本隱之顯義趣也。《易·繫傳》曰"爻象動乎内，吉凶見乎外"，與此亦了無二致。故曾子此處實已抉出《大易》精髓，下文"以其見者，占其隱者"，則正顯《春秋》推見至隱之義也。義雖已瞭，但恐或猶不曉，故復歷舉諸事以示其例，即《漢書·藝文志》所云："《春秋》以斷事，信之符也。"又太史公曰："《春秋》以道義用。"應知觀人即是其用，所以觀人，即是其義，用施於迹，故見義；斷於心，故隱。又凡其爲觀，皆是言行，亦即見者。由

---

① 編按，"而"原作"以"，今據《大戴禮記·曾子立事》改。

觀所知，乃爲心德，亦即隱者。深知言行是心所發故，故曰："以其見者，占其隱者。"非精《大易》，何由悟此乎！此董生曰"不明乎《易》不能明《春秋》"也。又《漢書·藝文志》云"五常之道，相須而備，而《易》爲之原"，此義必有所本，蓋非孟堅之所能言。由是應知此處雖屬專顯《易》與《春秋》，而亦兼攝《詩》《書》《禮》《樂》，所以者何？荀卿曰："《詩》者，中聲之所止也。""《詩》言是其志也。"則此中云聽言可知所好，觀說可知其術，可知即《詩》教之旨也。（孔子曰："《詩》可以觀"，"不學《詩》，無以言"。故古昔大夫相見，賦詩道志。）卿又曰："禮言是其行也。"則此中云久復之可知其信，觀所親可知其人，可知即禮教之旨也。卿又曰："樂之中和也"，"樂言是其和也"。《漢志》曰"樂以和情"，則此中云懼之觀其不恐，怒之觀其不惛，喜之觀其不誣，可知即樂教之旨也。卿又曰："禮者法之大分，群之綱紀，禮之教文也。"孔子曰："不學禮，無以立。"則此中云近諸色觀其不踰，飲食之觀其有常，利之觀其能讓，居哀觀其貞，又可知即禮教之旨也。卿又曰："《書》者，政事之紀也。"《莊子》："《書》以道事。"則此中云居約觀其不營，勤勞之觀其不擾人，可知即《書》教之旨也。蓋《孟子》曰："恭者不侮人，儉者不奪人。"故能居約，即不貪營。子路問政，子曰："先之、勞之。"請益，曰："無倦。"故能勤勞（勤即無倦也），即不擾人也。昔來注家於此二句，求其解而不得，乃又疑有衍文，失之矣。由斯可見《易》道周普，總冒六藝，曾子爲能得其要也。

君子之於不善也，身勿爲能也，色勿爲不可能也；色也勿爲可能也，心思勿爲不可能也（孔注："言君子之屏去不善，無所勉彊於心色之間，是人所難能也。"《解詁》："言人於不善，雖彊制於外，而不可彊制於中也。故爲學必克己復禮，而觀人必察其所安。"）。太上樂善①，其次安之，其下亦能自彊。（盧注："太上，德之最上者，謂其心不爲也。其次，德之次者，謂其色不爲也。自彊，謂其身不爲。太上謂五帝，其次謂三王，其下謂五霸。孟子曰：'堯舜性之，湯武身之，五霸假之。'"）仁者樂道，智者利道（盧注："上者率其性也，次者利而行之。"）。愚者從，弱者畏（阮注："愚者徒從不能爲，弱者欲爲而畏難。"）。不愚不弱，執誣以彊（孔注："彊，讀屈彊之彊。"阮注："自執誣說，彊不爲善。"《解詁》："誣，罔也。以惡取善曰誣。彊，暴也。"），亦可謂棄民矣（《解詁》："古者棄民，屏之遠方，終身不齒。"）。太上不生

---

① 編按，"善"原作"德"，今據《大戴禮記·曾子立事》改。

惡，其次而能夙絕之也，其下復而能改也（孔注："復，貳也。夙絕之則不貳過也。貳而改之，猶無過也。"）。復而不改，殞身覆家，大者傾覆社稷。是故君子出言以鄂鄂，行身以戰戰，亦殆勉於罪矣。（盧注："鄂鄂，辨屬也。"阮注："殞，歿也。勉，讀爲免。"）

此"二，舉修斷，明善惡感應，顯宗《詩》教義"也。蓋《詩》所爲教有三：一曰示動著。《毛詩序》云："詩者，志之所之也，在心爲志，發言爲詩，情動於中，而形於言，言之不足，故嗟歎之；嗟歎之不足，故永歌之；永歌之不足，不知手之舞之足之蹈之也。"此顯詩之所由起也。夫動於內者即不可揜於外，抑於外者終難斷於中，天地自然之理也。故此中云"君子之於不善，身勿爲能也，色勿爲不可能也；色勿爲可能，心思勿爲不可能也"。此蓋爲修斷於末而不知修斷於本者言耳，故爲層層遮撥，而後及於隨眠之根，使知見於色作於身者，皆一心之形著也。則不徒治於末，而深抉其本，斯不勞勉彊而惡可斷也。二曰示感應。鄭氏《詩譜序》曰："周自后稷及成王，周公致太平，製禮作樂，而有頌聲興焉，盛之至也。本之由此風雅而來，故皆錄之。後王稍更陵遲，訖於陳靈公淫亂之事，謂之變風變雅。以爲勤民恤功，昭事上帝，則受頌聲宏福如彼，若違而弗用，則被劫殺，大禍如此。吉凶之所由，憂娛之萌漸，昭昭在斯，足作後王之鑒。"（文有刪節）此顯《詩》之所爲用也。夫善惡感於此者，則吉凶應於彼。吉凶見於彼者，則憂娛復受於此，因果法爾然也。故此中云"太上不生惡，其次而能夙絕之，其下復而能改也。復而不改，殞身覆家，大者傾覆社稷"。此其所示感應之道甚著。自天子至於庶人，理無差爽，蓋士、庶人作惡則有殞身之報，大夫作惡則有覆家之報，天子、諸侯作惡則有喪其社稷之報。其事著於《詩》，而此則言其理也。三曰思誠。《詩譜序》云："詩之道，論功頌德，所以將順其美；刺過譏失，所以匡救其惡。各於其黨，故爲法者彰顯，爲戒者著明。"《論語》："子曰：'《詩》三百，一言以蔽之，曰思無邪。'"佛家以思爲業，體思之，著於身則爲行，著於口則爲言，必思無邪而後業無妄焉。匡救其惡，實以此爲本，故此中云"君子出言以鄂鄂，行身以戰戰，亦殆勉①於罪矣"。鄂鄂、戰戰，皆思之用也。勉於罪則轉染成净，轉識成智矣，尚何劫殺大禍之來乎？故曾子此處雖不顯言《詩》，而《詩》教精義，實莫踰於此。孟子曰："善説

---

① 編按，"勉"原作"免"，今據上文校改。

《詩》者，不以言害辭，不以辭害意。以意逆志，是謂得之。"孟子爲曾子再傳，而其說如是，則曾子此處不沾沾於言辭之末，正是以意逆志也。可不謂之善說《詩》者耶？"執誣以彊"句，舊注未安，茲別釋之。按：誣者，即人自謂其身不能居仁由義，如今人謂自家是個物質，而不承認有心，亦是誣。彊者，即言非禮義。王聘珍解"彊"爲"暴"，是也。如今人動言爭奪乃人類天性，馴至率人相噬相殺，皆是彊。孟子曰："言非禮義，謂之自暴也。吾身不能居仁由義，謂之自棄也。"故此中云"亦可謂棄民矣"。

是故君子爲小由爲大也，居由仕也（盧注："故曰父母爲嚴君，子孫爲臣民也。"孔注："'由'，古通以爲'猶'字。"），備則未爲備也，而勿慮存焉（盧注："不忘危也。"孔注："推家而致之國。事有小大，有衆寡，其道亦未備也，然能齊其家，而國有勿慮難治之，理存乎此矣。上引之云'勿慮，都、凡也，猶言大凡'。"《解詁》："《祭統》曰：'上則順於鬼神，外則順於君長，內則以孝於親，如此之謂備。''而'讀曰'能'。慮，思也。存，省也。言備既未備，能不自省乎。"）。事父可以事君，事兄可以事師長（阮注："《孝經》曰：'事兄弟，故順可移於長。'"《解詁》："《大學》曰：'君子不出家而成教於國。孝者，所以事君也；弟者，所以事長也；慈者，所以使衆也。'《師氏職》曰：'順行以事師長。'"）。使子猶使臣也，使弟猶使承嗣也（盧注："承嗣，謂冢子也。"孔注："承，丞也。《春秋左氏傳》曰：'請承嗣，讀爲司。'丞司者，官之偏貳，故弟視之。臣則私臣，自所謁除也，可以子視之。"）。能取朋友者，亦能取所予從政者矣（阮注："'予'讀如'與'。"《解詁》："政，謂國政。予從政，言同升諸公，與之事君也。"）。賜與其宮室，亦猶慶賞於國也（孔注："宮室，謂家人。"）。忿怒其臣妾，亦猶用刑罰於萬民也（阮注："《孝經》曰：'治家者不敢失於臣妾，而況妻子乎？'"《解詁》："臣妾，謂廝役之屬。"）。是故爲善必自內始也。內人怨之，雖外人亦不能立也（盧注："《大學》曰：'欲治其國，先齊其家。居家治，則移官亦理也。'"阮注："立，立名也。《孝經》曰：'君子之事親孝，故忠可移於君。事兄弟，故順可移於長。居家理，故治可移於官。是以行成於內，而名立於後世矣。'"《解詁》："《論語》曰：'在邦無怨，在家無怨。'外人，邦人也。立，蒞也。"）。

此"三，舉齊家，明小大道同，顯宗《書》教義"也。文分三段：初"是故君子"至"勿慮存焉"，爲略標義（"勿慮"，王引之據《廣雅》解爲"大凡"，甚是）。二"事父可以事君"至"於萬民也"，爲別示例。三"是故爲善"至"不能立也"，爲結成文句。舊注已詳，此但説義。所謂"顯宗《書》教"者，曾子曰："夫子之道，忠恕而已。"忠恕爲何？即是一個推：由己推彼、由內推外、由小推大、由近推遠，往古來今、四方上下都一齊穿紐（此二語是陳白沙説），實不外舉斯心加諸彼而已（本孟子語），彼己雖殊，理無殊故，內外雖別，理不別故，小大雖異，理無異故，遠近雖差，理無差故。是故儒家行事，只是率循天理，不假安排，由乎本心，不須彊迫。實證此理，實盡此心，則無論何時，無論何處，都是一貫，不有增減，所謂雖大行不加焉，雖窮居不損焉。故此中云"君子爲小由爲大也，居由仕也"，亦只見得理道無二，故寵辱不驚。《論語》："或問：子奚不爲政？子曰：《書》云：'孝乎惟孝，友於兄弟。'是亦爲政，奚其爲[①]爲政。"荀子云："《書》言其政事也。"孔子引《書》乃説孝友即是爲政，足見《書》教之旨，亦只這些。曾子此處所説，實無二致。故曾子雖未嘗顯稱《書》教，而《書》教之指亦何能踰此？後人稱孟子長於《詩》《書》，蓋即淵源曾子。如曰："舜之飯糗茹草，若將終身焉。及其爲天子也，被袗衣、鼓琴，二女果，若固有之。"自耕稼陶漁以至爲帝，無非取於人以爲善，亦善顯《書》教之義也。吾師馬先生云："聖人所行，全是家常本分之事，並無一點奇特（故二帝之書並稱爲'典'，'典'即常也）。耕稼初不異於爲天子，爲天子亦不異於耕稼。道之所在，耕稼非小，天子非大，執跡則小大見生，知本則行藏無異。故真得聖人之用心，則隱亦可顯，亦可大，亦可小，亦可然。聖人之心不求於《書》，亦安能見？"（此段録吾己卯冬所記先生講語。）今謂《書》教之旨，不讀曾子此文，則亦安能得其要也？

居上位而不淫，臨事而栗者，鮮不濟矣（孔注："栗，敬也。"阮注："栗，懼也。濟，成也。《孝經》曰：'在上不驕，高而不危，制節謹度，滿而不溢。'《論語》：'孔子曰：必也臨事而懼，好謀而成者也。'"）。先憂事者後樂事，先樂事者後憂事（阮注："家國皆同，其理不爽。"）。昔者天子日旦思其四海之內，戰戰惟恐不能乂（盧注："乂，治也。"）；諸侯日旦思其四封之內，戰戰惟恐失損之（阮注："四封，四境也。"）；大夫士日旦思其官，戰戰惟恐勝；庶人日旦思其事，戰戰惟恐刑罰之至也。是故臨事而栗者，鮮不濟矣（阮注："《孝經》：'天子之孝，德教加於百姓，刑於四海；諸侯之孝，保其社稷；卿大夫之孝，守其宗廟；士之孝，守其祭祀；庶人之孝，

[①] 編按，"爲"原作"謂"，據《論語·爲政》改。

謹身節用。'此曾子臨事而栗之道。"《解詁》："失，謂失守社稷。損，減也。《大司馬職》曰'野荒民散則削之'是也。官，職也。事，業也。工匠農賈各事其事。"）。

此"四，舉臨事，明上下理一，顯宗《禮》教義"也。應知所謂禮者，不外兩義：一曰敬，乃禮之本。《曲禮》曰："毋不敬。"《經解》曰："恭儉莊敬，《禮》教也。"此不可易者也。二曰序，即上下之等，親親之殺，乃禮之用。《樂記》曰："禮者，天地之序也。""合父子之親，明長幼之序，以敬四海之內，天子如此，則禮行矣。"此不可亂者也。序爲禮之所存，敬爲禮之所主，二者缺一不可，廢則禍亂立至。故《經解》曰："昏姻之禮廢，則夫婦之道苦，而淫辟之罪多矣。鄉飲酒之禮廢，則長幼之序失，而爭鬭之獄繁矣。喪祭之禮廢，則臣子之恩薄，而倍死忘生者眾矣。聘覲之禮廢，則君臣之位失，諸侯之行惡，而倍畔侵陵之敗起矣。故禮之教化也微，其止邪也於未形，使人日從善遠罪，而不自知也，是以先王隆之也。"此足見禮之急要。而其所以爲禮，則序、敬二端而已。序者，起於事物之本有；敬者，發於性德之自然，非可安排造作者也。故《樂記》曰："禮也者，理之不可易者也。"聖人製禮，只是教人各安其固有之序，各修其本具之德，原不曾增添得些子也。應知此中雖未曾明說出一個禮字，而其所顯之義則莫非是禮。今且隨文釋之，略分三段：初段，"居上位而不淫，臨事而栗者，鮮不濟矣"。先憂事者①後樂事，先樂事者後憂事，此顯示禮之急須與其功用也。應知居上不淫，臨事而栗，即是先憂事；鮮不濟矣，即是後樂事。反此，居上而淫，臨事不栗，則必不濟，即是先樂事者後憂事矣。夫人孰願先樂而後憂耶？故禮禁於未然之前，即使人先憂事以免於後憂事也。教以居上不淫，臨事而栗，則又可知即禮之敬也。故《樂記》曰："禮者，所以綴淫也。"《鄭注》："綴，猶止也。"蓋敬則其心常警（《釋名》："敬，警也。恆自肅警也。"），自不淫也。次段是舉事以徵實前義。其言天子、諸侯、大夫、士、庶人等殺歷然，則所以顯禮之序也。序故行布不亂，而敬則一相圓融，故於等殺之中而皆致一於思、於恐、於戰戰，則《樂記》所云："禮者，殊事合敬者也。"此點尤爲《禮》教之大端，切應深思。後段兩句"是故臨事而栗者，鮮不濟矣"，此結成敬以禁於未然，則後樂事，顯禮之效也。夫《禮》教之義，既不外乎敬、序二端，其用則在止邪於未形，遠罪於不自知，而此處皆已真有，故謂曾子

---

① 編按，"事者"原誤倒，今據文意乙正。

此處是顯宗《禮》教義也。

君子之於子也，愛而勿面也，使而勿貌也（盧注："勿面，不形於面；勿貌，不以貌勞倈之。"阮注："父貴嚴。"）。導之以道而勿彊也（《解詁》："導，引也。彊，謂彊其所不能也。"）。宮中雍雍，外焉肅肅，兄弟憙憙，朋友切切（盧注："《論語》曰：'朋友切切偲偲，兄弟怡怡也。'"汪照云："鄭氏康成曰：'切切，勸競貌。'"阮注："宮中，室內也。外，門外也。雍雍，和也。肅肅，敬也。憙憙，悅也。切切，言相切直也。"）。遠者以貌，近者以情（《解詁》："遠者，疏遠之人。《荀子·禮論》云：'情貌之盡也。'楊倞注云：'貌，恭敬也。情，忠誠也。'"）。友以立其所能，而遠其所不能（阮注："曾子曰：'以友輔仁。'"《解詁》："立，成也。能，道藝也。謂成己之道藝也。遠，疏也。不能者疏之，無友不如己也。"），苟無失其所守，亦可與終身矣（阮注："賢能之友，無失所守，即可與終身爲友，此守約之道。"《解詁》："苟，誠也。《廣雅》云：'守，久也。'所守，謂可久之道。"）。

此"五，舉親親，明德盛化成，顯宗《樂》教義"也。應知樂者是最後之事。孔子曰："興於詩，立於禮，成於樂。"可見有禮，然後可以用樂。又可見有禮後，即必須用樂，無樂即德不能成。《樂記》曰："聖人作爲父子君臣，以爲紀綱，紀綱既正，天下大定，然後正六律，和五聲，弦歌詩頌，此之謂德音。德音之謂樂。"此即前段所謂先憂事者後樂事也。故禮後即次之以樂，樂即須要在禮中行，無禮亦不可成樂，故《樂記》曰："立之學等，廣其節奏，省其文采，以繩德厚，律大小之稱，比終始之序，以象事行①，使親疏、貴賤、長幼、男女之理，皆形見於樂。故曰樂觀其深矣。"又曰："知樂則幾於禮矣。"由是可知禮、樂二者相須而備，如車兩輪，如鳥兩翼，缺一不可。是故先儒言樂者，皆必兼及於禮，恐人於禮外求樂，便成種種過患。故此孔門後學所以把樂攝歸禮中。而《樂記》一篇言樂，同時亦必言禮。所謂樂者爲同，禮者爲異，同則相親，異則相敬，樂勝則流，禮勝則離，合情飾貌者，禮樂之事也。應知此中正是顯示此理。初以父子顯之。"君子之於子也，愛而勿面也，使而勿貌也。"此防樂勝之失。愛也，使也，即是同則相親，恐其流也（鄭注："流，謂合行不敬也。"），故勿面、勿貌。"導之以道而弗彊也"，此防禮勝之失。道即是禮，恐其離也，但導之而已，弗彊也（父子不責善也）。次以室家顯之。"宮中雍雍，外焉肅肅"，按《樂記》："子夏

---

① 編按，"事行"二字原誤倒，今據《禮記·樂記》乙正。

曰：'《詩》云：肅雍和鳴，先祖是聽。'"夫肅肅，敬也；雍雍，和也。夫敬與和，何事不行。可知雍雍即是表樂，肅肅即是表禮。《樂記》曰："禮者，殊事合敬者也。樂者，異文合愛者也。"足以爲證。三以兄弟朋友表之。"兄弟憘憘，朋友切切"，夫兄弟本有長幼之序，即是禮也。而必憘憘，是又濟之以樂，恐其禮勝則離也。朋友本以同聲相應，同氣相求，即是樂也。(《論語》："有朋自遠方來，不亦樂乎？")而必切切，是又濟之以禮，恐其樂勝則流也。四以親疏顯之。"遠者以貌，近者以情"。按《樂記》曰："合情飾貌者，禮樂之事也。"其意以合情爲樂之事，飾貌爲禮之事。（又韓非《解老》云："禮者，所以情貌也。""所謂處其厚，不處其薄者，行情實而去禮貌也。"此亦以情實與禮貌相對，蓋道家爲樂之流，故行情實而去禮貌。）可知此處貌即表禮，情即表樂。舊來各注並失之。後以朋友之交顯之。"友以立其所能，而遠其所不能。"按《論語》曰："不學禮，無以立。"又曰："不知禮，無以立也。"又曰："立於禮。"可知此處"立其所能"，即是表禮無疑。"苟無失所守，亦可與終身矣。"按《樂記》曰："聖人作樂以應天。"又曰："著不息者，天也。"《解詁》據《廣雅》謂所守爲可久之道，是知此處即是表樂無疑。由是可知，禮樂之道，相需而備。理事無礙，交參互入。曾子於此亦已盡量顯出矣，然始終不明說"樂"字者，《樂記》曰："論倫無患，樂之情也。欣喜歡愛，樂之官也。"（鄭注："官，猶事也。"）樂者，非謂黃鐘大呂，弦歌于揚也，樂之末節也。已得其實，自可不計其名，亦猶言禮則曰"籩豆之事則有司存耳"，蓋此亦可以簡去三失：一者，使人勿於人倫日用之外別求樂故；二者，使人勿未學禮即妄言樂故；三者，使人勿執聲音以爲樂故。故《樂記》曰："樂者，德之華也。"必自己性德流露，由知之而好之，好之而樂之，乃可謂樂也。故孟子曰："仁之實，事親是也；義之實，從兄是也；禮之實，節文斯二者是也；樂之實，樂斯二者。樂則生矣，生則惡可以已，惡可以已，則不知手之舞之，足之蹈之。"孟子紹承曾子之學，亦不以禮樂爲鐘鼓籩豆之事，而指其實乃謂即是事父從兄，故知曾子此處亦即宗《樂》教義。其言與《樂記》最相應，亦可謂《樂記》之總持也。

解本文竟。

後總抉擇者。三極之道，著於六藝；六藝之理，具於人心。聖人實證於己，因寄言以顯之，非有所造作也，故曰述而不作。釋迦亦謂四十九年不說一字，說者但是方便，實證乃見其真。故誠得此理，則名言可外取，縛文字則猶爲喪心，捨一取一，是諸佛説爲可憐愍者也。故孔子閒居，盛讚三無，爲諸弟子廣演無聲之樂、無體之禮、無服之喪，迥出凡情，不存軌轍，發瘖希有，非欲破彼有取，令其當體知歸耶！然則曾子意弘六藝而除名詮，猶彼無言之教、無相之説，潛化衆生於不識，知固有仰契聖心者矣。由是應知篇中凡言隱見顯微之義者，皆是《易》與《春秋》所攝。凡言善惡感應之義者，皆是《詩》教所攝。凡言修己正人之義者，皆是《書》教所攝。凡言敬慎屛守之義者，皆是《禮》教所攝。凡言悅樂安和之義者，皆是《樂》教所攝。莫不從六藝出，莫不還歸於六藝。意得，斯象可忘；義符，則名可略。非直抉根原，曷由窺其玄致？又緯書云："孔子志在《春秋》，行在《孝經》。"匡衡曰："《論語》《孝經》，聖人言行之要。"可知言、行、志三法可以總攝一切德行。所以篇中言立事守業，實即不外此三。由此亦可見曾子於聖人一貫之道已得究竟。六藝之道，約之亦唯此三。蓋踐形盡性，捨此別無他道也。

孔子之後，儒分爲三（見《荀子》），或分爲八（見《韓非子》），但真傳其學者，惟曾子、子夏而已。子夏傳曾申、吳起，遞至荀卿，卿又以次傳之。於逮漢世，遂成爲博士經師之學。曾子傳子思，子思傳孟子，孟子而後乃絕而無傳。降至有宋，濂、洛、關、閩，諸賢並興，旁搜遠紹，而後曾子墜緒始復振焉。曾子守約，義特精嚴；子夏博文，言亦該備。擬之佛氏，莊嚴萬行，必從普賢門入，結集諸經，要以阿難爲首，並爲聖心之所寄，百代之所宗；然學者須求行解相應，不可徒滯名言。故彼宗以普賢爲長子，孔門以曾子爲內紹也。

```
科判─┬─初敘所因
     ├─二釋題目
     ├─三解本文─┬─一,明業事─┬─初,原學──顯修德義
     │          │            ├─二,正明業──顯中溥義
     │          │            ├─三,別詮學──示修漸次─┬─一,漸次加行
     │          │            │                      └─二,正顯漸次(附表一)
     │          │            ├─四,別詮業──示所應守─┬─初,略標業相
     │          │            │                      ├─二,顯無間
     │          │            │                      ├─三,崇內證
     │          │            │                      └─四,明憂患(附表二、表三)
     │          │            ├─五,別舉律儀──廣示修斷─┬─初,言語之儀
     │          │            │                        ├─二,行修之儀
     │          │            │                        └─三,總説言行─┬─初,謹之於己以遠罪尤
     │          │            │                                       └─二,慎以與人以杜禍亂
     │          │            └─六,略説行果──總成業勝─┬─初,行勝(附表四)
     │          │                                      └─次,果勝
     │          ├─二,廣業用─┬─初,與人爲善──顯性德之仁
     │          │            ├─二,不與人爲不善──顯性德之義─┬─初,對現在
     │          │            │                                └─次,對過未
     │          │            ├─三,不求盈責備──顯性德之忠
     │          │            └─四,總離諸過──顯性德之無私
     │          ├─三,簡非業用─┬─初,簡他非業──明慎所與
     │          │              ├─二,正顯非業──深嘆以寄戒
     │          │              ├─三,廣出過類──使外內知懼(附表五)
     │          │              └─四,舉小極大①──彰用之失
     │          └─四,顯宗歸─┬─初,舉觀人明隱顯不二──顯宗《易》與《春秋》義
     │                      ├─二,舉修斷明善惡感應──顯宗《詩》教義
     │                      ├─三,舉齊家明小大道同──顯宗《書》教義
     │                      ├─四,舉臨事明上下理一──顯宗《禮》教義
     │                      └─五,舉親親明德盛化成──顯宗《樂》教義
     └─後總抉擇
```

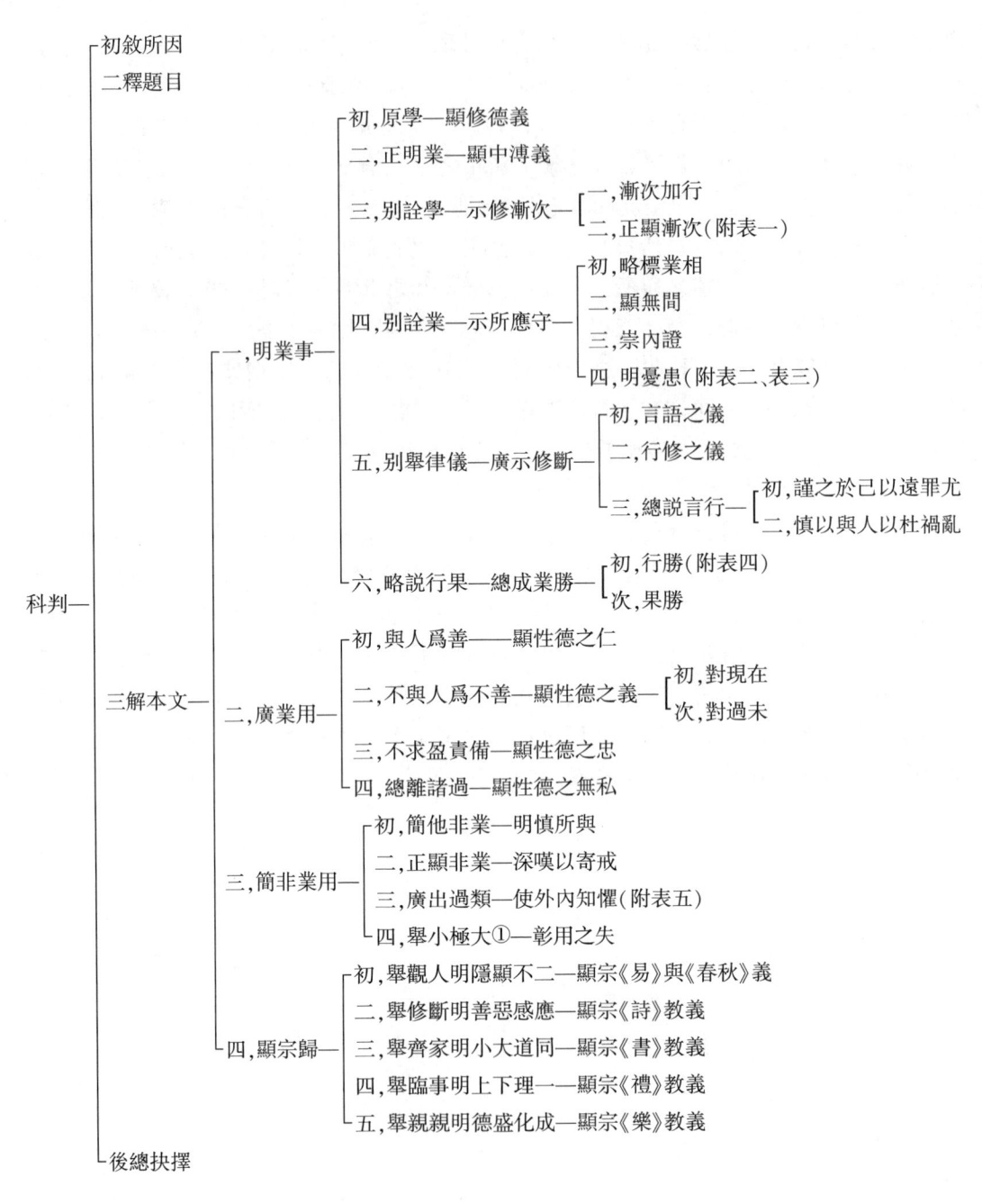

① 編按,"舉小極大",原作"舉大極小",據本篇"弟三,簡非業用者於中"節文字改。

解　例

　　一、本書注家，以北周盧辯注爲最早古注，傳者亦惟此一種。宋楊慈湖雖有釋，惜早佚。至清世，孔廣森乃依盧本增爲補注。阮元復撰《曾子注釋》，體例皆精嚴。汪炤與孔同時，作《注補》，卻罕發明。王聘珍稍晚出，《解詁》乃更詳贍，惜其於襲用舊説處多不明注其所本，亦爲未合。今採録諸注，如舊注有而王氏《解詁》襲之者，則仍録舊注名。

　　一、古籍行文皆極渾樸，而含養深廣，言匪一端，故一語有多解，一義有多釋，往往彼此出入。然見仁見知，但顯道無不該，未即一非一是，故説雖不同，而理俱可通者，則亦兼採並録之，俾讀者自擇。

　　一、本篇採録舊注，凡盧辯注省稱"盧注"，孔廣森補注省稱"孔注"，阮元《曾子注釋》省稱"阮注"，王聘珍《解詁》省稱"《解詁》"，至餘汪炤《注補》，戴震及盧文弨校本，間一引及，則徑書其名，或稱戴氏，但取文便，初無軒輊。

　　一、本文字數，舊校本記凡一千七百六十字，孔本比舊校多二十七字，阮元校定凡一千七百八十六字，今依阮本重爲刊定，凡一千七百八十七字。與阮不同者，阮於"貴其能讓"句及"守此勿勿也""守此戰戰也"二句，皆有增省耳。

　　一、本書擇録舊解，以爲夾注，己意乃另爲長行，復細科密判，體裁頗異通塗，是否説經所宜，未嘗深較。又，敓清廑得十日，文字義理，自難免於疵纇，當世賢達，儻正其違失，惠而教之，是所深幸。辛巳仲夏識。

（原載《吹萬集·經説選》，1941年《復性書院選刊》，第1~23頁）

今日治經方法

　　西漢今文博士之學，東漢古文經師之言，支離破碎者有之。魏晉汲老莊餘緒，矯以玄言，覃思研精，或過兩漢，然遠於人事，卒少受用。六朝而降，義①疏盛行，依文解義，不免近瑣，比於博士經師，又遠不逮。宋初承唐世好文餘習，稍能以己意開拓經義，然尚鮮精詣之言。濂洛關閩諸大儒崛興，學貴心悟，不執言文，潛探理要，刊黜浮華，而從經學乃有實際受用，極深研幾，直接孔孟矣。然崇悟之過，或至束書不讀。寖至明季，王學末流，益近狂禪，舉世大譁。亭林、梨洲諸故明遺老，深懲其弊，遠紹深甯王氏考據之業，以求實禆於實用。不用理學之名，而稱經學，遂開有清一代之風尚。其時文字獄迭興，諸儒不敢復言適用，蓋專攻考證，自名漢學，始群詆理學爲空疏，自唐後著述，皆同束閣。大抵乾嘉諸儒，多講東漢許鄭之學。道咸而後，乃摭西京今文墜緒，春秋經義復顯。人人儆於夷夏之辨，而清室始亡。然清儒之學，始瑣終夸，不務畜德，徒事博聞，亦其一蔽。昔班固嘗論漢師之失曰："後世經傳既已乖離，學者又不思多聞闕疑之義，而務碎義逃難，便辭巧説，破壞形體，説五字之文，至二三萬言，後進彌以馳逐，故幼童而守一藝，白首而後能言，安其所習，毀所不見，終以自蔽。"此漢學之失。清儒實無以自解也。此二千年經學沿革得失之大略也。中間支派繁多，難以毛舉。大抵好博者則罕精，深造者則不宏，喜文者則喪樸，好質者則近野，如仲尼之所謂成人，幾無一焉。皆由狃於門户之見，而學之不善也。今謂治經應以聖人爲師，六經爲法。但期畜德，無求分異，百家二氏，咸足取精，漢宋諸師，並堪資益。斷以義理，銷歸自性，庶乎通而不礙，可矯門户之失；要而不雜，可無泛濫之弊；實而不華，可免玄遠之疵；典而不誣，可已空虚之疢。以是治經，乃足盡先儒之長而袪其失焉。語其方法不同，蓋有三端：一曰先儒有漢宋、今古、朱陸之對執，今則一以義理爲主，而門户可泯矣；二曰先儒有二氏異端之訟，今則觀其會通，以求致用，而紛諍可息矣；三曰先儒鮮言統類，今則以《論語》總攝六經，以六經賅貫九流百家，乃至海外之學，則統類明而學可知要矣。

（原載《讀書通訊》1942年第37期，第18頁）

---

　　①　編按，"義"原作"議"，今據上下文意改。

經術與經學

　　古之治經者，所以明體達用，執古之道，以御今之有。得位乘時，則兼善天下；窮亦修絜其身，不隨時俗俛仰。此聖人裁成天地之道，輔相萬物之宜，而盛德大業之所寄也。故孔子之門，身通六藝者七十有二人，大者爲卿相，小者友教士大夫，或隱而不見，皆有以畜德成能而備用也。觀《論語》所記："子所雅言，《詩》《書》、執禮。"則曰："興於詩，立於禮，成於樂。"又曰："《詩》可以興，可以觀，可以群，可以怨；邇之事父，遠之事君，多識於鳥獸草木之名。"又曰："人而不爲《周南》《召南》，其猶正牆面而立也歟。"又曰："誦《詩》三百，授之以政，不達，使於四方，不能專對，雖多，亦奚以爲？"又曰："禮云！禮云！玉帛云乎哉！樂云！樂云！鐘鼓云乎哉！人而不仁，如禮何！人而不仁，如樂何！"又曰："假我數年，五十以學《易》，可以無大過矣。""或問：子奚不爲政？子曰：《書》云：'孝乎惟孝，友於兄弟。'是亦爲政，奚其謂爲政？"傳又記："子曰：吾志在《春秋》，行在《孝經》。"莊生云："《春秋》，經世先王①之志也。"如是，則聖人所以傳六藝之籍者，其意不大可見歟？蓋未嘗以文字言語器數之末爲教也。而經暴秦，燔《詩》《書》，殺儒士，其道遂絕。先王禮樂文爲之制，並俄空焉。漢興，儒者舉廢繼絕，欲復其舊，乃不得不多所考訂訓説。使微者顯，晦者明，塞者通，於是乃有經學之名。班書《儒林傳序》云："始皇兼天下，燔《詩》《書》，殺術士，六學從此缺矣。乃高帝誅項籍，引兵圍魯，魯中諸儒，尚講誦習禮，絃歌之音不絕，豈非聖人遺化好學之至哉。於是諸儒始得修其經學。"此經學所由昉也。然當時通經者，率能經世致用，不限於章句講説。經術、經學，蓋未嘗歧②而二也。如董仲舒傳《春秋》公羊氏之學，而《漢書》稱："仲舒所著，皆明經術之意。"兒寬治《尚書》事歐陽生，《漢書》稱："寬見武帝，語經學，上説之，從問《尚書》一篇。"而寬嘗爲廷尉掾，輔張湯以古法義決疑獄者也。後湯子賀爲掖庭令，教宣帝《尚書》，即受之於寬。宣帝即位，而賀死，下詔曰："朕微眇時，故掖庭令張賀，輔道朕躬，修文學經術，恩惠卓異，厥功茂焉。"匡衡學《齊詩》，

---

① 編按，"經世先王"原作"先王經世"，今據《莊子·逍遙遊》乙正。
② 編按，"歧"原作"岐"，今據文意改。

《漢書》稱："太子太傅蕭望之，少府梁丘賀問，衡對《詩》諸大義，其對深美，望之奏衡經學精習，說有師道可觀。"後衡爲少傅數年，數上疏陳便宜，及朝廷有政議，傳經以對，言多法義。張禹從沛郡施讎受《易》，琅邪王陽、膠東庸生問《論語》，《漢書》稱："詔太子太傅蕭望之問，禹對《易》及《論語》大義，望之善焉。奏禹經學精習，有師法。"後禹對成帝問曰："新學小生，亂道誤人，宜無信用，以經術斷之"云云。此見西漢皆經術、經學互用，無所簡別，而所謂經學者，皆以能舉大義爲尚，不以章句訓詁見美也。然諸儒或缺內修之功，則不能無謬於先聖之教，故其制行亦多可議。班固贊曰："自孝武興學，公孫弘以儒相，其後蔡義、韋賢、玄成、匡衡、張禹、翟方進、孔光、平當、馬宮及當子晏，咸以儒宗居宰相位，服儒衣冠，傳先王語，其醞籍可也，然皆持祿保位，被阿諛之譏，彼以古人之迹見繩，烏能勝其任乎？"此其爲學終弗如宋儒爲切己也。惟王吉、貢禹、兩龔、鮑宣，數匡時主之失，特以清節骨鯁見稱，卓有儒行。要之，是時修經學者行雖或未盡美，而其學能內明先聖之義，外曉當世之務，練達古今，無所滯焉，則未可誣。比之聖門，亦猶由求之爲季氏宰耳。故經術、經學，西漢儒者未嘗分而爲二，其亦大略與宋儒同。惟宋儒彌急於內修，洞澈本原，斯爲獨特殊勝也已。楊興說史高曰："平原文學匡衡，材智有餘，經學絕倫。"其所譽必有所試。案：《漢書》記衡上疏成帝，戒妃匹勸經學威儀之則，有云："六經者，聖人所以統天地之心，著善惡之歸，明吉凶之分，通人道之正，使不悖於其本性者也。故審六藝之指，則天人之理可得而和；草木昆蟲可得而育。此永永不易之道也。及《論語》《孝經》，聖人言行之要，宜究其意"云云。信能撮其機要，窺見大體矣。其它語治忽之原，教弘經義，探本性情，亦稱是。夫豈沾沾於章句訓詁尋行數墨所堪能乎！而宋儒所盡心者，又非特能於此究其趣而益徹其源歟。范蔚宗《鄭玄傳論》云："自秦焚六經，聖文埃滅。漢興，諸儒頗修藝文，及東京，學者亦各名家。而守文之徒，滯固所稟，異端紛紜，互相詭激。遂令經有數家，家有數說，章句多者，或乃百餘萬言。學徒勞而少功，後生疑而莫正。"蓋自是枝葉之學滋，通方之士少。而清儒自詡爲經學之正者，正此類也。不知籩豆之事，乃有司之所存；六書之訓，則保氏之所守。與儒術經緯天地、絜繕人倫者何與？蓋失於過存門戶之見，以經術與經學歧而二之，而其所謂經學者，又非漢師之所謂經學也，宋儒所明，更無論矣。其亦悖於聖人垂教之意，而惑者猶術其一曲之得以相高，詆諆宋儒不已，是猶持爝火而與日月並行也，寧足多乎！

（原載《中國學報》1943年第1期，第18~19頁）

哲學及思想史研究

駁呂思勉《理學綱要》篇二之錯誤

呂氏思勉，研竅國學，歷有年所，聚精集粹，作《理學綱要》。條悉本源，妙善申繹。而其篇二——《理學之原》，尤多異解，富有新義。蓋心得之作也！余山居野人，愚昧無知，索居獨學，孤陋寡聞，豈敢彈射名宿，貶刺當今！然而是非朱紫，不可謬同，理論所關，靡能無辨。呂氏斯作，雖有其長，亦有其短；長在善申，短在失實。長可取也，短豈應從？而其篇二之失，更屬隱微難知，尤足惑人認賊作子。雖以功折罪，亦不足以償也。嗚呼！雅頌失所，能不憤心！攻乎異端，義何能已？故於披覽之餘，竊不自揣，條議其失，著之紙簡，大雅哲人，幸共正焉！

按呂氏篇二所述，大分中國古代哲學與佛教哲學兩部；辨駁之際，亦應如次而陳，以便參稽。

呂氏之述中國古代哲學何如？呂氏之述中國古代哲學也，敘分六步：一以陰陽，二以太極，三以四象九宮，四以動力或元，五以陰陽一氣相融，六以性命終之。此其分析之大較也。

夫呂氏之言，出諸臆說乎？抑本諸經制乎？惟呂氏乃知之。若出諸臆說，則亦已矣！若本諸經制，則當有辨。陰陽、太極，備載《周易》；何後何先？決無徵定。而呂氏謂："古人第一步以陰陽為萬有之本；因必求其惟一原因，乃假設一太極為陰陽之所自出，是為哲學之第二步。"信斯言也，則先有何人，但說陰陽為萬有之本？次又誰人，乃求惟一原因，而假設一太極？述古陳詞，定當有據；若無所據，則同妄說。設謂：陰陽之說，見於諸子及二戴《禮記》、讖緯諸書；故諸子百家，先立陰陽，《易》求一原，乃立太極。據此推徵，故云然耳！然而，自來考證，《易》實先著，諸子後出；《禮記》、讖緯，更晚成矣。《易》既未以太極為求惟一原因之窮而假設；亦未言初但以陰陽為萬有之本。呂氏何人？妄分先後。割裂聖言，豈無大過！

夫首元之義，見於《春秋》《易傳》。《春秋》《易傳》者，孔子之所筆述也。而六帝九宮之說，則出諸讖緯；讖緯之書，創自漢人。由孔至漢，時間距離，殆百年也。至於分陰陽為太、少以說《易》，則又漢晉亦無，暨於有唐始有之耳。有唐雖有分陰陽為太、少以說《易》者，亦未有分陰陽為太、少以解四象者也。有之，則實創始於有

051

宋。宋周相距，又何啻千載也？以四象九宫之説次於三，以首元之義次於四，置仲尼於漢宋之後，揆諸史實，義殊乖謬。以此授徒，恐將自誤而誤人也，烏乎可哉！

至於陰陽與一氣之説，古人未嘗以爲相背也，亦未嘗以爲相成也。而呂氏於此，乃自難自解，故生支節，以爲古人第五步以陰陽與一氣相融。牽經文以附己意，余亦未見其有當也。

若夫性命之説，亦見諸《易》，與陰陽太極之説，蓋同時也。而呂氏以陰陽爲最先之説，以性命爲最終之論。妄分先後，罪與前同。是故六步之分，理實未當。説爲己之學哲學之步次則可，説爲古人之談哲學之步次則不可也（凡上所言，讀者可將《理學綱要》對參，然後乃可瞭然）。

雖然，呂氏之失，實未止此；更有尋章摘句，鑿解經文者。其言曰："陰陽爲萬有之本。"又曰："求萬物之所由來，而得陰陽二元，非人智之所能甘也。則必進而求之。進而求之，而惟一之境，實非人所能知，則不得不出以假設。以爲陰陽以前，實有一爲陰陽之所自出者，是爲兩儀所從生之太極。"余諷《易經》，雖有"《易》有太極，是生兩儀；兩儀生四象，四象生八卦"數言。然終覺其未嘗擬太極爲一元，爲陰陽之所自出；亦未嘗擬陰陽爲二元，爲萬有之所根本也。所以者何？此處所言，乃讚作《易》者之次序，非謂宇宙萬有生成之次序也。蓋太極云者，讚詞也，非名詞也。以《易》之爲書，廣大悉備，太上至極，不可改易，故曰太極也。兩儀者，形容詞也，非名詞也。何謂兩儀？ー--是也，ー爲奇以象陽，--爲偶以象陰，故曰兩儀。四象者何？謂父母男女也。乾爲父，坤爲母，震、坎、艮爲男，巽、離、兑爲女也。八卦者，即乾、坎、艮、震、巽、離、坤、兑是也。蓋父母子女者言其象，八卦者言其數也。何謂生？生之爲義，是顯出或發明，非謂產生或生長也。故《易》有太極是生兩儀者，謂《易》有太上至極之理，就是能顯出奇偶兩儀也。兩儀生四象者，謂由奇偶兩儀之參伍錯綜而有父母子女四象也。（參ー儀以爲乾父，參--儀以爲坤母，由ー儀--儀之錯綜，而男女各三。）四象生八卦者，謂由父母男女之象即顯出乾、坎、艮、震、巽、離、坤、兑八卦也。是故詳審《易》旨，並未以太極爲一元，亦未嘗擬陰陽爲二元也。擬太極爲一元，陰陽爲二元者，實始於注解家也。然既違失經旨，則又奚足信從哉？嗚呼！自孔子歿而微言絶，秦火焚而繩墨廢，漢儒雜以緯候之書，宋明淆以意見之説，而聖人之言，乃荊榛滿目，不堪披讀矣！近人不察，復襲漢宋之餘唾，遠應西洋之玄聲，矯矯然以爭短長於天下，吾未見其不敗也。悲夫！

復次，呂氏曰："……萬物之原因，乃不在其何以有，而在其何以變。世界質力之變化，非人之所能知也。即其變而名之，則曰動而已矣。於是世界之真因，乃成爲一種動力。《易大傳》曰：'易不可見，則乾坤或幾乎息。'……指此而言之也。……《易》與《春秋》皆首元，元即動力也。《易》曰：'大哉乾元，萬物資始，乃統天。'《春秋繁露·重政篇》曰：'元，猶原也。元者萬物之本，在乎天地之前。'……皆以一種動力，爲宇宙之原也。"

此處所述，亦未有當。夫《春秋》首元，乃所以紀魯隱公即位之始，並無深意者也。故《公羊傳》曰："元者何？君之始年也。"亦無異解。蓋至董仲舒、何休之徒，始有鑿見也，然不可從。若謂"《春秋》首元，元即動力"，則隱公元年以前，未書此元，即應無年，以無動力故也。然而不可。故劉敞曰："元者始爾；君之始年，謂之元年。元年猶歲之初月謂之正月也。說者謂：變一爲元，元者氣也；言天地由之始生。夫人君即位，何乃遠及天地未生之前乎？"理論甚正。呂氏不此之據而妄起鑿解，是存何心哉!？

《春秋》之所謂元如是，《易經》之所謂元亦何不然？《易·彖》曰："大哉乾元！萬物資始，乃統天。""至哉坤元！萬物資生，乃順承天。"元亦無有動力之意，元者始爾，《易》首乾坤，故稱乾元、坤元云云。乾以象天，坤以象地（《說卦傳》曰："乾，天也。坤，地也。"），"有天地然後有萬物"（《序卦傳》之言），故於《乾》曰："萬物資始①，乃統天。"於《坤》曰："萬物資生，乃順承天。"統之義爲何？鄭康成曰："統，本也。"《禮》謂"萬物本乎天"，故曰"乃統天"。坤以至順爲德（見《繫辭》《說卦》），故曰順承天也。尋繹經旨，並未以元爲動力，在天地之前也。至於《繫辭傳》曰"易不可見，則乾坤或幾乎息"云云，"易"字雖有變動之意，亦未擬有一能動之動力以動萬物，乃即萬物之變化以言動也。故曰："乾坤其易之蘊耶？乾坤成列而易立乎其中也。乾坤毀，則無以見易；易不可見，則乾坤或幾乎息矣！"（按此處以乾坤象萬物。易乃動詞，非名詞。）皆即萬物以有易有並非離萬物而別有一易爲萬物之原也。故極言之曰："易不可見，則乾坤或幾乎息。"或之者，疑之也（《文言》），謂乾坤設有息，則易不可見矣！蓋"乾，陽物也。坤，陰物也"。陽爲奇之象，陰爲偶之象。奇偶，一相對也。陰陽，一矛盾也。萬有之生生，宇宙之消息，莫非相對而存，矛盾以成。而相對矛盾，乃即萬有而有，非離萬有而別存。故務乾坤以著易，舉易以說乾坤。易即乾坤之用也。安見別有一動力爲世界之眞原因耶？至於《乾鑿度》董仲舒之說，既未見於《易》，亦與經旨相悖，則又焉得尊同聖制，據以立說哉？（易理深湛，此非專論，故未詳陳。）善夫屈原之《騷》曰："何時俗之工巧兮，緬規矩而改

---

① 編按，"資始"原作"始資"，今據上文乙正。

錯；背繩墨以追曲兮，競周容以爲度。"呂氏其三復之！

如是駁呂氏所述中國古代哲學之錯誤竟。次當駁其所談之佛教哲學之錯誤。

呂氏之述佛教哲學曰："佛教初興，所尊崇者雖爲釋迦牟尼其人；及其進爲大乘，則所尊崇者實爲法而非佛。人能如法修行，即可成佛；見佛固無異見法，見法亦無異見佛。佛之所以威力無邊者，實以其法身而非報身，報身謂佛其人，法身即自然之寓言。然則佛者法之寓言耳。所謂法者，即宇宙定律之謂也。然則大乘佛教之所謂佛，即宇宙定律也。故佛教雖似一神教、有神教，而實則泛神論、無神論也。隨順自然之理，佛教中發揮尤切至。佛教貴無爲而賤有爲。所謂無爲，即隨順自然；所謂有爲，即與自然相抗之謂也。世間萬事，一切無常，是即中國人所謂無一息不變之定律。知其無常而隨順之，是爲聖人；彊欲使之有常，則凡夫矣。聖凡之分即在於此。然則佛非異人；所謂佛土，亦非異地。能明乎宇宙定律而遵守之，則娑婆世界即是淨土，凡夫之身亦即聖人耳。此其隨順自然之義，實與易老無二致也。"

觀斯所言：由大乘信法一轉而爲法身即自然之寓言；由法身即自然之寓言一轉而爲佛即法之寓言；復由法即宇宙定律一轉而爲大乘教之所謂佛即宇宙定律；再一轉則佛亦不過能明乎宇宙定律以遵守之而已。於是輕手一援，佛遂登上老氏之船，與老無二致矣。斯亦巧於極"改頭換面"之能事哉！雖然，經典昭昭，事理難泯，吾當準教理以徵詰之。嘗考諸大菩薩釋經造論，其肇始之先，莫不稽首至心，歸敬三寶，而後作筆。若《瑜伽》，若《唯識》，若《辯中邊論》，若《攝大乘論》等，隨處可見。是其慎終追遠之意，實有過於世學者也！呂氏今乃謂大乘所尊，實爲法而非佛。豈非當面造謠乎？但徒騰口說而不顧事實，亦失治學之態度矣！此其謬一。《佛地論》云："於一切法，一切種相，能自開覺，亦開覺一切有情；如睡夢覺醒，如蓮華開，故名佛。"諸經論中，胥如是釋。佛若果法，法何能覺？法本無覺，何故名佛？此其謬二。昔讀《楞伽》，曾見是義："法佛建立自證智行相，化佛說諸識行相，學自證智境界相，離自心所現分別見相。"按此經意，所謂法佛，即法身也。法身設即自然之寓言者，則何能開演法相耶？能演法相，定非自然！此其謬三。昔讀《無垢稱經‧菩薩行品》，見有斯義："諸大菩薩利益安樂諸有情故，不住無爲；究竟圓滿諸佛法故，不盡有爲。徧知衆生煩惱病故，不住無爲；息除衆生煩惱病故，不盡有爲。"按此經義，雖不盡有爲，亦不住無爲。有爲無爲，誰得而畸輕畸重？安見其貴無爲而賤有爲者？此其謬四。如是四謬，大乖佛旨！大乖經教！

且據理談：若佛即法，法即宇宙定律。則人人俱在宇宙定律中，即應人人俱是佛。人皆佛矣，則佛何用學？苦尚焉存？起邪謬見，懷增上慢，大爲不可！且呂氏後言：

"佛視世界，徹始徹終，皆爲罪惡，無可改良之理。欲求美善，惟有舉此世界而消滅之耳。"視前所言，又豈無乖！前之言曰："能明乎宇宙定律而遵之，則娑婆世界，即是淨土，凡夫之身，亦即聖人。"既一念頓超，凡身成聖身，豈有罪惡？穢土即淨土，豈必消滅？前後兩歧①，乖剌何若？不特此也，既謂佛貴無爲而賤有爲，隨順自然，而不與自然相抗，則何事而欲舉此世界而消滅之？世界而欲消滅，豈隨順自然之謂哉！呂氏試思，又能不矛盾乎？

且夫彊欲使無常爲有常者，終亦必隨順無常而無常也。知其無常而隨順之者，亦終必無常而不克常也。故雖有知是知非之分，而其歸則一也。若以知常無常與否，即佛凡之分，則今之了然於無常者亦衆矣，而彼究竟成佛哉？恐未也！彼蜎飛而蠕動者，孰不能遵守宇宙定律而隨順之耶？而未見其能脫諸防邏也，且"能明乎宇宙定律而遵之，則娑婆世界即是淨土，凡夫之身亦即聖人"者，則三藏十二部經，俱可屏棄而不學，三大阿僧祇劫聖行梵行無量行，亦可放逸而不修。守株待兔，固步自封，但明乎宇宙定律以遵守之而已矣。可乎哉！可乎哉！斯則不但有判佛言，且亦大乖於事理者也。

復次，呂氏曰："世間一切事物，無不待因緣成者，事物所待之因緣，亦無不待因緣成者。則萬事萬物，悉非實有可知。我者事物之一也。一切事物皆非實有，我安得獨有？我且無有，安得與我相對之物？我物俱無，更安有於苦樂？此蓋印度人欲求免心之煩惱，乃即世間所謂苦者，而一一窮究其所自來；窮究至極遂發見此理也。此說也，以理言之，亦誠無以爲難。然理論衹是理論，終不能改變事實。吾儕所謂我與物者，就當下之感覺言之，固明明可謂之有，有我有物，斯有順逆；有順有逆，斯有苦樂矣。此蓋人之良知。佛雖有獅子吼之辯，其如此良知何？"

按此所言，理亦不然！所以者何？佛雖言諸法待緣生，而因果業報亦不失。有因果業報，斯有逆順苦樂矣；有逆順苦樂，斯有因果業報矣。是故無順違苦樂，不足以顯因果業報；無因果業報，亦不足以有順違苦樂。因果業報者，緣生也。逆順苦樂者，亦緣生也。苦樂因緣，義本符順。故契經云："無明緣行，行緣識，識緣名色，名色緣六入，六入緣觸，觸緣受，受緣愛，愛緣取，取緣有，有緣生，生緣老死憂悲苦惱。"無明愛取者，惑也。行有二支者，業也。識、名色、六入、觸、受、生等者，苦也。惑業謂之因，苦謂之果。苦樂之事，正由因果以顯。豈謂有因緣便無苦樂耶？設無苦樂者，則四諦不可說，慈悲（慈謂與樂，悲謂拔苦）無所寄。而呂氏後所謂"佛以世

---

① 編按，"歧"原作"岐"，今據文意改。

界爲苦海，欲去苦得樂"之言，亦見矛盾矣！（以既謂無有苦樂，則何有去與得之可言耶？）且佛爲惡取空者説，寧可我見如須彌山，不可空見懷增上慢。苦樂俱無，是豈佛説？既非佛説而誣爲佛説，妄也。非佛説而執爲佛説以破之，更妄之妄也！然則既有苦樂而云無我者，何也？曰：能視者眼識也，能聽者耳識也，能嗅者鼻識也，能嘗者觸者舌識身識也，能了別事理者意識也。即由視聽嗅嘗觸等而有逆順苦樂之事焉。外眼耳鼻舌身意等識，則無以覺苦覺樂，受苦受樂也。然則有苦樂者，五蘊也。安見有所謂我者以司宰之耶？《雜阿含經》云："識於此處，若來，若去，若住，若起，若滅，增進廣大生長。若作是説：更有異法識，若來，若去，若住，若起，若滅，增進廣大生長者，但有言説，聞已不知，增益生痴，以非境界故。"即明於法，不應增益有我也。雖説無我，並不言無五蘊。有五蘊故，無我而苦樂自不識。故我偏計所執也，五蘊依他起也。依他有而偏計無，故苦樂有而我定無。此雖少能反省者，亦可得而知也！然則吾人之良知明明覺有我者，何耶？曰：此錯覺也，非良知也！吾人無始以來，即有我執習氣，與生俱生，任運而起，故常常覺有我焉。所謂末那識是也。若條分而縷析之，則所謂我者無也。原世人之執我者有五：一計常，二計一，三計實，四計有作受之用，五計能有主宰焉。一切有情，五蘊成身，云何一？新陳代謝，生滅不已，云何常？離此五蘊，無別有我，云何實？作之者五蘊也，受之者五蘊也，異五蘊，安有作受之用？任運生滅，隨業浮沉，云何有主宰？如是分析，我尚焉存！《成唯識論》曰："心心所及所變現，衆緣生故，如幻事等，非有似有，誑惑愚夫，一切皆名依他起。愚夫於此，橫執我法有無一異俱不俱等，如空華等，性相都無，一切皆名偏計所執。"是故我者心理之錯覺也，非良知也。奚見佛法以理論改變事實耶？實汝妄認錯覺爲事實也！然則世人所謂與我相對之物亦有之乎？曰：若執實有，佛則謂無。若不執實，佛亦不遣。所以者何？以世間無一物而不變化，無一物而不息息生滅，無一物而可堅住不壞。良如呂氏所言，金石雖堅，終亦不免於毀也。準是之義，故無實物；物雖無實，並不説無。故四大五蘊，根身器界，佛口親宣，諸經備載也。抑所謂水中月，但破可取，不破可見也。有而不實，幻而非無，斯爲佛説，不容改易。而呂氏籠統述之曰"物我俱無"，則其悖佛説也遠矣，又從而刺之，不亦過乎！

復次，呂氏曰："世人以物爲實，以法爲空。自哲學家言之，則物爲空而法爲實，更進一步，則法物兩空，惟識是實。"以法物爲二，以惟識是實，按諸佛典，義亦不然。昭明太子曰："法者軌則爲旨。"窺基法師曰："法謂軌持，執持自性，軌生物解。"孟子曰："有物必有則。"《大戴禮記·夏小正》曰："則，法也。"佛教以能起物解者爲法，儒教以具有法則者爲物。世出世學，名雖不同，其指一也！今呂氏但以宇宙定律爲法，而物非法，是彊寬義於狹義，誤局義爲通義也。惡乎可哉！至於唯識云者，但遣凡夫離識，有境之執而已，豈謂實乎？蓋識與物，爲法離異，而非實則不異。是故物無一息而不變，識亦無一時而不變。刹那刹那，頓起頓滅，無始以來，盡未來際，俱是無常，俱如幻起。《佛説觀樂王樂上二菩薩經》云："心如流水，念念不絕。"而《成唯識論》言之更加明晰："諸心心所依他起故，亦如幻事，非眞實有；爲遣妄執心心所外實有境故，説唯有識。若執唯識眞實有者，如執外境，亦是法執。"依經與論，惟識是實，皆不可得。呂氏之言，不亦妄乎？又呂氏後言："……轉識成智……"識若是實，則何可轉？亦何用轉？識既可轉，而又必轉，則定非實。故詳斯兩義，又見矛盾也！

復次，呂氏曰："佛教假名一切罪業之本爲無明，本來清淨之體曰眞如；眞如無明，同體不離，無明可熏眞如而爲迷，眞如亦可還熏無明而成智也。"觀此所言，恐亦難通。蓋無明者，有爲也。眞如者，無爲也。有爲有生滅，容有熏習之義；無爲無生滅，豈有熏習之能？若無爲而熏習，則名之曰有爲，不名之曰無爲也！無爲者，所緣緣也；熏習者，因緣也。因緣但局於有爲不通於無爲；無爲無因緣，則必無能熏所熏之用也。眞如而有熏用，則因緣應通於無爲。無爲而有因緣，則有爲也，非無爲也。然而眞如實無爲也，未聞有以眞如爲有爲者。無爲既不能熏，則眞如何能熏無明而爲智？無爲既不被熏，則無明何能熏眞如而爲迷？譬諸宇宙定律之於萬有也，宇宙定律無生滅，無垢淨，無增減。而萬有則不然，息息生滅，不垢即淨，此增則彼減，此減則彼增，千轉萬變而不窮焉。夫宇宙定律，即眞如之一義也。在佛法謂之曰無常法印。今爲眞如可與無明互熏，然則宇宙定律亦可與萬有相熏乎？進而言之，不但無爲有爲不能互熏，即染淨亦不能互熏也。蓋熏分能所。當熏之時，則能熏所熏，定必同時和合而轉焉。染淨於水火之不相並也，白黑之不相及也，又安得同時和合而轉耶！故善念起則惡念泯也，惡念起則善念泯也，未有善念惡念同時而起者焉！是則善惡染淨之不互熏明也。善惡染淨，尚無互熏之義，焉有有爲無爲而互熏者乎？是故無明實不能熏眞如而爲迷，眞如亦不可熏無明而爲智也。

復次，呂氏既知"佛教不言時間之長，空間之際，有問及者，斥爲戲論，但曰無始以來，法爾而有而已"。卻又曰："依唯識論者言，則人有識之始，即世界成立之時，世界者，識之所造也。"説識有始，何謂無始？既説無始，識何有始？矛盾之譏，又豈克免？

復次，呂氏一則曰："佛説創造此等者，爲第八識。"再則曰："世界者識之所造也。"揆諸佛意，蓋亦叵通。所以者何？佛但言轉變，未嘗言創造。創造有無因無待自無而成之義，轉變則否，是依識種業種以及大種造色互相增上變現而有之意。文字不同，義亦迥殊。呂氏又焉得俴規矩而改錯哉？

復次，呂氏一則曰"佛教之終極在於涅槃"，再則曰"佛教之究竟，終不離於涅槃"。以涅槃爲唯一義，語亦未瑩，大有病在。佛本以自覺覺他爲義，豈欲急趣寂滅哉！佛如是，佛教亦應如是。是故《無垢稱經》廣演是意，謂："諸大菩薩，不盡有爲，不住無爲。不盡有爲者：謂諸菩薩，不棄大慈，不捨大悲，曾所生起，增上意樂，一切智心，繫念寶重，而不暫忘；成熟有情，常無厭倦；於煩惱雜，能如理思①；於遠離樂，能不眈染；於所修習，靜慮解脫，等持等至，而不味著；於所遊歷，界趣生死，而不厭離。不住無爲者：謂諸菩薩，雖行於空無相無願等，而於空無相無願等，不樂作證；雖觀涅槃畢竟寂靜，而不畢竟墮於寂滅；雖觀遠離究竟安樂，而不究竟厭患身心；雖觀無漏，而於生死流轉不絕；雖觀諸行皆悉無常，而於善根心無厭足"，云云。義甚明朗。呂氏豈未知乎？何乃言之若彼也！

如是駁呂氏述佛教哲學之錯誤竟。

思勉先生向來博學諸書，沂②流探源，不苟同異，不苟是非，考覈精確，立言有據（觀其所著《本國史》可見）。顧作是篇，述古學，談佛理，竟乃指鹿爲馬，動輒多乖，蓋亦智者千慮之一失歟？以斯訓後，竊爲未安，故特條辨其失，以歸一是也。夫孺子之歌，仲尼識之；樵牧之言，聖人取焉。世固有其人不足貴，而其言不必廢者。呂氏若以余言而改之，則君子之過也，如日月之失，人皆見之，及其更也，人皆仰之，猶不失爲君子者乎！斯乃區區之所殷望也，豈欲彰人失以矜己是哉！

余家素艱窘，無力購書，向皆借讀於親舊者，故作文章，每無參考。差可憑者，唯閱書時，抄有筆記數冊。然皆約括一篇一章之大意，殊少全文，間又抄寫別書所引之言，更難考得原著也。至加相宗之六經十一論，家皆無有，故作是文，引據實其寥寥也。而《楞伽經》《無垢稱經》，雖嘗讀過，然現無其書，故只得以"見有斯義"云云以述之。當吾繕寫此文時，又覺有處引文未盡，而《理學綱要》已還人矣，故遂無以加入焉！如是短缺，實爲憾心！但願讀者不以文害辭，不以辭害志，以意逆志，斯可也！民國二十二年冬月初四日脫稿。又一月，因將刊載而誌之！德鈞識。

（原載《海潮音》1934年第5期，第105~112頁）

---

① 編按，"思"原作"想"，今據《無垢稱經》改。
② 編按，"沂"原作"沂"，今據文意改。

理氣問題討論

渝劉君與某君討論理氣問題，累日未決。今晨飯後，德鈞亦得參與論席，往復商榷，幸已告一段落。其間語言雖多有支蔓，而構難疊興，亦頗發新義，始知義理精微，難以窮究，不有盤根錯節，亦莫別利器。爰錄梗概，呈教達者。民國己卯孟冬之望，張德鈞識。

某君於昨日先述疑意云："先儒云理不離氣，吾人耳目口鼻、四肢百骸，皆氣也。今試割下一指，此理尚在指中否？"劉君答云："吾意此理仍在指中。"某君又問："然則此指上之理，即人身本具之天理歟？抑於天理外別有一個理歟？"劉君答云："即是我本具之天理也，非有兩個。"某君因難云："吾嘗考之先儒，吾人天理之不得顯者，皆由所稟氣質不醇，因成染污也。故須變化氣質，天理乃顯。然則變化氣質時，其濁染之氣亦拋去否？"劉君云："子以為拋去否？"某君云："吾意變化氣質時，濁氣必要拋去。橫渠曰'滓穢日去，清虛日來'是也。"劉君云："尚有事實證成否？"某君云："今日生理學家言：'人身七年，全體都要更換一番。'足為明證。"劉君云："此理吾亦承認，變化氣質時，昏濁之氣必去之。"某君云："若然，準汝指去理仍在其中之說，則吾身原具於濁氣中之天理，亦應隨濁氣之去而去，尚何以為人？"劉君云："吾說不如是。吾以為，吾人本具之氣質原不曾去，故天理實是不動。"某君云："然則如何變化氣質？"劉君云："以涵養主敬之工夫，存此天理，作得主宰，則其昏濁之氣變為清明矣。"某君云："若然者，則因果律將為破壞，本來是濁的物事，如何得成清的？例如種豆豈能得瓜，種瓜豈能得豆？"（以上約取兩君口說記出，討論時鈞不在座，故難詳。）說至此處，各持不下，諍論紛然，迄於今朝，尚餘不決。

鈞從旁問訊，略悉昨日之情，遂進言曰："竊聽兩公最後所論，並有理據，實不相悟，而可互通。請先陳理氣義界之區，以酬某君之難，再談變化氣質之義，以會兩家之違。所謂理者，非同一個器物可以擘成多分，但如虛空徧周，萬有不變不動、無去無來，亦無成毀，以其在天即謂之命，以其在人即謂之性，以其徧為事物之則即謂之理，實際祇是一法，非有多體，但以所從言之路異耳。知覺運動者，氣也，非理也。氣便有去有來，有成有毀，割下之指，不生知覺，即氣已損矣（謂凝成此身之氣已受損害）。理本不落方所，不限時間，無間顯微，無凝小大，既不即氣，亦不離氣。指在人身，屬氣；割下，則氣已不行。若理之於指，原不曾來（即不是由外面賦與的意思），又從何去？（無形焉有去？）但指既割下，氣有虧損。若理之存乎中者，並不以失一指而遂有所欠也。割下之指，須從爛壞，亦不離氣，氣有成毀，即是理也，何得謂之無理？此理充塞周徧，本不可言有無，實非言説所能直顯，冥證方知。然則變化氣質之義，又何説耶？此可以喻明之，便知劉君氣質不去説與某君因果説兩無牴牾。譬如一缸濁水在此，忽有智人將此濁水投以白礬或水清珠，於是移時泥質漸澄。泓澄斯現，所得清水並非外來，而此清相不同前濁，蓋當其濁時，祗是濁相現、清相隱，非此濁相永不能清。及其清時，則濁相隱、清相顯，亦非將清換卻此濁。水性是一清濁，宛然清放，足以炤理；濁，故不堪燭物。清濁雖異，水性無虧，非以濁因而邀清，果斯則不乖於因果之説，而妙成乎變化之義矣。當知丹道家鍊精化氣、鍊氣化神，畢竟祗是把持得一團氣，非能見性也。至如脱胎換骨，如以此水還注彼器，器即有改，水相無殊，此無與於理也。若能明於銷鑛成金之喻，則理非外鑠，亦渙然矣。夫變化氣質，全在修學，性德雖是現成，必假修德乃顯，有性不修，終成渾濁。學修匪懈，濁可求清。學即清水之珠，修是去濁之礬也。專尚懸談，何益於學？此理既明，願與兩公益致力於徙義遷善之塗，庶幾真能變化氣質云爾。"某君乃屬余爲記其義。

（原載《吹萬集·論辨選》，1941年《復性書院選刊》，第56~57頁）

伊川《四箴》釋義

　　伊川先生者，河南程氏，名頤，字正叔，生宋仁宗明道二年，卒徽宗大觀二年，（此依朱子所著《年譜》，《宋史》作卒於大觀元年。）年七十有五。著有《易傳》《文集》《經説》等書。學者初稱廣平先生，後居伊陽，始稱伊川（此本全謝山《札記》）。此篇載於《文集》，不委何時所作。年十五六時，與兄明道從濂溪周子遊。周子令尋孔顔樂處，蓋於此深有得焉。周子《通書》曰："志伊尹之所志，學顔子之所學，過則聖，及則賢，不及亦不失於令名。"則其淵源固可概見。嘗告門人曰："學者須是學顔子。孟子説得粗，不甚仔細，只是他才高，至那地位。若學者學他，或全錯認了他意思。若顔子，説話便可下手做；孟子底，更須解説方得。"又，年十八，嘗作《顔子所好何學論》曰："顔子所事，則曰非禮勿視，非禮勿聽，非禮勿言，非禮勿動。仲尼稱之，曰：'得一善，則拳拳服膺，而弗失之矣。'又曰：'不遷怒，不貳過。有不善，未嘗不知；知之，未嘗復行也。'此其好之篤學之之道也。"其服膺顔子所謂至切矣。此箴與論實相表裏，蓋亦欲發明顔子之學，而示人以入德之方，不玩心高遠，而克己踐形，漸以進於聖人之域也。其文深潛縝密，總内外，賅性修，貫體用，動静可循，存省交至，必涵泳反復之，久而後始信其條理之密、意味之深。古爲釋其義者，淺陋所知，凡有五家：初爲朱文公［見《近思録》卷五（江永集注）］，次有陳北溪（見《宋元學案》卷五《伊川學案》），再次則葉采（見葉采著《近思録集解》卷五），三家皆宋人也。明則有陳士賢（見士賢所撰《小學集注》卷五），至於清代，張孝先復釋之爾。（見正誼堂《近思録集解》卷五，又見孝先所撰《小學集解》卷五。）文公説最精，北溪亦簡約，葉采至于孝先，解稍淺近。然鈞今釋者，又豈能有加於五先生哉？亦廣其所未盡之意而已。民國辛巳五月庚寅，張德鈞識。

序

　　顔淵問克己復禮之目，孔子曰："非禮勿視，非禮勿聽，非禮勿言，非禮勿動。"四者身之用也，由乎中而應乎外，制乎外，所以養其中也。顔淵事斯語，所以進於聖人。後之學聖人者，宜服膺而勿失也，因箴以自警。

此作箴緣起，所以顯宗趣也。舊解已明，不煩復釋。黃東發曰：視、聽、言、動《箴》在"由中應外""制外養中"兩語。（見《黃氏日鈔》卷三十三。）朱子曰："由乎中而應乎外，是勢之自然；制於外所以養其中，是做工夫處。"兩先生皆能抉其機要。下四箴，是各因其用發明此義也。

視　　箴

心兮本虛，應物無迹。（此言體之用也。）

心者，神明之官，所以主乎身，而為視聽言動思之用者也。虛者，言其體也，凡有五義：一無有質礙故，二無有內外故，三周徧圓滿故，四用而不匱故，五能藏而不害所將受故。本者，顯其體之常也，非先無今有，今有後無，本際真常，如如不動也。應物無迹者，言其用之神也。以其本虛，故能酬酢萬物，應而無迹。物則滯於有形，局於方所，但有感心之功，而無應迹之能。此其勢用卑劣，不可為宰，故聖人斥之曰"器"也。伊川此義亦淵源周子，《通書》曰："動而無靜，靜而無動，物也。動而無動，靜而無靜，神也。動而無動，靜而無靜，非不動不靜也。物則不通，神妙萬物。"此義閎眇，切應深思。今世唯物論者執宇宙中唯有物是真實，此甚違害義理，不知物非自物，由心乃物。執其是，唯亦起於心；苟無此心，物即不見。物且不見，何論於唯哉？或復執言"此能執能思者，仍是物質，謂即大腦，非離物外別有一心"。破曰：夫謂心不離物，吾亦忍可，但謂心即是物，此則非義。何者？方吾兀坐沉思，神翔萬里，一榻清夢，萬象突興，身固在此，腦猶方寸，物有不可入性，即既佔方所，便不得容受異物互相質礙故。然則腦既非神，自亦不能獨違物理定律（若不為物理定律所範圍，則已不可謂物），何能成斯妙用而至為玄變不測者哉？至於文字意，言腦質云何憶持，彼科學家亦已認為不可理解，則不得執為無心明也。蓋腦質者，吾心資以成用之具，而不可謂心即是腦，猶電池、電綫為電所行依，而不可謂電，即此等物也。朱子曰："有形則滯於一偏，神則不離於形，而不囿於形矣。"此誠窮理之至言已。彼執腦以為心者，何異於執電池、電綫以為即電，不至可哂歟？

操之有要，視為之則。（此彰用也。）

然心雖至神至妙，無質無形，但非洸蕩虛無，莫可存主，故曰："操之有要，視為之則。"謂體雖至虛，而用則隨處可識，如視聽言動，知覺運行，皆其用之所存也，惟其用有所寄，而後操存乃有其道。語其大要，則在作用時操存之也。故此中云"視爲之則"，蓋官感之最靈者莫尚於眼，如電雷同起而先見者電，是諸根運用惟眼最利，故先說之，即以影顯餘三（謂聽言動），以勝統劣。攝劣於勝，非謂聽言動三即不可爲操存之則也。"之"字是斥指心言，孟子引孔子曰："操則存，舍則亡，出入無時，莫知其鄉，惟心之謂歟。"是此處所本。伊川所以爲此言者，蓋恐人一聞及虛，輒馳心空妙，玩志幽玄，廢其日用倫常之事，而卒爲異端之歸，故隱矯之。然則通塗談學，乃妄意欲以中土性道皮傅西方玄言，其亦昧於誠妄之辨，彼哲學家無論唯物、唯心說，了便無個事，非所謂玩物喪志者耶？熟味先儒之書自著，着見得與西方不同也？

蔽交於前，其中則遷。（此言用之失也。）

然心因寓其用於耳目等官骸，而官骸本來是一物質，物與物接，則氣勢自然相誘，故其久也，用乃不能不或起差忒，被奪於外誘之私而昧其本然之體焉。老子曰："五色令人目盲，五音令人耳聾，五味令人口爽，馳騁田獵令人心發狂。"王輔嗣注："夫耳目口心皆順其性也，不以順性命，反以傷自然，故曰盲聾爽狂也。"（案：輔嗣所謂性命，即此中所謂心也。）其亦善言物蔽之害矣。故此中云"蔽交於前，其中則遷"，遷謂心之凈用被遮奪而不見，非謂心之本體亦遂銷殞也（陳北溪謂"中指心體而言"，非也）。不然，彼雖至惡人，見孺子匍匐將入於井，仍必起怵惕惻隱之心，與平人無異，若心體已滅，此用何爲乎來哉？故用有變易，體決至常，此中著一"蔽"字，正是表心體不滅，如雲之蔽日，人有不見而日非不存也。孟子曰："耳目之官，不思而蔽於物，物交物則引之而已矣。"是此處所本。

制之於外，以安其內。（此言工夫也。）

夫心之不存（其用有以不行，則疑於體之亡也），既由於物交之蔽，則知操之之功，亦惟在慎其所感而已，故此中云"制之於外，以安其內"，即是守護根門，不令有所走作也。此義本於《大易‧艮卦》，伊川於彼傳云："人之所以不能安其止者，動於欲也。欲牽於前，而求其止，不可得也。故艮之道當艮其背，所見者在前，而背乃背之。是所不見也，止於所不見，則無欲以亂其心，而止乃安。"正是解釋制外安內之道也。制之於外，即所謂非禮勿視也。

克己復禮，久而誠矣。（"而"，一本作"制"。○此由工夫至於本體也。）

夫外既無蔽，則中即不遷；中既不遷，則吾心之體用得以純全而復。夫天之所以與我者，虛靈不昧，具眾理而應萬事之明德矣。故此結云"克己復禮，久而誠矣"。此即由工夫以反乎本體也。己者，即由物感而起的我執之私，此執細分之可有二種：一是執我爲有，由斯生出彼此界限，不能廓然大公故；二是執物爲我所有，由斯貪取，膠著外境，不能淡然捨離故。彼此既分，則恒生較計，務欲相勝，貪取無窮，則物有不給，亦生爭奪，循是無已，乃相鬭相殺，禍亂交作，斯誠生人之大苦，而實萌於一念之私也。故聖人有作，欲弭禍亂而塞其源，乃教人先從我執之私而克治焉。然克之必由其道，則復禮是也。《記》曰："禮也者，理之不可易者也。"不可易者，克指之，則惟本心天命之性德，而先儒所謂五常也。以心相猶有遷流，念念生滅，不可暫住，故惟夫性德之粲然具於心者，乃攬之不濁，動之不失。雖時或隱蔽，只一念自反，則炯然斯在，而非新得。惟放其心者始不覺，而若其亡耳。故聖人教以復禮，即不任心流蕩，念念省察，念念操存，有以全其性德之常，斯不遠而復矣。如皓日當空，容光必照，魑魅魍魎自無安腳處所，故能復乎其性，則我私自不得生，我私不生，則乾道變化，亦各正性命矣。性命各正，尚何禍亂之作哉？故孔子曰："一日克己復禮，天下歸仁焉。"豈空無着落之迂談乎？今天下擾攘，邦國板蕩，人皆欲有以易之，亦可謂出於不容已矣。而奈何不先去其我執之私，而各以誠心相見，則其他又曷足言耶？余率筆至此，念生民之流離，戎禍之孔熾，或以先聖遺緒唱爲根本之計者，而世反詬病之，是又安於弱喪，聖人亦莫如之何已矣。噫！其可痛已！因釋伊川語，不覺聯想及之。《中庸》曰："誠者，天之道也。誠者，不勉而中，不思而得，從容中道，聖人也。"此中言誠本乎此。"久"是説工夫，謂始乎勉彊，繼以利行，無間無息，久於其道，功用純熟，則不假安排，自然動與道合，從心不踰。此性修不二，已至於聖人境地矣。學者必以此爲最後趨向，乃爲善學顏子。子謂顏淵曰："吾見其進也，未見其止也。"顏子是信得此理，故精進不懈，聖人就性上言，是與凡人無異；凡人到學修成功，則亦與聖人無異。故《中庸》謂或安而行之，或利而行之，或勉彊而行之，及其成功，一也。此所謂久而誠矣。此箴最爲要切，及苞舉下三章，而爲説理實不限於視，故冒於首也。

聽箴

人有秉彝，本乎天性。（此顯體也。）

　　前箴是寄視以顯心，此箴是假聽以明性理，實彼此互顯，非各效於一官也。

彞者，常也（訓本《爾雅》）。漢儒謂"仁義禮智信，是爲五常"，此有深意，蓋此五德人人同具，自性常住，不可失壞。一者不以時異，無問於古今故；二者不以處異，無間於夷夏故；三者不以人異，無間於聖凡故。世間萬物皆不平等，惟此平等，皆有變壞，惟此不壞，故說爲彞。秉者，執持也（亦本《爾雅》）。謂人持此五常，以爲人也。天性者，吾師湛翁云："就其普徧言之曰天，就其恒常言之曰性；又不假人爲曰天，本來自具曰性。"（見《宜山會語》。）本者，元本也。蓋此一句是原性，謂此五德：一非後起，二非人爲，三非外鑠，故曰本乎天性也。《詩》曰："天生烝民，有物有則，民之秉彞，好是懿德。"孔子曰："爲此詩者，其知道乎？"故有物必有則，民之秉彞也，好是懿德。又《中庸》曰"天命之謂性"，是此處所本。復次應知四箴是與《顏子所好何學論》（伊川十八歲時所作）相表裏，此二句即彼所云"其本也真而靜，其未發也，五性具焉，曰仁義禮智信也"（《宜山會語》云："本謂心之本體，即理也。無妄曰真，本寂曰靜。《樂記》曰：'人生而靜，天之性也。'一理渾然，常恒不變，其體本寂，故曰'真而靜'。未發即'沖漠無朕'，五性即性中所具之五德。德相有五，實惟一性，人人同具，無有增減。"）。

知誘物化，遂亡其正。（此言其用而失也。）

知謂情識，物謂塵境，情識生於耳目之官，塵境爲官感生起所託。官所生識，約有五種，謂：視覺、聽覺、嗅覺、味覺、觸覺。官所緣境，亦有五類，謂：色處、聲處、香處、味處、觸處（哲學家謂此五爲次性，說誤，當別論之）。凡人認識起原初不越斯五類，故談作用應以此爲先。誘謂引奪，化謂同化，謂彼五官緣感塵境則生，取著而爲，引奪由斯，不守自性，與物同化，即彼秉彞之性，不得現行而疑於亡矣。故曰："遂亡其正。"正即上文所謂秉彞也。此是本於《樂記》："人生而靜，天之性也，感於物而動，性之欲也。物至知，知然後好惡形焉。好惡無節於內，知誘於外，不能反躬，天理滅矣。夫物之感人無窮，而人之好惡無節，則是物至而人化物也。人化物也者，滅天理而窮人欲者也。"又《顏子所好何學論》云："形既生矣，外物觸其形而動於中矣，其中動而七情出焉，曰喜怒哀懼愛惡欲。情既熾而益蕩，其性鑿矣。"（《宜山會語》云："理本無滅，隱，故有似於滅也。性本不可鑿，背，故比之於鑿也。孟子曰：'所惡於智者，爲其鑿也。'物之鑿者，形必變異，失其本然之相，故謂之鑿。"）即此中所說之義也，然則彼唯物師計執外境決定內心，內心不能決定外境，正是"知誘物化，遂亡其正"，其又何足責乎？

卓彼先覺，知止有定。（此言工夫也。）

先覺，謂即聖人也。孟子曰："以先知覺後知，以先覺覺後覺。予天民之先覺者也，予將以斯道覺斯民也。"是此語所本。覺即明德，亦即秉彝，對彼感情，故稱爲覺。然此覺性人人同有，不相假借，彼先覺者，只先能自明之耳。後覺雖尚未能明，其覺體自在，故亦稱覺。夫先覺覺後覺，亦只是教後覺者將其本具之德自覺之而已，非能與他一個覺也，如以一燈燃百千燈，光雖待發，而彼光源實各自具，非由他給。故孔子曰："爲仁由己，而由人乎哉？"明不假借於外也。讚之卓者，謂衆人皆昧，惟彼獨醒，導乎先路，是其所特，故曰卓也。先覺所以不蔽不惑者，即由知止有定，故此句是説工夫也，本於《大學》"知止而後有定"，謂應知所當止，然後內心靜專，不爲知誘物化，此正對治前二句用處之失也。《伊川易傳》云："外物不接，內欲不萌，如是而止，乃得止之道，於止爲无咎也。"此亦是謂心方便。又《顏子所好何學論》云："是故覺者約其情，使合於中，正其心，養其性，故曰'性其情'。"是與此二句相發。

閑邪存誠，非禮勿聽。（此由工夫以至本體也。）

邪，即前所云"知誘物化"也；誠，即前所云"秉彝本乎天性"也。《中庸》曰："誠者，天之道也。"故天德、天性、天命、天道並是誠攝。閑者，遮止而不使其現行義；存者，使其現在而不隱沒義，此本於《大易》"閑邪存其誠"句。伊川彼傳云："處無過之地，唯在閑邪。邪既閑，則誠存矣。"應知此亦是由工夫反乎本體，即《顏子所好何學論》所云："凡學之道，正其心、養其性而已。中正而誠，則聖矣。君子之學，必先明諸心，知所養，然後力行以求至，所謂自明而誠也。故學必盡其心，盡其心則知其性，知其性，反而誠之，則聖人也。"故此箴與彼論相表裏，須互詳也。"非禮勿聽"結文，可知舉聽，則餘三亦可例準矣。

言　箴

人心之動，因言以宣。

此原言也。傳曰："言者，心之聲也。"（揚子《法言》："言，心聲也。"）劉熙《釋名》："言，宣也，宣彼此之意也。"是此處所本。蓋心是言之本，言爲心之迹，先必心有善惡動於中，而後言有善惡著乎外，故即其言之所宣，而可知其心之所存，此《大易》垂慎言之戒，孟子示知言之綱。肇法師云"非本無以垂跡，非跡無以顯本"，其亦善明斯致矣。

發禁躁妄，內斯靜專。

此言工夫也，即制於外所以養其中也。躁者，《論語》曰："言未及之而言，謂之躁。"妄者，《說文》云："亂也。"言未及而言有二：一彼言未及己，不當我言而我言之；二彼言未及處，不當言及而我及之。前者爲非時，後是不如量，總謂之躁也。亂是不循其本然之理。依義分析，可有四種：一是增益，二是損減，三是顛倒，四是虛構（佛家言口過四種，與余此處所言不同）。皆是有戾於實事、實理，故總謂之妄也。如是二端，總攝一切口過盡，故伊川著爲根本戒。禁，即戒止義也。當知躁妄之發，全是內心之病，先由邪思浮念擾動於中，而後躁言妄語宣發於外。於其將發也，若不急加遏止，則蕩而失守其本心之良，將彌害焉。如彼微波擴而不已，卒至全水皆失鑒平。故曰："發禁躁妄，內斯靜專。"必禁其發動，而後邪妄不滋，孤明常在，存養之久，斯靜以專矣。靜者，湛寂義，無有散亂故；專者，純一義，無有雜染故。內既靜專，則其後之發也，自然不待防檢，亦可免於躁妄。此聖賢存心之深功，學者所應致力。靜專，本於《大易》"夫乾其靜也，專其動也，直是以大生焉"。伊川說云"不專一則不能直遂"，義亦與此相應。

矧是樞機，興戎出好。吉凶榮辱，惟其所召。

此明言之邪正，非徒與內在之心術有關涉，抑且與立身之隆污有影響，所以深言以致警也。《古文尚書·大禹謨》曰："惟口出好興戎。"又《說命》曰："惟口起羞，惟甲胄起戎。"《易·繫傳》："子曰：'君子居其室，出其言善，則千里之外應之，況其邇者乎？居其室，出其言不善，則千里之外違之，況其邇者乎？言出乎身，加乎民；行發乎邇，見乎遠。言行，君子之樞機，樞機之發，榮辱之主，君子之所以動天地也，可不慎乎？"荀子曰："與人善言，煖於布帛；傷人之言，深於矛戟。故薄薄之地，不得履之，非地不安也。危足無所履者，凡在言也。"此處蓋本此諸義以爲言。由是可知言語之慎，非細行也。人欲之流止，天理之存亡，君子小人之大閑，此心之存放，以至安危苦樂、吉凶榮辱之樞機，莫不於此焉決矣。學者可毋敬慎哉？次下分簡躁妄之過。

傷易則誕，傷煩則支。

　　此簡、躁之失也。荀子曰："易言則誕。"《說苑》云："口銳者，多誕而寡信。"孟子曰："人之易其言者，無責耳也。"孔子曰："其言之不怍，則爲之也難。"並爲此處所本。《尚書·無逸》："乃諺乃誕。"孔傳云："欺誕。"故病於易者，其失必至於欺謾而不誠。易，即輕易也；煩者，不簡之謂。《易》曰："躁人之辭多。"躁即易動難定，故病於多者其失必至於支。支，謂支離無所宗統也。應知煩易爲支誕之因，支誕是煩易之果。易即前釋所謂"彼言未及己，不當我言而我言之"。煩即前釋所謂"彼言未及處，不當言及而我及之"。故斯二者並爲躁之失也，然此但顯其累於修德而已，下文乃言妄之過，亦且害於來物。

己肆物忤，出悖來違。

　　此彰妄之害也。肆，謂放恣也；忤，謂逆也；悖，亦逆亂也，即前所云"不循其本然之性而戾於實事實理故"；違，謂背也（上訓多本《說文》《爾雅》）。孟子曰："出乎爾者，反乎爾。"《大學》曰："言悖而出者，亦悖而入。"是此處所本。應知肆與悖是所以感違忤者也，違忤乃肆悖之應也。肆悖即前文之所云妄。違忤又正顯吉凶榮辱，惟其所召也。蓋感應之效，莫顯於言語，故《大易》於鶴鳴子和著之，言爲《詩》教所攝。（《論語》："不學《詩》，無以言。"故《詩》之爲義亦頗明感應。《詩大序》曰："正得失，動天地，感鬼神，莫近於《詩》。"鄭君《詩譜序》云："吉凶之所由，憂娛之萌漸，昭昭在斯。"可以爲證。伊川深明此理，故於言箴特彰其義，亦《易》所謂"因貳以濟民行，以明失得①之報"也。

非法不道，欽哉訓辭。

　　此結成也。《孝經》曰："非法不言，非道不行。言滿天下無口過，行滿天下無厭惡。"是此處所本，亦即指"非禮勿言"。翻轉身來，則是言而可爲天下法，行而可爲天下則，亦學至於聖，最後之行果也。欽，謂敬也（訓本《說文》）。程子之學，只是一個"敬"字該攝得盡。視聽言動，事雖有四，而本惟一心。制外養中，目雖有四，而實惟一禮。禮者，敬而已也。徹上徹下，徹內徹外，只這敬字更不須別尋家當，只此落實做將去，便可成聖作賢也。故伊川於此深致意焉，學者其可不盡心乎？

---

① 編按，"失得"原作"得失"，今據《周易·繫辭下》乙正。

動　箴

哲人知幾，誠之於思。

　　上三箴皆言制於外以養其中，乃初學之功，而非詣極之行，故最後開示內外齊修，始得究竟。如佛家修唯識觀，初依識有所得，境無所得生；次依境無所得，識無所得生；終之乃觀境識俱無所得，而實證圓成實性也。然亦因動本來是眩內外、貫身心的，故乃借以顯義，非是勉彊穿穴，此亦見伊川文理密察也。《爾雅》云："哲，智也。"《論語》："智者不惑。"此處哲人即指智者也。智者云何不惑？（《爾雅》："惑，迷也。"）蓋以其能知幾耳，故此中云"哲人知幾"。此本於《易》與《中庸》。《易·繫辭傳》曰："知幾其神乎？""幾者，動之微，吉之先見者也。""君子知微知彰，知柔知剛，萬夫之望。"蓋既能先見夫微，而又知微之必至於彰也，柔之必至於剛也。灼然不惑，有如萬夫之望，則自能深慎。夫動而匪懈於修斷矣（修謂修善，斷謂斷惡），故孔子贊顏淵曰："顏氏之子，其殆庶幾乎！有不善，未嘗不知，知之未嘗復行，得一善則拳拳服膺而弗失之矣。"此亦《乾·文言》所謂"知至至之，可與幾"也。凡夫於動念善惡，當初亦未嘗不知，只不明白此即是個幾，將來著見就是吉凶，便乃不加照管，隨順他去，故邪念動，則雖驅而納諸罟擭陷阱之中，而莫之知辟也。善心生，則雖擇乎中庸，而不能期月守也！其愚惑亦甚矣哉。故君子之學，貴乎知幾已。誠者，無妄之謂。《大學》曰："所謂誠其意者，無自欺也。"蓋本心自有良知，善起知為善，惡起知為惡，炯然自見，絲毫蒙蔽不得。此時便應當機立斷，不要泄沓，纔一泄沓便成第二念，落在自欺，落在不誠矣。思者，謂念慮，即幾之所依也。必念慮不妄，而後動無失禮，故曰"誠之於思"，即孔子所謂"思無邪"也。孔孟而後，儒者言行修之道，均罕提示及幾，故工夫多不細密。至周子作《通書》，始一再說之，指示要切，而後入德之方乃為周備。朱子曰："天理人欲之分，只爭些子，故周先生只管說'幾'字。"又《通書》云："動而正曰道，用而和曰德。匪仁、匪義、匪禮、匪智、匪信，悉邪也。邪動，辱也；甚焉，害也。故君子慎動。"與伊川此箴說並相應，蓋亦淵源所自也。

志士厲行，守之於為。

志士者，謂志於學、志於道、志於仁之人也。厲，謂嚴也、猛也，即發勤精進之謂。身之動作為行，護持不失為守，為即日用事為。前二句是養於內的工夫，此二句是制於外的工夫。朱子釋此最精，今移錄於此。朱子曰："思是動之微（動之於心），為是動之著（動之於身）。這是該動之精粗。為處動，思處亦動。思是動於內，為是動於外，蓋思於內不可不誠，為於外不可不守。然專誠於思而不守於為，不可。專守於為而不誠於思，亦不可。""內外交致其功，可也。"問："哲人志士是兩般人否？"曰："非也，只是誠之於思底卻覺得速守之於為者，及其形於事為早，是見得遲了。此覺有遲速不可道，有兩般，卻兩腳做工夫去。"

順理則裕，從欲惟危。

理，即前所謂秉彝，在天謂之命，在人謂之性，在事謂之道，在物謂之理，其實一也，佛家即謂之真如。裕者，安也，即《大學》所謂"富潤屋，德潤身，心廣體胖"也，在佛家亦謂之輕安。《成唯識論》云："安謂輕安，遠離粗重，調暢身心，堪任為性，對治惛沉，轉依為業，謂此伏除能障定法，令所依止，轉安適故。"蓋順理者，其行無玷污，心靡虧欠，仰不愧，俯不怍，故恒安裕也。古文《尚書·仲虺之誥》："好問則裕。"此處文法倣之。欲，即前所謂我私恒貪求外物無有饜足故，即是佛家根本煩惱中貪、癡二法。《成唯識論》云貪，謂"於有有具，染著為性，能障無貪，生苦為業，謂由愛力，取蘊生故"。癡，謂"於諸事理，迷闇為性，能障無癡，一切雜染，所依為業，謂由無明，起疑邪見，貪等煩惱，隨煩惱業，能招後生，雜染法故"。由斯隨順私欲，實能於己於他皆為惱害，現在將來俱成苦果。是故此中說云"從欲惟危"。此句本於《尚書》，實與佛說相符不二，正見理詣其極，則不妨異地皆同，隨情妄度，斯乃肝膽乖角也。又《曲禮》曰："欲不可從。"（舊注謂讀"縱"，實則讀如字亦可。）《丹書》曰："義勝欲者從，欲勝義者凶。"《樂記》曰："君子樂得其道，小人樂得其欲。以道制欲，則樂而不亂；以欲忘道，則惑而不樂。"並與此中所說相應，由是智者應知趣捨。《顏子所好何學論》曰："是故覺者約其情，使合於中，正其心，養其性，故曰性其情。愚者則不知制之，縱其情而至於邪僻，梏其性而亡之，故曰情其性。""性其情"，即此處所云順理；"情其性"，即此處所云從欲也。朱子曰："《動箴》那句是緊要？"或云："順理則裕。"曰："更連從欲則①危句都是，這是生死路頭！"朱子如何作此語，善學者切應深思。

造次克念，戰兢自持。

此二句言做工夫也。"造次"二字本《論語》"造次必於是，顛沛必於是"，謂不可間息也。克者，揚子《法言》"勝己之私謂之克"，則知"克念"謂凡意慮之間，稍有一念不順，於理而成爲我執之私者（即是欲也），便當立與克去，不令滋長。造次之間，猶不可廢弛，則平時更不待言矣。此二字本於《尚書》"惟聖罔念作狂，惟狂克念作聖"，念慮隱微之間，可以爲聖爲狂，而其升墜進退如此之速，故不可不戰兢自持也。"戰兢"二字，本《詩》"戰戰兢兢"，義即戒慎恐懼也。持者，嚴密守護之謂。此事皆須自己照管，他人代理不得，故說之以自也，亦即含攝《論語》"爲仁由己，而由人乎哉"之意也。又"克念"是承前句"誠之於思"來，"自持"是承前句"守之於爲"來。

習與性成，聖賢同歸。

此是由工夫説歸本體也。"習與性成"出古文《尚書·太甲上》，作意勉彊之謂習，從心所欲不踰距之謂性。性，天也。習，人也。人是修德，天是性德，始以勉彊，終乎自然，功用純熟，則人而天焉，是謂習與性成。大氐因位都必勉彊，果位乃能自然。聖即果位之稱，賢爲因位之目，在因則有異，在果斯無別，故《中庸》曰："或生而知之，或學而知之，或困而知之，及其知之，一也。或安而行之，或利而行之，或勉彊而行之，及其成功，一也。"由斯，人我平等，法界無差，不可妄分高下，輕論優劣，故曰聖賢同歸，此是語其究竟也。《顏子所好何學論》曰："誠之之道，在乎信道篤（此即誠之於思），信道篤則行之果，行之果則守之固（此是守之於爲）。仁義忠信不離乎心（此是順理），造次必於是，顛沛必於是（此是造次克念），出處語默必於是（此是戰兢自持）。久而弗失，則居之安（此是習與性成），動容周旋中禮，而邪僻之心無自生矣（此是聖賢同歸）。應知即是此處所說之義也。前序中以進於聖人爲作箴宗趣，故於最後復結歸聖賢，亦見其文首尾相應也。

釋義竟

（原載《吹萬集·雜著選》，1941年《復性書院選刊》，第73~81頁）

---

① 編按，"則"原作"惟"，今據《朱子語類》改。

關洛學說先後考

呂與叔作《橫渠行狀》謂："見二程，盡棄其學而學焉。"伊川睹之，甚不慊然，屬與叔刪去，與叔乃踰年而不刪。有問①於伊川者，伊川曰："表叔平生議論，謂頤兄弟有同處則可；若謂學於頤兄弟，則無是事。頃年屬與叔刪去，不謂尚存斯言，幾於無忌憚矣！"（程子二十二代孫刻本《二程遺書》卷三十六）伊川則可謂不忘久要矣！而與叔先嘗受業橫渠，橫渠歿後，始負笈於洛陽；今為行狀竟如此，伊川不安而與叔安之，則亦不無少負師門也！與叔雖卒以伊川之言改定："見二程乃盡棄異學，醇如也。"然其意亦若曰：橫渠平生學問，實多得力於二程者。文字轉換之間，不無猶存抑揚之意也。故朱子書《行狀》後言："橫渠之學，實亦自成一家（案"亦"字微寓貶意），但其源，則自二先生發之耳。"（《伊洛淵源錄》卷六）即根據與叔之言也。至於龜山跋橫渠與伊川簡，竟斷然云："橫渠之學，其源出於程氏，而關中諸生尊其書，欲自為一家；故余錄此簡以示學者，使知橫渠雖細務必咨於二程，則其他固可知。"（《楊龜山集》卷五）不許橫渠自為一家，蓋已泰甚。阿其所好，夫朋友切偲，互為增上，事至常也；詎可定為學說淵源所自！退橫渠為伊洛附庸，實大悖伊川之心。非但厚誣橫渠，抑所謂幾於無忌憚也！伊川固明明曰"謂頤兄弟有同處則可"，是蘆有同處，而不可者或反多，"謂學於頤兄弟，則無是事"。是伊川深知彼此異撰，不敢以同者即為己出，嚴杜攘竊表襮之習。伊川，誠君子人也！今以事蹟紬察之，則伊川良亦非謙退自遜之詞耳。諸天共食，蓋各有所得焉。

案《行狀》初述橫渠年十八見范文正公，勸讀《中庸》，未以為足，又訪諸佛老之書，累年盡究其說，知無所得，反而求之六經云。據此，是橫渠先已自痞佛老無得，固不由於二程也。而次乃云："嘉祐初，見洛陽程伯醇正叔昆弟於京師，共語道學之要。先生渙然自信曰：'吾道自足，何事旁求。'乃盡棄異學，醇如也。"此則與前說不無相左。案是年橫渠年已三十七，明道則纔二十五，伊川年纔二十四。而伊川述明道《行狀》曰："先生為學，自十五六歲時，聞汝南周茂叔論道，遂厭科舉之業，慨然有

---

① 編按，"問"原作"聞"，今據文意改。

求道之志。未知其要，泛濫於諸家，出入於老釋者，幾十年；返求諸六經，而後得之。"是二程於此時乃返求六經，已後於橫渠矣！何得言橫渠反受其啓示耶？且二程此時涵養亦未得粹然。如明道云："某年十六七時好田獵，既而自謂已無此好，周茂叔曰：'何言之易也，但此心潛隱未發，一日萌動，復如初矣。'後十二年暮歸，在田間見獵者，不覺有喜心，果知未也。"（《遺書》卷七）則謂二程此時已能以其所得大影響於橫渠，誠恐未然。非但與前述自悟異學無得相左已！

又案《遺書》所存衆家紀語，率在元豐己未以後。是時明道年已四十八，伊川四十七，而橫渠已不在世矣。蓋二先生學問，至是乃臻精醇。故四方學者靡至，得有語錄流行。中惟《洛陽議論》一卷，朱子識云："熙寧十年，橫渠先生過洛，與二先生議論。此最在諸錄之前。"（見《遺書》目錄）案橫渠即以是年謝世。而中有一條，記二程解窮理盡性以至於命，橫渠則謂二程失於太快（詳見《遺書》卷十）。是二程所說，橫渠尚多不愜。顧可謂橫渠學問得自二先生耶？

橫渠《理窟》云："某學來三十年，自來作文字說義理無限；其有是者，皆只是億則屢中。觀古人之書，如探知於外人；聞朋友之論，如聞隔牆之言；皆未得其門而入，不見宗廟之美，室家之好。此歲方似入至其中，知其中是美是善，不肯復出；天下之議論，莫能易此。"（《張子全書》卷七）則其初縱獲聞二程議論，亦未得門而入。詎能謂一夕晤談，遂能使橫渠渙然有得。再考伊川云："吾四十以前讀誦，五十以前研究其義，六十以前反覆紬繹，六十後著書。"（《遺書》卷廿四）是程子四十以前猶少真得。謂橫渠學出於彼，真謾語也！

蓋橫渠嘗言："學貴心悟，守舊無功。"（《張子全書》卷六）故稽覽全書，多是心得之語，其於二程議論，絕少稱道。而二程於橫渠則每稱其《西銘》。如云："《西銘》，某得此意，只是須子厚如此筆力，他人無緣做得。孟子以後，未有人及此。得此文字，省多少言語。"（《遺書》卷二上）又曰："《訂頑》之言，極純無雜，秦漢以來學者所未到。"（同上）又曰："《訂頑》立心，便可達天德。"（《遺書》卷五）書中似此，不一而足。故二先生常以《西銘》教授學者。如尹和靖見伊川後，半年方得《大學》《西銘》看。（見《和靖語錄》）則二先生且不輕以示人，雖於其師濂溪之書，亦未嘗尊重若此也！蓋程子一生學問惟在識仁，而橫渠先得此心之同然，不啻道乎先路；故程子言仁時，多推闡《西銘》之義。如曰："《訂頑》一篇，意極完備，乃仁之體也。學者其體此意，令有諸己，其地位已高。到此地位，自別有見處，不可窮高極遠，恐於道無補也。"（《遺書》卷二）《識仁篇》亦曰："《訂頑》意思，乃備言此體；以此意存之，更有何事。"（同前）蓋仁爲性道之元，體包四德；《西銘》言理一分殊，最足顯發此義。故程子稱之不置也。又程子言：「論性不論氣不備，論氣不論性不明。」（《遺書》卷六）朱子最喜稱之。實則是橫渠有天地之性，有氣質之性之注脚也。橫渠啓發二程者有如是。故神宗問明道以張載、邢恕之學，奏云：「張載臣所畏，邢恕從臣遊。」（《遺書》卷三十七）程子與橫渠書，亦常自稱小子（見二先生《文集》）。則謂橫渠學源於二程者，果何據耶？

程子嘗言：「某接人多矣！不雜者三人，張子厚、邵堯夫、司馬君實。」（語凡數見，此在卷二上）以今觀之，信然。橫渠終身於佛不稍假借，務爲崖岸。而二先生則反不能無出入，一猶見獵心喜也。如侯世與云：「某年十五六時，明道先生與某講《孟子》，至『勿正心勿忘勿助長』處，因舉禪語爲況云：『事則不無，擬心則差。』某當時言下有省。」（《遺書》卷一）又程子云：「莊生形容道體之語，盡有好處。《老子》谷神一章最佳。」（《遺書》卷二下）又云：「《中庸》言無聲無臭，如釋氏言非黃非白。」（《遺書》卷五）又云：「看一部《華嚴經》，不如看一艮卦，經只言一止觀。」（《遺書》卷六）又云：「貧子寶珠。」（同上，案禪家多用此喻。）又云：「洒掃應對，與佛家嘿嘿處合。」（《遺書》卷七）又云：「釋氏之學，正似用管窺天，一直便見，道他不是不得；只是卻不見全體。」（《遺書》卷三十）伊川嘗言：「今僧家讀一卷經，便要一卷經中道理受用。儒者讀書，卻只閑讀①了，都無用處。」（卷三十七）明道先生嘗至禪寺，方飯，見趨進揖遜之盛，嘆曰：「三代威儀，盡在是矣！」（同上）如此者，未可殫舉。是二程於異學，實未能盡棄。顧可謂橫渠盡棄異學乃由於程子一言乎？（然二程之學，畢竟不同於佛家。此當另詳。）

余嘗閱王偁《東都事略》，見所爲《橫渠傳》（在卷一百一十四），但云：「與程顥、程頤講學。」此七字外，更無它言，蓋乃實録。然則伊川屬與叔刪去者，實所以存真。而與叔但改而不去者，猶不能無妄。故東萊頗致疑於《行狀》年月事迹差謬。晦庵又深識與叔非深知橫渠。（見《朱子與呂伯恭書》）驗之上例，非誣詞也！

文寫成，檢全謝山《南軒學案敍録》曰：「南軒似明道，晦翁似伊川。向使南軒得永其年，所造更不知如何也。北溪諸子，必欲謂南軒從晦翁轉手，是猶謂橫渠之學於程氏者。欲尊其師而反誣之，斯之謂矣！」案謝山此言，亦足爲橫渠白誣，故附録之。鈞識。

尹和靖言：「橫渠昔在京師，坐虎皮說《周易》，聽衆甚衆。一夕，二程先生至，論《易》；次日橫渠撤去虎皮，曰：『吾平日爲諸公說者，皆亂道；

---

① 編按，"讀"原無，今據《二程遺書》補。

有二程近到，深明《易》道，吾所弗及，汝輩可師之。'橫渠乃歸陝西。"（《和靖語錄》）案此事不見餘家筆記，《行狀》及《東都事略》亦不見載。元脫脫等修《宋史》始摭入於傳。而周海門著《聖學宗傳》，黃梨洲編《宋儒學案》一仍之，謂在嘉祐初。乃其事甚可疑。尋伊川自著家世舊事，謂此年過醴泉（見《伊川文集》卷八），則並未在京師也。而橫渠於次年即登進士第，始仕祁州司法參軍（見《橫渠行狀》），則何得論學不如，遂遽歸陝西？非所謂年月事迹差謬歟？今考《橫渠易說》（《張子全書》卷九至卷十一）與《伊川易傳》，誠多不同。然使當日果自認為亂道，則後來又何以傳其書耶？（《易說》何時作，年歲雖不知，而與伊川不同卻是事實。）橫渠學問，最邃於《易》。而和靖述其事如此，殆與與叔述盡棄其學而學焉同類。編《宋史》諸人遂漫然取之，亦不觳甚也！乃今日言中國哲學者，亦並不考其後先，率以伊洛建首。自《宋儒學案》《聖學宗傳》以來，已如是矣！余惡得不費辭以辨之？鈞又識。

（原載《圖書月刊》1941 年第 6 期，第 7~10 頁）

與友人書一

　　尊論所謂儒佛之區別者，大抵有三，曰："儒是盡心知性，佛則明心見性；儒是當下即是，佛則漸次修習；儒是養本，佛則去障。"弟竊不謂然。所以者何？首初應知"盡心知性"與"明心見性"相，即"當下即是"與"漸次修習"相，即"養本"與"去障"相，即彼此同時互有本末，一事二之，則不是矣（未有盡心知性而不明心見性者也，亦未有明心見性而不能盡心知性者也；未有當下認取而可廢其修習漸次者也，亦未有漸次修習而不本於當下即是者也；未有養本而不去其障者也，亦未有去障而不養其本者也）。蓋惟王學末流，乃盡廢修習，而獨任其當下一點靈明之機耳。然已不可語於吾儒根本之教矣。此義次當分三端論之：

　　一、案"盡心知性"一語原出《孟子》，孟子之意乃言心性不二，不可外心以求性也，故曰"盡其心者知其性也"。然既言盡則非朝夕可致之事，必有其前行工夫，則下文所謂"存心養性"是也。邵子曰："心者，性之郭郭。"蓋心不存則無所盡，亦無能盡者也。故孟子說學問之道首重求其放心，心要在腔子裏，然後"盡"始有所，"養"始有端也。然則心以何道始得存耶？則在於寡欲矣。故孟子於他章曰："養心莫善於寡欲。其爲人也寡欲，雖有不存焉者，寡矣。其爲人也多欲，雖有存焉者，寡矣。""莫善"云者，謂此乃養心存心第一要道也。蓋心纔有欲，本性便泯，隨境遷流，作主不得。故欲存其心（存即不使泯滅之意），不可不先寡欲。欲者何？即佛家所謂煩惱障也。此是根本煩惱，一切隨惑皆從此生，故舉本即可賅末。寡者，謂非一時便可斷盡之事，必損之又損，而後人欲淨盡天理純全，亦猶佛家必先伏惑，然後始能斷惑，而斷惑又必先去分別二取，然後乃及俱生隨眠也。孟子之言明白縝密，與佛氏教理相合如此，豈可謂盡心即無務於去障耶？《論語》："顏淵問仁，子曰：'一日克己復禮，天下歸仁焉。'"仁者何？孟子曰："仁，人心也。"則知問仁亦即問盡心之道（子曰："回也，其心三月不違仁。"亦可證）。而孔子答之以"克己復禮"，何哉？此義甚可思也。蓋己者，即佛家所謂人我執、法我執也，以此二執能障菩提涅槃，故又謂之煩惱障、所知障也。禮者，《記》曰理也（《樂記》曰："禮也者，理之不可易者也。"）即佛家所謂一真法界也，必證此法界乃有菩提大用，必證此法界乃得涅槃大果，故必復禮然後成仁，儒佛同也。所以不能證此法界者，以執爲障耳，故欲證法界，必先去其執，執去則障亡，障亡則法界自顯，如明破闇，起滅同時，不可分其先後也。安一"復"字，則知我執未去時，理體雖在而用不得顯，必我執盡克，然後全體大用始得現行，而後人我平等，冤親平等，無大小之見，亡內外之隔，視眾生如一子也①，痛癢相關，疾病同情，故曰"天下歸仁"也（揚子雲曰："勝己之私之謂克。"則知宋儒訓克，勝也。己，謂身之私欲也。非無所本）。若謂儒家但務養本而無待於去障，則復禮已矣，何事於克己乎？（如《大易》言"懲忿窒慾"等皆是就去障邊說，恐厭繁文，故不廣陳。）

二、孟子引上世嘗有不葬其親及見孺子入井之事者，蓋欲證成自性本善，不由後起，令人當下有個悟處，可以就此加行向道也，非謂一見本心便可縱任自然，無事於操存修習而可坐致聖果也。故《養氣章》曰"是集義所生"，又曰"持其志，無暴其氣"，此明明有許多工夫在，必念念積累、心心相續，需以長時，而後浩然之氣始得成焉。如宋儒所謂變化氣質者，正非一朝一夕之事也。故《易》曰："善不積不足以成名，惡不積不足以滅身。""臣弒其君，子弒其父，非一朝一夕之故，其所由來者，漸矣。"應知大善、巨惡罔非由累積而成，相消相抵，故可對治，此增一分則彼減一分，彼增一分則此減一分，如秤兩頭低昂時等。儒家雖不言四尋思、四如實智種種位次，而爲善爲惡確有漸變頓變之事，要爲理之所不能易。故《易》著剝、復、否、泰、損、益諸卦，亦即表自心消息盈虛之機，而孟子曰："可欲之謂善，有諸己之謂信，充實之謂美。充實而有光輝之謂大，大而能化之謂聖，聖而不可知之謂神。"及孔子自敘："吾十有五而志於學，三十而立，四十而不惑，五十而知天命，六十而耳順，七十而從心所欲，不踰矩。"此皆明明有許多地位階漸，而何謂佛家纘事修習，儒則當下便是一了百了耶？《大戴記》曰："少成若天性，習慣成自然。"蓋謂爲善爲惡皆是始乎漸習，終乎爲性（此處"性"字作自然解，非指理性）。故《論語》曰："性相近也，習相遠也。"謂凡聖一真，唯習乃隔也。人心既可由習而染，則自可由習而淨，所以必須學者，即是轉其習也。學亦習也，但爲善習而已。故《論語》開篇便曰"學而時習之"，此正是與人指出一條轉凡成聖之道。（即轉識成智。）上中下根都可循持，豈得謂儒家盡性不俟於修習耶？若夫佛氏，則曹溪諸家之禪，皆是直指本心，教人當下薦取，《華嚴》《涅槃》之教，亦是總包圓頓接引大機。宋儒切己體認之學，實由其啓發。故中土

---

① 編按，"也"原作"地"，今據上下文意改。

學說與佛氏相近者，亦以宋明儒爲多，游定夫云："前輩先生往往不曾看佛書，故詆之如此之甚，其所以破佛者，乃佛書自不以爲然者也。"其言甚是。今乃謂向上一路爲吾儒之所獨有，毋乃失考乎。

三、案"明心見性"一語本出禪宗，然與孟子盡心知性之言不可以爲矛盾。以佛家之見與儒者之知，文雖不同，而同是以自心現量內證，不以情識知，不以情識見，則一也。至明與盡，雖若難合，然儒家未嘗不言明，佛家未嘗不言盡，則終亦無有不合者也。所謂儒家言明者，如《詩》曰"予懷明德"，《書》曰"克明峻德"，《易》曰"自昭明德"，《記》曰"明明德"，"德"非即吾兄所謂本心者乎？又何所見其不同於佛耶？（德者，得也。則知《大學》曰"知止而後有定，定而後能靜，靜而後能安，安而後能慮，慮而後能得"，即是明明德工夫也。此尤與佛氏止觀法門相契。）所謂佛氏言盡者，如大鑒云："自性起一念惡，滅萬劫善因，自性起一念善，得恒沙惡盡，直至無上菩提。念念自見，不失本念，名爲報身。"此非即《尚書》所謂"唯聖罔念作狂，惟狂克念作聖"之旨乎？又非即孟子所謂"充無欲害人穿窬之心，而仁義不可勝用"之旨乎？大鑒又常謂，佛即自心之佛，法即自心之法，僧即自心之僧，則知諸經中言盡未來際作諸功德，亦即盡此心於未來際耳。蓋其發心又有過於儒者也。至餘各家燈錄，其言與儒門相發者，更不勝縷舉，尋之可見。吾兄必謂儒言"盡心知性"、佛言"明心見性"顯有內外之殊、勝劣之辨，弟竊未知其可也。雖然，予非謂儒佛教理方面絕對無異，但尊論之所謂異者，吾不敢以爲異耳。

（原載《吹萬集·答問選》，1941年《復性書院選刊》，第64~66頁）

與友人書二

承覆示累紙，析理精闢，深爲嘆服，然弟意終覺尚有可商兌處，茲再攄論如下：

一、來書云："顏淵問仁是言識仁之體，孟子盡心指出天理之發動處，當下便可循持，是説行仁之方，非識仁之體也。即如孟子仁人心也，亦是指體而言，非是行仁之方，故顏子問仁與孟子盡心顯然有別。"（以上來書語）此一段説，弟殊未能同意。古來阿誰曾以顏淵問仁爲問識仁之體？阿誰曾以用爲可離體而得？恐難得證據。孟子曰："惻隱之心，仁之端也。"言惻隱雖非仁體，而仁體可由是而識也。又曰："充其不忍害人之心，而仁不可勝用也。"言盡心即仁之用也。又曰："盡其心者，知其性也。"性即體之異名也。何以謂之體？謂其能生大用也。先儒以仁配《易》之乾元，言仁者善之長也。是義禮智等皆由此孳乳，則知仁即自心之體也。孟子言盡心而曰知性，足見盡心正是所以識體者也。尊論乃以盡心不是言體，恐非本義。至孔子答顏淵問，明明曰"爲仁由己"（"爲"字吃緊），次又爲説四勿，則全是踐履邊事，而不可謂非行仁之方矣。且心以仁爲體，盡心既非是盡此仁，則又盡個甚麼？

二、來書云："德者，體用之名，無一毫雜染，屬先天也。心則有雜染，屬後天也。明心見性者，化自心之障也，障去一分，心明一分，德本無雜染，豈可言明德見性乎？"（以上來書語。）此段理亦未盡。試有人問，心既雜染矣，則君所謂擴充而盡極之者，得不反爲恣情縱欲之事耶？當何以解？又孟子曰："仁義禮智根於心。"謂一切善德皆心所攝也。今謂心爲後天，德爲先天，則孟子此言又將何以通乎？蓋古人但以情識習氣爲後天，因亦以情識習氣爲雜染，固不曾以心爲後天，心爲雜染也。荀子雖引《道經》説人心之危，道心之微，然必冠以"道"字、"人"字，始不害義。（佛家則曰真心、妄心。）今泛論一心，而曰爲雜染爲後天，則嫌無倫脊矣。黃檗《傳法心要》云："此心本原清净，佛人皆有之。蠢動含靈與諸佛菩薩一體不異，祇爲妄想分別（按即孟子所謂欲），造種種業果，本佛實無一物，虛通寂靜，妙明安樂而已，深自悟入，直下便是，圓滿具足，更無所欠。縱使三祇精進修行，歷諸地位，及一念證時，祇證元來自佛，向上更不添得一物。"此與朱子《大學章句》所言明德不異。朱子彼注云：“明德者，人之所①得乎天，而虛靈不昧，以②具衆理而應萬事者也。但爲氣稟所拘，物欲所蔽，則有時而昏，然其本體之明，則未嘗有息者。故學者③當因其所發而遂明之，以復其初也。”是佛家所謂“明心”與吾儒所謂“明明德”實異文而同指，此理之不可誣者也。

三、來書云：“佛氏絕對無有吾儒之當下即是者，亦絕對無有吾儒之盡心擴充工夫也。”（録來書語）尊論如此決斷，不知亦有所考否？愚意殊不然。案：直指本心，孔子當時尚未用此法門。至孟子始常用之，則以其時邪説大作，人人隱溺本心。下語故不得不警闢，庶使人當下發悟，不遠而復也。但後來儒生困縛於章句訓詁之間，不免又浸浸失旨。至陸象山出，先游意宗門，再返求於六經，見有本然相同者，始好用直指，遠紹孟子之緒，然世已議其溺於禪矣。如象山告學者云：“汝耳自聰，汝目自明，事父自能孝，事兄自能弟，本無欠闕，不必他求，在自立而已。”朱濟道力贊文王，象山曰：“文王不可輕贊，須是識得文王，方可稱贊。”濟道云：“文王聖人，誠非某所能識。”曰：“識得朱濟道，便是文王。”楊敬仲主富陽簿，象山過之，問：“如何是本心？”先生曰：“惻隱，仁之端也。羞惡，義之端也。辭讓，禮之端也。是非，智之端也。此即是本心。”對曰：“簡兒時已曉得，畢竟如何是本心？”凡數問先生，終不易其説，敬仲亦未省，偶有鬻扇者訟至於庭，敬仲斷其曲直訖，又問如初。先生曰：“聞適來斷爲訟，是者知其爲是，非者知其爲非，此即敬仲本心。”敬仲忽然大覺，始北面納弟子禮。前一講語、後二公案，皆是直指。曾看《燈録》者，僉謂其與禪家同一法門也。如《五燈會元》云：安國玄挺禪師初參威禪師，侍立次，有講《華嚴》僧問：“真性緣起，其性云何？”威良久，師遽召曰：“大德！正興一念問時，是真性緣起。”其僧言下大悟。又僧問天柱崇慧禪師：“達磨未來此土時，還有佛法也無？”師曰：“未來事且置，即今事作麽生？”曰：“某甲不會，乞師指示。”師曰：“萬古長空，一朝風月。”僧無語。師復曰：“闍黎會麽？”曰：“不會。”師曰：“自己分上作麽生，干他達磨來與未來作麽？他家來，大似賣卜漢。見汝不會，爲汝椎破卦文，纔生吉凶，盡在汝分上，一切自看。”僧曰：“如何是解卜底人？”師曰：“汝纔出門時，便不中也。”無業禪師謁馬祖，問“即心是佛，實未能了”。祖曰：“祇未了的心即是，更無別物。”師曰：“如何是祖師西來密傳心印？”祖曰：“大德正鬧在，且去，別時來。”師纔出，祖召曰：“大德。”師回首，祖曰：“是甚麽？”師便領悟，乃禮拜。又裴相國休，一日

---

① 編按，“所”下原衍一“以”字，今據朱熹《大學章句集注》删。
② 編按，“以”上原衍一“所”字，今據朱熹《大學章句集注》删。
③ 編按，“者”字原無，今據朱熹《大學章句集注》補。

託一尊佛於黃檗禪師前，跪曰：“請師安名？”師召曰：“裴休。”公應諾。師曰：“與汝安名竟。”公禮拜。又僧問：“溈山如何是道？”師曰：“無心是道。”曰：“某甲不會。”師曰：“會取不會底好。”曰：“如何是不會底？”師曰：“祇汝是，不是別人。”復曰：“今時人但直下體取不會底，正是汝心，正是汝佛。若向外得一知一解，將爲禪道，且莫交涉，名運糞入，不名運糞出，污汝心田，所以道不是道。”如是等諸錄備載，不勝枚舉，足見宗門教人無不是就其天理之發動流露處指點，令其當下便有一個悟處，不須遠求，與儒家實無有異。然亦不以一時頓悟便爾廢卻修行，仍有其操持省察之工。使此當下即是者充極無餘，全體呈露，無一毫障蔽，乃至得證無上正等正覺也。故溈山云：“夫道人之心，質直無僞，無背無面，無詐妄心，一切時中，視聽尋常，更無委曲，亦不閉眼塞耳，但情不附物，即得從上諸聖，祇說濁邊過患，若無許多惡覺情見想習之事，譬如秋水澄渟，清净無爲，滄溟無礙。喚他作道人，亦名無事人。”時有僧問：“頓悟之人，更有修否？”師曰：“若真悟得本，他自知時，修與不修是兩頭語。如今初心雖從緣得，一念頓悟自理，猶有無始曠劫習氣未能頓净，須教渠净除現業流識，即是修也。不可別有法，教渠修行趣向，從聞入理，聞理深妙，心自圓明，不居惑地。縱有百千妙義，抑揚當時，此乃得坐披衣，自解作活計，始得。若以要言之，則實際理地，不受一塵，萬行門中，不捨一法。若也單刀直入，則凡聖情盡，體露真常，理事不二，即如如佛。”頓悟漸修之事，圭峰《禪源諸詮集都序》言之更詳，茲不具引。足見佛家亦是順其天理流露自然之勢，灑然行將去便得，並非在外安排也。又妙喜云茶裏、飯裏、喜時、怒時、净處、穢處、妻兒聚頭處，與賓客相酬酢處、辦公家職事處、了私門婚嫁處，都是第一等做工夫提撕舉覺底時節，則佛家固未嘗專教人低眉合眼，兀然靜坐，而不在人倫日用之間以盡吾心、明吾德也。故弟於吾兄前文謂佛家非頓悟非養本，是自外而入，及今書絕對無有吾儒之當下即是者，絕對無有吾儒之擴充盡心工夫等說，並覺斷語太驟，其亦無暇深考者乎？

四、來書云：“儒家以養本爲去障之道，本得養而障自去也。喻如紅日當空而雲霧自消。”（上錄來書語。）按此喻未善。在因明有不定過，何者？大明周天而不息，無日不當空，其有晦冥不見者，以雲霧障之，非日未當空也。喻如自性常在，而大用不生者，以氣稟所拘，物欲所蔽耳，若欲見日必須披雲，則欲見性，亦不可不先去障，明矣。

五、來書云：“佛非彊制此心，吾儒之寡欲則有彊去之之事。”（上爲來書語。）此說近於倒見。按《漢志》云：“人函天地陰陽之氣，有喜怒哀樂之情。天稟其性而不能節也，聖人能爲之節而不能絕也。故象天地而制禮樂，所以通神明、立人倫、正情性①、節萬事者也。人性有男女之情、妬忌之別，爲制婚姻之禮；有交接長幼之序，爲制鄉飲之禮；有哀死思遠之情，爲制喪祭之禮；有尊尊敬上之心，爲制朝覲之禮。哀有哭踊之節，樂有歌舞之容，正人足以副其誠，邪人足以防其失。"觀此，則儒家全是本性情而爲禮樂，固未嘗彊制此心也（參考《荀子》及二戴《記》）。惟佛氏乃與此絕反，幾於盡廢五倫。飲食男女，人之大慾存焉，彼亦過爲之防。所謂割情去愛，出家學道，其毗尼又有日中一食，樹下一宿，衣不過三，種種苦行，皆是彊制此心者。故今人目之爲禁欲主義也。先儒深斥其非，亦是指此。吾前文曰："某非謂儒佛絕對無異，但吾兄之所謂異者，吾不敢以爲異耳。"亦爲是也。今來書輒說如彼，不知別有所考否？弟誠願一聞其詳也。

六、來書云："今引六祖之'自性起一念'，非順其自然之勢，可謂之發心，或立志，或種因，均可；不可謂之盡心也。盡心豈容起念哉？今乍見孺子將入於井，皆有怵惕不忍之心，非惡其聲而然也。非所以內交於孺子之父母也，真真切切尚容起念耶？"（上爲來書語。）此說恐未得六祖之意。按六祖云："自性起一念善，得恒沙惡盡，直至無上菩提。念念自見，不失本念，名爲報身。"此正《大易》所謂"繼之者善也，成之者性也"，《尚書》所謂"堯舜一日二日萬幾也"，亦《孟子》所謂"存其心，養其性，所以事天"之工夫也。報身者，不過表工夫成熟之候，如儒言"富潤屋，德潤身，心廣體胖"也。若謂治心不從動念上省察，動念上存養，則從何處下手耶？弟前已引《書》曰"惟聖罔念作狂，惟狂克念作聖"，證明作聖亦惟在動念上作工夫，盡心之道豈能外此？惟無想外道，心如死灰，乃無念也。至於見孺子入井而起惻隱之心，應知此只是個率爾心，聖人與凡民同者也，若不當下順勢養將去，則事去境遷，復又憧憧爾思矣。故聖人與凡民異者，不在第一念率爾之善，而在後念繼之者善也。繼之者善，纔可謂盡其心也。果如尊論以見孺子入井而起之率爾心，遂以爲是盡心，則塗之人見孺子入井無一不起怵惕惻隱之心，亦應無一不是盡心了，而何先儒不輕以能盡心許人乎？即孔子亦曰："君子之道四，丘未能一也。"試再思之。

七、來書云："當下即是者，非謂一點靈明之機也。"（此來書語）案：此言費解，今當問見孺子入井所起怵惕惻隱之心，是否爲一點靈明之機？若非靈明者，何以不要譽、內交、惡聲耶？

八、來書云："克己復禮之禮與一真法界顯然有別，以下文明明言非禮勿視聽言

---

① 編按，"情性"原作"性情"，今據《漢志》乙正。

動，非言一眞法界也。"（上爲來書語）此說亦未免執迹迷義，不可謂觀其會通也。夫一眞法界者，佛家又謂之佛性也。如來藏也，眞如也，以衆生平等共有，如儒之言太極、言天命，故謂之一眞法界。以成佛作祖，胥賴此法，故謂之佛性。言雖未成佛，而自具佛之性，故以在纏爲雜染情識所覆，而不害其爲體，故謂之如來藏，猶儒之言道心、言天地之性也。以其眞實不虛，非雜染，非幻妄，不可滅，不可壞，故謂之眞如，猶吾儒之言天理也。此皆本宗門所說，非弟杜撰。吾儒《禮記》亦明曰："禮者，理也。"朱子亦曰："禮者，天理之節文，人事之儀則也。"蓋若無一普徧常住之實理以爲根依，則節文儀則俱無所因起也。體用一源，顯微不二，若所復之禮非一眞法界，則離諸視聽言動等儀則節文外，豈別有一天理所在乎？彼勿視、勿聽、勿言、勿動者，謂非佛性，又何物乎？吾前引馬祖曰："即心是佛，祇未了底心即是，更無別物。"潙山曰："但直下體取不會底，正是汝心，正是汝佛。"此語最直截。吾兄如何謂勿視聽言動者非一眞法界乎？殆未知要一，乃能無閒於視聽言動，要眞，乃能勿要法界，乃能無處不是禮也。程子曰："盡其心者，知其性也。"釋氏所謂明心見性是也。是程子亦不以此爲儒佛之異，故吾聞兄說不能無疑也。

上來述疑竟。昔游定夫早從明道先生學，後更爲禪學，其友呂本中怪而問之，定夫答以書曰："佛書所說，世儒亦未深考，往年嘗見伊川先生云吾之所攻者，迹也，然迹安所從出哉？要知此事須親至此地，方能辨其同異，難以口舌爭也。"又，昔有人問大珠慧海禪師，云："儒釋道三教同異如何？"師曰："大量者用之即同，小機者執之即異。總從一性起，用機見差，別成三迷。悟由人，不在教之同異也。"此並見道之言，上來猶未免葛藤，故錄此以自省，不知吾兄亦能相契於文字言語之外否？是望降心加察者也。廿九年五月四日。

（原載《吹萬集·答問選》，1941年《復性書院選刊》，第66~69頁）

答友人問

一、來書云："《大學》言心不言性，《中庸》言性不言心，何也?"

愚謂此有三種解釋：一、《大學》是部方法論，首言大學之道，道即含有方法之意也。方法則可但言其事用，不必涉及本體，而理論自足，故言心不言性也。性乃推本事用之原，不得已而起之假説耳。因吾人先驗有一因果意想故（理須另詳），對現象恒起思，惟輒不自信現象即是如是，而疑其背後（或內中）須得有個本體，徧爲萬法總依，而後品物流形，乃能不亂不盡。若此無者，則無因有果，一切自然現象應無定律可得。是故有因果，則應有本體，理甚決定。然此本體既爲萬物總依，即不得同於一切形下之物，各各有自相可得，以若凝然有一自相，則亦必爲時空分段拘閡，故即不得成爲總依矣。故《中庸》言："鬼神之爲德也，其盛矣乎。視之而不見，聽之而不聞，體物而不可遺。"《易傳》亦曰："神無方而易無體。"皆是顯這本體沒有方所形色的，而諸形色方所即於其中顯現，故它能有於物而不即是一物，此意至極微妙。要冥證方知，《易》與《中庸》原相表裏（清儒亦信此説），乃是儒者窮究本體之大論，故多言性命之理也。《中庸》開篇便解釋性道諸義，即由研極於本體之故，而工夫亦即由此出生，故同時亦言率性修道、戒慎恐懼、致中和，這都是從體上推出用來，可謂本隱以之顯也。而終篇又曰："予懷明德，不大聲以色。子曰：'聲色之於以化民，末也。'《詩》云：'德輶如毛，毛猶有倫，上天之載，無聲無臭。'至矣。"昔聞歐陽大師説此義，謂是層層簡盡，以顯本體。常人總將本體看成個有質礙的物事，故此處説他不是聲色，又恐或將以爲是極微的物，故更説以毛喻之，亦不可以毛猶有倫，則他畢竟是有形的物，既落於方所了，又那可徧體萬物？故必説到"上天之載，無聲無臭"，乃爲至矣。以天乃無形而體物不遺，始足以狀本體之至大至寂也。此亦可謂推見以至隱矣。故《中庸》雖亦談工夫、談方法，而究竟以本體爲主，誠如佛家所言莫不從此法界流，莫不還歸此法界。《中庸》之爲書是也。至於《大學》，匪惟不言性字，即如何爲心、如何爲意、如何爲知、如何爲物，皆不予以詮釋，但言心應如何正，意應如何誠而已。是其所重乃在修爲方法也。雖儒家從不離體説用，離用説體，如言"明明德"，亦即是從用中帶出體來。但他只言明之之事，不説明德究是何種體段，是其雖涉及體而不演體（演者，廣說之謂），但言體之用而已。故其爲書，體裁與《中庸》確爲兩樣。知此，則亦無疑於一言一不言矣。二、言心即有性在，言性即有心在，彼此原可互攝，故可不必並言，亦不必不並言。如有外人問某君是何地人，某答南充人，又有外人問亦同前，某答川北人，兩俱無過，以言川北即內包南充，言南充亦屬歸川北也。兩書作者或亦偶然互略，未可知也。三、《中庸》據《史記》是子思所作，確然無疑。《大學》史無明文，朱子認爲曾子所傳，嫌於臆斷。近人有以爲出於六國儒者，似近於理，然余以爲仍必七十子後學之徒而偏於曾孟一派者也。由此致思，則其所以互略之故亦不難明。試略言之。按《中庸》言"天命之謂性，率性之謂道"，又曰"誠者，天之道也，自誠明謂之性"，此書既爲子思所作，是子思已明明不以性爲惡矣。《史記》"孟子受業於子思之門"，則孟子提示性善，是即承子思《中庸》之説也。故《中庸》"誠者，天之道也"，及明善誠身之文，孟子並嘗採用之，又嘗讚曾子守約，稱子思事曾子，並可見源流不二。然既提出一個宗旨，則容易成爲言語爭論安腳處所，故當時告子既與之立異，爲性無善不善説，迨荀卿後起，更爲相反之論，昌言性惡，而儒門從此以之多事矣。益以其時刑名法術之徒大盛，舊日顯學咸遭暴擊，聖人之道益見陵夷。故儒者不得不思泯息牆内之爭，而圖有以應變。故此時著述於一切可引紛諍之言，皆必避免。此《大學》所以言心不言性，捨玄學問題而專談實踐之道，成功一部最嚴密而有體系的政治理論也。然就其思想路脈言之，則仍爲子思、孟子之徒而略採荀卿之説者也。何者？《中庸》言忠恕違道不遠，施諸己而不願，亦勿施於人。《孟子》言天下之本在國，國之本在家，家之本在身，而論治國則嚴於義利之辨，此書體系與其義趣乃全相同，但益加詳密有組織而已。書中又引"曾子曰"，尤可見淵源所自也。又按《論語》曾子曰："夫子之道，忠恕而已。"忠者，盡己之性；恕者，盡人之性。《大學》言"明明德"是盡己之性也，忠也；言"親民"是盡人之性也，恕也。言"止於至善"，是盡性。而性盡可以贊天地之化育，與天地參矣。所謂至於命也，自本身以推之於家國天下，壹以盡性，而夫子所謂"吾道一以貫之"者，乃粲然而可見矣。而曾子直指之以忠恕者，益可見其實有得於聖人之意而無妄也。是其恢廓曾孟之學至矣，備矣！非七十子之後學，其能見得如此端的歟！然吾謂其亦略採荀卿之説者，則以其更言心意知也。荀卿曰："人生而有知，知而有志，志也者，藏也。然而有所謂虛，不以所己藏①害所將受謂之虛。心生而知生，知而有異，異也者，同時兼知之。同時兼知之，兩也。然而有所謂一，不以夫一害此一謂之壹。"又曰："心者，

---

① 編按，"所己藏"原作"己所藏"，今據《荀子·解蔽》篇乙正。

形之君也，而神明之主也，出令而無所受令。故口可劫而使墨云（"墨"同"嘿"），形可劫而使詘申，心不可劫而使易意。"《大學》之言心、意、知，是顯有所本也。蓋因荀子既有解釋，故但取而用之，亦不別爲詮說也。《大學》之所以異於《中庸》，於此亦不難曉然矣。如是三釋，悉向來未經人道，偶因來問，輒妄意如此，但不知高明以爲然否。（鈞後將此信呈似湛翁師，師於首段批云："近世哲學始有本體論、認識論、經驗論、方法論之分，中土聖人之學，內外本末只是一貫，讀《大學》便依《大學》實在用力，讀《中庸》便依《中庸》實在用力，始有用處，工夫即從本體上來，本體即在工夫上見，方是。"若如此說去，不出哲學家理論窠臼，仍是沒交涉。言非不辨，有何饒益？）

二、來書云："《朱子語類》稱致知、誠意，是學者兩個關：致知是夢覺關，誠意是人鬼關。不解。"

愚案：朱子此語可謂掀牀露柱，仁者不解，蓋未反求耳。知者，是非之心也，即荀子所謂知而有異，同時兼知之也。由異乃有是非，是非即是兩，認此爲是時意，即謂非非，認此爲非時意，即謂非是。故謂同時兼知之，兩也。致知者，即荀子所謂"不以夫一害此一也，是固是一，非亦是一"。非者吾謂之非，不謂之是。是者吾謂之是，不謂之非，即是不以夫一害此一。此則與固有之理相契、相順，而未嘗有所走作，故荀子又謂之壹也。若顛倒是非，則爲害大矣。人之夢寐也，孰有不是非顛倒者乎？如是處本無男女舍宅，而夢可幻出男女舍宅，禽獸草木本不能言，而夢可幻出同人晤言。夢者，不知竟亦執爲實事實境而起苦樂欣厭種種行相。及遽然覺，乃知是無。而人之不見本心，不悟真理者，其苦感自陷，孟浪終世，又何異於是哉？故伏曼容釋《易》曰："蠱者，事也。蠱者，惑亂也。"萬事從惑而起，故以蠱爲事，則知《大學》所以言致知者，正欲先去其惑也（惑即佛家所謂無明根本煩惱也）。知不致即是夢惑，致得知時，便是覺智，得力全在一"致"字上。不有大覺，即不知前日種種都是大夢，應知纔有一念邪妄，即是知不致了，即是大夢；致得知時，則全夢是覺，全妄是真。灑然行將去，無不密應天理，古書所謂"唯狂克念作聖，惟聖罔念作狂"，讀朱子此語，甚可省也。所謂"誠意是人鬼關"者，須先曉何者是人，何者是鬼，應知人不只是一具耳目口鼻而已，既有其形，即有其性。性者，仁義禮智也，故《記》曰："人之所以爲人者，禮義也。"禮義之性，乃生人之本。人既由此而生，則知既生以後即應全得此性，乃爲盡人之道，乃可謂形副其性，性副其形，乃可謂踐形盡性，此人之正義也。鬼者，非人之目，所謂人死爲鬼，蓋謂不但此性不存，即此形亦杳然烏有也。然人若空有此形，不存其性，則與無此形何異焉？以人之意義已失故，故雖有個行屍走肉，酒囊飯袋，直可視之爲鬼，不得比於人倫。形雖未死，而心已死也。然心何以有死不死耶？其關鍵則在意誠不誠耳。故《大學》曰："所謂誠其意者，毋自欺也。"自即是此心之本體，亦即仁義禮智之性。此心原是光灼灼的，莫有蒙昧的動念，不循其本然，乃成爲欺，然念纔起時，是善是惡本心未嘗不知，或雖知爲善，而不肯行，雖知爲惡，而不肯去，或以善小而不爲，惡小而爲之，即是不誠。必如顏子，得一善則拳拳服膺而弗失，有不善未嘗不知，知之未嘗復行，而後可以爲意誠也。故孔子嘆爲"庶幾"，即《易·文言》所謂"知至至之，可與幾也；知終終之，可與存義也"。此《大學》知致而後意誠，亦與《易》相發也。蓋此心所以具夫知是知非之德者，使人自有所取捨耳。今既已知得是非，而猶然背是從非，則與無此良知何異？是心之德有所未盡，亦可謂形存神亡矣。故朱子謂"誠意是人鬼關"，不其信歟？一念自欺便墮鬼道，一念自誠鬼即是人。吾嘗謂十二時中不知輪回了多少意，亦有感於是也。仁者試反身思之，如何？

三、來書云："李翺尊信《中庸》，爲之論説，朱子謂其滅情復性，多雜乎佛老以爲言。又張無垢亦有《中庸説》，朱子謂其逃儒而歸釋，陽儒而陰釋，何也？"

案：李習之雜乎佛老，由其《復性書》可見。佛家以情識爲染污，故極於滅意斷想，老子以知情爲淳樸之澆散，故極於絕聖去智。斯與儒家絕異者也。儒謂禮樂皆本乎人情，故孟子以惻隱羞惡辭讓是非即仁義禮智之端。情失其紀，乃爲天理之害，然無情則性亦不可見，禮樂亦無可爲。故情可節也，不可斷也；欲可寡也，不可滅也。喜怒哀樂發而皆中節，謂之和。是性即從情裏發現出來，滅之不成，爲斷見、外道乎？習之不悟，謂一切過惡皆緣情而生，遂以爲情不可有，顯爲佛老所蔽，朱子闢之，是也。張子韶《中庸説》，《四部叢刊》有其殘本，朱子駁文，詳《雜説辨》，在《朱子遺書》中。子韶與宗杲游，其學受禪家影響確無疑。然《中庸説》余往年嘗讀之，乳酪醍醐，非無勝味，正未可一概抹殺。又無垢有《心傳録》，首即載大慧杲之説，謂天命之謂性，是清淨法身；率性之謂道，是圓滿報身；修道之謂教，是千百億化身。則其直引宗門，固未嘗諱，而朱子謂其陽儒陰佛，亦失考也。辛巳人日，張德鈞拜復。

（原載《吹萬集·答問選》，1941年《復性書院選刊》，第69~72頁）

讀書雜識 八則

知之者，心與理條然對待；好之者，心與理漸相契應；樂之者，心與理渾融一片，能所雙忘矣。所謂齊一變至於魯，魯一變至於道者歟。

孔子謂人有三等，而施教以異，亦猶佛氏說種性有三，而教亦有小，始終不同也。佛經云：初說四諦，爲求聲聞人，而八億諸天來下聽法，發菩提心，是中人以上可以語上也。說《華嚴》時，五百聲聞在座，如聾如瞽，是中人以下不可以語上也。又八歲龍女聞演《法華》，而即身成佛，亦中人以上可以語上之例也。小乘人聞摩訶衍空，如刀傷心，亦中人以下不可語上之例也。舊疏於三等中又各分三，合有九品，亦精審。

佛家瑜伽學派科判經論，常以三分，曰：境、行、果。境者，示其體相，使有據依；行者，語其工夫，令識塗徑；果者，辨其效用，俾知歸趣。條理密栗，本末燦備，洵作者之洪範也。嘗謂孔子教人，詩以興之，禮以立之，樂以成之，亦足與佛家境、行、果相配焉。又佛家論世界生滅有四劫，曰：成、住、壞、空；論人生有四態，曰：生、老、病、死；論一切有爲法有四相，曰：生、住、異、滅。而吾儒《大易》總論三才變化之漸，亦有四重，曰：消、息、盈、虛，此亦不期然而相合也。凡物皆始於息，成於盈，毀於消，終於虛，周而復始，相續轉變，而流行不息，萬象成焉。科學闢觀，終亦不能易此說也。

古人認識自己莫不明確。故凡言志，皆其心所素存，知所素及，性所素向，行所素能；語不誇大，辭無增飾；言必可行，行必可成也。玩《顏淵、子路侍》及《曾晳、冉有、公西華侍坐》章，觀諸子所對，孔子所言，意態風標，無不各如其人也。所謂"修辭立其誠"者歟！

問於不能，故能；問於寡，故多。若無，故有；若虛，故實；不校，故無犯。

無己乃弘，無慾乃教。仁則無己也，敬則無慾也。

佛者言正念相續，儒者言擴充此心，工夫似同而境趣實不同也。相續者，使善法之無盡。擴充者，使力用之無邊。擴充自可包攝相續，而相續卻不能包攝擴充，故單是相續有時或成爲自了漢，而擴充則無有不是大人者也。故程子曰："充擴得去時，天地變化草木蕃也。"

程子云："孟子言'養心莫善於寡欲'，欲寡則心自誠。荀子言'養心莫善於誠'，既誠矣，又何養？此已不識誠，又不知所以養。"（《遺書》卷二）按程子此處料簡荀子之說，似有過當，蓋誠有就本體言者，有就工夫言者。本體則本自現成，無假修爲（《中庸》曰"誠者，自成也"，是此義），乃天命之性，與佛家所謂真如，道家所謂樸、所謂一，同指也。工夫則是實證本體之用力處，用一分力始得見一分性，用力無已，乃與本體相應不二，訢合無間，到此即無所用力而自然不已，與天行一般，即佛家所謂平等正直無功用行也。《易》曰："閑邪存誠。"此"誠"字即就本體說也。《大學》曰："欲正其心，先誠其意。"此"誠"字是就工夫說也。《中庸》曰："至誠無息。"此"誠"字即是就本體工夫之合而說，合天與人而說之也。初略當於佛家之言境，次略當於佛家之言行，後略當於佛家之言果。據理相說，不能不有此分齊。荀子所言，蓋尅就工夫邊說耳，與《大學》所言"正心必先誠意"無有二致也。故若以荀子之言爲非者，則《大學》以誠意爲正心之工夫，亦將難以免於過失，其可乎？蓋程子不無尊孟卑荀之意，故不免抑揚過當耳。

（原載《吹萬集·劄記選》，1941年《復性書院選刊》，第84~85頁）

跋《張子全書》

　　橫渠之學，與伊洛異撰。其群輩皆位伊洛上。而後世言學史者，往往先伊洛而後橫渠。此何故耶？則伊洛薪傳有人，而橫渠學脈早斬也。自呂大臨爲《行狀》，首誣其師。龜山、和靖並起和之，堅謂橫渠聞道於二程。元人溝陛，筆於《宋史》，遂定案叵移也。呂東萊雖嘗默識其謬，第未指摘成文。如王偁《東都事略》者，庶幾一代信史乎。而世儒蓍固，不讀其書。故史失其紀，而橫渠真面，迄不章也。伊洛之門，則英材輻輳。四傳而後，又得晦庵、南軒、東萊，三子者並一時之選也。晦庵蒐輯《兩程遺書》，不避重沓，悉爲最錄。南軒佐之，一刊於建寧，再刊於曲江，又刊於嚴陵，復刊於長沙，赫哉盛矣！而晦庵意猶不厭，復與東萊編述《伊洛淵源錄》。乃祖濂溪，宗二程，而百源橫渠，並兩屬焉。故伊洛光且大，世莫與京。流行於元明，及亡清，澤猶未替。而學之繼，則熄焉久矣。蓋自橫渠死後，大弟子如蘇炳、呂大臨、大鈞輩，並歸命洛陽，關學驟失中心，遂一時亡也。此伊川所以致嘆："關中學者，今日更不復講。"上蔡亦言"橫渠之學今已無傳"也。一二謹篤之士，即抱守遺篇，龜山又以"欲自成一家"訾之。故寖致於篇籍亦與偕亡（上詳見拙作《關洛學說先後考》）。

　　晁公武曰："《橫渠易說》，《繫辭》差詳，而今無之。"其時已如此。誠以莫爲鏤版，鈔者每任意割取也。然《易說·繫辭》一卷，究未終失。而空俄之書，則倍蓰於是矣。蓋有《孟子解》十四卷，《春秋說》一卷，《祭禮》一卷，《文集》十卷，《語錄》三卷，《禮記並說》《儀禮說》《孟子統說》《信聞錄》等，共若干卷。並散見其名於宋代各家書錄與文集中，而今亡矣。關學之不競，至於是爾。惜哉！（《四庫全書總目提要》謂張子不以著作繁富爲長，殆未深考也。）

　　始橫渠《正蒙》《理窟》《易說》《語錄》《文集》等，蓋皆各自單行，不爲一帙。故此有或彼無，彼有或此無。迨明天順間，國子監合刻《程氏四書》（謂《遺書》《外書》《經說》《文集》四種），南陽李文達題曰《二程全書》。而後集刻古人叢著者，始多顏之曰"全"。俾備一家，不令分散。《張子全書》，殆於是仿。顧修《四庫總目》者，猶昧其原。以今觀之，張子書信非完帙，蓋始於呂涇野也。涇野時，《張子文集》雖已不完，然其得自馬伯循者猶有二卷（涇野撰《張子鈔釋自序》，謂張子書存者，止

《二銘》《正蒙》《理窟》《語錄》《文集》，而《文集》又未完，止得二卷於馬伯循氏云云）。永樂中，胡廣等編《性理大全》，採有《張子語錄》，多在今《語錄鈔》外，則其時《語錄》二卷，猶未亡也。至涇野撰《張子鈔釋》，乃多所刊落。呂書行，而張子之逸文，乃更無人輯理。故徐必達編《張子全書》時，《文集》《語錄》，都祇〔秖〕能沿涇野之舊。題之曰"鈔"，尤灼然見其由涇野《鈔釋》中錄出而翦去其釋耳（《四庫全書總目·周張全書提要》未能說明此義，亦係失考）。另於二種遺書《近思錄》《性理大全》，錄得張子之說，則已不知原隸何篇，故統稱曰"拾遺"。其用功可勤也。顧橫渠經說、詩文見引於他書者，寔不止此。拾而不周，則其陋也。至於清張伯行編《正誼堂全書》，於徐編張子書益加刪削，而仍稱全集，則名實彌乖，僉不知編輯體例也。讀橫渠書者，往往不究其學之隆替、書之存佚之故，其亦博古者之一蔽歟。故為備考其蹟，跋之云爾。

民國庚辰秋九月癸卯張德鈞記

（原載《志學月刊》1942年第2期，第20~21頁）

讀《十力語要》卷二[1]

　　本書著者先有《十力語要》卷一，一名《十力論學語輯略》，係選録壬申迄癸酉間筆札之精要者而成。民國二十四年冬在燕京出版。寇亂以來，其書已無從購獲。此卷係丙子至庚辰間筆札之一部分，其餘部分以己卯在嘉州遭寇機焚燬，此部賴門人録副得存。因從學者請求，乃輯爲《十力語要》卷二印行。其意本在"毋令損失"，故不曾多印（僅五百本），又未委著名書坊經售，以故流布極希，閱者當亦不衆。然至言不止於偲耳，著家固不以得世俗共知爲榮也。

　　本書因係結集筆札語録而成，故形式方面，不有組織，但以時間先後爲次。然若仔細翫繹，則語語歸源，字字落實，亦宛然見得有個中心思想在。如本體論、人生論、認識論等，凡所涉筆，莫不有一貫之主張、精卓之識解，上契聖心而下匡盲俗。遠非一般著作，表面看去似有綱紀條理；覈其內容，則不過一片閒言語者所可同日而語也。然著者半生精力實萃於《新唯識論》一書，此不過平日應機説法之緒餘而已。惟在切學，若無收攝凝聚之定力，驟視新論，眩於宏綱巨構，難免不望派迷源，失所控總。此書則篇章短小，各爲起訖，文復弈弈流便，清雋和雅，在在引人入勝，較爲易讀。故雖非爲初機而作，而爲中土思想起信之方便，則善巧莫階。語其玄極，固皓首窮年亦難盡其義味也。

　　全書共包文二十九篇，又附識三首，跋文一首，張東蓀答函兩篇。著者之爲學，純由反觀默識而入。自謂"迂陋之學，始於思考，終歸體認，乃其本則在一心之識，非爲見聞和解而學。《易》之《觀》曰：觀我生。自悲，而亦悲群生之昏冥也，將求得真理爲依歸焉。始固多方博稽之天地萬物；久之豁然，確信此理不待外求，反諸己而得矣"（八六面）。其所存如此。故每談一理，每談一義，莫不從胸坎中自然流出，直湊單微，不墮支蔓，而復親切有味，耐人尋繹，爲三百年來學者所罕覯。至其爲説

---

[1] 黃岡熊十力著　中華民國三十年四月一日出版　平裝一冊八七頁　定價國幣五圓

哲學及思想史研究

最精湛，而爲中心思想之所在者，則槪見於答意大利人馬格里尼一書。文長一萬六千餘言，眞乃上窮無極，下盡物曲，顯揚中國文化之精神，至矣盡矣。茲錄兩段於此，以見一斑。

> 中國哲學有一特別精神，即其爲學也，根本注重體認的方法。體認者，能覺人所覺，渾然一體而不可分，所謂內外物我一異種種差別相，都不可得。唯其如此，故在中國哲學中，無有像西洋形而上學，以宇宙實體當作外界存在的物事而推窮之者。西洋哲學之方法，猶是析物的方法。如所謂一元、二元、多元等論，則是數量的分析；唯心、唯物與非心、非物等論，則是性質的分析。此外析求其關係，則有若機械論等等。要之，都把眞理（即謂宇宙實體）當作外界存在的物事，憑着自己的知識去推窮他，所以把眞理看作有數量性質關係等等可析。實則眞理本不是有方所有形體的物事，如何可以數量等等去猜度。須知眞理非它，即是吾人所以生之理，亦即是宇宙所以形成之理。故就眞理言，吾人生命與大自然（即宇宙）是互相融入，而不能分開。同爲此眞理之顯現故。但眞理①雖顯現爲萬象，而不可執定萬象，以爲眞理即如其所顯現之物事。眞理雖非超越萬象之外而別有物，但眞理自身並不即是萬象。眞理畢竟無方所無形體，所以不能用知識去推度，不能將眞理當作外在的物事看。哲學家如欲實證眞理，只有返諸自家固有的明覺（亦名爲智），即此明覺之自明自了，渾然內外如一，而無能所可分時，方是眞理實現在前，方名實證。前所謂體認者，即是此意，由體認而得到眞理，所以沒有析別數量性質等等戲論。由此，而中國哲人即於萬象而一一皆見爲眞理顯現。易言之，即於萬象而見爲渾全。所以有天地萬物一體的境界，而無以物累心之患，無向外追求之苦。（二二面）

又曰：

> 自來中國哲人，皆務心得而輕著述。蓋以爲哲學者，所以窮萬化而究其原，通衆理而會其極。然必置體之身心踐履之間，密驗之幽獨隱微之地。此理昭著，近則炯然一念，遠則彌綸六合。唯在己有收攝保聚之功故也。如其役心於述作之事，則恐辨說騰而大道喪，文彩多而實德寡。須知哲學所究者

---

① 編按，"理"字原缺，今據文意補。

為真理，而真理必須躬行實踐而始顯。非可以真理為心外之物，而恃吾人之知解以知之也。質言之，吾人必須有內心的修養，直至明覺澄然，即是真理呈顯。如此方見得明覺與真理非二。中國哲學之所昭示者唯此。然此等學術之傳授，恆在精神觀感之際，而文字紀述，蓋其末也。夫科學所研究者，為客觀的事理，易言之，即為事物互相關係間之法則。故科學是知識的學問。而哲學所窮究者，則為一切事物之根本原理，易言之，即吾人所以生之理，與宇宙所以形成之理。夫吾人所以生之理，與宇宙所以形成之理，本非有二，故此理非客觀的，非外在的。如欲窮究此理之實際，自非有內心的涵養工夫不可。唯內心的涵養工夫深純之後，方得此理透露，而達於自明自了自證之境地。前所謂體認者即此。故哲學不是知識的學問，而是自明自覺的一種學問。（二四面）

此辨析科學與哲學，其對象、其領域、其方法，皆不相同，而中國哲學與西洋哲學，在方法方面與證得方面，宜有根本之差異，皆發人之所未發，非窮神知化者，未足與語此。著者其餘著述亦發揮是義。意在為中國思想界造成一個中心思想耳。故書中又云："吾今所望於國人者無他，凡講習吾固有學說思想者，亦發揚精要，並勤治外學，博採新知，更致力踐履，求思想與行為之一貫，陽明所謂知行合一是也。以此養成一種學風，而吾學術始有獨立發皇之希望。至研窮西洋學術者，宜各自由研究，力求思到，但於本國學問，如六經諸子等，若有致力之暇，自當隨分參稽，否則亦無妄言臧諏。今後學術界如有此氣象，當無絕學之憂。民族雖危，終當奮起，而以自淑者拯全人類。"（四四面）一片苦口婆心，隨處躍然紙上。讀者必取其書潛沉反復，涵泳之久，而後始信其理趣之廣，意味之深，悲願之無盡，而漸漸與之湊泊，相應不二。乃知其跋語所云："嗚呼，區區文字，皆吾心也。"洵如語者，真實語者。

我國自"五四"運動後，國人群趣西化，見有談儒先學術思想者，動斥之曰封建殘餘，於是新進後生自呱呱墮地，精神方面即已成為西方文化之俘①虜之奴隸。種族未亡，而民命先斬，吁，可痛也！蓋至近日，寇患日深，民族之危機愈劇。一時士夫，始恍然於本實之不可撥，固有文化價值固未嘗亡，乃又有建設本位文化之呼聲。然孰者為我國文化之特質，孰者亟須予以昂揚，孰者可以救俗學之蔽者②，大率尚未之思。

---

① 編按，"俘"原作"殍"，今據文意改。
② 編按，"者"原作"書"，今據文意改。

上焉者，不過摭拾古書一二名句，謬與西方學術皮傅而已；下焉者，則仍蔽於瑣屑之考據，無關弘旨。而前者則曰檢討過去也，後者則曰整理國故也。如是曾足以發揚固有文化耶？"針對西洋思想以立言，而完成東方哲學的骨髓與形貌"，要必讀熊氏之書，始可免"國無人焉"之嘆也！

（原載《讀書通訊》1943年第60期，第15~16頁）

論陸王之言心性

象山、陽明，自標宗旨，直截簡易，大似禪門。其言本體，則曰"心即性"。其言工夫，則曰"即心見性"。然此二語，就義理分齊，究不能說無差別。執其一端，即多過患。尅實而談，蓋亦未盡協合鄒魯薪傳也。

何以明之？

所謂"心即性"者，是表同物異名，如言"仲尼即孔子"。實是一人，但名字爲二耳。至云"即心見性"，則與前大異。此言"即"者，是不離義故。謂就此心上，便見得性。顯不求索於外也。由心上見得性，與"仲尼即是孔子"，語勢較然不同。必欲取譬，則只有朱子言"即物窮理"，乃相當也。物與理，心與性，雖是體用一源，顯微無間。然在法相方面，畢竟不可混淆也。若謂"心即性"，則人誰不有心，視聽言動，孰非心用。而人之見性者，終止有聖賢，何耶？王學末流，所以墮於狂慧廢修，正坐錯會"作用即性"耳！故羅整庵薄陽明知心而不知性，非無所謂。但以此疵王學末流則可，並上詆陽明亦不識性，斯過矣。此皆誤於執一端也。

孟子曰："盡其心者，知其性也。知性，則知天也。"此語，向來少得正解。竊謂孟子所謂心，大抵都指惻隱羞惡辭讓是非等說。即非空空蕩蕩說個不可端倪底物也。盡者，所謂"若火之始燃，泉之始達，擴而充之"，俾其力用，允量至極，發揮無餘，脫落桎梏，毫無頓滯，剛健篤實，輝光日新，漸以達於圓滿究竟之域也。心既盡焉，則灼然有以見夫仁義禮智受用具足，全是固有，非由外鑠矣。即此便徵性善，故繼之曰："知其性也。"善既固有，則性德顯非人爲，而全本天命。與後日荀卿所說："人之性惡，其善者僞也。"正敵體相反。而與《大易》"繼之者善，成之者性"之旨玄同。故曰："知性，則知天也。"知此則知孟荀兩家之所由分亦以是爲關鍵。如此解去，似於孟子全部思想乃能契入，而舊注家多未了耳。

由上之說，則孟子"盡心知性"，似與"即心見性"亦略有不同。"即心"，實未道出工夫。工夫只在下面"見"字（"即"字，至多止能說爲工夫之起點）。"盡心"，則"盡"字即是工夫。而"知性"爲其自然之效。孟子下文又說："存心養性，所以事天。"則更不以"知性"爲極詣。"知性"以後，猶須存養。乃上本《大易》"成性存存，道義之門"宗旨也。此與單言"見性"，末稍更不說個事者，實有中邊之辨，而不可同年語也！至於"心即性"，與此亦不相侔。以"盡心知性"，只是個涵數關係而已，未可以爲即毫無差別也。"心性"二字，由孟子之說玩之，其爲語之周延，亦似不無廣矣。言"心即性"，則直不能於同中見異，一中見殊。只道得同的一邊，而忘其相之別也。故其結果，或遂廢了修持（王學末流是如此）。朱子所謂："但見渾淪之一，而不知條理之粲然者即該具於中，則其弊有不可勝言者。"非無見也。

因論生論。朱陸之別，昔人以爲陸是尊德性，朱是道問學（朱子與人書，亦嘗如此說）。余則以爲語猶未切。不如說："陸是即心見性，朱是即物窮理。"較爲分曉。推之，亦可說中土與西洋學說塗徑之所由分、玄學與科學門路之所以異，悉在於是焉。雖其同異之間，盡有多少分殊，但不妨大轉如此說耳。然無論言"心即性"，言"即心見性"，以至言"即物窮理"，推其義之本然，雖非五經四子所不涵，要其挈爲宗旨，則不可謂無所得於釋氏。間嘗考之，蓋在晉世，佛者之徒說二諦義，已昌言："即色游玄。"則朱子"即物窮理"之說，可知即其轉語也。洎隋唐間，禪者明止觀法門（此不定指天台之說），亦已言"自性是佛"，"作用見性"。則象山"即心見性"，"識得朱濟道便是文王"（見《象山集》），可知實由是脫胎也。因緣影響，綫索至明，固未可誣。又《般若心經》言："空不異色，色不異空；空即是色，色即是空。受想行識，亦復如是。"又曰："是諸法空相，不生不滅，不垢不淨，不增不減。"（非獨《心經》如是說，六百卷《大般若》悉如是）詳彼所說"色"，正儒家所謂"物"。彼所說"受想行識"，正儒家所謂"心"。彼所說"空"，正陸王所謂"性"、朱子所謂"理"也。則即後儒言"理氣不二"者，亦不可謂未曾觀待於彼佛（觀待因，係佛家名詞，此處借用。見《成唯識論》）。此又其明徵也。要之，朱陸先皆有得於二氏（此在朱陸兩先生年譜可以考見）。繼又反求諸六經孔孟，而篤之於人倫日用，乃畢竟與佛老殊趣耳。豈可以其偶然之似，而忘其大體之別哉！且夫擇善而從，固孔孟之所不廢也。本來同者，亦不可得而異焉。此又何足爲朱陸諸先生病乎！

（原載《讀書通訊》1944年第97期，第12頁）

胡子《知言》發微

　　全謝山博極群書。然其敘錄《宋元學案》，揅索學派源流，或多疏謬。余嘗有意補訂其失，而時不我暇。今述此篇，於五峰學說淵源及其影響，固不足以云特殊發現。然謝山之所失考者，此或得之也！

武夷不及兩程之門。與龜山、上蔡、和靖游，因以上探伊洛之緒，而有以自得之。五峰箕裘家學，自幼亦究心二程遺編。

　　《道南源委》云："仁仲幼穎敏，甫就外傅，銳然以求道爲心。年十五，遂自爲《論語說》，編程氏雅言，旦夕玩誦；文定懼其果於自用，乃授以所修《通鑒舉要》。於是肆力研究。弱冠游太學"云。

弱冠游太學，復見龜山於京師，繼奉武夷命，又從侯師聖於荆門，而卒乃傳武夷之學焉。故其父子皆未嘗主一家也。武夷嘗曰："聖門之學，以致知爲始，窮理爲要。"又曰："以致知爲窮理之門，以主敬爲求養之道。"故五峰《知言》，亦屢屢以致知挈示宗恉。如曰："《大學》之方在致其知。知至，然後意誠。意誠，則過不期寡而自寡矣。"（卷三）又曰："學爲君子者，莫大於致知。"（卷四）又曰："務聖人之道者，必先致其知；及超然有所見，方力行以終之。"（卷四）又曰："天下萬物莫先乎知，是以君子必先致其知。"（卷五）此原本家學，的然可明。至其談經世致用之術，力主井田封建，則乃私淑橫渠者也。

　　橫渠嘗曰："仁政必自經界始，貧富不均，教養無法，雖欲言治，皆苟而已。"又曰："井田卒歸於封建，乃定封建功，有大功德者然後可以封建。所以必要封建者，天下事之分得簡則治之精，不簡則不精，故聖人必以天下分之於人，則事無不治者。"（《張子全書》）橫渠又嘗欲與學者共買田一方，畫爲數井試之。故五峰昌言井田、封建，實受關學之啓發也。

其曰："生聚而可見則爲有，死散而不可見則爲無，夫可以有無見者，物之形也。物之理則未嘗有無也。老氏以有無爲生物之本，陋哉！"（卷一）又曰："有聚而可見謂之有者，知其有於目，故散而不可見者謂之無；有實而可蹈謂之有者，知其有於心，故妄而不可蹈者謂之無。"(卷二)又曰:"陽中有陰,陰中有陽,陽一陰,陰一陽,此太和所以爲道也。"(卷四)此尤足發明橫渠《正蒙》之旨。

《正蒙·太和篇》云:"太和所謂道,中涵浮沉升降動靜相感之性,是生絪縕相盪勝負屈伸之始。"又曰:"氣聚則離明得施而有形,氣不聚則離明不得施而無形。方其聚也,安得不謂之客;方其散也,安得不謂之無。故聖人仰觀俯察,但云知幽明之故,不云知有無之故。諸子淺妄,有有無之分,非窮理之學者。"是知五峰於《正蒙》,嘗用深功。

故呂東萊稱"《知言》勝似《正蒙》"。殆有以隱索其源歟?五峰歿後,弟子張南軒乃大弘其學於湖湘,以先察識後涵養爲宗旨。朱子甲申、丁亥之間(三十三歲至三十八歲,時李延平已卒。)與南軒往還講習,遂亦信從之,有中和舊說之作。迨乾道己丑與蔡季通論辯,始疑而更定舊說。詒書與南軒論之。南軒初猶不盡印可。

此時朱子有書與林擇之云:"近得南軒書,諸說皆相然諾;但先察識後涵養之說,執之尚堅。"又書云:"近看南軒文字,大抵都無前面一截工夫。心體通有無該動靜,方無透漏。若必待其發而後察,察而後存,則工夫之所不至,多矣!惟涵養於未發之前,則其發處自然中節者多,不中節者少;體察之際,亦易明審,易爲著力。與異時無本可據之說,大不同矣。"是南軒此時猶執守師說不變。

至癸巳以後,遂亦改從朱子。

故南軒寄呂伯恭書云:"栻自覺向來於沉潛處少工夫,故本領尚未完。一二年來頗專於'敬'字上勉力,愈覺周子主靜之意爲有味。程子謂於喜怒哀樂未發之前更怎生求,只平日涵養便是。此意須深體之也。"又書云:"存養省察之功固當並進,然存養是本。覺向來工夫不進,蓋爲存養處不深厚。"自注云:"存養處欠,故省察力少也。"是此時已不再主先察識後涵養之說矣。(上引文並見《正誼堂叢書》本《張南軒先生文集》卷一)

蓋湖湘學統,至是而一變五峰之舊。其亦幾於絕傳矣!然愚考《知言》已標"心學"之名。

《知言》卷三云:"生本無可好,人之所以好生者,以欲也;死本無可惡,人之所以惡死者,亦以欲也。生求稱其欲,死懼失其欲,憧憧天地之間,莫不以欲爲事,而心學不傳矣!"

又屢言學當志於大體。

　　《知言》卷三云："學貴大成，不貴小用。大成者，參於天地之謂也；小用者，謀利計功之謂也。"又卷四云："列聖諸經，千言萬語，必有大體，必有要妙；人若不在於的，苟欲玩其辭而已，是謂口耳之學，曾何足云！夫留情於章句之間，固遠勝於博弈戲豫者，時以一斑自喜，何其小也？何不志於大體，以求要妙？"

以性爲無善無惡。

　　《知言疑義》引云："性也者，天地鬼神之奧也；善不足以言之，況惡乎？或者問曰：'何謂也？'曰：'宏聞之先君子曰：孟子所以獨出諸儒之表者，以其知性也。宏請曰：何謂也？先君子曰：孟子道性善云者，嘆善之辭也，不與惡對。'"

以致知爲聖學之要，而謂知非聞見。

　　《知言》卷四云："學爲君子者，莫大於致知。彼夫隨衆人耳目聞見而知者，君子不謂之知也。"

實乃近啓象山，遠開陽明之緒。

　　象山每教學人先立乎其大者。陽明倡致良知，而曰："無善無惡心之體。"又曰："心之體爲性。"皆與五峰所言冥相契應。

則謂五峰之學，不傳於湖湘，而別傳於江西，可也。故朱子於此數端，掊擊特甚，信非漫無其故者也！

　　《朱子語類》云："《知言》中議論多病，近疏所疑與敬夫、伯恭議論，如心以成性，相爲體用，性無善惡，心無死生，天理人欲，同體異用，先識仁體然後敬有所施，先志於大然後從事於小，此類極多。"按之實際，則正象山、陽明所本，故朱子不肯輕易放過也？（詳胡子《知言疑義》）

至其言治道，主井田、封建，清人或譏其泥古而流於迂謬。

　　《四庫全書總目提要》云："其論治道以井田、封建爲必不可廢，亦泥古而流於迂謬。"

則不知此實五峰崇高政治理想之所寄耳。蓋言井田者，乃欲以均財貨也。

故《知言》云："復井田之制，不致後世三十稅一，近於貊道，富者田連阡陌，僭疑公侯，而貧民冤苦失職矣。"（卷五）又曰："仁心，立政之本也。均田，爲政之先也。田里不均，雖有仁心，而民不被其澤矣。井田者，聖人均田之要法也。恩意聯屬，奸宄不容，少而不散，多而不亂，農賦既定，軍制亦明矣。三王之所以王者，以其能制天下之田里；政立仁施，雖匹夫匹婦，一衣一食，如解衣衣之，推食食之。其於萬物誠有調燮之治以佐贊乾坤化育之功，非如後世之君不仁於民也。"（卷三）

言封建者，乃欲以公天下也。

故《知言》曰："分天下有德有功者以地，而不敢以天下自私，於是有百里、五十里、不能五十里邦國之制焉。"（卷六）又曰："封建也者，帝王所以順天理、承天心、公天下之大端大本也。不封建也者，霸世暴主所以縱人欲、悖大道、私一身之大蠹大賊也。"（同上）又曰："聖人理天下，以萬物各得其所爲至極，井田、封建其大法也。暴君污吏，既已廢之，明君良臣，歷千五百餘歲未有能復之者，智不及邪？才不逮邪？聖者不傳，所謂明君良臣也，未免以天下自利，無異於裁成輔相，使萬物各得其所耶。"（卷三）

財貨均則貧富之界泯，天下公則專制之患袪。而後自由平等乃克實現，大同郅治不徒託之空言也。

《知言》云："死生者，身之常也；存亡者，國之常也；興亡①者，天下之常也；絕滅者，非常之變也。聖人制四海之命，法天而不私己，盡制而不曲防，分天下之地以爲萬國，而與英材共焉，誠知興廢之無常，不可以私守之也。故農夫受田百畝，諸侯百里，天子千里，農夫食其力，諸侯報其功，天子享其德，此天下之分。然非後世擅天下者以大制小，以彊制弱之謀也。誠盡制而已矣。"（卷一）又曰："井法行，而後智愚可擇，學無濫士，野無濫農，人才各得其所，而游手鮮矣。君臨卿，卿臨大夫，大夫臨士，士臨農與工商，所受有分制，多寡均而無貧苦者矣。人皆受地，世世守之，無交易之侵謀。無交易之侵謀，則無爭奪之獄訟。無爭奪之獄訟，則刑罰省而民安。刑罰省而民安，則禮樂修而和氣應矣。"（卷一）又曰："文王之行王政，至善美也；孟子之言王道，至詳約也；然不越制其田里，導之樹畜，教之以孝

---

① 編按，"興亡"，四庫本作"興廢"。

弟忠信而已。……養民惟恐不足，此世之所以治安也；取民惟恐不足，此世之所以敗亡也。"（卷三）

自井田法廢，土地得以自由市易，大小兼併，斯貧富之勢成矣。郡縣制行，權柄操於一人，獨夫威福於上，兆庶莫可如何，而專制之禍烈矣。故五峰獨期期於是焉爾。

大凡古來講真儒學者，莫不懷有民主政治革命思想。其以封建可以分君之權、弱君之勢，故當立意對抗專制帝王時，即往往寄言於井田、封建之規復。清初如顧亭林、王船山、呂留良、陸生柟等諸有民族意識者，著書立論，無不建言井田、封建（亭林《日知錄》、船山《黃書》《噩夢》《讀通鑒論》，觸處皆見。陸生柟《通鑒論》十七篇亦主復封建。晚村《四書講義》卷三十七云："君臣以義合，但志不同道不行便可去。只爲後世封建廢爲郡縣，天下統一於君，遂但有進退而無去就。嬴秦無道，創爲尊君卑臣之禮，上下相隔懸絕，并進退亦制於君而無所逃，而千古君臣之義爲之一變。"足與《知言》相發）。故雍正朝因曾靜之獄（曾靜私淑呂晚村者，著有《知新錄》，云"封建是聖人治天下之大道，亦即禦戎敵之大法"云云）。下諭亦云："大凡叛逆之人，呂留良、曾靜、陸生柟輩，皆以宜復封建爲言；蓋此種悖亂之人，自知奸惡傾邪不見容於鄉國，欲效策士游說之風，意謂不見容於此國，則去而之他國，殊不知狂肆逆惡如陸生柟者，實天下所不容也。"是古人言封建者，乃所以反抗專制，今人乃以封建即爲實行專制之產物。毋亦坐不讀書也耶！

其談行政用人也，亦主層累選進與考績黜陟之法。

《知言》卷六云："古者士舉於鄉，自十年出就於外傅，學於家塾州序。是學者何事也？曰：六禮也，七教也，八政也。書其質性近道，才行合理，鄉老鄉吏會合鄉人，於春秋之祭祀鬼神而書之者也。三歲大比，鄉老鄉吏及鄉大夫，審其性之不悖於道也，行之不反於理也，質其書之先後無變也，乃入其書於司徒，謂之選士。選士學於鄉校，其書之如州序。三歲大比，鄉大夫及司徒審之如初，乃入其書於樂正，謂之俊士。入國學，春秋教以禮樂，冬夏教以《詩》《書》，以上觀古道，樂正官屬以時校其業之精否而勉勵之。三歲大比，樂正升其精者於王，謂之進士。王冢宰會天下之進士，論其資性才學行業，某可以爲卿歟？某可以爲大夫歟？某可以爲士歟？卿闕，則以可以爲卿者補之；大夫闕，則以可以爲大夫者補之；士闕，則以可以爲士者補之。三年一考其績，三考，黜其不職，陟其有功者。是故朝無幸官，野無遺賢，毀譽不行，善惡不眩；德之大小當其位；才之高下當其職；人務自修而不僥倖於上，人知自守而不冒昧求進，人知自重而不輕用其身，人能有恥而不苟役於利。此所以仕路清，政事治，風俗美，天下安寧，四夷慕義而疆場不聳也。後之取士反此。"按，五峰此處本於《戴記·王制》之說，法良意美①，儒者言治，本非迂闊難行，而後世竟莫之行，則以秉國鈞者始終有個私心存焉耳。

而甚不與尊君抑臣之論。

《知言》卷五云："制國有法，則必不襲秦故，尊君抑臣，而朝廷之上，制禮以道，謙尊而光，乾剛下充，臣道上行，致天地於交泰，而大臣可以託天下。"又曰："養天下而享天下之謂君，先天下而後天下之謂君；反是者，有國危國，有天下危天下。"又曰："君先以天下自任，則皇天上帝畀付以天下矣。君以從上列聖之盛德大業自期，則天下之仁人爭輔之矣。君以保養天下為事而不以自養，則天下之黎民趨戴之矣。上得天心，中得聖賢心，下得兆民心，夫是之謂一心。心一而天下一矣！"又卷六曰："君者，天之道也。臣者，地之道也。君道必謙恭盡下，則臣可以上納其忠。是故天下地上而為泰，天上地下而為否。"又曰："王者至大至正，奉天行道，乃可謂天之子也。昔周公作諡法，豈使子議父、臣議君哉？合天下之公，奉君父以天道爾，孝愛不亦深乎！所以訓後世為君父者以立身之本也。知本則身立，家齊，國治，天下平；不知本則縱慾恣暴，惡聞其過，入於滅亡。天下知之而不自知也，惟其私心而已。是故不合天下之公，則為子議父，臣議君。夫臣子也，君父有不善，所當陳善閉邪，引之當道。君②生不能正，既亡而又黨之，是不以天道奉君父，而以人道事君父也。謂之忠、孝，可乎？今夫以筆寫神者，必欲其肖；不肖吾③父則非吾父，不肖吾君則非吾君。奈何以諡立神而不肖之乎？是故不正之諡，忠臣孝子不忍為也。"（卷五）此並充滿民主思想，打破君主威嚴，後世握鈞衡者，胡可不知此？！

是知五峰志之所存者，正今世所昌言平均地權、公事公管而為民主政治者也。乃清儒鄙賤，曲媚胡虜，凡懷民族思想而寄言封建者，若呂晚村、曾靜、陸生柟之倫，皆不

---

① 編按，"法良意美"原作"法意良美"，今據上下文意乙正。
② 編按，"君"字，四庫本《知言》作"若"。
③ 編按，"吾"字原缺，今據《知言》補。

103

免慘被刑辱，則其詆諆五峰固同一作意，無足怪矣！呂東萊嘗言："胡文定拈出《禮》'天下爲公'意思。"又曰："胡氏屢言《春秋》，有意於天下爲公之世。"是其家學原有如此者。至於象山兄弟亦富有民主政治之意念，則尤見胡氏之學于江西影響爲大也。

《象山語錄》嚴松記："松嘗問梭山云：有問松，孟子説諸侯以王道，是行王道以尊周室，行王道以得天位？當如何對？梭山云：得天位。松曰：却如何解後世疑孟子教諸侯篡奪之罪？梭山云：民爲貴，社稷次之，君爲輕。先生再三稱嘆曰：家兄平日無此議論！良久曰：曠古以來，無此議論！松曰：伯夷不見此理。先生亦云。松又云：武王見得此理。先生曰：伏羲以來，皆見此理。"又黃元吉錄云："湯放桀，武王伐紂，即①民爲貴、社稷次之、君爲輕之義，孔子作《春秋》之言亦如此。"又錄云："成湯放桀於南巢，惟有慚德，湯到這裏，却生一疑，此是湯之過也。"又錄云："枚卜功臣之遜，遜出於誠；漢文帝即位之遜，遜出於僞云云。及修代來功詔，稱朕狐疑，唯宋昌勸朕，朕已得保宗廟，尊昌爲衛將軍云云。後世人主不知學，人欲橫流，安知天位非人君所可得而私？"凡此，皆與五峰契合。

先儒皆生在家天下之世，鮮敢訟言民主，故有時不能不借井田、封建，以寓其政治理想。後賢讀其書，豈可不體其處境之艱，而有以識其心之所存乎！魏鶴山言："《周禮》不可信，惟胡五峰以爲劉歆②。"則清代今文學家以能辨古經之僞沾沾自喜者，亦未嘗不隱汲其流。五峰之澤，誠廣且遠矣！

民國三十年辛巳長夏作於嘉定烏尤寺。

（原載《靈巖學報》1946年創刊號，第27~32頁）

---

① 編按，"即"原作"丘"，今據《象山語錄》卷四改。
② 編按，宋魏了翁《鶴山先生大全集·周禮折衷》云"胡五峰疑此書爲劉歆所傳會者"。

書與西法師論性善義

一

（前略）大著頃亦撥冗讀過。於人欲一層，甚有發揮。而於性善之義，似尚欠理會，以致①誤解。此不可辦。前者（人欲）乃從軀殼起念，後者（善性）是本於宇宙大生命之流行。《易·繫辭》曰："一陰一陽之謂道，繼之者善也，成之者性也。"此語最堪深玩。飲食男女之欲，乃人情之所不可無，聖人與凡民共者。（幾曾見聖人不吃飯不娶妻來？）不但孔孟不主張斷，宋明儒又何曾主張斷？宗教家似有此趨向（斷欲），則以其素來居於異端地位故也。理不能外乎情，《戴記》早有明文。夫飲食男女之欲，情也。而其間有個自然不可亂之則，理也。滅理而窮欲，即踰天則而隨情泛濫，乃爲惡也。欲固非惡也。宋儒所謂人欲必須盡淨者，乃斥指欲之流於私妄者而言，非泛指一切依於人性而起之情。此情若斷，則頑然一物質而已，豈得謂之人乎？戴東原敢爲誣說，正以其逞私意而好弋虛聲。今人又下於戴東原，顧乃囂囂乎②張皇其詞以簧鼓天下，識者固已嗤且賤之矣！（昔者朱笥河蓋深識古今學術之分理，故於東原行狀頗具剬裁。）至於嬰孩始生，呱然而驚，此不可以爲性惡之徵，亦不可以爲即是私欲。乃由初脫母體，乍受外界寒氣刺激，頓感不適而起之反應耳。識痛癢，有知覺，正是天理流行，亦即人性之肇端。此時他只知啼，毫不怨天尤人，亦無分別計較，非所謂本然情淨，自性純白者乎！聖賢教人順天理行事，豈是從外面安排，亦只是本心而發。當笑便笑，當哭便哭，笑到合適時便止，哭到合適便止③，亦要當笑方笑，當哭方哭，一點矯揉造作不得。反此者，即是違天理。見父母便知愛，見師長便知敬，見孺子井便惻隱，行有穿窬便羞惡，乃至見好色便好，見惡臭便惡：皆天理也，性也。反此者，即

---

① 編按，"致"，原漫漶不清，今據上下文意補。
② 編按，"乎"，原漫漶不清，今據上下文意補。
③ 編按，"止"，原漫漶不清，今據上下文意補。

麻木不仁。何得謂之人？上蔡以覺言仁，其指切也（此"覺"字，是乃渾然與萬物同體，痛癢相關之覺，有真切感動意，非如禪家所謂照也）。

然於此應有分辨。理欲之界甚微（欲指狹義之私欲，非泛曰一切情感），即就好好色講。好色本有使人生好之感性。人無知覺感情則已；有知覺感情，好色當前，未有不隨感而應，油然生起好之情者。然此時之好，在心理上，只是一種愜適懌悅之感覺，亦即是一種忘我之欣賞。並無纖毫垢穢染污。至純至潔，故不可說爲惡。雖亦不妨説是欲，而是"心同然"，現量境界。非私欲比量境也。在此第一念之感，聖人與凡民同，未始兩樣。故説爲天理。然自第二念以後，意識分別起，開始之忘我者，今已有我也；始之爲欣賞者，今已爲計度矣。聖凡之分，於是判然。所以者何？聖人於此，則知"以道制欲，樂而不亂"。凡夫於此，則遂"以欲忘道，惑而不樂"。（有惑爾，拚命向外追求矣！尚爲何樂乎？）蓋道制欲者，是淨分別，是思無邪。以欲忘道者，是染分別，是厲薰心。思無邪，還是隨順清淨之感（即第一念），而別無增益，所以得爲天道①。厲薰心，則已沒失清淨之感，而隨增貪惑，所以渾是人欲也。云何一是思無邪，一是厲生心耶？蓋聖人於此起了一陣愜適懌悅，感後即便算了，並不貪著（即膠著於其上），並不想攬爲己有。小人則不然。適悅方起、貪著隨生，便有種種搏量謀②畫，企欲據爲己有。於是萬般罪惡皆從此出。先儒深知其害，故要人剗而去之。正就第二念之佔有欲言（以其有佔有之意，故稱爲私欲也）。非指第一念之不染欲也（以是天理流行，故非染也）。佛家主修三十二相，八十隨好，亦無非蘄衆生對之起清淨欲也。豈必求一醜怪之相，使人見而生厭，乃絕欲乎？

由是，可知儒者作工夫，不貴第一念之本然善（以是率爾心故），而貴第二念繼之者善。第二念已非現量境界，故重在思。孟子所謂："誠者，天之道也。思誠者，人之道也。""耳目之官不思而蔽於物，物交物則引之而已矣！心之官則思，思則得之，不思則不得也。"宋明諸大師，所謂存天理去人欲，工夫全在"思"字上。思即操存之要。佛家地前地後所謂"加行智""後得智"，實亦思之異名也（此思非指徧行心所之思，乃包括五別境心所而言）。小人不知致思，隨欲而流，欲本非惡，結果乃不得不成羞惡。此即於淨欲外別起增益，故與天理相違。禪家稱"不思善，不思惡"其爲異端之見，又何待辨？宋明儒中亦有搖於禪與老莊者，皆應料簡。然不可預存一我見，胡亂去衡量。若某言作儒學大義，於晦翁、陽明之格物致知説瞎搘一陣，其於晦翁、陽明，何曾夢見？徒取笑於通人而已！

---

① 編按，"道"，原漫漶不清，今據上下文意補。
② 編按，"謀"，原漫漶不清，今據上下文意補。

抑應知者。性善一云，非謂萬德萬行皆已素具。它（性）不過只是一個生機，一種趨勢，一種動向。亭之毒之，覆①之養之，擴而充之，毋使物欲以梏亡之；便得作聖成賢。非謂本來即是聖賢，無待修學者也（聖賢皆果位之稱，不可施於因位也）。故孟子稱："人皆可以爲堯舜。"而不言人皆是堯舜。可以爲堯舜，是性善。而不爲堯舜，則非性之過，而是不思之過，不學之過。陽明弟子有謂"滿街都是聖人"，可知是相似說（謂似是而非），非如理說。荀子謂"塗之人可以爲堯禹"，即非相似說，是如理說。如謂今日滿街是奸商，滿地是惡吏，亦是如理說，非相似說。如謂奸商惡吏，本皆可以爲堯舜，而自甘作賤，乃不能爲堯舜，非其性也，利欲薰心也，亦是如理說，非相似說。"小人閒居爲不善，見君子而②後厭然揜其不善而著其③善"，是其本心之善性固未泯滅。性苟惡矣，又何所據而爲學？（煮沙不成飯故。）性苟萬德素具矣，又何須用學？又何必稱爲性？故孟子道性善，是使人知學有所據，而又必須用學。亦所以拯夫自暴自棄者也。其哀愍人類之心深哉！

至於孝之爲義，不單在孝順父母之命，而先意承志，喻父母於無過之地。《孝經》《戴記》，並有明文。申生順父意而自殺，《傳》不許其爲孝而稱其爲恭，正以其陷君父於罪惡，乃不孝之大也。真知孝者，使己作聖賢，亦要自己父母同作聖賢；自己盡性至命，亦要使父母能盡性至命。故舜之父母，要舜死而舜不肯死者，正是舜之孝思④不匱處。何得以爲自私也？非孝也？《書》云："舜，父頑母嚚象傲，克諧以孝；烝烝乂，不格姦。"孟子曰："舜盡事親之道，而瞽瞍厎豫，瞽瞍厎豫而天下之爲父子者定。此之謂大孝。"此是何等精神！此乃真能不自私者。遂見人性皆善，天下無不可爲堯舜之人。只自甘作賤，則莫奈何焉！

區區愚見，未知高明以爲然否？至於大作文字流罗條理秩如，亦能言之成理，弟固深致欽嘆者也。浚卿兄"學術論著"，弟亦讀得大半，考鏡源流，辨章然否，信多卓見，可謂好學深思之士也。弟近亦萃力考據，而義理精微，時於言外會之。深憎婆婆媽媽之鄉愿，於佛於儒，皆無真見（謂其庸淺而邪謬，至多只說成一片閒言語也），而啾啾其鳴，和者已數千人！使古書已若投在廁所裏者，正此輩人也，可毋怖哉！

---

① 編按，"覆"，原漫漶不清，今據四庫本《道德經》補。
② 編按，"而"上原衍"而"字，今據阮元校刻《十三經注疏》本《禮記·大學》刪。
③ 編按，"其"原誤作"爲"，今據阮元校刻《十三經注疏》本《禮記·大學》改。
④ 編按，"思"原作"恩"，今據文意改。

二

昨纔發一信，今又接四月十五日來教，於弟説性善天理之義，未邀印可。此則由弟拙於筆語，抑平素用心，各人不同；其得力處既異，自不能彊相契合也。弟於儒家形上形下之學，自有一看法。徒以目前依止善知識，際茲嘉會，理須專究佛義，故未遑寓諸楮墨。偶有短篇，亦不足盡吾精思。古聖言語，簡括閎深，自是爲中人以上説法。非滌蕩塵情，平懷等視，固難直湊單微。末學茲辯，異端紛競，皆由不達此理故也。《大易》"一陰一陽之謂道，繼之者善也，成之者性也"數語，亦可謂全經之要窾，按之似難得實解，翫之卻乃其味無窮。深乎，微乎，豈聖人故欲表示神祕，乃天地之化機，本來即①此爾。陰陽者，所以擬象形器之有對。用兩個"一"字，則以示形器原非死物，亦非孤立，乃若有"一"翕闢其間，運而不匱，天地以之成化，萬物以之成形。"一"者，絕對義。此處則活用之，有若動能。然"一"者，非有實質。有質，則成爲一物，何能冥運群動？故用抽象之數字（數學亦爲抽象科學），以彰宗統之至玄。"一"既非物，故不可執爲孤立形器之表，否則何別於異端之言上帝？所以《傳》又言："神無方而易無體。"以無方故乃無不方，以無體故乃無不體也。非離相對有絕對，非離絕對有相對。即涵相對於絕對之中，泯絕對於相對之內。故造化本無宰而有似宰，似有宰而又不可得其宰。是故"大哉乾元，萬物資始"；"至哉坤元，萬物資生"。仰觀俯察，大化流行，"天下至賾而不可惡也，至動而不可亂也"，聖人原非哲學家，無取於虛妄計度。但就其現觀所得，用精妙之語言，一唱而三嘆出之，故曰："一陰一陽之謂道。"意任使人當下即可薦得，無須外求。肇公云："道遠乎哉！觸事而真。聖遠乎哉？體之即神。"人之生活，晝作夜息，呼吸吐納，蔑不在一陰一陽之中，即此可以見道。以其清浄本然，流行不息，即是道也。古近中外，詩人藝術家，多識此趣（吾尤愛陶元亮"即事多所欣"一語）。聖人豈是妄語，蓋惟悟者，覺得聖人已經洩盡。不悟者，頓滯名言，轉滋葛藤。甚矣，學之難也！夫天地之主宰即吾之主宰也（本無主宰而假説有主宰），吾之主宰即天地之主宰也。人皆頂天立地，受天地之中以生（用劉康公語），故橫渠言："天地之塞，吾其體；天地之帥，吾其性。"不踐形盡性，即無以配稱爲人。天地是至公無私者，我亦得至公無私。天地是光明廣大者，

---

① 編按，"即"，原漫漶不清，今據上下文意補。

我亦得光明廣大。處處法天地以存心，即是善。一念苟且不像天地，便是惡。故聖人於六十四卦著大象之傳，皆始以天道，終以人事。如《乾·象》曰："天行健，君子以自彊不息。"《坤·象》曰："地勢坤，君子以厚德載物。""天行健"，"地勢坤"，即一陰一陽之道所燦著於形器者也。"君子以自彊不息"，"以厚德①載物"，則繼之者善也。是故聖人貴斷②，在乎以人合天。《大象傳》每用一個"以"字，正是指示學者，有個工夫在也。所謂"天地設位，聖人成能；人謀鬼謀，百姓與能"。成能即"繼之"也。《中庸》則曰："誠之者，人之道也。"《孟子》則曰："思誠者，人之道也。"此吾前書特提出"思"字，而主第二念之善，皆就此立說。而儒學之所以遠異於莊老者，亦正在此。時人或以"十翼"出於道家，乃大妄語，彼實未從整個思想系統上勘認考據而好用臆見安排，則爲"惡考據"！然此成能之事，增上雖有待於外緣（如所謂教育風習，社會環境等等），究其所以得成能者，本因實由性具。天性非有實物，但謂吾人自身中，原實有一種契機，有種可能而已。此種機能，還是受天地之中以生者。故存養擴充之，即始③與天地參。始乎天地者終能合乎天地（就心德言之，非就形體），與天不二，所謂"從此法界流，還歸此法界"，此乃工夫之成果，故曰"成之者性也。"即《中庸》所謂"自誠明謂之性"。"一陰一陽之謂道，繼之者善，成之者性"。此三句，等於佛家之境行果。應知善是價值判斷，當然起於人爲。但究其成因，卻非外鑠，故說之以"性"。性也者，正追其所以然，乃生而自具。所謂繪事後素也。故凡屬人爲，皆本於天（此天非指星體，乃宇宙大生命之假稱，亦可曰自然）。即人爲之中，仍有天在。如康德所謂先天範疇，一起認識即莫能逃越者，足以喻此爲本質，純藉社會風俗教育等便可造成者。

則試問牛羊狗馬以至最靈敏之獼猴，何不可教以讀書識字？彼等生物與人類之接觸，既非一日矣，彼所觀摩於人類生活者，亦已多矣，何乃毫無轉變也耶？是則道德智識，雖待習成（所以《易》言成能），而要必有其內因。即不可說爲無性。理甚決定。如事親敬長之誼節，雖待教學，且亦隨各時代社會民族地域而不同。然彼能於學習誼節之機能，則初不由於學智，而先天自具（先於經驗而爲經驗所本，謂之先天）。亦不以時代社會民族地域不同而或異，此即性也。凡屬人類，莫不同④具此性，不以時異，不以地異，如天之無不周普（即永恒而普徧地存在），故又稱天理。此實本於

---

① 編按，"德"原缺，今據上文引《周易》補。
② 編按，"貴斷"原作"斷貴"，今據上下文意乙正。
③ 編按，"始"，原漫漶不清，今據上下文意補。
④ 編按，"同"，原漫漶不清，今據上下文意補。

《詩・大雅》："天生蒸民，有物有則，民之秉彝，好是懿德。"孟子以之證明此天之所以與我之理義。雖未立天理之名，已含天理之意。至於《莊子》"庖丁解牛"所言"天理"，乃指自然之分理，已異《孟子》。其與《小戴・樂記》，誰先誰後，尤爲難言。不知時賢何以一定要説儒者襲自道家？果一切學問，皆必因襲，不能以自悟得之，則試問：道家之説，果又襲自何家？（若能舉出一家，則吾當更要往上追詰。）如彼不待於襲，則儒家又奚爲不可自悟？何況二者思想體統，根本不同。若彊爲牽附，亦未有以驗其必。纔也紙罄神疲，且止斯事。書來，未作午眠，信筆作答，語無論次。幸更教之。三十四年四月二十四日申刻。

信寫就，再取來書覆視，似以"欲"爲人生一切行爲之根本。此種説法，弟於民國二十二三年間，評新唯物論，即有如是主張（其稿尚存家中）。以爲"欲"字從谷從欠，乃有所缺乏而難以滿足之象。人生因有各種不足，始起各種追求。追求愈不已，欲望愈難滿足；欲望愈難滿足，追求亦愈不已。因果循環，輾轉增勝。人世乃如後浪推前浪，生生死死，相續下去。即各種科學發明，宗教信仰，皆起於人生對現狀之不①滿足也。此種不滿足，原是心理上之感覺。故唯物論師以經濟生產力爲社會發展變化之本母（"本母"二字出佛書），實非了義説。以生產工具、生產技術之改進，一方面要由人心於現狀不滿足，一方面又要有智慧，乃能藉工於自然故。此既純全以人心爲主動，又何所謂唯物？而人心所向外追求不已，以至征服自然者，實由後面有一難滿足之欲，驅之迫之，使行乎不得不行耳。叔本華所謂盲目意志之衝動，□近似□。既斷思之，此説亦祇部分真理。人生果局於此，只知兩眼向外，則與純任本能只知食色之鳥獸何異？殆非人生真正價值之所在。後因潛玩儒書，見《孟子》道"性善"，《孝經》言"天地之性人爲貴"，《中庸》言"天命之謂性，率性之謂道，修道之謂教"，《易傳》言"繼之者善，成之者性"，乃憬然省悟：人之所以爲人者，性善也。人生要有意義，要有價值，亦惟自盡其性而已。捨此而言人生，直不可謂之人生，毋寧曰進化之鳥獸而已！故性善之義不可撥，崇欲之論實可已！此又區區不能默置者，亦漫及之。同日酉刻。

（原載《狂飆月刊》1947年第1期，第10~14頁）

---

① 編按，"不"原無，今據文意補。

儒家之人生觀與修養論簡述

儒家對於人生是如何看法？《論語》："子在川上曰：逝者如斯夫？不舍晝夜！"又曰："學如不及，猶恐失之。"《易傳》曰："上下無常，進退無恒。君子進德修業，欲及時也。"宋儒程明道曰：人"不學，便①老而衰"。據此諸說，似儒家於人生皆深切體認到它是個流轉法，非常住法，無異乎釋氏。惟無常之中卻有一不變之理，流轉之中卻有一至常之道，《中庸》所謂"純一不已""至誠無息"者，則乃其精義入神處也。然儒者之言此道此理，非如泰西哲學家之說本體，若有物焉為生發現象之母者。蓋此處只可謂實在，或實際、真際。非即現象而不離於現象，為無分別智所行境界故。《論語》："子曰：天何言哉？四時行焉，百物生焉，天何言哉！"《易·繫傳》："子曰：天下何思何慮？天下同歸而殊塗，一致而百慮。天下何思何慮？日往則月來，月往則日來，日月相推而明生焉。寒往則暑來，暑往則寒來，寒暑相推而歲成焉。"無言無說而時行物生，時行物生而無言無說。此即實際之本然樣子。言說起於思慮，思慮起於對境分別，分別則非其本然。追根到底，實由有一俱生我執。由此我執，始將渾全之實在破裂，而吾人乃與天地（即實在）接不上。或者說：與天地不相肖。處處畫疆分界，將自己局限得其小。所看得（或認識）者乃皆我執分別之投影，而與實在暌隔矣。然實在本身，未嘗不依舊，渾全，常，誠，四時行，百物生。而實在之於吾人，亦非不具，不在，不充塞；只是我執覆纏，障蔽，不得透發。伊川所謂"大抵人有身，便有自私之理，宜其與道難一"是也。故孔子所以得為仁智圓備之聖者，《論語》記由絕四"毋意，毋必，毋固，毋我"（《子罕篇》），斯已耳。橫渠曰："四者有一焉，則與天地不相似。"故孔子絕四，即與天地合德，日月合明，四時合序，鬼神合吉凶（四句出《乾·文言》），一言蔽之，即去其我私而冥符實在也。實在是渾全，周徧，無隔閡，夷畛界，明淨，充盈，至誠無息。聖心亦與之渾全，周徧，無隔閡，夷畛界，明淨，充盈，至誠無息。伊川曰："人於天地間，並無窒礙處，大小大②快活。"此便是道由人而體現之驗也。聖人之心既湊泊實在，其心即繫於道而不繫於身，自不私其形

---

① 編按，"便"原作"則"，今據《二程遺書》改。
② 編按，"大"原缺，今據《二程遺書》補。

軀而以爲我。易言之，即以道體爲身，不以形軀爲身。身者依也（用佛義），依於道，即程子所謂"心與道渾然爲一"。道無有外，形質之身固亦涵攝在內。但心之運用，不再從形軀出發，而是從道出發。從形軀出發爲物役心，從道出發則心役物。心役物，乃顯心之助能，大小快活。而形軀存謝，乃非所重視焉。故《論語》："子曰：朝聞道，夕死可矣。"（《里仁篇》）此與佛家證法身，了生死，解脫生死之說，理有相通。然則身與人生，在儒者看來，實應有特殊之意義。竊嘗論之：所以需此身者，道之潛在於人，爲性。性之展現於事，爲德。德盛而道弘，其功在乎盡性。盡性者，謂於固有之善充量展現，全道而無所虧欠耳。然性之展現，非自有力能，即不可不依於心。而心之運用，不得無所憑藉，即不可不依於身，有身而後心之用可見，有心而後性之德可成。是則身當爲盡心成性而有。心既盡，性已成，則身於人生中宇宙中算得盡了本分之事，而可任運存謝。如心未盡，性未成，則所需於身之任務終未了，即不可無。（由此推論，則彼佛家言衆生流轉生死者，當亦爲未證涅槃而必需證涅槃不得不顯現之勢，所以有如來藏是善不善因之說歟？）儒者蓋確認身在人生中之價值，只在作爲盡心成性之機構，始有其意義。非以穿衣噉飯行牝牡之交而爲身之存在之價值也。故具此人形，即應本此形之所以應有之義而善盡其用。此孟子講盡心養性而同時又言踐形，能踐形即是聖人也（見《孟子·盡心篇》）。《孟子》又曰："聖人，人倫之至也。"（《離婁篇》）《荀子》亦曰："惟聖盡倫。"蓋克就己言，謂之盡性；克就人言（整個的，連自己在內），謂之盡倫。盡性所以盡倫，盡倫所以成性（成性、盡性兩詞，並出《易·繫傳》）。盡性者，存神過化，上下與天地同流，此其效也；盡倫者，親親仁民愛物而天下平，此其效也。所謂"人倫之至"，即凡爲人所應達到之標準。不克盡其性，徒貌具此形，儘管穿衣噉飯，猶是死人！故《論語》："子曰：人之生也直。罔之生也，幸而免！""直"字須深會。《易·繫傳》云："夫乾，其靜也專，其動也直，是以大生焉。"《坤·文言》曰："坤道其順乎？承天而時行。直方大，不習無不利。"人生之直，即指"繼之者善，成之者性"說。乃上下察乎天地，承順夫至誠無息，克踐其形，而泯合實在者也。如此，則生非形之所得限，直與天地並生，亦與天地不滅。故吾儕千百世以後之人猶得與千百世以上之聖賢，相見一堂。心心相印，寧在形歟？（此本《孟子》尚友古人義。）若不認其秉彝之善，有可成之性；而自欺自暴自棄自賊者，則謂之罔。等諸刑餘之人，維苟活於世，亦是廢人。幸而免爾！已失其人之所以爲人之意義矣（舊注解此章多欠明）。

儒家對於人生之意義與價值，既如是認識，故其要求人生達到最高圓滿之境，特重修養。而修養之事，即所以使心解脫於形累，而實現精神之超越，常享有內在之恬適快足也，固亦有其工夫節目焉。下更徵述之。

《論語》孔子稱顏淵曰："賢哉回也！一簞食，一瓢飲，在陋巷；人不堪其憂，回也不改其樂。賢哉回也！"夫人不堪其憂，乃形軀方面物質享受之匱乏，而恒人所視爲苦者。但顏子不求解除而反安焉，是彼注意不在此也。身方置於人所不堪其憂之境地中，而不改其樂，則此樂定非形軀之樂矣（即佛家所謂五欲之感受）。程子曰："顏子之樂，非樂簞瓢陋巷也；不以貧窶累其心，而改其所樂也。"又曰："簞瓢陋巷非可樂，蓋自有其樂爾，'其'字當玩味，自有深意。"程子此説甚是。按顏子之不憂貧窶，實即精神之超脱。其所案，則無疑是孟子所謂"理義悦我心"之內證自謙也。理義本心所固有。心爲物交之引，則趨向五欲，不能以理義爲所緣而住於其上。此衆生之所以多爲物質奴隸也！然五欲之境，相是遷流，繫屬靡常。及其所之既倦，往往感慨繫之。樂盡悲來，痛彌徹心，曾子所謂"先樂事者後憂事也"（《大戴禮》）。況依孟子説"求之有道，得之有命"（《孟子·盡心篇》），求得與否？非我能宰。故智者於五欲境事，未得不求，得亦不著。既於五欲看得透徹，知是無常，終歸壞滅；則於現在物質匱乏，形軀之苦，亦等視性空，無用求去。夫然，心即超脱，住於義理，倜然自在。所謂"反身而誠，樂莫大焉"（《孟子·盡心篇》語）。孟子又曰"以仁存心，以禮存心"（《孟子·離婁篇》語）。顏子所用之工夫，殆即在此。故《論語》："子曰：回也，其心三月不違仁。"然存心之云，非教人專事默然靜坐（古之儒者默然靜坐只在宴息時，或嚮晦以後。宋明儒則不拘晝夜，儼同釋子矣！伊川雖用"主敬"二字代替濂溪之"主靜"以標異佛，然見人靜坐便嘆其善學，則不過字面之改換耳！事實上仍是禪客風光也）。貴在隨事體察。易言之，即達之於行，內外打成一片。"小大精粗，六通四闢，其運無乎不在"（《莊子·天下篇》語）。故顏淵問仁，子曰："克己復禮。"請問其目，則曰："非禮勿視，非禮勿聽，非禮勿言，非禮勿動。"（《論語·顏淵篇》）人生日用常行，不離此四（視、聽、言、動）。於斯無有差忒，即克盡其性。然如何始能於"非禮"而"勿"耶？孔子於它處指出正面工夫曰："君子有九思：視思明，聽思聰，色思溫，貌思恭①，言思忠，事思敬，疑思問，忿思難，見得思義。"（《論語·季氏篇》）色貌事疑忿得六行，即前四目之"動"所攝。工夫總要，只在一"思"字上。故孟子曰："心之官則思，思則得之，不思則不得也。此天之所與我者。"（《孟子·告子篇》）孟子此處指明此天之所與我者，顯爲人之所獨。即人與禽獸之不共法。又曰："思誠者，人之道也。"蓋誠爲性具之德。思爲運用性德之具，即修德之機能。

---

① 編按，"恭"原作"荼"，今據《論語·季氏篇》改。

不善盡其用，或用而不至其極，皆不足爲全人。即有負於天之所與我者。以故，所謂存心，收放心、盡心、盡性、養性、成性、存誠、致誠，以及忠恕等等，莫不依賴於思，以思貫攝，以思爲加行。思之用，則在擇善而固執之。由此積學成聖（本荀子說），永不退轉（"退轉"二字用佛家語）。故孔子又述顏淵爲學工夫曰："回之爲人也（'人'或謂是'仁'之借字），擇乎中庸。得一善，則拳拳服膺而弗失之矣。"（《中庸》）孟子所謂"彊恕而行，求仁莫近"，亦即顯示思之擇善固執之功。

然此皆就成德之積極方面言耳。至其消極方面，則在離過去心垢，乃得樂之方便。心地有一毫虧欠，即不足以言樂。如作奸者，畏人揭發，時懷鬼胎，死無寧日，有何樂乎？故孟子謂"行有不慊於心，則餒矣①"。此種由內疚而起之餒，即是心之苦受。（"苦受"二字本佛書。佛家言受有三種：苦受，樂受，不苦不樂受。）故物質有形之苦尚易解除，心意無形之苦最難開遣。且此種苦業，皆自作自受，報應極速。人生不能無過，即不能免於此一種苦。然無過一事，談何容易？人生而內有喜怒哀樂愛惡欲之情，外有色聲香味之誘及社會關係種種順違境事，如何能動不踰矩？不自覺之過失且不論，如明知邪狎伐性傷身，然欲念難制，竟染其癮！明知殺人犯法必死，然忿怒難遏，竟蹈其刑！明知貪墨玷損令名，然臨財饞意，竟污其操！如是事例，隨處皆見，不煩臚舉。則謂現實世界，直是無量無數罟擭陷阱之佈置場，亦不爲過。故《大易》《乾》《坤》之後，即繼以《屯》。《象》曰："屯，剛柔始交而難生，動乎險中。大亨貞。"《序卦傳》曰："有天地然後萬物生焉"，"屯者，物之始生也"。詳此所言，是先聖明白顯示：人生墮地，即陷於險難。必自彊不息，健動以正，（貞）乃大亨。可知現世間原不是一個已經安排好了的極樂世界，讓你來就享受也！故《繫辭傳》謂："作易者其有憂患乎？"憂個麼生？即憂成人之難。人非一生便了，要有所成。故《繫傳》言"有憂患"後，賡②即三陳九卦（《履》《謙》《復》《恒》《損》《益》《困》《井》《巽》），皆指示修德成能之事。又曰："其出入以度外內，使知懼，又明於憂患與故，無有師保，如臨父母。"其不認許人生現成即美善安樂者，尤情見乎辭。蓋必確認世界是個險難危苦之局，時存憂患惕懼之心，然後始能奮發自彊，精進道業，而有成德之樂可言。《國語》所謂"民勞則思，思則善心生"，曾子所謂"先憂事者後樂事"，孟子所謂"生於憂患，死於安樂"，又曰"君子有終身之憂，無一朝之患"，皆此意也。是故顏淵所以貧而樂者，擇乎中庸，服膺善守，固是一層。消極方面，尤在離過去累。凡欲求心之樂，先須明白心何以不樂？不樂即苦，障礙得樂。故孟子言君子之所以樂

---

① 編按，"餒矣"原作"餒也"，今據《孟子》改。下同。
② 編按，"賡"原作"跟"，今據上下文意改。

者，其一即"仰不愧於天，俯不怍於人"。是知作可愧怍之事，是使心不得樂者。愧怍之事，即不善事。乃言行之失，仍本於心，必須遠離，樂方可得。故孔子稱顏淵曰："有不善，未嘗不知；知之，未嘗復行也。"（《易·繫辭傳下》）又曰："回……好學，不遷怒，不貳過。"（《論語·雍也篇》）怒過不善等，即佛家所謂煩惱，乃苦受之因。當下便須遣除。顏子既用力於此，外去尤悔，內離苦逼，得心解脫。故能三月不違仁。三月者，言其久久不斷（"三"字非定指數目，詳汪中《述學·釋三九》）。淨念相續也。必離垢，始得清淨。故去苦爲趨樂之方便。《易》爲改過遷善洗心藏密之書。孔子五十學《易》無大過，七十從心所欲不踰矩，亦心解脫之效也。《樂記》曰："樂者，樂也，君子樂得其道，小人樂得其欲。以道制欲，則樂而不亂。以欲忘道，則惑而不樂。"樂道，即心意之樂。樂欲，即形軀之樂。心意之樂乃真樂，故至竟樂而不亂。形軀之樂非真樂，故到頭惑而不樂。此明染淨苦樂因果之義。以道制欲爲因，樂而不亂爲果。以欲忘道爲因，惑而不樂爲果。言惑而不樂，則知欲當體是苦。言樂而不亂，則知真樂者必契於理。以離苦爲趨樂之方便，以去惑爲離苦之工夫，儒者之爲學，固有如是節目也。

如是上義，綜而言之：儒家爲學，自是在求成德之樂。然同時必先去心志之害。心志之害，即其內面感覺是苦者。（此在佛家說爲煩惱障。障去，即心解脫。故《唯識論》多言斷障，罕說解脫生死，義甚可思。）其視人生及現世間亦非美善無缺，實一險難危苦之場，常有陷溺喪失本心之可能。故喜言立，言守，言興起，言作，言正，言成能，皆有向上牣進之意。正面以成德之樂爲歸，負面實在衝破一切綱羅也。既以成德爲樂，則樂非現成可知。未成德以前，則生非樂亦可知。生無可樂，以成德爲樂，則其視人生有苦有樂，唯在當人擇之，明矣。故孟子曰："道二：仁與不仁而已矣！""仁則榮，不仁則辱①。今惡辱而居不仁，是猶惡濕而居下也。"孔子曰："里仁爲美。擇不處仁，焉得智？"此聖學所以可貴者，即以其能使人明善而知擇也。

（原載《學藝雜誌》1948年第3期，第19~21頁）

---

① 編按，"辱"原作"奪"，今據《孟子》改。

王充《論衡》與
《白虎通義》的世界觀

侯外廬先生近來把《白虎通義》跟王充的《論衡》聯繫作了考察，寫成《漢代白虎觀宗教會議與神學法典〈白虎通義〉——兼論王充對白虎觀神學的批判》一文（《歷史研究》1956年第5期）。其作出的結論是：《白虎通義》是漢章帝欽定的神學法典，而王充是個無神論者，《論衡》矛頭乃是"正指向《白虎觀奏議》的神學"的，"《論衡》一書中引來作爲攻擊對象的命題"，也"大部分是可以在《白虎通義》中看到的"。

我學習了侯先生這篇文章以後，認爲這個問題還值得提出討論，我是不同意侯先生那樣去理解《白虎通義》和王充《論衡》的。現在把我的意見寫出請教。因爲問題的中心是在世界觀方面，本文就只討論這一點。關於《白虎通義》的整個哲學思想及其政治理論，當另作專文論述。

先說王充的世界觀是怎樣的。我們知道，王充的世界觀，根本還是來源於道地的儒家的"有天地然後萬物生焉"（《周易·序卦傳》）這一命題。他是把天地作爲萬物生成的根源或基礎的。所以他說：

> 人物繫於天，天爲人物主①也。……且天本而人末也……（《變動篇》）
> 人稟元氣於天，各受壽夭之命，以立長短之形。（《無形篇》）

這裏他把天提得特別重要。但萬物之生雖本於天，還待地成。無地即莫由生長，所以他在許多地方是天地並說。如云：

> 天地合②氣，萬物自生，猶夫婦合氣，子自生矣。……天者，普③施氣於萬物之中。……天之動行也，施氣也；體動氣乃出，物乃生矣。由（猶）人動氣也，體動氣乃出，子亦生也。（《自然篇》）

---

① 編按，"主"下原衍一"本"字，今據《論衡》刪。
② 編按，"合"原作"含"，今據《論衡》改。下同。
③ 編按，"普"原作"尊"，今據《論衡》改。

據他的意思就是，天施氣而地承之，萬物乃以生以長。所以他把天地也就乾脆比成夫婦：

> 天地，夫婦也。天施氣於地以生物，人轉相生，精微爲聖，皆因父氣，不更稟取。（謂不如傳說中的"禹母吞薏苡，高母吞①燕卵"等是稟取異類以生子。）（《奇怪篇》）

王充也同意儒家說的天地之生物，人最爲貴：

> 倮蟲三百，人爲之長；天地之性，人爲貴。（《別通篇》）

王充所最反對的，是把天地生物說成好像天地是有意識似的。所以他說：

> 夫天覆②於上，地偃於下，下氣烝上③，上氣降下，萬物自生其中間④矣。……物自生，子自成，天地父母，何與知哉？（《自然篇》）

但天地又是從何而來的呢？王充並沒有進一步去探究。他只是在《談天篇》有這樣的表示：

> 儒書之言，天地始分，形體尚小。……含氣之類，無有不長；天地，含氣之自然也，從始立以來，年歲甚多，則天地相去，廣狹遠近，不可復計。儒書之言，殆有所見。

是儒書講天地是有一個由無到有、由小到大的發生發展過程的。王充對此只以不完全否定的態度表示理或如此。他雖認爲人與天地俱是含氣之物，但人所含氣他說是從天得來。而天地所含之氣又從何來，則無有說明。這應有故，他在《道虛篇》說：

> 天地不生，故不死；陰陽不生，故不死；死者，生之效；生者，死之驗也。夫有始者必有終，有終者必有始；唯無終始者，乃長生不死。

這裏表明，原來王充認爲天地是常住之物，無有生，無有死，所以無始無終。只有萬物於中生死，乃有始終。始終者，變化之迹。萬物有始終，天地無始終，是有變化者萬物，無變化者天地，他既然是認定天地是無變化的，其所以不究及起源問題也就可以理解了。

---

① 編按，"吞"原作"咽"，今據《論衡校釋》中華書局1990年整理本改。
② 編按，"覆"原作"複"，今據《論衡校釋》改。
③ 編按，"烝上"原作"上烝"，今據《論衡校釋》乙正。
④ 編按，"中"下原脫"間"字，今據《論衡校釋》補。

王充的世界觀，大體輪廓就是如此。我們再考察一下《白虎通義》所顯示的世界觀與王充又有哪些不同呢？《白虎通義》是不是如侯先生所説的有神論呢？

這裏得先提一下：《白虎通義》的世界觀與王充是有其同亦有其異的，然無論同與異，都不能説是有神論。

同的方面，如下面一些話：

> 姓者，生也，人禀天氣所以生者也。（《姓名篇》）

> 言行者，欲（猶）言爲天行氣之義也；地之承天，猶妻之事夫，臣之事君也。（《五行篇》）

> 《易》曰：天地氤氲，萬物化淳；男女構精，萬物化生①。人承天地，施陰陽，故設嫁娶之禮。……春者，天地交通，萬物始生，陰陽交接之時也。（《嫁娶篇》）

> 天地之性人爲貴，人皆天所生也，託父母氣而生耳。（《誅伐篇》）

我們試與前引王充説一至五條對勘，可以説，他們的論點不是全然相同的嗎？這裏是没有一點有神論的色彩的，想也用不着多説了。

異的方面，就是，如前已説王充是不講宇宙起源論的問題的，而《白虎通義》則恰恰是要講這個問題。其《天地篇》頭一二段就是專門講這個問題的。侯先生文章也曾不完全地徵引過該篇的頭一二段。我現在把它全抄下來，加以剖析，看是不是含有宇宙的創造主的思想呢？

> （天）地者，元氣之所生，萬物之祖也（此句舊本原無"天"字，據陳立疏，《御覽》引《禮統》云"天地者，元氣之所生，萬物之所自也"，應補"天"字。又此句原在"天者何也"句後，今亦據陳立疏移前。按侯先生文獨未引此句，可異）。天者何也？天之爲言鎮也，居高理下，爲人鎮也。地者，易也，言養②萬物懷任，交易變化。

——上③釋天地之名。

> 始起先有太初，然後有太始，形兆既成，名曰太素。混沌相連，視之不見，聽之不聞，然後判清濁。（清濁）既分，精曜出布，度④物施生；精者爲

---

① 編按，"化生"原作"生化"，今據《白虎通義》乙正。
② 編按，"言養"二字原無，今據《白虎通義》補。
③ 編按，"上"原作"右"，今據新排版格式改爲"上"，下同。
④ 編按，"度"原作"庶"，今據《白虎通義》改。

哲學及思想史研究

三光,號者爲五行。五行生情性,情性生汁(叶)中,汁(叶)中生神明,神明生道德,道德生文章。故《乾鑿度》云:"太初者,氣之始也;太始者,形之始也;太素者,質之始也。陽唱陰和,男行女隨也。"

——上論天地之始。

這裏不是很明白,一方面,說天地爲萬物祖,即爲萬物之生成所託始的根源,這本是與王充相同的命題;但另一方面,卻不像王充那樣說"天地不生",而說天地亦是由另外一種東西生長(即演變)成的,這種東西就是王充所說的元氣。不過王充只說天地含氣,不說天地是氣所生。在王充使用氣或元氣一概念,我們沒有理由把它解釋爲有意志的神,而認爲是屬於物質性的範疇;這裏用的是同一概念,當然也不可作其它解釋。而且這裏說的是"所生",不是說"創造",也就規定了元氣的含義不可解釋爲神,只能是具有物質性的範疇。再看後段講天地是怎樣形成的,它是說:"始起先有太初,然後有太始;形兆既成,名曰太素。"太初、太始、太素謂何?它引《乾鑿度》說:"太初者,氣之始也;太始者,形之始也;太素者,質之始也。"這就具體說明所謂天地爲元氣所生者,原來是具有客觀規律的發生發展過程:始爲氣,氣演進爲形,形再演進爲質;到了質的階段,才成爲天地,有天地然後萬物生焉。如果它是設定有一個宇宙創造主的,則應該說天地是一下子就完成的,不必講這許多生成的階次了。我們不應忘記恩格斯經典的指示:"全部哲學的最高問題,都是思維對存在、精神對自然界的關係的問題。……凡斷定精神先於自然界存在的……便組成唯心主義底營壘,凡認爲自然界是基本起源的,則屬於唯物主義底各派。"《白虎通義》對於這個哲學的根本問題,表示得最清楚不過,它是把情性、神明、道德等屬於精神或意識範疇的東西,都是說爲是在"清濁既分、精曜出布、度物施生"以後才逐漸產生出來的,這難道還夠不上說是唯物論的世界觀嗎?並且《白虎通義》在《五行篇》還有這樣的光輝命題:"萬物隨陽而終,隨陰而起,無有終已也。"足以表明,它對於物質有變化而無消滅的科學定理亦有所窺見。這又豈是有神論者所能講得出來的話嗎?

然則侯先生又是根據什麼來判定"《白虎通義》所顯示的"是"有神論的世界觀"呢?他是根據兩點:一,據陳立疏"天之爲言鎮也"句,《爾雅釋文》引《禮統》是說:"天之爲言鎮也,神也。"侯先生因說:"這裏講的天就是神,(下句)'爲人鎮'即'爲人神'。"爲人神,當然是有神論了。二,《禮記·禮運篇》說:"太一分而爲天地,轉而爲陰陽,變而爲四時,列而爲鬼神,其降曰命。"侯先生認爲《禮運》的太一即《白虎通義》的太初,而《五經通義》曾有"天皇大帝太一"的話,於是這也就坐成了《白虎通義》的世界生成論是"實質上,在這一生成過程的背後,卻隱藏著一種

119

神秘的推動力，它便是天皇大帝太一"。這就是侯先生認爲《白虎通義》是講有"宇宙的創造主"的主要論證。

其實，侯先生所擺陳出來的這些論證，我認爲是可以完全給《白虎通義》辨明是莫須有的。怎樣講呢？一，既然《禮統》釋天原有"鎮也""神也"兩義，而《白虎通義》但取其前義而捨其後義，即可證明它是不贊成"神也"這一解的。何得反以相坐？況且《白虎通義》已説天地是"元氣之所生"，則顯然天已不神了，又説"爲人神"，有何意義呢？再退一步，就承認這裏是説了"爲人神"，但其義亦可解爲：神者謂神明也，即本篇後段所説的"五行……生神明"之神明。而"天爲人神"者，乃謂人之神明本於天，王充所謂"天稟元氣，人受元精"（《超奇篇》），亦此義也。則仍然是物質在先，精神在後的世界觀。二，《五經通義》雖講天皇大帝，但《白虎通義》並無此語，況本書明云"太初者，氣之始也"。既説是氣，與天皇大帝自風馬牛不相及。即《禮運》講太一可相當於太初，但説的是"分而爲天地"，不曾説創造天地，是太一亦只能作混沌之氣解釋，牽合不到天皇大帝上去。（豈可説天地是天皇大帝自身分裂而成的嗎？）並且，如太一即神，後又説"列而爲鬼神"，豈不義犯重複？實則這裏把鬼神説是既有天地、陰陽、四時等後才有的，就已顯示它是認爲自然界是先於精神存在的，不容在前再安上一個什麼天皇大帝了。

由此可見，侯先生所表述的《白虎通義》的世界觀，完全是一種誤解。而這種誤解，乃是由於把非《白虎通義》的話跟《白虎通義》的話搞混同了所產生出來的，這當然不應由《白虎通義》來負責。侯先生所謂："《論衡》一書中引來作爲攻擊對象的命題，大部分是可以在《白虎通義》中看到的。"由上面粗淺的論證看來，也是一種誤解。

平心而論，《白虎通義》是有不少"封建性的糟粕"；但不可忽視內裏仍有許多"民主性的精華"，如本文所簡略陳述的皆是。同樣，王充的《論衡》雖然有許多"民主性的精華"；但應注意內裏亦不乏"封建性的糟粕"，如宣揚宿命論（詳《逢遇》《累害》《命祿》《氣壽》《幸偶》《命義》《率性》《偶會》《骨相》等篇），昌言祥瑞、帝王受天命（詳《吉驗》《初稟》《講瑞》《指瑞》《是應》《齊世》《宣漢》《恢國》《驗符》《須頌》等篇），等等皆是，否定一切，肯定一切，甚末都絕對化，這是會在批判錯誤東西的時候連內裏所含不錯的也給批判掉，在肯定正確東西的時候連內裏所含不正確的也接受過來。這種治學方法是值得商榷的。

一九五六年九月二十八日寫成

（原載《爭鳴》1956年第1期，第10~12頁）

論錯誤思維和存在沒有同一性

一、思維和存在的同一性＝思維和存在符合＝正確反映

　　錯誤思維和存在有沒有同一性作爲問題提出來討論，原是從討論恩格斯《費爾巴哈與德國古典哲學的終結》講述哲學根本問題的第二方面"叫做思維和存在的同一性問題"這個命題附帶引發出來的。既是如此，問題從哪裏來，就當回到哪裏去。即對於思維、存在、同一性等這些概念，恩格斯在這裏是在怎樣的意義上使用的，我們也必須依照他原來的意義來使用，來解答我們的問題。這應當是討論問題應有的一般準則。可是，在目前的討論中，有些同志對於這些概念卻不是按照恩格斯的明確的規定，而是另作了游離的走了樣的不是在同一範圍的意義來使用。雖然言之成理，但很難使人信服。因此，我認爲這個問題還須認真討論，而且須在恩格斯所講説的一定的哲學問題範圍內來進行討論。

　　我們根據恩格斯原書中所揭示的理論觀點，可以這樣説，錯誤思維對存在是不能具有同一性的。現在先看恩格斯在《費爾巴哈與德國古典哲學的終結》裏對於"思維和存在的同一性"這個命題究竟怎樣作了十分明確而具體的規定：

　　　　我們關於我們周圍世界的思想對這個世界本身究竟處於怎樣的一種關係呢？我們的思維能否認識現實世界呢？我們能否在我們關於現實世界的表象和概念中得出一個對現實的正確反映呢？用哲學語言來説，這個問題就叫做思維和存在的同一性問題。①

　　恩格斯這裏是三問一結，邏輯關係非常清楚，問的就是結的內涵，結的就是問的概括。三問又是依次把問題逐步落實的，即：第一問所謂"我們關於周圍世界的思想對這個世界本身究竟處於怎樣的一種關係"這個問題的意義是指什麼呢？第二問回答

---

① 《馬克思恩格斯文選》兩卷集，第 2 卷，莫斯科 1955 年中文本，第 367 頁。

了：是指"我們的思維能否認識現實世界呢"這樣的意義；而第二問所謂"我們的思維能否認識現實世界"這個問題的意義又是指什麼呢？第三問又回答了：是指"我們能否在我們關於現實世界的表象和概念中得出一個對於現實世界的正確反映"這樣的意義。雖然三問，實際等於一問，所以下文説爲"這個問題"而不説作"這些問題"。那末，結語裏所謂的"思維"豈不是很明白，就是指在認識主體方面的"表象和概念"；"存在"豈不是很明白，就是指作爲認識的對象的現實世界；"同一性"豈不是也很明白：就是指表象和概念對於作爲思維對象的現實世界的"正確反映"。並且，如果我們不能否認這裏的"就叫做"是作爲把前項和後項的意義等同起來的聯綴詞（這是帶有常識性的語言規則），那末，我們就不能不承認，這裏只有"正確反映"才能叫做"同一性"，反乎此的就不能叫做"同一性"。同時也可以這樣理解，所以説是"正確反映"，就正由於認識主體方面的表象和概念跟認識對象的客觀存在有了同一性。這裏"同一性"這個概念用不着懷疑，它確確實實是作爲"符合一致"的同義語來使用的。爲我們作這樣的理解提供論據的，還有恩格斯在這個問題上駁斥不可知論者的兩段話。一段是在上引書中的後面説：

> 把這些以及其他一切哲學遁辭駁斥得最徹底的就是實踐，即實踐和工業。既然我們能以親自製造出自然界某一現象，依它的條件把它產生出來，並使它服務於我們的目的的事實來證明我們對於這一現象認識的正確，那末康德的那個不可捉摸的"自在之物"就要完結了。在動植物軀體上所形成的種種化學物質，當有機化學還沒有開始把它們一一製造出來時，便始終是這類"自在之物"；而當有機化學已開始把它們一一製造出來時，"自在之物"就變成了爲我之物了。①

這裏，恩格斯是以人們通過實踐能夠得到預期的目的證明認識的正確這一事實來駁斥不可知論者認爲人是沒法認識世界現象本質的謬論的。"認識的正確"就是"正確反映"的另一種説法，這是無須證明的。

《費爾巴哈與德國古典哲學的終結》作於1886年，後來恩格斯在1892年寫《社會主義由空想發展爲科學》英文本導言時，又把上述的駁斥不可知論的理論作了進一步發揮，明確地提出了符合説：

"當我們根據我們所感知的某一物的特性來利用它的時候，我們就是在準

---

① 《馬克思恩格斯文選》兩卷集，第2卷，莫斯科中文本，第368頁。

確無誤地檢驗我們的感性知覺的真理或謬誤了。""……如果我們達到了我們的目的，如果我們發現物同我們關於物的表象是符合的，發現它產生我們所預期的使用效果，那末，我們就有了肯定的證據，證明在這些界限內我們關於物及其特性的知覺和存在於我們之外的現實是符合的。""相反地，如果我們發現我們犯了錯誤，那末我們多半很快地就能找到錯誤的原因，我們會發現：作爲我們檢驗基礎的知覺，或者本身是不完全的、表面的，或者它和其他知覺的結果之間的聯繫是不符合實際情況的。只要我們好好地發展和利用我們的感覺，只要我們把自己的行動限制在正確地取得和利用的知覺所規定的範圍之內，我們總會發現：我們行動的成功證明我們的知覺和我們所感知的物的對象本性的符合。直到現在，就我們所知道的來說，還沒有一種情況迫使我們作出這樣的結論：我們經過科學檢驗的感性知覺在我們的頭腦中會造成一種在本性上跟現實不符合的外部世界的觀念，或者在外部世界和我們對於它的感性知覺之間存在着天生的不一致。"①

我們知道，不可知論者的根本概念，"用哲學語言來說"，就是否認"思維和存在的同一性"的；辯證唯物主義者則是肯定思維和存在的同一性的。而恩格斯這裏是以"我們行動的成功證明我們的知覺和我們所感知的物的對象本性的符合"作爲駁斥不可知論者的理論依據的。恩格斯並且否定"在外部世界和我們對於它的感性知覺之間存在着天生的不一致"這種說法。可見恩格斯所謂的"思維和存在的同一性"，正是指的思維和存在的符合、一致。列寧在《什麼是"人民之友"》中也指出："馬克思認爲理論的符合於現實是理論的唯一標準。"② "只要以是否合乎現實社會經濟發展過程爲學說的最高的和唯一的標準，就不會有教條主義。"③ 從這裏也可看出一切經典作家都是認爲正確的理論是產生於思維和客觀存在的符合。這也就是唯物主義的認識論所說的"正確反映"。已有文章指明：恩格斯《費爾巴哈與德國古典哲學的終結》裏的"同一性"一詞，在德文原有"等同"和"符合、一致"兩種意義，而恩格斯是就後一種意義使用的。這與我們前面所引述恩格斯的話，正可互相證明。思維和存在的同一性＝思維跟存在符合＝正確的反映，這是恩格斯本來確定了的觀點，難道還容懷疑嗎？

這點弄清楚了，再來討論錯誤思維和存在有沒有同一性的問題，如果我們像恩格

---

① 轉引自《列寧全集》第14卷，人民出版社1957年版，第105~106頁。
② 《列寧全集》第1卷，人民出版社1955年版，第143頁。
③ 《列寧全集》第1卷，人民出版社1955年版，第275頁。

斯那樣是限制在世界可知論這個問題的範圍內（即把錯誤思維和存在的關係，始終地毫無例外地規定爲認議主體和認識對象的關係），而"同一性"也是依照恩格斯作爲符合、一致的意義來使用；則無可辯駁地在邏輯上我們只能有一種否定的答案，絕不容許作出其他的答案。錯誤思維和存在是沒有同一性的，"同一性"的詞義跟錯誤思維這個事實本身就是根本不相容的，有如恩格斯所說的"是形容詞的矛盾（即形容詞與其所形容的對象之間的矛盾）……而且是荒唐的矛盾"①。

二、思維和存在的同一性這一命題不能等同於意識是存在的反映這一命題

有些同志認爲錯誤思維和存在有同一性，顯而易見，他們是離開了恩格斯原來的特定的理論範圍，即關於世界可知論的問題，他們是把"思維和存在的同一性"這一命題等同於一般具有更廣泛意義的"思維或意識是存在的反映"這一命題。依據這樣的前提作出的邏輯推論，當然就不能不得出那樣的結論、答案。他們的推論形式是合乎邏輯規律的，但問題是在於他們的大前提錯了，他們完全違背了恩格斯在這裏（《費爾巴哈與德國古典哲學的終結》）所明確表述的理論的特殊規定。

現在我們就來討論恩格斯在這裏（《費爾巴哈與德國古典哲學的終結》）所說的"思維和存在的同一性"，是否可以等同於一般所說的（包括有歪曲的反映在內的）"反映論"。我認爲是不能那樣理解的。

恩格斯所說的"思維和存在的同一性"，是指它作爲世界可知論的原理提出來的。這一段的前後文以及在討論同一問題（可知論問題）的其他書中，都明白確切地邏輯謹嚴地規定了它指的是思維對於客觀世界的正確反映。我們是不可以把它等同於意義更廣泛的"反映論"這個概念的。如果真像這些同志所說，則恩格斯爲什麼不一般地提反映就是了，卻偏偏要提"正確反映"？事情就是這樣清楚，由於這裏所提出的問題是講世界可知論，"知"就意味着對於現象和事物的本質的認識。而一般講反映是容許有歪曲和顛倒的，歪曲的顛倒的反映就不能叫做"知"，所以這裏用"正確"兩個字來限制它。既然說："正確反映""就叫做思維和存在的同一性"，當然"同一性"這個概念，也就被緊緊地限制在"正確反映"這一意義上了。列寧在《唯物主義和經驗

---

① 《反杜林論》，人民出版社 1956 年版，第 51 頁。

批判主義》中已經明白指出:"但是恩格斯公開地明白地說過:他和不可知論者的區分不僅在於不可知論者懷疑模寫的正確性,而且還在於不可知論者懷疑能否說物本身,能否'確實地'知道物的存在。"① 顯然恩格斯肯定世界的可知性時,是不包括着錯誤思維在內的,因爲錯誤思維是不能"確實地"知道物的存在的。

　　問題應該得到澄清。從反映論來講,說錯誤思維也是存在的反映,這是正確的。但說錯誤思維和存在有同一性,就不正確了。這是兩回事,不是一回事。恩格斯所說的思維和存在的同一性只能是指正確的反映。因此,一方面我們固然不能說:跟存在符合的思維才是客觀的反映。但另方面,又必須這樣說:只有跟存在符合的思維才是客觀的正確反映。當然,錯誤思維也是客觀存在的反映,但它卻不是客觀存在的正確反映,所以它和客觀存在是沒有同一性的。這樣,否認錯誤思維和存在有同一性,在邏輯上就並不會導致錯誤思維也是客觀存在的反映這一唯物主義觀點。理由已經說過,一般地講"反映論"原可包含"錯誤"的一方面,而同一性(在恩格斯這裏)則只能指正確反映的一方面。所以並不能因爲說錯誤思維和存在沒有同一性,就會在事實上否定了反映論的普徧性。正如對於列寧所講的:"承認我們之外的實在的客體以及我們表象和這些客體的'符合',不僅是馬克思主義的唯物主義的基本立場,而且是任何唯物主義、'一切以往的'唯物主義的基本立場。"② 我們不能由於表象有着不符合於客體的情形(如古代杯弓蛇影的故事),就否定了表象和客體的符合這個唯物主義的基本立場,並由此就否定了反映論的普徧性。在人類生活中,表象總是比較經常地和客體符合的,即使有了不符合的情形,經過實踐也會很快發現不符合,同時也就是在糾正不符合而使之符合了。所以辯證唯物主義所謂思維反映存在,雖然不必是如實的那種反映,但當其說思維和存在的同一性,則必須是思維跟存在符合。絕不能根據思維反映存在不必是如實的反映來論證思維和存在的同一性也不必是思維跟存在符合。反映論=思維和存在的同一性,這一公式在理論上是完全缺乏根據的。

　　這裏附帶談一下,根據否認"思維和存在的同一性"這一命題是辯證唯物主義的世界可知論的原理的那種觀點,它和認爲錯誤思維和存在也有同一性的觀點,剛好走入相反的極端。但二者之間也有一個共同點,那就是都沒有照應到恩格斯提出"思維和存在的同一性問題"這個命題的前後理論的邏輯聯繫。而根本否認"思維和存在的同一性"是唯物主義的世界可知論的原理的同志,特別顯得十分橫悍,好像恩格斯這裏的文理還不夠清順,必須他們"斧正"一番! 他們自認爲可以作爲致命一擊的理由,

---

① 《列寧全集》第 14 卷,人民出版社 1957 年版,第 110 頁。
② 《列寧全集》第 14 卷,人民出版社 1957 年版,第 101 頁。

是列寧在《唯物主義和經驗批判主義》中引述恩格斯這個地方關於哲學根本問題的第二方面的一段話時，偏偏沒有引下"用哲學語言來說，這個問題就叫做思維和存在的同一性問題"兩句話。難道這是列寧的疏忽嗎？當然不是。但我們要知道，當時俄國的馬赫主義者如巴札羅夫、波格丹諾夫之流，正像蛆蟲一樣鑽到馬克思主義的理論里面，力圖按照自己的反動政治要求，製造一些似是而非的"胡塗思想和錯誤觀點"，以便把當時俄國的知識分子和廣大青年引到離開革命的迷塗。他們最常用的手法，就是無恥地"通過歪曲引文原意"把馬克思主義理論"改扮成馬赫的樣子"。"同一性"一詞，如前所說，德文原含有等同和符合、一致的兩種意義，雖然恩格斯明明是在後一種意義上使用的，但他們卻硬用前一種意義去解釋，使之適合於他們的反動的經驗一元主義的觀點，從而"把不可知論和唯心主義硬加給唯物主義"。列寧為了防止他們再在這個地方進行無恥的歪曲和改裝，在不影響說明問題的情況下不引用那兩句話是完全可以理解的。決不能因此就斷定列寧也認為恩格斯在這裏不是把它作為唯物主義的世界可知論的原理的。

我們且看列寧在同一書中論述索列爾對於法國馬赫主義者彭加勒的評判："他肯定地說，彭加勒的關於科學價值的著作的'前兩部'是'按照勒盧阿的精神寫成的'，因此這兩個哲學家能夠在下面這點上'和解'：確證科學和世界的同一性的企圖，這是一種幻想；不必提出科學能否認識自然界的問題，只要科學符合於我們所創造的機械就夠了。"① 列寧這裏是借用索列爾的話來尖銳嘲諷並深刻揭露彭加勒的假科學的唯心主義實質的。因為"最反動的唯心主義哲學"的"代表勒盧阿發表了如下的議論：科學的真理是符號、記號；你們拋棄了想認識客觀實在這一荒謬的'形而上學的'奢望：你們要合乎邏輯些並同意我們的看法，即同意科學只對人的行動的一個領域具有實踐意義，而對於另一個行動領域，宗教所具有的現實意義並不小於科學這種看法；'符號論的'馬赫主義科學沒有權利否定神學。昂·彭加勒因這些結論而感到羞愧，並在《科學的價值》一書中特別抨擊了這些結論"。但是彭加勒自己又提出了些什麼貨色的理論呢？他說："什麼是科學的客觀性的標準呢？這個標準也就是我們對外部對象的信仰的標準。這些對象是實在的，因為它們在我們身上所喚起的感覺，我們覺得是由某種（我不知道是什麼）不可破壞的結合劑而不是由一時之機遇所結合起來的東西。"又宣稱："一切不是思想的東西都是純粹的無，因為我們不能思考思想之外的任何東西。"② 這樣，兩相對照，彭加勒和勒盧阿兩人的哲學觀點有沒有真正的根本的差異呢？

---

① 《列寧全集》第 14 卷，人民出版社 1957 年版，第 309 頁。
② 《列寧全集》第 14 卷，人民出版社 1957 年版，第 307~309 頁。

一點也沒有。他們原是一丘之貉，所以列寧引用索列爾的話來代表自己的意見作爲結論。而這裏就異常鮮明地把"確證科學和世界的同一性"作爲是馬赫主義者彭加勒和勒盧阿所共同反對的根本概念提了出來。因爲他們兩人都認爲"這是一種幻想"，並叫人們"不必提出科學能否認識自然界的問題"。這難道不能作爲列寧也肯定了"思維和存在的同一性"是唯物主義認識論的命題的確實論據嗎？從這裏，我們還可看到這樣一個事實，即思維和存在的同一性問題從來就是關於世界可知論的問題。因此，我們討論錯誤思維和存在有沒有同一性時，如果承認它是從屬於思維和存在的同一性問題的，那就不應該隨意離開可知論這個理論中心點。

三、否認錯誤思維和存在有同一性就是堅持馬克思主義關於辨別真理和謬誤的唯物主義的標準

思維和存在的同一性就是說思維跟客觀存在符合，所以在認識論上，人們的思維和作爲思維對象的客觀現實之間的關係，只能是：或者同一（＝符合），或者矛盾（＝不符合）。儘管"同一"允許有程度的不同，但那也只是符合程度的不同，決不能說有兩種基本類型的同一性：正確思維和存在的同一性是一種基本類型，錯誤思維和存在的同一性是另一種基本類型。如果是這樣講法，那就不僅將是列寧所說的："……抹殺近似地反映客體的（即接近於客觀真理的）科學理論和任意的、空想的、純粹假設的理論（例如，宗教理論或象棋理論）之間的界限。"① 而且它本身就還有許多難於解決的問題。

首先，所謂"思維和存在的同一性"既然是專指"正確的反映"，說"正確的反映"它就不能不意味着是主觀和客觀的符合。這是唯物主義認識論的世界可知論的根本原理。如果說，在認識論上，即思維與其對象之間的關係上，可以有兩種基本類型的同一性，則就錯誤思維而言的"同一性"是否仍舊是在符合、一致的意義上加以使用的呢？如果說是，那末就應該證明錯誤思維是怎樣與其對象符合的。如果說它不是指符合的意義，而是另有解釋，則在討論問題的過程中我們可以唯心主義地把討論中的概念隨意加以改換嗎？

其次，既然說有兩種基本類型的同一性，則與此相應便須有一定的哲學概念亦即具有定義性的詞語來概括、揭示它們的特徵、特性，也就是明確它們的區別；例如關

---

① 《列寧全集》第14卷，人民出版社1957年版，第328頁。

於兩種不同性質的矛盾，我們就用"敵我之間的矛盾和人民內部的矛盾"來明確其區別；關於兩種反映，我們就用"現實的可靠的反映和歪曲的反映"來明確其區別。然而上述所謂的兩種基本類型的同一性，究竟有沒有適當的哲學概念來明確其區別呢？在哲學史上倒是曾經對"同一性"這個概念作過兩種不同意義的規定，即抽象的同一性和具體的同一性，這是作爲形而上學和辯證法的區分的。這創始於黑格爾，馬克思主義經典作家也接受了這種區分，但依據唯物主義的理論、觀點來使用。現在提出的所謂兩種基本類型的同一性，能不能像用"抽象的""具體的"來明確形而上學和辯證法的區別的那樣辦法來明確錯誤思維和正確思維的區別呢？我想，恐怕很困難。其所以困難，就是因爲錯誤思維和正確思維互相之間的矛盾關係，並不在於它們有所謂不同的同一性，而是在於它們跟存在有無同一性；不從它們本身所固有的矛盾特殊性來揭示它、反映它，而是人爲地從非區別的所在製造區別，自然不能找到合適的具有定義性的概念來明確其區別。

其三，對於"錯誤思維和存在的同一性是另一種基本類型"的這個説法，我們誤把它納入恩格斯關於哲學根本問題的第二方面的理論體系中，即世界可知論的問題，看它有沒有辦法作出合理的答案來。問題就這樣提出：請回答錯誤思維究竟能不能夠認知世界呢？如果能夠認知世界，那爲什麼又是"錯誤"的呢？如果不能夠認知世界，那末還能説它和存在的有同一性嗎？請注意這裏討論的是可知論的問題，如果説所謂"同一"不必是真實地認識世界，則"思維和存在的同一性"作爲世界可知論的原理就不能確立，也就是在事實上否定了思維和存在的同一性是關於世界可知論的命題了。這樣，恩格斯理論的邏輯結構，就不能不被破壞。我們研究馬克思主義理論，希望能夠有創造性的見解，把真理不斷地向前推進，這完全是應該的，必要的。但必須注意兩點：一是必須與馬克思主義整個理論體系不相乖謬，二是必須更有利於問題的説明和解決。否則將是無益的、無意義的，而且會是有害的。所謂"錯誤思維和存在的同一性是另一種基本類型"的提法，完全不能跟確立矛盾有兩類的理論相比擬，這是十分明白的。

還須指出，思維與存在的同一性有兩種基本類型的説法，不但跟恩格斯關於哲學根本問題的第二方面的理論相抵觸，而且也跟毛主席在認識論上嚴格區分正確和錯誤的最具有指導實踐意義的理論相抵觸。毛主席是更加豐富和充實了恩格斯關於世界可知論的理論的。他在《論持久戰》中説：

> 我們反對主觀地看問題，説的是一個人的思想，不根據和不符合於客觀事實，是空想，是假道理，如果照了做去，就要失敗，故須反對它。……一

哲學及思想史研究

切根據和符合於客觀事實的思想是正確的思想。一切根據於正確思想的做或行動是正確的行動。①

在《實踐論》中又說：

> 人們要想得到工作的勝利即得到預想的結果，一定要使自己的思想合於客觀外界的規律性，如果不合，就會在實踐中失敗。人們經過失敗之後，也就從失敗取得教訓，改正自己的思想使之適合於外界的規律性，人們就能變失敗爲勝利。②

這都極其明確地指出了：錯誤和正確的唯一區分準則及其所以形成，是在於根據不根據於客觀事實（或客觀規律）和符合不符合於客觀事實（或客觀規律）。這不正好是以思維和存在是否同一來作爲正確和錯誤的區別嗎？有些同志認爲錯誤思維也是根據於存在，因而便說錯誤思維和存在有同一性。其實這無異於在認識論上取消了正確和錯誤的最明確的唯物主義的界限，毛主席在《中國革命戰爭的戰略問題》中又說：

> 爲什麼主觀上會犯錯誤呢？就是因爲戰爭或戰鬥的部署和指揮不適合當時當地的情況，主觀的指導和客觀的實在情況不相符合，不對頭，或者叫做沒有解決主觀和客觀之間的矛盾。人辦一切事情都難免這種情形，有比較地會辦和比較地不會辦之分罷了。事情要求比較地會辦，軍事上就要求比較地多打勝仗，反面地說，要求比較地少打敗仗。這裏的關鍵，就在於把主觀和客觀二者之間好好地符合起來。③

這裏更明白指出：錯誤產生於主觀和客觀的實在情況不相符合，不對頭，"或者叫做沒有解決主觀和客觀之間的矛盾"。這也就揭示了正確和錯誤在其對客觀存在的關係上各有其不同的主要特徵，那就是：一個是符合，一個是矛盾。因此符合和矛盾這兩個概念的對立也就是同一和矛盾這兩個概念的對立。如果仿照《費爾巴哈與德國古典哲學的終結》的行文格式來表達，是不是可以這樣寫："如果我們不能在我們關於現實世界的表象和概念中得出一個對現實的正確反映，用哲學語言來說，這就叫做思維和存在的矛盾。"試問主張思維和存在的同一性有兩種基本類型的同志，他們的議論跟毛主席思想能夠說沒有相當大的距離嗎？究竟是用他們那種使人難於捉摸關鍵何在的兩

---

① 《毛澤東選集》第2卷，人民出版社1952年版，第467頁。
② 《毛澤東選集》第1卷，人民出版社1952年版，第273頁。
③ 《毛澤東選集》第1卷，人民出版社1952年版，第182頁。

種基本類型的概念來區分正確和錯誤的辦法爲最便於說明問題和解決問題呢，還是用明顯對立的矛盾和同一（或符合）的概念來區分錯誤和正確的辦法爲最便於說明問題和解決問題？

四、肯定思維和存在的同一性命題不包括錯誤思維，是正確地把辯證法應用於反映論、應用於認識過程和發展

認爲錯誤思維和存在有同一性的同志還舉出了這樣的理由：一般講思維是包括正確和錯誤的，如果否認錯誤思維和存在有同一性，那就只能承認部分思維和存在有同一性。一方面承認思維和存在有同一性，另方面又否認錯誤思維和存在有同一性，這是一個自相矛盾。爲了"堅持思維和存在有同一性這個全稱判斷"，所以不能不堅持錯誤思維和存在有同一性。

這確是關係到我們立論可否不遵守邏輯規律的問題。但是如果能弄清楚恩格斯這裏所講何事，這樣的問題，是不會發生的。

恩格斯在《費爾巴哈與德國古典哲學的終結》裏對哲學根本問題的第一方面的陳述，用的是"是不是"的語式："全部哲學的最高問題，即思維對存在，精神對自然界的關係問題……即究竟何者——精神或自然界——是第一性的問題……世界是由神創造的呢，還是世界本來就存在着呢？"而他對哲學根本問題的第二方面的陳述則用的是"能不能"的語式："我們的思維能否認識現實世界呢？我們能否在我們關於現實世界的表象和概念中得出一個對現實的正確反映呢？……絕大多數哲學家都是肯定式地解決這個問題的。……但是，此外還有其他一些哲學家，他們否認有可能認識世界，或者至少是否認有可能徹底認識世界。"

這種不同的語式的表述，是值得我們注意並加深思的。我們都有這樣的常識（或經驗）：說"是什麼"，那就表明實際已經存在着了；說"能什麼"或"可能什麼"，那就表明實際還不存在，它的實現必須具備一定的條件。這裏講的是認識論問題，人的認識能力，無須證明，是永遠也不能一下子完全地無條件地絕對地反映客觀現實的。正如毛主席所指出："不論在變革自然或變革社會的實踐中，人們原定的思想、理論、計劃、方案，毫無改變地實現出來的事，是很少的。這是因爲從事變革現實的人們，常常受着許多的限制，不但常常受着科學條件和技術條件的限制，而且也受着客觀過

程的發展及其表現程度的限制（客觀過程的方面及本質尚未充分暴露）。"① 因之，所謂"思維和存在的同一性"也不是現成的東西而必須有一定的過程，它是認識運動的結果，而不是認識本身所已經存在着或具備着的東西。在認識運動過程中，思維和存在之間總是有矛盾的，矛盾就是錯誤的根源。如果不是這樣，形而上學、唯心主義就不會產生，懷疑主義、不可知論也無從出現。許多懷疑主義者、不可知論者，正是抓住人們認識中所顯露出來的缺點或錯誤而懷疑認識能力本身，否認思維是存在的反映和真理的客觀性。所以這裏說"能"，不說"是"。由於懷疑主義、不可知論的出現，世界可知不可知的問題才被提了出來，成爲哲學根本問題之一。從"可知""不可知"這兩個名詞的本身，也可看出這個問題爭論的焦點是在於"能或不能"。既然這裏是"能或不能"的問題，則"思維和存在的同一性"的命題中所謂的"同一性"，就只能是指能夠同一。由能夠同一到事實上同一，就是正確的反映。所以恩格斯這裏的"同一"一詞是就符合、一致的意義來使用的。有些同志不肯承認恩格斯這裏的特定意義是"符合"，而把它作爲一般聯繫的意義去理解，由此以說明思維和存在的同一性也包括了錯誤的思維在內；從表面上看，這固然好像是顧全了思維和存在的同一性作爲全稱判斷和邏輯性，但實際上他們是破壞了另一種邏輯，即恩格斯理論的邏輯規定。試想，既然思維和存在的同一性問題不是指思維和存在符合不符合的問題，而不可知論和可知論所爭論的問題又正是思維和存在符合不符合的問題，照他們那樣講，這兩者就成了全不相干的東西，而恩格斯居然寫了進去，並作爲可知論和不可知論所爭論的問題的哲學概括，豈不成了"咄咄怪事"！

其次，應當說，思維和存在的同一性究竟包不包括錯誤思維的問題，實質上，就是把錯誤思維在認識論中放在什麼地位的問題。即是說，是用形而上學的觀點來處理錯誤思維的問題呢，還是用辯證唯物主義的觀點來處理錯誤思維的問題呢？關於錯誤思維在認識論中的地位，馬克思主義經典作家是早已作了辯證唯物主義的處理的。恩格斯在《反杜林論》裏談到相對真理和絕對真理的關係時說：

> 人的思維是否至上的呢？在未回答"是"或"否"之前，我們先應當研究一下：究竟什麼是人的思維？這是不是指單個人的思維呢？不是。它僅僅是無數萬萬過去、現在、將來的人的個人思維。所以，假如我說，這種綜合於我的觀念中的所有這些人（包括將來的人）的思維，是至高無上的，這就是說，如果人類能夠存在得足夠的長久，並且認識器官和認識對象並不使認

---

① 《毛澤東選集》第 1 卷，人民出版社 1952 年版，第 282 頁。

識帶上一定的界限,那麼思維是能夠認識現存的世界的——假如我說這些話,那麼,我只是說了些極其陳腐的、極其無聊的空話。可是上述思想的最可貴的結果卻是在於它使得我們對於我們現在的認識極不信任,因爲大概說來,我們還差不多是處在人類歷史的起端,而將來會糾正我們錯誤的後代,遠比較我們現在傲然以視、想要糾正其錯誤的前代要多得多了。①

這裏我們可以看到,恩格斯是把思維作爲整個人類的東西來看待的,同時他又是把它作爲不可割斷的歷史的發展着的東西來看待的。他不否認在人類的認識運動過程中,從過去到現在都常有錯誤出現,而錯誤又是跟"思維是能夠認識現存的世界的"這個真理搗亂的;但是思維的歷史發展,總是愈來愈多地糾正了錯誤。接着,恩格斯就"辯證地提出和解決絕對真理和相對真理的關係問題",列寧在《唯物主義和經驗批判主義》裏也引述了這段話:

> 思維的至上性,實現在非常不至上地思維着的人們的系列中;具有成爲真理的絕對權利的認識,實現在相對謬誤的系列中;二者〔絕對真理的認識和至上的思維〕只有在人類生活的無限延續中才能完全實現。②

在這裏,我們又遇到在上面已經遇到過的矛盾:一方面,人類思維的性質在我們看來必然是絕對的;另一方面,人類思維是通過現在僅僅有限地思維着的個人來實現的。這個矛盾只有在人類世代更迭的無限的——至少對於我們說來實際上是無限的——系列中才能得到解決。從這個意義來說,人的思維是至上的,同時又不是至上的;它的認識能力是無限的,同時又是有限的。按它的本性〔或構造〕、使命、可能、歷史的終極目的來說,它是至上的和無限的;按它的個別實現和某一時期的現實來說,它又不是至上的和無限的。③

可見恩格斯認爲錯誤只是相對的,暫時性的東西,而思維之不斷地向着真理運動則是絕對的,真理本身就是歷史的終極目的。這就是說,在認識論上,永遠應當把錯誤思維放到被否定的地位上去。我們還可以看一下,列寧在引述恩格斯這些理論後是怎樣地加以總結並進一步加以闡述的:

> 因此,人類思維按其本性是能夠給我們提供並且正在提供由相對真理的

---

① 《反杜林論》,人民出版社1956年版,第87頁。
② 《列寧全集》第14卷,人民出版社1957年版,第132頁。
③ 《列寧全集》第14卷,人民出版社1957年版,第132~133頁。

總和所構成的絕對真理的。科學發展的每一階段，都在給這個絕對真理的總和增添新的點滴……①

從現代唯物主義即馬克思主義的觀點來看，我們的知識向客觀的、絕對的真理接近的界限是受歷史條件制約的，但是這個真理的存在是無條件的，我們向它的接近也是無條件的。……一句話，任何思想體系都是受歷史條件制約的，可是，任何科學的思想體系（例如不同於宗教的思想體系）和客觀真理、絕對自然相符合，這是無條件的。你們會說：相對真理和絕對真理的這種區分是不確定的。我告訴你們：這種區分正是這樣"不確定"，以便阻止科學變爲惡劣的教條，變爲某種殭死的凝固不變的東西，但同時它又是這樣"確定"，以便最堅決果斷地同信仰主義和不可知論劃清界限，同哲學唯心主義以及休謨和康德的信徒們的詭辯劃清界限。②

這對於我們怎樣理解思維和存在的同一性以及它包括不包括錯誤思維的問題，應該是很好的啓發。這裏講的仍是屬於世界可知論的問題，"我們的知識向客觀的、絕對的真理接近"就是"思維和存在的同一"的另一種說法。馬克思主義的辯證唯物主義關於思維和存在的同一性是從什麼角度來肯定的呢？從這裏可以明白，是從運動、從發展、從歷史的終極目的、從人類思維的本性這些觀點來肯定的。因此絕不能形而上學地、孤立地、靜止地、離開運動的發展過程來談同一性。錯誤的思維是跟人的知識向客觀的、絕對的真理接近這一認識進程背道而馳的，它是會被認識運動的發展所否定的。所以按照辯證唯物主義的認識論和真理觀我們不能說錯誤思維和存在有什麼同一性；也並不因爲指出錯誤思維和存在的不同一而就否定了思維和存在的同一。儘管在概念上，錯誤和正確是對立的，但就思維運動的發展進程來說，錯誤卻並沒有允許有一個安家的地方，所以列寧說："真理的存在是無條件的，我們向它接近也是無條件的。"我們正是在這個"無條件的"意義上才說思維和存在的同一性不包括錯誤思維。那種認爲否認錯誤思維和存在有同一性就是只承認部分思維有同一性、不合於思維和存在有同一性這個全稱判斷的議論，無疑，這是用的形而上學方法來處理錯誤思維在認識論中的地位問題的。難道馬克思主義經典著作中曾經說過人類思維是由正確和錯誤兩個部分構成的嗎？而所謂思維和存在的同一性有兩種基本類型的說法，卻正是建立在思維是由正確和錯誤兩個部分構成的這個觀點之上的。

---

① 《列寧全集》第 14 卷，人民出版社 1957 年版，第 134 頁。
② 《列寧全集》第 14 卷，人民出版社 1957 年版，第 135 頁。

馬克思主義關於如何處理錯誤的思維在認識論上的地位問題，不但有着如上所述的一般原理原則的指示，而且還作了具體的典型範例。如列寧在《唯物主義和經驗批判主義》一書中指出：19世紀末和20世紀初物理學唯心主義"所顯露的趨於反動哲學方面的傾向，是一時的波折，是科學史上的暫時的疾病期，是多半由於一向確定的舊概念驟然崩潰而引起的發育上的疾病"[①]。

又指出：整個自然科學發展的趨勢，是"從形而上學的唯物主義提高到辯證唯物主義"。"現代物理學正在走這一步，而且將來還會走這一步，但它不是筆直地而是曲折地，不是有意識地而是自發地走向唯一正確的方法和唯一正確的自然科學的哲學；它不是清楚地看見自己的'終極目的'，而是在摸索着接近這個目的；它動搖着，有時候甚至倒退。現代物理學是在臨產中，它正在生產辯證唯物主義，分娩是苦痛的。除了生下一個活生生的、有生命的生物，它必然會產出一些死東西，一些應當扔到垃圾堆裏去的廢物。整個物理學唯心主義、整個經驗批判主義哲學以及經驗符號論、經驗一元論等等，都是這一些廢物。"[②]

還指出："不管自然科學多麽搖擺不定，不管自然科學家的唯物主義多麽不自覺，不管他們昨天對時髦的'生理學唯心主義'多麽神往或今天對時髦的'物理學唯心主義'多麽迷戀，自然科學的發展進程卻在掃除一切渺小的體系和狡猾的詭計，把自然科學的唯物主義的'形而上學'（按這是馬赫主義者誹謗馬克思主義的唯物辯證法所使用的詞兒，故列寧加一引號。——引者）一次又一次地推向前進。"[③]

這裏不是極其清楚、明白地揭示了錯誤的思維在認識論上的地位嗎？它是人類認識發展進程的一時的波折，是發育上的暫時的疾病，是生產活生生的、有生命力的生物時伴隨產出的一些死東西，一些應當扔到垃圾堆裏去的廢物，而人類認識的發展進程卻在掃除這一切，不可阻擋地沿着辯證唯物主義認識論的真理無限止地前進。列寧這個觀點，乃是對於恩格斯在《反杜林論》說"黑格爾的體系，作爲體系說來，是一個巨大的流產，可是也是此類流產的最後一個"[④]，這個唯物主義認識論原則的光大、發揮。毛主席的《實踐論》更對恩格斯、列寧這個觀點作了極精湛的理論闡發，並把它運用於革命，作爲指導革命的思想方法。整個《實踐論》都是說明思維如何跟存在同一，錯誤是怎樣產生又是怎樣被克服的，以及必然被克服的方法和規律。對於思維

[①] 《列寧全集》第14卷，人民出版社1957年版，第322頁。
[②] 《列寧全集》第14卷，人民出版社1957年版，第330頁。
[③] 《列寧全集》第14卷，人民出版社1957年版，第372頁。
[④] 《反杜林論》人民出版社1956年版，第23頁。

和存在的同一性問題，毛主席是這樣作了極高度的科學的理論概括：

　　馬克思主義者承認，在絕對的總的宇宙發展過程中，各個具體過程的發展都是相對的，因而在絕對真理的長河中，人們對於在各個一定發展階段上的具體過程的認識只具有相對的真理性。無數相對的真理之總和，就是絕對的真理。客觀過程的發展是充滿着矛盾和鬥爭的發展，人的認識運動的發展也是充滿着矛盾和鬥爭的發展。一切客觀世界的辯證法的運動，都或先或後地能夠反映到人的認識中來。社會實踐中的發生、發展和消滅的過程是無窮的，人的認識的發生、發展和消滅的過程也是無窮的。根據於一定的思想、理論、計劃、方案以從事於變革客觀現實的實踐，一次又一次地向前，人們對於客觀現實的認識也就一次又一次地深化。客觀現實世界的變化運動永遠沒有完結，人們在實踐中對於真理的認識也就永遠沒有完結。馬克思、列寧主義並沒有結束真理，而是在實踐中不斷地開闢認識真理的道路。我們的結論是主觀和客觀、理論和實踐、知和行的具體的歷史的統一，反對一切離開具體歷史的"左"的或"右"的錯誤思想。①

毛主席這裏明白寫作"結論"的兩句話，最清楚不過地指明了：正確的思想才是思維和存在的同一，錯誤的思想則是思維和存在的背離，而思維和存在的同一乃是人類認識的歷史的總趨向。

由此可見，在認識論上，如果不能堅持思維和存在的同一性並不包括錯誤思維在內的這一論點，必不可避免地要陷入形而上學的泥坑，列寧早就說了："形而上學的唯物主義的根本缺陷就是不能把辯證法應用於反映論，應用於認識的過程和發展。"②

五、不能把思想之根源於一定的社會存在、一定的階級，理解爲思維和存在的同一性

認爲錯誤思維和存在有同一性的一些同志，幾乎無例外地都以錯誤的思想有其社會根源、階級根源爲理由，即是說，它是在一定的社會條件中產生的，它是反映一定的社會存在的。他們認爲既然錯誤的思想跟社會存在有着一定的依賴關係，就不能說

---

① 《毛澤東選集》第1卷，人民出版社1952年版，第284頁。
② 《談談辯證法問題》，《列寧全集》第38卷，人民出版社1959年版，第411頁。

它們沒有同一性。

很顯然,這是根據存在決定思維,思維反映存在這個馬克思主義的歷史唯物主義原理立論的。當然不能說這個原理本身有什麼錯誤,問題是在於他們引用它來解釋思維和存在的同一性問題是否恰當?我認爲是不恰當的。理由正如我們前面論證的:恩格斯這裏所講的是關於認識論中的世界可知論問題。雖然馬克思主義對於認識論要求作全面的科學的理解,必須把人的思維、認識放在歷史唯物主義的基礎上;否則脫離社會存在而玄談認識,必不可避免地要走向形而上學的模糊真理的觀念遊戲,爲什麼同樣是人(他們把人看作是單純的自然人),這個人會有這樣的認識,那個人會有那樣的認識?爲什麼某些人會同有這樣的認識,某些人又同有另一樣的認識?以及爲什麼這個時代的思想和那個時代的思想對客觀世界的認識會呈現着廣度深度的種種不同?全都沒法說明。只有運用歷史唯物主義才能作出科學的令人滿意的回答。但是如果在一定地方並不是要求對認識論作全面的論述,所提的問題並不是如上所舉的問題,而只是討論認識論中的某一個問題、某一個方面,如這裏的世界可知性問題,那就不能不受這裏的特定的問題的制約,不容許把屬於解決另一種問題性質的理論應用到這個問題上面來。因爲那樣做,不但不能解決問題,而且會造成思想上的混亂。某些同志以思想根源於一定的社會存在、反映一定的社會存在來解釋恩格斯這裏的思維和存在的同一性命題,正是這種情形。其實,他們所說的那種思維和存在的關係跟恩格斯這裏所說的哲學根本問題的第二方面的思維和存在的關係,是大有區別的。因爲他們所引用的理論,按其本質來說,所要解決的問題乃是屬於思維和存在誰是第一性的問題,即誰決定誰的問題;而恩格斯這裏所講的則是思維能否正確地反映客觀世界的問題。雖然都是思維對存在的關係問題,但各有它的"特殊的矛盾性",它們是在總的問題中從不同的方面提出的既有聯繫但又互相區別的問題。如果沒有區別,恩格斯就不會分別作爲兩個問題提出來。我們不能以解答第一方面問題的理論來解答第二方面的問題,正如我們不能以解答第二方面問題的理論來解答第一方面的問題一樣。儘管正確回答第二方面問題必以正確回答第一方面問題的理論爲基礎,但它僅僅是基礎,並不能直接地回答第二方面問題。

關於這兩者的區別,我們還可指出如下的幾點:

(一)前一理論(即思想根源於一定社會存在的那種理論)所表示的思想和存在的關係,乃是把存在作爲思想的背後的東西,不管具有與之相適應的思想的人認識它與否,它始終要對這個同它發生一定關係的人及其思想起着決定性的支配作用。恩格斯在《費爾巴哈與德國古典哲學的終結》第四節裏所說的"站在——不管被意識到或

（事實上往往如此）沒被意識到——歷史人物動機背後的動力"，就指的是這個事實。而屬於世界可知論範疇的"存在"這一概念，則是作爲人的思維面前的或對面的東西，思維對它發生關係時——不管正確或錯誤——必須意識到它，而它對思維發生作用亦僅僅限於思維對它進行認識的時候。列寧在《唯物主義和經驗批判主義》中說的："我們知識的發展千百萬次地告訴每一個人，當對象作用於我們感官的時候，不知就變爲知，相反地，當這種作用的可能性消失的時侯，知就轉化爲不知。"① 就是指這個事實。所以，前一種存在就其對思維的關係說，叫做基礎；後一種存在就其對思維的關係說，則叫做對象。我們決不可能，而且從來也不會以思維（不管正確或錯誤）是依賴於一定的階級和社會存在的這一原理來證明世界的可知性，這就可以說明這一原理是不適用於解釋恩格斯這裏所說的思維和存在的同一性問題的。

（二）前一理論所稱的思想，是在存在中已經產生的東西，即是說，它是既成的、現成的。一般是在對它進行分析的時候，才提出這樣的理論：它是根源於某種存在或爲某種存在所決定的；如馬克思、恩格斯在《共產黨宣言》中對資產者說："你們的觀念本身是資產階級生產關係和資產階級所有制關係的產物，正好像你們的法權不過是被提昇爲法律的你們這個階級的意志，而這一意志的內容是由你們這個階級的物質生活條件來決定的。"② 又如毛主席在《關於糾正黨內的錯誤思想》中說："四軍黨內種種不正確思想的來源，自然是由於黨的組織基礎的最大部分是由農民和其他小資產階級出身的成份所構成的。"③《關於若干歷史問題的決議》說："'左'傾路綫的上述四方面錯誤的產生，不是偶然的，它有很深的社會根源。""如同毛澤東同志所代表的正確路綫反映了中國無產階級先進分子的思想一樣，'左'傾路綫則反映了中國小資產階級民主派的思想。"④ 又如1957年11月14日至16日在莫斯科召開的社會主義國家共產黨和工人黨代表會議宣言中說："資產階級影響的存在，是修正主義的國內根源。屈服於帝國主義的壓力，則是修正主義的國外根源。"⑤ 而後一理論所稱的思維，則並不是現成的已有的東西，它只是在理論上作可能或不可能的肯定和否定。至於怎樣證明理論的正確或錯誤，又有待於實踐的檢驗。所以，決不能以前一理論即思維是被存在決定的理論來回答後一問題即思維能否正確反映客觀世界的問題，例如資產階級觀念、

---

① 《列寧全集》第14卷，人民出版社1957年版，第194頁。
② 《馬克思恩格斯文選》兩卷集，第1卷，莫斯科中文本，第25頁。
③ 《毛澤東選集》第1卷，人民出版社1952年版，第87頁。
④ 《毛澤東選集》第3卷，人民出版社1953年版，第991頁。
⑤ 《莫斯科會議的宣言》，人民日報出版社1957年單行本，第11頁。

"左"傾機會主義、修正主義,儘管這些思想都是被一定的社會存在決定的,但是我們能夠説,它們對客觀世界可能得出正確反映嗎?

(三)前一理論所謂的思維,就其對於所依賴的存在的關係説,絕對用不上"複寫、攝影、映象"這類的形容詞;而後一理論所謂的思維,則正以此爲它的特徵、功能,離開了這點就根本談不到對客觀世界的認識。思維和存在的同一性的依據也就在此。既然前一理論所講的思維對於它所依賴的存在並不表現"複寫、攝影、映象"等等關係,所以它和這裏所説的思維和存在的同一性不是一回事。

(四)前一理論所謂的思維,它和它所依賴的存在的關係是從始至終一致的,並没有符合不符合的問題,亦即沒有反映正確與否的問題;而後一理論所謂思維和存在的同一性問題,則正好講的是它們是否符合的問題、能否正確反映的問題,即恩格斯説的:"思維規律和自然規律必然是相互一致的,只要我們正確地認識它們的話。"[①] 列寧説的"在唯物主義者看來,人類實踐的'成功'證明着我們的表象和我們感知的事物的客觀本性的符合"[②]。在前一理論,我們雖説思維是一定的存在的反映或反映了一定的存在,但絕不能説,它對它所反映的存在有所謂正確或不正確、符合或不符合。例如"'左'傾路綫則反映了中國小資産階級民主派的思想",這裏"左"傾機會主義無疑是一種錯誤的思想,但卻不能説,它對於小資産階級民主派的思想反映有錯誤,或説它不符合於小資産階級民主派的思想。我們説"左"傾機會主義是錯誤的,這是把它放到作爲它的認識對象的那種客觀存在的前面,檢查其符合與否,並在看到它們没有同一性之後,然後才得出的判斷。如毛主席在《實踐論》裏説:"我們也反對'左'翼空談主義。他們的思想超過客觀過程的一定發展階段,有些把幻想看作真理,有些則把僅在將來有現實可能性的理想,勉彊地放在現時來做,離開了當前大多數人的實踐,離開了當前的現實性,在行動上表現爲冒險主義。"[③] 這不就是説他們的思想和當前的客觀現實沒有同一性嗎?這不就是把他們的思想放在作爲它的認識對象的面前加以檢查之後才得出來的結論嗎?難道我們可以因爲他們的思想"反映了中國小資産階級民主派的思想",就否認他們在認識論上是和客觀現實沒有同一性的嗎?

(五)前一理論所謂的存在,對於思維能夠起着某種規定作用,例如毛主席説的"在階級社會中,每一個人都在一定的階級地位中生活,各種思想無不打上階級的烙

[①] 《自然辯證法》,人民出版社1955年版,第187頁。
[②] 《列寧全集》第14卷,人民出版社1957年版,第139頁。
[③] 《毛澤東選集》第1卷,人民出版社1952年版,第284頁。

印"①。"大家可以看出,艾奇遜一開口就錯了這許多。這是不可避免的,因爲他是反動派。"② 而後一理論作爲認識對象的存在,其對認識主體的思維則一點也不起這種作用,例如"艾奇遜一開口就錯了這許多",這絕不是由於作爲艾奇遜認識對象的中國近代史這個客觀存在所規定,使之如此的,而是"因爲他是反動派"。從他們的觀點對於他們所依存的階級兩者之間的關係來說,它們是完全適應一致的;但從他們的觀點對於作爲認識對象的客觀現實兩者之間的關係來說,則它們是矛盾的、永遠不能同一的。所以毛主席一方面指明了他們的思想與其階級基礎的一致性,另方面又指明他們的思想與客觀現實、歷史規律的矛盾性,和它們終將爲歷史發展進程所埋葬的必然性:"和中外反動派的預料相反,法西斯侵略勢力是一定要被打倒的,人民民主勢力是一定要勝利的。世界將走向進步,決不是走向反動。……歷史的總趨向已經確定,不能改變了。"③ "他們的原意是想把所謂'國民大會'當作法寶,祭起來,一則抑制聯合政府,二則維持獨裁統治,三則準備內戰理由。可是,歷史的邏輯將向他們所設想的反面走去,搬起石頭打自己的腳。"④ 這說明了,思維和存在的同一正如邏輯和歷史的統一,是決不能包括錯誤思想在內的。

(六)前一理論所謂的思維和存在互相適應一致,是不需要人的努力去實現的,它完全是一種自然的固定的事實,這就是斯大林在《辯證唯物主義與歷史唯物主義》中所說的:"社會存在怎樣,社會物質生活條件怎樣,社會思想、理想、政治觀點和政治制度也就會怎樣。"⑤ 這是把哲學唯物主義"應用於社會歷史"的結果,即按其理論範疇來說,應該叫做"歷史哲學",所以恩格斯講到這種理論時總是這樣說:"所有在歷史上出現的一切社會的和國家的關係,一切宗教的和法律的體系,一切理論的觀點,都只有在了解了每個相應時代的物質生活條件後才能了解,而且所有這一切都是從這些物質生活條件中引導出來的。'不是人們的意識決定人們的存在,恰恰相反,正是人們的社會存在決定人們的意識。'"⑥ "現在歷史觀成爲唯物主義的了,並且發現了以人們的存在去解釋他們的意識的方法,而不是像以前那樣以人們的意識去解釋他們的

---

① 《毛澤東選集》第 1 卷,人民出版社 1952 年版,第 272 頁。
② 《毛澤東選集》第 4 卷,人民出版社 1960 年版,第 1507 頁。
③ 《毛澤東選集》第 3 卷,人民出版社 1953 年版,第 1031 頁。
④ 《毛澤東選集》第 3 卷,人民出版社 1953 年版,第 1069 頁。
⑤ 《聯共(布)黨史簡明教程》,莫斯科 1953 年中文版,第 146 頁。
⑥ 《論卡爾·馬克思著〈政治經濟學批判〉一書》,《馬克思恩格斯文選》兩卷集,第 1 卷,莫斯科中文本,第 346 頁。

存在了。"① 而後一理論所謂的思維和存在的同一，則是必須經過人的主觀努力才能獲得的，它決不是一種自然的固定的事實，這就是列寧在《幾個爭論問題》中所說的："不用相當的獨立功夫，不論在哪個嚴重的問題上都不能找出真理；誰怕用功夫，誰就無法找到真理。"② 毛主席在《抗日游擊戰爭的戰略問題》中同樣說："……主動權是從正確的情況估計（敵我雙方的情況）和正確的軍事政治處置產生的。……主動權不是任何天才家所固有的，只是聰明的領導者從虛心研究和正確地估計客觀情況，正確地處置軍事政治行動所產生的東西。因此，是要有意識地去爭取的東西，不是現成的東西。"③

所以前一理論所謂的思維和存在的適應，並不能用以說明後一理論所謂的思維和存在的同一性，正如列寧在《唯物主義和經驗批判主義》中說的："人怎樣依靠各種感覺器官感知空間，抽象的空間概念怎樣通過長期的歷史發展從這些知覺中形成起來，這是一個問題；不依賴於人類的客觀實在是不是符合於人類的這些知覺和這些概念，這完全是另外一個問題。"④

六、不能把錯誤思維和存在作爲一組對立面而只能把思維和存在、正確和錯誤分別作爲兩組對立面

說錯誤思維和存在有同一性的還有一個理由，就是錯誤思維在一定條件下也可能轉化爲客觀存在，例如錯誤思想轉化爲錯誤行動、神鬼觀念也可轉化爲物質的力量等，他們認爲這種轉化就是同一。並且說，如果不堅持錯誤思維和存在的同一性，就是實質上否認對立統一規律的普徧性。

問題是提得很嚴重。現在我們就來分析這個理論是否能夠成立？

首先仍然應當明確，恩格斯這裏所討論的是認識論中的世界可知性問題，因此這裏所說的存在一點不容遊移是指認識的對象而言。如果企圖證明錯誤思維和存在有同一性，則作爲錯誤思維對立面的存在，就必須實際上也是錯誤思維的對象。然而上面所說的錯誤思維向存在轉化的那種存在，根本不是作爲錯誤思維的對象的那種存在。

---

① 《反杜林論》，人民出版社 1956 年版，第 25~26 頁。
② 《列寧全集》第 19 卷，人民出版社 1959 年版，第 136 頁。
③ 《毛澤東選集》第 2 卷，人民出版社 1952 年版，第 403 頁。
④ 《列寧全集》第 14 卷，人民出版社 1957 年版，第 191 頁。

雖然也是轉化，但它與作爲錯誤思維的對象那種存在有什麼相干呢？

十分清楚，如果不想離開恩格斯所提出的問題範圍，而又要說明錯誤思維和作爲它的認識對象的存在之間的互相轉化，那將是極其困難的。因爲錯誤思維之所以成爲錯誤思維，就在於它和它的對象（客觀存在）有矛盾、不一致。如果它向對方轉化了，和對方互相易位了，那也就不成其爲錯誤的思維了。也很難想像，錯誤思維和它的對象——存在怎樣進行互相易位。就認識論來說，錯誤思維和存在二者並不構成一組對立面，因此在它們的關係問題上，談不上什麼對立統一規律的普徧性。

毛主席在《矛盾論》裏對於矛盾的同一性"說的是如下兩種情形：第一，事物發展過程中的每一種矛盾的兩個方面，各以和它對立着的方面爲自己存在的前提，雙方共處於一個統一體中；第二，矛盾着的雙方，依據一定的條件，各向着其相反的方面轉化。這些就是所謂同一性"①。而所謂錯誤思維和它轉化爲存在的那個存在，二者之間並不發生這樣的情形。不論錯誤思維和錯誤行動，神鬼觀念和神鬼觀念轉化爲物質的力量，都並不是一組矛盾的兩個對立方面，它們既不是各以其對方爲自己存在的前提，也不是各向其相反的方面轉化。

再說這些同志的理論也顯得有些混亂，缺乏概念的邏輯一致性。他們前面說錯誤思維和存在的同一性是指思想根源於一定的社會存在、一定的階級存在，這大約相當於"同一性的第一種意義"，即對立物的互相依存；而這裏談轉化明明白白是在講"同一性的第二種意義"，但他們所指稱的錯誤思維向存在轉化的"存在"卻不是以前作爲互相依存的那種存在，而是另一種存在了！我們知道，辯證法所講的同一性的兩種意義，實際是顯示事物運動發展必有的階段性。毛主席在《矛盾論》裏就是這樣指明的："事情不是矛盾雙方互相依存就完了，更重要的，還在於矛盾着的事物的互相轉化。"②如果階級根源和錯誤思維可以說是互相依存的對立統一物，那它就不應當止此"就完了"，還必須有下一步的"更重要的""互相轉化"；如果錯誤思想和錯誤行動、神鬼觀念和神鬼觀念所轉化爲物質的力量可以說是矛盾着的事物的互相轉化，那它在沒有轉化前也必須有一個"互相依存"的"第一種狀態"。而這些同志卻沒有（實際也不可能）給我們指出這種矛盾同一的運動發展的情形來。這就說明，我們這些同志所持的理論並不是對於"事物的本來的辯證法"的反映，卻像是人工地拼湊成的七寶樓台。

還須指出，馬克思主義者學習並宣傳辯證法，其極大極重要的意義是要求能揭示事物運動發展的方向和必然性。在任何對立統一物中必然有一面是代表發展趨向的主

---

① 《毛澤東選集》第1卷，人民出版社1952年版，第315頁。
② 《毛澤東選集》第1卷，人民出版社1952年版，第316頁。

導方面，我們認識到這點，就懂得應該站在哪一方面來促進這種運動的發展、變化。所以馬克思主義的哲學不單是說明世界、認識世界，而重要在於改變世界。如果錯誤思維和存在真是一個對立統一體，一種矛盾的兩個方面，我們就要問，什麼是這個對立統一體發展的方向呢？又，它們究竟能夠推動什麼東西發展呢？如果不能回答這個問題，則建立這種理論又有什麼意義呢？

　　唯物辯證法科學所規定的對立統一，應該是像毛主席在《矛盾論》中所指示的："原來矛盾着的各方面，不能孤立地存在。假如沒有和它作對的矛盾的一方，它自己這一方就失去了存在的條件。試想一切矛盾着的事物或人們心中矛盾着的概念，任何一方面能夠獨立地存在嗎？沒有生，死就不見；沒有死，生也不見。沒有上，無所謂下；沒有下，也無所謂上。沒有禍，無所謂福；沒有福，也無所謂禍。沒有順利，無所謂困難；沒有困難，也無所謂順利。沒有地主，就沒有佃農；沒有佃農，也就沒有地主。沒有資產階級，就沒有無產階級；沒有無產階級，也就沒有資產階級。沒有帝國主義的民族壓迫，就沒有殖民地和半殖民地；沒有殖民地和半殖民地，也就沒有帝國主義的民族壓迫。一切對立的成份都是這樣。"[①]

　　我們可以看到毛主席這裏所講的事物對立統一關係是何等明顯確定！這些例子，就是在概念上也莫不有舉此即有彼隨、舉彼即有此隨之勢，如只要一提到生，我們自然地立刻就會想到它的對立面是死；一提到死，也自然地立刻就會想到它的對立面是生。以至一提到帝國主義的民族壓迫，我們自然地立刻就會想到它的對立面是殖民地和半殖民地；一提到殖民地和半殖民地，也自然地立刻就會想到它的對立面是帝國主義的民族壓迫。為什麼能夠如此呢？就是因為事物本身原來有着這樣的對立統一關係，思想是客觀存在的反映，不這樣不行。但當我們提到錯誤思維時，卻很難想到它的對立面是存在；同樣，提到存在時，也很難想到它的對立面是錯誤思維。但，是不是由此就可以說，存在和錯誤思維沒有它們各自的對立面可以被我們提到時立即就想到的呢？如果我們回答曰：是。那就真是否認對立統一規律的普遍性了！要知所謂對立統一規律的普遍性，乃是說，任何事物都有着一定的和它對立的異在，而不是說任何事物和任何別的事物都可任意構成對立統一，毛主席就舉例過戰爭與石頭是不能有什麼對立統一的關係的[②]。存在是有它的一定的對立面的，這就是思維；錯誤思維也是有它的一定的對立面的，這就是正確的思維。這在概念上也同前面所講的情形一樣。我們試想一下，當我們一提到存在時，不是自然地立刻就會想到它的對立面是思維嗎？當

[①] 《毛澤東選集》第1卷，人民出版社1952年版，第316頁。
[②] 《毛澤東選集》第1卷，人民出版社1952年版，第319頁。

我們一提到錯誤思維時，不也是自然地立刻就會想到它的對立面是正確思維嗎？反之亦然。列寧在《唯物主義和經驗批判主義》中說："物質是第一性的，精神是第二性的……對於認識的這兩個根本概念，除了指出它們之中哪個是第一性的，實際上不可能下別的定義。……在認識論所能使用的概念中，有沒有比存在和思維、物質和感覺、物理的和心理的這些概念更廣泛的概念呢？沒有。這是些廣泛已極的概念，其實（如果撇開術語上經常可能發生的變化）認識論直到現在還沒有超出它們。"① 恩格斯在《反杜林論》中則指出："真理和錯誤"是"對立的兩極"。由此可見經典作家是把思維和存在作為一種對立物，錯誤和正確又作為另一種對立物的。只有這樣地把思維和存在、錯誤思維和正確思維分別作為兩種對立統一，我們對於對立統一規律的普徧性才能得到正確的理解。

現在談一下在認識論上思維和存在的對立是怎樣統一的。這裏可以用列寧在《唯物主義和經驗批判主義》中講述"恩格斯關於自由和必然性的論述在認識論上的意義"的一些論點來說明。

列寧先引恩格斯《反杜林論》中的如下一段話："黑格爾第一個正確地敘述了自由和必然性的相互關係。在他看來，自由是對必然性的認識。'必然性只有在它未被理解的時候才是盲目的。'自由不是想像中對自然規律的脫離，而是認識這些規律，並且能夠根據這種認識有計劃地驅使自然規律為一定的目的服務。這無論對於外部自然界的規律，或對於支配人本身的肉體生活和精神生活的規律，都是一樣的。這兩種規律，我們最多只能在我們的觀念中而決不能在現實中加以區分。因此，意志自由不是別的，只是靠通曉事物來作出決定的一種能力。因此，人對一定問題的判斷愈是自由，這個判斷的內容所具有的必然性也就必定愈大……自由就是根據對自然界的必然性的認識來支配我們自己和外部自然界……"②

然後，列寧對恩格斯這段論述加以這樣的分析："恩格斯關於物的客觀性質的可知性和關於'自在之物'轉化為'為我之物'的論點，同他關於盲目的、尚未被認識的必然性的論點是完全一致的。每一個個別人的意識的發展和全人類的集體知識的發展在每一步上都表明：尚未被認識的'自在之物'在轉化為已被認識的'為我之物'，盲目的、尚未被認識的必然性、'自在的必然性'在轉化為已被認識的'為我的必然性'。從認識論上說，這兩種轉化完全沒有什麼差別，……我們知識的發展千百萬次地告訴每一個人，當對象作用於我們感官的時候，不知就變為知，相反地，當這種作用

---

① 《列寧全集》第 14 卷，人民出版社 1957 年版，第 146 頁。
② 《列寧全集》第 14 卷，人民出版社 1957 年版，第 192 頁。

的可能性消失的時侯，知就轉化爲不知。"①

　　從這裏可以看出，思維和存在在認識論上是怎樣體現對立統一這一規律的，這裏不單是思維向着其相反的方面轉化，而且存在也向着其相反的方面轉化。思維的轉化，就是由對於存在的盲目、不知轉化爲知；存在的轉化，就是由對於思維說來是自在之物的轉化爲爲我之物。（列寧在同一書中另外一個地方又說："現象和自在之物之間的任何神秘的、古怪的、玄妙的差別，是十足的哲學胡說。事實上，每個人都千百次地看到過'自在之物'向現象、'爲我之物'的簡單明白的轉化。這種轉化也就是認識。"②）前者是由內轉向外，後者是由外轉向內。這個互相轉化的結果，就是人們之認識自然規律，"並且能夠根據這種認識有計劃地驅使自然規律爲一定的目的服務"。對此，列寧更進一步作了如下的理論闡發：

　　　　當我們不知道自然規律的時候，自然規律是在我們的意識之外獨立地存在着並起着作用，使我們成爲"盲目的必然性"的奴隸。一經我們認識了這種不依賴於我們的意志和我們的的意識而起着作用的（馬克思把這點重述了千百次）規律，我們就成爲自然界的主人。在人類實踐中表現出來的對自然界的統治是自然現象和自然過程在人腦中客觀正確地反映的結果，它證明這個反映（在實踐向我們表明的範圍內）是客觀的、絕對的、永恒的真理。③

　　思維和存在的互相轉化，這裏講得是異常明白的。由於認識的運動發展，人原是受自然支配的奴隸卻轉化爲支配自然的主人、統治者，而自然原是支配人的主人、統治者卻轉化爲被支配的奴隸了。這就是毛主席在《矛盾論》中論矛盾的同一性時說的："事物內部矛盾着的兩方面，因爲一定的條件而各向着和自己相反的方向轉化了去，向着它的對立面所處的地位轉化了去。"④ 毛主席又在同一論著中同樣也是從認識論來說明"互相轉化的事情"時，還舉出了一個很有教導意義的例子："研究學問的時候，由不知到知的矛盾也是如此。當着我們剛纔開始研究馬克思主義的時候，對於馬克思主義的無知或知之不多的情況，和馬克思主義的知識之間，互相矛盾着。然而由於努力學習，可以由無知固化爲有知，由知之不多轉化爲知之甚多，由對於馬克思主義的盲目性改變爲能夠自由運用馬克思主義。"⑤

---

① 《列寧全集》第 14 卷，人民出版社 1957 年版，第 194 頁。
② 《列寧全集》第 14 卷，人民出版社 1957 年版，第 117 頁。
③ 《列寧全集》第 14 卷，人民出版社 1957 年版，第 194~195 頁。
④ 《毛澤東選集》第 1 卷，人民出版社 1952 年版，第 316~317 頁。
⑤ 《毛澤東選集》第 1 卷，人民出版社 1952 年版，第 313 頁。

從上面引證的經典著作關於認識論上思維和存在的對立統一規律的論述，可以看出，這個規律在認識論上的應用，表明了人的認識運動是有一定的發展趨向的，是由不知到知，由盲目的必然性到認識必然性和利用必然性的自由。這就是思維和存在的同一。認識了這種認識運動的規律，懂得只有尚未被認識的東西，而沒有不能認識的東西，未被認識的東西只要具備一定的條件就會被認識，我們就可以通過自覺的努力達到主觀和客觀的符合，愈來愈多地掌握着真理。

下面我們再看錯誤思維和正確思維是怎樣對立統一的。

恩格斯在《費爾巴哈與德國古典哲學的終結》中說："……流行的形而上學看來不能克服的對立，如真理和謬誤的對立，……這些對立僅有相對的意義：凡今日被認為是真理的東西，都包含有現時隱蔽着的錯誤方面。而這個錯誤方面過些時候就會顯露出來；同樣，凡今日被認為是謬誤的東西，都包含有真理的方面，因而它從前是可能被認作真理的。"①

在《反杜林論》中又說："真理和謬誤，正如一切在兩極對立中活動着的邏輯範疇一樣，只是在非常狹隘的領域內才具有絕對的意義。……只要我們在上述的狹隘領域之外應用真理和謬誤的對立，那末這種對立就變成相對的，因而就不適於精確的科學的表達方式。如果我們企圖在上述狹隘的領域之外把這種對立當作絕對有效的東西來應用，那末我們就會完全失敗，因為對立的兩極都向自己的對立面轉化，就是說，真理變成謬誤，謬誤變成真理。"②

恩格斯這兩段話都說明了：真理（正確思維）和謬誤就邏輯範疇而言，是絕對矛盾的（在這裏，它們是各以對方為自己存在的界限的），但對於具體事物的認識所作出的是真或是謬的判斷，則僅有相對的意義。在某一歷史時期或某一階級被認為真理的，在另一歷史時期或另一階級又可能被認為謬誤；反之，在某一歷史時期或某一階級被認為謬誤的，在另一歷史時期或另一階級又可能被認為真理。這個事實也說明了當其對於某種認識作出真理或謬誤的判斷時，這個判斷本身就包含着它的對立面，只是因為條件沒有具備才暫時隱蔽着，所以一旦具備了一定的條件，它就向着和自己相反的方向轉化了去。這就是正確和錯誤的對立統一規律的表現，這是在人類認識歷史上常常可以看到的事情。

毛主席在《關於正確處理人民內部矛盾的問題》一書中也有關於這個問題的指示："為了判斷正確的東西和錯誤的東西，常常需要有考驗的時間。歷史上新的正確的東

---

① 《馬克思恩格斯文選》兩卷集，第 2 卷，莫斯科中文本，第 386 頁。
② 轉引自《列寧全集》第 14 卷，人民出版社 1957 年版，第 133 頁。

西，在開始的時候常常得不到多數人承認，只能在鬥爭中曲折地發展。正確的東西、好的東西，人們一開始常常不承認它們是香花，反而把它們看作毒草。哥伯尼關於太陽系的學説，達爾文的進化論，都曾經被看作是錯誤的東西，都曾經經歷艱苦的鬥爭。我國歷史上也有許多這樣的事例。……馬克思主義也是在鬥爭中發展起來的。馬克思主義在開始的時候受過種種打擊，被認爲是毒草。現在它在世界上的許多地方還在繼續受打擊，還被認爲是毒草。在社會主義國家裏，馬克思主義的地位不同了。……馬克思主義必須在鬥爭中才能發展，不但過去是這樣，現在是這樣，將來也必然還是這樣。正確的東西總是在同錯誤的東西作鬥爭的過程中發展起來的。真的、善的、美的東西總是在同假的、惡的、醜的東西相比較而存在，相鬥爭而發展的。當着某一種錯誤的東西被人類普徧地拋棄，某一種真理被人類普徧地接受的時候，更加新的真理又在同新的錯誤意見作鬥爭。這種鬥爭永遠不會完結。這是真理發展的規律，當然也是馬克思主義發展的規律。"①

　　毛主席這裏不但揭示了正確與錯誤在一定的條件下可以互相轉化，互相易位；而且揭示了這種轉化必須依靠鬥爭；還揭示了這種鬥爭發展規律總是正確的方面戰勝錯誤的方面。這與我們前面引述恩格斯、列寧所闡明的人類思維的歷史終極目的的理論是一致的。而毛主席特別提出鬥爭的重要意義，是從總結了科學發展的歷史和馬克思主義理論發展歷史的經驗得出來的。這個理論也就是高度的科學性和高度的革命精神的很好結合。學習了這個理論，我們就能夠無論在政治方面、理論方面兩條道路的鬥爭中，都毫不動搖地、大無畏地堅持真理，敢於鬥爭，敢於勝利。根據毛主席這裏明確的指示："正確的東西總是在同錯誤的東西作鬥爭的過程中發展起來的"，"這是真理發展的規律"，更加可以證明，正確和錯誤的"相比較而存在，相鬥爭而發展"，才是合乎唯物辯證法的科學規定的對立統一規律。我們不應該從錯誤思維和存在的關係上去找尋對立統一規律來説明這個規律的普徧性。

　　有些同志企圖以所謂錯誤思維有向存在轉化的事實來證明錯誤思維和存在的同一性，並且企圖以此説明對立統一規律的普徧性，但實際上這些都不是唯物辯證法的矛盾的同一性這個概念所指的轉化的情形。因此，它既不能駁倒什麽，也不能證明什麽。

　　其實，辯證法所講的矛盾的同一性和恩格斯這裏講的思維和存在的同一性，雖然都用了"同一性"這個名詞，但在它們使用的意義上，還是應當有所區別的。恩格斯自己已經明白揭示了他所謂的思維和存在的同一性就是説表象和概念對現實世界的正

---

① 《關於正確處理人民內部矛盾的問題》，人民出版社 1957 年版，第 26~27 頁。

確反映，所以他是把它作爲世界可知性問題的原理提出來的。只有當這一作爲對世界可知性問題的肯定答案已經提出之後，再進一步問：思維和存在的同一性，或表象和概念對現實世界的正確反映，又是怎樣實現的？依靠什麼規律實現的？這時我們才適當這樣回答：它和自然界和社會的事物一樣，是遵循着唯物辯證法所説的對立物既同一又鬥爭的規律而實現的。恩格斯在《自然辯證法》中説："我們主觀的思維和客觀的世界都跟從於同一的規律，因而兩者在自己的結果中不能互相矛盾，而必須彼此一致，這個事實絕對地統治着我們整個理論的思維。它是我們理論的思維的不自覺的和無條件的前提。"① 這就是我們上面回答這個問題的理論根據。

這樣，我們就只能説，辯證法所謂的矛盾的同一性跟思維和存在的同一性是有聯繫的，但卻決不是一個意義，決不是同一回事。恩格斯這裏並不是直接在講辯證法的。如果是直接在講辯證法，他就不會只講一個"同一性"，而同時必然也會彊調"鬥爭性"。沒有鬥爭性就沒法說明思維的運動和發展，也就不成其爲唯物辯證法了。如他在《自然辯證法》一書裏就説過："所謂客觀辯證法是支配着整個自然界的，而所謂主觀辯證法，即辯證的思維，不過是在整個自然界中到處盛行着的由於對立而產生的運動的反映而已，這些對立以其不斷的鬥爭、以其最後的互相轉變或轉變到較高形態來決定自然界的生活。"② 可見他是把對立面的鬥爭作爲一切事物運動發展的決定因素的，對立面的鬥爭也就是唯物辯證法的核心。恩格斯在《費爾巴哈與德國古典哲學的終結》中講述哲學根本問題的第二方面時，既然沒有提到鬥爭性，就足以證明他這裏不是直接在講辯證法的，我們也就不應該以辯證法所謂的同一性來理解、説明這裏的同一性。

1961 年 2 月 20 日

（原載《哲學研究》1961 年第 3 期，第 61~81 頁）

---

① 《自然辯證法》，人民出版社 1955 年版，第 223~224 頁。
② 《自然辯證法》，人民出版社 1955 年版，第 174 頁。

《莊子》內篇是西漢初人的著作嗎？

任繼愈同志在《莊子探源》①一文中，斷言《莊子》內篇七篇不是代表莊周思想的著作，而是西漢初期黃老之學某個支派的著作。並且指出研究莊子的思想只能以外篇和雜篇爲主，對於內篇的材料必須"一律摒除"。這確是一個"前無古人"的新議論。但其所提出的一些理由，究竟算得是如他所説的"科學證據"不呢？也就是説，它能夠成爲《莊子》內七篇不是代表莊周思想之作的證據不呢？這就須得我們調查研究一番。

任繼愈同志否定內七篇是代表莊子思想之作，所提出的"證據"共有六條。經過個人初步調查研究的結果，實際没有一個可以作爲《莊子》內篇是西漢初人所著的證明。以下分别加以辨析。

有中心題目作爲篇名，不能決定必爲晚出

（一）繼愈同志説："春秋以後才有單篇的論文，每篇有一個中心題目，反復論述。最早文章一般都用開首兩個字作爲篇名"，"從篇名看不出全篇的涵義來"。而"《莊子》外篇都是以一篇開頭的兩個字作爲題目，保持着古代的體例。內篇倒是有了題目"。因此，內篇"應晚於外篇"。

應當指出，這是一個没有肯定的大前提的推論。如果這個論斷要得成立，必須是戰國時代的著作，一般情況確是：最初只以每篇開頭兩字作爲篇名，後來才逐漸有了立題目以著論並形成風氣的事實，而且這種風氣在莊子的時代還遠没有形成。但實際情況並不如此。

還在戰國初期，立題目以著述的現象，就已經相當普徧了。如《漢書·藝文志》（以後省稱《漢志》）載："《曾子》十八篇。"今尚存十篇在《大戴禮記》中（即自

---

① 見《哲學研究》1961年第2期。

148

《曾子立事篇》至《曾子天圓篇》十篇），就全都不是以每篇開頭兩字爲題目，而是以義名篇。《漢志》又載："《子思子》二十三篇。"其書已失傳，據《隋書·音樂志》載沈約奏梁武帝："《禮記·中庸》《表記》《坊記》《緇衣》皆取《子思子》。"《史記·孔子世家》亦説："子思作《中庸》。"這僅知道的幾篇，亦全是以義名篇（參考《禮記正義》引鄭玄説）。《漢志》又載："《公孫尼子》二十八篇。"其書亦久失傳，據沈約云：《禮記》的"《樂記》取《公孫尼子》"①。又據鄭玄説《樂記》篇名原有《樂本》《樂論》《樂施》《樂言》《樂禮》《樂情》等，是公孫尼子的著作亦已有了題目。《漢志》又載："《孝經》一篇，十八章。"並説明："夫孝，天之經、地之義、民之行也，舉其大者言，故曰《孝經》。"是"孝經"二字即作爲中心題目的篇名，其內分各章亦每章各有一個題目。相傳魏文侯曾爲《孝經》作傳（蔡邕《明堂論》徵引過），可見《孝經》成書甚早。又《史記·孫子吳起列傳》稱：孫武"以兵法見於吳王闔閭，闔閭曰：子之十三篇，吾盡觀之矣"。又稱："《孫子》十三篇、《吳起兵法》世多有。"今傳《孫子》《吳子》書，亦每篇全有一個中心題目作爲篇名。至於跟莊子同時的人，如商鞅、公孫龍、屈原，他們的著作，每篇也全都有一個中心題目了。當時全書都以每篇開頭兩字或三字作爲篇名的，在《論語》以後，除了《孟子》一書外，絕對找不到第二例，可見這是一種特殊的現象。

而且事實證明，在這個時期內，如果一部著作絕大部分都有了揭示中心思想的題目，則少數以每篇開頭兩字爲篇名的，反而會是比較晚出或不太可信的東西。如《墨子》的《耕柱》《公孟》《公輸》等篇是以篇首兩字爲題的，內容就記的是墨子與人問答之詞，和墨子的行事。而《耕柱》記載"葉公子高問政於仲尼"，後稱"墨子聞之曰：葉公子高未得其問也……"把墨子寫成了跟孔子同時。這就必然是遠在墨子之後的人所作，他才弄不清楚歷史事實。又如《荀子》的《大略篇》《堯問篇》也是以篇首兩字爲題，而《大略篇》講到了曾子及見晏子，也顯得缺乏歷史知識；《堯問篇》稱荀子"嗚呼賢哉！宜爲帝王"。更不能是荀子的手筆。又如《韓非子》的《和氏篇》也是以篇首兩字爲題，裏面卻敘述：商君教秦孝公"燔詩書而明法令……孝公行之，主以尊安，國以富彊"。事實上，"燔詩書"乃是李斯向秦始皇建議而秦始皇"行之"的。從這些事例，就更加可以看出，自戰國開始以後，隨着政治上的"王綱解紐"，思想言論得到解放，諸子百家，蜂起爭鳴，他們的著書立説，實以出題目論説爲主。這確是不同於以往歷史的地方。也就應該認識，這種現象實是在中國文化史上可以劃分

---

① 按徐堅《初學記》、馬總《意林》各引《公孫龍子》一條，語皆與今《樂記》同，可知沈約之説不妄。

階段的時代特徵。

再説，《莊子》的外篇和雜篇，也並不"都是以一篇開頭的兩個字作爲題目"，外篇如《胠篋》《在宥》《至樂》《山木》，雜篇如《讓王》《盜跖》《説劍》《漁父》，就都不是以篇首兩個字作爲題目。《胠篋》《山木》《讓王》《説劍》乃按照文章內容是借這些事物來陳説理論而立的篇名；《盜跖》《漁父》乃以其人爲篇中主要理論的演説者而立之爲篇名；《在宥》《至樂》更是揭示篇內所討論的問題而立的篇名。所以陸德明《音義》説它們是"以義名篇"。其他有些篇名，如外篇的《天道》《天運》《刻意》《繕性》《達生》，雜篇的《外物》《寓言》，雖然從表面上看好像是用的篇首兩個字，但實質上還是作爲揭示全篇所討論的中心問題或主要意旨而立的題目，古人論文稱"開門見山"，文章原有此例。所以上述這些篇，陸德明《音義》也全都説是"以義名篇"。這樣，把這許多篇除外，在《莊子》外、雜篇中"從篇名看不出全篇的涵義來"的東西，剩下就只不過十一篇而已。這當然也就根本説不上什麼"保持着古代的體例"了！並且爲什麽要"保持着古代的體例"？這也是毫無道理可講的。莊子其前、其後、其同世的人都普徧立題目以著文了，他爲什麽必須循古而不變呢？

篇分內外，不起於兩漢

（二）繼愈同志説："篇分內外，起於兩漢。"所以"《莊子》內篇應當是漢代編輯的結果"。

應當指出，這是没有多少根據的。先秦舊籍有內外之分，情況頗不一樣。有原來不分內外，經漢人整理、編定，才以較可信的編在一起作爲內篇，而把不大可信又不便使之"遺失"的附在後面作爲外篇者，如《晏子春秋》。又有原來只有真本，後來忽有僞文增入，因把後增的僞文稱爲外者，如《孟子外書》。又有原來並無其書，只有口説傳授，到漢時始著竹帛，因把主要的編以爲內，非主要的編以爲外者，如《春秋公羊傳》《公羊外傳》。這些，都可以説是事起於漢代。

但這只是一類情況，還有另外一類情況。

有的書雖經過漢人整理、重編，而篇名或篇的分類卻保存着原有的"內""外"字樣的，如《管子》的《經言》（九篇）、《外言》（八篇）、《內言》（九篇），《韓非子》的《內儲説》《外儲説》。我們知道，《管子》是戰國時許多學派著作的大雜會；《史記·韓長孺列傳》説：韓安國"嘗受《韓子》雜家説於騶田生所"。《韓非子》也就還是一個大雜燴。它們書中各包含着的"內""外"（或"經""外"）之篇，應當就是原來獨立單行的東西的內外篇①。繼愈同志説："《韓非子》有《內儲説》《外儲説》，這和內篇、外篇的文章分類沒有關係。"這話不對。要像《山海經》有《海內經》《海外經》，才可以説與文章分類無關。《韓非子》的內、外《儲》卻不能這樣説。內、外《儲》在《韓非子》書中共占六卷，實自成一組。它對於文章的組織形式和布局十分講究，如《內儲》《外儲》都各有經有傳，經是總揭理要，傳是詳陳事實。《內》《外》又各分上下，《外儲》更分左上、左下、右上、右下。爲什麼曰"內"曰"外"呢？古注説："儲，聚也（按'篇'也有聚的意思）。謂聚其所説，皆君之內謀，故曰《內儲説》。""《外儲》言明君觀聽臣下之言行，以斷其賞罰，賞罰在彼，故曰外也。"這説明了所以題稱內外者，乃是表示有主從、主輔或本末的意思。漢代的書分內外或篇分內外，也正是取的這個意義。怎能説"這和內篇、外篇的文章分類沒有關係"呢？至於《管子》的《經言》《外言》《內言》，明明各包含着若干篇，每篇又各有其題目，甚至有許多篇裏面又各分多少章，章也各有其題目。這總不能説"和內篇、外篇的文章分類沒有關係"吧！

　　還有書是照舊（即漢人沒有記載他們曾經整理、重編過的），內外之分也是原來就有的，如《春秋左氏傳》與《國語》。司馬遷説：左丘明"因孔子史記具論其語，成《左氏春秋》"②。又説："左丘失明，厥有《國語》。"③ 又説："余讀《春秋》古文，乃知中國之虞與荆蠻、句吳，兄弟也。"④ 這裏的《春秋》古文，即指《左傳》。又説：鐸椒、虞卿、呂不韋以至"韓非之徒，各往往捃摭《春秋》之文以著書"⑤。也是指的《左傳》。《韓非子·奸劫弒臣篇》引有"《春秋》記之曰"一段，正出於《左傳》，可見這書在戰國時確已傳世。班固説："孔子因魯史記而作《春秋》，而左丘明論輯其本事以爲之傳，又纂異同爲《國語》。""故司馬遷據《左氏》《國語》"⑥ 也與史記之説合。《左傳》與《國語》就是左丘明著的《春秋》內外傳。《漢書·律曆志》即有兩處引《國語》稱爲《春秋外傳》，一處省稱《外傳》。王充《論衡·案書篇》更明白記

---

① 章學誠《文史通義·詩教下》説："《韓非子》之書，今存五十五篇矣，而秦王見其《五蠹》《孤憤》，恨不得與同時。是《五蠹》《孤憤》當日別出獨行，而後此始合之明徵也。"就足夠説明《韓非子》許多篇原來就是獨立單行的。

② 見《史記·十二諸侯年表序》。

③ 見《漢書·司馬遷傳》記載司馬遷《報任安書》。

④ 見《史記·吳太伯世家》。

⑤ 見《史記·十二諸侯年表序》。

⑥ 見《漢書·司馬遷傳贊》。

載："《國語》，左氏之外傳也。左氏傳經，辭語尚略，故復選錄《國語》之辭以爲實。"韋昭、劉知幾也有相同的説法①。正由於先秦時已有《左傳》《國語》之爲《春秋》內外傳，公羊家以"口説"傳授的《春秋》學，至漢代著於竹帛時，乃得依仿之而有《公羊》內外傳。同時，齊人轅固、燕人韓嬰講解《詩經》，亦依仿之而有《齊詩》內外傳②、《韓詩》內外傳。《漢書·藝文志》説："魯申公爲《詩》訓故，而齊轅固、燕韓生皆爲之傳，或取《春秋》，採雜説，咸非其本義。"這樣看來，轅固、韓嬰著《詩》內外傳還採用了《左氏春秋》內外傳的材料哩。

或許有人會認爲：《左傳》《國語》之稱爲《春秋》內外傳既然始見於《漢書·律曆志》，則仍可能是漢人給安的名字。這也不然。

案許慎《説文解字敘》説："孔子書六經，左丘明述《春秋傳》皆以古文。……北平侯張蒼獻《春秋左氏傳》……亦……古文。"而《史記·張丞相列傳》記載：張蒼於"秦時爲御史，主柱下方書"。又屢稱蒼"好書律曆"，"善用算律曆"，"好書，無所不觀，無所不通，而尤善律曆"。"張蒼爲計相時，緒正律曆……故漢家言律曆者本之張蒼"，"張蒼文學律曆，爲漢名相"。《漢書·張蒼傳》除有跟《史記》相同的記載外，又稱張蒼"著書十八篇，言陰陽律曆事"。《藝文志》陰陽家類亦載《張蒼》十六篇。在《律曆志》裏面，一開頭也就提到："漢興，北平侯張蒼首律曆事。"這樣看來，《春秋左氏傳》既爲張蒼所獻，而張蒼又"善律曆"，"漢家③言律曆者本之張蒼"，則《律曆志》裏面引稱《國語》爲《春秋外傳》，自然也就是"本之張蒼"了。

《史記·十二諸侯年表》在敘述了左丘明成《左氏春秋》，鐸椒、虞卿、呂不韋以至"韓非之徒，各往往捃摭《春秋》之文以著書，不可勝數"後，緊接着説："漢相張蒼，曆譜五德。上大夫董仲舒，推《春秋》義，頗著文焉。"這説明張蒼亦如鐸椒等一樣，曾依據《左氏春秋》"曆譜五德"。這大概就是《漢書》所説的張蒼"言陰陽律曆事"的"十八篇"或"十六篇"。《律曆志》裏面正好有很多地方以《左傳》《國語》（稱《春秋外傳》）講明律曆，應該就是沿自張蒼。雖然班固作《律曆志》大段採用了劉歆的《三統曆》，但《三統曆》實吸取了張蒼的《五德終始傳》（即"曆譜五德"）。④如裏面説："登降三統之首，周還五行之道也。故三五相包而生……五行與三統相錯。"即把五德説包攝於三統中。在《律曆志》裏面我們可以看到有明顯引用

---

① 見韋昭《國語解敘》和劉知幾《史通·六家·國語家》。
② 轅固作《詩外內傳》，見荀悅《漢紀》。
③ 編按，"家"後原衍一"家"字，今據上文引《史記》刪。
④ 《史記·十二諸侯年表敘》："張蒼曆譜五德。"司馬貞注："按張蒼著《五德終始傳》也。"

《左傳》之文以説明終始五德的原理的:"《傳》曰:天六地五,數之常也;天有六氣,降生五味。夫五六者,天地之中合,而民所受以生也。故日有六甲,辰有五子,十一而天地之道畢,言終而復始。"這段文字前面是講律呂。而據《史記·張丞相列傳》説:張蒼"緒正律曆","推五德之運","吹律調樂,入之音聲,及以比定律令"。從這就更可信上引一段話爲張蒼遺説。又《律曆志》後載《紀術》,六國以前多引據《左傳》《國語》(稱爲《春秋外傳》),也應該就是司馬遷所謂張蒼於十二諸侯"曆譜五德"者。班固作《漢書》時,張蒼的著作全存,故"言律曆"亦"本之張蒼",這是可想而知的。既然張蒼"曆譜五德"根據《左氏春秋》,而他稱《國語》爲《外傳》,張蒼在秦朝作過御史,《左氏春秋》也就是由秦朝帶入漢朝的,不消説,《左氏春秋》分內傳、外傳,也是原來就有的事實了。

又《十二諸侯年表》説:虞卿、呂不韋等"各往往捃摭《春秋》之文以著書","爲《虞氏春秋》《呂氏春秋》"。而劉知幾《史通·六家》"春秋"云:"晏子、虞卿、呂氏、陸賈,其書篇第本無年月,而亦謂之《春秋》。"劉知幾這裏雖然批評了它們與《春秋》應爲編年體者不合,但從這裏正可説明《國語》在先秦與《左傳》有合稱爲《春秋》內外傳的事實。虞卿等著書,本無年月,爲什麼亦號"春秋"?不是由於他們取材於兩書,而體例近於《國語》,《國語》既稱"春秋",故他們也照樣名其書爲"春秋"了嗎?劉知幾在同篇"《國語》家"還講到,"至孔衍,又以《戰國策》所書未爲盡善,乃引太史公所記,參其異同,刪彼二家,聚爲一録,號爲《春秋後語》。……案其書序云:'雖《左氏》莫能加。'世人皆尤其不量力、不度德。尋衍之此義,自比於丘明者,當謂《國語》,非《春秋傳》也"。這和前述情形還是一樣。孔衍模仿《國語》的著作而稱爲《春秋後語》,也就是模仿《國語》之稱爲《春秋外傳》。事情十分明顯,如果《國語》在先秦時代沒有《春秋外傳》的稱號,則虞卿等捃摭左氏之文以著書,並無年月而亦號《春秋》,就不能得到解釋。

就是《穀梁外傳》我亦懷疑在漢以前就已有了,因爲《漢書·藝文志》載:"《穀梁傳》十一卷。"而《尸子》佚文有"穀梁俶傳《春秋》十五卷"之説(見《元和姓纂》一"屋"穀梁姓下引),多出四卷,應即包括有《外傳》。

再有醫學著作,劉歆《七略·方技略》記載:"《黃帝內經》十八卷,《外經》三十九卷。《扁鵲內經》九卷,《外經》十二卷。《白氏內經》三十八卷,《外經》三十六卷,《旁篇》二十五卷。"雖然繼愈同志説《黃帝內經》"編纂成書是在漢代",但沒有提出任何證據,這話實太武斷。我們知道,秦始皇焚書時,有一個特別規定:"所不去者，醫藥、卜筮、種樹之書。"① 從這就可看到，醫學在漢以前並不是全爲口授。《史記·扁鵲倉公列傳》也記載：扁鵲曾受《禁方書》於長桑君；扁鵲自己也有著作，倉公於高后八年從公乘陽慶學醫，就"傳黃帝、扁鵲之脈書，五色診病，知人死生"。時"慶年七十餘"，説明陽慶四十歲以前，實生活在戰國和秦的時代，陽慶自己説："慶有古先道遺傳黃帝、扁鵲之脈書。"可見陽慶所傳黃帝、扁鵲之書，不是到了漢代才"編纂成"的。

懷疑《黃帝內經》不能作於先秦的同志，曾提出過這樣的理由：以陰陽五行作爲醫學原理，"必然在陰陽術數家學説成熟之後"②。但怎樣會有這一個"必然"？他們也還是沒有講出所以然來。其實，《史記·扁鵲倉公列傳》記載扁鵲論醫，"聞病之陽，論得其陰；聞病之陰，論得其陽"，"以陽入陰支蘭藏者生，以陰入陽支蘭藏者死"。以至五藏六腑、三陽五會、中經維絡之説，名詞術語，無不與今本《黃帝內經》《扁鵲八十一難》相合③。而且"陽脈下墜，陰脈上爭"之文，還明見於今本《內經》（《素問》）中。陽慶授倉公"脈書上下經，五色診、奇咳術，揆度陰陽外變"，和後來倉公教唐安"以五色診上下經脈、奇咳四時應陰陽重"，也就是講的五行理論。《淮南子·兵略訓》説："明於奇正賷④陰陽刑德五行。"《漢書·藝文志》也有"《五音奇胲⑤用兵》二十三卷，《五音奇胲刑德》二十一卷"，明明白白列於"數術家"五行類，即可爲證。

先秦文獻也記載了當時醫學已有五行的理論。如《周禮·天官》"疾醫"説："以五味五穀五藥養其病，以五氣五聲五色眡其死生。""瘍醫"説："凡療瘍以五毒攻之，以五氣養之，以五藥療之，以五味節之。凡藥，以酸養骨，以辛養筋，以鹹養脈，以苦養氣，以甘養肉，以滑養竅。"這就已經是以五行來講醫理、病理和藥理了⑥。又《春秋左傳》"昭公元年"醫和論醫有曰："天有六氣，降生五味，發爲五色，徵爲五聲，淫生六疾。六氣，曰陰、陽、風、雨、晦、明也。分爲四時，序爲五節。過則爲菑：陰淫寒疾，陽淫熱疾，風淫末疾，雨淫腹疾，晦淫惑疾，明淫心疾。"這正是《內經》所反復論述的基本理論。杜預和孔穎達解釋此段文字，也完全是就五行生説。《漢書·律曆志》還曾引用此文作爲闡明"終始五德"的原理（詳見前述）。這事記載於

---

① 《史記·秦始皇本紀》。
② 中華書局出版《中國哲學史資料選輯》兩漢之部第1頁。
③ 詳見《史記·扁鵲倉公列傳》各家注釋。
④ 編按，"正賷"原作"賅"，今據《淮南子·兵略訓》改。
⑤ 編按，"胲"原作"賅"，今據《漢書·藝文志》改。下同。
⑥ 詳見《周禮·天官》鄭玄注和賈公彥疏。

魯"昭公元年",陰陽家的祖師鄒衍還遠遠沒有出世哩!《左傳》同時還記載了醫和徵引《周易·蠱卦》來講明病理,這説明先秦醫學家在春秋時代已經很注意吸取已有的哲學理論。經過一百多年的發展,在戰國各種學説有如百花齊放的空前繁榮時代,具有完整體系的醫學理論著作也應時產生,這不是十分自然的嗎?人們不懷疑道家,陰陽家,小説家,兵家的兵形勢、兵陰陽,數術家的天文、曆譜、五行、雜占等,都假託黃帝以著書,都有陰陽五行的理論①,而偏偏懷疑醫學的假託黃帝,醫學的陰陽五行理論在先秦沒有產生的可能性,一定要"積累"到漢代,才能"編纂成書",這是不合於理論邏輯,也不合於歷史邏輯的。

其實,縱然把前面所列舉的事實一個個推翻了,還是不能絕對地決定《莊子》的篇分內外必起於兩漢。因爲凡事總有一個開頭,這並不是什麼了不起的絕大的發明創造,漢人能夠作的,爲什麼先秦時人就不能作?何況編輯和著作原是兩回事,即使《莊子》之篇分內外是出於漢人之手,也不能夠由此證明其內篇必然是寫成於漢人之手。不成劉向父子整理編定的書,就得被認爲是他們自己著作的!而且漢人之篇分內外,或其所敘述書分內外的情況,如前面講了的《晏子春秋》《孟子》《春秋公羊傳》《左氏春秋》《國語》等,都説明了有個公例(或慣例),總是把"內"作爲最先的,最真實的,最根本的;"外"是後起的,不太真實的,帶有羽翼和輔助説明性的。這樣,則即使《莊子》內外篇是由漢人所編定,也只能證明內篇是最先的,最真實的,最根本的,外篇是後起的,不太真實的,帶有羽翼和輔助説明性的。顛倒過來,就違反了歷史上當時共同遵循的慣例。這種作法是不足爲訓的。

還應當指出,繼愈同志一方面認爲《韓非子》內、外《儲》"和內篇、外篇的文章分類沒有關係",另方面卻説:"兩漢習慣,圖讖之類的書,一般統稱爲'內',和這些學問有關的稱爲'內學'。"以此作爲是兩漢篇分內外的事例。關於這一點,我們並查不出西漢有稱圖讖之書爲"內"的事。至於以"內學"指稱圖讖的,亦只有劉宋時人范曄在《後漢書·方術傳序》裏稱説過一次。兩漢人無論在著作裏或口頭上都不見有這樣的名目。而且范曄之指稱圖讖爲"內學",李賢注講得很清楚,"其事秘密,故稱爲內"。這話是有根據的。《後漢書·楊厚傳》説:"祖父春卿,善圖讖學……臨命戒子統曰:'吾綈袠中有先祖所傳秘記,爲漢家用,爾其修之。'統感父遺言……作《家法章句》及《內讖》二卷解説。"在此我們才看到漢人有稱讖爲"內"的,但已經是東漢時的事了。而所以稱爲"內"者,乃謂其爲"秘記"也。故漢人對於圖讖比較

---

① 參閲《漢書·藝文志》。

通用的稱謂是"秘記"或"秘傳""秘書",如《論衡·談天篇》引"秘傳或言:天之離天下六萬餘里",這就是指的讖緯一類的書。又如《一切經音義》引"三蒼"云:"讖,秘密書也,出河洛。"① 像這樣的所謂"内"(秘密),不才真正是"和内篇、外篇的文章分類没有關係"嗎?

繼愈同志又説:"後來佛教傳入中國,從宗教立場出發,也自稱爲内學。"這也是缺乏可靠的根據的。佛教之自稱爲"内學",實不是來源於兩漢,也不是來源於范曄《後漢書》的《方術傳序》,而是來源於印度固有的典籍分類法。蓋印度總括世間一切學術爲五明,即内明、因明、聲明、醫方明、工巧明。後四明亦統稱爲外明。内明即宗教學,在佛教説來,即指佛學。佛教在印度就以"内"自居,而稱其他學派爲"外",如鳩摩羅什譯的龍樹《大智度論》説:大迦葉諸羅漢"誦讀三藏,知内外經書。"又《出三藏記集》載《薩婆多部十誦律記》説:"薩婆多部……學内外典,好破異道。"所以佛教傳入中國後,亦自稱爲"内學",或"内教",名其經典爲"内典""内經"。把以儒家爲代表的中國學術則稱爲"外學",或"外教",名其典籍爲"世典""外籍"。而佛與儒這種内外之分亦不很早,是東晉以後才有的事。

内篇七篇與漢代緯書、宗教神學方術全不相干

(三)任繼愈同志説:"離奇的篇名。""内篇七篇從篇名到内容,都帶有濃厚的漢代宗教神學方術的特色。《莊子》中的《逍遥游》《養生主》《大宗師》《人間世》《德充符》《應帝王》和緯書的標題十分相似。《莊子》書中的《德充符》篇中列舉了許多奇形怪狀的神仙人物,作爲德行充實者的證驗(符)。'符'的涵義和緯書中《通卦驗》《帝命驗》《稽命徵》《叶圖徵》等'驗''徵'的意思差不多。""緯書的廣泛流行在東漢,但在西漢初期就出現了,像董仲舒的《春秋繁露》,實際上就是緯書。如果不是我們已知道了確切的作者,想早已把它列爲緯書。"

應當指出,這是一種穿鑿以求通的作法。文獻記載表明,緯書的編造實比較晚。最初並没有"緯",只有"讖",是一種預言。即張衡説的:"立言於前,有徵於後,故智者貴焉,謂之讖書。"② (實際多是事後附會。《説文》云:"讖,驗也,謂記其已驗之事。"張衡也説:"復採前世成事,以爲證驗。") 它是在戰國時代就已出現的

---

① 此外如《後漢書·東平憲王蒼傳》《鄭玄傳》及《説文解字》"易"下都提到"秘書",亦指讖緯。
② 見《後漢書·張衡傳》。

（事見《史記·趙世家》）。這種東西大致與占卜星候同類。所以賈誼《服（鵬）鳥①賦》説："發書占之，讖（按《史記》作"策"）言其度。"②《淮南子·説山訓》也説："六畜生多耳目者不詳（祥），讖書著之。"可見這時讖書跟儒家的《六經》並没有發生聯繫，只是方術之士的一種"術"。《論衡·案書篇》引"讖書云：董仲舒，亂我書"。就足以證明讖與六經相附會，是在董仲舒以後的事。大致由於漢武帝罷黜百家，獨尊儒術，儒家走了紅運，方士們熱中利禄，慣於迎合統治者的意欲，這才想到了以六經來講讖。《漢書·郊祀志》説：方士"頗採儒術以文之"，就透露了這種消息。但也要經過相當的過程的。張衡早已替我們作了考證，他在《上順帝疏》裏説："讖書始出，蓋知之者寡。自漢取秦，用兵力戰，功成業遂，可謂大事，當此之時，莫或稱讖。（德鈞案：此指'爲漢製作'一類的話，如《春秋緯·演孔圖》云：'孔子仰推天命，俯察時變，卻觀未來，豫解無窮，知漢當繼大亂之後，故作撥亂之法以授之。'）若夏侯勝、眭孟之徒，以道術立名（德鈞案：眭孟，漢昭帝時人。夏侯勝，漢宣帝時人。都以講五行災異著稱。'道術'即指講災異），其所述著，無讖一言。劉向父子領校秘書③，閲定九流（德鈞案：此指劉向著《别録》，劉歆著《七略》，皆囊括一代之書），亦無讖録。成哀之後，乃始聞之。"張衡接着指出讖的"虚妄"，如"言别有益州。益州之置在於漢世（李賢注云：'武帝始置益州。'），其言三輔諸陵，世數可知；至於圖中，訖於成帝。"因此，他斷定："則知圖讖成於哀平之際也。"④張衡這個讖緯出於成哀之後的論斷，到今天仍然是没法駁倒的。緯書所反映的歷史内容就能夠鐵面無情地作證。如《尚書緯》《春秋緯》都講到"《尚書》百二篇"，孔穎達《尚書正義》指出："或云'百二篇'者，誤有所由，以前漢之時有東萊張霸僞造《尚書》百二篇，而爲緯者附之。"張霸是漢成帝時人，其僞造《尚書》百二篇，事見《漢書·儒林傳》及《論衡·佚文篇》和《正説篇》。這就證明了《尚書》《春秋》兩緯是編造於成帝以後。又如《河圖會昌符》云："帝劉之九，會命岱宗。"《河圖今古篇》云："帝劉之秀，九名之世。"《河圖提劉子》云："九世之帝，方明聖持。"《洛書甄曜度》云："赤三德，昌九世。"《孝經鈎命决》云："帝三建，考九會。"都明明白白講從漢高祖到光武（劉秀）九世的事，這些書當然是東漢初年才編造出來的。所以

---

① 編按，"鳥"字原無，今據《文選》補。
② 見《漢書·賈誼傳》。
③ 此"秘書"與前説讖緯稱"秘"者義異。《宋書·百官志》曰："〔漢時〕天下文笈皆在天禄、石渠、延閣、廣内秘府之室，謂之秘書。"
④ 《後漢書·張衡傳》。

157

《後漢書·桓譚傳》説："當王莽居攝篡弑之際，天下之士莫不競褒稱德美，作符命以求容媚。"又《張衡傳》説："初光武善讖，及顯宗、肅宗，因祖述焉。自中興之後，儒者爭學圖緯，兼復附以訞言。"顧頡剛先生講得很對："尚有許多人説這些書在西漢時早就有了。我們可以舉出一個反證。劉向、劉歆父子的《七略》，房中術和劾鬼術諸書尚連篇地登載，那時如有讖緯，則即使因它怪誕而不收於《六藝略》，那《術數略》中總應有分；爲什麼不見影兒呢？讖緯的中心思想，是陰陽五行，是災異禎祥，這正是極合漢代經學家的脾胃的，爲什麼他們都不引，必待至公孫述和光武帝們而始大引呢？所以我們可以説：《七略》不録讖緯，沒有別的原因，只因那時尚沒有這種東西，這種東西是在劉向、劉歆父子校書之後才出現的，這種東西是王莽時的種種圖書符命激起來的。零碎的讖固然早已有了，但其具有緯的形式，以書籍的體制發表它的，決不能早於王莽柄政的時代。"①這樣，事實就很清楚了，緯書不要説在西漢初年，就是到了西漢後期成帝時，亦即劉向、劉歆在秘閣校書時，也都還沒有編造出來。既然書還沒有，哪裏會有什麼"標題"使《莊子》内篇的篇名和它"十分相似"呢？

繼愈同志説："像董仲舒的《春秋繁露》，實際上就是緯書。"道理安在？怎樣"實際"的？他沒有講。要知緯書最大的特色是，如桓譚所説："矯稱讖記，以欺惑貪邪，詿誤人主。"②張衡所説："欺世罔俗，以昧勢位"，"而虛僞不窮"。③它們專門捏造史事，諂媚當時的統治者，假稱"聖人"早已知道有姓劉的要當皇帝，並爲之製立法度了。例如《春秋緯》就這樣説："丘攬史記，援引古圖，推集天變，爲漢帝制法陳敘圖録"；"丘水精，治法，爲赤制功。"④"得麟之後，天下血書魯端門曰：'趨作法，孔聖沒！周姬亡，彗東出，秦政起，胡破術，書記散，孔不絕。'子夏明日往視之，血書飛爲赤鳥，化爲白書，署曰'演孔圖'，中有作圖製法之狀。孔子仰推天命，俯察時變，卻觀未來，豫解無窮，知漢當繼大亂之後，故作撥亂之法以授之。"⑤簡直把六經裝扮成了後世的《推背圖》《燒餅歌》了！像這種情況，在東漢後期人何休著的《春秋公羊傳解詁》裏倒確可以看到。董仲舒雖也治《公羊春秋》，而且是漢代最早的一個，但他著的《春秋繁露》，以及《漢書》所記載他的其他文字，卻怎麼也找不出像上面所述的鬼話來。關於董仲舒講《春秋》大旨，司馬遷在《史記·自序》裏曾作了

---

① 顧頡剛《秦漢的方士與儒生》第128頁。
② 見《後漢書·桓譚傳》。
③ 見《後漢書·張衡傳》。
④ 見唐徐彥《春秋公羊經傳解詁疏》"隱公第一"下。
⑤ 見何休《春秋公羊傳解詁》哀公十四年注並徐彥疏。

哲學及思想史研究

概述，等於是《春秋繁露》一書的提要。它最後歸結爲："《春秋》者，禮義之大宗也。夫禮禁未然之前，法施已然之後；法之所爲用者易見，而禮之所爲禁者難知。壺遂曰：孔子之時，上無明君，不得任用，故作《春秋》，垂空文以斷禮義，當一王之法。"一點也沒有表明《春秋》是"爲漢制作"；而乃是把它作爲封建社會永久適用的政治原則和道德原則來看待的。誰違背了它，都必遭失敗："有國者不可以不知《春秋》，前有讒而弗見，後有賊而不知；爲人臣者不可以不知《春秋》，守經世而不知其宜，遭變世而不知其權。爲人君父而不通於《春秋》之義者，必蒙首惡之名；爲人臣子而不通《春秋》之義者，必陷篡弒之誅，死罪之名。"這與緯書的以"訛言"附會漢制，不是毫無共同之點嗎？

或許有人還會認爲，董仲舒好講五行災異，從這一點也可以說是讖緯之學。還是不能。漢人並不把五行災異說跟讖緯視爲同調。如張衡雖力斥"圖緯虛妄，非聖人之法"，但他卻不排斥五行災異說，他在《請禁絕圖緯疏》中就把兩者界劃得很清楚。開頭說："臣聞聖人明審律曆以定吉凶，重之以卜筮，雜之以九宮，經天驗道，本盡於此，或觀星辰逆順，寒燠所由，或察龜策之占，巫覡之言，其所因者，非一術也。"末後又說："且律曆卦候，九宮風角，數有徵效，世莫肯學，而競稱不占之書。譬猶畫工，惡圖犬馬而好作鬼魅。"① 儘管張衡是科學家，但對於象數災異之說也和其他學者同受時代的限制，予以肯定，然而這裏也應有所區別，即講五行災異的和講讖緯的是有區別的。因此，我們不應該顢頇籠統地把兩個既不同流、也不同時的東西，彊說爲一。再如王充破斥讖緯俗學，更可謂不遺餘力。而對於董仲舒的著作也沒有視同緯書。他在好幾處批評董仲舒"言雩祭可以應天，土龍可以致雨，頗難曉也"，亦只認爲這是仲舒的一種"遺闕"。總的評價則是："《新語》，陸賈所造。蓋董仲舒相被服焉。皆言君臣政治得失，言可採行，事美足觀。鴻知（智）所言，參貳經傳，雖古聖之言，不能過增。"② 假如《春秋繁露》果然"實際上就是緯書"，王充會這樣"不恤溢美"以譽之嗎？退一步說，《春秋繁露》就算是緯書吧，它與《莊子》內篇七篇又有何相干呢？邏輯上是最忌單例比附的。

現在討論一下《莊子》"內七篇從篇名到內容"是否確如繼愈同志所說"都帶有濃厚的漢代宗教神學方術的特色"。首先應該弄清楚："漢代宗教神學方技的特色"究竟是什麼？宗教神學的主要特徵，毫無疑問，是在於說明世界是由神造的，人的貧富貴賤禍福吉凶壽夭死生等等都是被神主宰着的。《淮南子》說："古未有天地之時，唯

① 見《後漢書·張衡傳》。
② 見《論衡·案書篇》。

159

象無形，幽幽冥冥，茫茫昧昧……有二神混生①，經天營②地……於是乃別爲陰陽，離爲八極，剛柔相成，萬物乃形。"《春秋繁露》說："天者，百神之大君也。事天不備，雖百神猶無益也。""天亦有喜怒之氣，哀樂之心，與人相副。"《尚書大傳》說："維王后元祀，帝令大禹步於上帝，惟時洪祀六沴，用咎於下，是用知不畏而神之怒。若六沴作，見若是共禦，帝用不差，神則不怒，五福乃降用章於下。若六沴作，見若不共禦，六伐既侵，六極其下。"這些就都是漢代的神學思想。宗教的具體表現是祈禱，這在漢代就是祠祀，曾搞得烏煙瘴氣，《史記》有《封禪書》一卷，《漢書》有《郊祀志》兩卷，記載得十分詳細。這裏面也詳記了當時形形色色騙人的方術，如文帝時有趙人新垣平上言"長安東北有神氣成五采"，"宜立祠上帝以合符應"。武帝時有李少君講"祠竈"術，自稱能致鬼物，化丹沙爲黃金，以作飲食器，可長生。亳人謬忌奏祠天神泰一，"爲壇開八通之鬼道"。齊人少翁自言有術能召鬼神。膠東欒大自言常往來海中見到安期、羨門一類仙人，並言有秘方"黃金可成而河決可塞，不死之藥可得，仙人可致"。齊人公孫卿自言曾候神河南，"見仙人迹"；又上言"黃帝以上封禪，皆致怪物，與神通"。他們除了講鬼話外，還使用詐術。如新垣平假造玉杯刻"人主延壽"四字，使人奉獻，說這就是祠祀的符應。少翁先以帛書給牛吃了，然後向武帝說："此牛腹中有奇。"殺視果然。這種種貨色，確是戰國時代所沒有的。是漢代的特產品。

我們再看《莊子》內七篇有沒有講世界是神造的言論呢？沒有。有沒有講人的貧富貴賤禍福吉凶死生等是被神主宰着的言論呢？沒有。有沒有提倡祠祀祈禱的言論呢？沒有。有沒有教人呼神喚鬼的方術呢？沒有。它講到了宇宙的起源，而是說："道有情有信，無爲無形，可傳而不可受，可得而不可見，自本自根，未有天地，自古以固存，神鬼神帝，生天生地。"它講到了人物的生成，而是說："天地爲大爐，造化爲大冶。""天地與我並生，萬物與我爲一。"它講到了人的遭遇貧賤，而是說："吾思夫使我至此極者而弗得也，父母豈欲吾貧哉？天無私覆，地無私載，天地豈私貧我哉？求其爲之者而不得也，然而至此極者，命也夫！"它講到了人應怎樣對待死生得失，而是說："適來，夫子時也；適去，夫子順也。安時而處順，哀樂不能入也"；"且夫得者時也，失者順也，安時而處順，哀樂不能入也。""古之真人不知悅生，不知惡死，其出不訢③，其入不距，翛然而往，翛然而來而已矣。不忘其所始，不求其所終，受而喜之，忘而復之，是之謂不以心捐道，不以人助天，是之謂真人。"它確也涉及到齋戒，但說

---

① 編按，"生"上原衍"沌"字，今據北京大學出版社1997年《淮南子校釋》刪。
② 編按，"營"原作"理"，今據《淮南子校釋》改。
③ 編按，"訢"原作"訴"，今據中華書局1961年《莊子集釋》改。

的是："仲尼曰：'齋，吾將語若。……'顏回曰：'回之家貧，惟不飲酒，不茹葷者，數月矣。若此則可以爲齋乎？'曰：'是祭祀之齋，非心齋也。'"它確也敘述過巫術，但說的是："鄭有神巫曰季咸，知人之死生存亡禍福壽夭，期以歲月旬日，若神。鄭人見之，皆棄而走。"這個神巫卻被列子的老師壺子幾番捉弄，結果"立未定，自失而走。壺子曰：'追之！'列子追之不及。反以報壺子曰：'已滅矣，已失矣，吾弗及已'"，如此種種，我們能夠說，與漢代的宗教神學方術有相同之點嗎？自然，《莊子》內七篇所反映的思想，是一種唯心論哲學。唯心論哲學從本質上講，是可以通向宗教神學的，但卻不能說它就是宗教神學。正如"農民經濟仍舊是小商品生産的經濟。這裏有非常廣闊，而且根深蒂固的資本主義基礎"①。但"農民經濟並不是資本主義經濟"②。

繼愈同志說："《莊子》書中的《德充符》篇中列舉了許多奇形怪狀的神仙人物，作爲德行充實者的證驗（符）。'符'的涵義和緯書中《通卦驗》《帝命驗》《稽命徵》《叶圖徵》等'驗''徵'的意思差不多。"這就是他提出的證據。就字義說，"符"和"徵""驗"的意思確實是"差不多"。但《德充符》所講的"符"是什麼呢？繼愈同志自己承認，是講"德行充實者的證驗"。而緯書所講的"驗""徵"是什麼呢？是講"秘記"（鬼話）的"驗""徵"，"符命"的"驗""徵"（實際是捏造和事後附會）。就具體事實說，又哪裏見得是"差不多"的呢？

我們再看《德充符》所敘述的人物，是不是"奇形怪狀的神仙"？其中有仲尼、常季、子產、老聃、魯哀公、閔子、衛靈公、惠子、莊子，這沒有問題都是常人。剩下的有：王駘、申徒嘉、叔山無趾，是受了刖③刑的人（稱爲"兀者"）；哀駘它，是相貌奇醜的人（"哀駘"即醜貌）；闉跂支離無脤，是駝背曲腳歪身的人（"闉跂支離"即謂"腳常曲行體不正"也）；甕㼜大癭，是身上長了大瘤子的人。這些都不外是生理上的缺陷，我們不是也曾看到過？有什麼"奇怪"呢？而這些人的生活態度，據書中所寫，乃是："視喪其足，猶遺土也。""人以其全足笑吾不全足者衆矣"，"但猶有尊足者（比足還尊貴的東西）存，吾是以務全之也。""忘其所亡"而不"忘其所不亡"；不顧生理的欠缺，要爲"全德之人"。他們認爲"死生存亡、窮達貧富、賢與不肖、毀譽、饑渴、寒暑，是事之變，命之行也，日夜相代乎前，而知不能規乎其始者也；故

---

① 《列寧文選》兩卷集，第2卷，莫斯科中文版，第637頁。
② 斯大林：《列寧主義問題》，莫斯科中文版，第192頁。
③ 編按，"刖"原作"肘"，今據上下文意改。

不足以滑和，不可入於靈府。使之和豫，通而不失於兌，使日夜無郤①，而與物爲春。"這些哪裏是秦始皇、漢武帝所追求的神仙咧！並且無趾明明向老聃説："孔丘之於至人，其未耶？彼何賓賓以學子爲？彼且蘄以諔詭幻怪之名聞，不知至人之以是爲己桎梏耶！"可見他們所反對的正是"諔詭幻怪"。通篇所表達的主題思想就是這些。所謂"帶有濃厚的漢代宗教神學方術的特色"，就這篇説，還是安不上去的。

繼愈同志又説："由於文獻的不足，我們無從詳知漢初當時系統的宗教神學（或稱神學哲學）的全貌，幸好有了《莊子》內篇可以透露一點消息。"其實，要想知道漢初宗教神學的概況，如伏生的《尚書大傳》，《史記》的《天官書》《封禪書》，《漢書》的《郊祀志》《五行志》，就是很集中的而且具有系統的材料。舍此，而企圖從《莊子》內七篇裏去尋找消息，那必然會撲一個空的。不但《莊子》內七篇和漢代的宗教神學毫無關涉，就是漢初的黃老學派跟當時的宗教神學方技也未見沆瀣一氣。司馬遷在《史記》裏是有明白記載的。如《封禪書》説："今天子（指漢武帝）初即位，尤敬鬼神之祀。元年，漢興已六十餘歲矣。天下乂安，搢紳之屬皆望天子封禪，改正度也，而上鄉（向）儒術，招賢良。趙綰、王臧等以文學爲公卿，欲議古立明堂城南以朝諸侯，草巡狩封禪改曆服色，事未就。會竇太后治黃老言，不好儒術；使人微伺得趙綰等姦利事，召案綰、臧，綰、臧自殺。諸所興爲皆廢。後六年，竇太后崩，其明年徵文學之士公孫弘等。明年今上（漢武帝）初至雍，郊見五畤。後常三歲一郊。是時上求神君……"這裏，不是可以看出漢初的黃老學派是和儒學的宗教神學有些區別麼？因此，即使《莊子》內七篇是出於這時的黃老學派，但要説它就是這時的"宗教哲學（或稱神學哲學）"，也仍然是缺乏根據的。

反過來看，繼愈同志説的和宗教神學相通的東西，倒可以從他"解剖莊周的哲學體系"的主要資料那些篇內找到。這裏不妨舉出幾條。（一）《天運篇》曰："天有六極五常，帝王順之則吉，逆之則凶。九洛之事，治成德備；監照下土，天下載之。"此即《漢書·五行志》一開頭就講的："禹治洪水，〔天〕賜洛書，法而陳之，《洪範》是也。……昔鯀陻洪水，汩陳其五行，帝乃震怒，弗畀洪範九疇，彝倫攸斁，鯀則殛死。禹乃嗣興，天乃錫洪範九疇，彝倫攸敘。……初一曰五行……次九曰向用五福，畏用六極。凡此六十五字，皆《雒書》本文，所謂天乃錫禹大法九章常事所次者也。"所謂"帝王順之則吉，逆之則凶"，跟《尚書大傳》亦頗相合，可以復按②。（二）

---

① 編按，"郤"原作"卻"，今據《莊子·德充符》改。
② 《天運篇》"九洛之事"指"九疇洛書之事"，此據楊慎説。

《庚桑楚》曰："爲不善於顯明之中者，人得而誅之；爲不善於幽閒之中者，鬼得而誅之。明乎人、明乎鬼者，然後能獨行。""故出而不反，見其鬼；出而得，是謂得死。滅而有實，鬼之一也。"此即王充《論衡》所敍述當時人説的："有沈惡伏過，天地罰之，鬼神報之。天地所罰，小大猶發；鬼神所報，遠近猶至。"（三）《則陽篇》曰："夫靈公也死，卜葬於故墓，不吉，卜葬於沙丘而吉。掘之數扨，得石槨焉，洗而視之，有銘焉，曰：'不馮其子，靈公奪而里之。'（司馬彪注：'言子孫不足可憑，故使公得此處爲塚也。'陸德明《釋文》：'而，汝也。里①，居處也。'）夫靈公之爲靈也，久矣！"此即漢代所謂的符命，如《漢書》記載王莽時"武功長孟通，浚井得白石，上圓下方，有丹書著石，文曰：'告安漢公莽爲皇帝。'"《後漢書》記載光武帝將登皇帝位時，有"讖記曰：'劉秀發兵捕不道，卯金修德爲天子'"。然而即使上引的那些文字和漢人相似，我們也還不能證明外篇完全與莊子無關。

神仙的傳説甚早，求神仙事並非漢初的時代特徵

（四）繼愈同志説："再從《莊子》內篇內容來看，也可以看出它帶有漢初的時代特徵。裏面提到的人物中的黃帝、老子以及有特殊本領的神人，正是秦始皇、漢武帝他們所嚮往的神仙。""那些神人能'入水不濡''火不能爇'、吸風引露，長生不死，有的美如處子，有的醜得像鬼怪。方士盧生騙秦始皇也曾用過類似的鬼話……"

應當指出，這是一種囂而不實的議論。首先試問一下：是由於先有秦始皇、漢武帝嚮往神仙，然後才產生了神仙的傳説呢？還是由於先有神仙的傳説，然後才引起了秦始皇、漢武帝的嚮往呢？如果認爲嚮往在先，傳説在後，那便不合歷史的邏輯。如果承認傳説在先，嚮往在後，又怎能肯定神仙之説必然恰好產生於"嚮往"的時期？按照繼愈同志文章的寫法，是説《莊子》內七篇提到某些"神人"爲秦始皇、漢武帝所嚮往，這就應該得出《莊子》內七篇是在秦始皇以前就已有的了。但他卻把它説成是"漢初的時代特徵"，又實際是在表明內七篇是秦始皇、漢武帝時才產生的。邏輯上不是難以講通麼？

我們且講歷史事實。神仙的傳説，決不是秦漢間才突然產生的。《莊子》書中有關"神人"的言論，也並不是唯獨內篇才有。在外篇中，即繼愈同志所指出應讀的那些篇

---

① 編按，"里"字原缺，今據《經典釋文》補。

中也有，而且内篇還僅是浪漫主義的幻想馳騁，外篇卻簡直是神仙家言了。如《在宥篇》說：" 廣成子謂黃帝曰：'……汝神將守形，形乃長生。……我守其一，以處其和，故我修身千二百歲矣，吾形未嘗衰。'"" 得吾道者，上爲皇而下爲王。……余去汝入無窮之門，以游無極之野……人其盡死，而我獨存乎？"《天地篇》說："立之本原，而知通於神……千歲厭世，去而上仙，乘彼白雲，至於帝鄉。"" 願聞神人，曰：上神乘光，與形滅亡，此謂照曠。"《達生篇》說："至人潛行不窒，蹈火不熱，行乎萬物之上而不慄。"① 試問，"人其盡死而我獨存"，"千歲厭世，去而上仙"，這是內篇曾講到過的嗎？這不才真是大講神仙學嗎？內七篇中根本沒有提到"仙"字，而外篇卻有了！要說"秦始皇、漢武帝所嚮往""漢初的時代特徵"，反而不是更爲適合的嗎？然而，這又成了以子之矛攻子之盾了。

再看一下跟莊子同時代的偉大詩人屈原，他在他的著作中又是怎樣刻意描寫了各種神靈的活動："靈皇兮既降，猋遠舉兮雲中。"" 廣開兮天門，紛吾乘兮玄雲。"" 乘龍兮轔轔，高駝兮衝天。"" 乘回風兮載雲旗……儵而來兮忽而逝……登九天兮撫彗星。"" 靈之來兮蔽日，青雲衣兮白霓裳，舉長矢兮射天狼。"（《九歌》）他在《離騷》裏面還把自己幻想成了神仙，役使許多鬼神："馴玉虬以乘鷖兮，溘埃風余上征，朝發軔於蒼梧兮，夕余至於玄圃。欲少留此靈瑣兮，日忽忽其將暮。吾令②羲和弭節兮，望崦嵫而勿迫。……前望舒使先驅兮，後飛廉使奔屬，鸞皇爲余先戒兮，雷師告余以未具，吾令鳳鳥飛騰兮，繼之以日夜。……吾令帝閽③開關兮，倚閶闔而望予。……覽相觀於四極兮，周流乎天余乃下。"《遠遊》也"託配仙人，與俱游戲"④。而且有比《莊子》還顯著的神仙理論："漠虛靜以恬愉兮，澹無爲而自得，聞赤松之清塵兮，願承風乎遺則。貴真人之休德兮，美往世之登仙，與化去而不見兮，名聲著而日延。奇傅說之託辰星兮，美韓衆之得一。軒轅不可攀兮，吾將從王喬而娛戲。飡六氣而飲沆瀣兮，漱正陽而含朝霞，保神明之清澄兮，精氣入而粗穢除。順凱風以從游兮，至南巢而壹息，見王子而宿之兮，審壹氣之和德。曰道可受兮不可傳，其小無內兮其大無垠。無滑而魂兮彼將自然。壹氣孔神兮於中夜存，虛以待之兮無爲之先。庶類以成兮此德之門。聞至貴而遂徂兮，忽乎吾將行，仍羽人於丹丘兮，留不死之舊鄉。……吸飛泉之微液兮，懷琬琰之華英，玉色頩以脕顏兮，精醇粹而始壯，質銷鑠以汋約兮，神要眇

---

① 還有《秋水篇》，因繼愈同志未提，故從略。
② 編按，"令"原作"會"，今據《楚辭集注·離騷》改。
③ 編按，"閽"下原衍一"使"字，今據《楚辭集注·離騷》刪。
④ 王逸：《遠游序》語。

以淫放。……載營魄而登霞兮，掩浮雲而上征。……超無爲以至清兮，與泰初而爲鄰。"這裏滿紙都是神仙，而且提到了"羽人"，正是漢武帝時方士欒大"衣羽衣"①的一套把戲之所本。難道可以説屈原的《楚辭》也"帶有漢初的時代特徵"，"應當是漢代編輯的結果"麽？

此外，《山海經》也寫了不少神人、靈、鬼、怪物。《穆天子傳》也有神仙故事（屈原《天問》已提到"穆王巧挴②，夫何周流？環理天下，夫何索求？"）洪興祖曾説："後世如秦皇、漢武託巡守以求神仙，皆穆王啓之也。"不管事實是否真正如此，秦始皇、漢武帝之嚮往神仙，是被誘於過去已有的種種神仙傳説，這是完全可以肯定的。如果《莊子》內七篇確與秦皇、漢武的嚮往神仙有什麽關係，那也只能是《莊子》內七篇爲因，秦皇、漢武的嚮往神仙爲果，決不能是秦皇、漢武的嚮往神仙爲因，《莊子》內七篇爲果。

繼愈同志又説：漢初"用黃帝、老子之術，用清靜無爲以治天下。這時期，'黃帝'這個人物忽然活躍起來。內篇中對黃帝、老子推崇備至"。這好像就算是《莊子》內篇"帶有漢初的時代特徵"的一種證據。

其實，內篇提到黃帝的只有三處，一見於《齊物論》，兩見於《大宗師》，都沒有特別推崇的意思。如《齊物論》是這樣提到的："瞿鵲子問乎長梧子曰：'吾聞諸夫子，聖人不從事於務，不就利，不違害，不喜求，不緣道，無謂有謂，有謂無謂，而游乎塵垢之外。夫子以爲孟浪之言，而我以爲妙道之行也。吾子以爲奚若？'長梧子曰：'是黃帝之所聽熒也！而丘也何足以知之？'"這是形容他們所講的道理非常奧妙，黃帝聽了也要疑惑（熒），孔子又哪裏懂得！《大宗師》一處是這樣提到的："伏羲得之，以襲氣母，……馮夷得之，以游大川，肩吾得之，以處大山，黃帝得之，以登雲天，顓頊得之，以處玄宮……"這不過是把黃帝視爲得道者之一。還不如前引屈原《遠游》説："軒轅不可攀兮，吾將從王喬而娛戲"，才是把黃帝擡到了極高的地位。另一處是這樣提到的："夫無莊之失其美，據梁之失其力，黃帝之失其知，皆在鑪捶之間耳。"這一點只説黃帝"亡其知"，而且把他跟"失其美""失其力"者等同："皆在鑪捶之間耳。"不知繼愈同志從何處看到了"推崇備至"？大概是把外、雜篇的事誤記成爲內篇了吧！

內篇提到老子的亦只有三處，也不見得有什麽特別推崇的意思。一是見於《養生主》，説："老聃死，秦佚弔之，三號而出。……曰：……'向吾入而弔焉，有老者哭

---

① 見《史記·封禪書》。
② 編按，"挴"原作"挴"，今據《楚辭集注·天問》改。

165

之如哭其子，少者哭之如哭其母。'"這裏明說"老聃死"，並沒有說他不死，也沒有說他"去而上仙"。又說"有老者哭之如哭其子"，顯示老聃死時還有前一輩人存在，就不會是高壽。可見他還沒有像司馬遷寫老子"莫知所終"，"蓋老子百有六十餘歲，或言二百歲，以其修道而壽也"①，說得那樣"妙不可測"！二是見於《德充符》，說："無趾語老聃曰：'孔丘之於至人，其未耶？彼何賓賓以學子爲？彼且蘄以諔詭幻怪之名聞，不知至人之以是爲桎梏耶！'老聃曰：'胡不直使彼以死生爲一條，以可不可爲一貫者解其桎梏，其可乎？'無趾曰：'天刑之，安可解！'"這裏是以老聃來襯託無趾。老聃雖爲仲尼所師，但見有未徹。無趾雖受刑殘肢，但"全天""全德"。可見所極意推崇的乃是無趾。三是見於《應帝王》，說："陽子居見老聃……問明王之治。老聃曰：'明王之治，功蓋天下而似不自己，化貸萬物而民弗恃，有莫舉名，使物自喜，立乎不測，而游於無有者也。'"這不過是衍繹《老子》"衣養萬物而不爲主"，"我無爲而民自化"的治國理論，也與神仙無關。從這些，又哪裏看得出來是"推崇備至"呢？想來還是繼愈同志把外、雜篇的事誤記成爲內篇了！

外、雜篇提到黃帝的共有十二處，提到老子的共有十五處。在這裏面，這兩個人確實"忽然活躍起來"，被"推崇備至"。如《天運篇》描寫黃帝"張咸池之樂於洞庭之野"就神乎其神，"在谷滿谷，在阬滿阬"，能使"鬼神守其幽，日月星辰行其紀"，"充滿天地，苞裹六極"。老子則處處以祖師的身份出現，至於使孔子見了竟至"口張而不能嗋"，自嘆"吾乃今於是乎見龍"②。單是老聃的徒弟庚桑楚居畏壘之山三年，就迷惑得那裏的人要"相與尸而祝之，社而稷之"③。想想老子又將有多"神聖"？《天下篇》歷敘當時各家學說，亦只有老子唯一地被尊稱爲"古之博大真人"。根據這些情況，豈不是反而可以證明，外、雜篇是比較晚出的東西嗎？如果說"帶有漢初的時代特徵"，外、雜篇不是反有幾分相像麽？

《史記》寫莊子，提《漁父》等篇，是以微辭見旨，不能證明司馬遷未見內七篇

（五）繼愈同志說：司馬遷在《老莊申韓列傳》中列舉《漁父》《盜跖》《胠

---

① 見《史記·老莊申韓列傳》。
② 見《莊子》外篇《天運篇》。
③ 見《莊子》雜篇《庚桑楚》。

篋》，"這幾篇莊周的代表作都不屬於《莊子》內篇，而屬於外篇。這些篇的主要思想和內篇有極大的不同"。"這些'離經叛道'的過激的言論如果是莊周的思想（司馬遷看到的《莊子》就是這個樣子的），那末，和這些篇有極大差異的內篇……就不應記在莊周的名下。"

應當指出，這種見解是不夠全面的。繼愈同志似乎只看見他所引的幾句話，卻沒有看見在這幾句話的前後還有文章。前有曰："其學無所不窺，然其要本歸於老子之言。故其著書十萬餘言，大抵率寓言也。"後有曰："……用剽剝儒、墨，雖當世宿學，不能自解免也。其言汪洋自恣以適己。"還有曰："莊子散道德放論，要亦歸之自然。"

前面是總説莊子之爲書，中間才特別指出作了某幾篇"以詆訿孔子之徒"。並沒有表示《莊子》只有他所提到的那幾篇，也並沒有表示莊子立義盡爲"詆訿孔子之徒"之説。通篇敘説，實明四事：（一）説莊子學問的面，是"無所不窺"。（二）説莊子著書的體例和文章風格，是"皆寓言"，"皆空語，無事實"，"善屬書離辭，指事類情"，"汪洋自恣"。（三）説莊子的理論鬥爭之所指向，是"剽剝儒、墨"，"當世宿學"。（四）説莊子爲學的宗旨，是"歸於老子之言"，"適己"，"歸之自然"。

持此以衡內七篇。看它所涉及的學派，有儒、墨，有宋榮子，有惠施，有公孫龍的"指物論""堅白論"，有鄭之神巫季咸，有《齊諧》，有《山經》，有舊史傳説，能説不是"其學無所不窺"嗎？內七篇爲書的體例和文章風格，更是有目共睹，能説不是"皆寓言""皆空語、無事實""善屬書離辭、指事類情"，最典型的"汪洋自恣"嗎？其《逍遙遊》評宋榮子"猶有未樹"，笑惠施"拙於用大"；《齊物論》譏儒、墨"道隱於小成，言隱於榮華"，議公孫龍"以指喻指之非指""以馬喻馬之非馬""非所明而明之，故以堅白之昧終"；《人間世》誚孔子"已乎已乎，臨人以德！殆乎殆乎，畫地而趨"！《德充①符》誚孔子"天刑之，安可解"？説惠施"今子外乎子之神，勞乎子之精"！《大宗師》又誚孔子"天之戮民也"！能説不是"剽剝儒、墨，雖當世宿學不能自解免"嗎？至於七篇的宗旨，《逍遙遊》明物各自適，以無待爲歸；《齊物論》明"因是"，"照之於天"，"休乎天鈞"，"和之以天倪"；《養生主》明"依乎天理"，"因其固然"，"安時而處順"；《人間世》明"虛而待物"，"一宅而寓於不得已"，"託不得已以養中"，"無用之用"；《德充符》明"知不可奈何而安之若命"，"和而不唱"，"常因自然而不益生"；《大宗師》明"不以人助天"，"役人之役、適人之適"是"不自適其適"，"聖人將游於物所不得遁而皆存"，"離形去知，同於大通"；《應帝王》明

---

① 編按，"充"原作"光"，今據上下文意改。

"出於非人""入於非人""順物自然而無容私","雕琢反樸","無爲名尸,無爲謀府","盡其所受乎天而無見得"。又能説這些不是"歸於老子之言","適己","歸之自然"嗎?"司馬遷看到的《莊子》",不"就是這個樣子的"嗎?

司馬遷又爲什麽特別提起"作《漁父》《盜跖》《胠篋》以詆訿孔子之徒,以明老子之術"呢?這決不是因爲他認爲這幾篇"是莊周的代表作"才"列舉"出來的。我們知道,司馬遷之作《史記》是很能結合他的時代現實説話的。他這裏正是有意識地反映當時各種學派之間的聯結與鬥爭。也就是把當時各種學派之間的聯結與鬥爭通過寫歷史事實表露出來,從流上溯到源,從源下竟到流,使人對於它們因仍演變之迹,較然可明。

譬如陰陽家和儒家,從學説上説,原是兩個流派,但司馬遷對於陰陽家的開山祖師鄒衍卻不單獨給他立傳,而把他安插在《孟子荀卿列傳》當中,這就是因爲陰陽家在當時已經和儒學合流了。《漢書·五行志》就説:"景武之世,董仲舒治《公羊春秋》,始推陰陽,爲儒者宗。"仔細考察,事實還不僅於此。比董仲舒稍早的齊人轅固,以四始五際講説《詩經》,就已採用陰陽家言。更早的,曾爲秦博士"教於齊魯之間"的濟南伏生,講説《尚書》亦已採用陰陽家言。《易經》在秦時爲卜筮之書,不禁,漢人講《易》傳自淄川田生,專明象數,更不能不與陰陽家言相雜。上面這些經師都是齊人。《公羊春秋》亦傳自齊人胡毋生。可見鄒魯儒學傳到齊國,其末流在秦漢間逐漸與鄒衍之學相結合。陰陽家言在司馬遷時已不能獨立成派了,所以他著《史記》把鄒衍與孟、荀合傳,一方面是反映歷史實際,另一方面又是聯繫當時現實。司馬遷説:鄒衍講學有伊尹負鼎要湯之意,不同於孔子、孟子之不"阿世俗、苟合"[1],亦是對於當時儒生爭相迎合統治者的意旨來講學的一種尖鋭諷刺(如叔孫通"所事者且十主,皆面諛以得親貴"[2];公孫弘不"務正學以言",而"曲學以阿世"[3]。即其代表)。

申不害、韓非跟老子、莊子,從學説上説,亦是兩個流派,一爲法家者流,一爲道家者流。但司馬遷把他們合爲一傳,也不完全是因爲他們"皆本於黄老",而是因爲當時的統治者,已經是一方面講黄老的"無爲",另方面卻是以"刑名"爲治。如他在《儒林傳》記載:"孝文本好刑名之言,及至孝景,不任儒者,而竇太后又好黄老之術。"竇太后就是文帝的妻子,景帝的母親。《外戚世家》説:"竇太后好黄帝、老子言,帝及太子諸竇不得不讀黄帝、老子,尊其術。"同時《酷吏列傳》卻記載:"孝景

---

[1] 見《史記·孟子荀卿列傳》。
[2] 見《史記·劉敬叔孫通列傳》。
[3] 見《史記·儒林列傳》。

時，晁錯以刻深，頗用術輔其資。……其後有郅都、甯成之屬。"從此湧現出了大批殺人不眨眼的劊子手，如像"蜀守馮當暴挫，廣漢李貞擅磔人，東郡彌僕鋸項，天水駱璧推減，河東褚廣妄殺，京兆無忌、馮翊殷周蝮鷙，水衡閻奉撲擊賣請"，甚至司馬遷都不忍把這些傢伙的行事詳記下來！這就是《老莊申韓列傳》所說"其極慘礉少恩，皆原於道德之意"的政治傾向性，或他爲什麼要這樣說的原因。

回頭且說這時學派之間的鬥爭。主要敵對的是儒學和黃老。陰陽附於儒學，刑名則與黃老聯結。還在漢高帝初定天下時，曹參爲齊丞相，儒學和黃老就開始有了鬥爭。《史記・曹相國世家》說："參之相齊……盡召長老諸生問所以安集百姓，如齊故俗。諸儒以百數，言人人殊，參未知所定。聞膠西有蓋公，善治黃老言，使人厚幣請之。既見蓋公，蓋公爲言治道貴清靜而民自定，推此類具言之。參於是避正堂，舍蓋公焉。其治要用黃老術，故相齊九年，齊國安集，大稱賢相。"我們知道，漢高帝初即位時，跟他同定天下的諸功臣，很是跋扈，"飲酒爭功，醉或妄呼，拔劍擊柱"，弄得漢高帝莫可如何。魯國儒生叔孫通才同他的弟子百餘人爲定朝儀，"廷中陳車騎步卒衛宮，設兵張旗志"，"皇帝輦出房，百官執職傳警"。搞得十分威嚴。諸功臣入朝，乃"莫不振恐肅敬"，"竟朝置酒，無敢讙譁失禮者"。漢高帝這時萬分高興地說："吾乃今日知爲皇帝之貴也！"於是叔孫通封了大官，跟隨叔孫通的"諸弟子儒生"也封了官①。這兩件事，說明西漢初年儒學在朝廷很走運，但在齊國一個地方卻被黃老學派壓倒了。漢高帝死後二年，即惠帝二年，曹參又繼蕭何之後當了相國，仍用黃老術②。於是在叔孫通制朝儀後，漢朝廷曾有"喟然嘆興於學"的擬議，也全被擱置下來了。一直到漢武帝前，儒學諸博士都不過"具官待問，未有進者"③。

在這個期間，儒學和黃老展開了激烈的，甚至要流血的鬥爭。司馬遷記載了具有代表性的兩次。第一次事件發生於漢景帝時，創立《齊詩》學的大師轅固，時爲博士，曾和講黃老的黃生"爭論"，未分勝負。隨後被竇太后召去，"問老子書。固曰：'此家人言耳！'太后怒曰：'安得司空城旦書乎？'（徐廣曰：'司空，主刑徒之官也。'）乃使固入圈刺豕。"從此，轅固的博士官也被罷免了④。

第二次事件發生於漢武帝初即位時。《史記・魏其武安侯列傳》說："魏其（名竇嬰，竇太后從兄子，時爲丞相）、武安（名田蚡，景帝后同母弟，時爲太尉）俱好儒

---

① 參閱《史記・劉敬叔孫通列傳》。
② 參閱《史記・曹相國世家》。
③ 參閱《史記・儒林列傳》。
④ 參閱《史記・儒林列傳》。

169

術，推轂趙綰爲御史大夫，王臧爲郎中令（二人並是下述申公的弟子），迎魯申公（創立《魯詩》學的大師），欲設明堂，令列侯就國，除關（司馬貞注：'謂除關門之稅。'），以禮爲服制（司馬貞注："時禮度逾侈，多不依古。"），以興太平，舉適（謫）諸竇（竇太后家族。按《外戚世家》"諸竇"亦從竇太后"讀黃帝、老子，尊其術"。）宗室無節行者，除其屬籍。時諸外家多爲列侯，列侯多尚公主，皆不欲就國。以故毀日至竇太后。太后好黃老之言，而魏其、武安、趙綰、王臧等務隆推儒術，貶道家言。是以竇太后滋不悅魏其等。及建元二年，御史大夫趙綰請無奏事東宮（韋昭注："欲奪其政也。"），竇太后大怒，乃罷逐趙綰、王臧等，而免丞相（竇嬰）、大尉（田蚡）。"《封禪書》還記載：竇太后"使人微伺得趙綰等姦利事，召案綰、臧，綰、臧自殺。諸所興爲皆廢"。《儒林傳》亦記載：竇太后"得趙綰、王臧之過，以讓上（斥責武帝），上因廢明堂事，盡下趙綰、王臧吏，后皆自殺。申公亦以疾免歸"。這次牽連到兩個地位很高的皇帝貴戚被廢免，兩個儒臣罷逐了又迫使自殺，可見鬥爭激烈到了什麼程度！但是時間不過六年，"竇太后崩，武安侯田蚡爲丞相，絀黃老刑名百家之言，延文學儒者數百人，而公孫弘以《春秋》，白衣爲天子三公，封以平津侯。天下之學士靡然嚮風矣！"①

明白了上述的歷史事實，就可以讀懂司馬遷在《老莊申韓列傳》裏敘述老子之後爲什麼要寫上這樣幾句話："世之學老子者則絀儒學，儒學亦絀老子，'道不同不相爲謀'，豈謂是耶？"明白了上面幾句話的來歷，同時也就可以讀懂他在敘述莊子時爲什麼要特別提起："作《漁父》《盜跖》《胠篋》以詆訿孔子之徒，以明老子之術。"這正是古人說的"以微辭見旨"（寫莊子是跟寫老子的文意血脈相貫的，寫《老莊申韓列傳》又是跟全書反映當時社會矛盾諸關係的多面敘寫血肉相連的。所以司馬遷教人"好學深思，心知其意"。這句話是應當很好理會的）。

《漁父》《盜跖》《胠篋》幾篇，正是"學老子者則絀儒學"的實例。漢代某些史實也恰好可以跟這幾篇的言論互相參證。如《胠篋》說："掊擊聖人，縱舍盜賊，而天下治矣。"而《曹相國世家》記載：曹參離開齊國時，"屬其後相曰：'以齊獄市爲寄，慎勿擾也。'後相曰：'治無大於此者乎？'參曰：'不然。夫獄市者，所以並容也。今君擾之，奸人安所容也？吾是以先之。'"豈不是剛好兩兩相符？《盜跖》敘述盜跖罵孔子說："此夫魯國之巧僞人孔丘，非耶？爲我告之：爾作言造語，妄稱文武，冠枝木之冠，帶死牛之脅，多辭謬說……搖唇鼓舌，擅生是非，以迷天下之主，使天下學士，

---

① 《史記·儒林列傳》，又參閱《封禪書》。

不反其本，妄作孝弟，而徼倖①於封侯富貴者也。……今子修文武之道……矯言僞行，以迷惑天下之主，而欲求富貴焉，盜莫大於子！"而《平津侯主父列傳》記載："公孫弘者，齊菑川國薛縣人也（司馬貞注：'薛縣本屬魯，漢置菑川國後，割入齊也'）。……養後母孝謹。……爲人恢奇多聞。……辯論有餘。……常與公卿約議，至上前，皆倍其約，以順上旨。汲黯庭詰弘曰：'齊人多詐而無情實。始與臣等建此議，今皆倍之，不忠！'上問弘，弘謝曰：'夫知臣者，以爲臣忠；不知臣者，以爲臣不忠。'上然弘言。……汲黯曰：'弘位在三公，奉祿甚多，然爲布被，此詐也。'上問弘，弘謝曰：'有之。夫九卿與臣善者，無過黯。然今日庭詰弘，誠中弘之病。夫以三公爲布被，誠飾詐，欲以釣名。……誠如汲黯言。且無汲黯忠，陛下安得聞此言！'天子以爲謙讓，愈益厚之。卒以弘爲丞相，封平津侯。"又載弘上書，有曰："今陛下躬行大孝，鑒三王，建周道，兼文武。"還有《汲鄭列傳》記載："〔汲〕黯學黃老之言。……上方向儒學，尊公孫弘……而黯常毀儒，面觸弘等徒懷詐飾智，以阿人主取容。"這又豈不是恰好兩相照應？《漁父》敍述漁父教孔子説："希意道言謂之諂，不擇是非而言謂之諛，好言人之惡謂之讒，析交離親謂之賊……好經大事，變更易常，以掛功名，謂之叨。"這跟前引《魏其武安侯列傳》記載："魏其、武安俱好儒術……迎魯申公，欲設明堂，令列侯就國，除關，以禮爲服制，以興太平，舉適（謫）諸竇、宗室無節行者，除其屬籍。……請無奏事東宫"，又豈不是恰好兩兩相應？這樣看來，這幾篇不是反倒有些像是漢代黄老學派跟儒學鬥爭當中産生的東西麽？但我們並不因此就説它們一定是漢人的作品。這裏要證明的是：無論如何，司馬遷提出這幾篇，顯然是意在結合當時的現實的，並不是以這幾篇爲莊子的代表作，更不是他所看到的《莊子》只有這一類的東西。正同司馬遷敍述老子其人，亦用的是當時黄老學派的傳説，所以把老子神化了，我們不能據此就認爲這是真正的歷史上的老子；也正如司馬遷只點出有關墨子的幾句話，不能就證明司馬遷没有看見墨子書，或墨子没有著作。

荀子説"莊子蔽於天而不知人"，從這裏正好看出内七篇是莊子的代表作

（六）繼愈同志引《荀子·解蔽篇》"莊子蔽於天而不知人"，説這是荀子承認

---

① 編按，"徼倖"原作"儌"，今據《莊子·盜跖》改補。

"莊周看到天（自然）的客觀存在，是對的，只是他看不到人的主動作用，所以才錯了；"他對莊周的自然觀（天）是同意的。荀子的自然觀是唯物主義的，他所肯定的莊周的自然觀，也應當是從唯物主義觀點來肯定的。""由此綫索提供了研究莊周思想應當根據《莊子》書中的哪些篇。荀子所看到的《莊子》書，不會是現在《莊子》書中的内篇，特别不會是《齊物論》《逍遥游》《養生主》……這些篇。"

應當指出，這種解釋很難使人信服。《荀子·解蔽篇》所説這家那家的"蔽"，一點也没有包含肯定的意思。只要通讀他的前後文自明。如前面説："桀蔽於末喜、斯觀而不知美龍逢，以惑其心而亂其行；紂蔽於妲己、飛廉而不知微子啓，以惑其心而亂其行，故……桀死於亭山，紂縣於赤斾。身不先知，人又莫之諫，此蔽塞之禍也。"這跟對"莊子蔽於天而不知人"的提法，其文法完全一例，能夠説對桀、紂是否定，而對莊子卻作了肯定嗎？在講了"莊子蔽於天而不知人"一段之後，同樣也接着説："此數具者皆道之一隅也。夫道者體常而盡變，一隅不足以舉之。曲知之人觀於道之一隅而未能識也，故以爲足而飾之，内以自亂，外以惑人，上以蔽下，下以蔽上，此蔽塞之禍也。"這裏不是明白指出既害己又害人的囿於偏見的大禍根嗎？怎能説他只是批判其"不知"，而對其所"蔽"則加以"肯定"呢？"蔽"者"蔽塞"也，所以要"解蔽"，指出人應解放一種偏見。荀子這樣講得很清楚的話，哪裏能從其中尋求出什麽"是從唯物主義觀點來肯定的"那一回事！

"墨子蔽於用而不知文……莊子蔽於天而不知人"是説：墨子被"用"這個觀念把心蔽塞住了，乃不懂得禮樂文爲的作用和價值，最後否定七情；……莊子被"天"這個觀念把心蔽塞住了，乃不懂得人有改造世界的能力和必要，最後把人等同於木石。"蔽"是因，"不知"是果。"蔽"是對某一方面腫脹了的片面的看法，因而不識真理，其所見者恰好成了他的錯誤。"蔽"則見亦等於未見，因爲客觀存在並不如其所見故。所以"蔽"必須"解"，"解"就不能説有什麽"肯定"。

荀子不會"同意"和"肯定"他所批評的各個學派所蔽的觀點，還可以從他在其他地方充分展開了論辯的理論來證明。如他在《非十二子篇》批評墨子説："不知壹天下國家之權稱，上功用，大儉約，而僈差等；曾不足以容辨異，縣（懸）君臣！"在《樂論篇》又説："樂者，天下之大齊也，中和之紀也，人情之所必不免也，是先王立樂之術也。而墨子非之，奈何！且樂者，先王之所以飾喜也；軍旅鈇鉞者，先王之所以飾怒也。先王喜怒皆得其齊焉，是故喜而天下和之，怒而暴亂畏之。先王之道，禮樂正其盛者也；而墨子非之！故曰：墨子之於道也，猶瞽之於白黑也，猶聾之於清濁也，欲之楚而北求之也！"這不正是關於"墨子蔽於用而不知文"的理論論證嗎？你看他指斥得多末嚴峻，從哪裏可以看出有一點"同意"和"肯定"的意思來呢？又如他批評"宋子蔽於欲而不知得"（楊倞注："宋子以人之情欲寡而不欲多，但任其所欲，則自治也。"），在《正論篇》是這樣作的論證："子宋子曰：人之情欲寡，而皆以己之情爲欲多，是過也。故率其群徒，辨其談說，明其譬稱，將使人知情欲之寡也。應之曰：然則亦以人之情爲①目不欲綦色，耳不欲綦聲，口不欲綦味，鼻不欲綦臭，形不欲綦②佚，此五綦者，亦以人之情爲③不欲乎？曰：人之情，欲是已。曰：若是，則說必不行矣。以人之情爲欲此五綦者，而不欲多，譬之是猶以人之情爲欲富貴而不欲貨也，好美而惡西施也！古之人爲之不然。以人之情爲欲多而不欲寡，故賞以富厚而罰以殺損也。……今子宋子以是之情爲欲寡而不欲多也，然則先王以人之所不欲者賞，而以人之所欲者罰耶？亂莫大焉！今子宋子嚴然而好說，……然而說不免於以至治爲至亂也，豈不過焉矣哉！"這不又是對於宋子的"情欲寡"觀點給了完全的否定嗎？荀子在《非十二子》篇一開頭就評定各家學說是"邪説""奸言"，認爲按照他們的觀點去辦事，必然"梟亂天下"，"使天下混然不知是非治亂之所存"。在評十二子學説後，又總結說：他們的觀點是"不能入"的，他們這般人是"不能親"的。他那種否定的態度是何等的堅決和徹底！豈是爲繼愈同志說的"認爲只看到局部，是不夠的"嗎？

荀子在《解蔽》篇對墨子、宋子等學説的批判，是沒有包含肯定的意思的。對莊子的學説是不是這樣的呢？毫無疑問，還是這樣的。這裏所反映的荀子和莊子的主要論爭，只是怎樣看待自然，怎樣看待人與自然的關係的問題。莊子是把自然看成有絕對的命定似的不變之物，人在自然面前是完全無能爲力的，一切要聽從自然的擺布，求與之順應。荀子的學説就要反對這種奴隸式的馴從自然的觀點。認爲人可以不完全受自然支配，人在一定條件下實際可以支配自然，把自然倒過來作人的奴隸。他在《天論》篇裏有很好的説明："彊本而節用，則天不能貧；養備而動時，則天不能病；修道而不貳，則天不能禍。故水旱不能使之饑渴，寒暑不能使之疾，妖怪不能使之凶。本荒而用侈，則天不能使之富；養略而動罕，則天不能使之全；倍道而妄行，則天不能使之吉。""天有其時，地有其財，人有其治，夫是之謂能參。舍其所以參而願其所參，則惑矣。""大天而思之，孰與物畜而制之？從天而頌之，孰與制天命而用之？望時而待之，孰與應時而使之？因物而多之，孰與騁能而化之？思物而物之，孰與理物

---

① 編按，"爲"下原有"欲"字，今據盧文弨校刪。
② 編按，"綦"原作"纂"，今據《荀子·正論》篇改。
③ 編按，"爲"下原有"欲"字，今據盧文弨校刪。

而勿失之也？願於物之所以生，孰與有物之所以成？故錯人而思天，則失萬物之情。"這就正是針對着莊子所言之"天"，而解莊子對於"天"的蔽害來立論的。莊子在《德充符》裏講到自然有絕對的命定作用時是這樣說的："死生存亡窮達貧富賢不肖毀譽饑渴寒暑，是事之變，命之行也，日夜相代乎前而不能規乎其始者也。"而荀子這裏說：人如果怎樣怎樣，則"天不能貧""不能病""不能禍""不能使之饑渴""使之疾""使之凶""使之富""使之全""使之吉"，不是正好針鋒相對嗎？莊子在《大宗師》裏主張"不以人助天"，而荀子這裏說"故錯人而思天，則失萬物之情"，不又是正好針鋒相對的嗎？

《解蔽》篇並沒有涉及宇宙觀的問題，也就談不到什麼"自然觀是唯物主義的"或非唯物主義的問題。更談不到荀子"對莊周的自然觀（天）是同意的"，"他所肯定的莊周的自然觀也應當是從唯物主義觀點來肯定的"。荀子只說"莊子蔽於天而不知人"，對於莊子的哲學是唯物論還是唯心論，他這裏是沒有管的。正如說"墨子蔽於用而不知文"，對於墨子的思想是無神論還是有神論，他是沒有管的一樣。荀子這裏主要是想論述各家學說思想的癥結所在。"蔽於天而不知人"就是莊子的整個學說思想之癥結。

楊倞的注解是正確的。他說："天謂無爲自然之道，莊子但推治亂於天，而不知在人也。""無爲自然"的確是莊子的"道"，莊子哲學思想的中心概念；也正是荀子所要批判的東西。這跟我們前述司馬遷揭示莊子學說的宗旨是"歸於老子之言"，"歸之自然"，是相符合的。《解蔽》篇下面還有一段話，可以說明莊子所謂"天"是指怎樣一回事。"故由用謂之道，盡利矣；由欲謂之道，盡嗛矣；由法謂之道，盡數矣；由勢謂之道，盡便矣；由辭謂之道，盡論矣；由天謂之道，盡因矣。""用"與"利"，"欲"與"嗛"，"法"與"數"，"勢"與"便"，"辭"與"論"，都是名異而實無別的概念；所不同的，只是後一概念在於揭示前一概念的內容或本質。"天"與"因"，當然也是這樣子的。何謂"因"？楊倞注說："因任其自然，無復治化也。""因任"就是不假人力，不用人功，一切處於被動，這也就是"自然無爲"。所以荀子《天論》篇批判"大天而思之""從天而頌之""望時而待之""因物而多之"的"錯人而思天"的觀點，也就是這裏所批判的"莊子蔽於天而不知人"，故"由天謂之道，盡因矣"的觀點。這跟莊子書中所謂"因是已"的消極的不抵抗主義的觀念是相符合的。荀子一點也沒有"同意"和"肯定"莊子對於"天"的看法，是從《天論》篇可以得到充分證明的，正如從《非十二子》《樂論》《正論》等篇可以證明荀子在《解蔽》篇沒有"同意"和"肯定"墨子、宋子的觀點一樣。

正確理解了荀子所謂"莊子蔽於天而不知人"的意思,則這句話不但不能證明荀子沒有看到《莊子》的內七篇,倒恰好可以說明荀子這裏講的是和《莊子》內七篇所表述的思想有密切關聯。如我們在前節論述內篇各篇所揭示莊子的學說宗旨,有"安時而處順","知不可奈何而安之若命",就是說明人在自然面前是完全無能爲力的。"一宅而寓於不得已","託不得已以養中","和而不唱","盡其所受乎天而無見得",就是教人要一切處於命運之下而不反抗。"依乎天理","因其固然","常因自然而不益生","順物自然而無容私",就是主張因任自然的原來樣子而不改造。可見《莊子》內篇的思想完全符合於荀子所謂"莊子蔽於天而不知人",故"由天謂之道,盡因矣"的提法。雖然《莊子》外、雜篇也不是沒有這樣的思想,但外、雜篇總沒有像內篇那樣一往說去,像內篇那樣把宗旨顯示得純粹。外篇十分夾雜,有時還有互相排斥的論點①。這也就是說,它是缺乏完整的成體系的中心思想。也就是不完全(或整個)符合於荀子所評述、概括的莊子學說。

還有最值得注意的是,荀子在《解蔽》篇評述了莊子的學說後,跟着以很大的篇幅來講明真理的客觀性和人有認識真理的能力,論辯有真是真非,以及錯誤認識是怎樣產生的,人怎樣才能得到正確的認識,等等。而且還明白地說:"若夫非(謂反對)分是非,非治曲直,非辨治亂,非治人道,雖能之,無益於人,不能,無損於人。案直將治怪說,玩奇辭,以相撓滑也,案彊鉗而利口,厚顏而忍詬,無正而恣睢,妄辯而幾利。……此亂世奸人之說也。"這顯然就是針對着莊子的《齊物論》立說。《齊物論》不正是否認客觀真理,抹殺有真是真非,反對辯明是非曲直,主張"滑疑之耀","和以天倪"嗎?像《齊物論》這樣的思想,在先秦諸子中還未見有第二人。惠施、公孫龍亦只是他們的理論本身淆亂了是非,從實際上否定了真理的客觀性。他們卻沒有明白立論說:無客觀真理,無真是真非。他們所提出的問題是屬於"名實"問題,荀子的《正名》篇就是專門批判他們那種理論的②。如果不承認《解蔽》篇後半篇主要是針對《莊子·齊物論》而立說的,則文中所謂"此亂世奸人之說也"這個"奸人"將無着落。由此可見,《莊子·齊物論》等篇,荀子不但看到了,而且正是跟莊子這樣的懷疑主義、相對主義唯心論哲學作鬥爭,從而才建立了荀子自己的唯物主義的認識論哲學。

現在可以簡單作個總結。繼愈同志所提出的所謂"新的科學證據",經過調查研

---

① 請參看關鋒《莊子外雜篇初探》有關這方面的論證。載《哲學研究》1961 年第 2 期。
② 楊倞注:"是時公孫龍、惠施之徒,亂名改作,以是爲非,故作《正名篇》。"

究,是難以站得住腳的。前人認爲內七篇是莊子本人的東西,還是應該被肯定。不能隨便視爲"迷信"。除非真有了"新的科學證據"足以推翻。我們"解剖莊周的哲學體系",現時仍不能不以內七篇作爲主要材料。

1961 年 4 月 28 日

(原載《哲學研究》1961 年第 5 期,第 40~62 頁)

孟子的認識論

一

《孟子》書中有關於認識論的思想，過去，不大爲人所注意，現在有文章談到孟子的認識論，卻說成是"一種直觀的神秘主義的認識論"。他們宣稱：孟子是"反對人們向外在的客觀世界探求知識"的，"認爲宇宙萬物的道理本來就存在於人的主觀意識中"，"靠耳目不能得到知識，而且只能擾亂自己，只有靠心才能得到知識"（《新建設》1961 年第 7 期，湯一介《孟子的哲學思想》第二節。以後沒有提人名、書名，打引號的白話文，都出於此文）。這樣評述孟子哲學，實攙雜了過多的主觀成分。

《孟子》書中所反映出來的關於認識論的見解，應該說，是具有樸素的唯物主義思想的。人們所以誤解，是由於把孟子的道德學範疇跟認識論範疇混淆了，甚至把他的道德學範疇去抵充了認識論範疇。孟子一生全部精力用於政治活動。所如者不合，才退而與弟子著書，記述其平生論議。他沒有專門討論哲學上最根本的問題，無論第一方面或第二方面。只是在一般言談中點點滴滴地露出一些看法。雖然不能夠構成很完整的體系，但是他的總的傾向性，還是很明白的。

認識論上唯心主義和唯物主義的區分，原不在於是否"重視心的作用"，思維或理性的作用。最根本的關鍵乃在於是否承認世界事物的客觀性，和認識客觀世界的可能性。承認的就是唯物主義的認識論，反此就是唯心主義的認識論。唯心主義的認識論必然成爲反動派仇視科學的理論根據，唯物主義的認識論則總是作爲提供科學發展的思想前提。由此以考察孟子的認識論，是唯心主義的呢，還是唯物主義的呢？就很容易見分曉了。

二

認爲孟子在認識論上是唯心主義者的，由於孟子有這樣的話：

> 人之所不學而能者，其良能也；所不慮而知者，其良知也；孩提之童，無不知愛其親者；及其長也，無不知敬其兄也。（《盡心上》）

這就好像是先驗主義者了！但仔細看，這裏卻很清楚，是講的道德行爲，而不是講知識。這裏倒應該引起這樣的問題：孟子是否認爲人的生活只能有或只應有道德的知（亦可叫做"即知即行"的道德活動），而不能有或不應有關於自然界、關於社會歷史、一般所謂的知識呢？再則孟子對於一般所謂的知識，是否也如他講道德觀念一樣，認爲是自心所固有，"不必向外求"，只"靠'內省'就可以得到全部知識"呢？

許多人論證孟子是唯心主義者，都喜歡引徵下面兩段話：

> 盡其心者知其性也，知其性則知天也。存其心，養其性，所以事天也。殀壽不貳，修身以俟之，所以立命也。（《盡心上》）

> 萬物皆備於我矣，反身而誠，樂莫大焉；彊恕而行，求仁莫近焉。（同上）

其實，這兩條還是講的道德範疇以內的事。固然宋明儒有很大一部分人曾經作過唯心主義理論的附會，但王夫之（船山）是當作唯物主義的觀點來理解的。仁者見仁，智者見智，各取所需以建立自己的哲學理論，也許都不就是孟子的本意。清儒的治學，大家都承認他們的態度比較客觀。如陳澧的《東塾讀書記》就非常平實地以《孟子》解《孟子》，他的看法或最能得孟子之意。陳澧對於前引第一條是這樣解釋："盡其心者，盡惻隱、羞惡、恭敬、是非之心也。知其性者，知仁義禮智之性也。仁義禮智皆由於'天生蒸民，有物有則'，故知性則知天也。所謂知天者如此，無高妙之說也。"（《東塾讀書記》卷三）

陳澧所謂"無高妙之說"，正是指斥宋明儒作的唯心主義理論的附會。他這裏還原了孟子本來的意思："知天"就是知道"有物必有則"是自然如此的道理。這是孟子在其他地方（《告子上》）講了的話。身是"物"，性是"則"，有了人身的"物"，就有人性的"則"。所以人應存其心（存其惻隱、羞惡、恭敬、是非之心），養其性（養其仁義禮智之性）。存其心，養其性，即所以克盡天理（在人身之物則）也。這哪裏是教人不要"向外在的客觀世界探求知識"嘛！

至於第二條，首句"萬物皆備於我矣"，如果斷章取義地孤立起來，當然會是唯心主義的命題。但跟下文"反身而誠，樂莫大焉；彊恕而行，求仁莫近焉"結合起看，便知這裏絕不是在講宇宙觀，仍是講的道德學。"萬物"之"物"，漢儒趙岐把它同"此物奚宜至哉"的"物"字都解釋爲"事"，這是對的。此條應與下述一章參證。

居下位而不獲於上，民不可得而治也，獲於上有道；不信於友，弗獲於上矣，信於友有道；事親弗悅，弗信於友矣，悅親有道；反身不誠，不悅於親矣，誠身有道；不明乎善，不誠其身矣。是故誠者天之道也，思誠者人之道也，至誠而不動者未之有也，不誠未有能動者也。（《離婁上》）

兩兩對照，意思恰好一貫。"萬物皆備於我矣"一語，就是上引這章的意旨的正面提法。即謂居下、獲上、信友、悅親等等事情我都踐行得無所欠缺了。這樣，反身自問，沒有不真切篤實的，當然這時的心境要感到"樂莫大焉"了。如果依照另一種解釋，把"萬物皆備於我"這句話説成是講的"世界萬物以人的主觀爲其標準和存在的根據"。還要加上："這就是説人的主觀意識是第一性的，客觀事物及其規律則是人的主觀意識所派生的……客觀世界存在的基礎就在人心了。"則下面緊承着而來的幾句話就扞格難通。一種根本不可能有的事實，怎樣可以"反身而誠"呢？孟子實無此"高妙之説"也。

"誠者天之道也，思誠者人之道也。"這話也同樣被作爲孟子是唯心主義者的證據。理由即：孟子"抽去了'天'的神性，把人的道德標準作爲内容填在'天'這樣一個形式裏"了，但我們知道，荀子（大家公認的唯物主義者）也以誠爲天道，主張人應"致誠"。請看他説："君子養心莫善於誠，致誠則無它事矣。唯仁之爲守、唯義之爲行。誠心守仁則形，形則神，神則能化矣；誠心行義則理，理則明，明則能變矣。……善之爲道者，不誠則不獨，不獨則不形；……天地爲大矣，不誠則不能化萬物；聖人爲知矣，不誠則不能化萬民；父子爲親矣，不誠則疏；君上爲尊矣，不誠則卑。夫誠者，君子之所守也，而政事之本也。"（《荀子·不苟》篇）荀子講誠，從意義上説，與孟子並無二致，而渲染的話比孟子還多。我們不能由此就説荀子是唯心主義者。怎樣同是一樣理論，一出在孟子的口裏就成了唯心主義者呢？孟子第一個命題是"誠者天之道"，第二個命題才是"思誠者人之道"，明明是以"天之道"作爲"人的道德標準"。正如《易·大象傳》説："天行健，君子以自彊不息。""地勢坤，君子以厚德載物。"是人法天的意思。人從自然現象中看到有些情況可以效法，能夠説這就是把人的主觀意識填進自然裏去了嗎？

至於説："孟子説'至誠而不動者未之有也，不誠而（按《孟子》原文無此"而"字）未能動者也'，這就完全站在主觀唯心主義的立場上了。只要'誠'就可以使客觀世界的規律改變，不誠就不能動天地的規律。"這又是否是孟子自己的意思？只須看看孟子在講這兩句話的前面那一大段文章，和上引荀子的話，"動"指何事？"動"的什麼？我想讀者是能夠清楚的。這裏就不再作過多的分疏。

三

现在回答我先前所提出的问题。孟子是承认在道德范畴的"良知""良能"外，还有必须"学"然后能，必须"虑"然后知的知能的。如他说："颂其诗，读其书，不知其人，可乎？是以论其世也。"（《万章下》）这不但没有"反对人们向外在的客观世界探求知识"，而且极力主张"向外求知识"，向外求知还得深入。颂诗读书不是借以增长知识的吗？单是颂诗读书还不够，必须知人，了解诗和书是因何而作，孟子于此提出了进一步去考察他们所处的历史时代的认识方法，显然他承认了人对于社会历史事物的认识是由不知到知的；而所以知，是由颂诗读书，再加上研讨，这就表明，不曾怀疑社会历史的事物是客观地存在于人的主观意识之外的。知人必须论世，就是把社会中出现的事物放在它固有的各种社会联系中去把握，这个见解是多少具有一点历史主义的认识方法了。

孟子在其他地方谈到，关于社会历史事物的知识是必须通过见闻、通过学习才能获得的。如答然友问："诸侯之礼，吾未之学也，虽然，吾尝闻之也。"（《滕文公上》）答景春问："是焉得为大丈夫乎，子未学礼乎？"（《滕文公下》）答北宫錡问："其详不可得闻也……然而轲也尝闻其略也。"（《万章下》）岂可说：这些知识"本来就存在于人的主观意识中"！孟子又岂曾认为他的关于社会历史事物的知识，原来就存在于他自己的主观意识中！

又如说：

> 人之有德慧术知者，恒存乎疢疾。独孤臣，孽子，其操心也危，其虑患也深，故达。（《尽心上》）
>
> 天将降大任于是人也，必先苦其心志，劳其筋骨，饿其体肤，空乏其身，行拂乱其所为，所以动心忍性，曾（增）益其所不能。（《告子下》）

这里，又岂不是明显指出，有许多知能必须经历困难，经过挫折，经过失败，从这里面不断取得教训，受到锻炼，然后才能得之吗？孟子这里正是总结了自己的经验，也总结了前人的经验。这些话，到今天仍是很有教育意义的格言。

我们决不能只看到孟子说："学问之道无他，求其放心而已矣。"（《告子上》）而无视他另一方面还说："博学而详说之，将以反说约也。"又称述子贡赞叹孔子的话：

"學不厭，智也。"劉向編著的《説苑·建本》篇還記載着孟子這樣的話："人皆知以學愈饑，莫知以學愈愚。"孟子對於道德和知識是有着嚴格的區分的，不能眉毛鬍子一把抓，難道還不清楚嗎？

即是在道德方面，説"仁義禮智我固有之"，但他在别的地方又説明是指的"乃若其情，則可以爲善矣，乃所謂善也"（《告子上》）。並沒有講，人從娘肚子裏出來就具有"完美的"道德。也沒有講，道德的標準是在人的主觀意識裏面。相反，他確實彊調要向外學習："大匠誨人必以規矩，學者亦必以規矩。"（《告子上》）"子服堯之服，誦堯之言，行堯之行，是堯而已矣。"（《告子下》）"如恥之，莫若師文王。"（《離婁上》）"乃所願，則學孔子也。"（《公孫丑上》）他還揭示過去賢聖怎樣虛懷納善、向人學習的榜樣："子路人告之以過則喜，禹聞善言則拜。大舜有大焉：善與人同，舍己從人，樂取諸人以爲善，自耕稼陶漁以至爲帝，無非取於人者，取諸人以爲善，是與人爲善者也。故君子莫大乎與人爲善。"（《公孫丑上》）他還指出，一個人的"善"與"不善"在他周圍共同生活的人能起巨大作用，他拿教孩子學語言打比譬："有楚大夫於此，欲其子之齊語也，則使齊人傅諸？使楚人傅諸？曰：使齊人傅之。曰：一齊人傅之，衆楚人咻之，雖日撻而求其齊也，不可得矣。引而置之莊嶽（齊街里名）之間數年，雖日撻而求其楚，亦不可得矣。"（《滕文公下》）

孟子在許多地方還説明人的道德行爲要依條件、地方和時間爲轉移。如娶妻"必告父母"，禮也。但如果"告則不得娶"，就可以"不告而娶"。舜娶堯女就是這樣的。（《萬章上》）"於齊，王餽兼金一百而不受；於宋，餽七十鎰而受；於薛，餽五十鎰而受。"由於"當在宋也，予將有遠行"；"當在薛也，予有戒心"；"若於齊，則未有處也。無處而餽之，是貨之也！焉有君子而可以貨取乎？"（《公孫丑下》）士在一個國裏，窮而無禄，"周之則受，賜之則不受"。還有"庶人召之役，則往役；君欲見之召之，則不往見"（《萬章下》），以及論"禹、稷、顔子易地則皆然"，"曾子、子思易地則皆然"（《離婁下》）。都是講去就出處，辭受取與要看處的什麽地位、什麽時節，而作出決定。這些，孟子不是清楚表明了：道德的確當性是受一定的社會客觀條件所決定的嗎？

孟子講政治也特別重視歷史條件。如答公孫丑問，論證齊國有統一天下的可能，比周文王的興起容易，就把文王所處的歷史條件跟當時齊國所具備的條件，作了全面的分析和比較。特別由齊國人民的諺語"雖有智慧，不如乘勢；雖有鎡基，不如待時"（《公孫丑上》）作爲理論根據。於此，尤可看出，孟子不但向歷史文獻學習，取得豐富的知識，而且還向勞動人民取經。這個諺語本身就是一種唯物主義的認識論。由此可見，所謂孟子認爲"不必向外求知識，靠'內省'就可以得到全部的知識"，是不妥當的。孟子的言論和行動，全都否定了這個説法。

四

客觀世界有其自己的規律，是人所不能違反的。孟子在談"養氣"的工夫時，講了一個農業生産上蠢人的故事作爲比喻：

> 宋人有閔其苗之不長而揠之者，芒芒然歸，謂其人曰："今日病矣！予助苗長矣！"其子趨而往視之，苗則槁矣。天下之不助苗長者寡矣！以爲無益而舍之者，不耘苗者也；助之長者，揠苗者也。非徒無益，而又害之。（《公孫丑上》）

這個宋人揠苗助長的故事，非常生動地顯示出了一切事物發生發展和變化有其自己的一定的進程，人只能給它創造條件使其按照自己的發展規律而順利地發展，決不能憑人的主觀意願胡亂改變，或包辦代替；這樣，只有失敗。這個故事雖是用以説明"養氣"，但比喻是作爲自己理論的證明的，它本身的真理性就不更待證明，否則就不能起證明的作用。這就説明，用比喻的人是首先就承認了比喻本身所包含的真理性的。所以這裏，我們不能不邏輯地看成是孟子對於自然界有其客觀規律性的確認。

孟子也討論到了社會經濟的客觀規律。在與陳相辯論時，陳相稱述許行主張："布、帛長短同，則賈（價）相若；麻縷、絲絮輕重同，則賈（價）相若；五穀多寡同，則賈（價）相若；屨大小同，則賈（價）相若。"認爲這樣，便做到了"市賈（價）不貳，國中無僞。雖使五尺之童適市，莫之或欺"。孟子嚴正指出：

> 夫物之不齊，物之情也。或相倍蓰，或相什百，或相千萬；子比而同之，是亂天下也！巨屨小屨同賈（價）（趙岐注："巨，粗屨也。小，細屨也。"），人豈爲之哉？從許子之道，相率而爲僞者也，惡能治國家？（《滕文公上》）

説明各種貨物的價格不同，原是決定於貨物本身質的不同。材料有貴賤，生産也有難易，所以定價也必須有差別。這樣差別不是人爲（僞）的，乃是合乎社會經濟的自然法則的。如果對於不同質的貨物，硬要按照它們量的相等來劃一價格，誰還願意再生産花勞動多的精美的貨物？這只會破壞了社會生産的發展。許行真是典型的主觀主義的平均主義者，孟子是認識到了社會經濟的客觀規律性（雖然只是一個方面），這是很明顯的。

關於客觀世界及其規律的知識，必須面向客觀世界才能得到。孟子不曾否認此事，而且認爲認識客觀世界，必須有一定的工具："權，然後知輕重；度，然後知長短。物皆然。"（《梁惠王上》）改造自然，使自然參加到人的生活裏面來，成爲人的生活不可分割的部分，尤必須製造工具：

> 離婁之明，公輸子之巧，不以規矩不能成方圓；師曠之聰，不以六律不能正五音。……聖人既竭目力焉，繼之以規矩準繩，以爲方圓平直，不可勝用也；既竭耳力焉，繼之以六律，正五音，不可勝用也。（《離婁上》）

這裏雖然説了耳目有做不到的事情，但他並沒有提出此時就應該回過頭來"內省"，而是要更加向外追求，給耳目製造工具。有了工具，就把耳目之用擴大了，延長了。

認識世界是爲了改造世界。最重要的一環在於掌握客觀規律。這點，孟子也有最清楚的認識，他把它作爲真正的"智"：

> 天下之言性也，則故而已矣，故者以利爲本。（趙岐注："言天下萬物之情性，當順其故，則利之也。"）所惡於智者爲其鑿也。（趙岐注："惡人欲用智而妄穿鑿，不順物。"）如智者若禹之行水也，則無惡於智矣。禹之行水也，行其所無事也。如智者亦行其所無事（趙岐注："作事循理。"），則智亦大矣。天之高也，星辰之遠也，苟求其故，千歲之日至可坐而致也。（《離婁下》）

這是《孟子》書中唯一專門講論"智"的問題的重要論文，孟子拿夏禹治水，根據水勢就下、可導而不可遏的規律，來説明人認識世界，改造世界都須如此。這裏顯然包含幾種思想：（一）客觀世界是有其自己的規律的；（二）這種規律是可以認識的；（三）認識了這些規律，就可以掌握它，利用它，使其爲人的生活服務。他特別舉例説，如像高遠無比的天體運行，只要掌握了它的規律，就是千年以後的星辰日月之會，也可以在現在就推算出來，而無有差誤，表明了這是人能夠認識客觀世界及其規律的無可辯駁的證據。從這點也説明了，孟子是在當時科學成就的基礎上提煉出來了唯物主義的認識論的。

《孟子》還有一個地方講到"智"，也有同樣的意義：

> 始條理者，智之事也；終條理者，聖之事也。智，譬則巧也；聖，譬則

力也。由（猶）射於百步之外也，其至，爾力也；其中，非爾力也。（《萬章下》）

這裏的"條理"，就是指的客觀事物的規律性。所以朱熹注説："條理猶言脈絡。"孟子用射箭來比譬，可見他是這樣認識：條理如射的"的"，智如射中"的"的"巧"。不能中"的"就不是"巧"，不能察認條理（客觀事物的規律性）也就不是智。

這裏還提出了"力"和"巧"的分别，能射多遠是力，射中與否則不决定於力，純是一種技巧，必須勤學苦練才能獲得。以此喻智，尤有深刻的意義。蓋《孟子》書中"智"的概念原有兩種不同的用法。一是指人有認識客觀事物及其規律性的能力。這是本具的，即所謂"是非之心，智也"。但這只是認識上的主觀可能性，還不就是知識。雖不就是知識，但知識將從這上面顯露出來，是構成知識的最重要的主觀條件。從這個意義上，所以亦勉强稱爲"智"。但嚴格説來，並不確切。因而孟子在别的地方又另作一種提法："是非之心，智之端也。"這就表示這只是構成智的主觀因素。這裏，就知識論而言，是只講到一半，應當還有另一半。所以孟子在此之外，給"智"又特别作了另一種規定：是指對於客觀事物及其規律性的認識。如我們前引兩條所論的"智"，便是這種意義。這種智，就不是本具的了，必須學習而後成。學習不學習與學習得好不好，是人的智愚賢不肖所以分流的主要關鍵。即使智力相等的人，其學習的客觀條件又相同，如果學習的態度不一樣，其結果也會迥異。孟子對此，特别善譬巧喻地作了説明：

今夫弈之爲數，小數也，不專心致志，則不得也。弈秋，通國之善弈者也。使弈秋誨二人弈。其一人專心致志，惟弈秋之爲聽。一人雖聽之，一心以爲有鴻鵠將至，思援弓繳而射之；雖與之俱學，弗若之矣。爲是其智弗若與？曰：非然也。（《告子上》）

一切知識、技能，都必通過學習，有時還必須艱苦努力學習，然後才能獲得。這本是非常普通的常識，而謂孟子認爲"靠'内省'就可以得到"，這是不確切的。

五

孟子在同告子辯論中，曾涉及"名實"同異的問題，也反映出了他是唯物主義的認識論：

告子曰："生之謂性。"孟子曰："生之謂性也，猶白之謂白與？"曰："然。""白羽之白也猶白雪之白，白雪之白猶白玉之白與？"曰："然。""然則犬之性猶牛之性，牛之性猶人之性與？"（《告子上》）

這裏"白"是抽象的概念，是各種東西的異於"非白"的顏色的概括。而人在感性上感受到的"白"，則是具體的，有特殊性的；不但跟"非白"相異、相區別，也跟不同類的東西的"白"相異、相區別。"白"的概念僅僅是對於各種東西的顏色跟"非白"相異、相區別的那一點（即共性）的舉示。所以"白"在顏色方面可以成爲一個"類"概念。就孟子同告子的辯論看來，如果是說：白羽的白屬於白類，白雪的白、白玉的白也屬於白類，那就沒有什麼可以訾議。而告子乃是說：白羽、白雪、白玉它們的白都是一樣的，沒有區別。認爲既都是白，當然是一樣的。他是主要從異於"非白"這一點着眼，但孟子提問是具體東西的具體的白，就不能只看到共性，而無視了它們的特殊性。沒有特殊性，就不能成爲真實存在的東西。拿共性來抹殺了特殊性，則物與物的分類也很難確立，最後非至於把類與類相區別的界限也化爲烏有不可。所以孟子最後歸到他們辯論的主題上來說："然則犬之性猶牛之性，牛之性猶人之性與？"即指明告子所謂"生之謂性"的提法，是沒有類與類相區別的特殊性的。以此來說明人性，實無意義。孟子確認一切東西都有它的獨立性，是在概念之外自存的，這裏不是也表現得很明白嗎？郭沫若同志早就指出了：告子"是一位主觀的觀念論者，孟子是較爲客觀的"（《十批判書》，第261頁）。

孟子還有一處表明他是唯物主義的感覺論：

故凡同類者，舉相似也。……口之於味，有同耆也，易牙先得我口之所耆者也。如使口之於味也，其性與人殊，若犬馬之與我不同類也，則天下何耆皆從易牙之於味也？至於味，天下期於易牙，是天下之口相似也。惟耳亦然。至於聲，天下期於師曠，是天下之耳相似也。惟目亦然。至於子都，天下莫不知其姣者，不知子都之姣者，無目者也。（《告子上》）

這裏，我們可以看到，它說明了這樣一些問題：（一）人的感覺器官是感性認識的主體；（二）有相同的感覺器官就必然有相同的認識功能，沒有相同的感覺器官就決不會有相同的認識功能。同者爲類，不同者爲異類。同類就可以以此推彼，進行演繹法的推理和推比。異類就決不可以相互推比；（三）一人的某個感覺器官如有缺壞，就不會産生對應於那個器官的物質客體的感覺。但物質客體並不因此而不存在，因爲沒有缺壞器官的人全都能感覺到也。這就是說明物質客體永遠是獨立存在於人的感覺和意

185

識之外的，人的感覺完全是物質客體所給予的。

孟子這種觀點，是完全合乎科學真理的。他正確使用了邏輯的類概念，所以他不同於詭辯。莊子就是嚴重違犯了邏輯的異類不相比的規則，所以陷入了不可救藥的懷疑主義、虛無主義，實質上是反動的唯心主義。如他説："民，溼寢則腰疾偏死，鰌然乎哉？木處則惴慄恂懼，猨猴然乎哉？三者孰知正處？民食芻豢，麋鹿食薦，蝍且甘帶，鴟鴉耆鼠，四者孰知正味？猨，猵狙以爲雌，麋與鹿交，鰌與魚游；毛嬙、麗姬，人之所美也，魚見之深入，鳥見之高飛，麋鹿見之決驟；四者孰知天下之正色哉？"（《齊物論》）他企圖由此證明，人的感覺、感受和對客觀世界的認識全是謬妄的。目的在於使人不要正視現實生活。過去有許多人很欣賞他這種詭辯，不知這種詭辯並經不起駁斥。人是以宮室爲正處，魚是以水爲正處，猨猴以木爲正處，皆適合於他們的身體的特性，天下哪裏沒有正處、不知正處？人是以芻豢爲甘，麋鹿是以青草爲甘，蝍且是以小蛇爲甘，鴟鴉是以腐鼠爲甘，皆適合於他們的口和胃的特性，天下哪裏沒有正味、不知正味？猵狙以猨爲可愛，麋以鹿爲可愛，鰌以魚爲可愛，人以毛嬙、麗姬爲美而可愛：同類相親，異類相違，本是自然法則，天下哪裏沒有正色、不知正色？如果各類生物不各以其處爲正處，各以其味爲正味，各以其類之色爲正色，人而魚，魚而鳥獸，互相調換，勢非全歸死亡不可。各類生物都各有其一定的生存條件、生活習慣、生活方式，乃是經過億萬世歷史發展自然形成的。

唯心主義的認識論跟唯物主義的認識論是怎末不同，從這裏不是可以十分清楚地看出一條鴻溝來？

六

斷言孟子是："認爲人們的認識根本不必依靠感官對外界進行考察，感性認識是靠不住的"，"只有靠心才能得到知識"。所提出來的證據，是摘引孟子辨大體小體章中的幾句話。爲了把問題搞清楚，有必要把全文抄錄下來看看：

> 公都子問曰："鈞是人也，或爲大人，或爲小人，何也？"孟子曰："從其大體爲大人，從其小體爲小人。"曰："鈞是人也，或從其大體，或從其小體，何也？"曰："耳目之官不思，而蔽於物，物交物，則引之而已矣。心之官則思，思則得之，不思則不得也。此天之所與我者。先立乎其大者，則其小者不能奪也。此爲大人而已矣。"（《告子上》）

在這章之前還有一章，意義是互相發明的，爲了便於說明問題，這裏也一並抄下：

　　孟子曰：人之於身也，兼所愛；兼所愛，則兼所養也。無尺寸之膚不愛焉，則無尺寸之膚不養也。所以考其善不善者，豈有他哉？於己取之而已矣。體有貴賤、有小大，無以小害大，無以賤害貴。養其小者爲小人，養其大者爲大人。今有場師，舍其梧檟，養其樲棘，則爲賤場師焉。養其一指而失其肩背，而不知也，則爲狼疾人也。飲食之人，則人賤之矣，爲其養小以失大也。飲食之人無有失也，則口腹豈適爲尺寸之膚哉！（趙岐注："飲食之人，人所以賤之者，爲其養口腹而失道德耳。如使不失道德，存仁義以往，不嫌於養口腹也。故曰口腹豈但爲肥長尺寸之膚邪？亦爲懷道者也。"）（同上）

十分清楚，這裏並不是在講什麼求知識的事情，完全是講道德問題。說明大人小人之區分，全不在於他們的社會地位，最根本的是看他思想上、行爲趨向上以什麼掛帥。孟子提出了耳目之官和心之官，即從人身上指出大體小體所由分的依據。說"耳目"同說"口腹"一樣，人是靠各種器官攝取和感受外界物質而生活的。但如果一個人只隨順着感官的嗜欲追求個人享受，以爲人生的意義就是滿足自己肉體上嗜欲，則什麼卑鄙齷齪、下賤無恥、出賣靈魂的事無所不幹！所以孟子教人要"先立乎其大者"。先立乎其大者就是不要老從個人肉體享受出發，首先要講人格，樹立人格。怎樣樹立人格？孟子在另外的地方説："居天下之廣居，立天下之正位，行天下之大道，得志，與民由之；不得志，獨行其道。富貴不能淫，貧賤不能移，威武不能屈。此之謂大丈夫。"（《滕文公下》）又説："志士不忘在溝壑，勇士不忘喪其元（即腦袋）。"（《萬章下》）又説："生，亦我所欲也；義，亦我所欲也，二者不可得兼，舍生而取義者也。"（《告子上》）這就叫做"從其大體"。像這樣的"從大體"，不能不首先是在心上淬勵、磨練，即從思想上立定腳根。恩格斯説："凡推動人們去行動的一切，都必然要經過人們的頭腦。"（《馬克斯恩格斯文選》第二卷，莫斯科中文本，第391頁。）孟子説"心之官則思，思則得之，不思則不得之"，原是教人"先立乎其大者"。我們今天還是要講"立大志"（雖然所立的"志"，我們跟孟子會有本質的不同），怎樣可以一看到"重視心的作用"，就給扣上一頂唯心主義的帽子呢？他在"先立乎其大者"下面説："則其小者不能奪也。"是講不爲聲色貨利等等所誘惑。"耳目之官不思而蔽於物"就是指的爲聲色貨利等等所誘惑。所謂"飲食之人則人賤之矣"。講"耳目之官"有它的前後文，還有與它互相發明的前章，意義是被嚴格規定着的，怎能割斷它的聯繫，硬說這是孟子認爲"靠耳目不能得到知識，只能擾亂自己，只有靠心才

187

可以得到知識"！

如果一定要從認識論的角度來理解孟子這裏論耳目與心思的幾句話，則也只能這樣理解：孟子這裏是不自覺地，或者說在他的思想側面，揭示出了關於感性認識和理性認識兩者的不同的特點。感性認識永遠是跟它對面的物質客體發生直接聯繫的，同時是被動的。而理性認識則有很大的主觀能動性，它的特殊功能是抽象思維，由抽象思維把握客觀真理；不思維，真理就永遠自在地潛處於認識的彼岸。這裏是沒有顯示出：感性認識和理性認識是整個認識運動發展過程的兩個階段，理性認識必須以感性認識爲其基地，沒有感性認識，即無所依據以進行抽象思維。但他在另一章提到"口腹豈適爲七尺之膚哉"，意謂應該把養身看成是爲了養心，則不至於成爲了爲養身而養身。倘如仍照前例作爲認識論思想來理解，則這裏也就已經是把感性認識和理性認識互相依靠的關係，曲折地揭示了出來。但即使是這樣從側面作爲認識論來理解，也只能就是講的認識論原理，而不是講的求知識。

范文瀾同志說過："曾子、子思、孟子學派，主要在講論仁義，其次才兼講天文曆數。"（《中國通史簡編》，1953年版，第196頁。）《孟子》書中確實是表現了他一生主要是講論當時的政治經濟問題和道德學。對於其他的科學、哲學的思想，只是偶然涉及，在無意中迸發出來的點點智慧閃光。他自己曾說："知（智）者無不知也，當務之爲急。……堯舜之知（智）而不徧物，急先務也。"（《盡心上》）可見他是把其他的科學、哲學視爲不急之務的。所以我們只能恰如其分地說：孟子不大注重一般的知識。決不能把不大注重一般的知識這件事情，無限制地加以引申、膨①脹，使其發生質變，說成了"反對人們向外在的客觀世界探求知識"。我還是借用郭沫若同志的話來作結論："假使不是假物以致知，則孟子何必主張'博學而詳說'呢？"（《十批判書》，第136頁。）

（原載《文匯報》1962年2月15~16日；又載《孟子研究論文集》，山東大學出版社，1984年）

---

① 編按，"膨"原作"腫"，今據文意改。

方以智《物理小識》的哲學思想

《物理小識》和《通雅》一樣，是方以智早期有關科學研究的著作。此書着手編寫是在明崇禎四年（1631）①，這時方以智剛滿二十歲。崇禎十六年（1643）寫出《自序》②，大致這時已著成了一個初稿。次年，李自成率領農民軍進入北京，摧毀了明政權。接着，清軍入關，國內廣大農民與封建地主階級激化了的矛盾，很快轉變爲漢族人民和清朝統治者相對抗的矛盾。方以智從這時起，開始了流離轉徙的生活。他不願意做李自成大順政權的官，仍欲效忠明朝，逃出北京，跑回南京。這時清軍已經入關。值巨奸阮大鋮③柄政，排斥正人，謀興大獄，以一網殺盡方以智等復社人物。乃喘息未定，又變姓名，化裝亡命。他身體本來瘠弱④，"即得怔忡驚悸嘔血頭暈之症"⑤。"自越而閩而粵，凡數易姓名，徭崗轉側，備嘗艱苦"。⑥ 曾一度作了明桂王的東閣大學士、禮部尚書，旋即辭去，行醫賣字畫過活⑦。明桂王永曆四年（清順治七年，1650）十一月，廣州、桂林俱爲清兵所破，爲了表示永遠不作清朝的順民，遂剃髮爲僧。至永曆六年（順治九年，1652）秋，欲省視闊別十年的老父，才趁舊友施閏章來廣西之便，伴隨度嶺北還。他在這八九年顛沛流離的困苦生活中，一直沒有放棄科學研究和寫作，他的兒子方中通《哀述》詩說："亂裏著書還策杖，饑時變姓不投林。"注云："《物理》《聲原》皆亂中所著。"⑧ 是《物理小識》從着手編寫至此，歷時二十二年。其苦節著書的精神，不能不說是偉大的、卓絕的。

這書雖是一部有關科學研究的記錄，但不是單純講科學，而是借科學以表述他自己的哲學世界觀的。這點在他的《自序》里已十分清楚地講明了。所以我們從哲學的

---

① 見方中通《物理小識編錄緣起》。
② 《自序》題"歲在昭陽汁洽"，即干支癸未，爲崇禎十六年。
③ 編按，"鋮"原作"成"，今正。
④ 方以智《博依集·庚午春作》："身軀微且弱，飯不能一斗。"
⑤ 方以智《嶺外稿·夫夷山寄諸朝貴書》。
⑥ 方中通《陪詩》卷四《哀述》第五首注。
⑦ 錢澄之《生還集·得方密之信見寄》："庸書海市音全變，賣藥山城術已神。"又《行朝集·壽曼公四十》第二首："夜洗硯山聊作活。"注云："公賣畫自給。"
⑧ 方中通《陪詩》卷四。

角度來評價，作爲方以智早期的哲學思想的代表。

一

但理論要結合實際，我想根據當時一種特殊的文化背景，首先闡述一下他之所以著《物理小識》的苦心所在，對於評價他的哲學思想，或更能揭示出它的歷史意義。

在明朝萬曆年間（十六世紀末），歐洲已成長起來的資本主義國家，四方八面地遠涉重洋尋找殖民地、掠取財富，作爲殖民帝國的先遣隊——傳教士也來到中國。因中國是有高度文化並且人民衆多的國家，既不能如對非洲、美洲的民族容易用武力征服，純粹散佈宗教迷信以首先"征服人心"還是有困難（按照當時中國的國情，是最發展的封建社會，但還沒有孕育資本主義）。於是他們派遣傳教士採取了糖衣裹毒藥的辦法，就以歐洲前一時期的哲學、自然科學和個別新的不太重要的技術科學，來歆動中國當時的社會上層士大夫，從這裏面巧妙地浸潤以宗教教義。此清代數學家梅穀成所謂"夫西人欲技術以行其教"[①]也。這些傳教士輸入的歐洲中世紀文化，或者竄改了的古希臘文化，對當時的中國人來說，確是新事物。

怎樣來對待這些"不速之客"送來的"欲技術以行其教"的貨色呢？當時顯然有兩種人是採取了彼此完全相反的態度。第一種人是接受了傳教士所介紹的科學知識，同時也就承受了傳教士的宗教洗禮，成爲天主教的熱烈擁護者，如徐光啓、李之藻等就是如此。他們甚至希望人人都信奉天主教："佛入中國千八百年矣，人心世道，日不如古，成就得如許人？若崇信天主，必使數年之間人盡爲聖賢君子，視唐虞三代且遠勝之；而國家更千萬年久安無危，長治無亂。可以推理，可以一鄉一邑試也。"[②] "鞬韇靈明，既甘自負，更負造物主之恩，且令造物主施如許大恩於世，而無一知者，則其特注愛於人類，亦何爲也！"[③]另一種人則是既堅決反對傳教士散佈的宗教迷信，同時也堅決反對他們所介紹的科學知識，如王夫之（船山）就是如此。他甚至連同利瑪竇介紹的可信不可疑的地圓説也加以指斥："瑪竇如目擊而掌玩之，規兩儀爲一丸，何其陋也？""而百年以來無有窺其狂駭者，可嘆也！"[④]

[①] 阮元《疇人傳》卷三九。
[②] 徐光啓《致鄉人書》，增訂《徐文定公集》卷一。
[③] 李之藻《譯寰有詮序》。
[④] 王夫之《思問錄·外篇》。

這正是："所謂壞就是絕對的壞，一切皆壞；所謂好就是絕對的好，一切皆好。"① 方以智卻不是這種態度。他承認傳教士介紹來的科學知識是有裨益的，但他排斥了傳教士在介紹科學知識中所攙雜的宗教胡説。同時他還認爲傳教士介紹來的科學知識並不是如有些人説的"思之窮年累月，愈見其説之不可易"②。"蓋千古以來所未有者。"③ 他在《物理小識·自序》里指出："萬曆年間，泰西學人，詳於質測而拙於言通幾；然智士推之，彼之質測猶未備也。""拙於言通幾"，就是指的裏面攙雜着宗教胡説，未能真正認識宇宙本體。"猶未備"，就是説明它有許多理論在很大程度上仍處於幼稚的假設階段，未必都可證驗。又曰："聖人通神明，類萬物，藏之於《易》，呼吸圖策，端幾至精；律曆醫占，皆可引觸。"則是教人必須認識中國有自己的哲學和科學傳統，不宜妄自菲薄。方中通著《物理小識編録緣起》説："適以遠西爲郯子，足以證明大禹、周公之法，而更精求其故，積變以考之。"也就是把傳教士介紹的科學知識只作爲借鑒的意思。一方面要以中國哲學的正確理論批判掉傳教士彊加給科學的宗教胡説，另方面也要自己親身不斷地作實驗和觀察，發現前人所没有發現的東西，使科學永遠向前發展。這就是他編寫《物理小識》的主導思想。

還須指出，當時傳教士執行他們作爲帝國殖民的先遣隊的使命，無論著書或譯書，都是除了一方面大肆宣傳麻醉人民的僧侶主義宗教神學外，另方面還公開地或曲折地竭力貶低中國文化，並肆無忌憚地攻擊中國後期儒家具有理性主義色彩的學説（後面將引到），妄圖使中國人民失去自信心，拋棄自己民族文化的優良傳統，這是最惡毒最卑鄙的陰謀詭計。方以智之著《物理小識》，從上面引述的序言可以看出，也正是有意識地跟他們對壘作戰，使他們的陰謀詭計不得實現。所以他在本書中盡量搜集了古來有關各方面的科學理論和經驗，以及當時人和相知中已取得的科學知識和經驗，也記録了自己許多實際觀察和經驗。更重要的是還訪問了許多勞動人民在農業上、工業上、藥物花木栽培上、食品加工上等等的生產技術；他也注意到了少數民族對科學技術的貢獻。書中有時還把有特殊成就和技藝出色的工匠姓名記了下來，如講："嘉靖時新安方勵齋創製紫飛花布，雲間乃後仿者，因有兼絲納文。"④ "後代之工有巧於前者，松江唐俊卿，嘉興朱碧山。"⑤ "今陸子剛之治玉，鮑天成之治犀，朱碧山之治銀，趙良

---

① 《毛澤東選集》第 3 卷，人民出版社 1954 年版，第 833 頁。
② 徐光啓《泰西水法序》。
③ 李之藻《寰有詮序》。
④ 《物理小識》卷六《棉花布類》。
⑤ 《物理小識》卷七《鍛冶》。

璧之治錫，馬勳之治扇，呂愛山之治金，石小溪之治瑪瑙，蔣抱雲之治銅，皆比常價再倍。"① 特別值得提到的，他還記錄了當時已出現一位能製造自鳴鐘的女科學家："龍溪孫大娘稱奇工。"② 這樣，就表明了中國是有豐富的科學技術知識和經驗的，中國人民是有無窮盡的創造、發明的智慧的。

而書中對於傳教士所介紹的科學知識，則採錄極少。即使採錄了，也有所批判，剔去它的糟粕，或揭露其矛盾，或指出其難信，或另作合理的解釋。如《人身類》言"血養筋連之故"和"論骨肉之概"鈔錄了湯若望的《主制群徵》，而原書中："是知造化人身、安排人身如是恰當者，必智能超人萬倍不啻者也。從此推知，造化天地萬物而安排之，其智慧準此矣。"這樣推論有上帝存在的騙人鬼話，卻不引入。並説明只是就"此論以肝、心、腦筋立論，是《靈〔樞〕》《素〔問〕》所未發"這一點上，"故存以備引觸"。③ 傳教士論天有十重，"諸天悉由一靈而運"④，"一靈"就是指的上帝。《曆類》採用了"九重"説，卻不取所謂"諸天悉由一靈而運"的胡説，並評論："所謂靜天，以定算而名，所謂大造之主，則於穆不已之天乎？彼詳於質測而不善言通幾，往往意以語閡。"後面還引幾種不同的説法，指出"不已自矛盾耶？"⑤ 傳教士論天有三際："近地爲溫際，近日爲熱際，空中爲冷際。"⑥ 方以智則説："日所到則暖，日去則冷。"⑦ 顯示三際之説不合理。對於地圓説亦引"黃帝問岐伯：地爲下乎？岐伯曰：地，人之下，天之中也。帝曰：憑乎？曰：大氣舉之。邵子、朱子皆明地形浮空，兀然不墜"⑧。表明中國古人早已有天才的猜測，不要驚爲泰西的創見。傳教士説："地（爲）諸天之心，心如樞軸，定是不動。"⑨ 引證"亞利（亞里士多德）與星性兩學，皆謂地在中而不動也"⑩。他們原是想借以説明"外有使之動者"⑪（即上帝）的。方以智則據緯書"地有四游"，"地恒動不止，如人在舟坐，舟行而不覺"⑫，斷然摒棄

---

① 《物理小識》卷八《辨古銅器法》。
② 《物理小識》卷八《運機》。
③ 《物理小識》卷三。
④ 傅汛際、李之藻譯《寰有詮》卷四。
⑤ 《物理小識》卷一。
⑥ 按此爲熊三拔説，見方中履《古今繹疑》卷十二。
⑦ 《物理小識》卷一。
⑧ 《物理小識》卷一。
⑨ 羅雅谷《五律曆指》。
⑩ 《寰有詮》卷六。
⑪ 《主制群徵》。
⑫ 《物理小識》卷二。

了他們有所爲而云然的謬論，這就是他在《自序》里所說的"拙於言通幾"和"猶未備"的一些實例。

二

方以智著《物理小識》，是面對傳教士以神學統科學，並妄圖以褪了色的歐洲中世紀文化扼殺中國不斷發展着的文化，而給以當頭一棒。這是無可置疑的。在這部著作中所表現出來的哲學思想，主要的方面是什麽？價值何在？又有哪些不足的地方？也可以根據上述精神來加以闡明。

方以智具有唯物主義的世界觀。同王夫之一樣，是遠紹了宋儒張載的氣一元論。張載在他的《正蒙·太和》篇中，論證世界的本質是物質的"氣"。氣和虛空不是對立的兩物："太虛無形，氣之本體"，"虛空即氣"。"氣"是永遠運動着的："氣塊然太虛①，升降飛揚，未嘗止息。"萬物的生滅成壞是由氣之聚散，"游氣紛擾，合而成質者，生人物之萬殊"，"氣之聚散於太虛，猶冰凝於水。"這樣，就否定了"有"的前頭有能變生出"有"的"無"那種不必要的概念假設。"知太虛即氣，則無'無'。"這樣，也就堵塞住了通向唯心主義的陰溝。唯心主義總是以無因的第一因說世界起源的，其實它正好破壞了因果律，持論很難見有邏輯："若謂'虛'能生'氣'，則'虛'無窮，'氣'有限，體用殊絕。有生於無，自然之論。不識所謂有無混一之常。"② 若謂萬象爲太虛中所見（現）之物，則物與虛不相資，形自形，性自性，形性天人不相待而有，陷於浮屠以山河爲見病之說。張載對於對立統一的自然辯證法也有一些認識："造化所成，無一物相肖者。以是知萬物雖多，其實一物，無無陰陽者，以是知天地變化，二端而已。""兩不立則一不可見，一不可見則兩之用息。兩體者，虛實也，動靜也，聚散也，清濁也，其究一而已。"

方以智在《物理小識》中也有這樣的理論："質皆氣也。"③ "一切物皆氣所爲也，

---

① 編按，"虛"原作"和"，今據《正蒙》改。

② 侯外廬同志在1961年8月6日《人民日報》發表《方以智〈東西均〉一書的哲學思想》，說張載"調虛生氣"，方以智批評他是"入於老莊'有生於無'自然之論，不識有無混一之常"。蓋標點錯了《東西均》的文句，實際是張載批評"虛生氣"說，而方以智引之，方著《藥地炮莊·大宗師》篇抄錄他父親方孔炤著的《潛草》，亦曾引述張載此數語。

③ 《物理小識》卷一。

空皆氣所實也。"① "虛固是氣，實形亦氣所凝成者。"② "精神皆氣也。"③ "形者精氣之所爲。"④ "譬水本寒流，過極則凝而不流，爲層冰矣；解則復常，非二物也。"⑤ "人身小天地，四大升降生息，無刻有停。"⑥ "其所以晝夜不息者，以一元之乾氣耳。"⑦ "一氣升降，自爲陰陽。"⑧ "本一氣也，而自爲陰陽，分爲二氣，而各具陰陽。有時分用，而本不相離；有時互用，而不硋偏顯；有時相制，而適以相成。"⑨ "二者之用，交濟相成。……識者於此，蓋悟代錯之本一矣。"⑩ "貞夫一者，用相代錯。"⑪ "其常也即其變也。"⑫ "獨性各別，公性則一。"⑬ "無不同者，無一同者。"⑭ "天地交錯，飛走草木互變，因偶明奇。"⑮ "氣相同則相求"，"氣相克則相制"。⑯ "上道下器，分而合者也。"⑰ "信一在二中之理，一不壞，二亦不壞，則交輪之幾，一然俱然者也。"⑱

在本書中方以智雖沒有提到張載（他晚年著的《東西均》和他父親方孔炤著的《潛草》卻是明白引述了張載批判"虛能生氣"之說的），而在事實上是繼承了張載氣一元論的唯物主義哲學傳統，這是十分明顯的。張載的理論鬥爭是指向佛老，方以智則適應新的情況，指向傳教士所傳佈的天主教神學，這是中國唯物主義哲學新開闢的戰場，是具有世界意義的。

當時傳教士之佈教，爲了使中國人思想不發生扞格，會費盡心機，曲解儒家傳習的經典，硬說《詩經》《書經》等書所講的"帝""天""上帝"，全都不是指自然之天，而是有人格的"最上至尊至能"的神，即他們所認爲創造世界、主宰世界的"真

---

① 《物理小識》卷一。
② 《物理小識》卷一。
③ 《物理小識》卷三。
④ 《物理小識》卷三。
⑤ 《物理小識》卷三。
⑥ 《物理小識》卷三。
⑦ 《物理小識》卷三。
⑧ 《物理小識》卷一。
⑨ 《物理小識》卷一。
⑩ 《物理小識》卷一。
⑪ 《物理小識》卷三。
⑫ 《物理小識·總論》。
⑬ 《物理小識·總論》。
⑭ 《物理小識·總論》。
⑮ 《物理小識·總論》。
⑯ 《物理小識·總論》。
⑰ 《物理小識·總論》。
⑱ 《物理小識·總論》。

主""天主"。他們説:"歷觀《詩》《書》、孔、孟之言,皆以性命出於天爲本,以事上帝爲主。"① "夫帝者非天之謂,則不以蒼天爲上帝可知。""吾國天主,即經言上帝。""歷觀古書,而知上帝與天主特異以名也。"② 但當時讀書人遵用的諸經注解,大都是宋儒的著作。宋儒(以及明儒)不管理學派、心學派都傾向於無神論,沒有可供傳教士的天地萬物是由上帝創造的臆説的借口。他們於是痛詆漢以後的儒者,爲"俗儒""僞儒","道德"的"異端",未得孔、孟之傳。"漢以後,異端蜂起,而真解亂矣。由是可見,道統之傳,後世有損。" "惟彼拘於世俗之儒,不察正理,專於虛句,而曲論古學之真意。"③ 對於宋明儒具有理性主義色彩的理論,更攻擊不遺餘力:"今人論天地萬物之原,其説不同,或云天地無始無終,或云天地有始而能自生,或云天地有始而有所以生。所謂天地有所以生者,又或曰理,或曰氣,或曰主宰。窮究主宰之説,又各議論不一,以致人心茫然,莫知所向。"④ "夫俗儒言理,言道,言天,莫不以此爲萬物之根本矣。但究其所謂理,所謂道,所謂天,皆歸於虛文而已。""天地,性也,心也,太極也,無極也,氣化也,從何而有?""周子以無極、太極與太虛爲一,張子以太虛與理與天爲一。然則天也,理也,氣也,皆不能自有,則必先有他有,則必先有其所以然;既先有其所以然,則不能爲萬物太初之根本,明矣。如此,則俗儒所稱萬物之大本,雖曰實理,終歸於虛理虛文而已矣。"⑤ "物物各具一太極,則太極豈非物之元質,與物同體者乎?既與物同體,則囿於物,不得爲天地主矣。"⑥ 他們爲什麽要這樣肆意攻擊?原來他們是認爲:"太極、太虛、太乙、太和、理、氣、陰陽之説,惑世誣民,是將天主真主全然抹殺。"⑦ 他們還進一步按照他們的宗教神學的標準譏短先秦儒學:"至孔孟遺經,推原於造物,致乎存養,學思兼臻,危微並惕,庶幾成德之途歟!然乃率性而已,雖持循有據,幽尚略而未詳。"⑧ "學問之道,必曉然明見萬有之原始,日後之究竟,乃可絶歧路而一尊。此在儒書,多爲未顯融。"⑨ 他們反復宣傳:只天主教教義"究極精微","真有前聖所未知而若可知,前聖所未能而若可能

---

① 衛方濟《人罪至重》。
② 利瑪竇《天主實義》第二篇。
③ 衛方濟《人罪至重》。
④ 艾儒略《萬物真原小引》。
⑤ 艾儒略《萬物真原小引》。
⑥ 艾儒略《三山論學記》。
⑦ 孫璋《性理真詮》。
⑧ 林安多《崇修精藴》。
⑨ 朱宗元《答客問》。

者"①。這樣，整個中國文化就應當受歐洲中世紀（歷史家所謂黑暗時代）文化征服了！

但是對頭腦清醒的中國人説來，上述傳教士的議論，恰恰可作爲很好的反面教材。從這裏面學習到了：他們所竭力詆毀的，正應該認識到是中國文化最有生命力的優良傳統；而他們所喜歡的曲爲附會的東西，倒是已受到了歷史發展所淘汰的文化糟粕。方以智的《物理小識》，就表明具有了這樣的認識。所以他在書中既張皇中國傳統的科學文化，又硬要堅持着哲學上唯物主義的氣一元論，就是要"將天主、真主全然抹殺"，與傳教士進行的殖民主義文化侵略針鋒相對。當時傳教士曾把中國的儒學、理學加以譯述送回歐洲，結果出乎他們的意料，竟刺激了西方啓蒙運動的發展。有些啓蒙思想家反對歐洲中世紀的宗教神學世界觀，就受到中國儒學、理學的影響。這與方以智以中國優良科學、哲學傳統跟傳教士介紹的以僧侶主義爲中心的所謂"西學"對立，正好遙遙相應。

三

但是，氣一元論雖然是方以智唯物主義哲學思想的骨幹，卻不是方以智哲學思想的特殊造就。只是在當傳教士們詆毀"氣"的概念，不能説明"萬有之原始"時，他偏偏以此説明萬有之原始，在事實上駁斥了傳教士們的讕言，固守了中國唯物主義哲學傳統的陣地，具有巨大的戰鬥意義。至於方以智哲學思想的最大特點，則是他在氣一元論的理論基礎上更補充了"五行尊火論""凡運動皆火之爲也"嶄新的説法。雖然這種理論也不就是方以智的獨創，早在金元四大醫學家之一的朱震亨已經論説："天恒動，人生亦恒動，皆火之爲也。""天非此火不能生物，人非此火不能自生。"② 他的祖父方大鎮著《野同録》也曾論説："滿空皆火，物物之生機皆火也。火具生物化物照物之用。"③ 他的父親方孔炤著《潛草》也已論説："滿空皆火。"④ "火彌兩間，體物乃見。"⑤《愚者語録》（卷二）還提到"丈人有五行尊火之論，金木水土四行皆有形

---

① 艾儒略《西方答問》朱嘉德序。
② 見《物理小識》卷一引。
③ 見方以智《藥地炮莊・養生主》篇引。
④ 見《物理小識》卷一引。
⑤ 見《藥地炮莊・大宗師》篇引。

質，獨火無體而因物乃見。吾宗謂之傳燈"。"丈人"指雪浪和尚，是方以智從廣西北回後，到南京天界寺從受具足戒的老師。但他們相見時，《物理小識》早已寫成。疑《語錄》所記，或爲雪浪印可方以智的見解，方以智欲歸善於其師，遂説爲雪浪所倡吧！不管他怎樣有所承受，方以智作爲氣一元論的補充，實是他的哲學思想的特點。

天地萬物是變化着的，是運動着的，爲什麽會變化會運動？這在哲學上是重要問題，在科學上也是重要問題。是在天地萬物自身之内尋求解答呢，還是在天地萬物自身之外尋求解答呢？唯物主義和唯心主義、科學和宗教神學的分判，就看是走的前者的途徑，還是走的後者的途徑。

當時傳教士們構畫世界圖象，爲了證明上帝存在，上帝是天地萬物的創造者、主宰者，就讕言自然不能自己運動，因爲自然是冥頑不靈的。如説："謂自然主宰，則形天不動，造化止息。""且並動不自知，塊然冥然而已，非外有施之動者，安能動乎？又安庸動乎？"① "宗動天周動以外，必宜更有一動者。何以故？宗動天之動，乃至均有恒之動，若此動之外非有別動，則每年遞增遞減、循環不已者，何從得有？"② 於是就得出了上帝是"最初施動者"③ 神學目的論的結論，這樣，科學就勢非服從宗教神學不可。

所以正確解決運動的起源，乃是科學對宗教神學獨立的重要步驟。歐洲這時產生了力學、物理學，不在自然本身之外尋找運動的原因，也就從根本上推翻了造物主、上帝的假設。方以智在這部科學著作《物理小識》中提出五行尊火論，以火爲物質運動的内在根據，正有相同的意義。朱震亨在幾百年前就講了"動皆火之所爲"的話，爲什麽以往不爲人注意，偏偏到了方以智才又重新提出來，就可見這完全是由傳教士宣揚神學目的論的世界觀刺激了他，才採用這樣的觀點作爲理論鬥爭的武器的。

這個理論的重大意義，就是他旨在掃除耶穌會會士給自然科學灑上的神學迷霧。中國科學家可以接受傳教士介紹的正確的科學知識，卻無須採用他們的宗教神學假設，中國有着傳統的正確的唯物主義世界觀，這是一個很有利的條件，在正確的世界觀的指導下，就可確保我們的科學研究成果，遠勝過傳教士所介紹的知識，方以智在揭暄著《璇璣遺述》的《日小光肥》章批云："將來此理傳於遠方，豈不令兜離人伏地

---

① 湯若望《主制群徵》。
② 傅泛際、李之藻譯《寰有詮》卷三。
③ 傅泛際、李之藻譯《寰有詮》卷一。

乎？""兜離"即指西洋人①，可見他對傳教士給以很大的藐視，而十分相信自己民族搞科學研究有巨大的潛力和無限發展的前途。

方以智說明爲什麼構成世界的物質元素——五行要特別"尊火"，是因爲"天與火同，火傳不知其盡"②。這就是說，火是徧萬物的，運動不息的。由於火是徧萬物的，所以"火無體，而因物見光以爲體"③。由於火是運動不息的，所以萬物"生以火，死以火"④。但"尊火"不是說萬物最原始的本質是火，那樣就成了火一元論了，火無體，怎樣會使萬物以它身上生長出來？這是不合於他的理論邏輯的。所以"尊火"主要是使人不須向物質自身之外去另找運動的原因。以火無體，徧於一切物質中，不在任何物質之外，是與一切物質統一的，而"動皆火之所爲"，則正好說明，物質運動就是物質自己運動，實"非外有施之動者"。這樣看來，方以智所說的火，就很像是指物質的能。故又說："氣爲體"，"火爲用，不相離也。"（卷五）"火傳不知其盡"，也有能量不滅的意味。

方以智認爲一般講五行"所據者地之五材也"，如"金爲土骨，木爲土皮是也"⑤。他則把它解釋成物質的性能："水爲潤氣，火爲燥氣，木爲生氣，金爲殺氣——以其爲堅氣也，土爲中和之氣。"⑥ 不以五材爲五行，而釋成是氣的五種性能，然後氣一元論才得成立，在某種意義上，五行也就是說的物質存在的形式、物質固有的屬性了，所以他進一步主張五行的範疇亦可不立："謂是水火二行可也，謂是虛實二者可也。虛固氣，實形亦氣所凝成者，直是一氣而兩行交濟耳。"⑦ 氣就是稀微的物質，肉眼看不到，乃說爲虛。看得見的形質都由稀微的物質凝合而成，毀壞後仍還原爲稀微的物質，所以氣與實形"非二物也"⑧。五行既不是指五材而是物質的五種性能，實際又惟二行，二行又是一氣，氣與實形原不過是聚散的不同，故二行亦可理解爲一切物質存在的相反作用，水火的概念就是對於這種作用給以形象的揭示："凡運動皆火之爲也……凡滋

---

① "兜離"本班固《東都賦》："傑偀兜離，罔不具集。"李善注引《孝經鈎命訣》"西夷之樂曰林（株）離"，毛萇《詩傳》"西夷之樂曰朱離"，謂兜、朱字異，是由"古音有輕重也"。這裏"兜離"是指以傳教士爲代表的西洋人。

② 《物理小識》卷一。
③ 《物理小識》卷一。
④ 《物理小識》卷一。
⑤ 《物理小識》卷一。
⑥ 《物理小識》卷一。
⑦ 《物理小識》卷一。
⑧ 《物理小識》卷三。

生皆水之爲也。"① "氣動皆火，氣凝皆水，凝積而流，動不停運。"②

但他有時還是不能不就"材"上來説明問題。如提出從傳統的醫學理論在人身"運氣臟腑同一交幾"上，就"可悟火濕兩者是統一切"③。"人以水生，以火死。蓋以水火交而生，以水火濟而養；以水下流、火上炎而死也。"大之至於天地亦然："天地開時，初有水荒，天地壞時，火急生風而吹壞矣。"④ 水火是相反的物質，有相反的作用，但它們是"交藏"的，互爲"性命"的："皆相反也，實相因也。"⑤ 所以有火的地方有水，有水的地方也有火："火空則發，水附土行，然空中之氣皆水，土中之蒸皆火也。"⑥ 在人身亦然："腎水而真火出焉，心火而真液生焉。"⑦ 這也就是"一氣而兩行交濟"的道理。

但水火雖然相反相因，卻不能平等看待，理由就是"水有體，火無體"。從這不同的本質就規定了"火用之而多，水用之而少"。火是愈燒愈大，星星之火可以燎原；水是用了就逐漸減少，天降大雨，溝澮皆盈，其涸亦可立待。還有："火燒冷水而熱，久之復冷。"這證明"是陰無去來，以陽之去來爲去來矣"⑧。所以"天道以陽氣爲主，人身亦以陽氣爲主；陽統陰陽，火運水火也。生以火，死以火，病生於火而養生者亦此火"⑨。"人身以陽氣爲主，故曰真陽統陰陽，貞夫一者，用相代錯。"⑩ 因此，宇宙永遠運動不息，"其所以晝夜不停者，以一元之乾氣（即陽氣）耳"⑪。又他在《璇璣遺述》的《諸政激輪》章批曰："一激而生，道機順理，同時本具，所以無息也。"這裏面實貫穿着一種樸素的辯證法觀點。

他這種哲學唯物論世界觀，實際就是對天主教的神學目的論一種駁斥。前面已引過，他在《曆類》就明白指出：傳教士"所謂大造之主，則於穆不已之天乎？彼詳於質測而不善言通幾，往往意以語閡"⑫。意思就是只有"於穆不已之天"，並沒有"所

---

① 《物理小識》卷一。
② 《物理小識》卷三。
③ 《物理小識》卷三。
④ 《物理小識》卷二。
⑤ 《物理小識》卷三。
⑥ 《物理小識》卷三。
⑦ 《物理小識》卷三。
⑧ 《物理小識》卷三。
⑨ 《物理小識》卷一。
⑩ 《物理小識》卷三。
⑪ 《物理小識》卷三。
⑫ 《物理小識》卷一。

謂大造之主"。哲學唯物論已可説明：夫"天以氣爲質"①，"氣與火一也"②，"空皆氣所實也"③，即"滿空皆火"④。又"天火同體"⑤，"凡運動皆火之爲也"⑥，故天體自能運行，完全不需要有所謂上帝的假設，所謂"兩間惟濕熱，應勿怪空桑"（卷十一）。方以智在論"火"條還"謹識"了他父親方孔炤的一段話作爲結束語："明乎滿空皆火，君〔火〕相〔火〕道合者（按此亦即'火統水火'之義，'君火'即第一'火'，'相火'即與'水'對立之'火'），生死性命之故又孰得而欺之。"⑦這里所説的"欺"，也是指的傳教士。當時人受了傳教士的宗教欺騙宣傳，正有這樣的論調："死生幽明之故，實有吾儒未及明者。"⑧惟天主教"修性，又詳通幽明之理"⑨。後來阮元亦指出："徐（光啓）李（之藻）諸公受其欺。"⑩所以方以智對於《物理小識》這書，一方面説："質測即藏通幾"⑪，另方面又説"以通幾護質測"⑫，提出"護"字，就是説，要以唯物主義哲學批判掉傳教士的宗教神學對科學的褻瀆。方以智在科學上是永遠不能跟牛頓相比的，牛頓發明萬有引力、慣性原理，破除了中世紀認爲運動需要不斷的外力的迷信，"這是一個人類前所未有的最偉大的進步的革命"⑬。但牛頓還不能不假定：天體世界最初是"被神秘的'第一推動力'使其運動起來"⑭的，這就仍不免給上帝留下了一個位子。而方以智提出了"火彌兩間"，"滿空皆火"，"天火同體"，"凡運動皆火之爲也"的命題，根本摒棄了"神秘的第一推動力"。不能不説在哲學世界觀上已超越了同時代的歐洲自然科學家。當時耶穌會會士在歐洲設"異端裁判所"，極其殘酷地用"火堆和監獄"燒死、殺害成千成萬的科學家和進步思想家（單是西班牙一地就燒了一萬人以上），而方以智則在東方也用"滿空皆火"這個極殘

① 《物理小識·總論》。
② 《物理小識》卷三。
③ 《物理小識》卷一。
④ 《物理小識》卷一。
⑤ 《物理小識》卷一。
⑥ 《物理小識》卷一。
⑦ 《物理小識》卷一。
⑧ 《物理小識》卷一。
⑨ 張能信《孟先生（孟儒望）天學四鏡序》。
⑩ 阮元《疇人傳》卷四三。
⑪ 《物理小識·自序》。
⑫ 《愚者語録》卷三。
⑬ 參看恩格斯：《自然辯證法》，人民出版社1957年版，第5頁。
⑭ 參看恩格斯：《自然辯證法》，人民出版社1957年版，第7頁。

酷的理論（對上帝説來）燒毀了傳教士所謂"最上至尊至能"① 的上帝！

方以智認爲，没有没有運動的物質，也没有没有物質的運動，運動和物質是統一的。對於時空問題也有同樣的理解：没有時間之外的空間，空間之外的時間，時間和空間是辯證統一的。"宙輪於宇，則宇中有宙，宙中有宇，春夏秋冬之旋輪即列於五方之旁羅。"②

在認識論上也貫徹着唯物主義觀點。他不承認有離物之理，肯定理是内在於事物中的規律、法則；"至理不測，因物則以徵之"③。"舍物則理亦無所得矣，又何格哉?"④ 因此，人的認識真理，只能是發現"物則"，使主觀與客觀一致，絶不能由主觀構造，像先驗主義、主觀唯心主義所説，理是主觀給與客觀的，或主觀外現爲客觀的。"象數者，天理也。非人之所爲也。天示其度，地産其狀，物獻其則，身具其符，心自冥應。"⑤ 這就是説，天地物人首先給我們以印象，認識主體才有思維活動與之相應，所以真理的標準是客觀的，不是主觀的。只有主觀與客觀一致才能叫做真理："夫氣爲真象，事爲真數，合人於天，而真理不燦然於吾前乎?"⑥ 人類思維最大的作用，在於它能透過現象，洞察理則，而正確的思維是不滯於物的現象，但也不能離開現象的物："理以心知，知與理來，因物則而後交格以顯，豈能離氣之質耶?"⑦ 所以他竭力反對"掃器言道，離費窮隱"⑧，"舍物以言理"⑨ 的那種形而上學、唯心主義的方法論。他還舉"火無體，因物見光以爲體"説明人的思維活動也總是以客觀存在作爲它的内容："心無體，而因事見理以徵幾也。"⑩ 他還認爲思維與自然有相同的運動法則："去者已去，來者未來，今又逝也。……六合五破之宇，處處皆然。然後乃知物之則即天之則，即心之則也。"⑪ 因此他彊調"聖人不惡賾動，藏理於物"⑫，這又是對於受了禪學影響的宋明儒提倡"主静以存天理"的批判。這些都是他最光輝的思想，是

---

① 湯若望《主制羣徵》。
② 《物理小識》卷二。
③ 《物理小識》卷五。
④ 《物理小識·總論》。
⑤ 《物理小識》卷一。
⑥ 《物理小識》卷一。
⑦ 《物理小識》卷一。
⑧ 《物理小識》卷一。
⑨ 《物理小識·總論》。
⑩ 《物理小識》卷一。
⑪ 《物理小識》卷二。
⑫ 《物理小識》卷二。

認識論，也是方法論。《物理小識》就是意圖從"不惡賾動而彌綸條理"，以達到"知至而以知還物"①的目的。

四

但是，正如恩格斯在《費爾巴哈與德國古典哲學的終結》裏所説："在以前……自然哲學……就是拿理想的、幻想的聯繫來代替它還不知道的真實的現象聯繫，拿虛構來代替缺乏的事實，單只在想像中把真實的缺陷填補起來。這樣作時，自然哲學吐露了好多天才的思想和猜到了好多後來的發現，但也有過不少的廢話和胡説。"②

《物理小識》除了前面所述極有光輝的一些理論外，值得批判的"廢話和胡説"確也不少。主要的根由是，方以智的治學途徑原是"因邵蔡爲嚆矢，徵河洛之通符"③，同時還深信佛老之學。他的父祖輩和受業的老師就也如此了。這是他跟王夫之很不相同的地方，王夫之乃是堅决反對河洛象數和佛老之學的。

他所謂的"通幾"，從道理上講，應該是對於宇宙萬有"精求其故"的不違背於科學的純粹哲學構思。但他把已經十分陳腐的河洛象數學虛構的圖式當成了"通神明，類萬物"，説明一切現象聯繫的法寶，這就使得他的整個著作在很多地方蒙上一層既是形式主義又是神秘主義的黑紗。

本來他既以哲學唯物論粉碎了傳教士彊加於科學的神學目的論，在另方面又盡可能地以科學的"質測"掃除着中國原有的世俗迷信。如指出：雨粟，"此他處吹來者"。雨血，"以著衣而色赭也"。雷州人傳説，雷伏蟄於地，人掘食之，"妄矣"，此"土中生物如封之類"。虹霓，乃暈光本圓，"斜見於地上，則橋起半規耳"④。石文，乃凡文交錯皆成形，"非神鬼工也"⑤。水心岩有沈香棺，相傳"鑿取方寸以祈雨者，則神之而適驗耳"。以至對於佛教徒一向矜異的佛牙，也指出"外國嘗以貘齒充佛牙"。《南史·扶南傳》載"迎佛髮，長一丈二尺"，"此皆異物之尾也"⑥。都表現了有十分

---

① 《物理小識·總論》。
② 《馬克思恩格斯文選》（兩卷集）第2卷，外國文書籍出版局1955年版，第388頁。
③ 《物理小識·總論》。
④ 以上並見《物理小識》卷二。
⑤ 《物理小識》卷七。
⑥ 《物理小識》卷十二。

清醒的理智。但他認爲這全不是"通幾"之説。他雖然講"質測即藏通幾"①，可是又給它們嚴分界限："或通幾，或質測，不相壞也。"②"不以通幾混質測，詎以質測廢通幾。"③ 其"通幾"就往往是通之於河洛象數，大講什麽"端幾""觸幾""類配""配應"或"統類配應"。目的原是想借以説明現象聯繫的，但是陷進了反科學的神秘主義。如他父親方孔炤説："執氣質而測之，則但顯各各不相知；而各各互相應之通幾猶晦也。夫聲氣風力，實傳心光，受命如響，神不可測。而當前物則，天度同符，格之踐之，引觸酬酢，信其不二，享其不惑。此則有所以爲物、所以爲心、所以爲天者，豈徒委之氣質而已乎？"④ 方以智本人也曾這樣講了："據其實動，無非南溟初激，天象時位，自在其中。至於變象災應，此係各地之氣，人心爲之端幾，各個不相知，各各互爲用，理屢通幾，不可思議。質測精詳，固不相關也。"⑤ 在"不相壞""不相關"的理由下，許多迷信事情仍舊有了合法的地位。如對虹霓作了一番"質測"的解釋後，跟着即來一個："范公問其占，曰：以端幾類應而言，爲陰勝陽。或曰淫徵，何也？曰：因古有虹爲淫氣之説也。方士於東海見虹處掘地得紅蟲，爲媚藥，亦取其類應耳。"⑥ 這就是説，虹霓雖是一種自然界的物理現象，但要明白它的出現必非無故，此即"端幾"。根據陰陽理論，虹是斜日照射在雨氣上所形成，雨爲陰，日爲陽，所以這是象徵陰勝陽。而女人也屬陰類，天之陰類與人之陰類是有"配應"之理的，所以它是女人淫在天象上的反映。既然虹爲女人淫在天象上的反映，所以虹下發掘出的紅蟲可作爲助淫之藥，這就叫做"引觸""類配"或"配應"。又如彗星出現，亦云："占爲掃舊布新，以類應言也。"太陽黑子，亦云："其以占言者，亦以人心觸幾而以時日斷也。"⑦ 日月食，亦云："古人以占⑧君相致儆者，類應之心幾也。"四餘，亦云："《宿曜經》出於佛藏，而世以占命，則物物可以端幾配應言之耳。術家執之，世士不解，豈悟極數之深幾乎？"⑨ 形家觸幾與占同驗，亦云："干支加臨，皆一端幾也。"鬼神造像，亦云："神本靈也，而憑物觸幾，實以心顯。"⑩ 廣之，至"叢辰日死"，"觸

---

① 《物理小識·自序》。
② 《物理小識·總論》。
③ 《物理小識》卷二，方中履語。
④ 《物理小識》卷一。
⑤ 《璇璣遺述》卷四《諸星轉徵》批。
⑥ 《物理小識》卷二。
⑦ 《物理小識》卷二。
⑧ 編按，"占"原缺，今據《物理小識》補。
⑨ 《物理小識》卷一。
⑩ 《物理小識》卷六。

203

其類應，一瓦一石皆以襪示"①，而"兩間之象，無非類應配幾也"②。這簡直是以哲學爲迷信服務了！

　　書中還大量抄錄了荒誕無稽的神話傳説，這自然應當歸結於歷史條件的限制。方中通《物理小識編録緣起》説了：方以智對於前人的書，"採摭所言，或無徵，或試之不驗。此貴質測，徵其確然者耳"。可見他原是要加以實驗，也曾做過些實驗的。"然不記，則久不可識，必待其徵實而後彙之，則又何日可成乎？"因此對於當時還不能明確是錯誤的東西，也得"隨筆"下來。"更精求其故，積變以考之"，只有期待後人繼續努力，這也可以説，他對待文獻上前人留下來的資料，是抱着一種謹慎態度。人類在還沒有在很大程度上鑿破自然的秘密以前，産生一些神秘觀念和迷信，原是無可避免的，這也正如恩格斯所説："這在當時也不能不如此。"③

　　借徑於河洛象數之學，必然要導向神秘主義和迷信。同樣，融會佛老之學，也必然要導向形而上學、唯心主義。這是《物理小識》哲學理論不夠健康的第二方面。雖然還不能幹脆説就是唯心主義，但折衷主義或二元論的調子隨處都可看到，正如講了"質測"後跟着就講迷信一樣，提出了唯物論的命題後亦跟着拖上一條唯心論的尾巴："天以氣爲質，以神爲神。"④ "人正用天之火種，而心正傳天之神光者也。" "虛固氣，實形亦氣所凝成者，直是一氣而兩行交濟耳。又況所以爲氣而宰其中者乎？神不可知。" "物有則，空亦有則，以費知隱，絲毫不爽，其則也，理之可徵者也。而神在其中矣。神而明之，知而無知，豈兩截耶？"⑤ 他雖沒有説，氣是神生的，或神在氣先，卻不能説不是二元論，他還表述神有獨立的自體："神寓於形。" "大驚離魂，恐傷脈而心神走"⑥， "積想出神"， "出陰神，出陽神"⑦；所以治病亦有"形治、氣治、神治"⑧ 三種方法。還以"草枝木實，種之復萌"，論證人有死而"再來"之理。甚至對於岐伯所説的："道無鬼神，獨往獨來。"很明顯的無神論，也曲解爲："蓋謂無人不自得，謂之不落禍福，鬼神無如我何，非曰無鬼神也。"⑨ 他在别的地方還提説："更有

---

① 《物理小識》卷二。
② 《物理小識》卷二方中履語。
③ 《馬克思恩格斯文選》（兩卷集）第2卷，外國文書籍出版局1955年版，第388頁。
④ 《物理小識·總論》。
⑤ 《物理小識》卷一。
⑥ 《物理小識》卷三。
⑦ 《物理小識》卷十二。
⑧ 《物理小識》卷四。
⑨ 《物理小識·總論》。

一速於此（指天體的運轉）者，何物也？曰：《易》不云乎：'惟神也，不疾而速，不行而至。'"①

在講"心"時，亦有跟"神"相同的提法。"舍物無心"，這是一個很好的唯物主義命題。但上面還有一句"舍心無物"②，卻是唯心主義的命題。又云："無非物也。"這也是唯物主義的命題。但下句"無非心也"③，又是唯心主義的命題了。他的兒子方中通也說："泰西以腦、心、肝立說。腦與精，一原也。以大道言之，精氣皆後天也，神先天也，而理在其中矣。心藏身，身藏心，天無先後，誰悟此乎？"④ 就是說，氣和神有後天先天之別，但心身互藏，也可說無有先後，正是心物平行的二元論。書中也講到心有獨立的自體："至於我之靈臺（即心），包括縣寓，記憶今古，安置此者，果在何處？質而稽之，有生之後，資腦髓以藏受也。"⑤ 說明腦髓只是安置心的處所，心但資借它以爲藏受的。而且說這是"有生之後"的情況，可見他認爲未生以前心就是存在着的。又云："生我之骨肉，能蔭後世子孫（指墓葬找風水的迷信），人信之矣；然則此心陽明之神，能自蔭其後世，何反不信耶？"⑥ 這就是說，人死以後，心還是會存在的了；跟"神寓於形"說，完全相同。前曾引到："所以爲氣而宰其中者……神不可知"，故心亦是"宰人身者，膚骨內外，無歉無贏。而究莫測其何像也，謂之真宰"。⑦ 由於心和神有相同的意義，"故提出不生不死之道心以統人心，實未嘗離也"⑧。他在別的地方也說："迅不停機之體，終古不變之理，唯心如此而不自知也。"⑨ 在本書還說："人心無形，其力最大。"⑩ "徽士死，荼毗之，心內包觀音像如刻成。此皆志向不分，精靈氣液，因感凝形。……可悟唯心所造，實無而成。"⑪ 這就更接近唯心主義的理論了！

因此，對於他在本書《自序》里所說："盈天地間皆物也。……器固物也，心一物也。深而言性命，性命一物也；通觀天地，天地一物也。"決不能把它理解爲就是唯物

---

① 《璇璣遺述》卷一《天轉最》章批。
② 《物理小識·總論》。
③ 《物理小識》卷一。
④ 《物理小識》卷三。
⑤ 《物理小識》卷三。
⑥ 《物理小識》卷二。
⑦ 《物理小識》卷三。
⑧ 《物理小識》卷一。
⑨ 《璇璣遺述》卷三《日自轉徵》批。
⑩ 《物理小識》卷十二。
⑪ 《物理小識》卷十二。

主義觀點，他在後來寫的《東西均》一書里作過解釋："古呼物（原作'均'，依侯外廬同志校改）爲東西，至今猶然。"可見所謂"物"，是跟通常説"東西"意同。顯然，這里只是説，無論物質或精神，都是存在着的東西。"心一物也"，即謂心是一種存在着的東西，並不是説心是物質的東西，更不是説心是由物質所産生的。書中除了在認識論上説明思想的内容是來源於客體物質外，並没有講到認識主體的心是一種物質，或由物質所産生，也是證明，所以這里的提法，還是一種二元論的觀點。即使把這里的"心一物也"解釋成爲是説心是一種物質，理論也很不明確，這樣持論，正如列寧説的："物質和精神，唯物主義和唯心主義在認識論上的對立就失去了意義。"① 所以確立唯物主義和唯心主義彼此對壘的唯一的最根本的原則，是在理論上論證物和心誰在先的問題，而不是講以心等物或以物等心的問題。方以智恰好是把心物二者等同起來："無非物也，無非心也，猶二之乎？"② 並没有指出誰在先來，竟又簡單地認爲兩者是統一的，這正是十足的折衷主義的表現。所以他的唯物主義思想是不徹底的，幸好他的兒子方中通作了最後的挽救："人物得天之靈氣以生，既生則靈氣充貫體中。心固靈，毛膚血肉無往不靈。心特爲靈氣之主耳。……可見一切皆心者，皆此靈氣也。"③ 得到這個補充説明，方以智的哲學思想，也就能從二元論的泥潭里拔出腿足，返回到氣一元論的唯物主義的康莊大道上來。正因此，所以我們認爲方以智以《物理小識》爲代表的早期思想，最主要的傾向是唯物主義。

五

儘管《物理小識》有前面所述的迷信觀念糟粕和二元論色彩，但書中非常明確地把一切迷信完全歸結爲心的作用："以唯心、唯識觀，皆影響矣。"④ 他論證，就如所謂鬼神，也還是人的"心神自靈"。"有以信致專者，即有以疑致畏者，即有以不信致勇者。""故曰，有體物之鬼神，即有成能之鬼神，即有作怪之鬼神，權在自己。正己畢矣，彼如我何。聖人知之，故能轉物。"⑤ 説明全都是自己的心理作用，這就根本否

---

① 引自《馬克思主義哲學原理》上册，第175頁。
② 《物理小識》卷一。
③ 《物理小識》卷三。
④ 《物理小識·總論》。
⑤ 《物理小識》卷十二。

定了鬼神的真實性。所以方中通《物理小識編錄緣起》說："生死鬼神，會於唯心。"這樣解釋，就仍合乎科學，把一切迷信的霾霧，都一掃而光。雖然有時對於"心神"作了過分的彊調，卻始終沒有假設過有超自然的造物主的存在，正如歐洲文藝復興以來的思想家一樣，把神融解於自然。所以此書所具有對於傳教士的宗教神學論的批判精神，是堅持貫徹到底的。對照湯若望《主制群徵》的一段話，就更可充分證明："中學所尊之天，非蒼蒼者，亦屬無形。第其所謂無形，卒不越於天。蓋天之蒼蒼者其形，而天之運用不測即其神也。運用不測之神，雖無形而不離於形，與天一體。是無心無主張者，非吾所稱尊主也。吾所稱尊主，雖曰不可見、不可聞，而非即以不可見、不可聞爲貴。蓋與天地萬物其體絕異，至純至靈。不由太極，不屬陰陽，而太極、陰陽並受其造。且一切受造，無不聽其宰制者。神功浩大，人不能測，遂曰無心，豈真無心無主張者哉！"方以智是讀過湯若望這本書的（曾摘錄其講生理學部分，前面引述過），但他恰好就弘宣着湯若望站在宗教立場所排斥的"中學"反神學的天道觀，捍衛了中國民族優秀的文化思想傳統，這是《物理小識》最有價值的一點。

1961 年 12 月 10 日

（原載《哲學研究》1962 年第 3 期，第 60~71 頁）

譚嗣同思想述評

譚嗣同的哲學思想和政治思想各有不同的發展道路，一是由唯物主義向唯心主義退倒，一是由改良主義向民主主義前進。他自己題稱他的著作："三十以前舊學"，"三十以後新學。"又《與唐紱丞書》說："三十以後新學，灑然一變，前後判若兩人。"①這就是說，三十以前是封建守舊派，三十以後是資產階級新學派。他最有光輝的政治思想是在後期，而哲學思想繼承了中國唯物主義傳統的則反而在前期，不在後期。一般研討譚嗣同哲學思想的論著，都忽視了他的思想演變的歷史進程，斷章取義，或說爲唯心主義，或說爲唯物主義，皆有所據而不皆是。實際上譚嗣同的思想很多變化，不特前期與後期有所不同，在前期和後期中也各包含着不同的階段。本文試就譚嗣同思想固有的發展進程來加以論述。

一、二十六歲以前《治言》　夷狄西人　反對變法

譚嗣同在二十六歲以前，主要致力於詩古文辭和考據。但也"喜談經世略"②。著有《治言》一篇，充分表明了他早年的思想原是屬於封建頑固派這一類型。看他在這篇論文中把世界分爲三區，曰：華夏之國，夷狄之國，禽獸之國。他說：華夏之國是"八方風雨之所和會，聖賢之所爰宅，而經緯風教禮俗於以敦，而三綱五常於以備也"。其夷狄之國，"視華夏則偏而不全，略而不詳；視禽獸則偏而固爲全之偏，略而固爲詳之略"。夷狄主要指帝國主義列彊。他認爲帝國主義列彊是一嚮被視爲夷狄的，夷狄就天然地沒有勝華夏的道理。他寫道："夷狄之富，不足以我虛；夷狄之彊，不足以我孤；夷狄之憤盈而暴興，不足以我徂；夷狄之陰狡而亟肆，不足以我圖。"儘管他們"矍矍日造乎新"，而"文勝質不存"，"而世降則俗澆；俗澆，則人自爲心而民解裂，則令不行而上下相戹；上下相戹，則所舉皆廢，而國以不國"。有朝一日"雖欲如華夏

---

① 載《湖南歷史資料》一九五九年第四期。
② 《石菊影廬筆識思篇》第三十，又參考《致劉淞芙書》。

之質不存而猶可以存者，又烏可得耶？"① 這種理論正是他後來指斥的"不惟好以中國驕人，且又好以夷狄詆人"那種頑固派、腐儒的調子。

這篇論文，譚嗣同在《思緯壹壹臺短書——報貝元徵》中曾提到它，説是"十年之前作"。而《短書》作於光緒二十一年（一八九五年），逆推十年，即當作於光緒十一年或十年。但似不可信。篇中有"聞之吾師蔚廬先生曰"云云，蔚廬即劉人熙。而在《與劉淞芙書》裏説："既而薄上京師，請業蔚廬。"這是光緒十五年（一八八九年）二十五歲，赴北京應試時的事。在此以前，他並不曾受業劉人熙，何得稱引其説？據此，這篇論文疑當即作於光緒十五年在北京"請業蔚廬"時。

有人認爲這篇論文"已蘊有變法思想"②。剛剛相反，它的主旨正是反對變法的。結尾講得很明白："且世之自命通人而大惑不解者，見外洋舟車之利，火器之精，劌心鉥目，震悼失圖，謂今之天下雖孔子不治。噫！是何言歟？"下面接著就講了一套天可變、地可變而道不可變的道理："自開闢以來，事會之變，日新月異，不可紀極。子張問十〔世〕，而孔子答以百世可知，豈爲是鑿空之論以疑罔後學哉？今之中國猶昔之中國也，今之夷狄情猶昔之夷狄情也，立中國之道，得夷狄之情而駕馭柔服之，方因事會以爲變通，而道之不可變者雖百世而如操左券。"按在譚嗣同赴北京應試的前年冬，康有爲第一次上書清帝，"請及時變法"③，極言"今天下法弊極矣"，雖"周公爲今冢宰，孔子爲今司寇，亦無能爲"。④ 引起了"朝士大攻之"⑤。《治言》恰好與此針鋒相對。從這可以看出，譚嗣同早年是完全站在封建頑固派一方面的。他在後來自訂文稿時也自己指出："此嗣同最少作，於中外是非得失全未縷悉，妄率胸臆，務爲尊己卑人一切迂疏虛憍之論。今知悔矣。"

二、二十六歲至三十歲《學篇》《思篇》　專主船山氣一元論　批判地吸取西學格致　道體器用

譚嗣同雖自認爲他的思想在三十歲時發生大變，在三十以前卻也有小變。他幼年

---

① 見《論學者不當驕人》（南學會第五次講義）。
② 楊廷福：《譚嗣同年譜》，湯志鈞：《戊戌變法人物傳稿》。
③ 《康南海自編年譜》。
④ 康有爲：《上清帝第一書》。
⑤ 《康南海自編年譜》。

時曾從歐陽中鵠讀書。歐陽中鵠是篤信王夫之（船山）學說思想的人（王夫之號薑齋，所以他表示學問瓣香王夫之，自號"瓣薑"），同時精研數學，好追求新知識，後來也積極參加了維新運動。譚嗣同在二十六歲這年，"復事瓣薑"[1]。他自述：自此"爲學專主《船山遺書》，輔以廣覽博取"[2]。迄至三十歲止，他在這幾年中，就效法張載《正蒙》、王夫之《思問錄》，以筆記論學的形式寫出了《石菊影廬筆識·學篇、思篇》一書。這可以説，是他前期思想的代表作。這裏面就表現出他跟作《治言》時的態度不同，對西洋人的看法已有所改變。

這時他已經閱讀了一些介紹西洋的國情和自然科學的書，如《海國圖志》《瀛寰志略》《幾何原本》《格致彙編》等。他也十分注意中國固有的科學傳統。互相參證，他承認西洋科學有大勝於中國人之處，在引《格致彙編》講光學時，寫道："足徵西文致思之精，益嘆吾華人之無學。"但這裏所謂的"華人無學"乃指晚近的情況，不是如文化買辦胡適之流説的中國從來沒有科學。即如光學一事，他就引述了多種文獻證明"並古人所已明者"。他又根據《易緯》《尚書緯》《春秋緯》《内經》《周髀算經》《論衡》《正蒙》等有關天體的理論，證明地圓説、地動説皆"古有之矣"，"非發於西人"。只是後人沒有很好地繼續發展，"其解遂晦"，"中國不能有，彼（西人）因專之"。他還作過一些實際觀察，由此以破傳統妄説，亦破西洋妄説。如書中記載："曩於甘肅種麥箄洗中，萌芽皆南向，移而北，次日復南。""及種於湖北，又皆北向。"指出"術家"五行方位説之妄。又論："西人謂正方形體皆人力所造，天地自然所生者無有，以證地圓之説。地圓本無可疑，何必取證於此。如以此論，則甘肅花馬池之鹽根皆等邊直角，六面立方形體。藿香、紫蘇之梗亦間有正方，其交角皆九十度者。又凡金石類之質點皆具方形。誰謂無正方之物乎？"所以像那些對於西洋科學"疑者譏其妄，信者又以駕於中國之上"，各走極端的態度，他都反對。這是他不同於早年一味"以夷狄詆人"的地方，也是略不同於王夫之的地方。王夫之在明末清初，對傳教士介紹來的自然科學完全否定，甚至如月食爲地影所遮、地是圓形等正確觀點都指斥爲妄[3]。可見他這時"爲學"雖"專主《船山遺書》"，還是持有批判精神。

《石菊影廬筆識》中最有價值的東西，還在於作爲哲學構思的《思篇》繼承了王夫之的古典的氣一元論思想。跟後來著《仁學》所表現的世界觀，有如水火之對反。

他説明天地萬物之所以生所以成，不是本於神，也不是本於心，而是根源於氣：

---

[1] 《致劉淞芙書》一。

[2] 《思篇》。本節以後引文不注出處者，皆係《思篇》與《學篇》之文。

[3] 詳見王夫之：《思問錄·外篇》。

"元氣絪縕，以運爲化生者也。而地球又運於元氣之中，舟車又運於地球之中，人又運於舟車之中，心又運於人身之中。元氣一運，無不運者。"可見他是把氣看成最根本的物質。認爲運動不息是氣的本質屬性，氣以自身的運動形成世界，世界亦以氣的運動不息而運動不息。物質現象由是產生，精神現象亦由是產生，他說："氣行於五官百骸，形而爲視聽言動，著而爲喜怒哀樂。"這樣，就否定了那種認爲離開物質作用而有精神現象獨立存在的哲學唯心論。但一提起氣，人們很容易一下就聯想到孟子說的"浩然之氣"，是不是由此便將把"氣"弄得很神秘呢？他作了解釋："夫浩然之氣非有異氣，即鼻息出入之氣。'理氣'此氣，'血氣'亦此氣，聖賢庸衆皆此氣，辨在養不養耳。"指出聖賢和庸衆並沒有生理上的不同，區別只在學養，這個看法也是比較進步的。離開物質不能有精神，從道德修養也可看出，他論證說："古聖人正五色以養明，定六律以養聰，豈能憑虛無而創造哉？亦實有是物而不容廢也。嗟乎！耳目之用至廣也，亦至貴也，光馳其焜耀而引人速，聲著其淳回而感人深，禮樂且借以表著，而可不慎乎！"

"養聰""養明""豈能憑虛無而創造"，這已經是唯物主義認識論的思想了。所以他又明白指出："名所從〔生〕，生之形也。形生名，而名還以正乎形。""名"就是概念、範疇。"形"是客觀存在的物質世界。"形生名"即肯定形是第一性，名是第二性，任何概念、範疇都不能是先驗地存在着的。又說："聖人之言，無可革也，而治曆明時，《易》獨許之以革。蓋在天者即爲理，雖聖人不能固執一理以囿天。積千百世之人心，其思愈密，閱千百年之天變，其測愈真。故西學之天文曆算皆革古法，欽天監以之授時而不聞差忒。革而當，聖人之所許也。"這也表明他認識到了真理的客觀性，認識的相對性，人對自然的認識是隨着歷史發展、不斷積累經驗智慧而日益完善的。

《思篇》也具有一些素樸的辯證觀點。如說："就其虛而無形者言之曰天，就其實而有形者言之曰地。天，陽也，未嘗無陰；地，陰也，未嘗無陽。陰陽一氣也，天地可離而二乎？"就是說，天和地從表面看，是虛跟實、無形跟有形對立的；但無形之虛乃內含着轉化爲有形之實的潛能，有形之實也內含着轉化爲無形之虛的潛勢。陰中有陽，陽中有陰，陰陽是對立的，又是統一的。由此，天地間才沒有凝固不變之物："故星有古有今無、古無今有者。無，其毀也，有，其成焉。有成有毀，地與萬物共之。其故，則地亦天中之一物，既成乎物而有形矣，無無毀者矣。"同時也才"決無頑空斷滅之一會"："方生方死、方死方生……生而有即續之死（指個體生命），人之所以哀逝；死而終無可絕之生（就整個天地萬物言），天之所以顯仁（此'仁'字指如桃仁、李仁之仁）。""故原始反終，大《易》所以知生死，於以見天地萬物一體。"以"天地

"萬物一體"來論證變而非趨於斷滅,在理論上又是跟佛教的輪迴說完全對立的。佛教一方面講輪迴,一方面又講斷滅,都是從宗教唯心主義出發,所以譚嗣同進一步批判:"釋氏之末流,滅裂天地,等聲光之幻,以求合所謂空寂。此不惟自絕於天地,乃並不知有聲光。夫天地非幻,即聲光亦至實,聲光雖無體,而以所憑之氣爲體。光一而已,其行也,氣爲光所爍而相射以流行也;聲一而已,其行也,氣爲聲所迫而相禪以鳴也。"因爲佛教說人生虛幻如電如響,所以他指出"聲光亦至實",則虛幻的譬喻就失去了根據。

《思篇》還採用了進化論的學說,講明人類是自然界的一部分,並且是自然界的產物:"究天地生物之序,蓋莫先螺蛤之屬,而魚屬次之,蛇黽之屬又次之,鳥獸又次之,而人其最後焉者也。人之初生,渾渾灝灝,肉食而露處,若有知,若無知,殆亦無以自遠於螺蛤魚蛇黽鳥獸焉。"這些都是跟後來《仁學》的觀點完全對立的。

《思篇》也偶見有關於社會歷史有規律性的見解,如論:"兩儀既奠,其間萬品之物,萬端之事,皆已前定,而有一發不可復收之勢。……夫數之推移,如機輪之互運,因此及彼,輾轉相之,不能自已。""封建之廢,事勢所必爾,非秦所能爲。孟子答梁襄王曰:'定於一。'是即廢封建之說也。窮變通久,聖賢第視乎時,烏有法之可言哉。"但他最津津樂道的乃是環循論加退化論。如說:"人事日趨於隆,而世風日趨於降,降而不能止則大亂,久之又大治。如是者數十數百,以銷磨宇宙之精華,而亂日益甚。故今之治視古必退,今之亂視古必進。"又說:"周不如殷,殷不如夏,夏不如虞。……運爲之也。運之行也,益久而益替。"但他同時又認爲這不是絕對決定的,人類在所謂"運"的面前,並非毫無辦法。於是擡出了聖人:"惟聖人能挽其替而歸諸隆。即處聖人之不幸而當運之極,亦能與運轉移,通變以漸而救其失,使將替者不遽替,已替者不更替,以盡禮爲馭運之微權,而運失其權焉,於是乃可以長治。"而且認爲將來"必有大聖人出,以道之至神御器之至精,驅彗孛而撼滄溟,渾一地球之五大洲,而皆爲自主之民,斯爲開創之極隆。"禮竟能夠"馭運"而使"運失其權"!聖人竟能夠回天轉運,創造歷史!顯然是唯心主義的社會歷史觀。這又證明一條真理,在沒有馬克思主義發明唯物史觀以前,任何唯物主義理論家一接觸到社會歷史的根本問題時,不能不全身陷入了唯心主義的泥沼!

譚嗣同既把歷史的命運一股腦交給了聖人,所以他的思想也就仍多少循着《治言》的老路,認爲聖人之道絕不可變而主張衛道:"故中國聖人之道無可云變也,而於衛中國聖人之道以爲撲滅之具,其若測算製造農礦工商者,獨不深察而殊旌之,甚且恥言焉,又何以爲哉!"跟以前稍微不同的,祇是不再詆斥西洋的科學技術,而力圖"以道之至神御器之至精"，即採用西洋的"器"衛中國的"道"。這已是中學爲體西學爲用的提法了。所以他這時的政治主張是："莫如先立其不變者，而患之變以定。"這也就是守舊派的觀點。

但他這時對於帝國主義列彊頗持有高度的警惕性。他在讀魏源的《海國圖志》時，批評以夷攻夷的主張説："夫不能自振而恃援於人，亦已萎矣。所恃者而又歐人也，歐之與歐復奚擇焉？逞一朝之忿而忽百年之憂，規眉睫之利而闇旋踵之害！"他列舉了歷史的經驗教訓："唐失於回紇，晉失於契丹，宋兩失於金、元。而後之論者猶曰以夷攻夷，則何其昧於計也！"他認爲"患與時爲變，有深淺之可言，無彼此之可執；執一以爲患，患必發於所執之外，舍此以逐之，而他患又發焉"。這就是説，凡是帝國主義都不會懷有好心，他們既都覷覦我國家，怎能夠真誠相助呢？可惜這種卓識，正同他的唯物哲學世界觀一樣，在他的思想上並沒有得到鞏固，只是曇花一現！

三、三十一歲《興算學議》《短書》 自變其學術以救亡 開始萌芽反滿思想 器體道用 辟宗教迷信

譚嗣同三十歲這年思想發生巨大變化，主要表現於政治傾向上。在此以前，他對於政治雖然也有所主張，但不出常套，自己也並不參加政治活動。他二十六歲就住在他父親譚繼洵的湖北巡撫官廨裏，卻一點也不露頭角。後來陳寶箴在與歐陽中鵠的信裏這樣地講他："侍居節府數年，闇然無聞。"① 就可想見他原先只是埋頭讀書。到了三十歲時所以發生變化，原來這年正當光緒二十年（一八九四年）爆發了中國近代史上創巨痛深的"甲午戰爭"，中國又被遠東新興起的小小日本帝國主義打敗了。這就是在事實上宣告了多年來的洋務運動完全破產。同時也就是宣告了譚嗣同"以道之至神御器之至精"中本西末的理想破產。殘酷的現實迫使具有彊烈的愛國主義思想的譚嗣同，不能不深刻檢討過去所學，而得出了應有的結論："三十前之精力，敝於所謂考據辭章，垂垂盡矣，勉於世無一當焉。"② 再不能安坐書齋了，乃要求"自致於當世有用之學"。所以他《與唐紱丞書》説："三十之年適在甲午，地球全勢忽變，嗣同學術更大變。"③

---

① 見譚嗣同：《濟陽興算記》，載《湖南歷史資料》一九五九年第二期。
② 《莽蒼蒼齋詩自叙》。
③ 載《湖南歷史資料》一九五九年第四期。

光緒二十一年（一八九五年），清政府不顧廣大人民的抗議，屈從日本帝國主義的要求，簽訂了喪權辱國的《馬關條約》，使中國民族於此愈益明顯地淪於半殖民地的地位。譚嗣同由此意識到，國家民族的命運絕不應由清朝統治階級少數人去掌握。他於是跟瀏陽同鄉、在兩湖書院學習的愛國青年知識分子唐才常（紱丞）、劉善涵（淞芙）等，"日與往復圖議"，醞釀一個在他們看來是最"切實可行"的挽救國家危亡的方案。因此寫出了有名的論文：《上歐陽瓣薑師書——興算學議》。① 而"間有未盡，復於《報貝元徵書》詳焉"②，又繼有《思緯壹壹臺短書》之作。③

　　這兩篇論文，就是譚嗣同三十以後由封建守舊派急遽地向資產階級新學派轉化的政治宣言。"因有見於大化之所趨，風氣之所溺，非守文因舊所能挽回者，不恤首發大難，盡此盡變西法之策。"從"聖人之道無可云變"來一個大翻身，公開宣稱："不變法，雖聖人不能行"，真是"前後判若兩人"了。

　　這兩篇論文，跟康有爲在同一年寫的三封《上清帝書》，雖同樣是主張變法，卻有着自呈異彩的特點。

　　康有爲對於變法，是把希望完全寄託在皇帝身上。譚嗣同則認爲皇帝如能變法，這當然是最好的"王道"。但看一看當前的現實，朝廷並"無行法之人"，雖請求變法，"而固無望於今之執政者也"。不能不在此之外另作一些打算。他就想到了第二種辦法，就是不管朝廷變不變法，地方可以自謀出路，他把它叫做"霸道"："無已，則有霸道焉。河西吳越以保民爲心（按此謂如西漢王莽篡立時竇融之佔有河西，唐末五代時錢鏐之佔有兩浙），旁求俊乂，精研格致製造諸學，猝起與外洋力戰，以爭旦夕之命，其勝也，或可蒙數十年之安。"④ 但這也需要一定的條件，"無可必也"。於是他又有第三策："此而又不可得，則唯有自變其學術而已矣。"他就是根據這樣對當時政治形勢的分析，最後提出了由地方上的愛國紳士來興辦新學。培養資產階級在政治方面和經濟方面的人材的辦法："先小試於一縣，邀集紳士，講明今日之時勢與救敗之道，設立算學格致館，招集聰穎子弟，肄業其中。此日之啣石填海，他日未必不收人材蔚

---

① 事詳《瀏陽興算記》。
② 《思緯壹臺短書敍》。
③ 楊廷福編《譚嗣同年譜》敍此書於一八九四年（光緒二十年），誤。
④ 按康有爲於光緒二十三年十二月《上清帝書》建言三策，"其第三策曰聽任疆臣各自變法"。梁啓超也於這年《上陳寶箴書》說："欲以變法之事望政府諸賢，南山可移，東海可涸而法終不可得變。""故爲今日計，必有腹地一二省可以自立，然後中國有一線之生路。""偉哉竇融，天下大亂，乃注意河西，指爲移種處，卒能捍衛一隅，佐復漢室。"卻遠在譚嗣同後。梁啓超顯然是受了譚嗣同的影響，而康有爲要朝廷"聽任"，仍與譚嗣同主張"霸道"不同。

起之效。"他認爲只有"變學校，變科舉"，才能"因之以變官制"。"此變學校允爲正人心之始基，根本之根本矣"，這就是一種啓蒙運動。

這兩篇論文還着重指出了《馬關條約》是等於完全把中國殖民地化："利權兵權製造之權，駸駸及於用人行政之權，一以授之敵，無短籬之不撤，有一網而俱盡！"更特別指出，這個條約最毒辣的是完全扼死了中國民族的經濟命脈："然割地一層猶是禍之淺者。和約中通商各條，將兵權利權商務稅務一網打盡，隨地可造機器，可製土貨，又將火輪舟車開礦製造等利一網打盡，將來佔盡小民生計，並小民之一衣一食皆當仰之以給。自古取人之國，無此酷毒者！"所以他認爲"變法圖治"最重要的事情是"奮興商務"，"力與商盛"，"盡開中國所有之礦以裕富彊之源"，"工與商通力合作以收回利權"。一定要取得關稅自主，盡力保護民族工商業，把"現在入口輕稅、出口稅重數倍，反客爲主"的不合理現象改變過來，"改訂稅釐章程，出口免稅釐，以奪外洋之利；入口重徵之，以杜漏卮之漸。土貨則於出產之地一徵而不問所之"。"稅坐賈而不稅行商，以歸簡易而塞弊竇。"這是一種最明顯的發展中國民族資本主義的思想。而康有爲這年上清帝的三封書，卻都沒有講到這些。

在《興算學議》中，尤其有值得注意的，是十分大膽地，並且滿懷憤怒地指出了清政府對和約的簽字，是對各族人民的無恥出賣："及睹和議條款，竟忍以四百兆人民之身家性命一舉而棄之！滿漢之見至今未化，故視爲儻來之物，圖自全而已，他非所恤。"又指斥清統治者務"爲握固之術，以愚黔首"；"日存猜忌之心，百端以制其民"。這就是揭露清室已經明顯地自己把自己置於跟中國廣大人民完全對立的地位。雖然康有爲這時起草的《公車上書》也有"甘忍大辱，委棄其民"的話，但康有爲始終不反滿，而且極力避免反滿，到了民主革命派起來鬧革命的時候，還堅決反對反滿，也就是反對革命。而譚嗣同的反滿思想到後來著《仁學》時，卻更有進一步的發展，在理論上政治思想上作了資產階級革命派的前驅。書中對於執政的大官僚、湘軍、淮軍等貪污腐敗、禍國殃民的罪行和醜態，也作了盡情地揭發和口誅筆伐。所以歐陽中鵠在《復王鐵珊舍人書》裏說："但請弗示都中大位，以書中詆斥當道過甚，未便觸其怒也。"①

這兩篇論文比這時康有爲的《上清帝書》，還有最出色的地方，是他獨特正確地運用了王夫之的道器論，給變法運動提供了哲學理論根據，對頑固派作了有力的打擊。

頑固派之反對變法，"動即引八股家之言：天不變道亦不變"。這本來是譚嗣同過

———
① 載《湖南歷史資料》一九五九年第三期。

去也曾信誓旦旦地奉持過的教條。毛主席《矛盾論》指出：這種"形而上學的思想，曾經長期地爲腐朽了的封建統治階級所擁護"。要變法，要使封建社會向資本主義過渡，自不能不首先攻破這個保護舊社會舊制度的頑固思想堡壘。這雖是很簡單的一句話，卻涉及哲學的根本問題。具有哲學頭腦和"不恤首發大難"的譚嗣同，現在就從這個角度來追究，"道"究竟是個什麼東西？是否可以無所依靠而獨立自存？即能否先於物質事物而存在呢？譚嗣同指出："所謂道，非空言而已，必有所附麗而後見。"他引"《易》曰：'形而上者謂之道，形而下者謂之器。'曰上曰下，明道器之相爲一也"。頑固派總不能反駁《易經》，而《易經》是把道器看成統一物的。他繼續又引述了王夫之《周易外傳》對於道器的闡釋："道者器之道，器者不可謂之道之器也。……無其器則無其道……洪荒無揖讓之道，唐虞無弔伐之道，漢唐無今日之道，則今日無他年之道多矣。未有弓矢而無射道，未有車馬而無御道，未有牢醴璧幣鐘磬管弦而無禮樂之道；則未有子而無父道，未有弟而無兄道；道之可有而且無者多矣。故無其器則無其道。"① 由此，就可知："聖人之道果非空言而已，必有所麗而後見。"譚嗣同乃更進一步把道跟器的關係，在範疇上作了明確的唯物主義的規定："故道，用也；器，體也。體立而用行，器存而道不亡。"道是根本沒有獨立自體的。說道有自體，那是"惑世誣民"的唯心主義者的謊語："自學者不審，誤以道爲體，道始迷離徜恍，若一幻物虛懸於空漠無聯之際，而果何物耶？於人何補？於世何濟？得之何益、失之何損耶？將非所謂惑世誣民異端者耶？"這是無可辨駁的真理，頑固派不承認也得承認。承認了這個真理，那就是一個大前提，可以進一步作出邏輯的推論。返回到有沒有"不變之道"的問題上來，就可以這樣解決："夫苟辨道之不離乎器，則天下之爲器亦以大矣，器既變，道安得獨不變？變而仍爲器，亦仍不離乎道。人自不能棄器，又何以棄道哉！"② 譚嗣同這個見解是很深刻的。這裏駁斥頑固派的思想，也就是譚嗣同對自己以前所講"以道之至神御器之至精"那種觀點的批判，因爲那種觀點正是頭足倒置地以道爲體、以器爲用。他現在的口號是："不力治今之器，徒虛談古之道，終何益焉！"

這兩篇論文還十分痛快地揭穿了頑固派之以"天不變道亦不變"的陳腔濫調來抵擋變法，並不是真正在保衛所謂"聖人之道"，實際是保衛兩千多年來屢經改變而愈酷虐的專制暴政——"弊法"。他說："古法可考者，六經尚矣。而其至實之法，要莫詳於《周禮》。"但是，"周公之法，秦時已蕩然無存"。"今日所行之法，三代之法耶？周孔之法耶？抑亦暴秦所變之弊法，又經二千年之喪亂，爲夷狄盜賊所羼雜者耳！"古

---

① 引文是我作了刪節。
② 楊廷福編《譚嗣同年譜》摘引上述論道器的話謂見於《仁學》，大誤。《仁學》並沒有講道器。

法根本不存，焉有所謂不變之道？他又質問："井田可復乎？封建可復乎？世祿可復乎？宗法可復乎？""此數者，周公借以立法之質地也。"既然"數者不可復，其餘無所依附，自閟室而難施"。所以"雖周孔復作，亦必不能用今日之法邀在昔之效"。"故變法者，器既變矣，道之且無者不能終無，道之可有者自須亟有也"。《易經》說："窮則變，變則通。"封建主義社會已走到歷史的盡頭，自應當變而從資本主義，資本主義自有資本主義之道。他又說，今天要講資本主義的"工藝"，實即《周禮》之"考工"，"變法圖治"也就不過是"直變去今之以非亂是、以偽亂真之法，蘄漸復於古耳"。這當然是託古改制，當時新學與舊學作鬥爭多喜用這種手法，借復古之名以塞頑固派"堅持舊說，負固不服"的口。

這兩篇論文還按照發展資本主義須得有新的文化的要求，對長期泛濫於封建社會的宗教迷信、神秘主義、種種陰陽怪氣，痛予摧廓。如指出"算學爲中國最實之學"，而以往"談算者，必推本《河圖》《洛書》爲加減乘除之所出。不知任舉二數，皆可加可減可除，何必《洛書》？""算家又言黃鐘爲萬事之根本，此大可笑！黃鐘一律筒而已，何能根本萬事？即以造度量權衡而論，一二律呂誰不可借爲度量權衡？何必黃鐘？況累黍之法，實迂謬不可行，何能取準？"要國家富彊，必須"牗民於聰明之域"。要"牗民於聰明"，就得徹底破除各種虛妄之說。這也就是他所謂"自變其學術"的內容之一。這個工作，他看得極爲重要。他在《思緯壹壹臺短書敘》裏就着重講這件事，他是在完成過去唯物哲學家所沒有完成的歷史任務："嗣同夙憤末世之誣妄，惑於神怪雜識，使民弗亹亹乎事業，坐爲異邦隸役。讀衡陽王子辟五行卦氣諸說，慨焉慕之；獨怪於《河圖》《洛書》《太極圖》等，何復津津樂道？……嘗分條訟辯，以與世俗砥礪。而仍恐自不出乎世俗，遂標曰《短書》。""夫彼之隸役我者，則必事業之有可徵焉。吾獨不可以反鑒乎哉？"他這裏明白指出，封建社會的蒙昧主義文化，是天然充當帝國主義"隸役"我民族的工具的。所以廓清蒙昧主義文化，也是"變法圖治"之一大事。他還把西人的"天主教、耶穌教""中國之佛老"，跟"鄉曲之牛鬼蛇神"等視，認爲都是"尊天明鬼以整齊其民"的道具。主張將來應"援日本之例，不準傳天主教、耶穌教"，如"不準販鴉片煙"一樣。而"佛寺大小以萬計，產可千萬金者隨在有之，佛像、屋頂悉以赤金鑄成"，亦應"亟有以收之"。"其云構崇閣，亦可爲議院學堂諸公所之用。"可見他這時反對宗教很是激烈。

上面所述，都是這兩篇論文的"民主性的精華"，是譚嗣同三十至三十一歲，不到一年間（從中日戰爭失敗起算）思想的大進步。但須指出，他這時對於帝國主義已開始產生了不正確的認識，如擬議把蒙古、新疆、西藏、青海分別賣給英俄兩國，以

"結其歡心"，認爲這樣就可"浼二國居間，脅日本廢去徧地通商之條約"。並幻想將來"英俄互相猜忌"，一定會反而"倚中國爲障隔，中國轉因而居重。新疆、西藏壤地密鄰，二國又將彼此相謀，自固其圍，更無暇犯中國"。把帝國主義看得多末簡單！他還錯誤地把爲帝國主義殖民政策服務的《萬國公法》謳歌"爲西人仁至義盡之書"，認爲"列於公法"，就可獲得"衆國公同保護，永爲兵戈不到之國，享太平之福"。他完全忘記了自己以前講過的："歐之與歐復奚擇焉！"

梁啓超在光緒二十一年六月一日《與汪康年書》説："十八省中，湖南人氣最可用，惟其守舊之堅亦過他省。若能幡然變之，則天下立變矣。"① 事情十分湊巧，譚嗣同的《興算學議》就作於此時，確也就是在湖南起了"幡然變之"的作用。當喪權辱國的《馬關條約》簽訂後，湖南具有愛國主義思想的士大夫，都不禁發出"我瞻四方，不知何騁"的感喟，都在考慮國家民族今後怎樣存在下去的問題。譚嗣同這篇有破有立的論文，恰好講出了他們念慮中事。所以歐陽中鵠接到這信後②給譚嗣同另一老師涂啓先看了，都認爲"心所欲言，皆經道出"，"危言篤論，實中肯綮"，"譚子將將，爲一邑開風氣，即將爲天下開風氣"。歐陽中鵠遂"決意將縣中書院改習格致"。並把這封信題名《興算學議》，"加批加跋，用活字板刷出"，"以爲木鐸"，"以當家喻户曉"③。陳寶箴爲湖南巡撫，到任，"見《興算學議》"，也"大嘆賞"，"命印千本，徧散於各書院"。④ 這個措施，在當時會發生多大影響，是可想而知的。雖然歐陽中鵠原打算把瀏陽南臺書院改爲算學館，呈請學政江標，已批準，而爲頑固守舊派百般阻撓，這年並未成功，僅僅成立了一個由十多人組成的學術團體"算學社"。但這畢竟起了帶頭作用，湘鄉就"援瀏陽之例（按指呈請學政）而興"⑤，"改東山書院專課算學格致"⑥。同時頑固守舊派雖能暫時阻止改南臺書院爲算學館，卻阻止不住這篇論文的真理性正義性深入人心。歐陽中鵠在《復王鐵珊舍人書》裏就記述"徑請改南臺書院爲格致館"時，"士論沸騰，大加駭怪。及讀《興算學議》，漸覺意解"。譚嗣同在光緒二十三年著《瀏陽興算記》也追述道："〔學院〕準將南臺書院永遠改爲算學館。……是時正值歲試，多士雲集，批出而衆論大譁，至詆瀏陽爲妖異，相戒毋染瀏陽之遺毒。學院則益搜取試卷中之言時務者，拔爲前列，以爲之招。嗣是每歲必如此。其

---

① 《梁任公先生年譜長編初稿》，引自《中國近代史資料叢刊》《戊戌變法》第二册。
② 編按，"後"原作"和"，今據上下文意改。
③ 以上參考《湖南歷史資料》一九五九年第三期《瓣蕳文稿和蔚廬日記中關於瀏陽興算的資料》。
④ 譚嗣同：《瀏陽興算記》。
⑤ 譚嗣同：《致汪康年書》三。
⑥ 譚嗣同：《瀏陽興算記》。

持迂談者棄弗録。凡應試者，不得不稍購新書讀之。湘鄉改東山書院之舉又繼之以起。趨向亦漸變矣。而尤厚愛瀏陽，時時向人稱道。其明年，瀏陽大興算學，考算學洋務，名必在他州縣上，爲一省之冠。省會人士始自慚奮，向學風氣由是大開。"所以梁啓超在《戊戌政變記》裏稱："湖南嚮稱守舊，故凡洋人往遊歷者，動見殺害；而全省電信輪船皆不能設行。自甲午之役以後，湖南學政以新學課士，於是風氣漸開，而譚嗣同輩倡大義於下，全省沾被，議論一變。"後來湖南創辦湘學會、時務學堂和出刊《湘學報》《湘報》，被歷史學家稱爲當時"全國最富朝氣的一省"①，實發軔於此。可見譚嗣同的首倡興算學和《興算學議》這篇論文所起的宣傳鼓動作用，有着不可磨滅的歷史意義。

四、三十二歲《北遊訪學記》　信仰耶教皈依佛教　自省所學皆虛惟一心是實　反對君主世襲　昌言民權民主

譚嗣同自己説："嗣同之紛擾，殆坐欲新而卒不能新，其故由於性急而又不樂小成。……性急則欲速，欲速則躐等，欲速躐等則終無所得。不得已又顧而之他，又無所得則又它顧。且失且徙，益徙益失。"② 這跟梁啓超稱他："以日新爲宗旨，故無沾滯；善能舍己從人，故其學日進。"③ 合起來看，就是優點缺點全在一起。從前節所述，可以看到，譚嗣同在三十一歲那年，他的思想表現是比較近於整體健康的。但他"性急而又不樂小成"以後就分了杈，政治思想繼續"日新""日進"，哲學思想則"益徙益失"，"欲新而卒不能新"了。究其原因，皆由於這時對他説來是完全處於政治失望的境地。由於失望，不能求得現實的解決，就希望和幻想有超現實的力量能予解決。由於失望，對現實就認爲沒有可以肯定的合理性，自然要趨嚮於根本否定。這都是"不得已又顧而之他"的思想表現。他在三十二歲這年有一篇寫給歐陽中鵠的長信題名《北遊訪學記》④，就敘述了這樣的轉變，這樣的思想情況。我們完全可以把它當作後此寫的《仁學》的導言或緒論來讀。

譚嗣同在光緒十五年（一八八九年）二十五歲時，曾同他的二哥譚嗣襄應試到過

---

① 范文瀾：《中國近代史》上編第一分冊。
② 《報貝元徵書》一。
③ 梁啓超：《譚嗣同傳》。
④ 即《上歐陽瓣薑師書》第二十三。

北京。以後六年間，都一直住在父親湖北巡撫署中（有時回瀏陽）①。光緒二十二年他三十二歲時，"因舍侄傳贊二月入都考蔭，江海孤行，放心不下，令嗣同伴送"②。這時他才又到北京③。但是《北遊訪學記》講到行前的心境說："去年底到鄂，意中忽忽如有所失，旋當北去，轉復悲涼。"這是一種值得注意的思想情況。"失"的什麼？爲甚"悲涼"？這裏就隱伏着他以後思想要轉變的契機。

本文前節講述他在前一年倡議在瀏陽興辦算學格致館，以作"自變其學術"的"小試"。其文雖發生很大影響，其事雖在後亦經實現，但在當時卻是"事垂就而阻者大起"④，並未成功。對於"性急則欲速"的譚嗣同，不能說不是很大的挫折。他原擬變法三策，認爲"王道"不說，"霸道"亦匪易，"唯有自變其學術而已矣"，是十拿九穩。誰知現實殘酷無情，仍然此路不通！

再放眼看看，北京"康長素倡爲彊學會。主之者內有常熟（翁同龢），外有南皮（張之洞）"，一是中樞大臣，一是封疆大吏。還有"名士會者千計，集款亦數萬"。力量聲勢不爲不浩大了！但是"忽有御史某起而劾之，請嚴拿爲首之人，果允其嚴禁"！同時湖南也成立了彊學會分會，"章程久經刻出"（他自己是"既不求入會，亦無人來邀"的），同樣"今並見禁"，而且"會中人遽爽然欲退"，全都經受不起風險。這對他會引起什麼樣的感觸？他已產生了這樣的思想："傳耶穌教則保護之，傳孔子教則封禁之，自虐其人以供外人魚肉，國人何其馴也！"這是寫在"乙未除夕"的《上歐陽瓣薑師書》（第二十五）。

還有他自己個人的事。《上歐陽瓣薑師書》第二十四說："乃事變萬端，非意所及。嗣同之遭謠言，旋起旋止，已數年矣，去冬尤甚，至不堪入耳。"而最壞的是，"有李玉成者，假冒武大員，扯署中旗號，任意撞騙，詹知事爲騙去現銀一千兩，票銀一千兩。……此案破又扯出數案，或賣缺，或賣鼇差，或賣營哨弁。……二十八日張香帥（張之洞）受事，不識能終敷衍否？家嚴深罪嗣同不才所召。"出了這樣的事，湖北巡撫節署是不能再待下去了。這時譚繼洵已給他捐了一個他不願幹的認爲十分"污穢"的候補知府，就"不足計""候補場中之污穢"，只得去了。他聊以自慰地說："嗣同自爲計，雖緣事而去，覺得不值，而因此遠颺，又未嘗不逍遙自得！"這書是寫在光緒

---

① 陳乃乾和楊廷福先後編撰的《譚嗣同年譜》及湯志鈞著的《戊戌變法人物傳稿》，都說譚嗣同於光緒二十一年曾因康有爲成立彊學會，"慕名往謁"，到過北京。並誤。
② 《上歐陽瓣薑師書》第二十二。
③ 楊廷福、湯志鈞說譚嗣同這年春是"隨父繼洵到北京"，亦無實據。
④ 譚嗣同：《瀏陽興算記》。

哲學及思想史研究

二十二年正月二十八日，北遊臨行前。

這就是構成"旋當北去，轉復悲涼"的各種原因。可見"忽忽如有所失"，"失"的什麼？就是萬事不如意，一切不得志。

"悲涼"之餘，對於此行，自己就預先作了一些打算，"然念天下可悲者大矣，此行何足論，且安知不爲益乎？遂發一宏願：願徧見世間碩德多聞之士，虛心受教，挹取彼以自鑒觀；又願多見多聞世間種種異人異事異物，以自鑒觀。作是願已，遂至上海"。這就是由"失"已準備着"徙"了。

於是到上海後，就"徧訪天主、耶穌之教士與教書"。在傅蘭雅那裏看到了古生物化石和算器，還有他感到最稀奇的愛克斯光透視器。傅蘭雅又給他講了一些荒唐"科學"神話："此尚不奇，更有新法能測知人腦氣筋，繪其人此時心中所思爲何事，由是即可測知其所夢爲何夢，由是即可以器造夢，即照器而夢焉。"由於向這些"異人異事異物""虛心受教"，原已準備"顧"而"徙"的思想，就開始"徙"了："因思：人爲萬物之靈，其靈亦自不可思議，不可以形氣求，乃並不可以理求，無理之中必有至理存焉。"從此"酷好談教"①了，所以梁啓超説："當余與君之初相見也，極推崇耶氏兼愛之旨。"但是，還"不知有佛"②。

到了北京，更有成堆的"異人""碩德多聞之士"，滿足他"虛心受教"的"宏願"。雖然"求新而不得新"，但畢竟求得了佛："在京晤諸講佛學者，如吳雁舟，如夏穗卿，如吳小村父子（按這些人同時也講變法維新），與語輒有微契。"對佛教就入了迷："於是重發大願，晝夜精治佛咒，不少間斷。"這跟他以前激烈反對宗教的態度相比，是"徙"的多末遠啊！

前已説明，譚嗣同是帶着極大的政治失望的痛苦情緒北遊的。其信耶穌教、天主教，信佛教，正是在這種情緒的蕩漾下產生的，即所謂"不得已"的"顧而之他"。所以，其信教愈虔，也正就是他政治失望愈深的思想反映。他自己這樣敘述了："京居既久，始知所願皆虛，一無可冀。慨念橫目，徒具深悲！"不單是他一個人有這樣的絕望情緒，當時維新派分子在彊學會遭禁後，都普徧產生了這樣的絕望情緒，如梁啓超《與夏穗卿書》説："此間大人先生，兩月前尚頗有興亡之志，今又束閣矣。此自國運，雖有大力，無如之何！"譚嗣同以父命就官，"候補知府分司浙江"，需次於南京，雖然是不得已的事，但也存有一綫希望，倘如真能補到知府的缺，或可借此以試行他以前

---

① 《致汪康年書》第二十。
② 梁啓超：《譚嗣同傳》。

221

設想變法的第二策（地方獨立），故他有詩道："莫嫌南宋小京都，勾踐錢鏐有霸圖！"① 但是一到南京，這只是候官的地方，馬上就感到更加走進死胡同了："固知官場黑暗，而不意金陵爲尤甚。到此半月，日日參謁，雖首府首縣拜之數次，又不能一望見顏色，又何論上官？及上官賜以一見，僅問一兩語，而同寅早已疑之忌之矣。"甚至"本地知名士，曾往拜之，以求學問中之益，而人聞其候補官也，輒屛之不見，並不答拜"。於是"獨至自思，我爲何事而來？則終不能得其解，爲君乎？爲民乎？爲友乎？以言乎貴，適以取賤！以言乎富，終必至於大貧！"使他一綫希望也完全破滅，故他又有詩道："死心越國難圖霸，抉目吳門去看潮！"② 就在這時寫出了《北遊訪學記》。他說："士生今日，除卻念佛持咒，又何由遣此黑暗之歲月乎？"從這也很可看到，他果真是出於"不得已"了。

但譚嗣同雖由於政治絕望而信仰耶穌教、天主教，又"皈依"了佛教，卻不同於一般人"遁入空門"，逃避現實。因爲"無所得則又顧而之他"，並不就放棄求"得"，乃是要由另外的道路以求"得"。這裏就是幻想以宗教的超現實的力量求得現實的解決。這樣一來，就引起了他的世界觀的根本改弦更張，由唯物論向唯心論逆轉，把以前"專主《船山遺書》"的哲學思想，"如棄敝屣"地給以否定。

他寫道："平日所學，至此竟茫無可恃。夫道不行而怨人者，道之不至者也；道必倚人而行者，亦自必窮之勢也。"他認爲事業要依靠人，總難如意。就想有個適合他"性急欲速"的完全"不倚人"而可操之在己的簡易辦法。這個動念本身就是一種唯心主義觀點，奔向前去，當然亦只能抓住了唯心主義："因自省悟，所願皆虛者，實所學皆盛也。或言聖人處今日，苟無寸柄仍然無濟。是大不然！聖人作用，豈平常人能測？人爲至靈，豈有人所做不到之事？何況其爲聖人？因念人所以靈者，以心也。人力或做不到，心當無有做不到者。""自此猛悟，所學皆虛。了無實際，惟一心是實。心之力量，雖天地不能比擬；雖天地之大，可以由心成之、毀之、改造之，無不如意。""嗣同既悟心源，便欲以心度一切苦惱衆生。以心挽劫者，不惟發願救本國，並彼極疆盛之西國，與夫含生之類，一切皆度之。"他還倡議"開一學派，合同志以講明心學"。可見他是多末堅決舍棄以前所學，信奉了宗教，迅速走上了唯心主義的道路。其後來著《仁學》，在自然觀上既不講氣化論，在社會觀上也不講器體道用論，絕不是偶然的。

《仁學》的哲學思想，其中一些主要概念或論點，這裏也已經提出來了。如說：

---

① 《丙中春錄事以知府赴引候補浙江寄別瓣蕅師兼簡同志諸子詩》。
② 《官江蘇》。

哲學及思想史研究

"天下人之腦氣筋皆相連者也，此發一善念，彼必有應之者，如寄電信然，萬里無阻也。""一心之力量，早已傳於空氣，使質點大震蕩，而入乎衆人之腦氣筋。"這就是《仁學》的"仁以通爲第一義，以太也，電也，心力也，皆指出所以通之具"。只欠没有提出"以太"的字樣。又如說："當知人是永不死之物；所謂死者，軀殼變化耳，性靈無可死也。""不論何教皆有相同之公理二：一曰慈悲，吾儒所謂仁也。一曰靈魂，《易》所謂'精氣爲物，遊魂爲變'也。言慈悲而不言靈魂，止能教賢智而無以化愚頑；言靈魂而不極其誕謬，又不足以化異域之愚頑。"這就是《仁學》的"通則必尊靈魂"。以及如說"夫學亦不一，當以格致爲真際。政亦不一，當以興民權爲真際，教則總括政與學而精言其理"。"言進學之次第，則格致爲下學之始基，次及於政務，次始可窺見教務之精微"等等，皆爲《仁學》所復述。

譚嗣同皈依了耶、佛諸教，特別"佞佛"，標榜唯心主義，自稱"以心挽劫"，實是對於現存的已經完全暴露其不合理性的社會政治制度在思想上的否定。所以他自己說："嗣同等如輕氣球，壓之則彌漲，且陡漲矣！"① 愈使他失望，也就愈益激發他對於現存制度走向根本否定之一途。這就使譚嗣同比當時維新派諸人走得更遠許多。

當時維新運動分子及其先驅者所提出的變法主張，在政治制度上最高最大的要求，不外是"設議院以通下情"②的君主立憲政體。只爭有限的民權，他們連想都不敢想"民主"，說"民主者權偏於下"③。害怕違犯"君尊臣卑"的"禮義大防"。還說什麽："及今而棄吾君臣可乎？曰：是大不可。何則？其時未至，其俗未成，其民不足以自治也。彼西洋之善國且不能，而況中國乎？"④

譚嗣同則與他們相反，在這篇《北遊訪學記》裏就明白提出了廢除君主制的主張。看他一則曰："政亦不一（按指《盛世危言》《庸書》等所說'君主''民主'和'君民共主'幾種政治制度），當以興民權爲真際。"再則曰："兼改民主，則地球之政可合爲一。"又說："唐虞以下無可觀之政。"這就是正面要求取消君主世襲制度的表白。所以稱說："《公羊傳》多微言，其於尹氏章云：'譏世卿也。'卿且不可世，又況於君乎？"又說："今日君臣一倫，實黑暗否塞，無復人理。要皆秦始皇尊君卑臣愚黔首之故智。後世帝王喜其利己，遂因循而加厲行之，千餘年至宋末，不料有入而代之者，

---

① 《上歐陽瓣薑師書》第二十七。
② 康有爲光緒二十一年閏五月《上清帝書》。
③ 鄭應觀：《盛世危言·議院》，又參考陳熾：《庸書·議院》。
④ 嚴復：《辟韓》。按此文發表於光緒二十三年（一八九七年）《時務報》第二十三册，在譚嗣同的《北遊訪學記》後一年。

223

即以其法還治其人，且以‘倫常’字樣制其身並制其心，所謂田成子竊齊國，並其仁義聖智之法而竊之也。"這就是説，三代以下爲君的，都是竊國大盜，異族入主更是大盜的大盜。他認爲後儒講"君臣以倫常"的道理都是便利於大盜"竊國"的工具，所以又説"三代以下無可讀之書"，只有孔子作《春秋》，公羊一派有"興民權之説"，孟子有"暢發民主之理"，莊子有"痛詆君主"的"矯激"，外此則王船山、黄梨洲著作亦具"興民權之微旨"，皆"與君主之學相悖"。

由此，他就進一步從理論上論證君主專制的不合理性。追溯"君"的起源，並不是一有人類就有了的，"君"的出現也不是由"天"所命"以制天下"的："原夫生民之初，必無所謂君臣。各各不能相治，於是共舉一人以爲君。夫曰共舉之，亦必可共廢之。故君也者，爲天下人辦事者，非竭天下之身命膏血供其驕奢淫縱者也。"他這樣解釋"君"的本來含義，即"爲天下人辦事"，由人"共舉之，亦必可共廢之"的看法，就使二千多年來維護封建專制的"尊君卑臣"的"倫常"完全失去理論根據，把資產階級在完全意義上要求民主的概念第一次提起出來，在當時實言人之所不敢言①。梁啟超説："當時並盧梭《民約論》之名亦未夢見，而理想多與暗合，非思想解放之效不及此。"② 我們知道，盧梭的《民約論》曾給法國的資產階級革命作了理論準備，譚嗣同這個從中國文化原有跟封建專制對立的民主傾向潛流發展出來的光輝理論，似也應當這樣去估價。

同時，他還以"君亦民也"的原理，對於忠君死節的封建道德作了很犀利的批判："君臣以義合者也，人合者也。君亦一民也。苟非事與有連，民之與民無相爲死之理。則敢爲一大言以斷之曰：止有死事的道理，斷無死君的道理。死君者，是以宦官宫妾自待也，所謂匹夫匹婦之諒也。況後世之君皆以兵力彊取之，非自然共戴者乎？又況有彼此種族之見奴役天下者乎？"應當注意，這是與王鐵珊論其"祖死節"事講到的話。指出一般爲君死節已無道理，而王鐵珊之祖爲"有彼此種族之見奴役天下"的清統治者"死節"，就更無道理。可見他這時對於清統治者的仇視。所以他又説："今之策富彊而不言教化（指新學），不興民權者，吳雁舟所目爲助紂輔桀之臣也！"把清統治者比之爲桀紂，在思想邏輯上就顯示出了有打倒的必要。

他以前作《忠義家傳》曾歌頌過大漢奸大劊子手曾國藩幫助清統治者鎮壓太平天國革命運動的反革命"功勳"，説爲"司馬九伐之威，暢於荒裔；踔厲中原，震讋水

---

① 嚴復的《辟韓》雖也講到古初君是由人民"擇其公且賢者立而爲之"的，其文發表已遠在譚嗣同之後。且其觀點是從西方學來的。何況他還説："及今而棄吾君臣可乎？曰：是大不可！"

② 梁啟超：《清代學術概論》。

陸；劍械西域，戈橫南交；東撻甌粵，北棱遼海"，"湘軍炎炎之隆隆"。他現在也完全倒轉過來，不是歌頌，而是揭發他們有滔天的罪惡："頃來金陵，見滿地荒寒氣象。本地人言……湘軍一破城，見人即殺，見屋即燒，子女玉帛掃數悉入於湘軍。而金陵遂永窮矣！至今父老言之，猶深憤恨。"又述太平軍"據城時，並未焚殺，百姓安堵如故"。這即顯示了曾國藩輩才真正是人民和民族的蟊賊。

由此可見，譚嗣同這時由於政治絕望，"不得已又顧而之他"，就走向了反清同時是反封建君主專制的道路。而這裏講到的理論，也跟前面講的哲學唯心論一樣，在後此寫的《仁學》裏都得到復述和進一步發展。

五、三十三歲《仁學》　　以唯識宗爲思想基礎　　用西學明佛學轉識成智　　鼓吹排滿革命　　對帝國主義認識模糊

譚嗣同於光緒二十二年（1896）六月二十九日到南京[①]。"頗孤寂無俚，旋往蘇州（指上海）"[②]，又以"困乏無聊，不能不別圖生食之計"；值當時大官僚盛宣懷囑託他到湖南跟巡撫陳寶箴商辦礦事，遂於九月中回湖北，再至湖南。商辦礦事已有到礦師，盛宣懷卻"忽然變卦"，乃於光緒二十三年（一八九七年）正月十七日，仍回到成議，並造南京[③]。這時期他也發出了一連串十分絕望的感嘆："世事更無可爲！"[④] "環顧天下大勢，遂無幾希之望！"[⑤] "如此黑暗地獄，直無一法一政足備記錄，徒滋人憤懣而已！"[⑥] 正是："死心越國難圖霸"，"故令蒙叟著《逍遙》"！[⑦]《仁學》就是在這種情況下繼《北遊訪學記》而寫作的。他在去年九月回鄂時《報唐紱丞書》裏已提到了著《仁學》的計劃："若夫近日所自治，則有更精於此者，頗思共相發明，別開一種衝決網羅之學。"回南京前就已寫出了很多篇。他在正月十八日《致汪康年書》（第三）說："去年吳雁翁到金陵述卓如兄言，有韓無首大善知識，將爲香港《民報》，囑嗣宗

[①]《北遊訪學記》。
[②]《報唐紱丞書》。
[③]《上歐陽瓣薑師書》第二十三、第六、第九、第十一。
[④]《上歐陽瓣薑師書》第二十三，時爲光緒二十二年九月二十六日。
[⑤]《報唐紱丞書》，時爲光緒二十二年九月。
[⑥]《致汪康年書》第二，時爲光緒二十二年十一月十三日。
[⑦]《官江蘇》。

暢演宗風，敷陳大義。斯事體大，未敢率爾，且亦不暇也。近始操觚爲之。孤心萬端，觸緒紛出。非精探性天之大原，不能寫出數千年之禍象，與今日宜掃蕩桎梏、衝決網羅之故。便覺刺刺不能休，已得數十篇矣。"這裏，"暢演宗風"就是表示在哲學上要弘揚佛教唯心主義。"敷陳大義"就是表示在政治上要宣傳資產階級民主革命。所以，一方面"精探性天之大原"，一方面"寫出數千年之禍象"，"掃蕩桎梏，衝決網羅"。梁啓超在《清代學術概論》裏說：譚嗣同著《仁學》，"題曰'臺灣人所著書'，蓋中多譏切清廷，假臺人以抒憤也。"亦可見此書之作，具有一定的政治意圖。

譚嗣同在南京，雖然感到"諸般苦惱"①，"如仙人降謫，困辱泥塗"②；但他獲得了"更好"的機會研究佛學，"幸有流寓楊文會者，佛學西學，海內有名，時相往還，差足自慰"③。楊文會是清末最大的佛學家，精通佛教各宗派。唐朝法相宗窺基法師名著《成唯識論述記》，宋以後久無傳本，是他第一次從日本找來刻印流通。他曾隨使節兩次到歐洲，考求英法"政治製造諸學"，"精究天文顯微等學"。④帶回許多科學儀器，他自己也能製造天地球儀。他也同情變法維新。但他認爲"時務多艱，此皆衆生業力所感"⑤。"不變法，不能自存。既變法矣，人人爭競，始而效法他國，既而求勝他國"，必至於"統地球各國壞至不可收拾。"⑥只有佛教與新學"相輔而行"，如"東西各國，雖變法維新，而教務仍舊不改，且從而振興之"，才能"造乎至善之地"。⑦這與譚嗣同這時的見解也相合。譚嗣同跟楊文會往還，才得讀到更多的佛書，特別是法相唯識宗的著作。譚嗣同有《金陵聽法詩》，稿本自注寫道："吳雁舟先生嘉瑞爲余學佛第一導師，楊仁山先生文會爲第二導師。"⑧梁啓超說：譚嗣同著《仁學》時，"治佛教之唯識宗、華嚴宗，用以爲思想之基礎"⑨。這話講得一點不錯。譚嗣同在《北遊訪學記》中雖已提出了"唯一心是實。心之力量雖天地不能比擬，雖天地之大，可以由心成之毀之改造之，無不如意"的唯心主義觀點，但還不能構成有邏輯結構的理論體系；在讀了唯識宗著作後寫出《仁學》，就構成有體系的理論了。

有許多論著，說明《仁學》是唯物主義的世界觀。這是沒有十分充足的理由的。

---

① 《北遊訪學記》。
② 《致汪康年書》第九。
③ 《北遊訪學記》。
④ 《楊仁山居士事略》。
⑤ 楊文會：《等不等觀雜錄》卷一《與鄭陶齋書》。
⑥ 同上書卷一《觀未來》。
⑦ 同上書卷一《支那佛教振興策一》。
⑧ 《湖南歷史資料》一九六〇年第一期，譚嗣同：《秋雨年華之館叢脞書》（稿本）選刊。
⑨ 《清代學術概論》。

譚嗣同著《北遊訪學記》已經表明，他決心放棄了以前所學，完全接受宗教唯心主義。《仁學》是這個思想的繼續發展、充實和體系化，就規定了它不可能是唯物主義，有如種瓜不能得豆一樣。

《仁學》開頭舉示"凡爲《仁學》者"應讀的書，首先就提到"於佛書應通華嚴及心宗、相宗之書"。次講"西書"，又首先提到"當通《新約》"，然後才"及算學、格致、社會學之書"。末了講"中國，當通《易》《春秋公羊傳》《論語》《孟子》《莊子》《墨子》《史記》及陶淵明、周茂叔、張橫渠、陸子、王陽明、王船山、黃梨①洲之書"。裏面只有張橫渠、王船山是最明顯的唯物論者。而這時有取於他們的已不是哲學的氣一元論，而主要是政治思想，《仁學》下篇有自白道："君統盛而唐虞後無可觀之政矣，孔教亡而三代下無可讀之書矣。乃若區玉檢於塵編，拾火齊於瓦礫，以冀萬一有當於孔教者，則黃梨洲《明夷待訪錄》其庶幾乎？其次爲王船山之《遺書》，皆於君民之際有隱恫焉。黃出於陸、王，陸、王將續莊之仿佛；王出於周、張，周、張亦綴孟之墜遺。"不可想像，一個講唯物主義哲學的人給人開入門書目，竟會首先和着重提出了宗教的與唯心主義的貨色！

再看一般認爲構成《仁學》是唯物主義的科學素材，譚嗣同本人究竟把它放在整個理論體系的什麽地位："聲光化電氣重之説盛，對待或幾幾乎破矣。欲破對待，必先明格致；欲明格致，又必先辨對待。有此則有彼，無獨有偶焉，不待問而知之，辨對待之説也。無彼復無此，此即彼，彼即此焉，不必知亦無可知，破對待之説也。辨對待者，西人所謂辨學也……學者之始基也。由辨學而算學……由算學而格致……學者之中成也。格致明而對待破，學者之極詣也。孔曰：'下學而上達。'未有可以躐等而蹴幾，亦何可以中止而自畫也。故嘗謂西學皆源於佛學，亦惟西學而佛學可復明於世。"（《仁學》上篇）又説："言進學之次第，則以格致爲下學之始基，次及政務，次始可窺見教務之精微。"（《仁學》下篇）他原來是"以格致爲下學之始基"的，而"下學"是爲了"上達"，"上達"就是把對待完全破了，"不必知亦無可知"，"達"於"教務之精微"，即借"西學"使"佛學可復明於世"。所以，講"以太"，是爲了"借其名以質心力"。講"化學諸理"，是爲了説明靈魂"不生不滅"，"輪迴因果報應諸説所以窮古今無可詘"。講"虛空有無量之日星，日星有無量之虛空"，"有人不能見之微生物，有微生物不能見之微生物"，是爲了説明"但有我見，世間果無大小矣。多寡長短久暫，亦復如是"。講"以太之動機"，是爲了説明"仁之端也"，"復之所以

---

① 編按，"梨"原作"黎"，今正。

見天心也"，"善學佛者未有不震動奮厲而雄彊剛猛者也"。講"天地萬物之始，一泡焉耳"，是爲了説明"無明起處"，"適成唯識"。"日地無始也，無終也"，是爲了説明"以太者亦唯識之相分"。講十八種力"以力學家凹凸力之狀狀之"，是爲了説明"此佛所謂生滅心也，不定聚也"。没有一處講"格致"不"上達"於"教務"。許多人論證《仁學》是唯物主義，都只是割取其"下學"的"格致"，而抛捨其"上達"的"教務"；或在論證其爲唯物主義後，又别舉其"教務"之談而斥之曰："就引起了混亂。"（如馮友蘭先生《論譚嗣同》①）其實這不過是論者自己在製造"混亂"！忘記了譚嗣同明明説："亦何可以中止而自畫也。"

　　所有爭論的焦點，是對於"以太"的理解。我們看他是在怎樣的理論目的要求下提出這一科學名詞的，他開宗明義説："仁以通爲第一義。""通之義以'道通爲一'爲最渾括。""通之象爲平等。""無對待，然後平等。"他是要求"通"，由"通"以得"平等"，這樣才講到了："以太也，電也，心也，皆指出所以通之具。"緊接着又申明："以太也，電也，粗淺之具也，借其名以質心力。"（後文也説："託言以太。"）這就很清楚，所以講"以太"，講"電"，都不外是借以使人容易認得"通"的意義，便於理會"心力"是什麼樣子而已。所以又説"通則必尊靈魂"。而且還説："仁爲天地萬物之源，故唯心，故唯識。"首揭"界説"的宗旨所在，已十分了然。開篇就以"以太"説明一切作爲認識對象的客觀存在是不能以其自身爲原因的，而是以超感覺的東西爲存在的原因的："徧法界虚空界衆生界，有至大之精微，無所不膠粘、不貫洽、不筦絡，而充滿之一物焉，目不得而色，耳不得而聲，口鼻不得而臭味，無以名之，名之曰以太。"顯示"以太"是超感覺的東西，不是已經把它本來賦有物質性的意義已經抽掉了嗎？這就是所謂"借其名以質心力"，僅僅是"借其名"而已。所以，"以太"在譚嗣同手裏，是作爲體無而用有的精神概念的，看下面接着説："其顯於用也，孔謂之仁，謂之元，謂之性；墨謂之兼愛；佛謂之性海，謂之慈悲；耶謂之靈魂，謂之愛人如己，視敵如友；格致家謂之愛力、吸力；咸是物也。"這裏雖然也講到物質的"愛力吸力"，但書中説明，"愛力吸力"是來源於"大圓性海"的"好惡之知"，就仍是作爲精神現象來看待了。正由於"以太"是用以表示用有而體無的精神概念，所以後面更進一步講明："原質猶有七十三之異，至於原質之原則一以太而已矣。一故不生不滅；不生故不得言有，不滅故不得言無。謂以太即性可也，無性可言也。"先把"以太"銷歸於"性"，再銷歸於"無性"，就是步步"上達"，由唯心主義進入了神秘

---

① 《文匯報》1961年9月13日、14日。

主義!

再從全書的邏輯結構考察，唯心主義體系就更顯然。

他首先是以"以太"來"通天地萬物人我爲一身"，即是把天地萬物屬於人，而不是把人屬於天地萬物。實際還不是屬於"人"，而是屬於"仁"："星辰之遠，鬼神之冥，漠然將以仁通之。"又説："夫仁，以太之用。"而"以太即性"，則亦可説仁即性之用。故講"性"不生不滅，亦講"以太"不生不滅。

次遂從"不生不滅"論證出"靈魂"，"鄙儒老生，一聞靈魂，咋舌驚爲荒誕，烏知不生不滅者固然其素矣"！他對於靈魂還提出了獨特的見解："雖然，西人言靈魂，亦有不盡然也。同一大圓性海，各得一小分，稟之以爲人、爲動物、爲植物、爲金石、爲沙礫水土、爲屎溺。乃謂惟人有靈魂，物皆無之，此固不然矣。……金石、沙礫水土、屎溺之屬，竟無食息矣，然而不得謂之無知也。……虛空之中亦皆有知也。……靈魂者，即其不生不滅之知也。而謂物無靈魂，是物無以太也，可乎哉？"提出靈魂，目的是爲了等親疏、兼愛，也就是"通"。因爲"親疏者，體魄乃有之。……若夫不生不滅之以太，通天地萬物人我爲一身，復何親疏之有？……不達乎此，反詆墨學，彼烏知惟'兼愛'一語爲能超出體魄之上而獨任靈魂，墨學中之最合以太者也"。

繼乃講"不生不滅烏乎出？曰：出於微生滅"。微生滅即"無時不生死，即無時非輪迴"。這都是"由念念相續而造之使成也"。由此就推論出："則大輪迴亦必念念所造成。佛故説'三界唯心'，又説'一切唯心所造'。人之能出大輪迴與否，則於其細輪迴而知之矣。細輪迴不已，則生死終不得息，以太之微生滅亦不得息。"什麼東西輪迴生死？當然是靈魂。

又次復論證異於"靈魂"的"體魄"之我非真我，因爲"體魄"是由無數物質所聚成。不但"我"非實有，我所存在的時間空間亦非實有，因爲"一夢而數十年月也"是"三世一時"；"三世一時，則無可知也"。"一思而無量世界也"，是"一多相容"；"一多相容，則無可知也。"破"我"，即所以破對待，因爲"對待生於彼此，彼此生於有我"。而"我見"之興，則"緣歷劫之業力障翳深厚"。只有"轉業識而成智慧，然後一多相容、三世一時之真理乃日見乎前，任逝者之逝而我不逝，任我之逝而逝者卒未嘗逝。真理出，斯對待不破以自破"。

繼又講"反乎逝"的"日新"，"日新烏乎本？曰：以太之動機而已矣。……仁之端也已。"因"日新"提出"惜時之義"。最後指出："若夫微生死之倏過乎，則與不生不滅相緯而成世界，因而有時之名。""惜時之義，極之成佛成聖而莫能外。"

至此，乃再回到"微生滅烏乎始"的問題上來，是前面"不生不滅烏乎始？曰：

229

出於微生滅"的打破砂鍋問到底,爲《仁學》全部世界觀的最後結穴。看他如何回答:"曰:是難言也!無明起處,惟佛能知。毛道不定,曷克語此!"這就是説,微生滅是根源於只有佛才知道的"無明"。原來釋迦牟尼探究人生問題,提出了十二因緣法的教義,以"無明"爲生死的根本的根本,如窺基《成唯識論述記》卷一説:"諸有情類,由無明力,無始時來緣此所變似我似法,執爲實我實法。"由於譚嗣同認爲"毛道不定",還不能驟語及此,才以"格致"爲"上達"的"下學",先來一番"吾試言天地萬物之始……一泡焉耳",多少有點科學根據的看法。固不能將它從整個體系的有機聯繫中割取出來,論證這就是他"認爲自然界的基本起源的"(用恩格斯語)。在次節就講明了這裏所説的"天地萬物之始"並不是究竟義:"其謂有始者,乃即此器世間,一日一地球云爾。若乃日地未生之前必仍爲日地,無始也;日地既滅之後必仍爲日地,無終也;以太固無始終也。以太者,亦唯識之相分,謂無以太可也。"馮友蘭先生《論譚嗣同》引此文,誤從三聯書店版《譚嗣同全集》的標點(此書標點錯誤極多),於"乃即此器"斷句,以"世間"屬下讀,並闡釋道:"這就是説……凡是具體的事物(器)都是有始有終的。"不知這裏是採用《成唯識論》(卷三)講第八識行相所緣的概念:"處謂處所,即器世間,是諸有情所依處故。……阿賴耶識(即第八識,義爲藏識)因緣力故,自體生時,內變爲種及有根身,外變爲器;即以所變爲自所緣,行相仗之而得起故。……有漏識自體生時,皆似所緣能緣相現。……似所緣相,説名相分;似能緣相,説名見分。"又説:"所言處者,謂異熟識由共相種成熟力故,變似色等器世間相,即外大種造色。"窺基述曰:"此義意言,由自種子爲因緣故,本識變爲器世間相。唯外非情,此即能造及所造色,在外處故言外大種,非心外法。"譚嗣同把日、地球説爲器世間,即顯示它是阿賴耶識行相所緣的東西,雖有自種,但不能離阿賴耶識而獨立自存,它始終要爲阿賴耶識所"執受"。從認識論説,它就是阿賴耶識變"似所緣相"的相分。以前講的"以太通天地萬物人我爲一身""不生不滅""無始無終",等等,落了實,乃原都是依於阿賴耶識的"恒轉如瀑流"。《成唯識論》説:"恒言遮斷,轉表非常。""恒謂此識無始時來,一類相續,常無間斷。""轉謂此識無始時來,念念生滅,前後變異。"故《仁學》這裏總結之曰:"以太者,亦唯識之相分,謂無以太可也。"這一"亦"字,正是承上所言"器世間",即已意味着作爲阿賴耶識的相分故。很顯然,歸根到底,他是"斷定説,精神先於自然存在的"(仍恩格斯語)。

因此,上段在"試言天地萬物之始"後,緊接着即説:"方生方滅,息息生滅,實未嘗生滅,見生滅者,適成唯識。即彼藏識,亦無生滅,佛與衆生同其不斷。忽被七識所執,轉爲我相;執生意識,所見成相;眼耳鼻舌身,又各有見,一一成相;相實無。枉受熏習，此生所造還入藏識，爲來生因，因又成果；顛倒循環，無始淪滔；淪滔不已，乃灼然謂天地萬物矣。天地乎，萬物乎，夫孰知其在內而不在外乎？"《仁學》以"格致"之"下學"，"上達""教務之精微"，其旨歸本如此，而馮友蘭先生卻指責譚嗣同"牽扯到佛教唯識宗的所虛構的宇宙發生論"①，真是咄咄怪事！

附帶辨明幾點，《仁學》在上引一段話後，又說："雖然，亦可反言之曰：心在外而不內。是何故乎？曰：心之生也，必有緣，必有所緣。……或緣真，或緣妄，或緣過去，或緣未來，非比依於真天地萬物乎，妄天地萬物乎，過去之天地萬物乎，未來之天地萬物乎？"馮友蘭先生據此，就判斷說："這樣說，心又是天地萬物的產物了。"他是沒有繼續讀下去："世則既名爲外矣，故心亦在外，非在內也。……以皆非本心也，代之心也。何以知爲代？以心所本無也。"這明明講，世以爲外，乃說爲外，其實"本無"。此即《成唯識論》卷一說的："或復內識轉似外境，……此我法相雖在內識，而由分別似外境現。……諸有情類，無始時來，緣此執爲實我實法，……緣此執爲外境。愚夫所計實我實法，都無所有，但隨妄情而假施設故。……境依內識而假立故，唯世俗有。"自不是說"心又是天地萬物的產物"。

《仁學》下文又說："吾大腦之所在，藏識之所在也。其前有圓洼焉，吾意以爲鏡，天地萬物畢現影於中焉。繼又以天地萬物爲鏡，吾現影於中焉。兩鏡相涵，互爲容納，光影重重，非內非外。"馮友蘭先生把這段話又作了唯物主義的解釋："這段話肯定腦是意識的物質基礎，意識是客觀世界在腦中的反映，人又是客觀世界的一部分，而他的意識又反過來反映客觀世界。"其實，這裏是講意識和藏識的關係。唯識宗說，藏識內變根身，外變器界，爲前七識所依所緣。如楊文會《答釋德高質疑十八問》曰："阿賴耶識變起根身器界。山河大地皆是心變，何況自身？妄心局於身內，真心則非內非外非中間。"② 又《阿毘達摩經》曰："諸法於識藏，識於法亦爾，更互爲果性，亦常爲因性。"③《仁學》講"大腦前有洼焉，吾意以爲鏡"，即指意識以藏識所變根身爲所依。講"又以天地萬物爲鏡"，即指意識以藏識所變器界爲所緣。所以在另一處又說："吾每於靜中自觀，見腦氣之動。……其動者，意識也，大腦之用也。爲大腦之體者，藏識也。其使有法之動者，執識也，小腦之體也。"他自己的意圖是，假"西學"使"佛學可以復明於世"，並不是要把它改造成唯物主義的，我們也用不着越樽俎而代庖。

《仁學》的宗旨，是以"通爲第一義"。"通之象爲平等。""破對待，無對待，然

---

① 馮友蘭：《論譚嗣同》。後面引文同。
② 《等不等觀雜錄》卷四。
③ 引自《成唯識論》卷二。

後平等。"如何而可達此？他在前面已説："轉業識而成智慧……真理乃日見乎前……斯對待不破以自破。"可見重要的關鍵在於"轉識成智"。其"尊靈魂"也，亦是爲此。故"界説"曰："靈魂，智慧之屬也。體魄，業識之屬也。"而上面的理論，都是講述業識方面的事。怎樣把業識轉成智慧，這是最後須得解決的問題。所謂"轉業識成智慧"者，即唯識宗的轉八識成四智。所以《仁學》上篇主要談哲學思想，"暢演宗風"，"精探性天之大原"，在説了"以太亦唯識之相分"後即以此義殿終："然則識亦無終乎？曰：識者，無始也，有終也。業識轉爲智慧，是識之終矣。吾聞□□之講《大學》，《大學》蓋唯識之宗也。唯識之前五識，無能獨也，必先轉第八識；第八識無能自轉也，必先轉第七識；第七識無能遽轉也，必先轉第六識。第六識轉而爲妙觀察智，《大學》所謂致知而知至也。佛之所謂知①，意識轉然後執識可轉，故曰：欲誠其意者必先致其知。……第七識轉而爲平等性智，《大學》所謂誠意而意誠也。佛之所謂執，孔之所謂意。執識轉然後藏識可轉，故曰：欲正其心必先誠其意。……第八識轉而爲大圓鏡智，《大學》所謂正心而心正也。佛之所謂藏，孔之②所謂心。藏識轉然後前五識不待轉而自轉。故曰：欲修其身者必先正其心。……前五識轉而爲成所作智，《大學》所謂修身而身修也。佛之所謂眼耳鼻舌身，孔皆謂之身。孔告顏以四勿，第就視聽言動言之，其直截了當如是，可知顏之藏識已轉也。藏識轉，始足以爲仁。三月不違，不違大圓鏡智也。"這是《仁學》的哲學思想作爲整體的不可分割的部分。要"藏識轉，始足以爲仁"，《仁學》之所謂"仁"的本質，這裏才揭示了出來。《仁學》，其名，儒也；其理，佛也；怎樣調和？也在這段裏才具體揭示了出來。按楊文會《論語發隱》，在《顏淵問仁》章，講"克己復禮爲仁"幾句，寫道："己者，七識我執也。禮者，平等性智也。仁者，性淨本覺也。轉七識爲平等性智，則天下無不平等，而歸於性淨本覺矣。蓋仁之體，一切衆生本自具足，只因七識染污意起，俱生分別我執，於無障闇中妄見種種障闇。若破我執，自復平等之禮，便見天下人無不同仁，此所以由己而不由人也。"此與《仁學》講《大學》義，同條一貫，沒有標名的人當即楊文會。可見譚嗣同著《仁學》，以唯識宗"爲思想之基礎"，實深受楊文會的影響。其書名題稱《仁學》，以"仁"所示宗旨，亦係受了楊文會以佛解孔的啓發。有了唯識宗的整套理論，《北遊訪學記》所説的"雖天地之大，可以由心成之毁之改造之，無不如意"，才得"持之有故，言之成理"。

《仁學》的哲學，不是什麽唯物主義，從全書的邏輯結構考察，不是也異常清楚明

---

① 按此處疑漏五字，當作"佛之所謂意，孔子所謂知"。
② 編按，"之"原作"子"，今據上下文例改。

白嗎？《仁學》也不是什麼泛神論。它是以唯識宗的學説"爲思想之基礎"，就規定了它只能是主觀唯心主義。《成唯識論》卷一説："然諸有情，各有本識（即阿賴耶識），一類相續任持種子。"卷三又説："雖諸有情所變各别，而相相似，處所各異，如衆燈明，各徧似一。"這就是説，每個人都各有各的宇宙，由自己的"本識"所變現；雖好像是共同居住在一個宇宙裏面，不過如點着許多燈，光光交網而已。《仁學》在全書的終了，也特别把這個觀點揭示出來："自有衆生以來，即各各自有世界；各各之意識所造不同，即各各之五識所見不同。……三界唯心，萬法唯識，世界自以衆生而異，衆生非因世界而異。"這豈不是他自己已經表明，徹頭徹尾是主觀唯心主義者嗎？所以《仁學》一開篇就指示："凡爲《仁學》者，於佛書當通華嚴及心宗、相宗之書。"

　　如果説，《仁學》的唯心主義世界觀，是譚嗣同由於政治失望以至絶望，"不得已又顧而之它"，在思想上表現出"益徙益失"的一面，則他由於同樣原因，還另有積極的一面，在政治思想上卻表現出："如輕氣球，壓之則彌漲，且陡漲矣！"即他自己説他寫這書，並不專門講哲學，而是要"敷陳大義"，"寫出數千年之禍象"，"掃蕩桎梏，衝决網羅"。這是他短短一生中，所有著作裏面，最爲光輝，最有價值，具有一定歷史意義的東西。梁啓超在《清代學術概論》中指出：他們一派，當時在彊學會遭禁後，辦起了《時務報》和"自著《變法通義》"，"批評秕政"，僅僅能提出"廢科學、興學校"的改良主義"救敝之道"。雖"亦時時發民權論，但微引其緒，未敢昌言"。而譚嗣同以"臺灣人"名義著《仁學》，則不惟"昌言"民權論，"運動尤烈"，且進而明目張膽"鼓吹排滿革命"，"詞鋒鋭不可當"。又説："此等言論著諸竹帛，距後此同盟會、光復會等之起，蓋十五六年矣。"是的，《仁學》不同於康梁輩，敢於獨發排滿言論，在事實上作了資產階級革命派的先驅。

　　資産階級的代表者動員人民起來革命，最重要的一事，首先就要揭發現存社會制度的無比腐朽和上層統治者的無比罪惡，把人們潛伏的仇恨點燃起來，導向採取行動。《仁學》"敷陳"民權民主"大義"，"寫出數千年之禍象"，正就是做的這個工作。

　　關於譚嗣同的民權民主理論，前節講《北遊訪學記》的思想時，已有所闡述。這裏只着重介紹他的淩厲無前的排滿論議。

　　他指出，三代以下君主專制已不勝"慘禍烈毒"了，至於落後部族入主中國，其禍害就慘烈上更加慘烈："天下爲君主囊橐中之私産，不始今日，固數千年以來矣！然而有知遼金元之罪浮於前此之君主者乎？其土則穢壤也，其人則犝種也，其心則禽心也，其俗則毳俗也；一旦逞其凶殘淫殺之威，以攫取中原之子女玉帛，礪獷獝之巨齒，效盜跖之奸人，馬足蹴中原，中原墟矣！鋒刃擬華人，華人靡矣！乃猶以爲未饜，峻

233

死滅復燃之防，爲盜憎主人之計，錮其耳目，桎其手足，壓制其心思，絕其利源，窘其生計，塞蔽其智術；繁跪拜之儀以挫其氣節，而士大夫之才窘矣！立著書之禁以緘其口説，而文字之禍烈矣！"

遼金元是這樣子。但是，清統治者比遼金元，則猶有甚焉。看他們血淋淋的罪行："成吉思之亂也，西國猶能言之；忽必烈之虐也，鄭所南《心史》紀之。有茹痛數百年不敢言不敢紀者，不愈益悲乎？《明季稗史》中之《揚州十日記》《嘉定屠城紀略》，不過略舉一二事；當時既縱焚掠之軍，又嚴薙髮之令，所至屠殺虜掠，莫不如是。即彼準部，方數千里，一大種族也，遂無復乾隆以前之舊籍，其殘暴爲何如矣！亦有號爲令主者焉，觀《南巡錄》所載淫擄無賴，與隋煬、明武不少異，不徒烏獸行者之顯著《大義覺迷錄》也！"

看他們對漢族人民肆無忌憚地剥削、壓迫與困辱："夫古之暴君，以天下爲己之私產，止矣。彼起於游牧部落，直以中國爲其牧場耳。苟見水草肥美，將盡驅其禽畜橫來吞噬。所謂駐防，所謂名糧，所謂螯捐，及一切誅求之無厭，刑獄之酷濫，其明驗矣。且其授官也，明明託人以事，而轉使之謝恩，又薄其祿入焉；何謝乎？豈非默使其剥蝕小民以爲利乎？""其所以待官待士待農待工待商者，繁其條例，除其等差，多爲之網罟，故侵其利權，使其前跋後躓，牽制百狀，力倦筋疲，末由自振，卒老死於奔走艱塞，而生人之氣索然俱盡。"

看他們還要弄着孔教的聖牌，在可以利用時則利用之，到了不能利用的骨節則又禁止之："奈何使素不知中國素不識孔教之奇渥溫、愛新覺羅諸'賤類異種'，亦得憑陵乎'蠻野凶殺'之性氣以竊中國！及既竊之，即以所從竊之法還制其主人，亦得從容靦顏挾持所素不識之孔教以壓制所素不知之中國矣！而中國猶奉之如天而不知其罪！焚《詩》《書》以愚黔首，不如即以《詩》《書》愚黔首，嬴政猶鈍漢矣乎！"但在不久前，"諸君子抱亡教之憂，哀痛求友，約建孔子教堂，仿西人傳教之法徧傳諸愚賤……不悟斯舉適與愚黔首之旨背戾，竟遭禁錮。……其始思壓制其人，則謬爲崇奉孔教之虚禮，以安反側；終度積威所劫已不復能轉動，則竟放膽絕其孔教。此其狼毒，雖蝮蛇鴆鳥奚以逮此！"

看他們幾多狡詐和無恥的手法，既假惺惺地表彰明末死節之人，又威逼利誘明遺民出仕，繼又著《貳臣傳》，以筆誅投降分子："彼之爲前主死也，固後主之所深惡也。而事甫定，則又禱之祠之，俎豆之，尸祝之，豈不亦欲後之人之爲我死，猶古之娶妻者取其爲得罝人也。若夫山林幽貞之士，固猶在室之處女也，而必脅之出仕，不出仕則誅，是挾兵刃搜處女而亂之也。既亂之，又詬其不貞，暴其失節，至爲《貳臣傳》

以辱之，是豈惟辱其人哉，實陰以嚇天下後世，使不敢背去。"

看他們此際又充當了帝國主義的走狗，簡直已不成爲中國民族的一份子了："臺灣者，東海之孤島。……乃既竭其二百餘年之民力，一旦苟以自救，則舉而贈之於人。其視華人之身家，曾弄具之不若！噫！以若所爲，臺灣固無傷耳，尚有十八省之華人，宛轉於刀碪之下，瑟縮於販賣之手，方命之曰：此食毛踐土之分然也。夫果誰食誰之毛？誰踐誰之土？久假不歸，烏知非有！……吾願華人，勿復夢夢，謬引以爲同類也。"

看他們到了亡國關頭，還處心積慮不要漢族人民站立起來，漢族人民豈能再隱忍畏禍，不敢首發大難："夫其禍爲前朝所有之禍，則前代之人既已順受，今之人或可不較。無如外患深矣！海軍燼矣！要害扼矣！堂奧入矣！利權奪矣！財源竭矣！分割兆矣！民倒懸矣！國與教與種將偕亡矣！唯變法可以救之，而卒堅持不變。豈不以方將愚民，變法則民智；方將貧①民，變法則民富；方將弱民，變法則民彊；方將死民，變法則民生；方將私其智其富其彊其生於一己，而以愚貧弱死歸諸民，變法則與己爭智爭富爭彊爭生，故堅持不變也！究之，智與富與彊與生，決非獨夫之所任爲。彼豈不知之，則又以華人比牧場之水草，寧與之同爲蠢粉而貽其利於人，終不令我所咀嚼者還抗乎我。……東事亟時，決不肯假民以自爲戰守之權，且曰：'寧爲懷愍徽欽，而決不令漢人得志。'固明宣之語言，華人寧不聞而知之耶？乃猶道路以目，相顧而莫敢先發，曰畏禍也！"

事實已經很明白，乞求變法以救國，走日本明治維新、俄國大彼得的道路是絕對走不通的。現在只有走法國資產階級的流血革命一條道路："法人之改民主也，其言曰：'誓殺盡天下君主，使流血滿地球，以泄萬民之恨。'朝鮮人亦有言曰：'地球上不論何國，但讀宋明腐儒之書而自命爲禮義之邦者，即是人間地獄。'夫法人之學問冠絕地球，故能唱民主之義，未爲奇也，朝鮮乃地球上最'愚闇'之國，而亦爲是言，豈非君主之禍無可復加，非生人所能任受耶？"

觀察歷史發展形勢，革命也已經被提到日程上來了。清朝的反動統治力量，遞削遞弱，已遠不是一百年前的情況，單從"文網"已失控制一事就可看到此中消息。在一百年前，"彼其文字之冤獄，凡數十起，死數千百人；違礙干禁書目，凡數千百種，並前數代若宋明之書，亦在禁例。文網可謂至密矣，而今則莫敢誰何。故天命去，則虐焰自衰，無可畏也。……《易》明言：'湯武革命，順乎天而應乎人。'而蘇軾猶曰

---

① 編按，"貧"原在"方"之前，今據文意乙正。

'孔子不稱湯武'，真誣說也。至爲（謂）湯武'未盡善'者，自指家天下者言之，非謂其不當誅獨夫也。以時考之，華人固可以奮矣"。要如湯武順天應人，奮起"誅獨夫"的革命行動，而"不當""家天下"，就是永遠廢除君主世襲制度，實行民主政治。

他又激勵有志氣的人，做事也不可過於考慮利害得失，期其一舉必成，要抱有最高尚最勇敢的犧牲精神，同時不可以有領袖欲，應甘心做革命的馬前卒："且舉一事而必其事之有大利，非能利其事者也。故華人慎毋言華盛頓、拿破侖矣，志士仁人求爲陳涉、楊玄感，以供聖人之驅除，死無憾焉。若其機無可乘，則莫若爲任俠（梁啓超《清代學術概論》引文夾注：'暗殺'），亦足以伸民氣，倡勇敢之風，是亦撥亂之具也。……儒者輕詆游俠，便比之匪人，烏知困於君權之世，非此益無以自振拔，民乃益愚弱而竊敗！"

他還調查研究了清朝統治者對於彊制爲他們賣命的兵勇種種殘酷虐害的罪行，予以揭發，目的也在於鼓動兵勇們覺悟起來，共同反清："彼爲兵者，亦可謂大愚矣！月得餉銀三兩餘，營官又從而減蝕之，所餘無幾，內不足以贍其室家，外僅足以殖其生命；而且饑疲勞辱，無所不至，寒凝北征，往往凍斃於道，莫或收恤。其無所賴於爲兵如此也。然而一遇寇警，則驅使就死。養之如彼其薄，責之如此其厚，自非喪心病狂，生而大愚者，孰肯爲兵矣？……及其死綏也，則委之而去，視爲罪所應得；旌恤之典，盡屬虛文，妻子哀望，莫之或問。即或幸而不死，且嘗立功矣，而兵難稍解，遽遣歸農，扶傷裹創，生計乏絕；或散於數千里外，欲歸不得，淪爲乞丐，而殺遊勇之令又特嚴酷。……遊勇者……即其遣散不得歸者也。今制：獲遊民，先問其曾充營勇否，曾充營勇，即就地正法，而報上官曰：'殺遊勇若干人。'上官即遽以爲功。……上既召之，乃即以應召者爲入於死罪之名，……設陷穽以誘民，從而扼之殺之，以遇禽獸或尚不忍矣，奈何虐吾華民果決乃爾乎！殺遊勇之不足，又濟之以殺'會匪'。原'會匪'之興，亦兵勇互相聯結，互相扶助，以同患難耳。此上所當嘉予贊嘆者。且會也者，在生人之公理不可無也。今則不許其公；不許其公，則必出於私，亦公理也。遂乃橫被以'匪'之名，株連搜殺，死者歲以萬計。……徒自虐民，不平孰甚！""迨聞牛莊一役，一戰而潰，爲之奇喜，以爲吾民之智，此其猛進乎！"

這些，在當時和今天看來，都是異常激烈的言論。有理有據，邏輯力量很彊，簡直可以説是一篇絕好的"反清革命宣言"。梁啓超《清代學術概論》還記載：譚嗣同不久棄官回到湖南，跟唐才常籌設南學會、創刊《湘報》《湘學報》時，"又竊印《明夷待訪錄》《揚州十日記》等書，加以案語，秘密分佈，傳播革命思想，信奉者日衆"。歐陽予倩先生也説：譚嗣同"曾經秘密把《大義覺迷録》《鐵函心史》一類的禁書介紹給我父親讀"（《上歐陽瓣薑師書序》）。可見他在《仁學》寫成以後，跟着就秘密搞起"反清革命"的活動來了。雖然並没有形成氣候。

一直到最近，還有人把譚嗣同《仁學》的政治思想，置於改良派的範疇。把他評價最高的，不過稱爲"改良主義激進派"，或"改良派左翼"，恐怕都值得商榷。我們知道，改良派與革命派區别的唯一關鍵，是反清與否，是主張推翻封建君主制度與否，是奪取政權主張使用暴力與否。譚嗣同自寫《興算學議》，已萌芽反清思想；至寫《仁學》，就明目張膽激烈反清，大聲疾呼"廢君統，倡民主"，其提出的方法、途徑，又是採取暴力，"流血滿地球"，此而猶可曰改良主義乎？就思想論思想，不管附加上"激進派"或"左翼"的字樣，只要被認爲是改良主義，對於政治學範疇的科學性，都是一種攪亂。

魯迅先生在《準風月談》裏説："待到排滿學説播布開來，許多人就成爲革命黨了。"事實就是這樣的。《仁學》發表於戊戌變法失敗之後，革命派已被歷史推到主要地位上來，《仁學》裏面的反清、反數千年君主專制的理論，迅速就被革命派奉爲圭臬。如一九〇七年《民報》臨時增刊，章炳麟編的《天討》，其中《討滿洲檄》《普告漢人》所控斥清朝反動統治者的罪行，就大體跟《仁學》相同。而革命黨人中第一個發出反清彊聲的鄒容，所著《革命軍》，則連《仁學》的文句也照抄了許多。章士釗先生當時著《讀〈革命軍〉》曰："今日世襲君主者滿人，佔貴族人特權者滿人，駐防各省以壓制奴隸者滿人。夫革命之事，亦豈有外乎去世襲君主，排貴族特權，復一切壓制之策者乎？是以排滿之見實足爲革命之潛勢力，而今日革命者必不能不經之一途也。"也無異於在講《仁學》政治思想的旨趣。鄒容嘗題譚嗣同遺像曰："赫赫譚君故，湖湘志氣衰。惟冀後來者，繼起志勿灰。"① 可見他對於譚嗣同的服膺。陳天華著《猛回頭》，也稱譚嗣同是"轟轟烈烈爲國流血的大豪傑"。最有影響的宣傳反清的《黄帝魂》，更把《仁學》的反清言論全部抄録進去，題爲《君禍》。烈士吳樾著《暗殺時代》，説他原是信仰康梁學説的，由於讀了《黄帝魂》等書，"於是思想又一變，而主義隨之"。乃痛恨"梁氏之説之幾以誤我"。而書中"暗殺主義"一章，則開頭就引"譚嗣同有言曰：'志士仁人求爲陳涉、楊玄感，以供聖人之驅除，死無憾焉。若其機無可乘，則莫若爲任俠，亦足以伸民氣，倡勇敢之風，是亦撥亂之具也。'又曰：'困於君權之世，非此益無以自振拔，民乃益愚弱而窳敗。'"接着説："至哉言乎，

---

① 鄒魯：《中國國民黨史稿》第四編。

可謂明於時事者矣。……今欲伸民氣，則莫若行此暗殺主義。"這就是吳樾自己表明，他是唾棄了康梁而走譚嗣同所指示的道路。革命派也效法譚嗣同，把《明夷待訪錄》《揚州十日記》《嘉定屠城紀略》等禁書，大量印出，作爲反清革命的宣傳武器。他們策動清兵起來革命，卒以此推翻了清政權，跟譚嗣同首先揭發當時兵勇與清統治者有深刻矛盾（實際也是號召清兵起來反清），提供制訂策略的認識基礎，亦不無關係。所以有人把譚嗣同列爲"興中會時期前半期之革命同志"，就其思想的主要傾向而論，是合理的。

或許有人要説：譚嗣同與康有爲、梁啓超一起參加了短命的戊戌變法，怎得不謂之改良主義？當然，就變法這事本身而言，沒有人能夠否認不是改良主義。但光緒忽然要變法，忽然召去譚嗣同，實出他的意外。他竟自去了，並作了犧牲，只能説他這時的思想發生動搖。《仁學》"鼓吹排滿革命"的言論，並沒有因此變成了保皇擁清的言論。他也沒有把它燒掉，而是遺留下來了，爲革命黨人所掌握，轉化成了物質力量。陳天華於跳海自殺前，因"各國忽盛傳瓜分中國之説"，也曾"提議由留學生全體選派代表歸國，向北京政府請願，立即頒布立憲，以救危亡"①。他在《絕命書》裏也説："去歲以前，亦嘗渴望滿洲變法，融和種界，以禦外侮。"豈可以因此就説陳天華的《警世鐘》《猛回頭》等，亦不過是激進的改良主義而已乎？

過去有許多人也並不認爲譚嗣同甘心爲改良主義的奴僕。如黃小配著《大馬扁》一部小説，猛烈鞭撻康有爲，"而寫譚嗣同……説明他的入京，目的是在革命，他的犧牲，完全受了康有爲的騙"②。歐陽予倩先生在《上歐陽瓣薑師書序》裏也説："他骨子裏的主張跟保皇黨的主張有所不同。他對於利用光緒行新政，不過認爲是一時的手段。"還有章士釗先生於一九○三年以"黃中黃"筆名著《沈藎》一文，提到譚嗣同，説：沈藎"其持破壞主義出於性成。……嗣同、才常與談天下前局，其旨趣雖有出入，而手段無不相同。故嗣同先爲北京之行，意復其首都以號召天下。迨凶耗至，才常投袂而起，誓爲復仇，蓋亦隨之而東下"。又説：譚嗣同、唐才常"徒以軼於康梁之下，所志未達，而卒以身殉"。"譚嗣同③者，實首發議抉湘人（指曾國藩輩）負天下之大罪，思及共剿滅同種以媚胡族也，則日夕痛之（原注：見《仁學》），則嗣同之元素爲如何，當能爲天下人之所認定。戊戌之變，躞迹不脱於保皇，而以嗣同天縱之才，

---

① 馮自由：《中華民國開國前革命史》上卷。
② 阿英：《晚清小説史》第七章。
③ 編按，"同"原缺，今據上下文意補。

豈能爲愛新覺羅之所買。志不能遂，而空送頭顱，有識者莫不慨①之。"三種説法，是完全一致的。

在辛亥革命前，保皇黨與革命黨爭奪群衆，凡當時就義之人皆"一其派於保皇"（《沈藎》）。梁啓超在那時寫的《譚嗣同傳》和《仁學序》，把譚嗣同極力描繪成是康有爲的弟子，説《仁學》爲發揮南海宗旨之書，也就是爲了提高保皇黨的身價而作的無恥歪曲，黃中黃所謂"在僞黨則假冒而攘爲功者也"。譚嗣同的思想與康梁的思想，在政治傾向上實有着本質的不同，今天應該給他們劃清界限。陳伯達在一九三四年著的《論譚嗣同》講得好："我們不能忘記譚嗣同的勞績。他對於舊中國恥笑怒罵的勞績，不僅給戊戌政變留了歷史上不朽的痕迹，而且給了辛亥革命以有力的精神上的武器，開拓了'五四'運動的門户。"這是講述譚嗣同的思想應該特別彊調的。

但是，譚嗣同由於信奉宗教唯心主義，給他的政治思想也帶來了很大的毒害。他一方面，彊烈咀咒現存的萬惡的君主專政制度，恨不得把它一下子就推翻；但另方面又隨時想從宗教找到出路，把前一種想法就自行取消了。最典型的例子，如《仁學》有一節講道："世亂不極，亦末由撥亂反之正。故審其國之終不治也，則莫若速使其亂，猶冀萬一能治之者也。"照這樣講，似乎就該趕快來一個"流血滿地球"了！但他緊接着卻說："且其間亦有劫運焉，雖獨夫民賊之罪，要由衆生無量生中之業力所感召而糾結。吾觀中國，知大劫行至矣，不然，何人心之多機械也？"君主暴政全是由衆生過去業力所感召，這還有什麼辦法！於是又提出了《北遊訪學記》講過的一套："無術以救之，亦惟以心解之。緣劫運既由心造，自可以心解之。"這表現出他對於革命沒有堅定性。所以在光緒二十四年（一八九八年），光緒帝一紙詔書召他到北京參加注定要失敗的變法，他竟歡喜得發狂，看他與夫人李潤女士信説："我此行真出人意外，絕處逢生，皆平日虔修之力，故得我佛慈悲也。"② 以爲原來"遂無幾希之望"的，由於"晝夜精治佛咒"，就把"劫運"挽過來了。但結果也出他意外，不是絕處逢生，而是生處逢絕，我佛慈悲，慈禧太后卻不慈悲，把他送上了斷頭臺。臨刑語曰："有心殺賊，無力回天。"這表明他至此才完全覺悟了，"心之力量"並沒有多大，"平日虔修"畢竟無用。這對於他的唯心主義哲學，是最殘酷的，也是不可避免的批判。他的壯烈犧牲，也教育了還存有幻想的中國人民，改良主義的道路真是走不通的，只有革命。也就是《仁學》"鼓吹排滿革命"的正確性，完全得到肯定。壞事還是成了好事。

---

① 編按，"慨"原作"概"，今據上下文意改。
② 《湖南歷史資料》一九五八年第二期，《譚嗣同未刊手札》。

宗教唯心主義給譚嗣同思想帶來的毒害，最嚴重的，還在於對帝國主義的認識愈來愈模糊，愈沒有警惕性，陷入了帝國主義用傳教士設置的圈套，不自覺地充當了他們最合理想的代言人。在這點上也"前後判若兩人"。從前（僅僅兩年前）是"腐心切齒"於不平等條約的簽訂的，是力主"商戰"，爭取關稅自主的，是認爲帝國主義經濟侵略"足以滅人之國於無形，其計至巧而至毒"的。現在的論調全都變了，正是在他的宗教唯心主義世界觀的思想指導下變了的。

在寫《興算學議》時，儘管錯誤認爲《萬國公法》是"仁至義盡之書"，幻想利用英俄矛盾，但其基本思想和主觀願望還是在反對帝國主義侵略，認定"已成中西不兩立不並存之勢"。在寫《北遊訪學記》時，經過在上海"徧訪天主耶穌之教士與教書"從他們"虛心受教"，就開始改變了看法，看他這時說："西人之壓制中國者，實上天仁愛之心使之也。""西人之閔中國死於愚也，則勸中國稱天而治，庶無畸重畸輕之弊。""西人雖日日研究槍炮一切殺人之具，而其心卻時時顧諟天之明命，故其政俗幾乎開五大洲太平之局。"竟有這回事，帝國主義不是侵略中國，而是"閔中國"，是"上天仁愛之心使之"，"開五大洲太平之局"！他真是相信了帝國主義文化侵略分子李提摩太說的："泰西傳道之人來至中國，但願傳授其國中之良法，此外心本無他，實爲開闢至今未有之善男信女。"①

在《仁學》裏面，這種錯誤觀點，更發展到充量至盡。他荒唐到要人們感謝帝國主義的侵略："東西各國之壓制中國，天實使之，所以曲用其仁愛至於極致也。中國不知感，乃欲以挾忿尋仇爲務，多見其不自量而自窒其生矣！"他認爲帝國主義"哀中國之亡於靜，輒曰：此不痛不癢頑鈍而無恥者也"，才"不得已而爲兵戈槍炮水雷鐵艦以大創之"，這都是"以救世爲心之耶教使然也"。他認爲如果帝國主義不來，中國就會"綿延長夜，豐蔀萬劫，不聞一新理，不睹一新法"，"夫焉得不感天之仁愛，陰使中外和會，救黃人將亡之種，以脫獨夫民賊之鞅軛乎？"甚至認爲創巨痛深的甲午戰爭，"日本之勝"，也是"仁義之師，恪遵公法，與君爲仇，非與民爲敵"。要"中國圖自彊"，"其責在己而不在人。故慎毋爲復仇雪恥之説"。帝國主義的武裝侵略都是仁道，應該感謝；其經濟侵略就更合乎"仁以通爲第一義"的原理，更應該感謝，不能再講求保護民族工商業的關稅政策："夫仁者，通人我之謂也。通商僅通之一端。""故通商者，相仁之道也，兩利之道也，客固利，主尤利也。西人商於中國，以其貨物仁我，亦欲購我之貨物以仁彼也。""以謂通商足以墟人之國，恐刮取其脂膏以去，則柴立而

---

① 李提摩太：《振興新政必衷至道論》。

弊也，於是有所謂保護稅者，重稅外人之貨以陰拓其來，鄰國不睦，或苛其稅，借以相苦，因謂稅務亦足以亡人國也，而其實皆非也。""夫彼以通商仁我，我無以仁彼，既足愧焉；曾不之愧，而轉欲絕之，是以不仁絕人之仁。且絕人之仁於我，先即自不仁於我矣。絕之不得，又欲重稅以絕之！稅固有可重者，徒重稅亦烏能絕之哉！"他感到"改民主"沒有辦法，還糊裏糊塗指望帝國主義來"代其革政"："中國、土耳其、阿富汗、波斯、朝鮮，海內所號為病夫者也。英美德法諸國，不並力彊革其弊政，以療其病，則其病將傳染於無病之人！""為各國計，莫若明目張膽代其革政，廢其所謂君主，而擇其國之賢明者為之民主，如墨子所謂選天下之賢者立為天子。俾人人自主，有以圖存，斯信義可復也。"

顯而易見，這都是帝國主義在中國散播的殖民主義理論，例如英帝國主義派遣來的傳教士李提摩太，就寫過很多文章反復宣傳上面那種理論："今日萬國大通，天之道也，仍欲閉關絕市者，逆天者也。"① "徧地球生齒日多，糊口較難於曩昔，各國政府目擊心傷，不得不謀廣商途，借通民力，蓋人事也，而天意寓焉矣。……泰西諸國只欲通商於中國諸海口，而中國拒之，故不得已而出於戰。通商者，彼此皆獲利益，且華人為地主，獨佔利益之半，西人為客旅，即獲利益亦不過多國共分其半耳。"② "泰西各國，素以愛民為治國之本，不得不借兵力以定商情。……然閉關開釁之端則在中國。……幸尚有明敏之才，深知中國近年不體天心，不和異國，不敬善人，實有取敗之理，因冀幡然盡改其謬誤。"③ 關於"改政"問題，李提摩太也提到："欲行新政新法，必須延請精通各國時務頭等在行之人，則凡事自無不妥善，而中國立見興盛矣。"④

譚嗣同書中素喜稱説李提摩太，或引其言，可知他讀這個帝國主義分子的書很熟。前面的理論，顯然就是受了他們的影響，恰好他就扮演了李提摩太所謂的"幸尚有明敏之才"。他受帝國主義殖民主義文化的毒害真是無比深重，他果真實踐了維護帝國主義殖民利益的耶穌教所宣傳的"視敵如友"⑤，嚴重喪失了民族立場。他一點也不知道這些披着宗教外衣的所謂"開闢至今未有之善男信女"，也正是他所深惡的"工媚大盜"的"鄉愿"，全是帝國主義豢養起來"塗錮天下之人心"的走狗。請看"帝國主義內部一些重要喉舌的供詞"，"美國前國務卿艾奇遜1950年2月16日在一次關於

---

① 李提摩太：《新政策》。
② 李提摩太：《與張之洞論中國新險》。
③ 李提摩太：《泰西新史攬要序》。
④ 李提摩太：《新政策自序》。
⑤ 如《仁學》有一段説："詆毀我者，金玉我也；干戈我者，藥石我也；……耶曰：'視敵如友。'亦誠有益於友也。"

'總體外交'的演講中承認：'帝國主義進展是首先派出傳教士，然後是商人，最後是殖民地總督。'美國一位反動歷史教授保羅·伐其1958年在他所寫的《傳教士、中國人和外交官》一書中說：'……要在帝國主義運動和美國對外傳教運動之間劃一條界綫是辦不到的。'美國《基督教世紀》周刊在1955年的一篇社論中承認，派遣傳教的'差會'和'傳教士'們確是向政府情報部門秘密提供情報的。"① 譚嗣同過於天真，以善良的心看待他們，深中其毒而不自知，竟充當了他們的代言人、義務辯護律師，這是很可悲的。

譚嗣同更不知道，"中國封建社會內的商品經濟的發展，已經孕育着資本主義的萌芽，如果沒有外國資本主義的影響，中國也將緩慢地發展到資本主義"。"外國資本主義的侵入"，僅僅是起着"促進了這種發展"的作用②。帝國主義是"依賴殖民地半殖民地過活，決不容許任何殖民地半殖民地建立什麼資產階級專政的資本主義社會"。"帝國主義侵略中國"，是"要把中國變為殖民地"，"反對中國獨立，反對中國發展資本主義的"③。但是，這只有學習了馬克思、列寧主義，"用無產階級的宇宙觀作為觀察國家命運的工具"④，才能產生這種認識。中國共產黨沒有出現以前，任何傑出的資產階級知識分子都不可能具有這種認識。譚嗣同也就不足深責。

譚嗣同信奉宗教唯心主義，對帝國主義採取妥協態度，甚至逢迎態度，這也是可以理解的。他由於愛國主義的熱情，從挽救國家危亡出發，轉向了要求發展資本主義，建立資產階級民主政治的道路。但這時民族資本主義剛纔生長，力量十分薄弱，科學技術、機器設備，都很落後。由於資本主義經濟的幼弱，也就沒有可能形成資產階級的政治力量。譚嗣同是在客觀上作為他們的代表者，也就相應地感到毫無力量，所以產生了唯心主義世界觀，對現實問題，"不得已"時就"以心解之"。帝國主義的侵略，他認為主要是由於清政府的腐朽；民族資本主義不能發展，主要原因也在於此。所以他要激烈反對清朝的封建專制，而不十分反對帝國主義。另方面，超階級的抽象人性論，也是他錯誤的政治思想的錯誤認識根源，他在寫《興算學議》和《短書》時，已用"同生於覆⑤載之中，性無不同，即性無不善"的唯心主義理論，駁斥頑固派反對變法，指責為"用夷變夏"的謬論，說明本無"夷夏"的界限。所以在政治活

---

① 吳耀宗：《美帝國主義"傳教事業"的"新策略"》，《人民日報》1962年2月2日。
② 《毛澤東選集》第二卷《中國革命和中國共產黨》。
③ 同上書，《新民主主義論》。
④ 《毛澤東選集》第四卷，《論人民民主專政》。
⑤ 編按，"覆"原作"復"，今據《譚嗣同全集》改。

哲學及思想史研究

動遭到挫折時，受到披着宗教外衣自稱"開辟至今未有之善男信女"的甘言誘惑，就深信不疑，上了圈套，從不十分反對帝國主義進入於逢迎帝國主義，變成帝國主義奴化思想的俘虜。這也可見宗教唯心主義流毒之巨之烈。只有頭腦糊塗的人才相信宗教唯心主義，相信宗教唯心主義就使人頭腦更加糊塗。譚嗣同有絕頂的聰明，但也有絕頂的糊塗一面。歸根到底，還是歷史的政治經濟和社會環境種種條件所決定的。

最後還須指出，譚嗣同思想深處，實隱踞着地主階級的統治思想。當時處在社會最下層的人民群衆，是最反對清朝的反動專制統治的，是最反對清朝的無恥賣國屈從帝國主義的，也是最堅決最勇敢反對帝國主義的侵略與壓迫的。要反清革命，這是最大最可靠的力量。而譚嗣同卻最害怕他們動起來，討厭他們動起來。如寫《興算學議》時就表示，他最傷腦筋的是"看來內亂防不勝防"。"惟覺練兵以防內亂，求賢以充將領，最爲不可緩之要圖耳。"繼之寫《北遊訪學記》說："去年家鄉之災，幸有人焉以維持之，不然大亂一作，慘毒當不止此。"與寫《仁學》同時的《致劉聚卿書》說："上江一帶民氣甚浮動，但彈壓內亂尚不疏懈，日後如何，則真不可知矣！"① 在《湘學報》發表《治事篇》，因再一次倡議"更由學會自設警部，則省去公家之兵費，而足以靖地方矣"。對於各省蜂起"燒教堂、打洋人"的人民自發反對帝國主義分子欺壓的運動，也指斥爲"稗士亂民"和"亡國之民"②。可見他一貫站在與人民群衆對立的地位。這樣，他要求的民主政治，雖然廢除了君主世襲制度，如果成功，也只能是地主階級紳士與資産階級的聯合專政，廣大農民還是要被放在受統治和剝削的地位。正由於他害怕和敵視到處騷動起來的農民群衆，就不知道也不可能去組織他們爲資産階級反清革命的同盟軍，從這裏獲得最大的真正的革命力量。這都是基於他的地主階級的經濟地位之所決定。當然要陷於十分"孤渺爲足憫"③ 的境地，演出一場悲劇而結局。

但譚嗣同這些落後的甚至反動的糟粕性的東西，雖然必須給予批判，決不可以過事誇大，由此抹殺掉他"鼓吹排滿革命"的勞績。他在歷史上曾經發生過深刻影響的，固在此而不在彼也。再有他對於封建社會上層建築的三綱五常倫理觀念的勇猛衝決，還比辛亥革命時期革命黨人在這方面做的工作爲多，"五四"運動時期的反封建主義的新文化運動，就是繼承並發展了他這個傳統，也應該給以正確估價。

(原載《歷史研究》1962年第3期，第27~60頁)

---

① 《湖南歷史資料》一九六〇年第一期《秋雨年華之館叢脞書稿本選刊》。
② 見《興算學議》和《短書》。
③ 《與唐紱丞書》，《湖南歷史資料》一九五九年第四期《秋雨年華之館叢脞書》(未刊稿)。

歷 史 研 究

關於程伊川兩項事

宋代洛學、蜀學黨徒，皆不肯與主新政者之王安石合作。而洛蜀之間，又互相攻訐，其事甚怪。然究其起因，實由細故成隙，而與伊川怪格表現有關。茲試徵述之。

周密《浩然齋雅談》云：

> 蘇明允《辨姦》，嘗見直齋陳先生言："此雖爲介甫發，然間亦似及二程。所以後來朱晦庵極力迴護，云：老蘇《辨姦》，初間只是私意，後來荆公做不著，遂中他説；然荆公氣習①，自②是要遺形骸、離世俗的規模，要知此便是放心，《辨姦》以此爲姦，恐不然也。"又云："每嘗嫌③事之不近人情者，鮮不爲大姦慝。之語過當，而今見得亦有此等人。"其辭甚費也。

案此事，《朱子語類》亦嘗明辨之：

> 劉剛中問："程伊川粹然大儒，何故使蘇東坡竟疑其奸？"朱子答曰："伊川繩趨矩步，子瞻脫岸破崖，氣盛心粗，知德者鮮矣！夫子所以致嘆夫由也。"

又朱子作《伊川年譜》云：

> 先生在④經筵，以天下自任，議論褒貶，無所顧避，由是同朝之士，有以文章名世者疾之如讎，與其黨類，巧爲謗訕。

自注云：

> 見《龜山語錄》《王公繫年錄》《呂申公家傳》，及先生之子端中所撰集序。又案蘇軾《奏狀》亦自云："臣素疾程某之姦，未嘗假以辭色。"

據此，則老蘇《辨姦》，尚似不必與二程有涉；而朱子所爲斷斷者，乃東坡耳，然

---

① 編按，"氣習"原倒作"習氣"，今據《浩然齋雅談》卷上乙。
② 編按，"自"原脫，今據《浩然齋雅談》卷上補。
③ 編按，"嫌"原脫，今據《浩然齋雅談》卷上補。
④ 編按，"在"原作"嘗"，今據《伊川年譜》改。

朱子固亦未嘗隱爲迴護。直齋、公謹所論，獨不及此，何也？蘇氏所爲，蓋亦出於文人相輕之一種習氣。於伊川初無所損，然伊川要亦必有所以致之者。朱子述《伊川年譜》云：

> 按侍御史呂陶言："明堂降赦，臣僚稱賀訖，而兩省官欲往奠司馬光。是時程頤言曰：'子於是日哭則不歌，豈可賀赦纔了，卻往吊喪？'坐客有難之曰：'子於是日哭則不歌，即不言歌則不哭。今已賀赦，卻往吊喪，於禮無害。'蘇軾遂以鄙語戲程頤，衆皆大笑。結怨之端，蓋自此始。"又《語錄》云："國忌行香，伊川令供素饌。子瞻詰之曰：'正叔不好佛，胡爲喫素？'先生曰：'禮：居喪不飲酒，不食肉。忌日，喪之餘也。'子瞻令具肉食曰：'爲劉氏者左袒！'於是①范淳夫輩食素，秦、黃輩食肉。"又鮮于綽《傳信錄》云："舊例行香齋筵，兩制以上及臺諫官，設蔬饌；然以粗糲，遂輪爲食會，皆用肉食矣。元祐②初，崇政殿説書程正叔，以肉食爲非是，議爲素食，衆多不從。一日，門人范淳夫當排食，遂具蔬饌。内翰蘇子瞻因以鄙語戲正叔，正叔門人朱公掞輩銜之，遂立敵矣。是後蔬饌亦不行。"又《語錄》云："時呂申公爲相，凡事有疑，必質於伊川；進退人才，二蘇疑伊川有力，故極詆之。"又曰："朝廷欲以游酢爲某官，蘇右丞沮止，毀及伊川。宰相蘇子容曰：'公未可如此，頌觀過其門者，無不肅也。'"

此敍洛學、蜀學構釁之起端，皆由蘇氏之徒厭苦禮教桎梏，故處處與伊川揶揄。然子瞻豈真爲口腹之小人，何至以飲食細故，遂致惡伊川至是？疑此處所述事實，尚非洛蜀起爭之根本原因。嘗閱袁文《甕牖閒評》云：

> 程伊川一日見秦少游，問："天若有情，也爲人煩惱。是公之詞否？"少游意伊川稱賞之，拱手遜謝。伊川云："上穹尊嚴，汝安得易而侮之？"少游慚而退。

此事，餘家筆記者皆未載。黃棃③洲、全謝山最爲殫見洽聞，修《宋元學案》亦未採及。蓋袁書久無傳本，清修《四庫全書》，於乾隆四十年始由館臣彭元珫等自《永樂大典》中鈔出。（見《武英殿叢書》本書前載提要奏上表）故世之知此事者甚罕（案謝山雖於乾隆元年成進士入庶常館，得見《永樂大典》，鈔錄世所無而極要者；然次年即

---

① 編按，"於是"原作"最是"，今據《二程外書》改。
② 編按，"祐"原作"祜"，今據上下文意改。
③ 編按，"棃"原作"棃"，今正。

248

罷官歸，厪得十餘種書。彼於《鈔永樂大典記》謂："吾輩鋭欲竟之而力不我副。"又《纂書樓記》云："方余官於京師，從館中得見《永樂大典》萬冊。驚喜。……予甫爲鈔宋人《周禮》諸種，而遽罷官歸。"故彼未得畢讀《大典》，後亦未再入館，於乾隆二十年夏卒。又二十年《甕牖閒評①》始輯出，謝山固末由見也）。夫秦少游者，蘇門四學士之一，而東坡稱爲"平生欽友"者也（見《東坡集》卷四十九《與秦太虛書七》）。綺語玩世，遊戲筆端，亦文人之常習，寧能拘拘盡受繩墨？而伊川不留體面如此，則宜其恨深刺②骨，處處訕笑謔侮，以爲報復也。然伊川性行實一向如此，非特於少游乃故儼道貌，而使之難堪。《遺書》中記載此類行事夥多，漫引數則於此。

　　韓持國與二先生善。韓在潁③昌，欲屈致之，預戒諸子姪，使治一室，至於修治窗户，皆使親爲之。二先生至，暇日與持國同遊西湖，命諸子侍。行次，有言貌不莊敬者。伊川回視，屬聲叱之曰："汝輩從長者行，敢笑語如此，韓氏孝謹之風衰矣！"持國遂皆逐去之。聞之持國之子宗質彬叔云。（見祁寬錄尹和靖語）

　　經筵承受張茂則，嘗招諸講官啜茶觀畫，〔伊川〕先生曰："吾平生不啜茶，亦不識畫。"竟不往。（見《龜山語録》）

　　伊川與韓持國善，約候④韓年八十一往見之。是歲元日，因子弟賀正，乃曰："頤今年有一債未還，春中當暫往潁昌⑤，見韓持國。"乃往造焉，久留潁昌，韓早晚伴食，體貌加敬。一日，韓密謂其子彬叔曰："先生遠來，無以爲意，我有黄金藥楪⑥一，重三十兩，似可爲先生壽，然未敢遽言之，我當以他事使汝侍食，因從容道吾意。"彬叔侍食，如所戒，試啓之。先生曰："頤與乃翁道義交，故不遠而來，奚以此爲？"詰朝遂歸。持國謂其子曰："我不敢言，正爲此耳。"再三謝過而别。（見祁寬録尹和靖語）

　　呂汲公以百縑遺子（謂伊川），子辭之。時子族兄子公孫在旁，謂子曰："勿爲已甚，姑受之。"子曰："公之所以遺頤者，以頤貧也。公位宰相，能進天下之賢，隨才而任之，則天下受其賜也。何獨頤貧也，天下貧者亦衆矣，

---

① 編按，"評"原作"談"，今正。
② 編按，"刺"原作"次"，今據文意改。
③ 編按，"潁"原作"穎"，今據《伊洛淵源録》改。
④ 編按，"候"原作"侯"，今據《伊洛淵源録》改。
⑤ 編按，"潁昌"原作"穎川"，今據《伊洛淵源録》改。
⑥ 編按，"楪"原作"褋"，今據《伊洛淵源録》改。

公帛固多，恐公①不能周也。"（見張繹録師説，《遺書》卷二十二）

韓、吕皆伊川前輩也，其對之且嚴峻不苟如此，是其性使②然也。蘇氏之徒，因惱羞成怒，而詆之爲姦，其亦失之誣矣！又《年譜》云：

元祐元年三月，至京師，於是召對。太皇太后面諭，將以爲崇政殿説書。先生辭不獲，始受西監之命。且上奏《論經筵三事》。其三：請令講官坐講，以養人主尊儒重道之心，寅畏祗懼之德。而曰："若言可行，敢不就議？如不可用，願聽其辭。"

又《邵氏聞見録》，記其爲講官事云：

伊川入侍之際，容貌極莊。時文潞公以太師平章重事，或侍立終日不懈，上雖諭以少休，不去也。人或以問伊川曰："君之嚴，視潞公之恭，孰爲得失？"伊川曰："潞公四朝大臣，事幼主不得不恭；吾以布衣職輔導，亦不敢不自重也。"

《遺書》云：

所講書有"容"字，中人以黄覆之曰："上藩邸嫌名也。"先生講罷，進言曰："人主之勢，不患不尊，患臣下③尊之過甚，而驕心生耳。此皆近習輩養成之，不可以不戒！請自今舊名嫌名皆勿復避。"

是其在朝廷，亦不諂事人君④以求容悦，大臣風範儼然。豈非其質偏於剛，陶成性格，乃無往而不表現爲嚴正歟？

夫辭受取予進退出處之際，恒人往往難免不爲物遷，而遽易其所守。士之爲學，真與非真，實於斯辨。今世雖號稱民主，而有幾人不奴婢膝承唾舐痔以求倖進？一旦被録爲走狗之走狗，即受寵若驚，意氣洋洋，内驕妻妾，外曜塗人。以彼污穢之心，觀伊川貞亮之節，或反將嗤其太愚而以爲僞也。悲夫！

其次，在朱子所編《年譜》中，尚有一事，久爲疑案：

一日講罷未退，上忽起憑檻，戲折柳枝。先生進曰："方春發生，不可無

---

① 編按，"公"原無，今據《伊洛淵源録》補。
② 編按，"使"原作"德"，今據上下文意改。
③ 編按，"下"原作"不"，今據《二程遺書》改。
④ 編按，"人君"原作"君人"，今據上下文意改。

故摧折。"上不悅。

自注云：

> 見馬永卿所編《劉諫議語》。且云："溫公聞之亦不悅。"或云："恐無此事。"

按疑無此事者，蓋爲呂東萊。在朱子《答呂東萊論〈伊洛淵源錄〉書》有云：

> 折柳事，有無不可知。但劉公非妄語人，而《春秋》有傳疑之法，不應遽削之也。

呂東萊結果似未尋得確證，故朱子竟編入《年譜》也。按沈作喆《寓簡》，亦記有此事，但多出溫公一段言語。其文云：

> 劉元城言：哲宗經筵講罷，移坐小軒，自起折一枝柳。程頤爲說書，遽起諫曰："方春，萬物生榮，不可無故摧折！"哲宗色不平，因擲棄之。溫公聞之不樂，謂門人曰："使人主不欲親近儒生者，正謂此等人也！"嘆息久之。

考《司馬溫公集》有《與呂申公同薦伊川劄子》云：

> 臣等竊見河南處士程頤，力學好古，安貧守節，言必忠信，動遵禮義。年逾五十，不求仕進，真儒者之高蹈，聖世之逸民。伏望特加召命，擢以不次，足以矜式士類，裨益風化。

溫公初既如此推挹，後何至因小不樂，遂厭薄如彼？殆非人情。蓋作喆本文士，不深知義理，好爲渲染，故於傳聞之辭，不加考覈，而又添出溫公一段話來。按李季巖《道命錄》，嘗辨此事云：

> 劉公門人馬永卿者，記劉公之言有云："一時講罷未退，上忽起憑檻折柳枝。有老儒進曰：'方春萬物發生，不可無故戕折！'上擲去，意甚不平。溫公聞之不悅。"按先生以元年三月除說書，四月二日方再具辭免，繼即以暑熱罷講。計先生入侍不過一再，又且以四月上旬，非所謂方春發生之時。若以爲二年春講時事，則元年之秋溫公已薨矣，尚安得聞而不悅？

此一考證，足以湔伊川之誣，亦足以白溫公之誣衊。夫元城但云一老儒耳，何必彊坐爲伊川耶？呂東萊疑此説爲妄，信有卓識。王偁《東都事略》於《伊川傳》不載此事，亦堪稱信史歟？明人著《弘簡錄》，黃黎洲編《宋元學案》，清熊賜履撰《學統》等書，乃並沿朱子所述伊川《年譜》之誤。則後賢所宜刊正者也（案《宋元學案》載

251

翁祖石曰："先生之在經筵，哲宗可謂敬信之甚矣。但進説於人君之前，自當擇其大者。柳枝之諫爲哲宗所不悦，由是見疏，宜乎呂正獻聞而嘆息，此言之太瑣也。"此又換溫公爲呂正獻，然爲明以後之説，殆無足辨矣）。然伊川所以致此物語者，亦由其平生持身甚謹飭者，而責人亦恒嚴；與其素行相格，實無所齟齬。故雖晦翁之多識，猶不能辨其匪實焉。此仍與性格表現有關。以伊川之性格，豈不能有此？故造爲物語，乃使人益信也。

（原載《狂飆月刊》1947年第3～4期，第10～13頁）

明道與伊川

——兩種人格類型

　　明道、伊川，講學於熙寧、元豐之間，兄弟怡怡，古未有也。然二先生性德所詣，各成類型。孟子曰："伯夷，聖之清者也。柳下惠，聖之和者也。伯夷隘，柳下惠不恭；隘與不恭，君子弗由也。"余以爲：明道，柳下惠一倫人也。伊川，伯夷一倫人也。和與清，其極詣皆得至於聖。然明道和而不同俗，伊川則清而至於絕物。絕物者，人雖近而情彌遠。不同俗而和者，其幾於老安少懷而朋友信也。故近世章太炎先生於宋賢頗有微詞，而於明道獨多褒美。則其盛德和光之所及遠矣，然二先生究亦未可易爲軒輊。明道嘗語伊川云："異日能尊師道是二哥；若接引後學，隨人材而成就之，則不敢讓。"（此據《二程遺書》。《宋元學案》引此，文字有改易）此最平霱之論也。余意：人之過於肆率者，宜學伊川。其過於拘迫者，則不妨學明道。然若一味矯揉造作，而徒飾迹象，則又大可不必也。應知此二先生者，皆出於情性之本然，非刻意欲各成爲一類型也。方在幼時，其母夫人已前識之，嘗書綫帖上兩行，前曰"殿前及第程延壽"，次曰"處士"。延壽者，明道幼時之名。是其二人，童稺之所傾向，已各成一箇格調。而後賢以道學家皆僞爲，非所語於知人之雅也。

　　周密《浩然齋雅談》云：

　　　　蘇明允《辨姦》，嘗見直齋陳先生言："此雖爲介甫發，然間亦似及二程。所以後來朱晦庵極力迴護云：老蘇《辨姦》，初間只是私意，後來荆公做不著，遂中他說；然荆公氣習①，自是要遺形骸、離世俗的規模，要知此便是放心，《辨姦》以此爲姦，恐不然也。"又云："每嘗嫌②事之不近人情者，鮮不爲大姦慝之語過當，而今見得亦有此等人。"其辭甚費也。

　　按此事，《朱子語類》亦嘗明辨之：

　　　　劉剛中問："程伊川粹然大儒，何故使蘇東坡竟疑其奸？"朱子答曰："伊川

---

① 編按，"氣習"原倒作"習氣"，今據《浩然齋雅談》卷上乙。
② 編按，"嫌"原脫，今據《浩然齋雅談》卷上補。

繩趨矩步，子瞻脫岸破崖，氣盛心粗，知德者鮮矣！夫子所以致嘆夫由也！"

又作《伊川年譜》云：

先生在經筵，以天下自任，議論褒貶，無所顧避，由是同朝之士，有以文章名世者疾之如讎，與其黨類，巧為謗訕。

自注云：

見《龜山語錄》《王公繫年錄》《呂申公家傳》，及先生之子端中所撰集序。又案蘇軾《奏狀》亦自云："臣素疾程某之姦，未嘗假以辭色。"

據此，則老蘇《辨姦》，尚似不必與二程有涉；而朱子所為斷斷者，乃東坡耳，而朱子固亦未嘗隱為迴護。陳、周二公所論，獨不及此，何也？蘇氏父子所為，蓋亦出於文人相輕之一種習氣。於伊川初無所損，然伊川要亦必有所以致之者。朱子述《伊川年譜》云：

按侍御史呂陶言："明堂降赦，臣僚稱賀訖，而兩省官欲往奠司馬光。是時程頤言曰：'子於是日哭則不歌，豈可賀赦纔了，卻往弔喪？'坐客有難之曰：'子於是日哭則不歌，即不言歌則不哭。今已賀赦，卻往弔喪，於禮無害。'蘇軾遂以鄙語戲程頤，衆皆大笑。結怨之端，蓋自此始。"又《語錄》云："國忌行香，伊川令供素饌。子瞻詰之曰：'正叔不好佛，胡為喫素？'伊川曰：'禮：居喪不飲酒，不食肉。忌日，喪之餘也。'子瞻令具肉食曰：'為劉氏者左袒！'於是范淳夫輩食素①，秦黃輩食肉。"又鮮于綽《傳信錄》云："舊例行香齋筵，兩制以上及臺諫官，設蔬饌；然以粗糲，遂輪為食會，皆用肉食矣。元祐初②，崇政殿說書程正叔，以肉食為非是，議為素食，衆多不從。一日，門人范淳夫當排食，遂具蔬饌。內翰蘇子瞻因以鄙語戲正叔，正叔門人朱公掞輩銜之，遂立敵矣。是後蔬饌亦不行。"又《語錄》云："時呂申公為相，凡事有疑，必質於伊川；進退人才，二蘇疑伊川有力，故極詆之。"又曰："朝廷欲以游酢為某官，蘇右丞沮止，毀及伊川。宰相蘇子容曰：'公未可如此，頌觀過其門者，無不肅也。'"

此敘洛學、蜀學構釁之起端，皆由蘇氏之徒厭苦禮教桎梏，故處處與伊川揶揄。

---

① 編按，"肉。忌日"至"食素"，凡二十八字原脫，今據《伊川年譜》補。
② 編按，"元祐初"原脫，今據《伊川年譜》補。

然子瞻豈真爲口腹之小人，何至以飲食細故，遂惡揄伊川至是？疑此處所述事實，尚非洛蜀生隙之根本原因。嘗閱袁文《甕牖閒評》云：

> 程伊川一日見秦少游，問："天若有情，也爲人煩惱。是公之詞否？"少游意伊川稱賞之，拱手遜謝。伊川云："上穹尊嚴，汝安得易而侮之？"少游慚而退。

此事，餘家筆記胥未載。黃黎洲①、全謝山最爲殫見洽聞，編《宋元學案》亦未採及。蓋袁書久無傳本。清修《四庫全書》，乾隆四十年館臣始由《永樂大典》中鈔出（全謝山雖於乾隆元年成進士時入庶常館，得見《永樂大典》，鈔出逸書約十種，然次年即罷官歸，未得閱盡全書，故其於《鈔永樂大典記》，文末結以"吾輩銳欲竟之而力不我副"致憾。其卒歲在乾隆二十年，又二十年《甕牖閒評》始輯出。是已不及見矣）。故前此知斯事者甚罕。夫秦少②游者，蘇門四君子之一，而子瞻稱爲"平生欽友"者也（見《東坡集》四十九《與秦太虛書七》）。綺語玩世，遊戲筆端，亦文人之常習；而伊川不留體面如此，則宜其恨深刺骨，處處訕笑譴侮，以爲報復也。然伊川性行實一往若是，非特於少游乃故儼道貌，而使之難堪。《遺書》中記載此類事節蓁夥，漫引數則於此。

> 韓持國與二先生善。韓在潁昌③，欲屈致之，豫戒諸子姪，使治一室，至於修治窗户，皆使親爲之。二先生至，暇日與持國同遊西湖，命諸子侍。行次，有言貌不莊敬者。伊川回視，厲聲叱之曰："汝輩從長者行，敢笑語如此，韓氏孝謹之風衰矣！"持國遂皆逐去之。聞之持國之子宗質彬叔云。（見祁寬錄尹和靖語）

> 經筵承受張茂則，嘗招諸講官啜茶觀畫。〔伊川〕先生曰："吾平生不啜茶，亦不識畫。"竟不往。（見《龜山語錄》）

> 伊川與韓持國善，約候韓年八十一往見之。是歲元日，因子弟賀正，乃曰："頤今年有一債未還，春中當暫往潁昌，見韓持國。"乃往造焉。久留潁昌，韓早晚伴食，體貌加敬。一日，韓密謂其子彬叔曰："先生遠來，無以爲意，我有黃金藥楪④一，重三十兩，似可爲先生壽，然未敢遽言之，我當以他

---

① 編按，"黎洲"原作"黎州"，今正。
② 編按，"少"字原無，今據文意補。
③ 編按，"潁"原作"穎"，今據《伊洛淵源錄》改。下同。
④ 編按，"楪"原作"襟"，今據《伊洛淵源錄》改。

事使汝侍食，因從容道吾意。"彬叔侍食，如所戒，試啓之。先生曰："頤與乃翁道義交，故不遠而來，奚以此爲？"詰朝遂歸。持國謂其子曰："我不敢言，正爲此耳。"再三謝過而別。（見祁寬錄尹和靖語）

呂汲公以百縑遺子（謂伊川），子辭之。時子族兄子公孫在旁，謂子曰："勿爲已甚，姑受之。"子曰："公之所以遺頤者，以頤貧也。公位宰相，能進天下之賢，隨才而任之，則天下受其賜也。何獨頤貧也，天下貧者亦衆矣，公帛固多，恐公①不能周也。"（見《遺書》二十二，張繹錄師說）

韓、呂皆伊川前輩也，其對之且嚴峻不苟如此，是其性使②然也。蘇氏之徒，因惱羞成怒，而詆之爲奸，其亦失之誣矣！又《年譜》云：

元祐元年三月，至京師，於是召對。太皇太后面諭，將以爲崇政殿說書。先生辭不獲，始受西監之命。且上《奏論經筵三事》。其三：請令講官坐講，以養人主尊儒重道之心，寅畏祗懼之德。而曰："若言可行，敢不就職？如不可用，願聽其辭。"

又《邵氏聞見錄》，記其爲講官事云：

伊川入侍之際，容貌極莊。時文潞公以太師平章重事，或侍立終日不懈，上雖諭以少休，不去也。人或以問伊川曰："君之嚴，視潞公之恭，孰爲得失？"伊川曰："潞公四朝大臣，事幼主不得不恭；吾以布衣職輔導，亦不敢不自重也。"

《遺書》云：

所講書有"容"字，中人以黃覆之曰："上藩邸嫌名也。"先生講罷，進言曰："人主之勢，不患不尊，患臣下尊之過甚，而驕心生耳。此皆近習輩養成之，不可以不戒！請自今舊名嫌名皆勿復③避。"

是其在朝廷，亦不諂事人君④以求容悅，大臣風範儼然。在前世惟孟子、汲黯、魏徵如此。是豈可僞爲耶？人苟能作僞至此，余亦馨香以祝拜之矣！

在朱子所編《年譜》中，尚有一事，久爲疑案：

---

① 編按，"公"原無，今據《伊洛淵源錄》補。
② 編按，"使"原作"德"，今據上下文意改。
③ 編按，"復"原無，今據《二程遺書》補。
④ 編按，"人君"原作"君人"，今據上下文意改。

一日講罷未退，上忽起憑檻，戲①折柳枝。先生進曰："方春發生，不可無故摧折。"上不悅。

自注云：

見馬永卿所編《劉諫議語》。且云："溫公聞之亦不悅。"或云："恐無此事。"

案疑無此事者，蓋爲呂東萊。在朱子《答呂東萊論〈伊洛淵源録〉書》有云：

折柳事，有無不可知。但劉公非妄語人，而《春秋》有傳疑之法，不應遽削之也。

呂東萊結果似未尋得確證，故朱子竟編入《年譜》也。按沈作喆《寓簡》，亦記有此事，但多出溫公一段言語。其文云：

劉元城言：哲宗經筵講罷，移坐小軒，自起折一枝柳。程頤爲説書，遽起諫曰："方春，萬物生榮，不可無故摧折！"哲宗色不平，因擲棄之。溫公聞之不樂，謂門人曰："使人主不欲親近儒生者，正謂此等人也！"嘆息久之。

按《司馬溫公集》有《與呂申公同薦伊川劄子》云：

臣等竊見河南處士程頤，力學好古，安貧守節，言必忠信，動遵禮義。年逾五十，不求仕進，真儒者之高蹈，聖世之逸民。伏望特加召命，擢以不次，足以矜式士類，裨益風化。

溫公初既如此推重，後何至因小不樂，遂厭薄如彼？殆非人情。蓋作喆本文士，不深知義理，好爲渲染，故於傳聞之辭，不加考覈，而又添出溫公一段話來。按李秀巖《道命録》，嘗辨此事云：

劉公門人馬永卿者，記劉公之言有云："一時講罷未退，上忽起憑檻折柳枝。有老儒進曰：'方春萬物發生，不可無故戕折！'上擲去，意甚不平。溫公聞之不悅。"按先生以元年三月除説書，四月二日方再具辭免，繼即以暑熱罷講。計先生入侍不過一再，又且以四月上旬，非所謂方春發生之時。若以爲二年春講時事，則元年之秋溫公已薨矣，尚安得聞而不悅？

此一考證，足以湔伊川之誣，亦足以白溫公之誣。劉元城未嘗妄語，而馬永卿則爲妄

---

① 編按，"戲"原作"戴"，今據《伊川年譜》改。

語。沈作喆，又妄中之妄也。呂東萊可謂有卓識，而朱子其疏矣！（按《宋元學案》載翁石祖曰：“先生之在經筵，哲宗可謂敬信之甚矣。但進說於人君之前，自當擇其大者。柳枝之諫爲哲宗所不悅，由是見疏，宜乎呂正獻聞而嘆息，此言之太瑣也。”此又換溫公爲呂正獻，然爲明以後之說，無足辨矣。）王偁《東都事略》於《伊川傳》不載此事，其亦獨具隻眼歟？而明伊經邦撰《弘簡錄》，黃黎洲編《宋元學案》，清熊賜履作《學統》，並沿朱子所撰《年譜》之誤。皆失考也。

明道先生行事則與伊川絕異。以今語言之，是最富有幽默材性之人也。如《宋元學案》五云：

> 明道猶有謔語，嘗聞一名公解《中庸》，至“人莫不飲食，鮮能知味”，有疑，笑曰：“我將謂‘天命之謂性’便應疑了！”伊川直是謹嚴，坐間無問尊卑長幼，莫不肅然。

此蓋本於《上蔡語錄》：

> 溫公曾作《中庸解》，不曉處闕。或語明道。曰：“闕甚處？”曰：“如彊哉矯之類。”明道笑曰：“由自得裏，將謂從‘天命之謂性’處便闕却！”

其饒風趣如此。吾尤愛《伊洛淵源錄》載劉立之所記一事云：

> 明道先生嘗赴中堂議事，荆公方怒言者，屬色待之。先生徐曰：“天下之事，非一家私議，願公平氣以聽。”荆公爲之媿屈。

又《遺書》云：

> 荆公嘗與明道論事不合，因謂先生曰：“公之學如上壁。”言難行也。明道曰：“參政之學如捉風。”後來逐不附己者，而獨不怨明道。且曰：“此人雖未知道，亦忠信人也。”

游定夫《書行狀後》云：

> 初至鄠，有監酒稅者，以賄播聞，然怙力文身，自號能殺人。衆皆憚之。雖監司州將不敢發。先生至，將與之同事，其人心不自①安，輒爲言曰：“外人謂某自盜官錢，新主薄將發之，某勢窮，必殺人。”言未訖，先生笑曰②：

---

① 編按，“不自”原作“自不”，今據《書明道先生行狀後》乙。
② 編按，“笑曰”原作“哭”，今據《書明道先生行狀後》改。

"人之爲言，一至於此！足下食君之祿，詎肯爲盜？萬一有之，將①救死不暇，安能殺人？"其人默不敢言。後亦私償其所盜。卒以善去。

其遇大事小事，率以幽默態度處之，而結果亦殊不惡。吾人不得不欽嘆伯淳比伊川爲高明矣！又伊川撰明道《行狀》云：

> 南山僧舍有石佛，歲傳其首放光，遠近男女聚觀，晝夜雜處，爲政者畏其神，莫敢禁止。先生始至，詰其僧曰："吾聞石佛歲現光，有諸？"曰："然。"戒曰："俟復現，必先白②，吾職事不能往，當取其首就觀之。"自是不復有光矣。
>
> 茅山有龍池，其龍如蜴蜥而五色。祥符中，中使取二龍至中途，中使奏一龍飛空而去。自昔③嚴奉以爲神物。先生嘗捕而脯④之，使人不惑。

其破除迷信，亦極方便而善巧。蓋惟德至而後氣和，氣和則與人無忤，而即事多欣。《遺書》載伊川語云：

> 常見伯淳所在臨政，便上下響應，到了人衆後便成風，成風則有所鼓動，天地間只是一箇風以動之也。

又《伊川文集》云：

> 明道主簿⑤上元時，謝師直爲江東轉運判官，師宰⑥來省其兄，嘗從明道假公僕掘桑白皮。明道問之曰："漕司役卒甚多，何爲不使？"曰："《本草》說：桑白皮出土見日者殺人，以伯淳所使，人不⑦欺，故假之爾。"

此亦見其至誠之化。明道美德甚多，詳載《二程遺書》《伊洛淵源錄》，及《宋史》本傳。此取足觀而止。昔⑧胡文定公與鄒志完論當世人物，因問："程明道如何？"志完曰："此人得志，使萬物各得其所。"此可謂知德之言也。

其最足以比見二先生之風度者，莫如《遺書》所載侯仲良之言：

---

① 編按，"將"原作"救"，今據《書明道先生行狀後》改。
② 編按，"白"原作"發"，今據《程伯淳行狀》改。
③ 編按，"昔"原作"是"，今據《程伯淳行狀》改。
④ 編按，"脯"原作"鋪"，今據《程伯淳行狀》改。
⑤ 編按，"簿"原作"薄"，今據《二程文集》改。
⑥ 編按，"宰"原作"直"，今據《二程文集》改。
⑦ 編按，"不"下原衍一"敢"字，今據《二程文集》刪。
⑧ 編按，"昔"原作"旨"，今據上下文意改。

> 朱公掞見明道於汝州,踰月而歸,語人曰:"光庭在春風中坐了一月。"
>
> 游定夫、楊中立來見伊川,一日先生坐而瞑目,二子侍立不敢去。久之,先生乃顧曰:"二子猶在此乎?日暮矣,姑就舍。"二子者退,則門外雪深尺餘矣。

又張橫浦云:

> 游定夫訪龜山,龜山曰:"公適從何來?"定夫曰:"某在春風和氣中坐三月而來。"龜山問其所之,乃自明道處來也。

此或爲朱公掞之事而橫浦記錯。然明道本以和光飲人,則亦不妨人人對對,皆得同一感覺。又《遺書》云:

> 明道先生與門人講論有不合者,則曰:"更有商量。"伊川則直口不然。

又《涪①陵記善録》云:

> 明道、伊川,隨侍太中知漢②州,宿一僧舍。明道入門而右,從者皆隨之。伊川入門而左,獨行。至法堂上相會,伊川自謂:"此是頤不及家兄處。"蓋明道和易,人皆親近。伊川嚴重,人不敢近也。

其二人性行不同如此。余故以柳下惠比明道,伯夷比伊川。可再引孟子之言以驗之。

> 伯夷非其君不事,非其友不友,不立於惡人之朝,不與惡人言。立於惡人之朝,與惡人言,如以朝衣朝冠坐於塗炭。推惡惡之心,思與鄉人立③,其冠不正,望望然去之,若將浼焉。是故諸侯雖有善其辭命而至者,不受也。不受也者,是亦不屑就也。柳下惠不羞污君,不卑小官,進不隱賢,必以其道,遺失而不怨,阨窮而不憫。故曰:"爾爲爾,我爲我,雖袒裼裸裎於我側,爾焉能浼我哉?"故由由然與之偕而不自失焉,援而止之而止。援而止之而止者,是亦不屑去已。

此自是兩種人格類型,孔子所謂狂狷之士,亦即指此。然求其和而不流,清不絕物,則曠世亦難得一二人也!

(原載《三民主義半月刊》1947年第5期,第22~26頁)

---

① 編按,"涪"原作"伊",今據《伊洛淵源録》改。
② 編按,"知漢"原作"和濮",今據《伊洛淵源録》改。
③ 編按,"人立"原作"不處",今據《孟子注疏》改。

關於曹植的評價問題

　　最近我因爲要研究漢魏間的學風與士習，把郭沫若先生收在《歷史人物》裏的《論曹植》取來看了。繼又找得山東大學出版的《文史哲》1955年第六期內載賈斯榮先生著《關於〈論曹植〉》一文，是批評《論曹植》的，也對比着閱讀了。我於古典文學很少下過工夫，但這裏所涉及的有許多屬於歷史問題；從歷史的角度來看，覺得賈先生批評的論點，是不很符合歷史實際情況的。賈先生雖然用了不少譏諷漫罵的詞句，但道理究竟還不足以說服人。關於對曹植的評價，在中國文學史的研究上，確也還是一個值得討論的問題。我現在把我對於郭先生文章的體會，有不同於賈斯榮先生的意見寫出，請賈先生及中國文學史專家們指教。

　　《論曹植》大要分兩部分，一部分是討論曹植究竟是怎樣一個人的問題，一部分是討論曹植文學究竟應該如何評價的問題。對於曹植文學的評價，郭先生是不同意鍾嶸把他列於上品而置曹丕於中品、曹操於下品的。他認爲鍾嶸所以特別把曹植列爲上品的，顯然是受了時代風尚的影響。因爲鍾嶸所處的時代"正是文尚駢麗，詩重聲律，南朝的文人極端從事藻飾的時代"。所以他稱曹植是說"詞彩華茂""粲溢古今"，又云"猶……音樂之有琴笙，女工之有黼黻"。而置曹丕於中品則是說他"鄙直如偶語"，置曹操於下品則是說他"古直"，就是認爲操、丕所以不及曹植的，只在於藻繪不足。可見鍾嶸完全是以文章外形的美觀與否爲標準。鍾嶸這種衡量文學的鐵尺，在今天顯然已不盡適用。要正確評價曹植的文學，應該首先弄清楚整個建安文學在中國文學史上有價值的東西是什麼，然後再看曹植在建安文學中，有哪些東西是他與餘人共同的，有哪些表現才是他所獨特的，他那獨特一面的影響作用，又可能導生什麼，事實已導生了什麼。曹植文學的評價，由此才可正確估定。郭先生文章就是以這樣的方法來評價曹植文學的。他並不縮小曹植的文學成就，一則曰："曹子建畢竟是一位才子"，再則曰："子建的詩文都有濃厚的新鮮綺麗之感"，三則曰："在建安才人中子建要算最年青，成績也最豐富，或許也怕是最幸運，被保存下來的作品特別多。"但過分誇大了，他也要反對。曹植在建安文學中自有他適當的地位，郭先生是這樣評定的：

　　　　曹子建最有成績的應該說是他的樂府和五言詩，但這是建安文學一般的成績，並不是他一個人的特長。建安文學在中國文學史上是有着劃時代的表現的。辭賦離了漢賦的板滯形式與其歌功頌德的內容，而產生了抒情的小型賦。詩歌脫離了四言的定型，而盡量的樂府化，即歌謠化。另一方面把五言的新形式奠定了下來。這是曹氏父子和建安七子的共同傾向，也就是他們共同的功績。因此像曹操的"古直悲涼"，曹丕的"鄙直如偶語"，倒正是抒情化、民俗化過程的本色。而且在這兒我們不能不認定是有政治的力量作背景，假使沒有操和丕的尊重文士與獎勵文學，絕對不能夠集中得那樣多的人才，也絕對不能夠收獲得那樣好的成績。同時代的吳與蜀，差不多等於瘠土，不就是絕對的旁證嗎？

這是說，曹植有一方面的表現可以說是有成績的，乃是與建安諸文士共同的，這就不能算是他個人獨有的成績。什麼才是曹植獨特的表現？鍾嶸是把握住一點了，就是曹植肯在文字修飾上多下工夫，所以"詞彩華茂""粲溢古今"。郭先生又另外補充一點，就是曹植好摹仿古人，比起丕來，這點他也是最突出的。所以這都是他的特色。曹植在整個建安文學運動中，獨有這樣的偏尚，會起什麼影響呢？郭先生說：

> 他一方面盡力摹仿古人，另一方面又愛驅使辭藻，使樂府也漸漸脫離了民俗；由於他的好摹仿、好修飾，便開了六朝駢麗文字的先河。

從發展上看，難道不是這樣？鍾嶸為什麼要由"詞彩華茂""粲溢古今"就尊列曹植於上品，不正說明此點？《詩經》三百篇（特別是《國風》《變雅》）至《離騷》，皆文有其質。至漢人作辭賦，重詞藻鋪陳，為文而文，遂言之無物。建安的新文學運動起來，方才越出漢賦苑囿，從樂府民歌吸取養料，寫出許多自然質實言情詠事的詩篇，上接《國風》《變雅》傳統。而曹植在建安文學中，一方面跟着時代潮流走；一方面仍緬懷漢人辭賦形式的瑰麗，竭力去摹仿，在作詩時亦刻意於詞藻的修飾。他自己雖然還能"體被文質"，但學他的人就不能不更多地注意於"文"上。鍾嶸就說："倬爾懷鉛吮墨者，撫篇章而景慕，映餘輝以自燭。"而且單求詞彩可觀也是比較容易得手的，王夫之說得好："曹子建鋪排整飾，立階級以賺人升堂，用此致諸趨赴之客容易成名。"故下至梁陳，遂爾競尚雕琢，堆砌辭藻，成了"伸紙揮毫，雷同一律"，有文無質。從精神上看，豈不是又回到漢人作賦的老路上來？夫滔天洪流，始於濫觴，研究歷史的人要"本隱以之顯，推見以至隱"，所以郭先生說：

> 抒情化民俗化的過程在他（曹植）手裏又開始了逆流。

因斷言：

> 這（修飾、摹仿）與其說是他的功，毋寧說是他的過。

這個總結，我認爲是能夠説明建安至六朝這一時期文學的發展和變化的源流的。

但賈斯榮先生卻把這一看法斷爲是"不公平的軒輊之見"。他説：

> 這顯然是郭先生爲了論證他的偏見而採取的一種説法，這樣的論調，是不會被人接受的。

怎末"這樣的論調"就"不會被人接受"呢？賈先生講出一個道理，就是在曹植的作品裏曾"出現了彊烈的現實主義傾向"，下面照錄他的原文：

> 如他在《贈白馬王彪》詩裏就寫出過"鴟梟鳴橫軛，豺虎當路衢。蒼蠅間（賈原文如此，應作'間'）黑白，讒巧令親疏"等揭露統治集團醜惡行爲的一類詩句。再説在五言的新形式的奠定方面，他的作用也最大。像《贈白馬王彪》《轉蓬歌》《浮萍篇》《棄婦詩》等就都是這一方面的典範。這些作用給我國文學發展的影響很大，這個影響經過南北朝一直到盛唐時期，使五言詩發展到了登峰造極，使文學領域裏能夠出現像鮑照、庾信、李白、杜甫等一些現實主義的作家，因而造成了中國文學史上的黃金時代。獲得這些成就的原因雖然很多，但是曹植在這裏所起的啓示作用，卻是無論如何也不能一筆抹殺的。

賈先生通過這個論說，於是作出判斷：

> 可是郭沫若先生在這裏不但忽視了這一點，而且反認爲文學發展"過程"在他（曹植）手裏又開始了"逆流"。爲着替他這個主觀臆測的論點找根據，並不惜歪曲了曹植的許多作品。

其實，據我看，恐怕不是郭先生"忽視"了曹植的成績，倒是賈先生"忽視"了《論曹植》的"論調"。《論曹植》裏面不是已經説了：

> 詩歌脫離了四言的定型，而盡量的樂府化，即歌謠化。另一方面把五言的新形式奠定了下來。這是曹氏父子和建安七子的共同傾向，也就是他們共同的功績。

這裏明明講："這是曹氏父子和建安七子的共同傾向，也就是他們共同的功績"，並沒有把曹植排斥在外，只是不獨許曹植而已。怎能説"忽視了"曹植（也是他與餘人共同的）功績？這裏正表現着無所"軒輊"，又有什麼"不公平"？論曹植"開始了逆

263

流"，是首先排除了他與建安諸文士的共同性後，再找出了他獨特的傾向所給予後世的影響，才作出這樣的判定的。要推翻這個"論調"，只有提出新的論證，一方面要能證明"共同傾向"並不是"共同傾向"，乃曹植所獨有的；另一方面要能證明曹植的特點，在曹植身上實不曾有，這才算得是"破的"之談。可惜賈先生並沒有做到這點，歷史事實也沒有提供這樣的證據。而歷史對於《論曹植》所說"共同的功績"的話，卻有一些可以證明的資料。我們看對於丕、植兄弟與建安諸文士作過評論的，最早莫過於陳壽，他在《魏志》裏就是這樣說的：

　　文帝天資文藻，下筆成章，博聞彊識，才藝兼該（《文帝紀》評）。

　　陳思文才富豔，足以自通後葉（《陳思王植傳》評）。

　　昔文帝、陳王，以公子之尊，博好文采；同聲相應，才士並出。惟粲等六人最見名目（王粲等《傳》評）。

可見魏末晉初人對於丕、植文學，是沒有任何軒輊的，而是並稱有提倡之功。至於風氣造成，亦云衆人之力（同聲相應）。

再看劉勰於《文心雕龍·時序》篇說：

　　自獻帝播遷，文學蓬轉。建安之末，區宇方輯，魏武以相王之尊，雅愛詩章；文帝以副君之重，妙善辭賦；陳思以公子之豪，下筆琳瑯。並體貌英逸，故俊才雲蒸：仲宣委質於漢南，孔璋歸命於河北，偉長從宦於青土，公幹徇質於海隅，德璉綜其斐然之思，元瑜展其翩翩之樂。文蔚、休伯之儔，于叔、德祖之侶，傲雅觴豆之前，雍容衽席之上，灑筆以成酣歌，和墨以藉談笑。觀其時文，雅好慷慨；良由世積亂離，風衰俗怨，並志深而筆長，故梗概而多氣也。

此更說明建安文學之興，確如郭先生所說，由於曹氏父子據有優越之政治地位，本身又能文好文，才創造了條件，使原來蓬轉之文學聚於一區。他們都一樣的感觸時世，一樣的激蕩心魂，製作篇章因亦表現共同傾向。

再看鍾嶸《詩品》，雖然把曹植尊爲"文章之聖"，但論到後來名家篇製之所導源時，卻沒有說都是以曹植爲祖：

　　晉平原相陸機詩，其源出於陳思；

　　晉黃門郎潘岳詩，其源出於仲宣；

　　晉黃門郎張協詩，其源出於王粲；

　　晉記室左思詩，其源出於公幹；

> 宋臨川太守謝靈運詩，其源出於陳思；
> 晉中散嵇康詩，頗似魏文；
> 晉司空張華詩，其源出於王粲；
> 魏侍中應璩詩，祖襲魏文；
> 晉太尉劉琨、晉中郎盧諶詩，其源出於王粲；
> 晉宏農太守郭璞詩，憲章潘岳；
> 宋徵士陶潛詩，其源出於應璩；
> 宋參軍鮑昭（原文作"昭"，後人考證應作"照"，但這裏不便擅改，仍用"昭"）詩，其源出於二張。

他指明只有兩家是源於曹植的，而源於曹丕者亦正相匹。王粲的後昆最多，竟有五人。即賈斯榮先生認爲是受曹植影響的鮑照，在鍾嶸也不是這樣的認識，乃云"其源出於二張"，而二張則是源於王粲者。鍾嶸論曹丕時曾説"頗有仲宣之體"，則知源於王粲者即亦包含有曹丕的影響。又曹丕由應璩再傳而有陶潛，曹植則再傳無人。根據他這些判斷，是劉宋以前詩壇，以王粲、曹丕流風爲盛。這些看法亦未必完全正確。但可見鍾嶸對於丕、植文學，雖品第有高下，卻不因此就説：後來有名的詩家都是曹植之衍裔。這不是正足爲郭説"是他們共同的功績"的證明？

賈先生提到盛唐詩人，我們也不妨考察一下盛唐詩人又曾經特別推尊過曹植沒有呢？在我所接觸到的一般文獻上實找不出。我們看到的只有籠統提出"建安"的話，如爲盛唐詩風之先驅的陳子昂在《修竹篇》附《與東方公書》就是這樣説的：

> 文章道弊五百年矣！漢魏風骨，晉宋莫傳。……觀齊梁間詩，彩麗競繁，而興寄都絕；每以永嘆。……昨於解三處，見明公詠《孤桐篇》，骨氣端翔，音情頓挫，光英朗練，有金石聲。……不圖正始之音，復睹於茲。可使建安作者，相視而笑！

繼之偉大詩人李白也是這樣説：

> 蓬萊文章建安骨。（《宣州謝朓樓餞別校書叔雲》）
> 自從建安來，綺麗不足珍。（《古風》）

表明他們重視建安文學的，不是其他，是"風骨"。"彩麗""綺麗"倒視爲"不足珍"。所謂"風骨"就是劉勰説的"雅好慷慨""志深而筆長""梗概而多氣"。劉勰認爲這是建安文學的"共同傾向"。陳子昂、李白也把它作爲建安文學共有的特色來把握。但曹植在具有共有的特色中，已經有了趨向"綺麗"的表現；雖有這些表現，但還沒有離開共有的特色，即還未至於"興寄都絕"，這就仍然很可貴。所以盛唐詩人不貶斥他，也不特別推尊他，都是從那個"共同傾向"着眼的。可知賈先生說曹植特別給盛唐詩人"影響最大"，還是多少帶有些主觀臆測成分。

我們再由後來詩家的評論看去，曹丕在某一方面對於盛唐詩人倒似有特別的影響，如清王士禎在《古詩選七言詩凡例》裏說：

> 曹子桓《燕歌行》，陳孔璋《飲馬長城窟行》，皆唐作者之所本也。六朝惟鮑明遠最爲遒宕，七法備矣。（又見《漁洋詩話》）

這與《論曹植》文中說的曹丕的"《燕歌行》二首純用七言，更是一種新形式的開始"，見地是相同的①。由王士禎之論，更知鮑照亦有步趨曹丕者，賈先生說鮑照也是受曹植"影響最大"的人，此亦足以證其不然。

賈先生也許要認爲他說被"忽視了"的是指曹植的作品裏"出現了彊烈的現實主義傾向""這一點"，而我上文所論並不會針鋒相對。那末，我們就看"現實主義傾向"在曹植的作品裏究竟"出現"得"彊烈"不"彊烈"？並且這又是不是曹植所獨有的表現呢？就拿賈先生所舉證的《贈白馬王彪》中間幾句以及指稱爲五言的"典範"的《轉蓬歌》《浮萍篇》《棄婦詩》等來說，這些詩究竟是些什麼作品呢？讀過這些詩的人都知道，皆是曹植抒寫自己個人身世之感之作，也就是吐泄自己個人的哀怨與憤恨之作。這些詩不能說沒有一定的價值。但真是稱得起偉大的現實主義作品，恐怕不應該是單從個人小圈子出發的創作，而應該是能於反映較大的社會面並深刻揭露其矛盾的創作。賈先生所舉曹植的那幾首詩，都還沒有出離曹植個人的利害得失的情見，要說已有"彊烈的現實主義傾向"，恐怕結論下得早了一點。我們應該承認曹植確也有反映現實的詩，但正如我們前面所說的這乃是建安文學的"共同傾向"。曹植是否特別表現得"彊烈"，應當以同時代作品相比較。我們只看一下曹丕。據鍾嶸《詩品》說：曹丕"鄙直如偶語"的有百餘篇。今殘存的只有四十三篇。在殘存的這些詩中，單從題目上看，就可發現有許多是批判地反映社會現實的。如《代劉勳妻王氏雜詩二首》有序云：

> 王宋者，平虜將軍劉勳妻也。入門二十餘年，後勳悅山陽司馬氏女，以宋無子出之；還於道中，作詩二首。

---

① 梁蕭子顯作《南齊書》於《文學傳》論云："魏文之麗藻，七言之作，非此誰先？"可見六朝人也公認曹丕是七言的新形式的奠基人。

又《寡婦詩》有序云：

  友人阮元瑜，早亡，傷其妻孤寡，爲作此詩。

又有《於清河見挽船士新婚與妻別詩》《見挽船士兄弟辭別詩》。（按當時所謂"士"，其身份差不多與奴隸相等）其他内容亦反映社會現實的尚有樂府《燕歌行》（二首），《陌上桑》，《上留田行》，雜詩《黎陽作》（前二首），《令詩》等篇。這裏只把《上留田行》抄下看看：

  居世一何不同？上留田。富人食稻與粱，上留田。貧子食糟與糠！上留田。貧賤亦何傷？上留田。祿命懸在蒼天！上留田。今爾嘆息將欲誰怨？上留田。

這確如鍾嶸説的"鄙直如偶語"，但當時社會深刻的階級矛盾和窮苦人民生活不下去所發出的怨憤沉痛的呼號，卻由這些"鄙直"無華的短詞"偶語"出來了！一個"以副君之重"的人，能够①這樣暴露現實，已經越出了自己階級利益要求的限度，應該説不是容易的事。這樣表現着"彊烈的現實主義傾向"的作品，不要説曹植没有，就是其他建安文學作品也没有的。曹植以他那個小集團與曹丕集團發生着矛盾，才寫出一些哀怨忿嫉的詩，賈先生竟歌頌爲"出現了彊烈的現實主義傾向"，並認爲是曹植獨有的偉大成就，恐怕是有些失分寸吧！

  其次《論曹植》中曾以王粲《七哀辭》與曹植同題之作對照起看，得到"一邊是沉痛，一邊是清新"的感覺，因提到創作方法上來加以判斷説："在這兒正可以看出寫實與浪漫的不同。"又曹植此詩明明是描繪游子之妻的愁思的，而丁晏偏要拿迂腐的見解來説是"此其望文帝悔悟乎"？郭先生因又批評道：這是"使曹詩變了質了"，"這並不是在讚美他，其實在摧毁他。簡直把詩都糟踏了"。

  這些提法看來應該説是很平允和切合實情的。賈先生對此也有意見，但卻不是針對着論曹植與王粲的創作方法不同這點究竟正確與否展開論辯，而只是憑自己有另外一種感覺來説論曹植此詩是"清新"的話不對。他寫他自己的感覺道：

  〔曹植此詩〕其哀怨沉痛不下於王粲《七哀辭》。
  我們看這首詩正是用比興的形式吐露出自己無限的哀怨，一點清新的顏色也看不出來，這真是郭先生獨具慧眼的"創見"。

---

① 編按，"够"原作"於"，今據上下文意改。

其實這問題很簡單，從來欣賞文學原是各有各的眼光的，固不能彊求相同。而郭先生爲什麼感到曹植此詩是"清新"？也不是沒有理由。他自己已經說明，就在於與王粲的詩相對照。這是一個最要緊的先行條件。我們且看王粲《七哀》寫出了一些什麼句子：

　　出門無所見，白骨蔽平原！路有飢婦人，抱子棄草間。顧聞號泣聲，揮涕獨不還。未知身死處，何能兩相完？

這是一幅多末傷心慘目的圖景啊！再看曹植的《七哀》又寫出些什麼詞句？開頭是：

　　明月照高樓，流光正徘徊。

結尾是：

　　願爲西南風，長逝入君懷。君懷良不開，賤妾當何依？

這不是寫得有些情致飄緲嗎？兩兩比較讀了後，心理上有個對襯，因喚起了"一邊是沉痛，一邊是清新"的感覺，不是自然而且必然的麼？固然曹植此詩也表現有哀怨的氣氛，但其哀怨是以清新的筆調出之的，亦僅僅止於哀怨，尚不至使人"摧心肝"，只能引起人一些同情，怎能就說它也很"沉痛"呢？

賈斯榮先生對於郭先生論丁晏評"此其望文帝悔悟乎"，是把曹植此詩"變了質"，"糟踏了"那些話，也提出不同見解，找了些歷史材料說：

　　〔曹植〕這首詩是寫在黃初年間。那時候，曹丕登上了皇帝寶座，正在折磨自己的兄弟們，和他同母的兄弟曹彰，在黃初四年不明不白地暴薨在京都，異母兄弟曹彪不久即被賜死，而一向被曹丕視爲"眼中釘"的曹植，這時候則"寮屬皆賈豎下才，兵人給其殘老……又事事復減半，十一年中而三徙都"（《魏志》卷十九）。以一代天才的曹植，處在這樣的環境裏，怎能叫他不"憤懣不堪"呢！像"君若清路塵，妾似（按《文選》《玉台新詠》俱作'若'，《太平御覽》引作'爲'，賈改爲'似'，不知何據？）濁水泥。浮沉各異勢，會合何時諧？"這幾句讀起來是何等的沉痛，這裏寫出了他的內心對當時的主要統治者——曹丕的多少怨恨與不平啊！丁晏在《曹集詮評》裏說："此其望文帝悔悟乎？""結尤悽婉"。這正是對於這首詩十分平允的評語，但是郭先生在這裏卻要故作"警論"，說這是"落在道學家眼裏使曹詩變了質了"。我們真看不出丁晏的這樣評語爲什麼會引起郭先生的變質的想頭來的。

這裏應該指出，賈先生爲丁晏辯護，存心可能是很好的，但可惜把歷史事實弄錯了！考曹彪之賜死，乃曹氏政權被奪中發生之悲劇，與曹丕根本無涉。事情是這樣的，嘉平元年正月,魏國皇帝曹芳謁高平陵,司馬懿因發動政變,誅除了擁護魏室的曹爽集團,奪取了政柄。兗州刺史令狐愚與太尉王淩因謀迎立楚王曹彪,都許昌,以反對司馬懿。而令狐愚不久病卒,王淩於嘉平三年復被告發,事敗,飲藥死。司馬懿乃窮治其事,"賜彪璽書切責之,使自圖焉,彪乃自殺"(事詳《魏志》卷二十《楚王彪傳》及卷二十八《王淩傳》)。彪死時距曹丕之卒已二十六年,曹植死後二十年。曹植且不得見,何得説爲曹丕之事?至於《魏志》云"十一年而三徙都"者,謂魏文(曹丕)黄初四年徙封雍丘王,明帝(曹叡)太和元年徙封浚儀,太和三年徙封東阿,三事。是曹丕時只"徙都"一次,餘二次皆曹丕兒子曹叡時事。又曹丕代漢爲帝僅六年多,何有"十一年"之事?至《魏志》敘曹植"僚屬皆賈豎下才,兵人給其殘老""事復減半"者,亦曹叡所爲,與曹丕無干。《曹子建集》有《諫〔明帝〕取諸國士息表》即言其事。《魏志·陳思王傳》裴注於"〔太和〕五年復上疏求存問親戚"事後引《魏略》曰:

  是後大發士息,乃諸國士,植以近前諸國士息已見發,其遺孤稚弱在者無幾,而復被取。乃上書曰云云。

丁晏作《陳思王年譜》亦繫《諫取諸國士息表》於明帝太和五年。可見這都是曹叡時事,豈得把兒子的賬算在老子身上!蓋待遇曹植最刻者實曹叡。《魏志·陳思王傳》就説:

  時法制待藩國既自峻迫。……常汲汲無歡,遂發疾薨。

是曹植最受折磨的日子,乃在曹叡當政時,曹丕對待曹植尚未至於完全"寡恩"。我們看黄初六年,曹丕"東征還,過雍丘,幸植宫",還給曹植"增户五百"(《魏志·陳思王傳》)。曹植於這年作有《自誡令》(見《文館詞林》,"誡"原作"試",據孫星衍《續古文苑》改)亦提到曹丕對他待遇之厚説:

  今皇帝遙過鄙國,曠然大赦,與孤更始;欣笑和樂以歡孤,隕涕咨嗟以悼孤。豐賜光厚,訾重千金:損乘輿之副,竭中黄之府,名馬充厩,驅牛塞路。孤以何德,而當斯惠!

這是曹丕臨死前數月的事,對於曹植,不但看不出有所謂"事復減半"者,而且惠賜甚多。這是由曹植自己嘴裹説出來的,應該算得是"事實"吧!又曹植於黄初五年有《賞罰令》説:

  使臣有三品:有可以仁義化者,有可以恩惠驅者;此二者不足以導之,則當以刑罰使之；刑罰復不足以率之，則明主所以不畜。故唐堯至仁，不能容無益之子；湯武至聖，不能養無益之臣。九折臂知爲良醫，吾知所以待下矣！諸吏各敬爾在位，孤推一概之平，功之宜賞，於疏必與；罪之宜戮，在親不赦。此令之行，有若皎日。於戲，群臣其覽之哉！

可見曹植在曹丕手裏徙封雍丘王即第一次"徙都"時，仍有大批臣吏，供他"稱孤道寡"，"作威作福"。絕不能説這時已經是"寮屬皆賈豎下才，兵人給其殘老"了！

賈先生所舉上面那些事實，據我們考證，既然全都不是曹丕黄初時代的事，那末，要説曹植由於這些事使他"憤懣不堪"，因而才寫出了《七哀》表示對曹丕的"怨恨與不平"，那就不符事實了。即説"這首詩是寫在黄初年間"，我看亦有問題。按《文選》録此詩後次以王粲之《七哀》，李善注云：

> 贈答。子建在仲宣之後，而此在前，誤也。

是李善以爲是曹植贈答王粲寫的。又《韻語陽秋》云：

> 《七哀詩》起曹子建，其次則王仲宣、張孟陽。

此更以爲曹植之作早於王粲，大抵是依據《文選》編次文章體例：凡同一體裁，總是較早的置前。《文選》既先曹植，後王粲，故應以曹植爲《七哀辭》之首創。這兩種説法，究竟誰個最有根據？很難斷定。但都不認爲曹植之作是在王粲死後，這是相同的。考王粲卒於建安二十二年，則無論曹植《七哀》是先王粲作或贈答王粲之作，都應在建安時代，不可能是"寫在黄初年間"。又詩中明有"君行踰十載，賤妾常獨棲"的話，如果曹植是以離婦隱比自己遭遇，而曹丕的黄初僅有七年，代漢爲帝實際只六年多就死了，説爲"十年"亦不切合。所以賈先生斷定"這首詩是寫在黄初年間"也還不是我們今天所掌握的文獻資料所能證實的。清程琰作《玉臺新詠注刪補》於此詩引有《舊注》云：

> 漢末多征役，別離，婦人感嘆。故子建作此。

從同時代人亦有許多詩篇以此爲題材看來，這個説法恐怕要算是最合實情，也是較多的人所公認的。故我們認爲曹植此詩自是一種描繪離婦的愁思之作品。其創作方法雖是浪漫主義的，内容還是反映現實的，即寫出了劉勰所謂"世積亂離，風衰俗怨"的一面。他能夠同建安諸文學家①都注意到當時社會普徧存在的這些現象，形諸篇什，此

---

① 編按，"家"原無，今據上下文意補。

正其可貴處。而丁晏偏偏要以迂腐的道學家的眼光説是"此其望文帝悔悟乎"？不但缺乏事實根據，而且把曹植這首詩並不是從自己個人利害得失出發的也説成是從他自己個人的利害得失出發的了。所以郭先生説：丁晏把它"變了質"，"這並不是在讚美他，其實是在摧毀他。簡直把詩都糟踏了"。郭先生雖沒有詳細陳述理由，也不能説這是"不顧事實的話"。

下面討論賈斯榮先生對於論曹植究竟是怎樣一個人這一部分的一些意見。

自文中子以來，至明李夢陽、張溥，清丁晏等，由於曹植先頭奪嫡未成，後於曹丕代漢時又有"發服悲哭"的事，及詩文中有"故漢""皇漢""皇佐""翼佐我皇家""譬高念皇家"的一些字句，他們據此把曹植遂吹嘘、歌頌爲什麼"是以天下讓"呀！"忠君愛國"呀！"使其嗣爵，必終身臣漢"呀！"王之心其周文王乎"呀！

郭先生認爲這些都不過是"迂腐先生們"生在封建時代爲了宣傳那種維護封建老秩序的忠順的奴隸道德才作出的"諛詞"，實不是曹植的本來面目。他就首先由曹植初年的"恃寵驕縱"和"恃才傲物"藐視時輩等，論證他根本不具有謙讓的性格和美德（也説明在這一點上曹丕倒比他彊）。再就曹植與丁儀、丁廙、楊修等交構，謀奪王位繼承權，終因違法亂紀失寵，和玩弄詐術事敗，乃没有奪去曹丕以兄長身份本來應作太子繼承王位的權利，論證他實説不上"以天下讓"。更就曹植有許多高頌魏德、蔑漢、譏漢甚至欲砍忠於漢室的諸葛亮的腦袋子的言論，以及下令毁漢武帝故殿等事，論證他心中根本無漢，何論"終身臣漢"！至於"發服悲哭"不過是哭他自己爭繼承權的完全失敗而已。

賈先生對於這部分批判過去許多迂腐先生們的"諛詞"所作的論證，沒有進行反駁，卻説："在今天，他也沒有深入討論的價值了！"我覺得這樣處理問題，還是值得商榷的。我們既然研究曹植文學，對於曹植究竟是怎樣一個人，恐怕還是應該有一個正確的認識較好。郭先生已經給我們做了這個工作，既没有相反的理由提出，卻要把它説成是無謂，這是會令人懷疑缺乏"服善"之精神的。但我也同意不再在這上面多作討論，現在只就賈先生拈出的其他一些問題來談。

《論曹植》裏引了曹植《與吳季重（質）書》這些話：

> 願舉太山以爲肉，傾東海以爲酒，伐雲夢之竹以爲笛，斬泗濱之梓以爲筝；食若填巨壑，飲若灌漏卮；其樂難量，豈非大丈夫之樂哉？

這目的無非想説明曹植的確"爲人十分誇大"，好酒任性，乃是他"驕縱"的"性情"表現的一面。所以説：

>　　這樣狂誕饕餮①的誇張，不僅是毫無美感，簡直是大殺風景。這不是他"任性而……飲酒不節"的自畫的供狀嗎？

賈先生對這段話很有意見，但似沒有注意到郭先生主要論點是在說明什麼，而他乃專從文章的技巧方面立論，說：

>　　這幾句，我們認為正是偉大詩人豪放的天才誇張。在這裏詩人給了我們無限磅礴的文學感覺。這樣手法的影響很大，我國中世紀時無數的天才詩人就都是接受了曹植的這種影響而又轉過來影響後人的。像我國詩壇上的明星——李白在他的詩中就會寫過像"白髮三千丈""黃河之水天上來""朝如青絲暮如雪"等一類豪放的幻想的詩句，這些詩句和曹植這種影響之間的關係是十分明白的。曹植寫出了這些語句，我們認為這正表現了他的想象力的豐富。在這裏他通過了天才的想象力，運用了誇大的手法，正是更突出地表現了他的高超的意境。……我們認為像這樣"天馬行空"的語句，一點也不"殺風景"。

這樣講，我覺得還是可以商榷。我們且不論中世紀許多天才詩人如李白輩豪放、幻想的詩篇，是不是真的由於接受了曹植"這幾句"的影響，才成功了他們那樣的表現手法。就承認賈先生對於曹植"這幾句"歌頌為什麼"天才誇張""天才的想象力""高超的意境""天馬行空"，如是等等，都對。但他的如此這般的表現，總還會有一個本質。賈先生如果願意揭露它的本質，可以說，不正是他"任性而……飲酒不節"的自畫的供狀嗎？說他"大殺風景"也就是把握住這個本質，更聯繫着當時的社會情況而給予評判的，所以郭先生說：

>　　我們還應該想想，他所處的究竟是什麼時代。豈不是兵禍連年，瘟疫猖獗，千里蕭條，人民塗炭的時候嗎？雖然只是想像，而他公然竟能有這樣的誇大的想像：這位"三河少年"真是豪哉華哉了！

這也不是郭先生獨有的認識，我們可以看吳質回答曹植的信是怎樣講的：

>　　若追前宴，謂之未究；傾海為酒，並山為肴，伐竹雲夢，斬梓泗濱，然後竭雅意、盡歡情。信公子之壯觀，非鄙人之庶幾也！

這豈不是已有微辭？下文還說：

---

① 編按，"饕"原作"餐"，今據文意改。

若質之志……耳嘈嘈於無聞，情踴躍於鞍馬，謂可北躡肅慎，使貢其楛矢，南震百越，使獻其白雉；又況權、備（即孫權、劉備），夫何足視乎！

這又得非諷喻曹植：天下正戎馬事多，不應該是"公子"豪哉華哉盡情享樂的時候嗎？賈先生引到法捷耶夫說"進步的浪漫主義原則跟現實主義之結合，這是證明一個藝術家有崇高的理想"。這個理論原則確很好。但認爲曹植《與吳季重書》的那段話，就是"浪漫主義和現實主義""結合起來"的"作品"。由我們上面論證所指出的時代背景的現實性看來，恐怕"浪漫主義與現實主義的結合"，還不能就是"公子不及世事，但美遨游"（謝靈運《擬魏太子鄴中集詩序》）的注腳吧！

其次，《論曹植》裏引述了曹植《與楊德祖（修）書》的幾節話，指明曹植實是一個十分驕傲"自尊自大"，甚至"拒絕批評"的人，目的也不外論證出從這些表現看來"要說他能夠'以天下讓'，誰個肯信"這一點而已。

賈先生對此也有意見，也同樣似沒有注意到郭先生所以論證的是什麼回事，卻引鈔了曹植《與楊德祖書》下一段話：

> 世人著述，不能無病，僕常好人譏彈其文，有不善者，應時改正（據原文"正"應作"定"）。昔丁敬禮嘗作小文，使僕潤飾之，僕自以才不①過若人，辭不爲也。……昔尼父之辭（按原文作"文辭"，賈刪去"文"字），與人通流，至於制《春秋》，游、夏之徒不能措②一字，過此而言不病者，未之見也。

說道：

> 這一段文字，大概總不能說有什麼"驕傲""拒絕批評"的口氣吧！

這樣辯論，我更感覺稀奇。郭先生是引曹植有"驕傲""自尊自大""拒絕批評"表現的幾節話指明曹植是"驕傲""自尊自大""拒絕批評"，而賈先生卻引曹植沒有"驕傲"表現的一段話來相詰責，難道由這一段話就可證明郭先生所引的那幾節話不是曹植有"驕傲""拒絕批評"等的表現嗎？再說曹植爲什麼對於丁儀特別表示客氣，也不是沒有原因，《魏志》說：

> 植既以才見異，而丁儀、丁廙、楊修等爲之羽翼，太祖狐疑，幾爲太子者，數矣。

---

① 編按，"不"下原衍"能"字，今據曹植《與楊德祖書》刪。
② 編按，"措"原作"錯"，今據曹植《與楊德祖書》改。

原來丁儀是幫助曹植爭奪王位繼承權最出力的死黨。曹植要對他表示一點兒謙遜，不是完全可以理解的嗎？況且①《論曹植》這部分還把曹丕《論文》的一些話跟曹植作了鮮明的對比；賈先生試把丕、植論文的話比較觀看一下，其詞語氣意之所表現，可以不承認曹丕氣度倒還有些謙遜，曹植就顯得驕傲了嗎？

再次，《論曹植》裏提到建安二十四年曹仁爲關羽所圍時，曹操遣植往救，《魏志》只說："植醉不能受命，於是悔而罷之。"裴《注》卻引《魏氏春秋》云："植將行，太子飲焉，逼而醉之。王召植，植不能受命，故王怒也。"袒護曹植的人便據此對於曹丕大事聲討。郭先生認爲"《本傳》僅言醉，不言如何醉"，《魏氏春秋》說本是可以懷疑的。就假定曹植之醉是由於"太子飲焉"，但事實恐亦不能完全如《魏氏春秋》所說。郭先生這樣提出他的理由：

> 丕之飲餞逼醉，未必出於有心：因爲臨行之前要被召見，丕於事前未必知道。即使認爲有心，但植並不是婦人女子或不曉事的孩童，何至於一逼便醉？

賈先生也不同意這樣講，開口便罵郭先生在這裏是"打反頭官司，說起歪理來了"！怎樣證明郭先生是說"歪理"呢？他寫道：

> 一千多年以前的孫盛、裴松之都不知道曹丕是出於無心，而在一千年以後的郭先生……就斷定曹丕這是"未必出於有心"了。……何況《魏志》明明說他（曹丕）"矯情自飾，宮中左右並爲之說"。既然他有這樣精密的耳目，那末像曹操委命曹植解圍這樣大的事情，在事前他能不知道嗎？這件事對他們的王位繼承權問題的關係很大，曹丕知道了，設計逼而醉之，這是一定的事，決不能說他是"未必出於有心"的。

這樣，曹丕自然也就不能無罪了，所以他說：

> 現在遣將解圍，這是關係於國家安危的大計，但是曹丕爲着自己爭奪權位，卻置國家存亡於不顧，這是多大的罪惡？

這裏賈先生看來是又動了火氣。其實這個問題還可以研究。我們就先討論一下凡《魏氏春秋》所記，凡裴注所引故書，是否盡皆可信。按在孫盛作《魏氏春秋》以前，記漢魏故事的尚有劉艾《獻帝紀》，袁暐《獻帝春秋》，張璠《後漢紀》，孔衍《漢魏春

---

① 編按，"且"原無，今據文意補。

秋》、樂資《山陽公載記》、王粲《英雄記》、魚豢《魏略》、王沈《魏書》、陰澹《魏紀》、司馬彪《九州春秋》，以及不詳撰人的《獻帝起居注》《獻帝傳》《魏武故事》《曹瞞傳》等。這些書，裴松之作《三國志注》都曾引到。但對於曹丕逼醉曹植的事，只引了《魏氏春秋》，可知其他的書皆不曾載。孫盛是東晉時人，距此事發生已一百年，以前的人都不知道，他怎麼就知道？裴松之《上〈三國志注〉表》已經說了："或同說一事而辭有乖雜，或出事本異疑不能判，並皆抄內，以備異聞。"可見他並不自認為凡所採錄，即皆信史。況裴注於"孫盛製書"每糾其違失，或稱為"失實"，或目之"殆妄"。豈能說：凡裴注所引，孫盛所記，都可憑信！又陳壽是西晉初人，寫魏代歷史，已無所顧忌，他對於曹丕亦不曾偏袒，如在《陳思王傳》說："文帝御之以術，矯情自飾，宮人左右並為之說，故遂定為嗣。"可見他是秉直筆的。但對於此事卻沒有說曹丕"逼而醉之"，是在陳壽時還沒有這樣一個傳說。孫盛此條記載，顯然是可懷疑的。

至於賈先生認為"這件事對他們王位繼承權問題的關係很大"，因此論成曹丕又造了"多大的罪惡"，這也是弄錯了歷史事實。考曹丕於兩年前即建安二十二年已定立為太子了，此時還有什麼爭奪王位繼承權的問題之可言？爭奪王位繼承權的問題既不存在，要說曹丕為此乃"設計逼而醉之"，當然也就成為"莫須有"了。曹植自好飲酒，臨行總會有人餞送，或許是曹丕，也許是其他的人，他自己吃醉了，不能由餞送的人完全負責。如他過去私出司馬門，令曹操"異目視此兒矣"，就是由於他與楊修喝酒醉了幹出來的，這又怨誰？但他經此事後，並沒有取得教訓，如前引《與吳季重書》是寫在建安十九年的，還想"傾東海以為酒"。那末在這次出征前他要痛飲一番，以至醉得"不能受命"了，自是無足怪的。賈先生質問郭先生說："像曹操委命曹植解圍這樣大的事，在事前他（曹丕）能不知道嗎"？我們說，是的，會知道，連滿朝文武也都能知道，倒用不着什麼"精密的耳目"，因為這是命將出師呀！但郭先生說的是"臨行之前要被召見"，這就指的是"委命"以後的事，在曹操也是臨時偶然之舉，左右也不能預窺，如果曹丕真曾"飲焉使醉"當然亦屬無心。又賈先生以《魏志》云"宮人左右並為之說"認為是給曹丕作"耳目"，亦誤。觀下句云："故遂定為嗣"，可知所謂"為之說"者，實謂幫助曹丕說話耳。

其次，《論曹植》裏說："楊修分明是一位慣弄權術的人。"賈先生認為這又是"郭先生為着要否定曹植，就將楊修也畫出了一付兇相出來"。他據裴《注》引《典略》稱：楊修"謙恭才博"，"自魏太子以下，並爭與交好；又是時，臨菑侯植以才捷愛幸，來意投修"。說：

从这里知道，杨修原来还是一个才能既大而又"谦恭"的人呢！就是曹丕也曾"争与交好"过，曹植和他的交好，起先也还是以才意相投，那末，从什么地方我们又能看出他"惯弄权术"呢？

我很奇怪，贾先生读书为什么只看前文，不看后文，就问起"从什么地方……看出……"？裴《注》引的《典略》后一段不是明明说：

> 植后以骄纵见疏，而植故连缀修不止，修亦不敢自绝。至二十四年秋，公以修前后漏泄言教，交关诸侯，乃收杀之。修临死，谓故人曰："我固自以死之晚也！"

"交关诸侯"，又自认为早就该死，这里面不包含有许多阴谋诡计么？请再继续看裴《注》引《世语》还有这样的记载：

> 修……与丁仪兄弟皆欲以植为嗣。……修与贾逵、王凌并为主簿，而植为所友，每当就植，虑事有阙，忖度太祖意，豫作答教十余条，勅门下教出，以次答。教裁出，答已入，太祖怪其捷，推问始泄。太祖遣太子及植各出鄴城一门，密勅门不得出，以观其所为而还。……太子至门，不得出而还。修先戒植：若门不得出侯，侯受王命，可斩守者。植从之。故修遂以交构赐死。

这不是杨修"惯弄权术"的事迹吗？这些事迹，郭文中都提到了，并说他给曹植玩这种把戏，是"弄巧反拙"。贾先生这里未免太疏忽了。杨修本人就是如此，可以说是给他"画出了一付兇相出来"吗？

贾先生于此想为曹植与杨修暗通关节洗刷，还想出了把吴质拖来作陪衬，我倒觉得真的好像给吴质"也画出了一付兇相来"。他引了裴《注》引《典略》称："吴质……以才学通博，为五官将及诸侯所礼爱，质亦善处其兄弟之间"之后写道：

> 善处于一对势不两立的兄弟之间，这已明明说吴质是一个惯弄权术的人了。吴质不仅经常以诈术教文帝（见《三国志·魏志》卷二十一裴注所引），而且还是一个非常恃宠跋扈的人。黄初五年，吴质至京师，上将军曹真及一些特进以下的官员们，奉皇帝的诏命，会于质所。酒酣后，吴质蛮横无礼的恃宠辱骂了所有在座的人，并狂妄地说："曹子丹，汝非杌（贾原文如此）上肉，吴质吞尔不摇喉，咀尔不摇牙。"这些话，正是标准的市狯（原文如此）无赖的口气。太和五年夏，吴质死时被曹丕的儿子——明帝"谥曰醜侯"，也就是因为他"先以怙威肆行"的原故。虽然他的儿子上了多次书论枉，但直

到正元中才改諡爲"威侯"。這些難道還不明白嗎？楊修和吳質在這裏對比得真是再鮮明也沒有了，就是曹丕和曹植的面貌，在這兩人身上，也可以透射一些出來。

事情恐怕也不能完全作這樣解釋。"善處其兄弟之間"，就可以説是"慣弄權術"麽？賈先生稱吳質"經常以詐術教文帝（見《三國志·魏志》卷二十一裴注所引）"。我們覆查《魏志》此卷裴注，引舊書記吳質教文帝的只有《世語》一條。《世語》又是怎樣記載的呢？

> 魏王嘗出征，世子及臨菑侯植並送路側。植稱述功德，發言有章，左右屬目，王亦悅焉。世子悵然自失，吳質耳曰："王當行，流涕可也。"及辭，世子泣而拜，王及左右咸歔欷。於是皆以植辭多華而誠心不及也。

是吳質教曹丕雖然是做作，但還順契人情；而楊修教曹植斬門奪出，卻簡直是暴戾恣睢了！況楊修常陰伺操旨，給曹植豫作教答，焉知植此番送行，"稱述功德，發言有章"不也是他們預先作好了的？故"皆以植辭多華而誠心不及"，就是定評。

至於賈先生説吳質"還是一個非常恃寵跋扈的人"，甚至罵之爲"標準的市儈無賴"，我們也可查看他所舉的歷史事實，是否如彼所説？現在把裴注引的《吳質別傳》原文抄下：

> 質黃初五年朝京師，詔上將軍及特進以下皆會質所，太官給供具。酒酣，質欲盡歡，時上將軍曹真性肥，中領將軍朱鑠性瘦，質召優使説肥瘦。真負貴，恥見戲，怒謂質曰："卿欲以部曲將遇我邪？"驃騎將軍曹洪、輕車將軍王忠言："將軍必欲使上將軍服肥，即自宜爲瘦。"真愈恚，拔刀瞋言："俳敢輕脱，吾斬爾！"遂罵坐。質按劍曰："曹子丹，汝非屠機上肉，吳質吞爾不搖喉，咀爾不搖牙！何敢恃勢驕耶？"鑠因起曰："陛下使吾等來樂卿耳，乃至此耶？"質顧叱之曰："朱鑠敢壞坐！"諸將軍皆還坐。鑠性急，愈恚，還拔劍斬地。遂便罷也。

舊史原來的記載，就是如此。在酒會間，質召伶人以在座人的肥瘦作"相聲"，圖可"盡歡"，其他許多將軍自稱"有豺狼無厭之質"的曹洪都沒有感到什麼不好。而曹真竟"負貴"，認爲是侮辱，怒氣衝天地拔出刀來，要斬那些一向遭人踐踏的優伶，並"辱罵了所有在座的人"（賈先生説是吳質，想來是讀錯了），這是多末的橫霸！我們還應知道曹真與曹丕有着什麼關係，當時又處着什麼地位，按今存《曹真殘碑》云："矢石閒豫，侍坐公子，將和同生，使少長有序。"楊樹達先生釋云："陳思王與文帝互爭繼嗣……當時臣下分黨擁戴……碑文謂'將和同生'者，謂欲使其兄弟和協。文帝爲兄而陳思乃其弟，真乃黨於文帝者，故云'令少長有序'。然則名爲和協，實則有所偏袒也。此事爲真傳所不載。然文帝即位後，真特見寵擢封侯。碑文所言，正可說明其故。"這裏揭發了一個前人所未知道的秘密。原來曹真是幫助曹丕定立爲太子使曹植不能奪嫡的人。他既有定立曹丕之功，一方面又是皇親，所以這時官做到了"上軍大將軍、都督中外諸軍事、假節鉞"（《魏志》卷九），皇帝之外，權位莫與比大的，也是沒有敢碰他一下的。吳質雖以"才學通博"爲曹丕所"禮愛"，也曾幫助曹丕出過主意，但王位繼承權的決定，他是沒有也決不能起決定作用的，哪能與曹真比隆！所以曹丕寢疾時，還遺詔曹真與陳群、司馬懿輔佐明帝，而吳質卻得不到這樣的倚重。但在這裏，以一個"始爲單家"出身、世世代代都沒有顯貴地位的吳質，竟敢於"戲"一下那勢可薰天、手裏持有"節鉞"、隨時可以殺人的皇親"上軍大將軍"！到了皇親"上軍大將軍"負貴使氣，拔出刀子快要殺人，四坐都爲之怵愕時，一介吳質又居然敢於"按劍"，以那無比氣魄的話呵斥了他，並大喝道："曹子丹，何敢恃勢驕耶！"才使這位皇親"上軍大將軍"折了氣，這是何等的剛勇無畏？賈先生把吳質這些表現，卻認爲是"恃寵跋扈""蠻橫無理""標準的市儈無賴"！這樣判斷是值得考慮的。

再論吳質死後何以"諡曰醜侯"？應當說，還是曹真報復宿怨的結果。吳質卒於太和四年夏（見裴注引《質別傳》），賈先生說爲"五年夏"，這應該是記錯了。這時曹真，以皇叔元勳的身份，官爵愈高，權勢越大，《魏志》稱"增邑並前二千九百戶"，"賜劍履上殿，入朝不趨"。你看他隆尊至寵到了什麼程度！那末，他對於一個原來就不能與他比貴的仇人，給予一個正針對着前怨的什麼"先以怙威肆行"的惡諡，來"枉"一下已死人，作爲最後的報復，這不是"理有必然，勢有必至"的嗎？曹真死後，他的兒子曹爽又"嗣"了他的"爵"，在明帝死前，也拜了"大將軍，假節鉞，都督中外諸軍事，錄尚書事"，同曹真一樣，又受遺詔輔少主。所以吳質的兒子吳應對於"醜侯"之諡屢次上書"論枉"，都不能得到更正。一直到司馬氏奪取政柄，消滅了曹爽集團，"至正元中"才得"改諡威侯"。"威"又是表示什麼樣的行節呢？《諡法》說："猛以剛果曰威，猛以彊果曰威，彊義執正曰威。"這個經過更正的諡，不能說不是也特別有取其在酒會間喝斥曹真那一回事。這就是歷史作出的最後定論。然則吳質究竟是怎樣一個人？恐怕不能是賈先生所說的那副嘴臉吧！

再討論一下關於《七步詩》的問題。

郭先生認爲"這詩的真實性實在比較少"，"恐怕傅會的成分要佔多數"。他從兩方面來考察，一方面是："曹丕如果要殺曹植，何必以逼他做詩爲藉口？子建才捷，他又不是不知道。而且果真要殺的話，詩做成了也依然可以殺，何至於僅僅受了點譏刺而便'深慚'？"另一方面他覺得"藉煮豆爲喻"也是不恰切的。因爲煮豆的並不是豆萁，燃豆萁的也不是豆萁自己，煮之燃之全都是人，豆與豆萁同是作了人的資生之具。豆何能怨豆萁？所以他說："站在豆的一方面說，固然可以感覺到豆萁的煎迫未免過火，如果站在豆萁的一方面說，又不是富於犧牲精神的嗎？"怎樣見得？他作《反七步詩》說道：

  煮豆燃豆萁，豆熟萁已灰。熟者席上珍，灰作田中肥。不爲同根生，緣何甘自毀？

這說明什麽呢？就是說明豆與萁的關係根本不能比喻曹植與曹丕的矛盾鬥爭的關係。也就是否定了這首詩是曹植所作的那個傳說。郭先生原文雖沒有講得這樣詳明，我體會應該有這一些意思。

賈先生於此卻發生了誤解，好像認爲郭先生是首先肯定了《七步詩》確是曹植作的，他乃針對此作《反七步詩》以代表曹丕、幫助曹丕反駁曹植。他說：

  真是好一個翻案能手，這一來真"極盡"了"平反之能事"了。曹丕那樣殘酷的折磨曹植，但他卻說：站在曹植這一方面說，固然曹丕太"過火"了，但是在曹丕來說，還正是富於犧牲精神呢！我們真愚笨，對郭先生這種說法，實在想不通……

  照郭先生的說法，曹丕折磨兄弟，尤其是折磨曹植，目的只是爲着想折磨自己。好像曹丕是認爲現在只有折磨曹植，或者故意枉殺了他，等將爲人們同情曹植鄙恨自己時，這樣就能成就了曹植，貶斥了自己，這是一種"謙虛"，是偉大的"犧牲精神"，要不是他們是同母兄弟，他還不肯這樣做呢！這真簡直是在開玩笑——不僅和古人開玩笑，尤其是在和廣大的讀者群衆開玩笑。

事情如果真是這樣，那當然可笑。但道理是很明白的。郭先生是首先否定了《七步詩》是曹植之作後，才再就詩中豆與萁的關係作翻案，以明其比喻之不切。如賈先生把郭先生的《反七步詩》按在曹丕身上就成了絕大笑話，即正好證明"煮豆燃豆萁"之喻絕不能是曹植所採用的，是不能表示曹植與曹丕間矛盾鬥爭的關係的。所以賈先生硬把郭先生的《反七步詩》說成是幫助曹丕"反"曹植的，以肆其譏笑，我認爲是"以詞害意"，是誤解了郭先生作詩的意趣了。

末了，我想對於賈斯榮先生的態度説幾句話。

賈先生文中好用"歪曲""武斷""抹殺""誣衊""詆毀""主觀偏見""不顧[①]事實"一類字眼和詞句，我認爲今天討論學問，是不應該持這種態度的。談學問只有道理才能説服人。就有十足的道理，也不應該出之訕笑謾罵；何況道理還在不十分肯定時。

賈先生文章第一節認爲前人所共同肯定的就不能否定，前人所共同否定的就不能肯定。這也不可以作爲原則。原則應該是看它是否合乎真理。至於對曹植文學的評價，事實上也不能説前人已有共同的肯定，如郭先生文中引述劉勰、王夫之兩人的評論，就不同於一般見解。賈先生説曹植"數千年來已有定評"，這話也過分誇大了，曹植從他生年到今天，亦止一千七百六十四年，不可能在他生前許多世紀就已有人作下定評。

賈先生在同上一節中又説研究歷史的人有歷史癖和對歷史人物有好惡，就是"主觀偏向"，"態度不正確"，也不能成爲原則。研究任何學問，至於成癖，乃是熱愛自己業務的表現，從前杜預就自稱"有《左傳》癖"，他才寫成《春秋左氏經傳集解》。歷史人物本身就有善惡是非，我們對他也就不可能沒有好惡。況且郭先生説他"好惡的標準"，"一句話歸宗：人民本位"。他倒是很有原則的。

這些問題，賈先生雖然把它作爲方法論提出來首先討論，但我感到對於曹植評價的討論本身並不顯得是很重要，我也不同意他那樣立論，所以只在這裏附帶提一下，但也必須提一下。

（原載《歷史研究》1957 年第 2 期，第 49~66 頁）

[①] 編按，"顧"原作"願"，今據上下文意改。

關於王莽殺高康的問題

周予同、湯志鈞兩先生合寫的《王莽改制與經學中的今古文學問題》（載 1961 年 5 月 16 日《光明日報》），第四節引述《漢書·儒林傳》載：

> 高相……授子康，及蘭陵毋將永。康以明《易》爲郞，永至豫章都尉。及王莽居攝，東郡太守翟誼謀舉兵誅莽，事未發，康候知東郡有兵，私語門人，門人上書言之。後數月，翟誼兵起，莽召問，對："受師高康。"莽惡之，以爲惑衆，斬康。由是《易》有高氏學。高、費（直）皆未嘗立於學官。

作者作了如下的解釋：

> 傳古文的高康，爲了翟誼曾受師而被誅夷（着重點是我加的），説明王莽對今文學家或古文學家，並不是因他傳授今文或古文而黜陟，而是主要看他的政治傾向而加以賞罰的。

這個解釋是錯誤的，沒有弄清楚《儒林傳》這裏敘述的事實。《儒林傳》的文義非常明白，是説：在王莽毒殺了漢平帝，擇漢宣帝最小的玄孫廣戚侯子嬰（時年二歲）立爲皇太子，依託周公輔成王故事"攝行皇帝之事"以後，東郡太守翟誼因起兵討伐王莽。而在這個事情還沒有爆發的幾個月以前，高康以得自他父親高相傳授的《易》學，這種《易》學原是"專説陰陽災異"的（此即作者引述《儒林傳》時所刪節了的話），因此他占知東郡地方會有兵事發生，私下告訴了他的門人。不料他的門人想討好王莽，僥幸邀功，竟把這個"東郡有兵"的預言，上書告説王莽。過了幾月，果然有"翟誼兵起"。這時王莽才傳召那個上書的門人去問：是怎樣知道的？他當即從實對答："是受之於老師高康。"王莽對此，卻很厭惡，於是以"妖言惑衆"的罪名把高康捉去斬了。

作者乃把"受師高康"的答詞説成爲"翟誼曾受師"，實在錯的太遠了！不但有乖於《儒林傳》本處的文義，而且跟其他史實也不相合。按翟誼即翟義（《漢書》殿版《考證》云："義、誼古字通用，蔡義亦或作蔡誼。"），《漢書》卷八十四有傳，爲丞相翟方進的少子。翟方進受《穀梁春秋》及《左氏傳》於尹更始，事載《儒林傳》。

又本傳云：："方進讀經博士，受《春秋》，積十餘年，經學明習，徒衆日廣，諸儒稱之。"傳後還載班彪曰："丞相方進……身爲儒宗。"《儒林傳》亦稱劉歆從翟方進受《左氏傳》。可見翟方進就是一個以經學教授的人，他的兒子讀書，自然也應該由他親自教授。又《翟義傳》云："少以父任爲郎，稍遷諸曹。年二十，出爲南陽都尉。"以後一直做官，至"爲弘農太守，遷河南太守、青州牧……徙爲東郡太守"。實無從學高康之事。本傳又記載翟義起兵事敗後，"莽盡壞義第宅，汙池之，發父方進及先祖冢在汝南者，燒其棺柩，夷滅三族，誅及種嗣，至皆同坑，以棘五毒並葬之"。指其罪爲"誖逆作亂"。假如高康曾授翟義《易》學，翟義"舉兵"高康與有關係，則王莽之殺高康固亦毋須用"惑衆"的罪名，應該還有更重的"爰書"，並與翟義一批人同"戮"①。

但王莽爲什麽要殺高康？高康不過預言而中，竟被以"惑衆"的罪名！這卻有必要作些說明。

原來王莽是最喜歡假託、造作符瑞和預言的，他之篡取劉氏皇位，就始終玩了這一套把戲。如哀帝崩，平帝九歲即位，王莽以大司馬輔政，他圖謀獨攬大權，就指使"益州，令塞外蠻夷獻白雉"，託爲"致周成白雉之端"，得"賜號曰安漢公"，"權與人主侔矣"。平帝元始五年，五月，"加九錫之命"。他進一步作篡奪的準備，又遣人"多持金幣，誘塞外羌，使獻地願內屬"。言："安漢公至仁，天下太平，五穀成熟，或禾長丈餘，或一粟三米，或不種自生。或蠶不蠶自成。甘露從天下，醴泉自地出；鳳皇來儀，神雀降集。"這年十二月就把平帝毒殺了。同時假造符命，由"前輝光謝囂奏：武功長孟通浚井，得白石，上圓下方，有丹書著石，文曰'告漢安公莽爲皇帝'。""莽使群公以白太后"，遂"居攝踐阼，如周公故事"，"服天子之冕，南面而朝群臣"，"立宣帝玄孫嬰爲皇太子，號曰孺子"。但這在名義上還是"攝皇帝""假皇帝"。居攝三年他決心要"即真"了，於是又指使"宗室廣饒侯劉京上書言：七月中，齊郡臨淄縣昌興亭長辛當，一暮數夢，曰：'吾天公使也。天公使我告亭長曰：攝皇帝當爲真。即不信我，此亭中當有新井。'亭長晨起視亭中，誠有新井"。另有梓潼人哀章迎合王莽意旨，也"作銅匱爲兩檢，署其一曰'天帝行璽金匱圖'，其一署曰'赤帝璽劉邦傳予黃帝金策書'。""書言：王莽爲真天子，皇太后如天命。"到此，王莽就"御王冠，謁太后，還坐未央宮前殿，下書曰：'予以不德，託於皇初祖考黃帝之後，皇始祖考虞帝之苗裔，而太皇太后之末屬，皇天上帝，隆顯大佑，成命統序，符契圖文，金

---

① 編按，"戮"原作"戳"，今據上下文意改。

匱策書，神明詔告，屬予以天下兆民；赤帝漢氏高皇帝之靈，承天命傳國金策之書，予甚祗畏，敢不欽受！'"而"即真天子位"，這幕喜劇就全部演成了（以上並見《漢書·王莽傳》）。

可見王莽是利用假造的預言、符瑞以爲篡取皇位的手段的。他企圖借此以證明他要當皇帝，並不是篡奪而是全出天授。正由於如此，他才決不能容許另有不利於他進行篡奪的預言。當他"居攝踐阼"才四月，就有安衆侯劉崇的"起義"，但這次起義人數很少，"攻宛不得入而敗"（《王莽傳》），王莽作"攝皇帝"的聲威並沒有受到多大的打擊。次年翟義起兵，聲勢就不同了。翟義以"丞相子，身守大郡"，與東郡都尉劉宇、嚴鄉侯劉信、信弟武平侯劉璜等結謀，趁九月講武日，部勒了車騎材官士，斬殺觀令。立劉信爲天子，馬上向長安進兵。移檄天下，言："莽鴆殺孝平皇帝，矯攝尊號；今天子已立，共行天罰。"一時"郡國皆震。比至山陽，衆十餘萬"，跟着三輔一帶廣大人民亦起來與之相應，"自茂陵以西至汧二十三縣，盜賊並發，趙明、霍鴻等自稱將軍，攻燒官寺，殺右輔都尉及斄令，劫略吏民，衆十餘萬，火見未央宮前殿"（《翟義傳》）。這支隊伍幾乎打進長安。這一下子，可動搖了王莽行篡的野心："莽惶懼不能食，晝夜抱孺子告禱郊廟，仿《大誥》作策，遣諫大夫桓譚等班於天下，諭以攝位當反政孺子之意。"（《王莽傳》，又參閱《翟義傳》）雖然歷時三個多月，這次起義還是歸於失敗。這時王莽又"自謂大得天人之助"。

在王莽看來，"天"是爲他一人服務的，如誰反對他，就是反了"天命"，必定要受到天的懲罰。他依仿《周書》作《大誥》就一再稱說："往知天命"，"天降威明，用寧帝室，遺我居攝寶龜；太皇太后以丹石之符，乃紹明天意，詔予即命，居攝踐阼，如周公故事"，"天降威遺我寶龜。固知我國有呰災，使民不安，是天反復右我漢國也。""予遭天役遺，大解難於予身，以爲孺子，不身自邺。""此乃皇天上帝所以安我帝室，俾我成就洪烈也。" "天輔誠辭。天其累我以民，予曷敢不於祖宗安人圖功所終？""今天降定於漢國，惟大艱人，翟義、劉信大逆，欲相伐於厥室，豈亦知命之不易乎？予永念曰，天惟喪翟義、劉信，若嗇夫，予曷敢不終予畝。"在翟義起兵事敗後，他"下詔"亦曰："今積惡二家（指翟義、劉信），迷惑相得，此時命當殄，天所滅也。"可怪的是，他這些鬼話、鬼把戲，史學家班彪竟也居然相信，說什麼："當莽之起，蓋乘天威，雖有賁、育，奚益於敵！"可見在那個時代，確也發生了一些迷惑人的作用。王莽既然自認爲他"居攝"是"紹明天意"，對於反對他的人與行事，就當然不能被認爲也是天的安排。而當翟義尚未起事，幾個月前高康卻已預言"東郡有兵"，這就無異於說：王莽"居攝"，並不真是"天與人助"，而亂乃必然。由此也就

283

使人懷疑"告漢安公莽爲皇帝"的"丹石之符"全都是妄,不管這個預言中與不中,對假託符命以行篡的王莽來說,實都是大不利的。何況翟義起兵鬧成了那樣大的驚風險浪。所以"莽惡之,以爲惑衆"。非把高康斬了不可。這就是王莽之殺高康的唯一原因,實用不着虛構"翟義曾受師高康"這個無可徵信的事實。

至於高相所傳的《易》學不立於學官,也不能説是由於政治傾向不合於王莽。因爲《易》學之未立於學官的,《漢書·儒林傳》明明記載同時還有費氏《易》。如果高氏《易》之未立於學官可以説是由於高康曾預言了"東郡起兵",則傳費氏《易》的人並沒有發生這一類的事情,卻也未立於學官,這將如何解釋?《儒林傳》又記載:尹更始傳《穀梁春秋》及《左氏傳》於"翟方進、胡常;常授黎陽賈護季君,哀帝時待詔爲郎,授蒼梧陳欽子佚,以《左氏》授王莽"。可見王莽與翟方進都傳尹更始的《春秋》學。但王莽並沒有因爲翟義起兵就廢《穀梁春秋》與《左氏傳》,雖然他發了翟方進冢,焚其棺柩。由此可以看出,周、湯兩先生認爲王莽以經師家的政治傾向而決定其對所傳經學的黜陟,這個論點也還可以商榷。

(原載《光明日報》1961年8月22日)

談于時和充軍伊犁的經過[1]

手示奉悉。于敏中之侄于時和發遣伊犁與范棪發遣伊犁同在一時。但兩人所犯罪案則不相同。據《國朝耆獻類征》第二十七卷錄國史館《于敏中傳》記載：

（乾隆）四十五年六月，敏中孫德裕訐堂叔時和挾制家産、擁資回籍等事。上（乾隆）命大學士英廉嚴訊查辦。並以時和先行回籍或隱佔敏中原籍資産事，詔江蘇巡撫吳壇查辦。嗣吳壇奏："時和吞佔家産屬實。請將時和發往伊犁充當苦差，其所侵銀物酌給德裕三萬餘兩，余留充金壇開河費。"允之。

此事在《清高宗實錄》第一千一百九卷至第一千一百十五卷，有更詳細的記載。

于敏中在乾隆四十四年十二月死去。于敏中有個兒子殆亦已早死。這時有孫名于德裕。但血統似有問題，由乾隆諭說："即于德裕亦本非的確敏中之孫"，即可想見。因此才引起了于時和侵奪遺産之事。于時和跟于敏中是怎樣一種關係呢？據江蘇巡撫吳壇奏稱："于時和系于敏中堂侄。其父于之駿曾與于敏中同嗣于枋爲子。受敏中教養多年，又爲捐官入仕。"可見于敏中對于時和是曾視如己子的。于敏中還有個二房太太張氏，未有子息。在于敏中死後，于時和就"串通"張氏，"抱養內侄張招官"，"改姓于氏承祧"。因"即挾制家產，不令〔于德裕〕與聞"。並於乾隆四十五年三月，"擁資回籍（另一處說"于時和回南起身前，先後裝車九輛，約有大小箱四十餘只"）。復留族侄于錫榮及家人趙喜在京，於六月初五日，自海淀進城，搶奪貢件"。到此，就爲于德裕告發了。乾隆乃下令嚴訊查辦。結果是：沒收了于時和侵吞的全部資財，以"田房衣物，計可值銀三萬餘兩"，給予于德裕，其餘"銀五萬七千餘兩，即

---

[1] 編按，此信原附於郭沫若《有關陳端生的討論二三事》一文，刊載於《光明日報》1961年10月5日，題目爲編者所加，取自於文中小標題。郭云："關於于時和充軍伊犁的經過和年代，我自己因爲事忙，沒有功夫親自去查書。在三天前我請張德鈞同志代查，他很快就滿足了我的要求。我現在把他的回信揭在下邊，以供讀者參考。"

作挑浚金壇上下漕河，及句容以西河道之用"；"將于時和發往伊犁充當苦差"。這是江蘇巡撫吳壇按照乾隆意旨上奏擬定的處分。乾隆批准定案是在是年（乾隆四十五年）七月己亥（即二十三日）。同案還有"太監蘇常捏疾告退，復敢爲于敏中之侄于時和押帶財物南歸"，"應以重枷責發遣"。"得旨：蘇常着于枷號滿日，重責六十板，再行發往伊犁給與厄魯特爲奴。"此最後查出一個人犯的定案是在乾隆四十五年九月甲午（即十九日）。范焱所犯科場案，其發生與受發往伊犁的處分則都是在這年（乾隆四十五年）的八月內。是兩個案件恰好首尾相隨。

由此，我們可以順理成章地作出合乎邏輯的結論：

（一）范秋塘即范焱，因爲據《清實錄》記載，跟于時和同一時期犯罪並被發往伊犁的，實只有范焱其人。

（二）于時和發遣伊犁是在乾隆四十五年，范秋塘既與之同時，則陳雲貞《寄外書》和《寄外詩》，自不能不在乾隆四十五年以後的十年或十一二年中。

（三）乾隆四十五年前後並找不出另有其他的范某如陳文述《西泠閨詠》《繪影閣詠》所說"以科場事爲人牽累謫戍"的史實，則陳端生的夫婿范氏自不能不是范焱，也即是范秋塘。而陳端生也不能不即是陳雲貞。

陳寅恪先生由於沒有看到記載范秋塘跟于時和同戍伊犁的史料，也就沒有查考與范焱科場案相先後有于時和一案，從而不敢斷定范焱即范秋塘。其他的人所以否認陳雲貞即陳端生，原因也正是一樣。至於于時和何時赦歸似不足以說明什麼問題，是否有記載也很難知，所以再沒有進一步去考索了。

張德鈞敬上　九月二十四日

（原載《光明日報》1961年10月5日）

梁啓超紀譚嗣同事失實辨

譚嗣同後期的學術思想發生顯著變化，在政治上"鼓吹排滿革命"，在哲學上倒向佛教唯心主義（詳拙著《譚嗣同思想述評》[①]）。他是怎樣發生了這樣的變化的？梁啓超著《譚嗣同傳》和在《清代學術概論》裏，都説這是由於譚嗣同與他（梁啓超）相交所受到的影響。而其敘述他們兩人相交的緣起是："時南海先生（康有爲）方倡彊學會於北京及上海，天下志士走集應和之。君乃自湖南溯江，下上海，游京師，將以謁先生，而先生適歸廣東，不獲見。余方在京師彊學會任記纂之役，始與君相見，語以南海講學之宗旨，則感動大喜躍，自稱淑弟子。"（《譚嗣同傳》）這裏措詞還帶含糊，不曾講明是在何年。在《飲冰室文集·詩話》裏則明白記載着："余識譚瀏陽最晚，乙未秋與瀏陽定交。"其《三十自述》亦寫道："乙未……是年始交譚復生、楊叔嶠、吳季清，鐵樵、子發父子。"乙未就是光緒二十一年，以後楊復禮著《梁啓超年譜》，陳乃乾與楊廷福先後著《譚嗣同年譜》，以及近年出版的湯志鈞《戊戌變法簡史》《戊戌變法人物傳稿》，遂都寫敘譚、梁相識是在這年。内中提到具體時間的，楊廷福説是光緒二十一年夏天，湯志鈞則説是同年七月。

由於梁啓超是那樣記述了譚嗣同與他們（康、梁）的關係，譚嗣同在今天就被許多人異口同聲地説爲：他是康、梁一派人，是改良主義者，全不顧《仁學》所提出政治主張的實質（這也與梁啓超作《仁學序》説譚是發揮康有爲教學之宗旨有關）。這樣，問題看來很小，關係實大。

事情竟有如此之怪，若無可懷疑的，乃甚可懷疑。按梁啓超與譚嗣同第一次見面後，當時曾有信給康有爲講道："敬甫之子譚服（復）生，才識明達，魄力絶倫，所見未有其比，惜佞西學太甚，伯裏璽之選也。因鐵樵相稱，來拜。公子之中，此爲最矣。"這是記載譚、梁相識最早的一個資料。他們兩人相識，原是經過吳鐵樵的介紹，則梁之識譚，必不能先於識吳。而據楊復禮著《梁啓超年譜》記載，啓超"認吳鐵

[①] 《歷史研究》1962年第3期。

樵"，是在"光緒二十二年丙申"。是則前一年尚不識吳鐵樵，自不得識譚嗣同也。但此，猶容有説，前引梁啓超《三十自述》實稱："乙未……始交……鐵樵。"亦可能是《年譜》隸事失檢，然而由此總可看出，這裏面是有問題了。

這個問題要弄清楚，只有從多方面進行考察，特別應從譚嗣同本人留下的資料進行考察，我們首先查看譚嗣同在光緒二十一年乙未的夏天和秋天（或七月）究竟有没有前往北京的事實甚至可能呢？

譚嗣同《上歐陽瓣薑師書》之二①《興算學義》，據歐陽中鵠《書〈興算學議〉後》："此書到於閏月之望。"即是於光緒二十一年閏五月十五日收到的。此書寫成時間自應前此不久。而書中講到："襄陽大水，田廬牛馬漂没殆盡，現派辦賑。省會又苦亢旱。"是寫在湖北親眼看到的水旱災情。這時他父親譚繼洵爲湖北巡撫，"現派辦賑"就是指他父親，又云："致家嚴書，呈上。……數月來不曾上牋，因盼尊駕之來。"可見在寫此書時和前此數月，他一直住在他父親的官署中。

《上歐陽瓣薑師書》之二十六，後題日期爲"六月廿六日"，由書中講到"前日俄代中國争遼旅"（《譚嗣同全集》在"日"字左邊標專名號，表示"日"爲日本，誤），是指光緒二十一年四月俄、法、德共同干涉日本彊割我遼東半島事，可知此書作於同年六月。而書中記述了"黃梅、孝感、德安、安陸等府縣被水，一片汪洋"。仍是講的湖北水災情況，此足證明譚嗣同這年六月仍在湖北。

《思緯壹壹臺短書——報貝元徵》，後題"甲午秋七月"。"甲午"乃乙未之誤。（楊廷福編《譚嗣同年譜》，不審勘內容，竟叙述在光緒二十年，殊爲粗心。）書中明白提到"於是上歐陽瓣薑師，請於本縣興創算學"。下面還跟着抄録了《興算學議》一段話。（另又有《思緯壹壹臺短書叙》特加説明："適有報歐陽瓣薑師書，足經隱括厥指；間有未盡，復於《報貝元徵書》詳焉。師以《報書》及《擬爲算學社章程》，别刊《興算學議》一卷，茲乃僅以報貝元徵者代吾《短書》。"）繼又縷述了歐陽中鵠接到信後，"以商於塗大圍師，俱蒙嘉納，遂有興算學社之舉；唐紱丞諸君復得請於學政，將縣中南臺書院改爲算學館，而劉淞芙又别聯一小社"。時貝元徵"流寓天津"，譚嗣同特告以本鄉（瀏陽）情況，可知光緒二十一年七月譚嗣同仍不曾到北京。

其《瀏陽興算記》又記："〔歐陽瓣薑〕師彙前書並刊爲《興算學議》，議徑改南臺書院爲算學館。事垂就而阻者大起。……嗣同歸（謂回到瀏陽）而謀諸唐（才常）、劉（淞芙）及塗君質初、羅君召甘諸有志之士，令禀請學院江建霞編修。……準將南

---

① 此係用三聯書店出版《譚嗣同全集》編次的號數。後同。但時間先後，頗多顛倒，亟待釐正。

臺書院永遠改爲算學館。……時正值歲試，多士雲集，批出而衆大嘩。"這是光緒二十一年八月裏的事。又可見譚嗣同這時不但未到北京，而且回到了瀏陽，致力於改南臺書院爲算學館的活動。

興創算學館事終因地方上守舊派的阻撓未得成功，時湖南、湖北大水和亢旱造成的災情十分嚴重，譚嗣同以後就奔走於賑濟（他的老師歐陽中鵠也是如此）。《上歐陽瓣薑師書》之十二說："又戶口冊幾乎不能造，則賑務從何辦起？事無有急於此者。"信後署爲"十一月廿日"。又第二十五信說："自岳州禁米之後，米價驟漲至四串八百文。……安陸一帶早已過五串。湖北之荒亦近年所未有，江夏已逃荒，何論外縣？而司道以下至今尚持不賑之說，惟家嚴一人力以賑務爲任而已。"信後署爲"乙未除夕"。可見譚嗣同在光緒二十一年直到年底，都沒有可能前往北京。他這年主要是作兩種社會活動，一是在瀏陽興算學，一是辦賑。這年既然根本不曾到北京，哪裏會有這年在北京與梁啓超相識的事情出現呢？

又據康有爲《自編年譜》記述，康有爲在光緒二十一年，是"以八月廿九日出京。……九月初二日到天津……十二到上海，十五入江寧，居二十餘日"，又到上海，乃開"〔上海彊學〕會，賃屋於張園旁"。"以十二月母壽"，才回廣東。如果譚嗣同在這年夏天或七月，確實曾有如楊廷福、湯志鈞所說"慕名往謁"康有爲之舉，時康有爲正好在北京，並未"南旋"，豈有"不獲見"之理！

其次，譚嗣同《上歐陽瓣薑師書》之二十五也曾提到了彊學會，我們可以看他是以什麼樣的態度去對待："康長素倡爲彊學會，主之者內有常熟（翁同龢），外有南皮（張之洞），名士會者千計，集款亦數萬。忽有某御史起而劾之，請嚴旨拿爲首之人。果允其嚴禁。……初立會時，沅颿、伯純、伯嚴、穰卿輩，嫌其名士太多，華而不實，別立一分會於湖南，章程久經刻出。今並見禁，會中人遽爽然欲退。嗣同於總會、分會均未與聞，己既不求入會，亦無人來邀。無論或開或禁，原與嗣同毫不相干，今見事理失平，轉思出而獨逢其禍。"此即作於"乙未除夕"的那一封信。主要是講湖南成立彊學會分會之事。不管"總會、分會"，他說他"均未與聞"，這顯然是一種旁觀態度，只是到了遭"嚴禁"，眼見那些"名士"經受不起風險，"遽爽然欲退"時，才挺身而出。思"獨逢其禍"，表現出了一種十分可敬佩的任俠精神。由此可見梁啓超作《譚嗣同傳》厚誣了死人，假使這年秋天，譚嗣同果如梁啓超說的"走集應和"康有爲所倡的彊學會而到北京，爲何到了之後，竟然沒有一點熱心，"不求入會"？而康有爲之倡彊學會，目的是"合大群"，康當時還不惜到處"挾書游說"（詳《康南海自編年譜》），兜攬士流。即使譚去時康已走了，但結識了康的高足弟子梁啓超，怎樣竟又會説出"亦無人來邀"遭受冷淡的話來？縱然在北京未參加彊學會或可解釋爲別有原因，但他既與任彊學會記纂的梁啓超結交，怎麽在湖南的彊學會分會成立，也依然"既不求入會，亦無人來邀"？而始終站在旁邊，若"未與聞"者！

其實，譚嗣同自己是有關於他與康、梁諸人發生關係之經過的記述的。既不是在光緒二十一年，也不是因爲康有爲倡彊學會特"慕名往謁"。在他的《秋雨年華之館叢脞書》稿本《治事篇·湘粵第十》裏，有一條過去未經發表的夾注寫道："嗣同昔於粵人絶未往來，初不知並世有南海其人也。偶於邸抄中見有某御史奏參之摺，與粵督昭雪之摺，始識其名若字。因宛轉覓得《新學僞經考》讀之，乃大嘆服，以爲掃除乾嘉以來愚謬之士習，厥功偉；而發明二千年幽蔀之經學，其德宏。……由是心儀其人，不能自釋。然而其微言大義，悉未有聞也。旋聞有上書之舉，而名復不同，亦不知書中作何等語。乃乙未冬間，劉淞芙歸自上海，袖出一書，云：南海貽嗣同者，並致殷勤之歡，若舊相識。嗣同大驚，南海何因知有嗣同？即欲爲一書道意，而究不知見知之由。取視其書，則《長興學記》也。雖誦反復，略識其爲學宗旨。其明年春，道上海，往訪，則歸廣東矣。後得交梁（啓超）、麥（孟華）、韓（文舉）、龍（澤厚）諸君，始備聞一切微言大義，竟與嗣同冥思者，十同八九。"①

這裏記載得很清楚，他是在乙未之明年春，即光緒二十二年春，"道上海"，才順便往訪康有爲；而其所以訪康有爲，是因爲康在年前曾託人贈送他《長興學記》。值康已回廣東（"以十二月母壽"），以後才得結交梁啓超。他根本不提康有爲倡彊學會事，足證梁啓超"走集應和"之説不合史實。

譚嗣同這次"道上海"，是爲了到北京。其"得交"梁啓超，也是到了北京之後的事。附帶談一下，楊廷福、湯志鈞兩位都説，譚嗣同於光緒二十二年春，是"隨父繼洵到北京"，並説他是先到了北京後，"復至天津"。這也是没有根據和不合事實的。譚嗣同《上歐陽瓣薑師書》有兩篇談到這次北遊的原因、動機和經過。其第二十二信説："去年底（指光緒二十一年）到鄂，意中忽忽如有所失，旋當北去，轉復悲涼。然念天下可悲者大矣，此行何足論，且安知不爲益乎？遂發宏願，願徧見世間碩德多聞之士。虛心受教，挹取彼以自鑒觀；又願多見多聞世間種種異人異事異物，以自鑒觀。作是願已，遂至於上海。……至天津……京居……在京……"這説明"北去"是由於種種失意（拙著《譚嗣同思想述評》有詳細論證），乃欲借此以廣交遊，博見聞。所以到了上海就訪康有爲（雖然不值），又"徧訪天主耶穌之教士與教書"（信内語）。

---

① 見《湖南歷史資料》1960年第1期。湯志鈞《戊戌變法人物傳稿》也曾利用了《湖南歷史資料》發表的譚嗣同未刊稿，不知何以獨未注意及此。

其行程則是上海—天津—北京，並不是首先到了北京，"復至天津"。其第二十四信說："因舍侄傳贊二月入都考蔭，江海孤行，放心不下，〔家嚴〕令嗣同伴送，此自應去者也。"這說明"北去"是趁伴送侄兒入都考蔭，並不是"隨父至北京"的。前引第二十二信又說："隨於六月十八日出京，廿九日到南京。……計北遊迄此，幾五個月。"從六月十八日逆推五月，可以證明他確實是準時同"傳贊二月入都"。按梁啓超《三十自述》云："京師之開彊學會也，上海亦踵起。京師會禁，上海會亦廢。而黃公度倡議續其餘緒，開一報館，以書見招。三月去京師，至上海。"足見這年二月，梁啓超尚在北京，故嗣同"入都"後，由吳鐵樵介紹，遂得相見。梁啓超這時與康有爲書，極稱譚嗣同的才識和魄力（見前引），他不曉得康有爲早已知道譚嗣同了。康有爲是怎樣知道譚嗣同的？嗣同自己也感覺是個謎："南海何因知有嗣同？""究不知見知之由。"按康有爲《自編年譜》記載，於光緒二十一年九月十五到南京，"居二十餘日，說張香濤開彊學會，香濤頗以自任，隔日一談，每至深夜"。很有可能，康就是在這時從張之洞的談話中得知的。譚嗣同與康、梁發生關係的真實經過情況就是如此。

或問曰：梁啓超絕不是"健忘"的人，他與譚嗣同也確實是至交，爲什麼偏要說"乙未始交譚復生"？偏要說譚嗣同是"走集應和"康有爲所倡彊學會才"遊京師"，以至說"自稱私淑弟子"？答曰：我想沒有別的原因，章炳麟《致譚獻書》說："康黨諸大賢以長素爲教皇，又目爲南海聖人。"《易·文言》曰："雲從龍，風從虎，聖人作而萬物睹。"戊戌變法既失敗，梁啓超隨康有爲東走日本，成立保皇黨。時革命派已被歷史推到主要地位上來，爲了爭奪群衆，梁啓超故欲借重譚嗣同之名，使人承認康有爲確乎儼然一"教皇""聖人"，以爲保皇黨張目，以廣招徠，乃故弄狡獪而不惜違反史實。章士釗於光緒二十九年以"黃中黃"的筆名著《沈藎》一文，論："藎者，非憲政黨，乃革命黨也。……人以其夙與康、梁相結識，而乃一其派於保皇。"又說："在僞黨則假昌而攘爲功。"此亦其例也。《沈藎》一文又論："譚嗣同者，實首發議抉湘人（原注：按指曾國藩輩）負天下之大罪，思及其剿滅同種以媚胡族也，則日夕痛之（見《仁學》）。則嗣同之元素爲如何？當爲天下人之所認定。戊戌之變，蹊迹不脫於保皇，而以嗣同天縱之才，豈能爲愛新覺羅之所買？志不能逮，而空送頭顱，有識者莫不慨之。唐才常與嗣同爲刎頸交，漢上之風雲皆湖湘子弟之所鼓造，藎者亦當年之健將也。……以湖南民族之歷史睹之，則爲藎者，自當遠紹曾靜、張熙之遺風，中洗曾國藩、左宗棠之奇恥，終成譚嗣同、唐才常之隱志。"亦以譚嗣同著《仁學》明白"鼓吹排滿革命"，證明了其志尚實本不同於康、梁，乃革命黨之前驅。而梁啓超別有用心地以死無對證，發此違反史實之言，幸譚嗣同自述其與康、梁發生關係的文稿尚保存下來，足以發覆。又按光緒三十一年《民報》第一號登載《記戊戌庚子死事諸人紀念會中廣東某君之演説》亦已指出：梁啓超著《六君子傳》"差不多説康有爲與他們（指譚嗣同等）一氣呵成。……然而梁啓超的話是斷信不得的，他要利用人家於死後"，"説成他們都差不多是康有爲的門人，他們平日都是聽着康先生的話，他們死而不悔，就是爲着康有爲先生；有不平他們死得無辜的，就合跟着康先生去"。這個看法，現在是完全證實，無可疑了。

（原載《文史》第 1 輯，中華書局，1962 年，第 81~85 頁）

關於袁枚的生年

在本書的序中，我標出袁枚生於一七一六年，卒於一七九七年。有讀者來信，舉出北大所編《中國文學史》定袁枚生於一七一五年，問當以何者爲可靠。我請張德鈞同志幫忙查考了，當以生於一七一六年爲是。原信照錄如下。

郭沫若　一九六二年七月二日

關於袁枚的生年，據《隨園全集》卷首《故江寧縣知縣前翰林院庶吉士袁君枚傳》（下署"澄清堂稿"）記載："以嘉慶二年（1797）十一月十七日（陽曆十二月四日）卒，年八十有二。"（袁枚的孫子袁志祖撰《隨園瑣記·記世系》條同）由嘉慶二年逆推八十二年，即康熙五十五年。應如尊著《讀〈隨園詩話〉札記》序文具列爲"袁枚（1716—1797）"。在袁枚的詩文裏，頗多自著年歲，也堪印證。

如云："余七齡上學，是康熙壬寅歲（1722）也。"（《小倉山房詩集》卷二十八）"余以丁未年（1727）入泮。"（同上，卷三十二，《重遊泮宮》詩序）"余入泮宮，年才十二。"（同上，卷三十七，《擬重赴鹿鳴瓊林兩宴》詩自注）"余年十四……赴己酉（1729）科試。"（同上，卷三十二，《答碧梧夫人》詩序）"雍正壬子（1732）興氓歲，我年十七君古稀。"（同上，卷六，《贈朱端士先生》）"記前癸丑（1733），枚年十八。"（《小倉山房尺牘》卷九，《答梁構亭制府》）"雍正癸丑（1733），余年十八。"（《小倉山房文集》卷三十五）"歲在丙辰（1736），余春秋二十有一。"（同上，卷一，《長沙吊賈誼賦》）"丙辰（1736）冬月，余年二十一歲。"（《隨園詩話·補遺》卷七）"乾隆辛未（1751），余才三十六歲。"（《隨園詩話》卷三）又戊寅（1758）稱"余春秋四十有三"（《小倉山房詩集》卷十四，此爲一個詩題的第一句）。己卯（1759）稱"今生四十四年矣"（同上，卷十五，《諸知己》詩序）。乙酉（1765）稱"三月歸未得，五旬忽在躬"（同上，卷十九，《五十生日舟中作》）。乙未（1775）稱"六十年華轉眼更"（同上，卷二十四，《六十》）。甲辰（1784）稱"昔人年七十，懸車不赴朝；我意到明年，亦復止遊遨"（同上，卷三十，《舟中遣懷四首》）。辛亥（1791）稱"今年七〔十〕六……已屆除夕"（同上，卷三十三，《除夕告存戲作七絕句》序），以及乙卯（1795）有《八十自壽》（同上，卷三十五）。"嘉慶丁巳年（1797）閏六月十五日"作遺囑，有"我以八十二之年"的話（《全集》卷首）。如是等等，都是以康熙五十五年丙申作爲一歲而累計之的。考袁枚生辰是在陽曆三月二十四日，農曆爲三月初二日（見王友亮《祝隨園先生八十壽序》，左埔、曹龍樹等《寄祝隨園先生八十壽》詩夾注），故出生之年，亦可當作實歲。

　　北京大學中文系集體編著的《中國文學史》修訂本第四册，卻說袁枚生年是"1715"者，大概是認爲應滿周歲才可作爲一歲計，所以定早一年。但這與事實不能相合。在袁枚的詩文裏，是有以滿周歲才作爲一歲的。如《行役雜詠》的《序》說："乾隆元年（1736），余才弱冠。"（《小倉山房詩集補遺》卷二）弱冠即謂二十歲。而在前引資料則說："歲在丙辰，余春秋二十有一。""丙辰冬月，余二十一歲。"丙辰也就是乾隆元年。可知這裏稱"弱冠"，正是以滿周歲計。在某些祝袁枚八十壽的詩作裏也有相同的情況，如余旻說袁枚"二十一歲召試博學宏詞於保和殿"。朱鈴卻說"公年二十，應鴻博科"（見《隨園八十壽言》卷四和卷五）。後者也是以滿周歲計。如果生年定於1715，就絕不可以說"乾隆元年余才弱冠"了。應鴻博科，一稱"二十一歲"，一稱"年二十"，也絕不會並爲袁枚認可了。

　　尚有一個最可靠的旁證。王鳴盛《祝隨園先生八十壽序》說："今轉眼戊年（當嘉慶三年，公元1798年），抱經八十二，先生八十三。"（同上，卷一）抱經是盧文弨的號。按盧文弨生於康熙五十六年丁酉（1717）（參考柳詒徵《盧抱經年譜》）。袁枚既長盧文弨一歲，他自應生於康熙五十五年（1716），決不可能是康熙五十四年（1715）。

（原載《郭沫若全集》文學編第16卷，人民文學出版社，1989年，第401~403頁）

申論《蘭亭序》真偽

高二適先生在《光明日報》（一九六五年七月二十三日）發表的《〈蘭亭序〉的真偽駁議》，嚴北溟先生在《學術月刊》（一九六五年八月號）發表的《從東晉書法藝術的發展看〈蘭亭序〉真偽》，唐風先生在《文匯報》（一九六五年八月十九日）發表的《關於〈蘭亭序〉真偽問題》，都認爲傳世《蘭亭序》千真萬確是王羲之所書，不容"有絲毫的懷疑"。儘管提出了這樣那樣的理由，我看卻未必真能站得住足。

討論任何問題，都應當做到真正針鋒相對，把對方提出的主要論點和論據，用更正確、更充實的理論邏輯和相應事實加以駁倒。如果做不到這點，就算失敗了。其文自然也説不上有多少價值。

《蘭亭序》之偽，李文田最早揭出三點。其中最重要的一點是：帖文的"'錄其所述'之下，《世説注》〔引《臨河敘》〕多四十餘字。注家有刪節右軍文集之理，無增添右軍文集之理"。傳世《蘭亭序》果是出於王羲之手筆，怎麼竟會沒有這四十多字呢？對此不能解答，或解答得不合理，哪怕下筆億萬言，都不可能證明不是贗品。

這個十分尖鋭的最具關鍵性的問題，嚴文是完全迴避了，全部議論就等於建築在流沙之上的房屋。

高文的解釋是："此或禊飲中人寫的"，而劉孝標"給他添上"。他認爲"注家有增添前人文集之事"。但他自己承認"但此別無證據"。郭沫若同志在《〈駁議〉的商討》（《光明日報》一九六五年八月二十一日）裏已經作了有力的反駁。

唐文接着又提出了一個問題，好像相當尖鋭，不可置而不答，他説：

> 如果像李文田所説《臨河序》原文確有此一段，那末，智永"依託"時爲什麼又要將它刪去呢？這和他的"依託"又有什麼抵觸呢？

其實，這並沒有什麼難於理解。容有種種可能。一，依託者出於一時疏忽。二，有意刪掉，正如唐文自己認爲是無足輕重"有錄有不錄"一樣。三，由於它與增竄的文字無法調和。依託無論怎樣高明，總是要露出馬腳的。梅賾的《偽古文尚書》不就是很好的一個旁證嗎？

李文田指出《蘭亭序》之僞，再有一個證據，即帖文比《世說注》引《臨河敘》"自'夫人之相與'下多無數字（按多一百六十七字）"。他認爲"此必隋唐間人知晉人喜述老莊而妄增之"。

對此，嚴文仍採取迴避態度。

高文表示反對，卻只簡單地說是劉注"刪節右軍文"，再沒有拿出任何證據。

唐文繼高文之後作了申釋。瑣碎的論辯不願多作糾纏，揭取其重要者而言，他斷言"《蘭亭序》中'夫人之相與'一段的思想感情，正是羲之自己的東西"。又云：《蘭亭序》"是以散文表現任性縱情的老莊思想"。他把《蘭亭序》和《蘭亭詩》的觀點全說成是"一樣"的。甚至把謝安的"萬殊混一象，安復覺彭殤"，與《蘭亭序》的"固知一死生爲虛誕，齊彭殤爲妄作"，也認爲是"共同語言"。他自謂"多因舊說，無所創獲"。但這種"舊說"到今天應該結束了。

我完全同意郭沫若同志在《〈駁議〉的商討》和《〈蘭亭序〉與老莊思想》（《光明日報》一九六五年八月二十四日）兩文裏所指出的：帖文有"固知一死生爲虛誕，齊彭殤爲妄作"二語，明明是在反對莊子，不合於王羲之的思想。這證明了自"夫人之相與"以下一大段文字，確實是"妄增"。而增加這段話的人"是不懂得老莊思想和晉人思想的人，甚至連王羲之的思想也不曾弄通"。

王羲之是個感情過人的人，富於感情者精神痛苦亦多。當時地主階級中高級知識分子多以老莊之學作爲精神麻醉劑，故羲之特別在晚年，一方面依道教修服食，採藥石；另方面亦講習老莊玄學，以求"超曠"，排遣其某些情感上難抑之痛苦。如他在書簡中屢屢提到：

> 自喪，初不哭，不能不有時惻愴，然便非所堪。哀事損人，故最深，益知不可不豁之。

> 吾昨頻哀感，便欲不自勝。……一旦哭之，垂盡之年轉無復理，此當何益？冀小卻漸消散耳。……省卿書……所豁多也。

> 有始有卒，自古而然。雖當時不能無情痛，理有大斷，豈可以之致弊！

（以上三條見《法書要錄·右軍書記》）

所謂"豁"，就是指以老莊的哲學唯心主義理論來麻木自己的感情。下一則還明白講道：

> 知以"智之所無奈何"，不復稍憂，此誠理也。（同上）

這就是引述《莊子·達生》篇的話："達命之情者，不務知之所無奈何。"又《人間世①》云："自事其心者，哀樂不施於前，知其不可奈何而安之若命，德之至也。"郭象注："知不可奈何者命也，而安之，則無哀無樂。"又《世說新語》記載，支道林爲說《莊子·逍遙游》義，"才藻新奇，花爛映發"，羲之就"披襟解帶，留連不能已"，簡直沉醉到裏面去了。可見他對老莊玄學有着十分濃厚的興趣。他在另一個信劄裏講到自己的志願說：

常依陸賈、班嗣、楊王孫之處世，甚欲希風數子。老夫志願，盡於此也。

（同上）

這裏提到的三個人，都生在西漢時代。王羲之既很"希風"這三個人，從這三個人身上也就可看到他自己的人生觀，這三個人究竟如何呢？

《漢書》說："陸賈位止大夫，致仕諸呂，不受憂責；從容平勃之間，附會將相，以彊社稷，身名俱榮。"這說明陸賈是遵行《老子》處世哲學的人，最謹於進退。大致王羲之應付當時統治階級內部重重矛盾，即取法於此。

班嗣，《漢書》是這樣講："雖修儒學，然貴老嚴（師古曰：'嚴，莊周也。'）之術。"桓譚曾經向他借《莊子》，他因寫信與桓譚論莊子說："若夫嚴（莊）子者，絕聖棄智，修生保真，清虛淡白，歸之自然，獨師友造化，而不爲世俗所役者也。漁釣於一壑，則萬物不奸其志；棲遲於一丘，則天下不易其樂。不絓聖人之網，不嗅驕君之餌，蕩然肆志，談者不得而名焉。故可貴也。"這是一種"逸民"思想。王羲之所以稱道他，大致就在於取此以爲自己欲當"逸民"的理論標本。

楊王孫是"學黃老之學"的人。《漢書》記他："及病且終，先令其子曰：吾欲裸葬，以反吾真，必毋易吾意。"有人想阻止他，他因講了一套"死"的哲學："死者，終（《漢紀》作'衆'）生之化，而物之歸者也。歸者得至，化者得變，是物各反其真也。反真冥冥，亡形亡聲（'亡'讀'無'），乃合道情。"這實際就是《莊子》"一死生"的思想。以死爲"歸"、爲"反真"，都本於《莊子》。《齊物論》說："予惡乎知悅生之非惑耶？予惡乎知惡死之非弱喪而不知歸者耶？"此即以死爲歸之說。《大宗師》敘子桑戶死，孟子反、子琴張歌曰："嗟來桑戶乎！嗟來桑戶乎！而（爾）已反其真，而我猶爲人猗！"此即以死爲反真之說。

王羲之所獨取這三個人者，按其排列次序，顯然有意作爲代表他的人生三部曲：做官、退隱、死。從這裏，就可看出他的思想，是歸宿於《莊子》，而"一死生"之

---

① 編按，"人間世"原誤作"德充符"，今據《莊子集釋》中華書局1961年整理本改。

説又是他最後所歸心的"玄旨"了。

　　王羲之雖然沒有寫下什麼玄學論著，他在蘭亭修禊時所賦五言詩五首，卻每首都採用着《莊子》的話，對於向秀、郭象的《莊子注》，好像也讀得很熟。這裏摘取第二首、第三首各一部分，予以説明。文字是依照初唐人陸柬之（虞世南的外甥）墨迹《五言蘭亭詩》。（中晚唐人柳公權也有墨迹，只四、五言各一首，且不全。他自謂"今各裁其佳句"，"亦古人斷章之義也"。《法書要録·右軍書記》也收有此詩，但《津逮秘書》本奪誤很多。）

　　　　寥朗無厓觀，寓目理自陳。大矣造化功，萬殊莫不均。群籟雖參差，適我無非新。

　　這可以看作他的宇宙觀。《莊子·大宗師》説："偉哉造化。"又《天地》篇説："天地雖大，其化均也。"又郭象《齊物論注》説："籟，簫也。夫簫管參差，宮商異律，故音①短長高下，〔成〕萬殊之聲，聲雖萬殊，而所禀之度一也。"這些都是這詩造詞立意的來源。王羲之是認爲，造化是宇宙至一之本體。萬殊即萬物，是本體表現的個別現象。從現象觀之，固萬殊不齊；會歸本體，則渾然至一。本體是普徧存在的，無時無處不有其勢用，故既"寓目理自陳"，又"適我無非新"。這當然是主觀虛構的觀念，等於把世界萬物看成是上帝所造一樣，值不得深論。再看另一首詩：

　　　　造真探玄根，涉世若過客。前識非所期，虛室是我宅。遠想千載外，何必謝曩昔？相與無相與，形骸自脱落。

　　這可以看作他的人生觀。基本概念就是"一死生"。因爲他的宇宙觀，是虛構一個抽象的本性，爲萬物化生之原。所以在人生觀方面就認爲死是還歸本體。由於這樣，對於死就可以看成不是壞事，而是好事。遇到親屬朋友喪亡，也可以用這種觀點克服自己悲痛的情感了。故云："造真探玄根，涉世若過客。"言依據老莊的玄理，人生一世，不過如客之過宿，暫住即去。"前識非所期，虛室是我宅"，言世間鈎心鬥角都無意義（《老子》曰："前識者，道之華而愚之始。"王弼注："前識者，前人而識也。即下德之倫也。竭其聰明以爲前識，役其智力以營庶事；雖德其情，奸巧彌密；雖豐其譽，愈喪篤實。"），死才是人生的真正住宅。他是假設有個"虛室"爲死之歸處。（詞出《莊子·人間世》，云："瞻彼闋者，虛室生白。"郭注："夫視有若無，虛室者也。"）因此，要"相與無相與"，才能"形骸自脱落"，達到精神完全麻木的"一死

---

① 編按，"音"，《莊子集釋》作"有"。

生"的境地。最後這兩句,是概括《莊子·大宗師》"子桑户"節的意旨。應該看一下《莊子》的原文:"子桑户、孟子反、子琴張,三人相與友,曰:'孰能相與於無相與,相爲於無相爲……相忘以生,無所終窮。'……莫然有間,而子桑户死。未葬,孔子聞之,使子貢往待事焉。或編曲,或鼓琴,相和而歌曰:'嗟來桑户乎!嗟來桑户乎!而(爾)已反其真,而我猶爲人猗!'……子貢反以告孔子曰:'彼何人者耶?修行無有,而外其形骸,臨屍而歌,顔色不變……'孔子曰:'彼遊方之外者也……彼以生爲附贅懸疣,以死爲决疣潰癰。夫若然者,又惡知死生先後之所在?……'"可見所謂"脱落形骸"就是"外形骸"。把形骸看得没有一點價值,死生就可以無動於中而"一死生"了。他認爲子桑户等人的行爲或精神狀態,是完全可學到的,所以説:"遠想千載外,何必謝曩昔?"

毋須説,這更是一種自己欺騙自己的理論。事實上不可能辦到。從事都只能在文章上、口頭上説説講講。王羲之自己的書簡就很能説明問題,他一方面説"豁之",另方面仍絲毫按抑不住滿腔的悲酸,真像"抽刀斷水水更流"了。但王羲之有個特點,他愈悲酸就愈要求"豁之"。其《蘭亭修禊詩》末章也多少表示了這種態度:"造新不暫停,一往不再起。於今爲神奇,信宿同塵滓。誰能無此慨?散之在推理。"死生劇變,不能無所慨然,但"推理"可以"散之"(郭象《逍遥游注》:"死生無變於己……推理直前,而自然與吉會。"),他始終有這個信念。這説明他於《莊子》"一死生"的理論,是堅持不捨的。

承認了"一死生"之説,當然也就會承認"齊彭殤"。(郭象在《莊子·知北游注》就説過:"死生猶未足殊,况壽夭之間哉!")這大概是他們修禊當時共同研討的理論。所以謝安賦詩也説:"萬殊混一象,安復覺彭殤?"這把上述羲之兩詩的陳義已全都概括了。

這樣,王羲之在蘭亭修禊時的思想,集中到一點,就是《莊子》的"一死生"説。在他晚年,《莊子》在他的思想中佔有重要地位,更是無疑的。

至於《蘭亭序》增竄的文字所反映的思想,郭沫若同志已經講得很透徹。這裏只指出,作僞者公然斥:"一死生爲虛誕,齊彭殤爲妄作!"根據我前面的論證,這就不止於是一般地反對莊子,而實際是針鋒相對地反對王羲之了。再有所引古人云"死生亦大矣"一語,本取自《莊子》。《莊子》有兩處講到。一是《德充符》云:"死生亦大矣而不得與之變,雖天地復墜亦將不與之遺。"二是《田子方》云:"死生亦大矣而無變乎己,况爵禄乎?若然者,其神經乎大山而無介,入乎淵泉而不濡,處卑細而不憊,充滿天地。"很顯然,原都是講不爲死生之變所動的,也就是"一死生"的意思。

299

但作僞者不引全句，而取頭去身，偏又接上一個"豈不痛哉"，就剛好說嚮反面去了。這又可說是，歪曲《莊子》的文意來反對莊子了。我們並不否認，一個人的思想可以有矛盾。老年時可以和中年時不同，中年時可以和少年時不同，甚至今天可以和昨天不同。但是絕對不能在同一個時間內有兩種完全相反的思想出現，正如不能在同一時刻一手畫圓一手畫方一樣。王羲之平素就已公開表示，"希風""貴老莊之術"的班嗣、"學黃老之學"的楊王孫；在蘭亭修禊賦詩時，又重申志願仰學《莊子》中的子桑户、孟子反、子琴張，外形骸而忘死生。怎樣墨迹未幹，寫起序來竟會走到反面，既打謝安的耳光，又打自己的耳光？除了承認出於妄增外，哪怕有喙三尺，是一點也不能夠講通的。郭沫若同志說：妄增的人"連王羲之的思想也不曾弄通"，確信而有徵。

由此可見，唐文宣稱："《蘭亭序》中'夫人之相與'一段的思想感情，正是羲之自己的東西。"又說：《蘭亭序》"是以散文表現任性縱性的老莊思想"。實際是，既沒有弄清楚《蘭亭序》的思想，也沒有弄清楚王羲之的思想，更沒有弄清楚老莊的思想。

（原載《光明日報》1965年9月25日）

《蘭亭序》依託説的補充論辯

——與嚴北溟等先生商榷

（一）

　　《蘭亭序帖》從文獻考察也可看出是晚出的東西，論辯已經進行得相當深入了，我在這裏還想補充一些意見。

　　姜夔曾説："考梁武（帝）收右軍帖二百七十餘軸，當時唯言《黄庭》《樂毅》《告誓》，何爲不及《蘭亭》？"（《蘭亭考》卷三）郭沫若同志説他"只把問題提出，沒有窮追到底"；"《蘭亭序》是梁以後人依託的，梁武帝當然不會見到"。

　　嚴北溟先生對此作了爭辯。他説：梁武帝和陶弘景所以不提《蘭亭》，"一是由於他們的守成，還沒有特別看上《蘭亭》；一是出於辨僞工作的需要，《黄庭》等發現有破綻，所以多提出來研討，《蘭亭》可信而不疑，所以用不着提"。至於它的"來龍去脈"，儘管"傳説紛紜"，"正如不能因爲《西游記》是一部神話小説而根本懷疑玄奘到過印度一樣，那我們又有什麼理由，因某些神話式的傳説而根本懷疑《蘭亭序》和羲之的固有關係呢？"

　　事情並不是這樣。陶弘景《與梁武帝論書啓》表現得很清楚，他之提到帖名，是出於兩種要求。（一）是已經看到的墨迹，認爲是寫得好的，值得學習的。如一書説："臣今不辨，復得學習。惟願細書如《樂毅論》《太師箴》例，依仿以寫經傳。"又一書説："前《樂毅論》書乃極勁利，而非甚用意，故頗有壞字。《太師箴》《大雅吟》，用意甚至，而更成小拘束；乃是書扇、題屏風好體。"（二）是他還沒有看到的，但聽説很有名，希望能夠找到。如一書説："臣昔於馬澄處見《逸少正書目録》一卷。澄云：'右軍《勸進》《洛神賦》諸書十餘首，皆作今體。惟《急就篇》二卷，古法緊細。'近脱憶此語，當是零落已不復存。"又一書説："逸少有名之迹不過數首，《黄庭》《勸進》《像贊》《洛神》。此等不審猶得存不？"陶弘景十分留意羲之在會稽時書，他説："凡厥好迹，皆是向在會稽時永和十許年中者。"《蘭亭序》正好有"永和九年"

的字樣，並且爲唐宋人所豔稱。這樣有名的東西，不管喜不喜歡，見與未見，都不應不提。借口"守成"，是説不過去的。

　　從前段的引文，同樣可以看到，陶弘景提到帖名，也並不是出於"發現有破綻"。只是在引文的第一條，他講了自己想依仿《樂毅論》《太師箴》"以寫經傳"後，梁武帝在答書裏才説到："《樂毅論》乃微粗健，恐非真迹。《太師箴》小復方媚，筆力過嫩，書體乖異。"接着陶又順着梁武帝的意思上啓説"《樂毅論》愚心近甚疑是摹，而不敢輕言。今旨以爲非真，竊自信頗涉有悟"云云。但後有一書仍稱《樂毅論》"極勁利"。只説"有壞字"，而不説"非真"。至於《黄庭》等，在他們往來書札中，更沒有表示一點懷疑。可見嚴先生所説與事實不符。

　　韋述《集賢注記》（書成於天寶十五年）載："貞觀中搜訪王右軍真迹，出御府金帛爲購賞，由是人間古本紛然畢進。……其古本亦有是梁隋官本者，梁則滿騫、徐僧權、沈熾文、朱異，隋則江總、姚察等，署記其後。"按《法書要録·右軍書記》有很多條末尾正注有"僧權"字樣，可以驗知即是梁之官本。而所載《蘭亭序帖》尾卻不見有"僧權"署記，此亦足爲"梁武帝收右軍帖二百七十餘軸"中原無《蘭亭》之明證。後世帖本中多有一個"僧"字，有人説即是徐僧權的押縫書，郭沫若同志已經予以反駁，此不贅述。

　　人們並不懷疑玄奘到過印度。玄奘有弟子慧立、彦悰著《大慈恩寺三藏法師傳》十卷，冥詳著《大唐故三藏玄奘法師行狀》一卷，以及他的朋友道宣著《續高僧傳》和《大唐内典録》，都詳細記述了他遊歷印度的事迹。玄奘本人，他從印度回來，曾寫出了至今世界上記述印度古代史地最詳的《大唐西域記》十二卷，同時還翻譯出佛教經、律、論七十五部，總計一千三百三十五卷。這些都是千真萬確的事實。人們誰也不曾由於《西遊記》寫到唐僧而懷疑玄奘的存在，但也沒有人相信確有孫猴子和豬八戒那兩位弟子。《蘭亭序帖》，唐以前並不見於任何著録，正如《西游記》裏面的孫猴子、豬八戒一樣，我們豈能因爲承認有真的玄奘，就附帶着承認孫猴子、豬八戒也不是虛構的嗎？

（二）

　　《蘭亭序帖》出於依託，由種種論證看來，是沒法辯解的。依託者誰？郭沫若同志擬爲智永，我認爲很有可能。從漢朝以來，歷史已告訴人們一條規律：僞書出自誰手，誰就是僞書的作者。如漢成帝求《尚書》古文學，張霸因獻《百兩篇》，隋文帝求古《周易》，劉炫因獻《連山》，實際就是這兩人僞造的。東晉梅賾奏上《古文尚書》，唐朝王士元獻《亢桑子》，以後還有阮逸傳《關朗易傳》《王氏玄經》《李衛公問答》，張商英注《素書》，毛漸序《三墳》，吾邱①衍序《晉史乘》《楚檮杌》，等等，全都是僞書。歷代辨僞家在指出各書的僞迹後，都斷然判定這些人即是各書的僞造者。所以明朝胡應麟在《四部正訛》裏總説："覈僞書者，覈所出之人，思過半矣。"《蘭亭序》不論從文章上、思想内容上、文獻記載上，都已越來越清楚地被證明了，絕對不是王羲之的東西。既然它是從智永那裏初次見面的，智永就難免負有深厚的嫌疑。

但是，唐風先生在這一點上提出了不少的問題。其中，有幾個較爲重要的，試作如下的回答。

（1）唐文説：智永"對六朝人的門閥觀念，對封建宗法觀念，自必頗爲深固。古人對祖先作品，一字之微，也不輕易改動，何況這樣大段的增添呢"？

其實，歷史上，封建地主階級的代表——皇帝死了，兒子爭奪地位，竄改"遺詔"的事，從秦二世起，就層出不窮。明朝和清朝，後面的皇帝也常常修改前幾代皇帝的《實錄》。又如班彪作《史記後傳》，其子班固"以彪所續前史未詳"，乃"探撰前記，綴集所聞，以爲《漢書》"（《後漢書·班彪傳》），所"改動"者、"增添"者，又何止於幾百幾千字？智永是和尚，和尚僞造文書，更屢見不鮮。如《寶林傳》《聖胄集》《傳燈錄》等書，所載七佛偈和二十八祖偈，以及所謂梁武帝撰《達摩禪師碑》，就全都是僞造的。

再看智永先代的事。孫虔禮《書譜》（參見李嗣真《書品後》）載："羲之往都，臨行題壁，子敬密拭除之，輒書易其處，私爲不惡。羲之還見，乃嘆曰：'吾去時真大醉也！'敬乃自慚。"這不是羲之的兒子就曾開玩笑，改換了羲之的題字嗎？就説智永本人，他《題右軍〈樂毅論〉後》引"陶隱居云：'《大雅吟》《樂毅論》《太師箴》等，筆力鮮媚，紙墨精新。'"對照我們前面的引文，豈不是也大大作了修改，面目全非了嗎？

唐風先生又詰難：智永"這時他已身入空門"，"加了一段感傷的議論"，"所爲何事"？應知，一切贋品的出現，都是爲了客觀上滿足當時人的需要（愛好）；主觀上賣弄聰明，能夠把許許多多自負天生"玄鑒"的"聖君""賢相"，全都給瞞過了，即爲大樂。這就是地主階級從它的剥削生活所演化出的一種惡作劇。智永俗家在前代門第

---

① 編按，"邱"字原無，今補。

極盛，到他這時已衰落了，不得不兄弟雙雙做和尚。但出家並不是真能"遺世而獨立"的，前塵往事常要往來於心，自然不勝今昔之感（他的弟子辨才與蕭翼分韻賦詩，也有"披雲同落寞""風長旅雁哀"的感傷句子）。但他正惟其"已身入空門"，不好直率地講出來，怕被人指爲未除世慮，"禪師"的偶像就將垮台。所以只好借他人之酒杯，消自己胸中之塊壘，悄悄地把義之《臨河敘》"加了一段感傷的議論"，以方《金谷序》。但他沒有想到自己的思想感情與乃祖的思想感情成了兩刃相割，正所謂"作僞心勞日拙"。

（2）唐文説："唐太宗和他的文學侍從之臣，一旦看到僞作的《蘭亭序》帖本，難道毫不懷疑，不加辨考，遽然信以爲真嗎？歷代一些鑒賞家，僅就紙墨的成色，已能判別書畫的真僞，以唐'御府'之尊，這一點不會不加注意，而被智永瞞過。"

這不過是翻印了高二適先生的話："竊以太宗之玄鑒，歐陽信本之精摸，當時尚復有何《蘭亭》真僞之可言。""《蘭亭》而有真僞，絕不能逃唐文皇之睿賞矣。"其實，這都是把唐太宗和所謂"御府"看得太神聖了。王羲之的墨迹到唐初，已經歷過幾次浩劫（桓玄之敗一次，梁、隋的敗亡又各一次），留下的真東西已極稀少。所見不多，自然更難區分真僞。何況智永號稱王羲之七代孫，他和辨才把僞帖又故意做得那樣無比寶貴，神而秘之。自然人愈相信不疑。另一方面，唐太宗提倡書法，他自己講，原是用以"粉飾治具"的。那末，只要字寫得像樣，他看上了，不真也得被認爲真。當時有個名叫李懷琳的，"好爲僞迹"，竇臮《述書賦》說："爰有懷琳，厥迹疏壯，假他人之姓字，作自己之形狀，高風甚少，俗態尤多。"像這種人作僞，應當最容易識破了。但他"嘗書大《急就》兩本"，假稱王羲之字，有人"裝背"，"封以詣闕"，居然使得"太宗殊喜，賜縑二百匹"。跟着"懷琳乃上別本，因得待詔文林館"。後來他的僞帖，被李林甫偷出，幾經轉手，竇蒙還曾看見，上面"有貞觀印焉"。這能説不是"遽然信以爲真"嗎？所謂"唐文皇之睿賞""玄鑒"，所謂"以唐御府之尊"，如此而已！

（3）唐文又説："從流傳的智永《千字文》帖本看，與羲之書法不同。今傳《蘭亭序》雖是唐人臨摹，但與智永筆法不同，這也是極爲明顯的。"

按張懷瓘《書斷》云：智永"能兼諸體"。智永寫《千字文》是真草兩體，有意作爲範本，故字較拘謹，但與《蘭亭序》行書筆法，也無多大懸異。懷瓘《二王等書錄》又云："張翼及僧惠式效右軍，時人不能辨。近有釋智永臨寫草帖，幾欲亂真。"可見智永不是不能爲羲之書法的。古代大書家，書法皆能多樣化，不膠固於一體。如歐陽詢寫《皇甫君碑》是一種體段，寫《化度寺碑》又是一種體段。褚遂良寫《聖教序》與寫《伊陽石闕》，亦各成一種風格。

再者，寫字和作文一樣，有時寫得很好，有時老寫得不好，幾如兩人。陸厥《與沈約書》就曾講："《長門》《上林》（皆司馬相如作品），殆非一家之賦；《洛神》《池雁》（皆曹植作品），便成二體之作。""王粲《初征》，他文未能稱是；楊修敏捷，《暑賦》彌日不獻。""一人之思，遲速天懸；一家之文，工拙壤隔。"

所以鑒定古人墨迹，絕不能以比較工拙爲盡能事。何況《千字文》也好，《蘭亭序》也好，都是後人摹寫或者翻刻的，兩者都走了樣，故不能不有些距離，然而也是不同於"天懸""壤隔"的。

（三）

高二適先生的文章，從頭到尾用了很多筆墨，暢談所謂《定武蘭亭》《神龍蘭亭》，好像有所發現地説："余意自唐太宗收得《蘭亭》，即命供奉搨書人趙模、韓道政、馮承素、諸葛貞等四人，各搨數本。一時歐、虞、褚諸公，皆摸搨相尚。""惟摸搨《蘭亭》而能奪真者，當時只得歐陽詢'定武'一刻耳。"又説："褚摸《神龍本》"，"只遜《定武》一籌。"

嚴北溟先生的文章，把高文這裏所講的，也重復了一徧。

其實，這不過是拾取宋朝人晚出之浮説，再加上一些意必而已。

歐陽修最早提到定武石刻。他在《集古録》裏記載他得到四種《蘭亭帖》，"其三，得於故相王沂公家。又有別本，在定州民家。二家各自有石，較其本纖毫不異"。既沒有把它看得了不起，也沒有臆斷爲歐陽詢所臨摹。名書家蔡襄提到時，也先舉三種"模本"（"秘閣一本，蘇才翁家一本，周越一本"），説"有精神法度，餘不足觀"；然後輪到定武石刻，謂"石本惟此書至佳"（《蘭亭考》卷六）。他是但稱其在石刻裏面算是好的，也還沒有斷爲歐摹。王明清説：《定武蘭亭》在元豐以前，"世人未知貴也"（《蘭亭考》卷七）。這可道出了當時的實況。

蘇軾和黄庭堅則評價偏高。蘇軾説："世傳《蘭亭》諸本，惟定州石刻最善。"（同上，卷六）黄庭堅更贊爲"肥不剩肉，瘦不露骨"，至謂是用"棠梨版"翻刻的，於"右軍清真風流，氣韻冠映一世"，也"可想見"（同上）。這才擡高了定武本的地位，"於是士大夫爭寶之"（尤袤語）。但蘇、黄依然沒有臆斷爲歐摹。同時，黄庭堅在別處還提到，而下語仍有分寸："書家晚得定武本，蓋仿佛存古人意耳。"（同上，卷三）"晚於王公和處得石本，絕有意思。"他仍稱道蔡襄所舉三種模本，"此外無繼者"（同上，卷五）。

李之儀《跋薛氏本》才大膽想象地說："貞觀中得《蘭亭》，上命供奉搨書人趙模、韓道政、馮承素、諸葛貞等各搨數本，分賜皇太子諸王近臣。而一時能書如歐、虞、褚、陸輩人，皆臨搨相尚。故《蘭亭》刻石流傳最多。……獨定州本爲最佳。似是鐫以當時所臨本模勒。其位置近類歐陽詢，疑詢筆也。"（同上）用了一"疑"字，還多少表示只是推測。

至南宋初，何蓮記定武本出現經過，就當成真的歷史事實敘述了："唐太宗詔供奉臨《蘭亭序》，惟率更令歐陽詢所搨本奪真，勒石留之禁中"云云（《石刻鋪敘》卷下）。樓鑰從而作歌說："當時馮趙輩，臨寫賜公卿。惟此定武本，謂出歐率更。採擇獨稱善，遂以鐫瑤瓊。"（《蘭亭續考》卷一）這就是高文、嚴文之所本。

但是，儘管這樣，當時有許多人並不同意李之儀等人的臆斷。姜夔指出："世謂此本乃歐陽率更所臨，予謂不然。歐書寒峭一律，豈能如此八面變化也！"（同上）米尹仁說："定本，懷仁模。"（《蘭亭考》卷五）宋唐卿說："時褚遂良在定武，再榻於石。"（《蘭亭續考》卷一）榮芑說："傳爲智永所模。"（同上。又見《蘭亭考》卷七）鄭價說："王承規模刻。"（同上）這樣異說紛紜，並無定論，高、嚴兩位先生在今天又有什麼證據，而斷言"歐臨本爲定武石刻"呢？

把定武本書法藝術看得並不太高的人尤其多，他們都是經過與別種本子相比較而定出優劣。如曹無咎說："余舊所得《蘭亭》數本，皆不及定刻，然猶意定刻嶄削，無優游之意。此本以爲過定刻遠甚。"（《蘭亭考》卷五）李公麟說："後人但見定武石刻爲工，今遇此本方真，元乃褚河南親摹以傳，頓覺定本尚類唐臨，去此遠甚。"（同上）米芾說："王鞏見求余家印本（按指《三米蘭亭》），曰：'此湯普徹所摹，與贈王詵家摹本一同。'……錢塘關景仁收唐石本《蘭亭》，佳於定本，不及此板本也。"（同上，卷六）前面都說相去遠甚，沒有邊際，米芾在這裏則是很明顯地把定刻評爲第三等了。

南宋人蔡山父頗同意米說，並指斥："流俗不察，獨取定武本爲真，妄矣！"又謂："區區寶愛定武本者，是不知有唐刻本也。"（同上）後又有鞏豐很欣賞蔡山父的議論，稱之曰："此亦頗箴流俗之膏肓。"（同上，卷七）此外，朱希真亦稱一舊摹本（即曹無咎所見者）"妙處遠勝石本"（同上，卷五）。還有尤袤跋一舊刻本《蘭亭》也說："《蘭亭》舊刻，此本最勝。而世貴定武本，特因山谷之論爾！"（同上，卷六）

前人往往囿於成見，一人所能接近的資料也不會太多，也還有這樣一些對定武本不滿的議論。今天是什麼時代？《蘭亭帖》的真本到底誰看見過？高先生竟斷言定武本摸搨"奪真"，這是根據什麼真本看出的？

（四）

高先生又説《神龍本》即米芾題蘇耆家第二本。他認爲褚遂良摹，"下真迹一等"。查《神龍本》自明以來被認爲是馮承素摹（其實也是靠不住的）。清乾隆帝於卷首題句云："米記韓馮惜未見"，言米芾不曾見過這個摹本，是對的。證據何在？（1）此本無米跋；（2）米説"蘇耆家第二本"："'長'字其中二筆（按指兩橫畫）相近"，"'暫'字内'斤'字'足'字轉筆敗毫隨之，爲"世之摹本未嘗有"（《蘭亭考》卷六）。《神龍本》的"長""暫"兩字卻不是這樣。故宫有一本明朝陳鑒鈎摹的《褚摹蘭亭序》，後面移配有米芾的跋，其"長""暫"等字乃具有上述的特徵。又有一本乾隆《蘭亭八柱》之一的《褚摹蘭亭序》，無上述特徵，而米所説蘇耆家第二本"上有易簡子耆天聖歲跋；范文正、王堯臣參政跋云：'才翁東齋書嘗盡鑒焉。'"以及米所作的七言詩卻具在，可知米所謂"下真迹一等"者，當是此兩本之一。與《神龍本》全不相干。而所謂"真迹"，在米自指《蘭亭序》原本，與定武石刻亦無涉。（前已敍述，米置定武本於第三等。李兼也曾指出："米南宫所藏，以唐本爲優，定刻次之。"高先生既誤認米所指稱的褚摹《蘭亭》即今之《神龍本》；又把米説的"下真迹一等"，説爲"《神龍本》亦只遜《定武》一籌"，並謂"米評又有：'勾填之肖，自運之合'語。已示微意"！這種説法，直等於夢中説夢了。

其實，宋朝人種種創説，"歌詩序跋，愈出愈新"（樓鑰語），越説越像，不管説歐、説虞、説褚，全都是無稽之談。

虞世南是死於貞觀十二年，時八十一歲；歐陽詢是死於貞觀十五年，時八十五歲（並見張懷瓘《書斷》）。而唐太宗之取得《蘭亭序帖》，乃貞觀十三年以後之事。何延之《賺蘭亭記》云："貞觀中……右軍真草書帖，購募備盡，唯未得《蘭亭》。"購摹王羲之字，實在貞觀十三年。張懷瓘《二王等書錄》云："貞觀十三年，勅購求右軍書，並貴價酬之。四方妙迹，靡不畢至。勅起居郎褚遂良、校書郎王知敬等，於玄武門西、長波門外，料簡内右軍書，共相參校；令典儀王行真裝之。"《唐朝敍書錄》載武則天神功元年王方慶奏，也説："臣十代再從伯祖羲之書，先有四十餘紙，貞觀十二（當爲'三'之誤）年，太宗購求，先臣並以進訖。"又徐浩《古迹記》載：太宗"大購圖書，實（置）於內庫，鍾繇、張芝、芝弟昶、王羲之父子書四百卷，及漢魏晉宋齊梁雜迹三百卷，貞觀十三年十二月，裝成部帙，以'貞觀'字印印縫，命起居郎褚遂良排署如後。"盧元卿《法書錄》載王廙帖一卷，後有"貞觀十三年十二月十九日起居郎臣褚遂良"等署記；又載王羲之書一卷四帖，後有"貞觀十四年三月二十三日臣蔡撝裝"和"起居郎臣褚遂良"等署記。這些都清楚地說明，大購王羲之字並加以鑒別和裝潢，是始於貞觀十三年。賺取《蘭亭序帖》既在羲之書已"購募備盡"之後，斷然是貞觀十三年以後事。劉餗《隋唐嘉話》謂《蘭亭》以"武德四年入秦府"，是靠不住的。貞觀十三年，虞世南這時早已去世了。歐陽詢雖未死，也是一"行將就木"之老翁，哪能如高文所說去作什麽"精摸"？上引《古迹記》《法書錄》，具載"排署"人名，都沒有歐陽詢的名字，可知連貞觀十三年鑒別真偽的工作，他都不能做了。又張懷瓘《書斷》王紹宗條說："虞不臨寫。"竇蒙《述書賦注》說："歐陽詢書，出北齊三公郎中劉珉。"此亦足爲歐、虞不模《蘭亭》之佐證。

褚遂良活到高宗顯慶四年。《法書要錄》載褚撰《晉右軍王羲之書目》後有記云："貞觀年，河南公褚遂良，中禁西堂，臨寫之際，便錄出。"這似可說明，褚遂良臨摹過《蘭亭》。但也不可靠，這是不曉歷史者之所妄題。前引諸書皆記明褚擔任"參校"（《蘭亭考》卷五，米友仁也記一本"後有'褚遂良檢校'字"），在一起工作的還有王知敬等，怎得私自"臨寫"？其《書目》自是"參校"時所記。韋述《集賢注記》說："令魏少師、虞永興（此是誤記）、褚河南等，定其真偽……各隨多少，勒爲卷帙……其草迹，又令河南真書小字帖紙影之。"可見褚除鑒別真偽外，只是在碰到草書時，要用"真書小字"寫在另紙上助讀而已。一切都要聽皇帝的"勅令"，沒有"勅令"，是不能隨心所欲而爲之的。《述書賦》云："河南專精，克儉克勤，伏膺《告誓》，銳思綺文。"這指出褚遂良學書，最所宗仰的是《告誓》一帖。則其以《樂毅論》爲正書第一，《蘭亭序》爲行書第一，亦不過是投唐太宗之所好，他自己固無必要去"摸揚"《蘭亭》。

事實上，當時揚書是專業專職。何延之記貞觀時"供奉揚書人"爲"趙模、韓道政、馮承素、諸葛貞等"。武平一《徐氏法書記》也載：太宗"嘗令揚書人湯普徹等揚《蘭亭》，賜梁公房玄齡已下八人。……至高宗，又勅馮承素、諸葛貞揚《樂毅論》及雜帖數本，賜長孫無忌等六人"。褚遂良《揚本〈樂毅〉記》也記下："貞觀十三年四月九日，奉勅內出《樂毅論》，是王右軍真迹，令將仕郎直弘文館馮承素模寫"，以賜長孫無忌、房玄齡、魏徵等。是太宗、高宗時，揚書者皆此數人。《大唐六典》卷八"弘文館"條載："揚書手三人，貞觀二十三年置。"與褚記馮承素"直弘文館"事正相應。但"三人"恐爲"五人"之誤;"二十三年"恐爲"十三年",誤衍一"二"字。可見此爲弘文館内所設專職。故唐世最寶貴之摹本,皆謂出於此諸搨書人之手。如何延之記:"今趙模等所搨者在,一本尚直錢數萬。"張彦遠亦記其家有《馮承素蘭亭》《馮承素樂毅論》,《馮承素蘭亭》於元和十三年詔取入内(見《蘭亭考》卷三)。如果真有所謂歐、虞、褚諸人的臨摹本,自應更被珍視,何爲在宋以前兩三百年間,竟迄無稱述呢?

　　高文還宣稱:"貞觀諸臣工,又競相摸搨羲之《蘭亭》書迹。"更是自我作故。查徐浩《古迹記》載:"從〔貞觀〕十三年(羲之字帖購募備盡,置於内庫後),書更不出,外人莫見。直至大足中(按狄仁傑死於久視元年〔即聖曆三年〕七月,次年正月始改元大足,此處年代有誤),則天太后賞(謂稱讚)納言狄仁傑能書,仁傑云:'臣自幼以來,不見好本,只率愚性,何由得能?'則天乃内出二王真迹二十卷,遣五品中使,示諸宰相,看訖表謝,登時將入。"狄仁傑"祖孝緒,貞觀中尚書左丞"(《舊唐書·狄仁傑傳》),地位已不算低,而狄仁傑猶自言"自幼以來,不見好本",當時怎樣竟能"競相摸搨《蘭亭》真迹"?再看褚遂良記《樂毅論》搨本,也講必須"奉勅",才能"内出"。搨了六本賜給魏徵等人,"於是在外乃有六本"。武平一記《蘭亭》有搨本"在外傳之",亦是"湯普徹等搨《蘭亭》"時,"普徹竊搨以出"。功臣如魏徵等,都只有等待搨賜,其他臣工,又豈能隨便去"競相摸搨"?

　　顯然,那時要學《蘭亭》,也只能學趙模等人的搨本。搨本只賜予大臣,是那樣的少,地主階級中普通知識分子肯定更是不能看到的。所以《舊唐書·薛收傳》記載:"貞觀、永徽之際,虞世南、褚遂良,時人宗其書迹。"正反映了《蘭亭》等帖是被統治階級上層所壟斷。

　　唐朝人被明白提到學《蘭亭》而著名的,只有一位女書家,"翰林書人劉秦妹(嫁馬氏)"。《述書賦》說:"馬家劉氏,臨效逼斥,《安西》《蘭亭》,貌奪真迹。如宓妃遺形於巧素,再見如在之古昔。"這顯示她的藝術水平相當高。這樣,我們就不難作出斷案,宋朝人所看到的,有些還流傳到今天的好搨本和臨寫本《蘭亭》,實際就是趙模、馮承素、湯普徹這班人和劉秦妹所留下的東西。

　　爲什麼宋以來,許多地主階級高級知識分子偏要杜撰歷史事實,硬説是歐、虞、褚諸人的筆迹?甚至如《神龍本》,已經由元朝郭天錫指出"定是馮承素等所摹"(請注意這個"等"字),而清朝大官僚翁方綱仍要一口咬定説是褚遂良臨本呢?這在現在很容易理解。沒有別的,就是他們的封建思想、等級觀念在作祟啊!馮承素、趙模和劉秦妹等,都是些"搨書手""書人",顯貴們怎能看得起他們?而虞世南,官至秘書監、弘文館學士，封永興縣公；歐陽詢官至太子率更令、弘文館學士、封渤海男；褚遂良官至中書令、尚書右仆射、賜爵河南郡公。顯貴們認爲要這些高官厚爵的才值得尊敬，所以稱虞爲"虞永興"，歐爲"歐率更"，褚爲"褚河南"。奪彼與此，那是很自然的。

清乾隆朝編修《四庫全書》，把宋朝人文集（墓志）敘述婦人改嫁的事，一律弄成"從一而終"，就看前夫後夫誰的官大。前夫官大的就斫去後夫，後夫官大的就斫去前夫（只須把樓鑰《攻媿集》用《四庫》本和舊刻本對照一下，便見）。事例正同。

但是，今天的時代已經不是過去的時代了，封建制度早被推翻，封建社會僞造的歷史事實，和僞造歷史形成的傳統觀念，也必須同樣被推翻。

時代是毫不容情的，真理是毫不容情的。任何不合理的存在，不真實的東西，儘管如何根深蒂固，在科學分析方面，就如在灼熱的太陽光下面的一座冰山。我對《蘭亭序》的問題，正作如是觀。

（原載《學術月刊》1965年第11期，第63~69頁）

國家社科基金重大項目《巴蜀全書》（10@zh005）
四川省重大文化工程《巴蜀全書》（川宣〔2012〕110號）

蜀學叢刊·學術編

張德鈞文集（下）
ZHANGDEJUN WENJI

張德鈞 著　李冬梅 鄭 偉 編

四川大學出版社

科技與雜論

關於《造紙在我國的發展和起源》的問題

袁翰青先生在《科學通報》1954年12月號發表的《造紙在我國的發展和起源》一文，我認爲有些分析和論斷還値得商榷，現在寫在後面。

一　關於蔡倫以前的紙

袁先生認爲"有很多理由使我們相信"，在蔡倫以前"已經有了植物纖維造的紙了"，"由動物纖維的原料變到植物纖維……可能在西漢後期"。但我們從袁先生具體提出的理由，重行分析，並不能得出這樣的結論。

袁先生引用了四個文獻資料。（1）袁先生引用《漢書・孝成趙皇后傳》"發篋中有裹藥二枚，赫蹏書"一語，說明西漢時已有紙，這是對的。但這種紙是用什麼原料做成的卻不清楚。（2）袁先生引用許愼《說文解字》說："紙，絮一箔也。"又引服虔《通俗文》說："方絮曰紙。"從這兩個材料都只能說明蔡倫以前已有紙，而紙是絮作成的。但絮是不是植物纖維呢？我們可以查看《說文解字》講"絮"說："絮，敝緜也。"段玉裁注云："敝緜，孰（熟）緜也，是之謂絮。凡絮必絲爲之。古無今之木緜也。"可見絮是繭絲，不是木緜或其他植物纖維。（3）袁先生又引袁宏《後漢紀》載《鄧皇后傳》"諸家歲供紙墨"一條。這如果眞是和帝"永元十四年（102）"的事，也只能作爲蔡倫以前已有紙的證據，卻沒有理由解釋成這就是指的植物纖維造的紙。道理也如上述。況且《後漢紀》這條材料所繫的年代本有問題。我們看看東漢人編的《東觀漢記》的記載："太后臨朝，萬國貢獻，悉令禁絕，歲時但貢紙墨而已。"鄧太后臨朝是在和帝死了以後，就可見這個"歲供紙墨"是蔡倫獻紙以後的事。附帶指出，袁先生說，胡三省替前引《後漢紀》那段話"加注"說："俗以爲紙始於蔡倫，非也。"事實上這是胡三省在注司馬光的《資治通鑒》時引的毛晃的話。

從上面這些論證，我們可以知道，袁先生是錯把蔡倫以前已有紙的證據弄成就是已有植物纖維造紙的證據了。因此，蔡倫是第一個以植物纖維造紙的人這個傳統的説法，今天還不能就被否定。自蔡倫發明了植物纖維造紙術，在蔡倫後，紙也才有古紙今紙之分。這在文字的構造上也得到反映（見唐段公路《北户錄》崔龜圖注引王隱《晉書》），這時社會上新造"帋"字，表示是用故布舊網造的，以別於許慎、服虔説的用絲絮做的紙。

其次，我們再就袁先生以居延發現的一張沒有記明年代的古紙，成立所謂"在蔡倫之前已有植物纖維紙一説"加以研究。

袁先生由於在這張古紙掘出的地方曾有人得到過一些記有年號的漢簡，最早的是永元五年，最晚的是永元十年（98），因此認爲："如果把這張漢紙算是永元十年的遺物，那也就比公元105年（即蔡倫獻紙那一年——引者）早了七年。""因此，這張紙的發現，可以視爲蔡倫之前已有紙張的重要證據之一。"

首先我認爲，袁先生單從跟這張紙並存的東西記有年號，便據以斷定這張紙的年代，這個方法就欠嚴密。因爲有許多東西時間儘管相差多少世紀，也有可能堆積在一起。我們認爲要論證這張古紙與漢簡是否屬於同一年代，首先應當考察這些東西是何時埋入土裏的。根據考察，這78根簡其中大部分是永元五年至永元七年的兵器簿，還有別一根是永元十年正月的郵驛記錄。這些簡既是記載兵器和郵驛的，顯然不會當年登記當年就作廢物處理，一定要保留一個時期以備檢查。另一方面，發現這些東西的地方是烽燧遺址，烽燧中的東西埋進土裏只有在放棄烽燧之後。這裏我們就應該看看永元十年戍守居延的漢兵有沒有撤離的事蹟和可能。據《後漢書·西羌傳》和《虞詡傳》記載，如果居延有撤離烽燧的事實，也應當是永初四年（110）西羌等族"殘破并涼"這個時候，再早也不能早於永初元年（107）。那末這張古紙又有什麼不可能在蔡倫發明植物纖維造紙以後"才遞送到西北，再被埋進土裏"呢？

這樣，從文獻考察和實物探究，都沒有一點提供出蔡倫以前已有植物纖維紙的證據，因此袁先生的"蔡倫之前已有植物纖維紙"一説是不能就此成立的。

二 關於《東觀漢記》與《蔡倫傳》

袁先生爲了説明蔡倫不是發明植物纖維造紙的人，想從最早記載蔡倫事蹟的史書裏求得一些證據。由於在《太平御覽》裏找到了一條摘引《東觀漢記》關於蔡倫的話，於是遂據以論證范曄《後漢書》記載的失實。但這裏袁先生似乎只找到了《太平

314

御覽》因襲《初學記》等類書摘要的《東觀漢記》,而忘記查對清乾隆時從《永樂大典》輯出的比較完整的《東觀漢記》。這樣就使得這一論斷失去了正確性。

首先應該指出,《東觀漢記》,據《四庫全書總目提要》所敘,在宋朝並未如袁先生所說已經散佚,實只殘缺,自元以來始佚。而《東觀漢記》有兩個輯本,無論哪個也不是從《太平御覽》裏重抄出來的。在《東觀漢記》的兩個輯本中,以四庫輯本較好,應該作為依據。

由於《太平御覽》引的《東觀漢記》,只有"黃門蔡倫典作尚方做紙,所謂蔡侯紙也"這末兩句話,於是袁先生認為《東觀漢記》"對於蔡倫造紙提得很簡單","毫無蔡倫之前無紙的意思在內"。

在這裏,袁先生沒有注意到《太平御覽》諸類書所引用的東西不盡是原書原文,袁先生引用《太平御覽》所載《東觀漢記》的話正是因襲唐人類書摘要的文字。而四庫從《永樂大典》輯出的原文是:"……典作尚方,造意用樹皮及敝布、漁網做紙,元興元年奏上之。帝善其能。自是莫不用,天下咸稱蔡侯紙。"由此可見,《東觀漢記》原本對蔡倫造紙提得並不很簡單。以此與《後漢書·蔡倫傳》對照,文字大體相同。而記載中"造意"兩字難道不就意味着是他發明創造的嗎?

此外,歐陽詢《藝文類聚》引《董巴記》云:"東京有蔡侯紙,即倫也。故麻名麻紙,木皮名榖紙,故網紙也。"虞世南《北堂書鈔》亦引《董巴記》云:"東京有蔡生作布紙。"《北堂書鈔》又引張華《博物志》云:"桂陽人蔡倫始擣故漁網以造作紙。"在這些比較原始或接近原始的史料中,關於蔡倫造紙的記載,與《後漢書》的記載也是符合的。所以袁先生認為《後漢書》裏的《蔡倫傳》不可憑信,還是欠深考的。

三　關於在什麼時代開始用竹子造紙

袁先生認為,"在長江以南,大概從晉朝起,開始用竹子造紙"。他的根據是:(1)趙希鵠《洞天清祿集》裏有"二王真蹟,多是會稽豎紋竹紙"的記載,二王既用竹紙寫字,可見晉時"浙江人就會用竹子造紙了"。(2)西晉嵇含《南方草木狀》說:九真人取箪竹嫩者"硾浸紡績為布,謂之竹疏布"。袁先生從古書裏找到有把"紙"字誤成"布"字的,於是推想這裏的竹疏布可能就是一種紙。因此他斷定晉朝已經用竹子造紙了。

其實,袁先生此處引用的兩個材料都存在有很大的問題。首先,趙希鵠的話是不可靠的。在趙希鵠同一書中，還有"世之言紙精者可支千年。今二王纔八百餘年而片紙無存"的話。既然趙希鵠自謂，二王書字在他那時已片紙無存，又如何能看到"二王真蹟多是會稽豎紋竹紙"呢？依我們想來，他的所謂"真蹟"一定就不是真蹟。因爲二王字帖自六朝以來就有不少人製造贋品。宋朝自南渡後，歷史文物多毁於兵火，或爲金人劫去，整個北宋時代帝王秘在内府的法書名帖亦復蕩然無存。宋高宗在《翰墨志》裏就說："余自渡江，無復鍾王真蹟。"趙希鵠是南宋理宗時人，他說二王真蹟片紙無存，應該是真話。況且，我們從比趙希鵠早一百多年的董逌的《廣川書跋》和比董逌更早五六十年的米芾的書裏都看到，二王和六朝人寫字所用的紙張，凡註明紙類的，99%都說的是麻紙，從沒有人提到過竹紙。就是在宋以後，偶爾發現有二王和六朝人流傳下來的法書真蹟，也是麻紙。因此趙希鵠的這句話不能作爲晉朝已有竹紙的證據。

其次，《南方草木狀》那段話也不可作證。《南方草木狀》是否西晉人嵇含所作還有問題。這裏只討論一下"竹布"是否就可以認爲是竹紙。

據我所知，古書講到竹布的並不止於《南方草木狀》，自晉朝起，陸續有文獻記載。如《太平御覽》載《諸葛恢表》曰："天恩罔極，特賜纖絺細竹。"纖絺指的是葛布，細竹就是竹布。又載《庾翼與燕王書》曰："今致細練一端，竹練三端。"竹練也就是竹布。又載南北朝人顧微《廣州記》曰："平鄉縣有笆竹，堪作布。"又載《吳錄》曰："始興曲江縣有䉶簹竹，圍尺五寸，節相去六尺，夷人以爲布葛。"又《文選·吳都賦》注引《異物志》亦云："䉶簹生水邊，長數丈，圍一尺五六寸，一節相去六七尺，或相去一丈。廬陵界有之，始興以南又多。小桂夷人績以爲布葛。""䉶簹竹"正是《南方草木狀》所謂的"筆竹"。這在《太平御覽》引的《廣州記》就說明了："筆竹一名員當。"從這些記載，可見古代南方少數民族是有用"䉶簹竹"或"笆竹"作布的。而且歷史文獻告訴我們，到了唐朝竹布還列爲地方貢賦。如杜佑《通典》載：南康郡貢竹布20匹，始興郡貢竹子布15匹。李吉甫《元和郡縣圖志》載：黔州元和賦竹布，韶州開元貢竹布15匹，賀州開元貢竹布。此外《新唐書·地理志》等也有同樣的記載。直到清朝也還有用筆竹即䉶簹竹造布的記載。如乾隆三十五年修的《梧州府志》說："蔴竹，一說即筆竹。有花穰白穰之別。白穰篾脆，可爲紙。花穰篾韌，與白藤同功，練以爲蔴，可織，謂之竹練布。"又李調元《粤東筆記》云："《廣州志》：韶州出丹竹，亦曰筆竹，節長二尺。練以爲蔴，織之，是名竹布。故曰：南越食竹衣竹。"

從這些歷史的記載可以看出，以前確有竹布，雖然現在我們還不知道這竹布是什麼樣子和經過什麼程序作成的，也不清楚篔簹竹和笆竹是否就是真正的竹子。但我們也決不能簡單地以沒有見到過或有把"紙"字誤爲"布"字的就認爲竹布即竹紙。所以袁先生以《南方草木狀》講竹布的事當成是講竹紙，並從而推想"在第三世紀的時候，竹子造紙的技術已達到遼遠的南方"，是欠妥當的。

　　關於在什麼時候開始用竹子造紙的問題，我們認爲袁先生在文章中引蘇軾"今人以竹爲紙，亦古所無有也"的話説："這又似乎竹子造紙到第十世紀左右才通行的"這個說法才是比較可靠的。但定在十世紀左右又稍晚了。依我們考察，大約在八世紀末，當中唐時，就有竹子造紙了。因爲在歷史文獻中第一個提到竹子紙的是九世紀初人李肇。他在他所著《國史補》中有句話說："紙則有……韶之竹牋。"竹子造紙的事自然應比文獻記載更早一些，但也不致早得太遠。由於唐朝書寫一般都用麻紙、藤紙和楮紙，可以看出竹子造紙是比較晚的事；確定在八世紀末是比較合理的。

　　李肇之後約30年左右的段公路也曾講到竹紙，在他著的《北户錄》中說："羅州多棧香樹……皮堪搗爲紙。土人號爲香皮紙。……小不及桑根竹膜紙。"崔龜圖在"竹膜紙"下注道："睦州出之。"崔龜圖未詳是哪個朝代的人，但由他的姓名前署題"登仕郎前京兆府參軍"及用"睦州"地名推斷，他是晚唐或五代時人。睦州是現在的浙江建德。這是記載浙江人造竹紙的最早記載。但睦州開始用竹子造紙或比韶州要晚一些，所以北宋初人蘇易簡於《文房四譜》說："今江浙間有以嫩竹爲紙。如作密書，無人敢拆發之，蓋隨手便裂，不復粘也。"他用"今……有以……"的詞式，就表示這還是很新鮮的事。

四　關於宋朝很少有人用藤造紙

　　袁先生認爲，到了宋朝歷史上曾經有名的藤紙"已列於次要地位"，爲竹紙"代替了"，"很少有人用藤來造紙了"。他說他的根據就是在"米芾的'十紙說'裏主要指的竹紙、樹皮紙和麻紙，卻未提及藤紙"。

　　根據我們的考察，(1) 米芾"十紙說"裏雖沒有提到"藤紙"二字，但其中説的油拳就是指的藤紙。因爲從唐到宋，油拳都以出産藤紙著稱，詳見唐李吉甫《元和郡縣圖志》、宋樂史《太平寰宇記》以及南宋人編的《咸淳臨安志》。不但如此，米芾還有盛稱藤紙的話，如在《書史》裏說："台藤背書，滑無毛，天下第一，餘莫及"，等等。由此可見米芾在"十紙説"中，不但列有藤紙，而且還常用藤紙。(2) 根據《元豐九域志》《宋史·地理志》《咸淳臨安志》等關於當時州郡貢紙情況的記載，藤紙在各種紙類中實佔第一位。因此如袁先生所說，宋朝"很少有人用藤來造紙了"，爲竹紙"代替了"，是不符合事實的。

五　關於紙張的加工

袁先生引證唐段公路《北户錄》裏說到六世紀時的梁簡文帝，把紅箋二千張和四色箋三萬張送給人，以說明"染過色的紙大概在發明造紙之後不久就有了"。我們覺得這還不能很確定地說明紙張染色是在發明造紙不久之後就有了的事實。最早的文證應該是三國時人孟康注《漢書·孝成趙皇后傳》的《赫蹏書》說："蹏猶地也。染紙[①]素令赤而書之，若今黃紙也。"如果他的解釋可靠，則是當公元前一世紀還在用絲絮漂澈爲紙的時候，就知道染色了。而對於植物纖維紙的染色，則由孟康的話，是在公元三世紀時就確定地已經通行了。所以到了晉朝，使用染色紙的記載就更多了。如荀勗上《穆天子傳》，《北堂書鈔》（卷104）、《初學記》（卷21）等都記載有使用各種染色紙的事，而其時間都在梁簡文帝之前。這些材料可以作爲袁先生論斷的補充。

此外，袁先生說："唐朝把紙用黃檗來染黃了，可以防止蠹蟲的蛀蝕。"其實遠在六朝時就已經通行黃檗染紙和防蛀的方法了。如後魏賈思勰《齊民要術》就有詳細的記載。

六　關於紙與造紙術外傳的歷史

袁先生論證，在公元三世紀時中國的紙和造紙術已東傳朝鮮和日本，南傳印度支那和印度了。我認爲這個說法是值得商榷的。

（1）袁先生說："據日本的歷史記載，在公元285年，百濟國的學者王仁博士攜帶《論語》和《千字文》來到日本。這些書是抄在紙上的寫本。這可以說是目前關於紙張傳到日本的可靠考證。"

據我們的考察，日本這個歷史記載的真實性如何還值得商榷。第一，在三世紀時

[①] 編按，"紙"原作"色"，今據中華書局1964年整理本《漢書》改。

還沒有《千字文》。它是在六世紀梁武帝時才編成的。當時有兩個人編撰：一是蕭子範，一是周興嗣。事詳《梁書》二人本傳及《太平御覽》卷601、張彥遠《法書要錄》卷3。第二，按明萬曆四十五年（1617）刻朝鮮人所著《朝鮮史略》說："百濟自開國以來未有文字，近肖古王以高興爲博士，始有書記。"近肖古王即位於晉穆帝永和二年（345），在位13年，這說明百濟於四世紀五十年代才有中國的書籍和文字。同書又記："枕流王立，晉太元九年（384）始立太學，頒律令。"是百濟於四世紀末才有學校並設博士。據本書記載，百濟於法王時（約在隋仁壽中，公元602年左右）"命博士李文真始修國史"。我們由此知道，《朝鮮史略》所敘百濟國的歷史就是根據自法王以來的"國史"記載，所以它有最大的可靠性。

（2）袁先生認爲：在晉朝之前，造紙術就傳到遙遠的南方鄰邦——印度支那了。他的根據，一個是關於九真人製竹疏布的話，我們在前面已經說過。另一個是苻秦時王嘉著的《拾遺記》講到"張華……造《博物志》四百卷，奏於武帝……（賜）側理紙萬番，此南越所獻"。袁先生據此遂認爲南越在第三世紀即已能造名貴的紙張了。

其實，《拾遺記》這部書，過去的目錄學家是把它列於"小說家類"的。自唐以來，沒有人承認它裏面所敘的事蹟具有多少歷史的真實性。像這樣一部前人公認爲荒誕不經的著作，我們是不能做爲信史引用的。即如此書在說晉武帝賜張華側理紙的上文，還提到"賜麟角筆；以麟角爲筆管，此遼西國所獻"。而所謂"遼西國"，在晉時就根本沒有這樣名稱的一個國家。事實上，越南在宋朝時也還不能自己造紙。如宋趙汝适《諸蕃志》"交趾國"條說："不能造紙筆，求之省地。"季羨林先生的意見我認爲是對的。據元汪大淵《島夷志略》"交趾"條說"貨用諸色綾羅、匹帛、青布、牙梳、紙札、青銅、鐵之屬"，越南似於這時才能自己造紙。因此袁先生論斷越南於第三世紀已能造紙，根據是不足的。

（原載《科學通報》1955年10期，第85~88頁）

兩千年來我國使用香蕉莖纖維織布考述

一

《人民日報》在 1955 年 3 月 5 日刊登了一條簡訊：

> 廣州市地方國營廣東麻袋廠試用香蕉莖纖維和黃麻混合織造麻袋成功。過去，廣東省各地農民在香蕉收割後，都把大量的香蕉莖作爲廢物丟棄；今後，這些香蕉莖的纖維將被用作部分黃麻的代用品。織造麻袋的成本也可大大降低。這一先進經驗爲各地麻紡織廠推廣後，每年將爲國家創造大量財富……

這是一件值得令人喜幸的事，正如同新中國成立以來我國所出現的其他千千萬萬新鮮事物一樣令人喜幸。而在這個用香蕉莖纖維試製麻袋成功的新鮮事物上，卻還有其特殊意義。它不但從經濟意義上講，是廢物利用，能夠給國家創造大量財富，而且從政治意義來講，它更顯示出：我們的經濟已經完全脫離了過去對於帝國主義經濟的依賴性，已經日益鞏固地走向獨立，我們自己的一切工業已能在各方面各部門都有創造性的興建與發展。

但是爲什麼我們單獨從用香蕉莖纖維試製麻袋成功這件事上來講明這個大道理呢？就是因爲利用甘蔗莖纖維績織成布，這是在公元一世紀前我國南方人民就已通行了的事實，一直到十八世紀後半期清乾隆時，南方人民還作爲家族副業產品拿到市場上去售賣。自十九世紀西洋資本主義——帝國主義用機器生產的，成本既低、質量又好的洋貨洋布傾瀉到中國來以後，我們的城、鄉手工業產品與它競爭不過，漸漸地紛紛破產；特別東南地區是外國資本主義商品輸入的進口處，凡有洋貨可代替的手工業商品，首先遭到破壞；兩千年來南方人民一直利用甘蔗莖纖維織布的經濟生活，才於此後絕迹了。今天我們人民自己當家作主，在共產黨、人民政府的領導下，工程師、技術員同工人兄弟的結合，發揮了創造性的智慧與勞動，又開始能夠利用作爲廢物的香蕉莖纖維織造麻袋，豐富了我們紡織工業的內容，創造了給國家更多地增加財富的可能；同時也是恢復了已經絕迹的我們祖先曾有過的特種生產技能，今天更使之機械化，在技術上又是向前發展了一大步；這應該是我們過去南方少數民族祖先同今天我們人民共有的光榮和驕傲。《人民日報》既已把今天這個新鮮事物給我們報道了，其意義是很重大的；所以我也來配合考述一下，我們歷史上曾有過而爲帝國主義的經濟侵略才被摧毀的古代蕉布手工業。從這裏我們就可以更加感覺到我們的文化遺產是無比豐富多彩，我們的祖國是無比偉大和可愛。從而我們就可以愈加發揮我們的創造性的勞動與智慧，來建設我們的社會主義國家。

二

從哪兒知道我國南方人民在兩千年前就已通用甘蕉莖的纖維來織布呢？按後魏賈思勰著的《齊民要術》卷十里講"芭蕉"條，曾引三種古書都記載有用甘蕉莖纖維織布的事。茲完全轉抄如下：

《廣志》曰：芭蕉，一曰蕉葅，或曰甘蕉。莖如荷芋，重皮相裏，大如盂升。葉廣二尺，長一丈。子有角，子長六七寸，有帶三四寸，角著帶生，爲行列，兩兩共對，若相抱形。剝其上皮，色黃白，味似葡萄，甜而脆，亦飽人。其根大如芋魁，大一石，青色。其莖解散如絲，織以爲葛，謂之蕉葛；雖脆而好，色黃白，不如葛色。出交阯建安。

《南方異物志》曰：甘蕉，草類。望之如樹。株大者一圍餘。葉長一丈，或七八尺，廣尺餘。華大如酒杯形，色如芙蓉，著莖末，百餘子各爲房。根似芋魁，大者如車轂。每華一闔，各有六子，先後相次；子不俱生，華不俱落。此蕉有三種：一種子大如拇指，長而銳，有似羊角，名羊角蕉，味最甘好。一種大如雞卵，有似牛乳，味微減羊角蕉。一種大如藕，子長六七寸，名方蕉，少甘，味最弱。其莖如芋，取濩而煮之，則如絲，可紡績也。

《異物志》曰：芭蕉，葉大如筵席，其莖如芽，取蕉而煮之，則如絲，可紡績，女工以爲絺綌，則今交阯葛也。其內心如蒜，鵠頭生，大如合拌，因爲實房，著其心齊，一房有數十枚。其實，皮赤如火，剖之中黑；剝其皮，食其肉，如飴蜜，甚美；食之四五枚可飽，而餘滋味猶在齒牙間。一名甘蕉。

這三段引文，又見於唐歐陽詢編的《藝文類聚》第八十七卷和宋朝人編的《太平御覽》第九百七十五卷。在個別地方，文字互有異同和詳略，但不關重要。只有《南方異物志》（《藝文類聚》和《太平御覽》引作《南州異物志》）最後幾句話是講關於甘蔗莖脫膠的方法，《藝文類聚》《太平御覽》引文並有不同，值得提出。《藝文類聚》引文是：

> 取其葉，以灰練之，績以爲綵。

《太平御覽》引文是：

> 其莖如芋，取以灰練之，可以紡績。

《藝文類聚》的"葉"和"綵"兩個字，顯然是傳寫時由於形近致誤。"葉"，應作"莖"；"綵"，應作"練"，宋刻南唐徐鉉校定的《説文解字》卷一三上"糸部"説："練，布屬。"所以古人稱布又叫做練。"績以爲練"就是"績以爲布"。把這兩個錯字校改了，則《藝文類聚》和《太平御覽》引的這段話，可以説是基本上相同。就是對於香蕉莖纖維脫膠，都記載爲"以灰練之"。練就是用水來泡浸淘洗。《説文解字》同上引"糸部"説："練，湅繒也。"段玉裁注："湅繒，汏諸水中，如汏米然。"所以用灰來練甘蔗莖，就是把甘蔗莖放在攪灰的水裏浸泡。因爲灰裏面含有鹼素，很容易使纖維脫膠，在泡浸了一定的時日後，再換水搓揉淘洗，又可以去掉其他的雜質，就得到純净的纖維質。這是與《齊民要術》引爲"取蔞而煮之"的方法不同的，但也是合理的。或者《齊民要術》由於《異物志》有"取蕉而煮之"一語，因沿致誤（下面尚有"則如綵，可紡績"兩語全同《異物志》，也可證明）。歐陽詢時《南州異物志》的原書尚存，他的引語應該才是原書的文句。所以《太平御覽》也是這樣的傳錄。

但何以説明從這些記載就可證明我國南方人民在一世紀前就已經通用甘蔗莖纖維來織布了呢？這就須得對於這些記載的作者進一步去加以考證。這三種書在《隋書·經籍志》裏都有記載。第一種《廣志》見《隋書》第二十四卷云：

> 《廣志》二卷，郭義恭撰。

我們可以知道《廣志》的作者是郭義恭。但郭義恭的生平已不可考。我們只能由前述《齊民要術》的引文內有"建安"的地名，而"建安"置縣是在南朝劉宋時；又酈道元《水經注》第一卷至第三卷也引用到《廣志》，而酈道元是北魏宣武帝時人，即與梁武帝同時的人；得知郭義恭是劉宋以後梁武以前的人。則他這個記載算是比較晚出的。後兩種書——《南方（南州）異物志》和《異物志》見《隋書》第三十三卷，云：

> 《異物志》一卷，後漢議郎楊孚撰。
> 《南州異物志》一卷，吳丹陽太守萬震撰。

由此我們又知道《南州異物志》的作者名叫萬震，於三國的吳時曾爲丹陽太守，那他就是三世紀上半期的人。但其他的事蹟不可考了。而第三種書《異物志》的作者，後漢議郎楊孚，我們在其他的書裏，還可考到一些事蹟。按明朝歐大任編《百越先賢志》第二卷列有《楊孚傳》說：

> 楊孚，字孝元，南海人。章帝朝舉賢良對策，上第，拜議郎。……時南海屬交趾部，刺史夏則巡行封部，冬則還奏天府，舉刺不法。其後競事珍獻。孚乃枚舉物性靈悟，指爲異品以諷切之，著爲《南裔異物志》。

編者在傳後注云：

> 據范曄、袁宏《後漢書》，黃恭《交廣記》，《藝文類聚》，《初學記》，吳銳《三才廣記》參修。

説明這裏敘的事實，是有過去史料根據的。章帝在位是公元76年至88年，楊孚在這時爲議郎，他就是一世紀下半期的人。他本人生長在南海，《異物志》就是記錄他的鄉土的風物。在這裏面他第一個給我們報道了古代南方人民用甘蕉莖纖維作布的事。這當然只是用甘蕉莖纖維織布見於中國文獻的開始，並不是用甘蕉莖纖維織布的事實的開始。這個事實在楊孚用文字記錄以前，應該是很早就已經有的了。但我們已沒法考出織造、使用這種蕉布究竟是在什麼時候開始的，所以只能根據始見於文獻的時候籠統地説：它是在一世紀以前南方人民就已經通行的了。雖然單從文獻記載，才有兩千年的歷史；但在這時，我國南方的勞動人民，就已能夠利用作爲廢物的甘蕉莖纖維來績織爲布，這不已足夠令人驚異嗎？

按這三個記載裏，《異物志》説，甘蕉莖纖維織成的布當時稱爲"交趾葛"。《廣志》也説"出交趾建安"。東漢時交州轄區實包括今天的越南和廣西、廣東的一部分。漢獻帝時，步隲爲交州刺史就還曾把州治移到廣州（當時叫番禺）。吳孫休時以交州轄境太爲遼闊，乃分交州置廣州。《廣志》提到的"建安"是南朝劉宋所置，在廣西境內。從這些地名的記載，就可見當時出産"蕉葛"分布的地區，已徧及廣東、廣西和現在的越南；也就是差不多出産香蕉的地方，那裏的人民在古代就都能用香蕉莖纖維來織布了。又我們從《異物志》和《南州異物志》記載他們處理甘蕉莖脫膠的方法的

323

不同,一個是"取蕉而煮之",一個是"取以灰練之",也可以理解爲這是南方人民生產"蕉葛"隨着時代演進而不斷革新技術的反映吧。

三

古代南方人民用香蕉莖纖維織成的布,我們今天雖無從看見,但從古代文人一些詩文詠嘆,可以知道他們績織蕉布的工藝已很精美了。如梁蕭統(即昭明太子)編的《文選》第五卷載西晉人左思作的《吴都賦》説:

蕉葛升越,弱於羅紈。

就讚美它比名貴的羅紈還細還薄。又《藝文類聚》第八十七卷,載有梁沈約《詠甘蕉詩》説:

抽葉固盈丈,擢本信兼圍。流甘掩椰實,弱縷冠絺衣。

也讚美它比一般夏布都柔軟。這些話固然可能有些誇大,但總可反映出那時用香蕉莖纖維織成的布已是相當美觀的吧。正由於此,所以到了唐朝,統治階級就規定了出產蕉葛的地區,要"每年常貢"蕉布若干匹。如唐杜佑編的《通典》第六卷《食貨》記載:

長樂郡,貢蕉布二十四。……今福州。
建安郡,貢蕉布二十四。……今建州。
安南都護府(交趾),貢蕉布十端。
新興郡,貢……蕉布五匹。今新州。

唐李吉甫著《元和郡縣圖志》第三十四至三十八卷,也有如下的記載:

廣州,開元貢蕉布。
潮州,開元貢蕉葛布,元和貢細蕉布。
康州,開元貢蕉布。
封州,開元貢蕉布。
賀州,開元貢蕉布。
賓州,開元貢蕉布。
安南上都護府(交趾),開元貢蕉布。

又《新唐書》第四十和四十一卷也載：

> 郢州，土貢葛蕉。
> 福州，土貢蕉布。
> 建州，土貢蕉練。
> 泉州，土貢蕉葛。

到宋朝時，統治者也照樣規定某些出產蕉布地區"任土作貢"。如宋王存、李德芻、曾肇等編的《元豐九域志》第九卷記載（《宋史》第八十九卷《地理志》所記，與此同）：

> 福州長樂郡，土貢紅花蕉布三十匹。
> 泉州清源郡，土貢蕉、葛各一十匹。
> 潮州潮陽郡，土貢蕉布五匹。

又清乾隆時編的《續文獻通考》第二十八卷記宋朝"福建路每年常貢"，也列有蕉布，摘引如下：

> 福州……紅花蕉布，大中祥符、天聖、元祐間俱貢。紹興初罷。
> 泉州蕉布（永春縣出）、生苧布各二十疋……俱淳祐中貢。……蕉布、葛布共五十疋，元豐中貢。

但到元朝以後，已廢除了這項土貢。這是由於一方面蒙古民族當時注重實用，蕉布質脆又不能大量生產，是不合於他們實用的要求的。另一方面當時中國由珠江流域漸及長江中下游流域，已大大推廣了種植棉花，故他們寧多多徵取耐用的棉布，不要產量不大和質脆的蕉布。《元史》卷十五《世祖本紀》記載：至元二十六年，"置淛（浙）東、江東、江西、湖廣、福建木綿提舉司，責民歲輸木綿十萬匹，以都提舉司總之"，就說明了這一點。但中國境內雖已廢除了這項蕉布的貢賦，至於藩地屬國來朝，卻偶爾還有貢獻蕉布的。如明朝人編的《大明會典》第一〇六卷記載：

> 婆羅國，永樂四年，東王西王各遣使朝貢。
> 貢物：……白蕉布　黑蕉布……

又清朝人編的《皇朝文獻通考》第三十八卷也記載：

> 琉球國……舊貢有……蕉布……後俱免貢。

我們從上面引述的歷史上有關貢獻蕉布的記載，也可以知道自唐以來南方生產蕉布之繁盛，不但有中國的福建、廣東、廣西幾省，而且有靠近中國的今天的越南民主共和國和其他一些海島。而這些地方，乃是從古以來兄弟民族聚居的地區；則利用甘蔗莖纖維織布的創造，不待言，也就是作爲我們今天偉大民族大家庭構成份子的少數兄弟民族祖先的優美技術貢獻。這點也有文獻作證，如北宋初人樂史在《太平寰宇記》第一百六十七卷裏引唐朝賈耽、李吉甫著的《十道志》，就有這樣的記載：

  容州（今廣西境）夷多夏少，鼻飲跣足……無蠶桑，緝蕉葛以爲布……

容州一地如此，其他地方緝蕉爲布的，就可推知也是少數兄弟民族。如清朝阮元修的《廣東通志》第九十三卷引《鶴山縣志》説：

  開建地廣人稀，猺獠雜居，民多健悍，婦女蕉衫跣足。

也説鶴山縣的少數民族以蕉布爲衣，就可爲證。同時我們由《十道志》的記載又可知道古代南方人民爲什麼要用甘蔗莖纖維來織布呢，他們是爲了滿足統治者喜好新奇的私慾才創造出來的嗎？一點也不是。他們乃是爲了生活的需要，而當時地方還沒有桑樹的種植和養蠶的技術，他們長期處於缺衣少穿的困苦狀態中，在長期生產鬥爭過程中，逐漸發現了甘蔗莖爛了呈現出一絲一絲的筋，緝而用之有相當彊力，於是試拿來編織爲布，作爲夏天穿著之用。以後技術不斷改進，由粗而精，就能與中原先進民族的絲綢、絺綌競美；跟着也就爲中朝的封建統治階級所垂涎了；跟着也就規定他們"每年常貢"了。然而這確實是古代南方人民爲了生活需要才創造出來的，是不容懷疑的。所以宋朝人編的《永寧軍圖經》説："地隘民瘠，俗惟種田，服用惟蕉葛。"（見明《天下一統志》第八十五卷"南寧府"條。《寰宇通志》第一百一十卷引作"服用惟芭蕉"。）於此就可見古代南方人績織的蕉布，原是他們不可缺少的一種生活資料，在他們的經濟生活中，佔有相當重要的地位。

四

  正由於古代南方人民緝蕉爲布是以之解決他們的衣的困難的，所以自元朝以後，作爲南方的特產的蕉布，雖已不被規定爲給封建統治階級的"每年常貢"了，但不等於用香蕉莖纖維織布的民間工藝到此就已趨於衰頹。我們從許多文獻仍可看到有關蕉布的記載。如明代宗天順五年（1461）李賢、彭時、呂原等修的《天下一統志》第七十四卷至八十四卷就記載着：福建的福州府、泉州府，廣東的韶州府、南雄府、潮州府、肇慶府，廣西的慶遠府，土産都有蕉布。又明神宗時人章潢於萬曆十三年（1585）撰《圖書編》載"各畿省府縣土産"，也列舉了福建的福州府，廣東的韶州府、南雄府、潮州府、肇慶府，廣西的平樂府等，俱産蕉布。明朝有個詩人名叫徐茂，詠"芭蕉"說：

> 流甘掩中土，爲綌衣南州。（見《群芳譜》"卉部"二。《古今圖書集成》"草木典"引作者名爲徐桂，恐有誤。）

也就是根據這些事實。與章潢同一個時候的人王世懋，於萬曆十二年（1584）督學福建，著《閩部疏》，也講到當時福建的泉州、漳州等地，差不多是家家種香蕉，家家織蕉布。如說：

> 美人蕉，福州爲多，而無蕉實。泉、漳間始家樹大蕉，小曰芽蕉，皆能實。實後斫而絲之，是爲蕉布。

當時還栽植一種專門作織蕉布用的原料作物蕉，如清康熙時編的《古今圖書集成》"草木典"第一百八十五卷引"直省書志"說：

> 福州府，物産：蕉，有象牙蕉，樹高丈餘，實大。佛指蕉，樹高五六尺，實差小。美人蕉，花無實。又一種，無花實，莖可織爲布。

明天啓元年（1621）王象晉著《群芳譜》在"卉部"裏也說：

> 水蕉，白花，不結實。取其莖以灰練之，解散如絲，績以爲布，謂之蕉葛。出交趾。

至清康熙時，吳震方從其叔父吳興祚宦遊兩廣，著《嶺南雜記》，也記載廣東同樣有這種原料作物蕉，說：

> 蕉，子最多。蕉心抽一莖，叢生一二十莢，如肥皂而三稜。剖之，肉如爛瓜，味如蜜筒香瓜，名爲棒槌蕉。自夏徂冬，賣此最久。有玫瑰蕉，作玫瑰花香。又有狗芽蕉一種，小而甘，品貴於棒槌。其不實者有紅蕉，中抽一花如蓮蕊，葉葉遞開，紅赤奪目，久而不謝，名百日紅。有蕉葛，不花不實，人家沿山溪種之，老則斫置溪中，俟爛，揉其筋，織爲葛布。亦有粗細。産高要、廣利、寶查等村者佳。然一年即黑而脆，遜葛遠矣。

又雍正十年（1732）修的廣東省《惠來縣志》卷四"物産"也說：

> 布蕉，其絲可織布，其實不可食。

這種專門作織蕉布用的"蕉葛"或"水蕉""布蕉",在以前的文獻沒有提到過,應該説是一種新的品種,是南方人民歷世歷代以來生產蕉布,不斷在技術原料各方面求得改進,才用人工選擇培養出來的品種。關於這點,清乾隆時,李調元督學廣東,著《粵東筆記》,其第十四卷記述當時廣東種蕉的情況就提供了我們作這樣推測的一點根據。他説:

> 粵故芭蕉之國,土人多種以爲業。其根以蔬,實以餱糧餅餌,絲以布,其絺綌與荃葛同而柔韌遜之,名布蕉。布蕉多種山間。其土磽石多,則絲堅韌;土肥,則多實而絲脆,不堪爲布。諺曰:衣蕉宜磽,食蕉宜肥;肥宜蕉子,磽宜蕉絲。……增城之西洲,人多種蕉,種三四年即盡伐以種白蔗。白蔗得種蕉地益繁盛甜美。而白蔗種至二年,又復種蕉。蕉中間植香牙與小柑橘、芋蘋等,皆得芳好。其蕉與蔗相代而生,氣味相入,故勝於他處所產。

從這裏,就可見廣東種蕉和織蕉布的人家,這時生產經驗之豐富,他們已能分辨土壤對於蕉的不同的適合性,按照自己的要求來種植哪一種蕉。而且在方法上實行了輪種制和間種制,使香蕉與其他植物互相影響,從而改進了品種。則知我們前面引述到的專門作織布用的原料作物蕉,應當就是李調元這裏記載的"衣蕉宜磽"的這種經驗的創造。他們爲了使蕉莖纖維能夠堅韌,就長期把蕉種植在土磽石多的地裏,使它少結實以至不結實,因之改造成了新的品種。這是與米丘林、李森科改造植物的原理相合的。在同書第五卷裏還告訴我們當時廣東生產蕉布的繁盛情況,這裏也把它摘引下來:

> 蕉布,黃白相間,以蕉絲爲之,出四會者良。
>
> 蕉類不一。其可爲布者,曰蕉麻,山生或田種,以蕉身熟踏之,煮以純灰水,漂澼令干,乃績爲布。本蕉也,而曰蕉麻,以其爲用如麻。……廣人頗重蕉布,出高要、寶查、廣利等村者尤美。每當墟日,土人多負蕉身賣之。長樂亦多蕉布。所畜蠶,惟取其絲以緯蕉及葛,不爲綢也。綢則以天蠶絲烏椿葉者織之。史稱粵多果布之湊,然亦若夏布、蕉、葛、苧麻之屬耳。冬布多至自吳楚。……粵地所種吉貝(謂棉花——引者)不足以供十郡之用也。蕉布與黃麻布爲嶺外所重,常以冬布相易云。

這個記載,有兩點值得我們特別注意:一是關於生產技術方面。如我們前面引到的一些材料記載,過去對於處理蕉莖纖維脱膠的方法不外兩種:一是用水煮,一是用灰水浸泡(包括斫置溪中,俟其自爛)。而現在這裏記述的則爲"煮以純灰水",乃是前兩種方法的綜合。這種方法比前兩種方法脱膠就更容易些,時間也快一些。在李調元講到廣東出產蕉布最好的地方，也就是康熙時吳震方舉稱的高要、寶查、廣利等村。但吳震方講到他們脫膠的方法時，卻沒有提到李調元這裏所記的這個方法。可見這種能夠減少績織蕉布生產的時間量的方法，至少廣東這個地方是在康熙以後才有的。又在過去有些書中都説蕉布質脆，遠不及葛。而李調元這裏，則除了在前面引到的敘述廣東人在瘠土裏植蕉以改進蕉質外，又記當地人民當時還有用蠶絲來作蕉布的緯綫一個方法。這樣，不用説，就能夠加彊蕉布的韌性，補救它原來質脆的缺點。與我們今天織造麻袋，把香蕉莖纖維跟黄麻混合紡成緯紗，使它的拉力能達到規定的質量規格的標準，道理是相同的。既然他們這樣不斷地改進技術，則可知這時廣東的蕉布業不用説還處於蒸蒸日上之勢。二是關於經濟生活方面，這裏也清楚告訴我們，當時廣東的蕉布生產，是許多地方人民所賴以為生活的一個重要職業。他們以此作為商品在市場上出售，來增加自己家庭的收入。他們以此來與湖南、湖北、江蘇、浙江等地出產的棉布相易，以作過冬的衣服。所以從這個記載也看得出這時廣東績織蕉布的手工業十分繁榮，這對於他們經濟生活的重要性，也就是不言而喻的了。在此以後，廣西、廣東、福建幾省的地方志，直到清朝末年編修的本子，也還有很多記載蕉布的。但在後來，似乎已不作為商品生產了，只是鄉村居民織成自己穿用。如光緒末年編的《侯官鄉土志》卷八"物產瑣記"説：

閩轄蕉嶺出蕉，土人製以為布。

又同一時修的《閩縣鄉土志》卷七"物產瑣記"也説：

蕉布，本境蕉嶺出蕉，居人自製成布。

而在同書的"商務雜述"裏講到"本境自售貨"的，布類只列有"棉夏布"一種，蕉布已不在內，就可清楚看出蕉布已經不成為買賣的商品了，它正走向衰亡的道路。為什麼在乾隆時還那末樣繁榮，還有繼續向前發展之勢，到後來竟這樣衰落，以至絕迹？到今天，甚至連歷史上曾有用甘蕉莖纖維織布這個經歷了兩千年的光輝事實也很少有人知道了呢？這與十九世紀以來西洋資本主義經濟對中國的侵略，有着因果的關係。早在清嘉慶二十三年（1818）阮元等纂修《廣東通志》，在第九十七卷記載物產布類時，就特別指明説：

謹案番舶所來之布名洋布。有小者：其方盈一二尺，可為包袱及裝池之用；印花，有似蜀錦者，有鬼子人物者。大者可為被褥；有大花、小花，色備五彩，光豔奪目。近日內地亦有之。然洋布五色，愈洗愈鮮；內地印花，一洗之後，即模糊矣。

這已預示着中國古老的封建社會的手工紡織品,已無力量與日益加多地從外洋來的資本主義用機器生產的價廉物美的布匹競爭,它將被逐漸導致破產。事實果然竟已如此。在前引的光緒末年修的《侯官鄉土志》卷八的"商務雜述"説:

  居今日非商戰劇烈之世哉!白人洞明計學,多財善賈,吾亞東之市利,幾盡爲其所壟斷。國安得不弱,民安得不貧?

他們已認識到西洋壟斷資本的入侵,正一步一步促使封建社會獨立的閉關的自然經濟走向崩潰,同時民族的商業資本和各種手工業的發展也一樣遭到扼殺,這是使我們國家淪爲殖民地,人民群衆愈益貧窮化的最大禍害根源。在歷史上從沒有明顯的感覺到商品市場是最猛烈的戰場,這時已經明顯的感覺到了。在《閩縣鄉土志》卷七的"物產瑣記"裏也説當前是"商戰劇烈之世宇"。在"商務雜述"裏更説明了中國已經處於落後地位的社會經濟生產怎樣抵擋不住西洋壟斷資本的猛烈衝擊和排擠:

  計學不講,製造乏術,遂令優劣迥判,難以競爭於商戰之時代。

  福州雖辟壤,自輪舟暢行……泰東西之奇技淫巧亦賡續戾止;喧賓奪主之勢既成……漏卮不可殫極……

下面更具體地記錄單是福州一地,在光緒二十九年(1903)至光緒三十一年(1905)這三年間,當地銀兩如何一年比一年加多地流入外國壟斷資本的手裏:

  各種洋貨,據海關歷年報告册云:光緒二十九年進口洋貨,除轉運他處外,值關平銀七百萬餘兩。三十年,除轉運他處外,值關平銀七百五十萬兩。三十一年,除轉運他處外,值關平銀八百九十萬四千六百三十五兩。

在關於外國進口貨的品類〔中〕,本(該)書列有一個表是把布匹排在第一的。布的種類和布的製成品以及各種織造品,就有下面那些名目:

  布有厚布、色布、白色、白花、白提、白點、白條等布,斜紋布、標布、袈裟布、羅布、印花紅布、義大利布、麻布、帆布等類。

  羽綾,棉緞,絨呢,洋製衣、帽、鞋、襪、花帶、花邊、面中。

  嗶嘰,氈,毯。

又記載棉紗入口的數字和價值是:

  棉紗年銷三萬五千擔,值關銀一百萬兩有奇。

從這些材料的反映,就不難想象土產的布匹怎樣被排擠了。既有作爲紡織原料用的棉紗大量進口，不用説，種植布蕉來織成的布將無人買，無利可圖，就是種植棉花亦不會有市場了。又如1934年修的廣西省《貴縣志》第十一卷講"工業"説：

  縣屬夙以布著。如郁林布，紵布，古貝布，葛布，具見載籍。顧時代遷流，墨守成法，織以矮機，紡用木車，工技轉遜。清光緒年間，洋布輸入，土製紗布，相形見絀，紡織之業遂一落千丈，利權外溢。

在本（該）書的"商業"類裏還刊載有1933年的"主要物品輸出表"，物品共計九種，內無布匹。同年的"主要物品輸入表"，則第一項列的是花紗，第二項列的是蘇杭布匹。原來是出產多種著名布匹的地區，現在不但不能生產外銷，反要仰給外來供給；在這種情形下，用香蕉莖纖維織布的手工業又怎能單獨免於走向滅亡？所以有兩千年歷史的南方人民——少數兄弟民族特有的蕉布績織工藝的絕迹，不能不歸結爲帝國主義經濟侵略直接產生的結果。

五

  我對於古代用甘蕉莖纖維織布的考述，本來就此結束了。但今天（3月15日）又看到《人民日報》刊載鄒再生先生《重視節約用麻》一文，他指出麻對國內許多工業和在出口上的重要性；但目前還不能迅速大量增產來滿足這些需要，只有提供節約用麻和使用麻的代用品。可惜許多用麻單位對此還沒有十分重視。希望國營商業積極組織和發掘能夠代替麻類使用的新貨源，並用實際的試用效果來說服用麻單位，逐漸改變過去的習慣，爲國家節省更多的麻。這篇文章也指出了一些麻的代用品。但我們知道我國古代人民織布就曾盡可能使用各種植物皮纖維。這些情況想也足爲今天參考，所以這裏再附帶簡單敘述一下這些歷史事實。

  中國人口在世界上歷來佔第一位，在第三世紀吳孫權時，中郎康泰奉使南洋以至印度支那諸島國回，著《外國傳》就記載："外國稱天下有三眾：中國人眾，大秦寶眾，月氏馬眾。"（見《史記》第一百二十三卷《大宛列傳》唐張守節《正義》）這個"中國人眾"的國際稱譽，一直到今天也沒有改變。但在宋末元初以前中國還未推廣種植棉花時，對於那許多世代眾多人口的衣的問題是怎樣解決的？單靠今天還通行的顯然生產是有一定限度的絲、麻紡織品，無論如何是不夠供應的；我們古代各民族的祖先則是就各地本具的自然條件利用各種植物皮和葉的纖維織布來解決了這個衣的供應不足的問題。在第二次世界大戰時，德國人曾用榆樹皮纖維織布，大家都覺得是一種創造。但我們只要翻開我們的歷史一看，就會發現我們的祖先特別是少數兄弟民族很早就已使用各種植物皮纖維來織布了。我們這篇文章所講到的蕉布，只其一事。古代還有使用其他植物皮纖維織布的，如廣東：廣州"蠻夷不蠶……剝古綠藤績以爲布"（《初學記》引裴淵《廣州記》），"蠻夷取穀樹皮，熟捶之以爲褐"（《太平御覽》引裴淵《廣州記》）；"海昌郡威寧縣有穿洲，其上多綸①木"。注云："似穀，皮可以爲綿，但②獠緝以爲絮"（《太平寰宇記》引沈懷遠《南越志》）；"信安縣有鈎藤木，南人績以爲布"；"瓊州生黎巢居深洞，績木皮爲布"；"儋州黎人……績木皮爲布"（以上《太平寰宇記》）；新寗縣"物產布品……波羅麻"（《新寗縣志》）；海陽縣"麻布：俗稱波羅麻，系波羅果葉中之絲，刮而績之以成布者。山村多有。夏日與紵布並行"（《海陽縣志》）。廣西："桂州豐水縣有古綠藤，俚人以爲布"（《太平御覽》引沈懷遠《南越志》）；"桂州古縣場……有古終藤，俚人以爲布"（《太平寰宇記》）；"阿林縣有勾芒木，俚人斫其大樹，新條更生，取其皮績以爲布，軟滑甚好"（《太平御覽》引顧微《廣州記》）。福建：漳州"物產，帛之屬……菠羅麻，土名王梨，其實香美可食。葉尖長似劍，旁有刺如小鋸，煮而抶之，自有條理，織爲布，輕不沾污，勝於絺紵。自海南來者，曰海南葛"（《漳州府志》）。雲南："姚州種木皮以爲布。"（《太平寰宇記》）新疆："西州，高昌之地……彼婦女以婆羅樹皮績白疊布，尤好，以充職供。"（《太平寰宇記》）這些雖很少像蕉布那樣名貴，列爲貢品，只限於當地人民自己穿用，但在當時，這樣就解決了各少數兄弟民族自己的衣的問題。（他們那時是沒有條件穿着中州用絲麻織成的布帛的）同時古代南方人民——少數民族還有用一種竹子（名篔簹竹或苞竹）織成的布叫作竹布或竹練，出產的地區也同蕉布一樣有福建、廣東、廣西等省和今天的越南民主共和國，而且也與蕉布差不多一樣早見於文獻，也同樣在唐朝被列爲貢品，也同樣在清朝還有記載廣東出產此布，雲南亦有此布（我在《關於〈造紙在我國的起源和發展〉的問題》一文中，已作了一些考述）。在古代還廣泛使用葛藤纖維來織布，它的出產是全國性的，它的歷史更古老，從文獻記載考察是在周朝就有了，《詩經》有許多詠葛的詩，如《葛覃》一篇，就是歌詠女工們以葛藤織布的事。古人所謂"絺紵"，許多也就是以葛纖維織成。這些記載太多了，這裏不能詳舉；我們只舉到十八世紀清乾隆時廣東還出產十分精好的葛布。如李調元《粵

---

① 編按，"綸"原作"編"，今據中華書局2007年整理本《太平寰宇記》改。
② 編按，"但"原作"蛋"，今據中華書局2007年整理本《太平寰宇記》改。

科技與雜論

東筆記》第五卷説：

> 雷州婦女，多以織葛爲生。《詩正義》云："葛者，婦人之所有事。"雷州以之。增城亦然。其治葛，無分精粗。女子皆以鍼縫之，乾撚成縷，不以水績，恐其有痕迹也。織工皆東莞人，與尋常織紵麻者不同。織葛者名細工。織成，弱如蟬翅，重僅數銖。
>
> 粵之葛，以增城女葛爲上，然不鬻於市。彼中女子，終歲乃成一匹，以衣其夫而已。其重三四兩者，未字少女乃能織，已字則不能，故名女兒葛。所謂"北有姑絨，南有女葛"也。其葛産竹絲溪、百花林二處者良。采必以女。一女之力，日只採得數兩。絲縷以鍼不以手，細入①毫芒，視若無有。卷其一端，可以出入筆管。以銀條紗視之，霏微蕩漾，有如蜩蟬之翼。然日曬則縮，水浸則麼縮，其微弱不可恒服。惟雷葛之精者，百錢一尺，細滑而堅，顏色若象血牙。名綿囊葛者，裁以爲袍、直綴，稱大雅矣。故今雷葛盛行天下。雷人善織葛，其葛産高涼碉州，而織於雷。爲絺者、綌者，分村而居。地出葛種不同，故女手良，與沽功異焉。粵故多葛，而雷葛爲正。葛出博羅者，曰善政葛。（唐）李賀《羅浮山人與葛編②》，云："依依宜織江南空。"又云："欲翦湘中一尺天。"謂此。出潮陽者，曰鳳葛，以絲爲緯，亦名黄絲布。出瓊山、澄邁、臨高、樂會者，輕而細，名美人葛。出陽春者，曰春葛。然皆不及廣之龍江葛，堅而有肉，耐風日。

從上面一些簡單的敘述，就可見我國古代織造工藝的豐富和多彩。幾千年來我國所以能夠解決各族人民廣大人口的穿的問題，就是依靠利用了這些可能取得的各種植物纖維來做織布原料，以輔助絲、麻的不足。然而至十九世紀西洋資本主義紡織品侵入中國以後，這些織造工藝也同蕉布一樣逐漸絕迹了，在今天也很少有人知道了，這不能不説是帝國主義對於我們民族經濟的損害。但今天帝國主義瘋狂地對我們進行經濟侵略的時代已一去不復返了，過去封建地主對人民殘酷的剝削制度，我們也徹底摧毀了；我們現在已完全有可能使用先進的科學技術，吸取古代人民的經驗，向前發展我們的紡織工藝了。我相信我們的科學家、工程師、技術員在共產黨和毛主席的英明領導下、在和工人兄弟的合作努力下，將來也可利用各種無用的植物皮纖維來製造成各種有用

---

① 編按，"入"，據文意似當作"如"。
② 編按，"編"，當作"篇"。

的紡織品，豐富我們生活資料的內容，增加國家的財富。國營廣東麻袋廠試用香蕉莖纖維和黃麻混合織造麻袋成功，就作了這樣一個榜樣，就給了我們這樣一個信心。

1955年3月15日寫成

（原載《植物學報》1956年第1期，第103~114頁）

做好古代醫書的重印工作

——評商務印書館重版《類證活人書》

　　祖國醫學遺産蘊藏着我們先民幾千年來跟疾病作鬥爭的豐富經驗。最近，商務印書館重版和出版了一些古代名醫的著作，這是值得歡迎的。但是，在出版方面有很大的缺點；應有的校勘工作和標點工作，一般都還做得很差。關於這些缺點，其他一些出版社，包括人民衛生出版社也常發生。這裏，僅舉商務重印的北宋朱肱著的《類證活人書》爲例。

　　《類證活人書》，商務印書館於 1939 年編印《叢書集成》時，曾據明《古今醫統正脈全書》本排印過。這次重印曾經作了一些加工。但是，校勘方面仍有很多缺點，文字斷句方面也仍有很多錯誤。

　　首先，我們知道，過去從事校勘古書的人，都要求做到下面幾點：校讎時必須十分精細，一字也不放過；不單以不同的版本來校，本書前後文字以及其他書有同文同義的也要取校；發見文字異同時，自己能下判斷的，必須注明來歷，自己不能決定誰正誰誤或兩俱可通的，也要並爲注出。因此，過去精校的書不但錯誤很少，即或有了錯誤也容易查出底細。今天校印古書還有必要向前人學習。看來商務印書館重印《類證活人書》做的校勘工作，是沒有採用古人這種優良的傳統做法的。

　　（一）由於沒有廣求不同版本來校勘，僅僅參照一下徐熔刻本，這就使得《醫統》本本來佚缺、徐熔本又原不曾有，而由其他版本尚可補全的竟不得補全。如"傷寒藥性"後有"小兒藥性"一門，商務新、舊印本都注云："明刊本原缺。"事實上，明《醫統》本雖缺，在明秣陵吳鳴鳳重校的《類證活人書》是並不缺的。至於吳鳴鳳本附錄"辨誤""柴胡加龍骨牡蠣湯"一條後，還有九個方的辨誤，這也是《醫統》本所佚缺的，商務印書館似乎更不知道有這回事了。

　　（二）由於既未廣羅版本，又未精細校讎，這就使得脫文誤字仍舊極多。如卷前朱肱自序後附識云："及至灉陽，又見王先生《活人書》，京師、京都、湖南、福建、兩浙，凡五處印行。"據宋程迥《醫經正本書》引述此文，"王先生"下應有一"言"字，宋刊十八卷本《南陽活人書》亦作"王先生云"，"京都"乃"成都"之誤，徐熔刻本亦作"成都"。第四頁（卷一）《足陽明經圖》右下，足部說明明云"中指外間"，圖上標綫卻畫在足脛骨上，《醫統》本原圖並不如此。一〇頁《足厥陰經圖》右下說明：" 肝……有七布葉，一葉小，如木甲折之象也。" "折"應作"坼"，《周易·解卦》"雷雨作而百果草木皆甲坼"，是此語所本（吳鳴鳳本作"拆"，亦誤）。四八頁第二一三行"柴胡桂枝湯"下注"正卅二"。據一〇七頁本方編號"正卅二"應作"正卅一"。四九頁第七行夾注"夫醫當宜審諦"，據徐熔本、吳鳴鳳本"夫醫"應作"大醫"，即太醫。六八頁第二行夾注"蜜導煎法"下注"正一百二"，據一三六頁本方編號應作"正一百十二"（吳鳴鳳本作"正一百一十"，亦誤）。八一頁第二行"始用半夏桂甘草"，據徐熔本、吳鳴鳳本"草"應作"湯"。一一三頁第七行"其脈下負者爲順也"，據徐熔本、吳鳴鳳本"下負"應作"不負"。一五五頁第十行"與此方聞不朽"，據徐熔本和《蘇東坡集·聖散子序》原文，"聞不朽"應作"同不朽"。一五九頁第六行，"麻黃"下注"去節，炮，三沸，焙"，據徐熔本"炮"應作"泡"。又一六一頁第九行"杏仁"下注"去皮尖，炙炒"，據徐熔本、吳鳴鳳本"炙炒"應作"麩炒"。一六六頁倒數第五行"令搏於筋，冷轉筋"，據徐熔本應作"冷搏於筋，則轉筋痛"。一八〇頁第三行"附子"下注"生去皮皮破八片"，應刪一"皮"字。又一八六頁第九行"所以便敗者，嘔不能食也"，據徐熔本、吳鳴鳳本"便敗"應作"便堅"。此外，附錄"釋音"四頁第四行"藁"字注"亦作槁"，據吳鳴鳳本"槁"應作"槀"。同頁第九行"蛤"字注"古令切"，應作"古合切"。

（三）由於校勘文字有異同時不是詳注出處，而是只簡單地改從自己所認爲是的，這就往往本來不錯的反而改成錯的了。如四三頁第四行"躁糞結聚"，"躁"字在《醫統》本原文是作"燥"，吳鳴鳳本亦作"燥"，唯徐熔本此處作"躁"，今改從之，反而不通。一〇一頁倒數第九行"麻黃"下，《醫統》本原注有"本無"二字，徐熔本、吳鳴鳳本亦有此注，現在刪掉了。實則前一行本方"導言"下明有注云："伊尹《湯液論》桂枝湯中加葛根，今盜本用麻黃，誤矣。"說明朱肱錄此方用麻黃是沿盜本之誤，非《傷寒論》方之舊，故於"麻黃"下又注云"本無"，豈可魯莽刪掉！一二八頁倒數二行"病在陽，應以汗解之，反以冷水噀之，若灌之，其熱被劫不得去，彌更益煩，肉上粟起"。"劫"字《醫統》本原文作"卻"，吳鳴鳳本亦作"卻"，"其熱被卻"意謂被冷水所抑阻或閉塞不得發散；改從徐熔本作"劫"，是不恰當的。一五六頁第一行"治夏末秋初，忽有暴寒折於盛熱"，《醫統》本原文"夏末"作"夏月"，吳鳴鳳本同。這是講，當夏天和秋初時，忽遇暴寒，都要生一種伏熱的病，並不是單講夏秋之交這個時候的。改從徐熔本作"夏末秋初"，甚誤。難道夏末以前就沒有暴寒折於盛熱的天氣變化嗎？一七三頁第七行"當微利者，勿服之"，《醫統》本原文下句作"止，勿服之"，吳鳴鳳本亦然，意思是說：如取得微利，即可停止，不要再吃了。依徐熔本刪去"止"① 字，語意反而不完備了。

其次，現在出版古書，一般都只作一點一圈了事。但是，爲了便利讀者體會文語氣意，我認爲還是用新式標點符號較好。假使既不用標點符號，又不負責作正確的斷句，只隨意胡亂點斷，那就更不對了。可是，商務印書館此次重印《類證活人書》，恰恰就是這樣。如一四頁一行"脈浮緩者．必囊不縮．外證必發熱惡寒．似瘧爲欲愈."應點爲："脈浮緩者，必囊不縮，外證必發熱惡寒似瘧，爲欲愈。"同頁第六行"若第六七日傳厥陰．脈得微緩．微浮爲脾胃脈也."應點爲："若第六、七日傳厥陰，脈得微緩微浮，爲脾胃脈也。"二一頁末行"凡針期門．必瀉勿補可．肥人二寸．瘦人半寸深."應點爲："凡針期門，必瀉勿補，可肥人二寸，瘦人半寸深。"二五頁倒數第二行"仲景傷寒脈．結代心動悸．炙甘草湯主之."應點爲："仲景《傷寒》：脈結代，心動悸，炙甘草湯主之。"二七頁第八行"均是惡寒發熱．而惡寒者發於陽也."應點爲："均是惡寒，發熱而惡寒者，發於陽也。"三〇頁倒數三行夾注"傷寒論云．陽明病不大便．六七日恐有燥屎．……"（書中凡有"不大便六七日"文，皆於"不大便"斷句，例不備舉。）應點爲："《傷寒論》云：陽明病，不大便六七日，恐有燥屎；……"三一頁第三行"陽明病自汗出．若發汗．小便自利者．……"應點爲："陽明病，自汗出若發汗；小便自利者，……"四三頁第一行夾注"難經云．陰陽虛實者説脈也．素問云．陰陽虛盛者説表裏也."應點爲："《難經》云陰陽虛實者，説脈也；《素問》云陰陽虛盛者，説表裏也。"（此係指明《難經》《素問》立論之不同，非引用二書之語。）四九頁第六—七行夾注"……以衞行脈外爲陽．主外皮膚之間．衞氣之道路故也……以榮行脈中爲陰．主內肌肉之間．榮氣之道路故也……"應點爲："……以衞行脈外，爲陽、主外，皮膚之間衞氣之道路故也……以榮行脈中，爲陰、主內，肌肉之間榮氣之道路故也……"八三頁末行"再以小柴胡之屬解其餘熱．遂愈下後．蓋有身熱不解."應點爲："再以小柴胡之屬解其餘熱，遂愈。下後蓋有身熱不解。"一〇一頁倒數第七行"太陽病項彊．几几反汗出惡風者……"（如此斷句又見六七頁倒數第六行夾注。）應點爲："太陽病，項彊几几，反汗出惡風者……"一〇九頁第三行"身不疼．但重乍有輕時．……"應點爲："身不疼，但重，乍有輕時……"同頁第六—七行"若汗周身．潤止後服."應點爲："若汗周身潤，止後服。"一五一頁倒數第四—三行"三四日不解脈浮者．宜重服．發汗脈沉實者宜下之."應點爲："三四日不解，脈浮者宜重服發汗，脈沉實者宜下之。"

最後，再提一點關於"出版説明"的意見。

---

① 編按，"止"原作"勿"，今據上下文意改。

"説明"中説："本書……初名《無求子傷寒百問》，……因張仲景係南陽人，而華佗曾稱《傷寒論》爲《活人書》，所以改名《南陽活人書》。"這是根據張蔵序説來的，但張蔵的話根本失考。華佗和張仲景是同一時代的人，曾否見過面，史無記載，其用"活人"之語，實不指《傷寒論》。根據《三國志·魏志》和《後漢書·華佗傳》，華佗所説的那卷"可活人"的書，乃是指他自己的著作。並且，那一卷書已被燒了。所以宋陳振孫《直齋書録解題》對本書名題解釋已不從張蔵序，而是説："仲景南陽人，而活人者本華佗語也。"乃較妥帖。

"説明"中説："《醫統》本中有些字，通用互見，如：一、壹、二、貳、丸、圓……等，都加以統一。"我們且不論這種統一有沒有必要，但是在事實上這個重印本對於這些字的寫法並沒有統一。

"説明"中説"《醫統》本和徐熔校《南陽活人書》""内容大致相同"，又説兩本除卷數不同外，"《醫統》本書末有《李子建傷寒十勸》一篇，徐校本書首有張惟任序文、《南陽活人書徵説》和捐刻本書的人名"。這就給人一個印象，好像徐校本根本沒有什麽特點似的。但是，事實並非如此。例如：1. 徐熔校勘本書時，曾尋訪得多種刻本和抄本，根據這些不同傳本作了詳細校記，凡文字有不同的都一並刻在書眉。2. 徐熔除取《活人書》各種傳本對勘外，還取仲景《傷寒》《金匱》及龐安常等方論逐一作了對勘，遇到藥方、藥名、分量和製法及其他文字有異同時，亦詳細批注眉上。3. 尤其珍貴的是，徐熔是"業傳五代，學究四十年"的老醫，他沒有著作傳世，對本書卻作了很好的批注，都是他學醫行醫的經驗和心得。此外，徐熔所集"南陽活人書徵説"一欄，從宋至明有關涉及朱肱本書的文字，大體已摘錄集中於此，這對於考察朱肱著作在中國歷史上的地位與價值，也是很有用處的。所有這些，都是徐熔與來復陽的校刻本優勝於其他本子之處，所以商務印書館"出版説明"所作的介紹，應該説是不夠周到的。

此外，朱肱的《活人書》對於研究《傷寒論》有很大的貢獻，過去許多醫學家都曾説過。而朱肱其人，元人修《宋史》卻沒有給他立傳。今天重版朱肱的著作，是應該查考文獻，對朱肱生平多作一些介紹的。可是商務印書館作的"出版説明"介紹朱肱生平，僅僅用了六十幾個字，這是難於饜足讀者的願望的。

（原載《人民日報》1957年1月5日）

候 風 儀

范文瀾先生《中國通史簡編》第二編云：張衡"作候風儀和地動儀。候風儀製法不見記載，可能是一種預測大風的儀器。《晉書·五行志》記魏時洛陽西城上有候風木飛鳥被雷震壞，或即張衡的候風儀"（238頁）。

按《後漢書·張衡傳》原文云："陽嘉元年，復造候風地動儀，以精銅鑄成，圓徑八尺……""候風"後面沒有"儀"字，下文遂即敘述衡所造作的儀器，乃全爲測定地震者。李善注於《傳》後論曰"運情機物"下亦云："機物，謂作候地動儀等。"是此處所説"候風地動儀"，原是一器之名。由李注看來，"風"字亦很可能是衍文。范老分作兩名，指爲兩器，殆誤也。

考候風之制，起源甚早。古代作旗，旗上有斿（《周禮·考工記》説：龍旗九斿，鳥旟七斿，熊旗六斿，龜蛇四斿。又《禮含文嘉》記載：天子之旗十二旒，諸侯九旒，卿大夫七旒，士五旒。旒即斿也），有旞，有旌（《周禮》：司常掌九旗，"全羽爲旞，析羽爲旌"。又《爾雅》云："錯革鳥曰旟。"郭璞注："此謂合剥鳥皮毛，置之竿頭，即《禮記》云'載鴻及鳴鳶'"），即有候風的作用。故沈約《宋書·禮志》以爲鹵簿前驅九旗"罼網旄頭之屬"所以"相風"。又載何承天説云："戰國並爭，師旅數出，懸烏之設，務察風祲。"蓋古代戰爭，無論攻城守地，除在短兵相及時，都以弓矢爲重要的攻擊力量，而發矢之準確與否，跟所遇風之順逆有很大關係。所以在戰爭中必須測知風向。《文選》郭璞《江賦》李善注引《兵書》曰："凡候風法，以雞羽重八兩，建五丈旗，取羽繫其嶺，立軍營中。"這就是所謂"旄頭"的一種。何承天説的懸烏，應當已是鳥形。郭緣生《述征記》曾記載："長安南有靈臺，高十仞，上有銅渾天儀，又有相風銅烏。或云：遇千里風，乃動。"千里風即六級七級以上大風。（《抱朴子》云："一日一夜者千里風也。"李淳風《乙巳占》云："凡風……飛沙石千里。"）靈臺爲太史觀察天象的望臺，《五經要義》云"靈臺以觀天文"是也。長安爲西漢的首都，郭緣生於此看到相風銅烏，是西漢時觀象臺已有候風儀的設備。又《淮南子·齊俗訓》云："若綩之見風，無須臾之間定矣。"高誘注云："綩，候風之羽也，楚人謂之五兩。"（《北堂書鈔》引作許慎注）郭璞《江賦》亦云："覘五兩之動靜。"綩或五兩蓋即漢代南方舟船上的候風設置。唐朝王叡著《灸轂子》曾敘述其製法："舟船於檣上刻木作鳥銜幡，以候四方之風，名五兩竿。軍行以鵝毛爲之，亦曰相風鳥。"

　　由此可知，遠在張衡前，不論軍營、觀象臺、舟船，都已有了候風儀的製作，並且已有鳥形。《晉書·五行志》所載洛陽西城上的候風木飛鳥，亦不能認爲即是張衡之所作也。

（原載《文物》1961年第2期，第23頁）

從"水上菜園"到"水上稻田"

讀了《北京晚報》2月8日馬南邨同志的《燕山夜話·水上菜園》一文，很感興趣。我以前也接觸到過這一方面的材料，現在謹把記憶得出的提供補充。

按《玉堂閑話》記載的水上蔬圃，古人叫做葑田，亦稱架田，在不同的地區還有不同的名字。但它已經不是利用風沙在水草（荇藻之屬）上的自然堆積，而是用人工做成。也不定是種菜，並用以種穀。宋朝陳勇著《農書》，在《地勢之宜》篇云：

> 若深水藪澤則有葑田，以木縛爲田垸，浮系水面，以葑泥附木架上而種藝之。其木架田垸隨水高下浮泛，自不濘浸。《周禮》所謂"澤草所生，種之芒種"是也。……鄭（玄）謂"有芒之種，若今黃穋穀"是也。……黃穋穀自下種以至收刈，不過六七十日。亦以避水溢之患也。

這說明葑田不但是與水爭地，而且有很大好處，以其浮在水上，就經常有水浸潤，不勞灌溉；同時它會隨水漲落，也不致有水潦之患。宜乎一直爲關心農事者所重視，故元朝王楨著《農書》全抄此文，末了復指出："竊謂架田附葑泥而種，既無旱暵之災，復有速收之效，得置田之活法。水鄉無地者宜效之。"至明朝徐光啓著《農政全書》又全抄了王文，書中復繪有架田圖，正是用鐵索系於水邊樹身上的。據徐說："江東有葑田，又淮東二廣皆有之。"可見葑田流行的地區相當廣泛。

還有比徐光啓稍早一點的楊慎，在他的《楊升庵文集》裏有"澤草芒種"和"葑田"兩條，對於葑田的出現，曾考證是遠在唐以前。

楊慎又曾引吳（當作後魏）闞駰《十三州志》云："百粵嶺南有駱田。駱音架。"按裴淵《廣州記》亦云："交阯有駱田，隨潮水上下。"此可證明葑田或架田在唐以前確實久已出現。由此，似可說，葑田之制乃南方兄弟民族所首創。《玉堂閑話》記載經營水上蔬圃者爲番禺"俚人"，也正好是少數民族。

楊慎還記載在他那個時候"滇南亦有葑田，名曰海籜"。他又著有《海籜》一詩，詩曰："芳洲隱蘋末，葑埒寄蘆中。上下隨春水，東西逐夜風。浮家還泛宅，斷梗復飄蓬。感物傷羈思，生涯愧海翁！"由"浮家還泛宅"句看來，海籜上似乎還蓋有房子，這就不同於一般所謂的葑田了。

（原載《北京晚報》1962年2月23日）

佛學研究

《金剛仙論》考

《金剛仙論》，北朝盛行。

  吉藏《金剛般若經義疏》卷一云："自北土相承，流支三藏具開經作十二分釋，一者序分，二者護念付囑分，三者住分，四者修行分，五者法身非有爲分，六者信者分，七者挌量分，八者顯性分，九者利益分，十者斷疑分，十一者不住道分，十二者流通分……此之解釋，盛行北地，世代相承，多歷年序，而稟學之徒，莫不承信。"即指《金剛仙論》言之也。

諸録弗載，合有疑焉。

  倭編《續藏經》，始著於録。

粵稽撰人，衆説互異。隋代嘉祥，謂是菩提留支傳金剛師言。

  見吉藏《義疏》。卷一云："復次有婆藪盤豆弟子金剛論師，菩提流支之所傳述，亦述般若緣起，所以説般若者，爲斷衆生十種障故。"其出十障對治名數，大略亦同於《金剛仙論》卷一所説也。

智者敘此論意，則稱曰"舊説"而已。

  智者《金剛般若波羅蜜經疏》略釋經題中，述般若亦有八部，即本《金剛仙論》之言。又曰："舊云金剛譬十地後心因圓之位。"此亦《仙論》之義。蓋菩提流支始講《十地經論》於鄴下（見《續高僧傳》卷七《釋道寵傳》），而後疏家講匠乃多有採用十地者也。

唐世西明、智昇等，乃謂菩提流支自作。

  圓測《解深密經疏》《仁王經疏》並引《仙論》，每與長耳、真諦疏説並稱，如《深密疏》卷二解如是我聞一時句云：西方諸師三説不同，一菩提流支《金剛仙論》云云，二長耳三藏云云，三真諦三藏云云。次則別舉譯論曰：諸論所述亦有三種，一依《智度論》云云，二依功德施《般若論》云云，三

345

依《佛地論》云云。此判譯家自作，與傳翻之界甚明。又於《仁王經疏》解如是句，則逕稱："三菩提留支略爲四義，一者發心如是"云云。文同《仙論》卷一而不更出《仙論》之名，準彼文例，是以《金剛仙論》爲菩提流支作也。又智昇《開元釋教錄》卷十二云："上四論及頌，造者雖異，並釋《金剛般若經》，又有《金剛仙論》十卷，尋閱文理乃是元魏三藏菩提留支所撰。釋《天親論》，既非梵本傳翻，所以此中不載。"此亦説《仙論》爲流支所撰。然已在西明之後矣。

慈恩獨云南地吴人浪造。

窺基《金剛般若經讚述》卷上云："《論》者，今唐國有三本流行於世，……三金剛仙所造，即謂南地吴人，非真聖教也，此或十一卷或十三卷成也。"又云："南地有金剛仙釋，科此論總爲十二分者，但是此方凡情浪作圖度，不可依據也。"

隴西李儼及知恩等，復謂菩提流支所翻。

《廣弘明集》卷二十二載李儼《金剛般若集注序》云："魏宣武之世，有流支三藏於洛陽城重翻，一本名《舍婆提》……然流支翻者兼帶天親《釋論》三卷，又翻《金剛仙論》十卷。"此爲説《仙論》爲譯本最初之文。其後知恩、道氤亦謂流支譯《金剛經》時，並譯《天親菩薩論》二卷，《金剛仙記》十卷，具如敦煌石室《金剛宣演》《金剛經依天親論義記》中述也。

至是而後，歷代疏家咸從儼説，至躋《仙論》於慈氏、無著、世親、功德施之儔。

如曇曠《金剛般若經旨贊》（敦煌逸書）云："補處慈氏，創頌釋以贊幽。作宣唱之旨歸，爲論者之規矩，乃使初聖無著，列諸住於行一，鄰地天親，遣群疑於真際，《金剛仙記》會一實於有空，《功德施論》生二智於真俗，各申雅趣，共釋茲文，雖曰異端，咸階至妙。"此亦極推崇之至也。

倭域所傳此論卷五、卷九，首題有"魏天平二年菩提留支譯於洛陽"十三字者，又準道氤説也。

道氤《金剛經宣演》云："茲典凡經六譯……第二，元魏天平二年菩提流支三藏於洛陽譯，十四紙，名《婆伽婆》，於時並譯《天親菩薩論》二卷，《金剛仙記》十卷。"

然尋此論，文多"魏言""此方"諸字，間且道及羅什之言，則非自梵本傳翻，朗然易知。

  祇如內院刻本《仙論》卷一，頁十四右云："祇者外國音，其國太子名祇陀鳩摩羅，祇陀者魏翻云太子，鳩摩羅魏翻云童子，樹者此方之名也。"又十五頁右云："比丘者外國正音，此方義釋或云乞士，或云破惡，或云怖魔，無正名相翻，故仍存西本也。"如此文例不勝縷舉。尋即可知。又卷九，頁二十六右云："如來者依胡本名多陀阿伽度，漢翻爲如住，此應言如住，但以依昔什公所譯，還存如來之號也。"此顯屬此方注家之言，並非譯本之原文。甚足明驗。

且法上、長房《內典》等錄，並載流支《金剛般若論》與本經一卷，同於魏宣武帝永平二年胡相國宅譯，則天平始出之説者謬也。

  見《歷代三寶紀》第九、《大唐內典錄》卷四。

又，流支天平元年已從孝靜帝遷駐漳鄴，其明年即於鄴城般舟寺出《伽耶頂經論》二卷。又安得有此年在洛譯經之蹟？此顯與史錄不符也。

  史載永熙三年七月，高歡既入洛陽，舍於永寧寺。十月，乃立清河王世子善見爲孝靜帝，改元天平，尋遷鄴，是爲東魏。《內典錄》卷四云："高歡承釁，破爾朱於鄴下，宇文接亂，翊平陽於關內，歡乃燒洛宮殿，殄絕帝圖，建號天平，徙①都北鄴，一十七載，扶翼魏室。"其時洛陽蓋已兵火連天，流支帝王所禮，何得獨留於此？長房《內典》等錄載流支譯《伽耶頂經論》二卷，並記云："天平二年在鄴城般舟寺出，一云《文殊師利問菩提心經論》，僧辯、道湛筆受。"是其早去洛陽，已另建譯場矣。（附案《洛陽伽藍記》卷一、《續高僧傳》卷一《菩提流支傳》，並紀永寧寺以永熙三年二月遭火煨爐，高歡七月始入洛陽，云何尚得舍於厥寺？《通鑒》所紀，殆亦失考。）又楊衒之《洛陽伽藍記序》云："暨永熙多難，皇輿遷鄴，諸寺僧尼，亦與時徙。"此尤足徵也。

西明、智昇認是流支自綴者，其稍近是乎？然亦非無可疑。尋此論中，兩引《寶鬘論》文。

---

① 編按，"徙"原作"徒"，今據文意改。

卷一，頁二十一左云："《寶鬘論》中有人問龍樹菩薩云：《地持經》中道性地菩薩遏墮阿鼻地獄，此義云何？龍樹菩薩答言：《地持經》雖云性地菩薩墮於地獄，我不敢作如是說，何以故？《不增不減經》中，明性地菩薩畢竟不墮地獄。又《樂莊嚴經》中説，性地菩薩若一時殺閻浮提衆生，雖有此罪，猶不墮地獄，若殺四天下乃至三千大千世界衆生亦不墮地獄，何以故？此人曠劫修行，多供養佛，功德智慧，善根純熟，雖造重罪，以福德力大故，罪即消滅，不墮地獄。"又卷二，頁八左云："《寶鬘論》中有人問龍樹菩薩：菩薩從何地來得首楞嚴三昧？答：初地中得，乃至十地中得。"又云："菩薩不得此三昧者，則不名爲菩薩。"按《地持經》即《瑜伽師地論菩薩地品》。無著請慈氏所説。龍樹時安得遂流行於世也。

《寶鬘論》者，《内典》《開元》變錄並編入疑僞者也。

見《大唐内典錄》卷第十，《開元釋教錄》第十八。

其書載龍樹援《不增不減經》答或人之問，《不增不減經》乃流支正光元年於洛陽出。則《寶鬘論》之僞撰必較後於流支，流支又烏得引之爲證？

《不增不減經》見《歷代三寶紀》第九，《大唐内典錄》卷四。

又此論後謂彌勒世尊作《金剛般若長行釋》並《地持論》賫付無障礙比丘（即無著），令其流通，天親因從無障礙處學得，乃更作偈論及長行論釋云云，亦與衆家傳説差異。

天台智者《金剛般若疏》云："後魏末菩提流支譯論本八十偈，彌勒作偈，天親長行釋，總三卷，分文十二分。"此已與後日玄奘義净之言合，蓋此乃菩提流支口義。《仙論》所紀非成文也。

偈論顯非一人所作，道氤已言之矣。

《金剛宣演》卷上云："《金剛仙記》判世親《論》云，長行是彌勒菩薩爲無障礙菩薩説，無障礙轉授世親，世親後尋經論意，更作偈頌，廣興問答以釋此經者。不然，衆論之作，偈頌爲主長行釋之，豈有先釋後偈，亦猶子先父後。又尋長行屢牒偈文，豈補處慈尊引地前菩薩偈頌爲證，故不可依。今據《慈恩三藏傳》所傳，八十行誦①是彌勒菩薩造，西方具有傳記。若爾，

---

① 編按，"誦"，據文意疑當作"頌"。

何故净三藏譯論題云無著造頌世親作釋？答，偈頌定是慈尊所説。以授無著，無著傳授世親，世親得之造長行釋，故彼論初歸敬頌……即是通敬本論大師及傳授者，而後論本題。云無著造者，據傳授亦不相違。"按道氤此處不無小錯，尋《仙論》後明言彌勒但作長行釋，天親復尋此經論之意，更作偈論，廣興疑問，以釋此經。凡有八十偈，及作長行論釋。又卷一云："《論》者，如來滅度後之中，有高行大士號曰婆藪槃豆，魏云天親，此人實是大權菩薩，現形通化，偏見如來一代所説大小乘教意，以此《金剛般若經》文句甚略，義富遠博，世人不能解此深遠妙義，爲衆生故，作義釋之爲論也。"皆謂此論偈頌長行並世親作，別有一長行乃彌勒造，非謂此論長行即彌勒造，其文甚明，何誤解也。但認長行偈頌非一人作，斯爲諦審耳。

慈氏長行，雖可隱目。隋出無著《論釋》。

無著《金剛論》卷上有文云："諸菩薩有七種大故，此大衆生名摩訶薩埵，何者七種大，謂法大，心大，信解大，净心大，資糧大，時大，果報大，如《菩薩地持》中説。"此與《仙記》"彌勒作《金剛般若經義釋》並《地持論》賷付無障礙比丘"之言不相應歟（見《金剛仙論》卷十尾頁）。

然尋彼文理，則亦絶不似彌勒之著也。此慈恩所謂凡情浪作圖度，非真聖教者歟。故謂流支自撰者，仍無理據。

如論前歸敬頌云："智者所説教及義，聞已轉爲我等説，歸命彼類及此輩，皆以正心而頂禮。"準頌第二句，則此論匪但非彌勒作，且不似無著作，但由無著轉説其義而世親造之耳。故義净《略明般若末頌贊述》云："世親菩薩復爲般若七門義釋，而那爛陀寺盛傳其論。"案七門義釋，即笈多譯七種義句也。據義净親往印度所睹復如此。則此論亦不得謂爲慈氏作，信而有徵矣。

然慈恩逕指爲南地吳人浪作，則亦猶待商榷。案嘉祥去魏匪遠，耆宿猶存，當時學派風流，猶可親覩，而其述《金剛仙》義，輒云北地論師，或曰北土論師，有時更簡稱北人云云，則非南地吳人，理實昭然。

如吉藏《金剛義疏》卷一云："問：何故名舍婆提？答：有北土論師云，昔劫初有仙人兄弟二人，弟名舍婆，此云幼小，兄稱阿婆提，此云不可害，二人住此處求道，因以名之，弟略去婆，兄略去阿，二名雙取，故云舍婆提。"此即《仙論》卷一頁十四右原文也。又《疏》卷二，時長老須菩提下云："北地論師云，此文屬十二分中護念付屬分。"此則出於《仙論》卷一十八頁右也。卷三云："北人云，凡有四時受記，一是習種姓不現前受記，二是道種姓亦不現前受記，三是初地現前受記，四是八地大無生忍現前受記，此中文明釋迦猶是習種性菩薩未得初地已上無生法忍記。"此即《仙論》卷四第二十一頁文也。又如《續高僧傳》卷一《釋法泰傳》云："時有循州平等寺沙門智敫者，弱年聽延祚寺道緣二師《成實》，並往北土沙門法明聽《金剛般若論》。"此亦《金剛般若論》盛行於北地之一證也。智敫，陳太建年中人，去東魏僅二三十年耳。

況當魏齊梁陳之間，郊壘煙構，馬不息鞍，南北交通，頗形闊絕，故兩地錄家，猶或互昧。

如李廓之偏詳北譯，寶唱之特委南翻。可以見概，勘長房等錄引文。

流支親譯，又焉能迅至南方疏成十卷，復還北土盛行乎？此揆之於情勢，亦有不然者也。故慈恩之論，亦大率憑情妄測耳，宜其後學道氤、曇曠之倫，皆不從之。

吾聞慈恩好譏評古人，每過情實，此蓋其一例耳。

尋嘉祥、道氤等引文，與今論間有出入，慈恩說此論或十一卷或十三卷成，與今卷亦差。

如吉藏《金剛義疏》卷四云："論師云，真如即是佛性，一切凡聖眾生皆有佛性，何故聖見凡不見耶？即用經文釋之，如雖常有一色，若外有光明，內有眼目則見，無此內外則不見也，雖常有真如佛性，心無所住則見，有所住則不見也，顯性之言，事在斯也。"此與《仙論》卷六頁二十一右二十二左義同而詞則異也。又《義疏》卷一，述《仙論》開經十二分義，亦與今論不同，其文甚繁，不能具引。至如《金剛宣演》卷下云："梁經此論（案謂無著《論》）俱云小兒凡夫，魏本云毛道凡夫生，流支釋云，毛道領法心小如毛孔道即愚小義。"則與《仙論》迥異。《仙論》卷九第八頁云："毛道者，此義釋云，愚癡闇冥，無有智慧，名為毛道。"

意者流支初嘗講《金剛經論》於譯場，當時負笈之士，筆記所聞而有斯論，及其傳衍，遞加增飾，遂成齊楚，而大宗非無所本。

英博物館藏敦煌本《金剛般若義記》一卷上殘紙，約存四千七百餘字，述八部般若云："初部十萬偈，第二部二萬五千偈，此之二部猶在西國，此土所無。第三部一萬八千偈，此中名爲《大品般若》。第四部八千偈，此中名爲《小品般若》。第五部四千偈，第六部二千五百偈，此之二部由（應爲'猶'）在胡本，未曾翻譯。第七部六百偈，此中名爲《文殊般若》。第八部三百偈，而此名《金剛般若》。然數雖有八，得名唯二，前之七部同名《摩訶般若》，第八一部名《金剛般若》。然名既唯二，所以有八部者，此乃時會不同，廣略有異，故有八部之數。前七《摩訶》，對小彰大，以法爲名，非無《金剛》之義。第八《金剛》，此乃借喻名法，顯其治惑之功，非無《摩訶》之義。且倚名互彰。又《仁王光讚大空》道行等，流支三藏云，此皆十萬偈般若中一品，非是別部。八部大宗，莫不皆名窮衆典之要，義盡萬法之綱，顯明常佛果至極圓滿，佛性正因，十地了因，二種智慧，顯性之解；解滿性顯，則證於常果，於菩薩所行，其德具足，若談其體，則古今清淨，離有離無，言語道斷，心行處滅，若辯其用，則無相未嘗不相，大用無方、曠周法界，此是八部大宗"云云。勘《金剛仙論》，與此都異。又次述開經爲十二分，乃云依外國法師，而內容則與《仙論》同。又後言阿難有三種，舍婆提城是因兩兄弟名，皆與《仙論》說同，但不記其出處，復詞句有殊耳。又同引智者述流支以八十頌爲彌勒作，長行世親釋，亦與《仙論》異致。使流支未講是論，文非弟子所記，則何得有此異說紛然。故余以爲必流支先嘗講之，而後日傳聞遞變，雜以人僞，乃有參差，而《金剛仙論》又其愁遺之成書耳。

故其釋空有真妄，三身一異諸義，猶儼然《瑜伽》正說也。

如卷三第八頁云："言一切法空者，有爲之法無體相故空，然真如佛性法，萬德圓滿，體是妙有，湛然常住，非是空法，直以體無萬相，故說爲空，不同前有。爲諸法性空之無，又亦不同兔角等無，故言亦非無法相也，無相者對治於相，疑者聞真如是有體相不空，便謂還同色等有爲之有，又云若有應同色香味觸有爲之有，若無應同性空兔角等無，此名爲相，對此疑故答云無相，明真如法體妙有妙無，悟真如雖有，不同色等有，雖無，不同兔角等無，故云無相也。"又同卷第十七頁云："空者此十二入有爲諸法本來不生無體相故空，無爲之法佛性涅槃無萬相故空也。應問何故空，即答以無物故，無物者空無色等物也；實有者正釋經中亦非無法相，聞言有爲無爲一切法空，疑者謂佛性無爲之法，亦同有爲源體之空，此名非法相，對治此計，故答言實有，明佛性涅槃體是妙有，以無萬相故空，勿得聞諸法空便謂涅槃佛性同於有爲之法，虛妄分別，無體故空，故言實有也。不可說者，正釋經中無相聞言萬法皆空，疑者便謂真如無爲法同有爲諸法性無之空，然同龜毛兔角之無，故答言實有，既聞真如實有，疑者計謂真如同色香味觸有爲之有，聞無謂真如同龜毛兔角等無，此二種計名之爲相，對治此計故，答言不可說。此言不可說者，明真如法體，妙有妙無、而不同世諦色香之有性空等無，雙遣有無二種計情，故言不可說也。"又同卷二十六頁云："言報佛說法者，依世諦名相道中得言有行者修行證果爲人說法，若據真如理中，泯然一相無有修得，亦無證說也，不可取不可說者，明真如證法體非名相不爲耳識所得，故言不可取，非音聲性離於言辯，故言不可說也。非法者名上證法體非名相，不可取法，故聲教非證法成上不可取，不可說也。非非法者，若前證智法非音聲性故不可取說者，則能詮經教條，然離於所詮之理，若爾經教則一向非法，爲釋此疑，故言非非法也。明能詮經教雖非即證法非，不由教得理，故不得云全一向非法，是結成上來所說法也。"又卷十第二十頁云："二如醫者，亦喻能見心，此第二意何異於初，有小乘人計云，何以得知心法是實，以其能見前境，能取六塵，故是如實，故喻之以醫，以小乘人取謂醫犍闥婆城等是虛妄不實，能見六識及所見六塵是實，故如來就其所解引以喻之，破其所執也，如人目上有醫，於虛空中妄見毛輪等色，以之爲實，觀有爲心法亦復如是，於色等有爲虛妄法中謂不實爲實，以心例取境故也。"其三身一異義廣如卷八中述，文繁不引。凡此，皆善申經論之微意，堪洗邊執之妄情，雖深湛於瑜伽者亦當訴契於斯言也。

嘉祥、慈恩雖致責於十二分開經之無當，至其玄言妙解，衝詞奧義，則亦未嘗不隱拾陰取焉。

吉藏《金剛經疏》，如卷二解入舍衛大城乞食段，及於城中次第乞已段，皆採《仙論》卷一第十六頁至十八頁說。又卷四解須菩提如人入闇段，亦採《仙論》卷六第二十一頁義。且云："今明作此意亦於義無失，《大智度論》云，或名如，或名實相，法性涅槃，但約衆生悟迷，故有得有不得，至論佛性涅槃，未曾得失隱顯也。此於原義更加以闡明。慈恩疏如卷上解不應取法二句云：不應取法者，不應如聲取法，謂不如言而取故，不應取非法者，隨順第一義智，正說如是取者，謂必因言而悟真故。"又解須菩提言如我解佛所說義段、無有定法段云:"善現意,若據世諦,報化二身可有得菩提,可有說法,若約第一義諦者,真如法身,內自湛寂,本無得菩提,亦無能說法,無有定法者,謂法身無相中無有定法得菩提,亦無定法而可說也。但欲無定可得可說,不遮世諦報化之身,亦有不定得不定說也。"此與前節所引《仙論》文,蓋同一義。餘如解三身及相非相等,亦多符順尋之可見。

是故此書雖非流支譯造,義旨宗趣乃多有師承,較以後日疏家碎詞瑣釋,令人一見生厭者,此猶得免。至若《起信論》之偽作誣聖,毒害無窮,則更不可同年而語矣。

民國二十七年秋於江津支那內學院蜀院

(原載《圖書季刊》1940年第4期,第597~605頁;又載《圖書月刊》1943年第7期,第12~18頁)

笈多譯《金剛經論》考

隋笈多譯無著《金剛論》，世行兩本，一爲二卷本，不載經文，一爲三卷本，將元魏菩提流支譯經編入。其名題亦互異，孰爲正本，古無甄定。

倭《縮刷藏》往帙六，翻印高麗本爲二卷，名題《金剛般若論》，卷末有"《金剛斷剖般若波羅蜜論》竟阿僧伽作"十五字。又附宋元明刻本爲三卷，名題《金剛般若波羅蜜經論》，題下又注"金剛能斷般若亦名"八字（蓋此八字原是夾注，後改爲單行，遂顛倒耳）。然考宋藏實有二本：崇寧二年御賜福州東禪等覺禪寺《藏》，元祐六年正月刻，在聲函者，三卷本也（見倭《東寺經藏一切經目錄》）。崇寧二年惟白禪師奉旨於婺州金華山智者禪寺所閱《藏》，在傳帙者，則二卷本也（見惟白撰《大藏經綱目指要》卷五下）。高麗《藏》編此論於傳帙（見《高麗大藏經目錄》卷中）與惟白於智者寺所閱同，則高麗二卷本亦宋《藏》翻刻也。又《至元法寶勘同錄》亦爲二卷，則知我國兩本並行，宋元悉然。故單據福州思溪之板，輒斷宋《藏》盡爲三卷者，非篤論也。

考此論唐初始得奏行。

見靜泰《衆經錄》卷第一。

道宣甫載於錄，其所記名題、卷式乃與二卷本合。

《內典錄》卷五《歷代譯經錄》，卷六《大乘論翻本並譯有無錄》，及卷八《歷代藏經見入藏錄》，卷九《歷代衆經舉要轉讀錄》，並記云："《金剛般若論》二卷，二十八紙，僧佉菩薩傳造，隋大業九年笈多於東都上林園譯。"

其後《大周》《開元》《貞元》諸錄悉如之。

但諸錄已改二十八紙爲三十紙，僧佉菩薩已改云無著菩薩，並云出《內典錄》。又《縮刷貞元錄》卷第十載《笈多譯經目錄》云此論爲三卷者，乃寫刻之誤。勘《聖護藏》本《貞元錄》所記，此論實二卷也（見倭《新編大正藏校注》）。又考①其都數爲九部四十六卷，此若三卷，則成四十七卷，便與都數不符。又卷二十二、卷二十九所載皆爲二卷，亦可準知此云三卷者誤也。又倭《大正藏》中《貞元録》，此處失漏"《大方等大集菩薩念佛三昧經》一部十卷"名題一條，致與都數差違，亦編校者之誤失。並附正之。

現存唐代諸家疏説，據其所述，亦同爲二卷或一卷，不見三卷之説。

如窺基《金剛經贊述》卷上云："《論》者，然今唐國有三本流行於世……一無著所造或一卷或兩卷成。"餘如宗密《金剛經疏論纂要》，知恩《金剛經依天親論義記》，道氤《御注金剛經宣演》，皆云二卷也。

附案道氤《宣演》《宋高僧傳》云六卷。倭空海開元時入唐《請經目録》云三卷。今趙城廣勝寺藏有此疏第五卷一本，蓋即本《高僧傳》分卷法。而題云"宋道氤撰"者，誤也。佛蘭西國民圖書館藏敦煌本爲上下卷，酌其文數蓋有中卷而缺尾題"建中四年正月二十日僧義林寫勘記"，與倭《御請來目録》合，當爲道氤原初卷式也。查趙城本第五卷，自"經須菩提忍辱説非忍辱"，至"種種顛倒識以離於實念"一偈止，共紙三十八張，約當敦煌本下卷之上半。而敦煌本上卷"如是我聞一時佛"下演文，至"推功歸本即真報身若約十地菩薩"云云以後，文亦缺。余另檢獲一敦煌本《金剛疏》，文無首尾，自"名爲究竟"迄"由此善現徧嘆此德"，約二萬字，仔細讎校，乃是《宣演》上卷殘紙。除"若約十地菩薩"云云以上，與前本同一萬五千餘字外，下又補得四千七百餘字，然猶憾其未全也。倭修《大正藏》乃分置兩處，大誤。往歲滬上有人影印《宋藏遺珍》，復鈔敦煌本以補趙城之闕，既亂編輯體例，又踵倭《藏》之訛，尚有四千餘字可補，竟委弃而弗知，紙後乃又胡亂記云："此經原刻六卷，僅存第五一卷，今以敦煌寫本上下兩卷補全"，云云。中卷全無，上卷半失，又烏睹所謂補全耶？此誤中之誤也。蓋我國時流，驚新惑異，凡海外浪言，輒競奉如聖典，不知臧②否自多，此可爲殷鑒矣。

則二卷者當爲正本，而其論末題云"《金剛斷割般若波羅蜜論》阿僧伽作"者，乃是笈多始出名題原式，蓋至唐貞觀聖歷間，玄奘、義浄先後重翻本經，並題"能斷金剛"，而後始有改笈多"斷割"之文爲"能斷"者耳。而麗本以"斷割"爲"斷剖"者，則又亥豕之訛，大較可知。

---

① 編按，"考"原作"攻"，今據文意改。
② 編按，"臧"原作"藏"，今據文意改。

道氤《宣演》云："秦魏梁本俱題《金剛般若》，唐國兩本同號《能斷金剛》，隋朝所翻準彼論後乃名《金剛斷割》。"知恩《義記》云："觀照即此經之義，金剛有斷割之功。"又智昇《開元錄》卷七云："初笈多翻《金剛斷割般若波羅蜜經》一卷，及《普樂經》一十五卷，未及練覆，值偶鄭淪廢，不暇重修，今卷部在京，多明八相等事"云云，並足以證"能斷"爲後人改題，非笈多原式也。

然笈多所譯《金剛斷割般若波羅蜜經》，道宣、靜泰、靖邁、明佺諸錄，並不見載，智昇《開元總錄》初亦弗載，其《別錄》卷十一有譯有本錄，卷十九大乘入藏錄，及《開元錄略出》卷一中，始見載之，然名題及出經年代，已與其卷七作笈多傳之文枘鑿。

　　《開元別錄》云："《金剛能斷般若波羅蜜經》一卷，隋大業年中三藏笈多譯，第四譯。"而其於本傳則云："《經》出值偶鄭淪廢。"考《通鑒》鄭王世充稱帝於唐武德三年五月，其明年五月遂降唐。據此，是後說又謂經出於唐代矣，此則前後齟齬也。

蓋言笈多《經》出年代不同者，至是已有三家，而要以出大業中之說爲可信焉。

　　知恩《金剛經義記》云："隋大業中笈多三藏譯《金剛能斷》，並譯無著《論》二卷。"此與《開元別錄》中說符（見前引）。案知恩與圓測、義淨同時，則此說可爲最早說也。次道氤《宣演》云："茲典凡經六譯。……第四，開皇十年達摩笈多譯。十六紙，名《金剛斷割》，並譯無著《論》兩卷。"此與知恩《義記》及《開元錄》《別錄》說並異。按考笈多開皇十年冬十月始至京，十二年始奉勑就大興善寺助闍那崛多傳梵語，當彼行腳甫定，華言未練，何能出經？故此說難信也。三即智昇《開元錄》卷七說，此經出值偶鄭淪廢。然檢道宣《續高僧傳》，笈多於唐武德三年寂於洛汭，是其死後一年鄭王始稱帝，又一年始淪廢。人已云亡，又烏能出經？故此說尤爲誕也。又考《續高僧傳》但稱"笈多翻《普樂經》一十五卷，未及練覆"云云，不言有《金剛斷割》與俱，此亦足徵智昇《總錄》中說爲誤記也。至倭宇井伯壽因智昇《錄》有一"初"字，便謂此經與《普樂經》同譯於590年笈多初來京師時，又謂《金剛般若論》譯於603年，距其圓寂時十六年（見日本宗教學會編《日本宗教學》），蓋皆未尋史錄，妄作解人也。

若夫齊東野人之語，謂無著《金剛經論》爲佛陀耶舍出者，其荒誕靡稽，前修所唾者也，而倭人拾之，苟以譁世，不足哂矣。

《廣弘明集》卷二十二載李儼《金剛般若經集注序》云："隋初開皇有佛陀耶舍三藏翻一本名祇陀林，又翻無著《釋論》兩卷"云云。考諸書皆不載隋代有佛陀耶舍其人，惟姚秦時有一佛陀耶舍來中國，於弘始十二年譯出《四分律》並《長阿含》等經。後便辭還外國，不知所終（見僧祐《出三藏記集》及費長房《歷代三寶統記》），去開皇時已一百六十七年矣，必無尚在人間譯書之事。高齊時雖有那連提黎耶舍，闍那耶舍，及其弟子耶舍崛多，但名皆不符，且闍那耶舍及耶舍崛多，皆未及隋而死，唯那連提黎耶舍至隋開皇九年乃沒，但其所譯經論，諸錄並載，無有缺漏。蓋凡隋代開皇十四年前譯經並爲法經、彥琮、長房及諸沙門學士等入錄，彼等皆身與譯場，應蔑脫誤。又笈多於上林園譯經，道宣亦嘗躬至其館（見《大唐內典錄》卷五），則其所載豈得比於傳聞？故李儼序文，羌無故實，不可信依。道宣雖收其文於《廣弘明集》，而編《內典錄》則略不道及，後亦更無有人同其說者，非已深知其誤歟！宇井乃欲據之以立異，斯亦好誕之極哉。

竊考三卷之分，唯玄逸《開元釋教廣品歷章》始見一載，名題與今三卷本合符，計其紙數，亦似已與魏譯《金剛經》相綴矣。倭宇井氏謂三卷本初現於宋代，並不知載何經錄，蓋未之深考耳。

《歷章》卷第十五云："《金剛般若論》二卷，無著菩薩造；供城五十紙，蒲州四十二紙。"次又云："《金剛般若論》一部三卷，或二卷，無著菩薩造，五十張，單本。"嗣開其品章云："《金剛般若波羅蜜經論》卷上、卷中、卷下。"此即現行三卷本式也。案《廣品歷章》惟《金藏》中有，《高麗藏》《磧砂藏》以至倭《縮刷藏》等僉未編入。民國二十三年支那內學院命人往晉南趙城廣勝寺訪經，始並得之，作有《金藏雕刻始末考》。後日滬上乃緣之影印《宋藏遺珍》（然主印人少學，竟使珍刻奇笈，仍憖遺不少，今晉南已陷，其書能否巍存，皆不可知矣）。《歷章》亦被收入，始復行於世。宇井氏故未得尋覽是籍，則其考證不周，宜也。

至原本論末七言一頌，三卷本改爲五言，不知唐代三卷本已然乎，抑宋人刻經始改，今則無從考定矣。然五言頌之引用，則始見於宋人疏說。

二卷本頌云："下人於此深大法，不能覺知及信向，世間眾生（麗本原爲'衆人'，道氤《宣演》、曇曠《旨贊》並作'衆生'，據改）多如此，是以此法成荒廢。"三卷本乃云："下人於深法，不能覺及信，世人多如此，是故法荒廢。"氣機遂遠不如七言者之充暢。案敦煌石室，現存唐代手鈔本道氤《御注金剛經宣演》，曇曠《金剛經旨贊》，及佚名撰《金剛經外傳》所記，並是七言，至宋長水子璿作《金剛經纂要刊定記》引文，始爲五言耳。則五言當是宋人所改。宇井伯壽云："唐代宗密《金剛般若經疏論纂要》注解之引用即二卷本。"今檢宗密《纂要》原未引此頌，子璿《刊定記》所引則爲三卷本，非二卷本，宇井全然臆説也。

迹三卷改成之由，蓋昉於義學之徒。知者知恩嘗言："讀持之者偏仰秦經（謂羅什所譯），義學之徒多從魏本。"（即菩提流支所譯《金剛經》，兩言見敦煌本《金剛經義記》）又當時已有笈多本經初出"未及練覆"之説（見《開元錄》卷七），則其取以便讀，編入魏經，勢必然也。但尋魏隋兩譯，綴詞各差，濫合一處，殊失本來面目，勘論牒文，鑿枘可知。

如《論》上十一左牒《經》言"善攝第一善攝者"，此在魏《經》所無，而笈多譯本則有也。又如十六右牒《經》言"相具足者"，此又笈多譯《經》原文，魏本則爲"相成就"也。卷中七頁左牒《經》言"須菩提所有三千大千世界地塵如是等"，此亦笈多所譯《經》文，魏譯則爲"微塵"也。又八頁左牒《經》言"以三十二大丈夫相見如來者"，笈多所譯《經》文實然，而魏本則云"三十二大人相"也。又如九頁左牒《經》言"若婦女丈夫捨恒河沙等自身"，及十五頁左牒《經》言"若善家子善家女"云云，並是笈多譯《經》原文，而魏本則概爲"善男子善女人"也。又卷下五頁左牒《經》言"以色身成就見如來不"，此亦是笈多自譯《經》文，魏譯則爲"可以具足色見不"，此尤與前引卷上十六右一條相反也。又八頁右云"小兒凡夫"，此亦笈多譯《經》原文，魏譯則爲"毛道凡夫生"也。又十三頁左牒《經》言"世尊，若世界是有者即爲有摶取"，此亦笈多自譯之《經》文，而魏譯則爲"若世界實有者則是一合相"也。如是甚多，不可具臚。亦足見以笈多譯《經》入笈多譯《論》，則契如合符。以流支譯《經》入笈多譯《論》，則徒增鑿枘而已。

有唐一代，除《廣品歷章》僅見外，群錄諸疏，固不採引，蓋已深惡其失本，故共擯黜之也。

民國二十七年秋客江津作

右兩考，戊①寅歲客江津作，當時猶恐稽證未周，罔敢問世。棄置行篋，遂且二年，旁搜至今，尚不見一相反之例。始信前日裁論，鑿然精諦，靡失鹵莽也。然自玄家觀之，或不免猶有枝葉之誚焉，余何敢辭！

民國二十九年夏於嘉州烏尤山德鈞識

（原載《圖書季刊》1941年第1~2期，第63~68頁；又載《圖書月刊》1943年第8期，第8~11頁，略有刪改）

---

① 編按，"戊"原作"戌"，今改。"戊寅"即民國二十七年（1938）。

《金剛經疏宣演》校記

　　《御注金剛經疏宣演》，《宋高僧傳》及高麗沙門義天《新編諸宗教藏總錄》云六卷。倭空海開元時入唐，《經目錄》及《御請來目錄》云三卷，唐長安青龍寺釋道氤撰。案：道氤，俗姓長孫，長安高陵人，父容爲殿中侍御史。氤早年登進士第，睹梵僧神異，乃乞願出家，內外偕通，玄宗勅爲隨駕講論沙門，著有《大乘法寶》《五門名數》，並《信法儀》《唯識疏》《法華經疏》《金剛經宣演》等書。卒於開元二十八年，俗壽七十二，僧臘五十三。見宋贊寧撰《高僧傳》，其書並已久佚。此編，元明清諸藏，亦不見存，蓋亡於南宋時。遜清之末，法蘭西人於敦煌石室，始發現唐宋寫本多種，此書殘卷亦在其中。民國二十三年甲戌，內學院派人往山西趙城廣勝寺訪金刻大藏，在"庭"字帙復得此書一本，爲卷第五。其分卷法與《宋僧傳》合。而題云"宋道氤撰"，則刻家誤也。敦煌本今藏法蘭西國家圖書館，倭新修《大正藏》，據以入編。原本爲上下卷，審其文數，蓋有中卷而闕。尾題"建中四年正月二十日僧義琳寫勘記"，可知爲唐時鈔本。與日本《御請來目錄》合，意其爲道氤原初卷式歟。案趙城本第五卷自"經須善提忍辱説"，訖"種種顛倒識，以離於實念"一偈，凡三十八紙。約當敦煌本下卷之上半。而敦煌本上卷自"如是我聞一時佛"下演文，至"推功歸本即真報身若約十地菩薩"云云，以後文亦闕。鈞頃另檢獲一敦煌殘卷，文無首尾，倭藏題云"金剛疏"，自"名爲究竟"，迄"由此善現徧嘆此德"，約二萬字。仔細讎校，乃是宣演上卷殘紙。除"若約十地菩薩"云云以上，與前本同一萬五千餘字外，下又補得四千七百餘字。不勝忻躍。雖猶悼非全璧，然亦愈於前本也。乃倭修《大正藏》分置兩處，不知原是一編，蓋未勘校耳。往歲滬上影印《宋藏遺珍》，復鈔敦煌本以補趙城之闕，既亂編輯體例，又踵倭藏之訛，尚有四千字可補，竟委棄弗知。紙後乃又記云："此經原刻六卷，僅存第五一卷，今以敦煌寫本上下兩卷補全"云云。中卷全無，上卷半失，又烏睹所補全耶？此誤中之誤也。蓋我國學流，驚新喜異，海外浪言，輒競奉若聖，不知臧否自多，斯可爲殷鑒矣。

民國二十七年冬於江津支那內學院蜀院

（原載《圖書月刊》1941年第3期，第2頁）

唯識二分與三境義述

　　見相二分，説肇西土。三境之義，唐世始詳。爾來千祀，紛諍多有。群言淆亂，非聖莫衷。今以微悟，粗述大恉。諸善智者，幸共是正。

　　談見相者，自來有徧計依它之諍，及同種別種之諍。前者爲印土安慧、護法兩師異説；後者爲護法門人及唐世諸賢乖議。安慧、護法，糾葛縈繁，此姑不論。惟詳同種別種之辨，而近世學者多申別種之説。吾既與之殊趣，故於別種論，此中亦不具詳。然欲明同種説，則不可不知三境義，故先説三境。

　　何謂三境？謂性境，獨影境，帶質境。

　　以何義故而説三境耶？謂一切有情，皆有八識。識者，能緣也。既有能緣，則必有所緣。故言識時，即有境隨。境即所緣法故。然境非一相，其狀萬千。當求其紀，故智者類族辨物，括爲三種。

　　言性境者，性謂真實（真實仍是相對的説）；境謂境界或境相，即世俗所云對象也。此境與餘二異（謂與獨影境、帶質境異），特徵有五：一、有實用故。二、從自種生故。三、或仗質故。四、現量所證故。五、性與繫不隨心故。具斯五義，故名性境也。

　　一、有實用者，簡非實用，如不相應行法，是若心心所色，是有實用法也。何者？心有聚集顯現了別之用故，心所有感覺領受造作諸用故，色有對礙爲依之用故。如斯諸用，實有非無，故云性境。

　　二、從自種生者，謂如前説心心所等，各有種子，依於本識，衆緣具時，遂即現行，現已復隱，爲後現種。心心所法，既非虛構，各有因緣，故爲性境。

　　三、或仗質者，質謂本質，謂若有法，是帶（帶即變似）己相（己指本質）之心或帶己相之相應（即心所）所慮所託者（謂若有法，至此爲一逗），望彼能帶（謂心、心所）之所帶的相，説名爲質（至此爲一句）。即疏所緣緣也（所緣之緣曰所緣緣）。然此爲質者，能緣法於彼，有仗有不仗，故云或仗。或仗質時，則所仗者定爲實有，不同非法（如龜毛兔角諸徧計所執法統稱非法），故云性境（此與所緣緣義關係極密，亦吾與舊説不同者，俟論四緣時當詳説之）。

四、現量所證者，現之爲義有三：一者現在，此境現前顯現，非過未無體法，隱沒而不可見者故。二者現成，當體顯露，匪藉於思構造擬者故。蓋若涉思構，則現境已成過去，非復前念之所緣矣。故法相真實，當前即是，自性離言，動念則非。三者現見，全體呈現，遠離迷昧，無毫末模糊者故。如是三義，總名現量。是故《顯揚論》說"現量者，有三種相：一非不現見相，二非思構所成相，三非錯亂所見相"，是也。蓋諸識於境，現最證時，但得自相，不起分別，如量而緣，如境證知，離諸增益損減（如色法本自無言，因以便說假名青等，是即增益。若謂能詮之名無有自性，遂執所詮法體亦無自性，則爲損減也），與境無異，故名性境。如眼識緣青色時，青之自相，實不爲青，亦非非青，名言分別，盡皆遠離。眼識緣時，初亦不起青與非青名種等所有分別，但實證依它性色，不可言說。同時意識所證色分齊，亦不可說其相貌，青與非青名種等所有分別。能證所證兩皆離言，泯然相契，一非思構，二非迷亂覺，三非不現見，是名親證自相也。及至過此刹那，後意繼起，境非現前，已入過去，乃有思構，分別言說，種種擬態，增益餘相餘義，謂我眼見色，爲青爲黃，爲緇爲白，乃至方圓長短，瓶盆車馬等說，此即不得境之自相，非現量親證故。如是者，即非性境，於三境中獨影境攝。

五、性與繫不隨心者。性謂三性，善、惡、無記是也。繫謂界繫，欲界、色界、無色界，及無漏界是也。凡屬性境，俱不隨心，性繫不定。如香味境唯無記性，唯欲界繫，鼻舌識緣時，亦不隨之而通三性；上界識緣彼時，亦不隨之而繫於上界也（此云香味，指鼻舌識所變香味底相分的本質，非指託質而生之相分，後例此）。又如五識未現行時，則無善惡等可別，雖意識緣之（謂前五識）而起染淨相想，五識亦不隨之（意識）而成善染等業也。七八兩識惟無記性，惟一界繫（七識爲有覆無記，八識爲無覆無記，八識本通三界，以隨業力異故界地亦異，八識即隨之而變現某界，既變成已，則於一期生死中，彼報未盡不得另變，故惟繫一界。七識恒緣八識見分，故界繫亦隨八識也），意識緣時，亦不隨意識而起善惡業也。八識唯無覆無記性，七識緣時亦不隨七識而成有覆也。推之則心所緣心王時，心王亦不隨心所而有轉易。無漏心緣有漏境時，有漏境亦不隨之而有轉易。匪惟是也，即無記五識緣五境與境同性，無記六識緣無記五識與五識同性，後念善心緣前念善心與前念同性，乃至同界有情緣同界有情，同性有情緣同性有情，性繫雖極相似，而能變與所變之本質，實亦各守自性而不隨能緣之心轉易也。是故識與識不相爲謀，彼此原自分疆，佛聖凡夫，各自成流，心、心所等因果各別，一一有情各一宇宙，不相假借，不相陵奪。《華嚴經》云："無有少法爲智所入，亦無少智而入無法。"即性與繫不隨心之謂也。

如是五義，是性境相（相即特徵）。故知諸法，凡有實用，種子爲現量所證者，即屬性境，並非單指色法，通目心、心所及無爲也（通途多就色法說，此正其謬）。

次言帶質境者。帶謂變似。《成唯識論述記》云："帶者，是心似彼境相義。即能緣之心有似所緣之相，名帶。"此解應理。質謂境體，即性境也。如第七識緣八識時，仗彼見分（彼謂八識）變而執我，彼所執我（謂七識所變之相分）常一不變，有似八識之相續不斷，即說名帶。而彼八識，相確恒轉，乃爲七識相分（謂我執）所託所慮，故說爲質。若無此本質，則不起彼帶，因彼似此而起境相，故名帶質也。又如五識緣五境時，彼所見者，彼所聞者，彼所嗅者，彼所嘗者，彼所觸者，俱屬自識所變之相分也。彼雖自變，然亦仗託外塵（對五識爲外），似彼（外塵）相變，故亦爲帶。彼外塵者，是五識相分之所仗託，故屬於質。又如八識緣心、心所、色諸法種時，自起相分，亦名爲帶；諸法種子爲所仗託，即名爲質。如是以言，帶質境者，實賅八識，非祇限於六七兩識而已。然有執不執故，如實不如實故，所以現量非量，兩俱得攝。五識八識及六識一分（謂五俱意識及定中意識）所緣境，是現量攝。七識及六識一分（謂獨頭意識及散亂意識、夢中意識）所緣境，是非量攝也。時人溝瞀，妄謂帶質境唯屬非量，故五八識及明了意識、定中意識等所緣，皆唯性境，以現量故。未之思也，其實亦帶質境也。如基師《唯識樞要》卷一云："五識所緣自地五塵，是初性境，亦得說是帶質之境。如因第八緣定果色，心所所緣唯是獨影，心王所緣是實性境，亦得說爲帶質之境。"足爲明徵也。雖然，自來以帶質屬非量者特多，以之屬於現量者甚尟，故世人恒以非量之帶質境爲眞帶質，以現量之帶質爲似帶質也。其頌曰："以心緣心眞帶質，中間相分兩頭生。以心緣色似帶質，中間相分一頭生。""以心緣心眞帶質，中間相分兩頭生"者，如末那之緣賴耶識，是以心緣心也。末那之相分變似八識之相續不斷，因復於相續不斷之上更執一我，則非八識之故矣。以相從質生（七識之相分是緣八識而生，八識即七識相分之質也），執從識生（八識雖有相續不斷之相爲七識所緣，而八識並不執我，七識緣之起相乃執爲我也），故曰：中間相分兩頭生也（以同時有質俱故，故非獨影。雖有質俱而執不如其相故，故非現量）。世俗恒以帶質境爲非量，而七識所緣屬似現量（即是非量），故以之稱眞帶質耳。奘師頌曰："帶質通情本。"即眞帶質之謂也。"以心緣色似帶質，中間相分一頭生"者，蓋如前五識緣境時，如量證知，冥然相契，與質無異，不同七識起執增益我相，故云"中間相分一頭生"也。然非似現似比而爲現量所攝，故云以心緣色似帶質也。此似帶質現量所證，故亦稱性境，所謂"性境不隨心"者，其此之謂歟。有義："似帶質者，如以意識緣已謝之花，此意識是心，花是色，是名以心緣色；其所生之花境，是從意識生，故曰一頭生也。"（唐大圓有此説）果爾，則何以別於獨影境乎？以獨影唯從見故也。且談獨影境義。

言獨影境者，謂獨散意識不仗本質，單獨而現，相唯從見，非異見而有用，故得此名。奘師頌曰"獨影唯從見"是也。"從見"云者，有三義故：一從見同一種生；二從見同一界繫；三從見同一識性。由斯説云從見。然復分二：一有質獨影。二無質獨影境。

有質獨影者，雖相唯從見，不託質起，然在異時異處非无其法，故曰有質。雖有其法，而於此際此時不現具故，但憑己識思構而起故，故曰獨影（以獨現而仍有其法故，雖有其法而現不具故，但以質爲牽引因故，具如是義，故曰有質獨影也）。謂如獨散意識，思惟事理及名色等境時，彼彼事理與諸名色，雖非現在現證而非无質，雖有其質而不現在，但有心影，故受斯名。此所以異於帶質境者，帶質境是質影同在，而此則影具質不具也。

無質獨影者，相唯從見，復無其質，徧一切時地，其物皆無。但由想像分別，名言計度而已。故受斯名。如第六識所計龜毛、兔角、石女兒及不相應行法，乃至自性神我梵天上帝種種徧計所執，皆無質獨影也（自來言三境義者，多於似帶質、真帶質、有質獨影、無質獨影之義，説得混沌含糊，毫不見有義理分齊，此所以不憚辭費而反復辨晰之也）。

如是釋三境竟。然在通途，多有謬解，次當料簡。

頃見有人作《八識規矩頌釋論》（《八識規矩頌釋論》與後所駁《佛學概論》並王恩洋作，《釋論》在佛學書局出版，《概論》在支那內學院出版），其釋帶質境云："謂如人夜見杌，執以爲鬼，鬼境心生而必仗彼杌，杌實非鬼而執杌是鬼，是爲帶質境也。"按此釋非理。當眼見杌時，本屬現量，並無言説分別，何得説有鬼執？即彼同時意識所證色分齊，亦不可説其相貌，亦何得有鬼杌等名言分別？必此境已去，後意生起，乃據前像及曾受鬼等名言熏習故，此時乍起憶念故，執爲鬼事耳。斯則曾更事境，其質已滅，云何可仗？有境事體，現未具前，云何親緣？故論者所説，深乖事理！又且與彼書中所言"此境必是識親所緣，隨心而生，雖隨心生而必仗本質"云云，亦甚相迕也。然論者又設難曰："設謂龜毛兔角爲無質獨影，記憶已更事有體之事爲有質獨影者，義亦不然。曾更事境，其質已滅，云何有質？有體事境，未現前故，影不依生，亦非有質。龜毛兔角雖非是有，何不可説託龜及毛，有龜毛影？依兔與角，起兔角影？則應實龜實毛爲龜毛質，實兔實角爲兔角質。然則凡獨影境，無無質者也。"此説甚辯，然不應理。所以者何？曾更事境，其質雖滅，於過去時，並非無質，云何不可作牽引因？有體事境雖未現前，於別別時，其體非無，云何不可作觀待因？以牽引故，以觀待故，質雖現前不在，影自得以生起。如何不應説爲有質獨影境耶？若夫龜毛兔角云者，所以喻空，非言實也。蓋龜毛者，謂龜之毛也；兔角者，謂兔之角也。龜何有毛？兔何有角？亡而爲有，虛而爲實，正所以比徧計之空無，情謂之悠忽也。語本佛説，意存善巧。豈可以龜雖無毛，餘處有毛；兔雖無角，餘物有角，便責其不足以譬況空相耶？不爾，則三藏十二部譬喻分教，不皆可例此以難破耶？吾誠未見其可也。至若更進推論："凡獨影境無無質者"，則於教理尤謬！所以者何？以龜毛兔角，縱許如彼所説，實非無質，然亦不得斷言"凡獨影境無無質者"。以無質獨影立義，元不爲龜毛兔角設故。但以龜毛兔角喻无體法故。彼無體法者，尅實言之，即指外道所計自性微塵丈夫大我等，徧計所執相也。此等徧計所執，寧亦可謂爲非無質者耶？豈三性五法之義亦可破耶？果爾，則諸佛菩薩，捨妄證真，轉識成智，一切功用，云何可成？是故謂龜毛兔角非無質者，已不能无毫釐之差；更進而作全稱判斷，謂凡獨影境無無質者，其又何啻謬以千里也！

上來已説三境義。次當談見相二分義。

所謂見相者，凡諸有情，各有八識，於識起時，即有二分隨轉。一分變似境界相貌，顯現於心，令心覺知，如是者名曰相分，亦曰所緣。略當今人所謂印象也。一分即是當印象浮現於意識時，意識同時便明了覺知這是甚麼物事，如是者名曰見分，亦曰能緣，略當今人所謂知覺也（略當猶言有些像，非純全像也）。然此二分，相雖有別，體卻無別。故《深密經》言："此心如是生時，即如是影像顯現。"明其非二物也。如實言之，則應説爲不一不異。以法相條然，一爲能緣，一爲所緣，顯非一故，故曰不一。然相雖不一，而是同一識體生故，不可視同兩物拼合，但由同出而異名故，故曰不異。然則以何義故而説二分耶？曰：因凡夫每執外境以爲實有，於是遂起種種貪嗔癡慢，造業無間，生死無間，斯大苦也。覺者爲愍彼故，欲洗彼迷情故，善巧方便，乃爲説唯識義，謂汝所執爲外境者，實非實有，但是自心所變相分故。相不離見，故境不離識也。由斯二分，但爲遣執方便假説，了不可執以爲實有。若執實者，即是法執，亦應重遣。故《攝大乘論》曰："唯識二種種，觀者意能入，由悟入唯心，彼亦能伏離。"無性釋云："於伽陀中，諸瑜伽師能入唯識二性（即指見相二分），遣外境界，意爲伏離能取之心；所緣無故，能緣之識亦不得有；了別無故，了者亦無；非無了別而有了者，勿境界相無分別事，亦名有境能分別心。"世親亦云："説入二性及入種種，皆爲成立入唯識因。"是知二分但爲成立唯識方便，執實不得也。

如上所説，相見二分，既是體同相別，則同種別種之諍，不難解決。然有一義須知者，即自識變現之相，固隨見分起滅，與見同一種生。然相所託質，則屬性境不隨心，即不得說爲同種矣。是故同種者，相與見也。別種者，見相與質也。唯同唯別，斯可定讞。以三境相攝，則性境與帶質境一分爲別種（即帶與質爲別種，或所繼〔即相〕與所緣之緣〔即質〕爲別種），獨影境與帶質境一分爲同種也（即能帶者與所帶者，或能緣與所緣，即見與相也）。表之如次：

三　境	類別	二分	所緣緣	法體
性　境	別類	質(法體)	緣(四所絲之緣)	色、心、心所
帶質境 獨影境	同種	相見	所緣、能緣	心、心所

前汝曾言，心、心所、色各有因緣，俱爲性境，但能爲識所慮所託變現相分，而不可得親緣其質，故應別種也。而此變起之相分則與見分同出一識，故定同種，又不可說爲別矣。設不然者，汝謂見相各別有種，得非謂相生於質耶？果爾，則識緣色時，色相應不由識現，識又何能了別此色耶？又相既從質生，質是無間存在，則相亦應無間現行，則盲者何不可視物？聾者何不可聞聲？以相從境生，不由識故。然世間實無斯事，是故見相定同種生，理極成就。同種云者，即同一心識生起之謂也。此說詳《攝大乘論》，無性釋云："相見二性，雖無實義，識似內外二義顯現。謂唯一識，所取能取性差別故，於一時間分爲二種。又於一識似三相現，所取能取及自證分，名爲三相。如是三相，一識義分，非一非異。"又曰："於一識中有相、有見二分俱轉，相、見二分不即不離。所取分名相，能取分名見。"章太炎先生申其說云："於一識中，一分變異似所取分，一分變異似能取相，是則自心還取自心，非有餘法。知其爾者，以現最取相時，不執相在根識以外，後以意識分別，乃謂在外。於諸量中現量最勝，現量既不執相在外，故名所感定非在外。"此言審矣。是故必見、相同種，唯識乃克成立。以所緣相唯自識所變故，識不得親取外境故。故《華嚴》云："無有少法爲智所入，亦無少智而入於法。"《深密經》云："我說識所緣，唯識所現故，無有少法能取少法，然即此心如是生時，即有如是影像顯現。"此文無性嘗釋之云："我說識所緣，唯識所現故者；我說在外識所緣境，唯是內識之所顯現。即是所緣境識爲自性義。此意說言，識所緣境，唯是識上所現影像，無別有體。如是生時者，緣起諸法威力大故，即一體上有二影生，更互相望，不即不離。諸心、心法由緣起力，其性法爾如是而生。"由上諸種經論所說，可知見爲何識所變，則相亦必爲彼識所變，無可分割，決定決定。既曰同一識變，則種上那得有別？種若別者，則成兩物對立，只有外在的關係，

而無內在的關係，唯識之義，云胡可成？於諸聖教所說，又能不大相逕庭耶？故於見、相分上而說別種者，理不許也。

然坊間有《佛學概論》一書者，其於斯義則全不了知，而妄爲詞說，不可不略爲料簡。該書第六篇（《緣生論》）云："若謂相分無別種者，既八識相分，即根身器界及一切種子，此等既同見分種生，應皆有分別覺性；以見與自證同種生而有分別覺性故；則根身器界應非色法攝；如見分故。又諸種子法既同一種子生，如彼種子性應是一；性既同一，如何能生善染無記諸心、心所等諸異性法？如是諸法差別，應不可得，既失壞世、出世間一切法相；亦失壞一切因緣，是故八識相分，定別有種。八識既爾，餘識亦然。"

破曰：此難非理！心、心所、色諸法種子，雖依本識，而本識執持彼時，仍必自變相分以爲所緣，與前五識緣境無殊，非能親取外境而不自變相分也。是故《成唯識論》言所緣緣，八識皆有。所緣緣者，陳那釋云："謂能緣識帶彼相起，及有實體令能緣識託彼而生。"能緣識帶彼相起，即釋"所緣"二字，即是相分。有實體令能緣識託彼而生，即釋後一"緣"字，即是境體（亦即前文所謂質也）。易而言之，前即謂親所緣緣，後即謂疏所緣緣（此兩詞實不通，俟別論，此處姑從俗）。所緣與所緣之緣，合名所緣緣也。凡言所緣緣者，皆有此二義焉。八識既有所緣緣，則安得不自變相分以爲所緣，而以諸法及種子等爲所緣之緣耶？（此句吃緊。）八識既必自起相分，則諸法種子但爲相質（謂相分所仗託之質）。相與質別種，固吾所許。則法相因果，那得失壞而相爲識？變與見同識，則相見二分自應同體，無有別種可說也。設不爾者，八識既可親緣諸法及種子等，而不別變影像，則餘識緣第八識見、相分時，亦何不親緣八識而勿自變相分耶？譬如兩情相見，即互爲境質，互變相分，而後情意相通。未有被見者始變能見者之相分，而能見者便得親緣被見者而勿另變相分也（能見者喻八識，被見者喻餘識）。否則親取外境，變義不成，又何成唯識耶？而《深密》等經所謂此心如是生時即有如是影像顯現者，豈妄言耶？且與小乘行相之說何所別耶？吾願論者平懷細思，當亦啞然自笑其失也。

問曰：八識既不得親緣諸法種子，云何攝持而恆不失耶？答曰：八識雖不親緣，然得疏緣。既疏緣矣，便非無依。以有依故，執持得成。譬諸吾手握此筆也，五識固未嘗親緣，然以疏緣故，筆曾有墜失哉！八識之攝持諸法種子，其理亦猶是也。

復次當知，所謂見者，本以得知境相爲義；而相分者，亦即以變似境相爲義也。是則相分、見分，實無逈別，同以顯了境相爲識之用已。是故識方起時，在彼當下固不自謂此爲見分彼爲相分，彊爲差別，打成兩橛也。即謂相亦具有分別覺性，理亦何難？譬如鑒也，以彼能映起影像故，即説爲能照。而彼影像者，即所照之法也。以能照故乃得影像，以有影故説其能照。理實非離能照別有影像，非離影像別有能照，能所變融，無可分別也。見相同體，理亦如是。

上來準聖教意，釋三境二分境。

鈞少家居，外兄王君善佛法，從之假書讀，得通唯識大恉。既而議論相牾，褰裳去之，役身耕鑿。隙則瞑目靜慮，有所得，輒取平日手録筆記印證，往往與聖言合，偶亦記之，成文如①干篇。《唯識二分與三境義述》，是其時草稿之一。蓋歲在壬申、癸酉間，余年十七八也。今行腳四方，寒暑九更，余思想既不能無變化，況學儒，亦安用是？然以曾經心血所耗，而所爲固非因襲陳言。故猶敝帚自珍，願以質於世之究心此學者焉。民國三十三年七月十二日張德鈞識於犍爲清溪。

（原載《哲學評論》1946年第1期，第30~34頁）

---

① 編按，"如"，據文意似當作"若"。

僧馥《勝鬘經注》考述

《勝鬘經疏義私鈔》(《疏》爲倭聖德太子著，《鈔》爲唐法雲寺僧明空所述，共六卷。在《續藏經》第一編，第三十套)，迭引無名疏說，多至六十餘事。《鈔》卷首云：

> 新羅國有曉法師《勝鬘疏》，此間上代，亦有此經疏一卷，十餘紙，不題人名。

今尋吉藏《勝鬘寶窟》(與前書同在一套中)，引有馥法師說，凡二十七起。據以對勘，處處合符。(詳附錄) 爲馥師佚文，斷無疑也。馥師原書既亡，生平亦叵詳。而關係晉宋義學之變遷，茲故考次其事，並論述其學說大要云。

慧皎撰《高僧傳》，未與馥師立傳。僅於卷七《慧觀傳》，附有數語云：

> 時道場寺又有僧馥者，本澧泉人。專精義學，注《勝鬘經》。

知馥師居止道場寺，確有《勝鬘經注》。檢《名僧傳抄》，載寶唱《名僧傳目錄》，其第七卷爲"高行下"，有"宋道場寺僧馥"一目。則馥師尤有高行，非徒義學名家也。又尋僧祐《出三藏記集》卷九（以後省稱《祐錄》），載有馥撰《菩提經注序》。末云：

> 耆婆法師入室之秘說也，親承者寡，故罕行世。家師順，得之於始會。
> 余雖不敏，謬聞於第五十。性疏多漏，故事語而書紳。

耆婆，即鳩摩羅什。據此，是馥尚有《菩提經注》，而爲羅什再傳弟子。考羅什門下，以順爲名者，厥有曇順。《高僧傳》亦未立傳，衹附見於《釋道祖傳》云：

> 遠又有弟子曇順、曇馥，並義學致譽。順本黃龍人，少受業什公，後還師遠。蔬食有德行。南蠻校尉劉遵，於江陵立竹林寺，請經始，遠遣徒焉。
> （注）

順少從什學，後還師遠，則馥又慧遠再傳弟子也。馥之受業於順，蓋即在遠公遣順徙江陵竹林寺時。因得聞耆婆入室之秘，乃注《菩提經》。此見馥之義業，前期實承關中

369

學統。故《菩提經注序》以二諦相即，權智同貫，會歸無得，揭櫫般若要旨，義符《肇論》。馥何時至止道場寺，不可得詳。《僧傳》附見其事於《慧觀傳》，應與慧觀有關。慧觀亦北人（清河），先諮禀慧遠，後又從學羅什。至什公亡後，乃南適江陵。荆州將司馬休之，爲立高悝寺（見《僧傳》七本傳。按觀初至江陵，未遇司馬休之時，或即寓竹林寺，亦未可知）。慧觀既與曇順共師什、遠，又同止荆州，彼此雖各立門庭，門下當不無往還，馥師在此時，殆已與慧觀相熟。觀似在宋武帝永初末還建業，止道場寺。《傳》云：

　　觀既妙善佛理，探究老莊；又精通十誦，博採諸部。故求法問道者，日不空筵。

道場爲南都大寺，高僧雲萃。馥之至京，或與慧觀偕行歟？時竺道生早於晉安帝義熙五年還都，止青園寺。馥當亦常與生公相見，從研涅槃之學（如馥注《勝鬘經》，有曰："法身非三世攝。猶如虛空，亦非三世。此義廣在《涅槃經》。"明其頗習《涅槃》也）。故其注中，頗弘生公理説（詳後）。元嘉十二年，求那跋陀羅由廣州至南京，明年於丹陽郡譯出《勝鬘經》，寶雲傳語，慧觀執筆。觀並製序，有曰：

　　求那跋陀羅手執正本，口宣梵音。山居苦節，通悟息心，繹寶雲譯爲宋語，德行諸僧慧嚴等一百餘人，考音詳義，以定厥文。

馥既有高行，復義學專精，早有述造，自當在百餘人中，參預譯事。又《僧傳》三《求那跋陀羅傳》云：

　　後於丹陽郡譯出《勝鬘楞伽經》，徒衆七百餘人，寶雲傳譯，慧觀執筆，往復諮析，妙得本旨。

知譯經時，跋陀頗復講釋。則馥之注《勝鬘》，蓋多有承受。故注中明解惑之本，追反流之極，妙會空有，究竟一乘。與慧觀《勝鬘經序》，陳義符同，明爲共禀師説。此見馥之義業，後期實歸宿於涅槃一諦也。

　　馥之事蹟，可考者大略如此。然由馥前後兩期著述，卻可表現晉宋時代義學之變遷。

　　嘗竊論之。般若方等，雖於魏晉之世，已與禪數並行。顧時人傳以玄旨，不脱弼、秀窠曰。雖如道安勤求正法，且猶隱拾平叔餘論（余別有考），他更勿議。逮羅什來華，性空之義，乃如日曜。肇公著論，雖仍存玄跡，然其《不真空論》，明二諦相即。《般若無知》，顯權智同貫，則非玄學家所及知也。百川騰躍，終歸大海。龍樹之空，輔嗣之玄，蓋皆至肇公而結穴。故耆婆嘆曰："解空第一，肇公其人。"羅什所傳，關中精華，皆在此矣。然耽空之極，或不免墮入虛無。破相到頭，或反而茫無把握。此所以讀般若之書，開卷亦覺汪洋可喜，閉卷仍感百憂俱集。人之生也，固若是芒乎？莊生任達，猶興此嘆。故知般若，偏尚遮詮，不過一期藥病之言，尚非無上無容之教。所以《維摩》《法華》，不得不繼之而興；《涅槃》《勝鬘》，不得不賡續而來。時人乃知，般若"以善權爲用。權之爲化，悟物雖弘，於實體不足，皆屬《法華》"（見《祐錄》八，《僧叡〈法華經〉後序》）。蓋《法華》會三爲一，指歸一路，乃使人知所趨向。眾生百憂感其心，萬事勞其形，自然有一究竟歸宿之要求。《法華》開示悟入佛之知見，正爲此一大事因緣而來。印土大乘經，由《法華》一轉，乃又闢開一嶄新世界，燦爛無極。故晉宋義學變遷，亦以此經譯出爲機樞。肇公誄羅什曰："二相之玄既明，一乘之奧亦顯。"（見《廣弘明集》第二十三）是肇公已識《法華》之殊勝。惜乎天不永年，於什歿次年亦奄逝。遂使關中之學，以肇公而結局。肇公之學，不越實相性空一義；關中之學，亦不越實相性空一義也。然當羅什譯講《法華》時，廬山北去諸僧，如道生、慧叡、慧觀等，皆已嘿契玄旨，究達義奧，故生公未幾南歸，即建立宗極，垂老猶疏《法華》。慧觀亦述《法華》宗要。慧叡後有《喻疑亡論》，是南僧於《法華》，證會特深，與關中釋子，各有畸重。肇公既歿，關學失重鎮，又兵禍連結，道俗皆四散逃死。於是南僧偏弘童壽《法華》之學。既而法顯得《大般泥洹經》，歸譯而出之。始知所謂究竟歸宿者原在乎此。《法華》顯一，所以爲指南，《般若》解空，用止於方便。《涅槃》明眾生皆有佛性，眾生皆可得常樂我淨；則趨向有的，成佛有據。不落虛無，不生怖畏。故南方諸僧，競起講之，而生公爲其領袖。稍後，北涼曇摩讖譯出四十卷《大般涅槃》，亦由南人再加改治（謝靈運與慧觀、慧嚴等），生公敷講，大行於世。慧叡《喻疑》曰：

> 什公時，雖未有《大般泥洹》文，已有《法身經》，明佛法身，即是泥洹。與今所出，若合符契。此公若得聞佛有真我，一切眾生皆有佛性，便當應如白日朗其胸襟，甘露潤其四體，無所疑也。何以知之？每至苦問佛之真主，亦復虛妄；積功累德，誰爲不惑之本？或時有言：佛若虛妄，誰爲真者？若是虛妄，積功累德，誰爲其主？如其所探，今言佛有真業，眾生有真性，雖不見其經證，明評量意，便爲不乖，而亦曾問，此土先有經言：一切眾生皆當作佛。此云何？答言：《法華》開佛知見，亦可皆有佛性。若有佛性，復何爲不得皆作佛耶？但此《法華》所明，明其惟有佛乘，無二無三；不明一切眾生皆當作佛。皆當作佛，我未見之，亦不抑言無也。若得聞此正言，真

是會其心府。故知聞之，必深信受。（文載《祐録》五）

堪見《法華》引其端，《涅槃》究其緒。南方諸僧，究此一事，夙即殷切；必得着落，心始愉帖（慧叡作《喻疑》時，大本《涅槃》猶未至，但法顯所出，故文中稱爲《大般泥洹》也）。故關中義學之南趨，終歸墾於《涅槃》。當中《法華經》之譯出，厥爲由般若實相進至涅槃佛性之過渡。至是義學乃以講明根本爲務，生公特爲翹楚。蓋道生未入關見什時，先已在廬山"幽棲七年，以求其志"，明爲向内體認，自求立命安心。親近善知識，聽聞正法，皆不過欲①證所學，以資啓悟耳。故慧琳誄道生文有曰：

  中年稽教，理洗未盡；用是偏方，求諸淵隱。雖遇殊聞，彌覺同近；塗窮無歸，迴轅改軫。芟夷名疏，闡揚事表；何壅不流，何晦不曉。若出朝離，其明昭照。（文載《廣弘明集》第二十三）

生公之學，多由自悟得來。其立説，獨標一理爲宗。蓋善解活句，不滯言文。一切經論，皆我注脚。故大本《涅槃》未至，已唱言阿闡提人皆得成佛；《勝鬘》未來，已唱言衆生悉有大悟之分，而爲結使所覆（世俗多衹知生公前一事，不知後一事）。孤明先發，闇與經會，事若甚奇。實則學見本原，猶處璇璣以觀大運，據會要以觀方來。一切理事，有何不可必然。故有《法華》講一乘，即不得不有《涅槃》講佛性；有《涅槃》講佛性，即不得不有《勝鬘》講如來藏。皆勢有必至，理須如此，匪私意所可安排也。講佛性而有如來藏，理論始完。如來藏安立，然後知《般若》之空，《涅槃》之常，《法華》之一乘，皆就一心施設，而義各有當。如來藏安立，然後知衆生何以有佛性而不成佛，何以自性本淨而現染汙，生公先已悟得如來藏之理。其殁後二年，《勝鬘》《楞伽》即傳來，似若特爲證實成滿其學説者。益見佛説莫有不本於人心固有之理者也。由是南方《涅槃》佛性之學，與關中《般若》性空之教，交互住持六朝佛教思想，凡張口談義者，即不能越其苑圍。生、肇二公，真如日月相繼，照臨下土矣。

  綜上所述，晉宋義學變遷，始有《般若》，繼則《法華》，再則《涅槃》，終乃《勝鬘》。先後代興，由虛入實。其反映於當時法筵講肆者，如宋范泰《致生觀二法師書》曰：

  法顯後至，《泥洹》始唱，便謂常住之言，衆理之最。般若宗極，皆出其下。（《弘明集》第十二）

又齊周顒《抄成實論序》曰：

---

①　編按，"欲"原作"卻"，今據文意改。

頃《泥洹》《法華》，雖或時講；《維摩》《勝鬘》，頗參餘席。至於大品
　　精義，師匠蓋疏；十住淵弘，世學將殄。（《祐錄》十一）

良以諸經，各有獨至，實非一期產生。（當另文專論）其在印度，本逐漸演進；故來中國，亦次第開展。如影從形，如聲召響。不明印度經典之發展，即無以喻中國佛學之變遷。世方異矣，人亦殊矣，猶執爲一合相，不已惑乎？慧叡《喻疑》云：

　　《般若》除其虛妄，《法華》開一究竟，《泥洹》闡其實化。此三津開照，
　　照無遺矣。

又《勝鬘寶窟》云：

　　南土人云：教有三種。一頓教，二漸教，三無方不定教。（中略）無方之
　　教，即《勝鬘》等經是也。故此經，過《大品》，包《法華》，與《涅槃》同
　　極。雖以一乘爲體，而顯言常住；故得與《涅槃》理同。雖説一體三歸，而
　　以一乘爲致；故包《法華》之説。既義適兩教，故屬無方；又是別應於機，
　　非雙林之説，故異《涅槃》。

此皆見經法流佈，逐時演進，展轉層深，終則大備。故《勝鬘》後出，遂爲極唱。沈約《宋書·蠻夷列傳》"天竺迦毘羅國"條謂"外國沙門摩訶衍（即求那跋陀羅）……於京師多出新經，《勝鬘經》尤見重内學"，的是實錄。蓋《涅槃》之教，發展至此，乃無上無餘。而宋世義學，亦以是結穴矣。要而論之：晉世義學，重心在關中，《般若》爲其宗經，什、肇爲其代表；宋代義學，重心在江左，《涅槃》爲其宗經，生公爲其代表。兩代之所翻譯，則多各爲其眷屬部黨也（用一"多"字，即非全稱）。僧馥、生當兩代交替轉變之際，故能兼總二宗，反映時代。其師曇順北人，來南方傳弘羅什《般若》秘説，此見關中義學之南徙。順先注《菩提經》，後注《勝鬘》，此徵南僧由《般若》無相，轉入《涅槃》佛性，故馥前後二種經注，足以顯示晉宋義學之變遷焉。馥《菩提經注序》曰："經之爲體，論緣性則以二諦爲宗。"又曰："緣性兩承而其實不乖。"此則《大品》智論，明二諦相即之旨而可統攝也。曰："語玄會則以權智爲主。"又曰："語嘿誠異而幽旨莫二。"此則《法華》《維摩》，顯權智同貫之義，而可兼該也。《肇論》精髓，亦在乎是。故謂"《菩提經》者，諸佛之要藏"，"其文雖約，而義貫衆典"，爲"耆婆法師入室之秘説"焉。是馥注此經，乃所以爲關中義學之管籥，灼然可見。佚而不傳，深堪惜也。至於《勝鬘經》"過《大品》，包《法華》，與《涅槃》齊極"，已如前引《寶窟》述南土人説。而《菩提經》爲一卷，《勝鬘》適亦一卷。慧觀序此經云："文寡義豐，彌綸群籍。"與馥序《菩提經》"文雖約而義貫

373

眾典"不異。然則馥注此經，實與昔注《菩提》同一用意，乃所以爲南方義學之總會，亦無疑也。抑有事實足證者。宋世義學，生公爲大師。馥與生公之關係，雖不甚可詳，然觀其所注《勝鬘》，則固妙符生旨。略述三事。

（一）釋經矩矱。生公疏《法華》，有一刱解：凡經述神異，皆釋爲借事顯理。

如《從地涌出品》述佛說法後，時它方國土諸來菩薩白佛：欲於佛滅度後，在此娑婆世界，護持此經。佛曰：止，不須汝等護持此經。我娑婆世界自有六萬恒河沙等菩薩，於我滅後護持此經。佛說是時，地皆震裂，果有無量菩薩同時涌出。是諸菩薩，先盡在此娑婆世界之下，此界虛空中住。此誠神怪極矣。生公釋之曰："眾生悉有大悟之分，莫不皆是權菩薩，無時非護，復何假他方乎？假他方者，似化理不足；故示踊出，以表斯義。六謂六道。恒沙謂多。地謂結使。而眾生悟分在結使之下。下方空中住者，在空理也。地裂而出者，明眾生而（疑'之'誤）悟分，不可得蔽；必破結地，出護法矣。"（《法華經疏》卷下）此即生公說經爲"以事表義"之例。故慧琳誄文謂生"闡揚事表"，"珍怪之辭，皆成通論"也。

而馥注《勝鬘》，亦遵此矩矱。

如經云："爾時世尊，放勝光明，普照大眾，身昇虛空，高七多羅樹，足步虛空，還舍衛國。"馥注曰："乘感而來，以滌眾心，則名爲放。應畢而往，津悟已深，故曰勝也。（中略）明法本自空，因緣故有，所以始從空中來也。既已有矣，還復之無，故從地而昇空也。若乘空者，與有不異，故云'足步'也。既能在有不有，處空不空，故可化流二國，道濟無窮也。"此種釋經方法，非與公同一矩矱乎？

（二）義解宗極。生公之學，以理爲一極。乖理爲惑，見理爲悟。迷悟之分，即聖凡之判。

如《法華方便品疏》云："理中無三，唯妙一而已。"《信解品疏》云："乖理爲惑，惑必萬殊。反而悟理，理必無二。"又《涅槃集解》引生曰："苟能涉求，便反迷歸極，歸極得本。"又曰："涅槃滅惑，得本稱性。"凡此，皆以理爲準據。以對於理之向背判惑悟也。

而馥注《勝鬘》，亦規同矩合。

如云："見雖偏於三界，而爲惑出於迷理。迷則四方異位，悟則廓然無遺。"又曰："夫心之垢也，由乎失理。反其流也，緣於悟宗。"言理與迷悟之關係，不幾與生公如出一口乎？

（三）修道次第。生公以理不可頓階，故學必以漸。照須自內發，故悟必由頓。學為聞解，悟為見解。由學階悟，必須言津，故資始信教。

如《法華・見寶塔品疏》云："理不可頓階，必要研粗以至精，損之又損，以至於無損矣。"（按謝靈運《辯宗論》為釋生公大頓悟之作，有曰："由教而信，有日進之功。教為用者，心日伏。伏累彌久，至於滅累。"足為此處注腳。）又《序品疏》云："欲反迷之解，必須聞法。"《分別功德品疏》云："夫未見理時，必須言津。……其猶筌蹄，以求魚兔。"《醫喻品疏》云："未解，須說方知。"凡此，皆見生公謂未悟前必從言教入手，藉以擊發內智，乃堪見理。語甚曉白。否則，那得憑空起悟。但聞教之知非真知，心與理猶條然為二故。故不可以聞知即當智照耳。生答王衛軍書，有曰："以為苟若不知，焉能有信？然則由教而信，非不知也。但資彼之知，理在我表。資彼可以至我，庸得無功於日進。未是我知，何由有分於入照。豈不以見理於外，非復全昧？知不自中，未為能照耶？"以衛軍難謝靈運："由教而信，而無入照之分，則是聞信聖人。理不關心，政可非聖之尤，何由有日進之功。"（上見《廣弘明集》第十八《辯宗論》）故生公助康樂釋之如此。（生公此段意思，甚為奧折。蓋以為要有點知，纔得信。故由教而信，則知即在信中；非復全昧，寧為聞信。但信教之知，理在我外，未得即心即理；此知實靠不着，故不得以為已分入照。然此知雖非入照，卻不可少；因資彼可以至我。由之伏累，日進其功，損之又損，至於累滅，則最後一念豁然大悟，全心是理，全理是心。是稱入照。故頓悟者，語其終果。非謂遂廢漸修也。）又惠達《肇論疏》曰："竺道生法師大頓悟云：夫稱頓悟者，明理不可分，悟語照極。以不二之悟，符不分之理；理智恚釋，謂之頓悟。見解名悟，聞解名信。信解非真。悟發信謝，理數自然，如菓就自零。悟不自生，必藉信漸。用信伏（原作'僞'，依湯用彤先生《佛教史》改。下三字同）惑；悟以斷結。悟境停照，信成萬品，故十地四果，蓋是聖人提理令（原作'今'）近，使行（原作'夫'）者自彊不息（原作'見'）。"此段語尤明晰。謂理非可以剖分之物（無形體故），故不可漸見，而必頓悟，然所以能頓悟者，則不可無藉於漸修。故先須信順聖人言教；十地四果，歷階而昇。至"金剛三昧，散壞

375

塵習，轉入佛慧"（生《法華疏》語），始名頓悟。故生於《法華疏》中亦云："良由眾生本有佛知見分，但爲垢障不現耳。佛爲開除，則得成之。"（中略）"欲示佛之知見（此句牒經文），言向（原作'向言'）本有其分，由今教而成。成若由教，則是外示（此釋'示'字），示必使悟（此釋經'欲令悟佛知見'句），悟必入其道矣（此釋經'欲令入佛知見道'句）。"此正說明"資彼可以至我"。何可不信言教？夫盲修瞎證，未有不墮入野狐禪者也。項近錢穆氏《三論禪宗與理學》，乃謂："生公頓悟成佛，則不隨言教，不立文字，即心即佛之宗門大義已顯露。"又謂："竺道生大乘頓悟義之在佛教，亦早已爲一種教理之爭矣。"（見《思想與時代》第四十期）諗①之上說，不幾於捕風捉影乎？又錢氏曰："所謂頓悟者，指其入理。何以眾生皆能頓悟，則以眾生皆具佛性故。"此說亦誤。皆有佛性，但謂皆可成佛，不謂便能頓悟入理。頓悟入理，乃是極果；必須藉教起修，最後始得。否則錢氏亦有佛性，何爲此時未時頓悟入理耶？謝康樂有言："華人悟理無漸，而誣道無學。"不幸乃見於今日也。

而馥注《勝鬘》，亦合若符契。

如云："智由內發，以窮緣盡照者，名爲自力也。自力生智，乃得無量。是故如來以無量之妙智，照彼無作真諦；則諦無不盡，智無不周也。"此即生公照必自中之旨也。然非不假教修而得。故又云："夫然，垢淨禍福，唯心爲主。知闇入明，唯信是先。是故若能履信以順智者，煩惱不斷而自滅，淨心不瑩而自明也。觀察五事以意解爲初者，信等五根，是眾德之本；習信之始，始乎意解（即生公'由教而信，非不知也'意）；意解既成，然後實果可登也（此即生公'資彼可以至我'意）。……修習有二種：一者積德；二者盡垢。觀察業報者，明積德也。觀察羅漢眼者，明盡垢也。"此即生公悟不自生，必藉信漸，用信伏惑，信成萬品之說也。又曰："世者，眾生世間。無明㲉藏者，心之所窟宅也。彼眾生者，既以無明爲心窟，處昏闇而莫曉（此即生公'眾生本有佛知見分，但爲垢障不現'義）。安寢永夜，反流靡津。自非大聖，何以自覺（此即生公'佛爲開除，則得成之'義）。"（下略）此即生公未見理時，必須言津之說明也。

---

① 編按，"諗"，據文意似當作"檢"。

它如生公法身無色之論:

　　《法華·壽量品疏》云:"夫色身佛者,皆應現而有,無定實形。形苟不實,豈壽哉?然則方形同致,古今爲一。古亦今也,今亦古矣。無時不有,無處不在。若有時不有,有(此字原脱)處不在者,於物然耳,聖不爾也。"此言色身佛皆應現而有,則法身無色矣。

歸極得本之談:

　　《涅槃集解》卷一,引道生釋《大般泥洹》語曰:"苟能涉求,便反迷歸極。歸極得本,而似始起。始則必終,常以之昧。若尋其趣,乃是我始會之,非照今有。有不在今,則是莫先爲大。既云大矣,所以爲常。常必滅累,故曰般泥洹也。"此言涅槃性是本具,非照今有。故滅累成聖,皆不過本分事也。

因果理一之義:

　　《法華·見寶塔品疏》曰:"一切衆生,莫不是佛,亦皆泥洹。泥洹(此字原脱)與佛,始終之間,亦奚以異,但爲結使所覆。"言始在凡夫因位,涅槃理爲結使所覆。終證佛果位,涅槃理即破結使而出。因果雖殊,理未始二。故《藥王本事品疏》云"上明因果理一,則無異趣,宗極顯然,領會有在"也。

佛佛道同之説:

　　《法華·序品疏》云:"如是二萬佛證釋迦者,密表二乘之化,以荃(詮)一乘之美,故須廣引諸佛;其人彌多,其道彌一矣。"又《方便品疏》云:"引十方三世諸佛爲證,三世諸佛皆先説三乘,後明一極。雖復世異人殊,然斯道玄同矣。"又《妙音品疏》云:"今多寶爲現相者,一明多寶爲法花(華)而來,二明諸佛道同也。"此明理爲一極,不但人不能異,即三世諸佛,亦不得異也(生公義解,此但略陳。詳具拙著《生公學説研究》)。

馥在注中,亦無不觸類闡發。

　　如云:"法身無形,形以應顯。顯由物彰者,何法而非化耶。"又曰:"法身非三世攝。猶如虛空,亦非三世。"此即法身無色義也。如云:"昔之往者,乖宗於一豪(與'毫'通)。今之來者,尋本以合真也。故知往復昇降,皆依如來藏也。"又曰:"心之垢也,由乎失理。反其流也,緣於悟宗。是以若能審法性自滅,以爲滅諦者,則自性清淨心得離煩惱也。"此即歸極得本,以理爲依義也。如曰:"法身不離煩惱藏則名如來藏;成就則名法身。故知一真實理,而始終二名。良以煩惱爲稱謂也。"又曰:"如來藏智者,言其始也。如來空智者,謂其終也。始終雖殊,而智性不二。"此即因果理一義也。如曰:"三世諸佛雖殊,而其道不二。不二之道,汝能一之;得一者,豈遠乎哉?道無二宗,其能異乎?"此即佛佛道同義也。

夫如是。然後乃知法慈序《勝鬘經》(於竺道生殁後譯出,生弟子道攸,披尋反覆,仰而嘆曰:"先師昔義,闇與經會。但歲不待人,經襲義後。"〔《祐録》九,慈法師《勝鬘經序》〕),言皆有物。然則僧馥者,即非道生徒屬,亦深受道生影響。所以含樞晉宋義學,有足多也。

如上所説,夫馥既績學深優,禀承高勝。故睿思通微,析理精至。雖殘章賸句,猶見勝義繹絡。今且撮其機要,略陳三義。

一、如來藏即理義。考中土以理説佛義者,昉自支道林。道林邃於莊、老,莊子以理爲自然之分。至王、何、向、郭,益恢廓其説。故道林亦攄之以談如如。然尚未言理即心性,不免仍富玄學色彩。生公承之,首建理爲一極,以爲迷悟之所依準。有曰:"善性者,理妙爲善,反本爲性也。"(《涅槃集解》引)蓋自此始從心性上立説。(或問:前言生公説理,多由自悟。此又言承於支道林,得不相逕庭乎?答曰:汝太泥滯。夫言悟者,因此以悟彼也,非絶無所本也。明道云:"吾學雖有所受,'天理'二字,卻是自家體貼得來。"得謂"天理"二字,不早見於《禮記》《莊子》書乎?)馥師纘述其緒,乃益博深切明。其言曰:"法身不離煩惱藏,則名如來藏,成就則名法身。故知一真實理,而始終二名,良以煩惱爲稱謂也。"生公謂"理爲法身"(見《法華·信解品疏》),而《勝鬘經》説:法身不離煩惱藏,名如來藏。馥因推闡其説,以一真實理爲自心性。因有煩惱藏故,此理不得顯現,即名爲如來藏。(即謂自家本有如來,但爲煩惱覆蔽不顯。藏即遮隱義也,煩惱能遮蔽,佛性所遮蔽,故俱名藏。一説:煩惱藏是煩惱障之誤譯,則障仍作覆蔽解,義亦相通。)然煩惱終須遠離,自性終須顯現。即於惑盡理顯時,名爲法身。生公曰:"法者,無非法也。"非法即指煩惱。心遠離之,安住於理,即法身也。故如來藏與法身,非有二物,一理之潛見而已。始潛終見,因立二名。生公謂衆生悉有大明之分,在結使(煩惱異名)之下,住於空理,終必破結地而出,即已意味得如來藏也。法身未離煩惱藏時,其相雖隱,然衆生得以成佛之根據即在是。故《涅槃經》稱爲佛性,馥師亦用以解釋《勝鬘》。有曰:"能知解者，要當推近以及遠，觀果以尋因。故上言若能了所纏云佛性者，則已出云（原作'之'）法身也。"又曰："意生身若於二乘爲未來，能知此苦，則無苦而不知也。滅意生身陰，則無苦而不滅。能證此滅者，則佛性顯現，名爲法身也。"此以在藏名佛性，出纏名法身。必證滅而後顯現，滅即滅去煩惱，故不可無工夫也。説佛性或如來藏者，能予衆生以信念，發起勝求，而不自暴自棄。故馥又云："然人懷勝求，但心昧故不了。雖未能了，可審其不無。始既不無，則終必定有。故言若於無量煩惱所纏不疑惑者，則於出無量煩惱藏法身亦無疑惑也，此則信解説無作聖諦是真實，解説作聖諦爲方便也。"衆生必先信認自己有成佛可能，然後無量修行，始可發軔。故生公謂信成萬品，所以起其信者，即示之以各人本有佛性，本有如來藏，即自心本具實理而已。此佛家理論建設最根本處。後世宗門唱言："汝自性是佛，自心是如來，不須外求。"蓋淵源於此，但不免漓而失真。緣彼輩又好用《圓覺》《楞嚴》僞書之説，謂本來圓覺，不待修證。遂至猖狂放蕩，熱性廢修。是豈馥師之所知也？

二、染淨不相應義。衆生染淨，俱於心上現起，然非和合一味。若和合一味者，應不可出離；希聖成佛，皆等虛牝。故心雖現有染相，而自性不與煩惱相應；此則成佛可期。自性雖非所染，然在凡夫位上，不離煩惱，故相仍現染；所以未得成佛。是故馥師云："心不相應有二義。一、明心相本淨，非煩惱所染，是性不相應也。二、明三界重累是心識所起，故與心相應。無明住地微結，障於二乘淨智，故非心相應也。"此明染不能與淨相應，惟與染相應，故淨終不爲所染。又曰："心以慮知爲能，煩惱以昧照爲用。其猶明闇同處，而性自天隔，故名不相觸也。既不相觸，則義無染名也。此釋不染也。釋染者，五住地歷然，非無煩惱；三乘同闇，非不染心也。"此釋性不染而相有染之義尤晰（心本不與煩惱相觸，假名爲染，非真染也）。心不以煩惱爲自性，故煩惱終必遠離。清淨乃是心性，故清淨終必現證。馥師曰："如來藏者，近在煩惱之内，而遠與涅槃同體，故名自性清淨也。客塵煩惱者，始雖貌同而性乖，終必遠離以獨絶，故謂之客也。"並從染淨不相應一義顯示。染淨客而主，則人知所反本矣。蓋親承求那跋陀羅三藏，故發語不妄。乃後曰《起信論》僞書，以生滅與不生滅和合，無明與真如互熏。勘之上義，其爲邪説，實不待辯矣（按，宋儒胡五峰謂天理人欲，同行異情。似默契此旨，而朱子訾之，乃其無識。故東萊嘗有意平反之也）。

三、如來藏爲依義。夫欲教衆生了知迷悟染淨者，不可不有一準據。故生公安立理極，以示趣舍。乖理爲迷，見理爲悟，理即自心本性，無竢①外索者也。顧衆生之

---

① 編按，"竢"原作"竣"，今據上下文意改。

心,有煩惱與俱,乃不能照理,而向外逐物。理被煩惱隱覆,且執之爲我。物我對待,愛惡相攻,斯人生不自在矣。至於欲惡之大者,莫甚於生死。以生死存懷,則何事不爲(見《孟子》)。此又世間所以不得安寧者也。學佛以祈安寧,得自在,解繫縛爲要期,故必破生死之見,斷愛惡之私,而住於涅槃境界。涅槃者,無它;即自性清淨心之顯現。非於現實世界外,別尋一世界。否則仍爲逐物之見。齊固失之,楚詎爲得耶?故馥師云:"向明依如來藏故入生死,今明依如來藏故昇涅槃也。是爲昔之往者,乖宗於一豪(與'毫'通);今之來者,尋本以合真也。故知往復昇降,皆依如來藏也。"此謂生死涅槃,從流反極,皆依一心施設。心不向理而著於生死,斯生死矣;心契乎理而寓諸寂靜,斯涅槃矣。故又曰"垢淨禍福,唯心爲主"也。生公云:"涅槃滅惑,得本稱性。"(《涅槃集解》引生語)豈外心而求道乎?夫心不能住於寂者,有惑累之也。惑去則生滅無滯於懷,謂之無生滅。以其知止於悟,無有撓動相也。故馥師云:"無生滅者,乃名真寂滅也。以此爲滅,何壞法之有?此明法滅者,既得能空,故稱滅。復辨(原作'辦')心淨爲滅。夫心之垢也,由乎失理。反其流也,緣於悟宗。是以若能審法性自滅以爲滅諦者,則自性清淨心得離煩惱也。離煩惱者,亦名爲滅,但非法之滅耳(此即生公'法者無非法也'義)。"此段義極精透,言滅者非壞法之謂,而滅有二義:一、自性清淨心,本不與煩惱相應;即一真實理,原無染法安腳處所;說之爲滅,所謂法性自滅也。二、煩惱非心之自性,終必遠離;於遠離時,即說彼爲滅。此乃純由對治之功,反流悟宗後事(即《唯識》所謂轉依)。言滅如是,推之其它,言空亦然。故又云:"如來藏智應名不空而言空者,明其雖在煩惱之中,而自性清淨,非彼所染,故亦名空也。"以不染明空,則清淨本性不無也。原佛學大要,厥在使自性清淨心,得離煩惱。合下便是工夫,當下便要受用。不滯現實而亦不離現實。故肇公曰:"聖人空洞,其懷無知。然居動用之域,而止無爲之境,處有名之內,而宅絕言之鄉。寂寥虛曠,莫可以形名得。若斯而已矣。"夫豈毀滅存在,然後乃爲寂滅乎?

馥師原書失傳。微言奧旨,所可徵述者,略具如此。惟有一義,尚須補說。慧觀序《勝鬘》謂:此經"文寡義豐,彌綸群籍",語非虛稱。是故馥師注此經時,其前期《菩提經注》之意,乃亦時見會入。《菩提經注》雖亡,而有其序文足徵。序云:

夫萬法無相而有二諦,聖人無知而有二名。二諦者,俗也道也;二名者,權也智也。二名以語默爲稱,二諦以緣性爲言。緣性兩陳而其實不乖,語默誠異而幽旨莫二。故《般若經》曰:"色即是空,空即是色;見緣起爲見法也。"(下略)

按此中雙辨境智。以二諦爲所緣，二名爲能緣。二諦以緣性爲言者，即以緣起故非無，說俗諦；以性空故非有，說真諦也。二名以語默爲稱者，即以無知（無分別）說真實智（即根本智）；無不知（有分別）說方便智（後得智）也。真實智無分別，所以入真諦之無；方便智有分別，所以入俗諦之有。二名二諦，就迹雖殊，在本則一。乃相待而效用，亦異功而同實，故不可以名二而二之也。此序中之大意。而馥注《勝鬘》，亦頗以權智空有疏釋經文，足與序說相宜。其言二名者，如曰：

> 智以照空，權以入有。能體空說有者，可曰甚深微妙也（此釋經文：智慧方便，甚深微妙）。

此即序文"二名以語默爲稱"之義。以體空即嘿，說有即語也。又曰：

> 正覺虛寂，而能照空。照空則非空，寂則非有。非空非有者，名不思議空智也（此釋經文：如來應等正覺，非一切聲聞緣覺境界，不思議空智，斷一切煩惱）。

此即序文"語默誠異而幽旨莫二"之義。以寂照雖殊，同一不思議空智也。其說二諦者，有曰：

> 將明法本自空，因緣故有。所以從空中來也。既已有矣，還復之無。故從地而昇空也。（此釋經文：初勝鬘念佛時，佛於空中現。佛說法已，復身昇虛空。）

此即序文"二諦以緣性爲言"之義。以緣即說有，性即說空也。又曰：

> 若乘空者，與有不異，故云足步也。既能在有不有，處空不空，故能化流二國，道濟無窮也。（此釋經文：佛足步虛空，還舍衛國。）

此即序文"緣性兩陳而其實不乖"之義。以空有不異，則即有即無也。由此可見，馥注《勝鬘》時，其前期紹承關中學統者，實並融納其中。而《私鈔》引無名疏說，確爲馥師佚文，益無疑矣。若夫《肇論》精蘊，馥師前期，實多祖述。亦可由《菩提經序》而見。如肇公《般若無知論》曰：

> 真諦自無相，真智何由知。

又《答劉遺民書》曰：

> 夫智之生也，極於相內。法本無相，聖智何知。

故馥序云"萬法無相，聖人無知"也。肇公《宗本義》云：

> 一切諸法，緣會而生。緣會而生，則未生無有。緣離則滅，如其真有，有則無滅。以此而推，故知雖今現有，而性常自空。性常自空，故謂之性空。

又《不真空論》曰：

> 真諦以明非有，俗諦以明非無。豈以諦二而二於物哉？

故馥序云"二諦以緣性爲言。緣性兩陳而其實不乖"也。肇公《宗本義》曰：

> 漚和般若者，大慧之稱也。諸法實相謂之般若，能不形證漚和功也。適化衆生謂之漚和，不染塵累般若力也。然則般若之門觀空，漚和之門涉有。涉有未始迷虛，故常處有而不染。不厭有而觀空，故觀空而不證。是謂一念之力，權慧具矣。

故馥序云"二名者，權也智也。二名以語嘿爲稱。語嘿誠異而幽旨莫二"也。乃至肇公《答劉遺民書》引：

> 經云：色不異空，空不異色；色即是空，空即是色。（中略）是以照無相不失撫會之功，睹變動不乖無相之旨。造有不異無，造無不異有。未嘗不有，未嘗不無。

馥師序中，亦引"《般若經》曰：色即是空，空即是色；見緣起爲見法也"。肇公《般若無知論》曰：

> 經云般若義者，無名無説，非有非無，非實非虛，虛不失照，照不失虛。斯則無名之法，故非言所能言也。

馥注《勝鬘》亦云："正覺虛寂，而皆照空。照空則非空，寂則非有。非空非有者，名不思議智也。"《般若無知論》又曰：

> 是以至人處有而不有，居無而不無。雖不取於有無，然亦不捨於有無。所以和光同塵，周旋五趣。寂然而往，怕爾而來，恬淡無爲而無不爲。

馥注《勝鬘》亦云："若乘空者，與有不異。既能在有不有，處空不空。故能化流二國，道濟無窮也。"然則馥之服膺肇公者，不已至深明切歟！

是故馥師前後兩著，實分繫生、肇二家學統。其於生公理説，蓋尤推闡盡致。晉宋義與演進，亦於此中見焉。其人與學之重要，居可知也。昔寶唱撰《名僧傳》，爲列次於高行，必多懿德風範足稱。乃慧皎敘高僧，遽略其傳，而馥之事蹟遂不可詳。吉藏疏《勝鬘》，時引其說，知書尚流行於隋前。至唐明空著《私鈔》，乃僅得其本，未載人名。而馥之遺著，遂不得不亡。今人談六朝義學者，乃不憶有馥師其人，更遑論馥師學說！然不知馥師學說，又何能闚生、肇二公義解之精蘊，與夫關中、江左晉、宋兩代義學分野之分在。余故撫拾佚文，稍闡幽致。吉藏、明空所引，今並全爲輯出，附錄於後。庶緬懷古義者，得共遊意焉。

民國三十四年十二月廿二日冬至節，寫成於江津支那內學院蜀院。

（注）按曇順除《高僧傳》外，它書不見。尋《名僧傳鈔》，《名僧傳目錄》第六"高行"中，有"宋江陵僧林寺釋曇從"一目，意曇從或即順之別字。從之傳前爲釋曇異，鈔錄有其傳文。後附《名僧傳》說處，爲全書摘要。其第六云：

一缽水上舍利右旋，五色光耀，清徹滿室事。

廬山西林，惠永惠遠已後，正教陵遲事。

按舍利光耀事，正在所鈔《曇翼傳》中（亦見《高僧傳》五《曇翼傳》）。後一項記廬山西林慧遠已後事，自即曇從傳中之文。既涉及慧遠，可知從即曇順也。順在遠公歿後，得目擊西林正教陵遲，則其卒時，或尚在生公後也。

附：僧馥《勝鬘經注》輯佚

(有釋處出經文，無釋即缺)

勝鬘師子吼一乘大方便方廣經注

劉宋道場寺僧馥撰

馥法師云：《勝鬘》者，云大士以三乘爲法身，一乘（原作"二乘"，據下文改）冠其首飾。此意明三乘之解，猶未端嚴；一乘之慧，方爲妙極故也。

師子吼者，馥法師引《思益經》解師子吼，有其多義。略說三種：一、如說修行；二、無畏說；三、決定說。如說修行者（此句原缺），所說如所行，所行如所說，無有虛說，故名師子吼。二無畏說者，世俗云：小巫見大巫，神氣盡矣，則勝鬘親於佛前，對於勝衆，縱任辯才，闡揚妙法，無所畏懼。故《淨名》云：演法無畏，如師子吼。又無畏有二：一不畏他，二能令他畏。獸王震吼，亦復如是，一不畏於百獸，二令百獸生畏。大士演法，義亦同然。不畏他者，勝人臨座而弘道綽然，謂不畏他也。能令外道驚愧，天魔慴懼，謂令他畏也。師子吼名決定說者，此借師子性情爲喻。如師子度河，望直而過，若使邪曲，即是周還。菩薩演教，義亦如是。依究竟理，說究竟教；若不究竟，即便不說。故下文云：師子吼者，一向記說。一向記說，猶是決定說也。又菩薩說法，能上弘大道，下利群生，邪無不摧，正無不顯。故下文云：決定宣唱一乘了義，又能摧伏非法惡人，是故名爲師子吼也。（上並見吉藏《勝鬘寶窟》引。然吉藏引書，多不就原文。或約括大旨，或演繹詞意，故不盡是本來面目。然遺貌取神，亦無有乖互也。凡後與明空所引，詞句不盡相合者，應作如是觀。）

我聞佛音聲。

  傳道聲於書，故云我聞。(《勝鬘經疏義私鈔》引)

降伏心過惡，乃與身四種，已到難伏地，是故禮法王。

  馥師以無明住地爲難伏地。無始無明，最爲大力，唯佛能除，二乘不斷。到之言度，謂已過此累也。此實是斷而言"伏"者，如降伏四魔。難伏已伏，則高昇累表，於法自在，故稱法王。(《寶窟》)

敬禮法無邊。

  無有終訖，故曰無邊。無邊之理，豈有中斷，即常住之異名也。(《私鈔》)

爾時勝鬘及諸眷屬，頭面禮佛。佛於衆中，即爲受記：汝嘆如來真實功德，以此善根，當於無量阿僧祇劫天人之中爲自在王。

  勝鬘讚嘆，美善盡矣。以今證古，知開覺之不近。乘此喜根，因獲尊號，不亦宜乎！(《私鈔》)

爾時勝鬘，聞受記已，恭敬而立，受十大受。

  馥法師云：虛心敬納，剋己奉行，故稱爲受。(《寶窟》)

種種危難（亦云厄難），困苦衆生。

  經本不同，或云厄難，或云危難。馥法師云："對下安隱，應云危難。對下饒益，應云厄難。"則二義俱適。但厄是災厄，危是危亡，此二皆是障難也。(《寶窟》)

○大受及三大願章（《私鈔》云：無名疏統收今後兩章，亦不出七地已還行。）

  十大願，馥師云："前五爲止惡，後五爲生善。"(《寶窟》)

  報勝則道高，行精則果能。在己進德曰行，及物勝曰願。故十受以守戒不犯爲先，三願以安慰衆生爲首也。十受中五明止惡，五說修善；而修善以攝受正法爲原，止惡以戒慎爲本。故建此兩端以統萬行。修善進德，以慈悲爲首；故前兩行以明慈，後二行以明悲。將明得失之深大，故階級以言。欲者，向道之初門。波羅蜜者，大乘之妙行。大乘者，理極之都稱。極正法者，人法之合名也。夫遺終則忘始，數之然矣。(《私鈔》)

法主世尊，現爲我證。

  證者，證其受必能行。信薄則生疑，疑生則入網，焉得涅槃之安樂哉？（《私鈔》）

○攝受正法章（《寶窟》引馥師云："即是第十受及第三大願，但上離之爲二，今合之爲一。"）

佛讚勝鬘，善哉善哉。智慧方便，甚深微妙。

  智以照空，權以入有。能體空說有者，可曰甚深微妙也。（《私鈔》）

汝之所說攝受正法，皆是過去未來現在諸佛已說今說當說。

  三世諸佛雖殊，而其道不二。不二之道，汝能一之。得一者豈遠乎哉？道無二宗，其能得異乎？自以爲證。（《私鈔》）

普爲衆生作不請之友，大悲安慰，哀愍衆生，爲世法母。

  大悲內興，救不待請。哀愍安慰，猶如慈母。舉此結終，以明地德之厚載（原作"戴"）也。（《私鈔》）

攝受正法，捨三種分。何等爲三，謂身、命、財。

  馥師意：攝受正法，以菩提爲期；捨身命財，以後際爲限也。（《寶窟》）

世尊，我見攝受正法，如是大力，佛爲實眼實智，爲法根本，爲通達法，爲正法依，亦悉知見。

  實眼則見，實智則知，爲法根本則照其始，爲通達法則鑒其終，爲正法依，人所敬信。佛既知見，願垂顯證。（《私鈔》）

如是勝鬘，少攝受正法，令魔苦惱。我不見餘一善法令魔憂苦，如少攝受正法。

  馥師云："以攝受正法欲爲少攝受正法。"此意明直發心樂欲攝受，已勝出人天；實登聖故，功德無比也（《寶窟》。此意以下，疑是吉藏申釋馥師意）。

是故勝鬘，當以攝受正法，開示衆生，教化衆生，建立衆生。

  初名開示，中名教化，後名建立也。既以三譬述成其義，復加三勸，全

廣其其道也。(《私鈔》)

開示者，有人言：用前力士開衆生也。言教化者，用前牛王化衆生也。言建立者，用前山王果德建立衆生也。馥師同此釋。(《寶窟》)

○一乘章

此經弘旨，名義奇拔，皆顯於此章。初立名超常韻，則不可以言求；義超衆倫，則不可以意取。必要當豁其物習之懷，廢我以存道者，然後可尋之於因緣耳。(《私鈔》)

何等爲六，謂正法住、正法滅、波羅提木叉、毘厄、出家、受具足。爲大乘故，說此六處。

聲聞稟化，承聖化得以自通，更無別理以爲興衰，是以法之住滅，唯在大乘。(《私鈔》)

何以故，阿羅漢於一切無行怖畏想住，如人執劍欲來害己。是故阿羅漢無究竟樂。

無行者何，既出三界而未入佛境，衆法之大因也。夫然，阿羅漢雖盡三界之大怖，而未免彼地之微畏傷其無上法身，豈執劍之所譬？(《私鈔》)

唯有如來應正等覺，得般涅槃，成就一切功德。……成就無量功德。……成就不可思議功德。……成就第一清淨……

一切者，盡有之名。無量者，體無之稱。不思議者，有無兼極之謂也。清淨者，證斷之極號。(《私鈔》)

唯有如來得般涅槃，爲一切衆生之所瞻仰，出過阿羅漢辟支佛菩薩境界。

向指歸依之義，故單言聲聞；今廣釋生死不盡，是以兼說二乘。(《私鈔》)

有二種死。何等爲二，謂分段死、不思議變易死。分段死者，謂虛僞衆生。不思議變易死者，謂阿羅漢辟支佛大力菩薩意生身，乃至究竟無上菩提。

受生三界，名爲虛僞衆生。行報有定期，期盡則終，名分段生死也。彼三聖者則不然矣。滅除諸漏，捨離報身，藉衆妙之行以成其體；體由行成，安得無終，但潛往冥來，莫測其際，猶心之代謝，故名意生身也。隨其修短，非不善有終，故名變易死也。死而不滅，豈可思議。(《私鈔》)

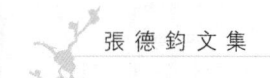

> 馥師云：變易是借喻之名。杳深難測，如識代謝，故云意生身。(《寶窟》)

何以故，有煩惱。是阿羅漢辟支佛所不能斷。

> 何以故有煩惱者，所以歸依由於怖畏之來。緣生死不盡，不盡之本乎煩惱，是以歷明至於此也。(《私鈔》)

煩惱有二種。何等爲二？謂住地煩惱及起煩惱。住地有四種。何等爲四？謂見一處住地，欲愛住地，色愛住地，有愛住地。此四住地生一切起煩惱。起者，刹那心刹那相應。世尊，心不相應，無始無明住地。

> 各安其分曰住，能有所生曰地，從彼而生名爲起也。見雖徧三界，而爲惑出於迷理。迷則四方易位，悟則廓然無遺。是故諸見雖衆，共爲一地也。愛之爲患，根深難拔，何者？三界既殊，行報亦異，而愛水潛潤，津染幽固，隨地所生，堅著不捨。是以三界之愛各爲一地。(《私鈔》，原引在次段後。)
>
> 心不相應有二義：一、明心相本淨，非煩惱所染，是性不相應也。二、明三界重累是心識所起，故與心相應。無明住地者，微結障於二乘淨智，故非心相應也。是以四住地者，名爲心也，漏也。無明住地者，名爲智也，無漏也。(《私鈔》，原引在上段前。)

世尊，如是無明住地力，於有愛數四住地，無明住地其力最大。譬如惡魔波旬，於他化自在天，色力壽命眷屬衆具，自在殊勝。

> 波旬爲衆魔之主，故居上而臨下。無明爲塵勞之元，故處本以統終也。(《私鈔》)

恒沙等數上煩惱依，亦令四種煩惱久住，阿羅漢辟支佛智所不能斷，唯有如來菩提智之所能斷。

> 三界上煩惱，猶可以恒沙爲數。重冥幽昏，非螢燭之所照也。非佛不斷，故稱爲大。(《私鈔》)

世尊，又如取緣有漏業而生三有。

> 取者，是其愛之別稱。愛心取著，故名爲取。助業牽生，目之爲緣。理實諸結皆名爲緣；愛力增彊，故偏說也。古疏多云：取支之取起有漏業，如十二緣中取緣有也。馥師注亦爾。(《寶窟》)

世尊，如是有愛住地數四住地，不與無明住地業同。

  二乘已離四住地而無明猶存，所以爲異也。（《私鈔》）

阿羅漢辟支佛斷四種住地，無漏不盡，不得自在力，亦不作證。無漏不盡者，即是無明住地。

  無漏不盡者，是未斷無明住地。既爲無明所縛，安得自在？無明不盡，以何爲證？（《私鈔》）

世尊，阿羅漢辟支佛最後身菩薩，爲無明住地之所覆障故，於彼彼法不知不覺。

  統論生分不盡，則言大力菩薩。大力菩薩者，通八住已上三地也。今窮無明住地之所覆，故偏取最後身。最後身者，一變則成佛，而微障未盡；障微則難遣，故於彼彼法，不得一切種智以知之，無上正覺以覺之也。（《私鈔》）

  問：正應言二乘不得四智爲無明覆，何故舉菩薩也。答：舉菩薩顯二乘被覆深重。宗師通以變易望分段爲最後身。馥師亦爾。（《寶窟》）

以不斷故。名有餘過解脫，非斷一切過解脫；名有餘清淨，非一切清淨；名成就有餘功德，非成就一切功德。以成就有餘解脫有餘清淨有餘功德故，知有餘苦，斷有餘集，證有餘滅，修有餘道。是名得少分涅槃。得少分涅槃者，名向涅槃。

  自此以下，更舉有餘之說，以明如來真實四智無餘功德。四智有餘，四諦不盡，因果不盡，故以有餘爲少分，於無餘爲向也。（《私鈔》）

若知一切苦，斷一切集，證一切滅，修一切道；於無常壞世間，無常病世間，得常住涅槃界。

  馥師以苦集是世間，苦是無常壞，集是無常病。此則通論因果亡累，故得涅槃。（《寶窟》）

於無覆護世間，無依世間，爲護爲依。

  爲依者，以道度人曰護，以滅安物曰依。（《私鈔》）
  馥師云：以道化物爲護，以滅化人爲依。此是對前苦義爲死，集義爲病也。（《寶窟》）

是故無明住地積聚生一切修道斷煩惱，上煩惱。彼生：心上煩惱，止上煩惱，觀上煩惱，禪上煩惱，正受上煩惱，方便上煩惱，智上煩惱，果上煩惱，得上煩惱，力上煩惱，無畏上煩惱。

> 以能生爲煩惱，所以爲上煩惱。心者，總説三界心也。四住地結障於心識，無明住地障彼淨智。淨智者，又二種：一障二乘，二障菩薩，今釋無明住地皆生此衆結也。將修禪定，先習止觀，此別解欲界煩惱；禪上，色界也；正受上，無色界；説心止盡於此也。方便上，無漏方便也；智上，智所知聞也。果上，有爲未盡；得上，無爲未極也；此是二乘智（原作"知"）障也。力上，無畏上，此是菩薩智障也。（《私鈔》）

> 馥師以四禪爲禪，無色爲正受。（《寶窟》）

一切上煩惱起，皆因無明住地，緣無明住地。

> 但以無知爲性，故名爲因。雖智猶迷，謂之緣也。（《私鈔》）

如來菩提智所應斷法，一切皆是無明住地所持所建立。——若無明住地斷者，過恒沙等如來菩提智所應斷法，皆亦隨斷。

> 始起是爲持，終成爲建立。生死由彼，滅豈容異。（《私鈔》）

如是一切煩惱上煩惱斷，過恒沙等如來所得諸法，通達無礙。

> 如是一切者，謂所應斷法悉斷也。過恒沙者，謂應得者得，應證者證也。（《私鈔》）

得究竟法身者，則究竟一乘。究竟者，即是無邊不斷。

> 馥師以果爲一乘，云法身常住，故云無邊不斷。（《寶窟》）

聲聞緣覺初觀聖諦，以一智斷諸住地。

> 馥師云：以一平等智，斷四住地。（《寶窟》）

世尊，如來應等正覺非一切聲聞緣覺境界，不思議空智，斷一切煩惱藏。

> 正覺虛寂，而能照空。照空則非空，寂則非有。非空非有者，名不思議空智也。（《私鈔》）

> 馥師云：佛智能照空照有，而非空非有，故名不思議智。得此空智，故一切惑斷。（《寶窟》）

世尊，聖義者，非一切聲聞緣覺。

> 夫稱聖者，微妙玄通，不可測盡者也。彼二乘者，智不窮微，德不極妙，安得充大聖之義耶？（《私鈔》）

聖諦者，非聲聞緣覺諦，亦非聲聞緣覺功德。世尊，此諦，如來應等正覺初始覺知。然後爲無明㲉藏世間開現演說，是故名聖諦。

> 世間者，衆生世間。無明㲉藏者，心之所窟宅也。彼衆生者，既以無明爲心窟，處昏闇而莫曉；安寢永夜，反流靡津。自非大聖垂靈益，何以自覺？導群迷於朦俗，開神功以坦路，曜慧光以朗燭者，孰（原作"熟"）能與（原作"興"）於此也？

聖諦者，說甚深義，微細難知，非思量境界，是智者所知，一切世間所不能信。

> 虛而非無曰微，實而非有曰細，淵不可測曰甚深。唯得菩提智者乃能知之，智者所知也。（《私鈔》）

若於無量煩惱藏所纏如來藏不疑惑者，於出無量煩惱藏法身亦無疑惑。於說如來藏如來法身不思議佛境界及方便說心得決定者，此則信解說二聖諦義。

> 然人懷勝求，但心昧故不了。雖未能了，可審其不無。始既不無，則終必定有。故言若於無量煩惱所纏不疑惑者，則於出無量煩惱藏法身亦無疑惑也。此則信解說無作聖諦是真實，解說作聖諦爲方便也。（《私鈔》）

如是難知難解者，謂說二聖諦義。

> 如是難知難解者，此統舉始終也。初說作諦名爲究竟，後說無作亦名究竟；名同而實異，誰能知之，意遠而言近，誰能解之。能知解者，要當推近以及遠，觀果以尋因；故上言若能了所纏云佛性者，則已出云（原作"之"）法身也。（《私鈔》）

何等爲說二聖諦義，謂說作聖諦義，說無作聖諦義。

> 何等等者，將顯名以辨實也。（《私鈔》）

說無作聖諦義者，說無量四聖諦義。何以故，能以自力，知一切受苦，斷一切受集，證一切受滅，修一切受滅道。

> 智由內發以窮緣盡照者，名爲自力也。自力生智乃得無量。是故如來以無量之妙智，照彼無作真諦；則諦無不盡，智無不周也。受者，猶受陰之流

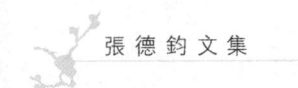

也。凡有智（知）以接痛癢者，皆名之爲受也。（《私鈔》）

馥公云：凡有識知痛癢，皆名爲受。（《寶窟》）

如是八聖諦，如來説四聖諦。

分別作及無作，故爲八。考名以定實，其唯苦集滅道，故四也。（《私鈔》）

馥師云："雖有作無作（一本有'者'字），其名目唯苦集滅道之四。"此意離故成八，合成四也。（《寶窟》。此意下爲吉藏説。）

如來應等正覺，於無作四聖諦義事究竟。以一切如來應等正覺，知一切未來苦，斷一切煩惱上煩惱所攝受一切集，滅一切意生身陰，一切苦滅作證。

意生身苦，於二乘爲未來，能知此苦則無苦而不知也。滅意生身則無苦而不滅。能證此滅者，則佛性顯現，名爲法身也。（《私鈔》）

馥師云：意生身苦，於二乘是未來；能知是苦，則無苦不知。（《寶窟》）

世尊，非壞法故名爲苦滅。所言苦滅者，名無始無作無起無盡離盡常住，自性清淨離一切煩惱藏。

生必有始，始則有作，作故起也，今無此三，當知無生。夫有盡是盡，不作故滅，此三句明無滅也。法性如此，則無生滅者，乃名真寂滅也。以此爲滅，何壞法之有？此明法滅者，既得能空故稱滅。復辨（原作"辦"）心淨故爲滅。夫心之垢也，由乎失理。反其流也，緣於悟宗。是以若能審法性自滅以爲滅諦者，則自性清淨心得離煩惱也。離煩惱者，亦名爲滅；但非法之滅耳。法身非三世攝。猶如虛空，亦非三世。此義廣在《涅槃經》。（《私鈔》）

世尊，過於恒沙不離不脫不異不思議佛法成就，説如來法身。世尊，如是如來法身不離煩惱藏，名如來藏。

法身不離煩惱藏則名如來藏，成就則名法身。故知一真實理，而始終二名，言良以煩惱爲稱謂也。（《私鈔》）

世尊，如來藏智是如來空智。

如來藏智者，言其始也。如來空智者，謂其終也。始終雖殊，而智性不

二。（《私鈔》）

世尊，有二種如來藏空智。世尊，空如來藏若離若脫若異一切煩惱藏。世尊，不空如來藏過於恒沙不離不脫不異不思議佛法。

> 第一義智斷一切煩惱藏，言空則當。如來藏智應名不空而言空者，明其雖在煩惱之中，而自性清淨非彼所染，故亦名空也。上言如來藏智是如來空智，此之謂也。是爲如來藏名生於始，空智之稱出於終。今言二種如來藏，是以始驗終。二種空智，是以終驗始。智由終顯，藏因始彰，豈非統而有致哉？言空智而今云有二種如來藏，則法身亦名如來藏。始明妙因出於真果，故言藏。終明真果生乎應身，亦名藏。是以《思益經》言：如來身者，亦是法身之藏也。則是無量光明藏。若是光明藏者，亦是法身之藏。然藏名雖同，所藏各異，故二種也。藏既二種，則智亦如之，故釋藏以明智也。若具其文者，應云有二種如來藏二種空智也。今以一而二。彼二者，是其簡也。一者，明體同也。（《私鈔》）

世尊，此四聖諦，三是無常，一是常。

> 一是常者，說一諦也。八由方便生，四以了義起。窮名至於無名，極義至於無義；無名無義而彊名義者，其唯一諦乎？故次去三以存一也。（《私鈔》）

何以故？三諦入有爲相；入有爲相者，是無常；無常者，是虛妄法；虛妄法者，非諦非常非依。是故苦諦集諦道諦，非第一義諦，非常非依。

> 名隨數立，義因名變，謂入有爲相也。與他推移，得非虛妄耶？（《私鈔》）

一苦滅諦，離有爲相；離有爲相者，是常；常者，非虛妄法；非虛妄法者，是諦是常是依。是故滅諦是第一義不思議。

> 非虛妄者，明諦則是常，常故可依也。"是故"下，結非以明是也。此於一諦門中，又顯常住安隱一依義也。（《私鈔》。按"是故"下，疑爲明空說。）

所謂常見斷見，見諸行無常是斷見，非正見；見涅槃常是常見，非正見；妄想見故作如是見。

常則生而不滅，斷則滅而不生。（《私鈔》。）

於身諸根分別思惟，現法見壞，於相續不見，起於斷見，妄想見故。於心相續，愚闇不解不知，刹那間意識境界，起於常見，妄想見故。

色心二法釋二見等者，明內學凡夫起見也。明但見其敗亡之斷壞，而不睹其相續之冥縛也。既不睹冥縛之相續，安得不起妄想之斷見也。所緣既不二，心相又是一，欲不起常見，其能得乎？名色陰界入中無（此字原脫，據後文補）明不了，若即若離中妄計有我，我之所實故名爲我。（《私鈔》）

此妄想見，於彼義若過若不及，作異想分別，若斷若常。

計斷爲過，計常不及。（《私鈔》）

世尊，若無如來藏者，不得厭苦樂，求涅槃。

向明依如來藏故入生死，今明依如來藏故昇涅槃也。是爲昔之往者，乖宗於一豪（與"毫"通）。今之來者，尋本以合真也。故知往復昇降，皆依如來藏也。（《私鈔》）

世尊，如來藏者，無前際，不起不滅，法種諸苦，得厭苦樂，求涅槃。

莫知其所生，故無起滅也。不起故能起生死，不滅故滅生死也。法種諸苦，生死也。厭苦等，涅槃也。

世尊，如來藏者，非我非衆生非命非人。如來藏者，墮身見衆生、顛倒衆生、空亂意衆生、非其境界。

非我者，於心多計此四。如來藏者，心而非心。故非此四也。我者，若於名色陰界入中無明不了，若即若離妄計有我我之所實（此處依前引，應有"故名爲我"四字）。衆生者，於名色等中妄計有我生故。命者，即是壽命，於名色等中妄計我命根成就，連持不斷故。人者，於名色等中妄我（疑爲"計"字）是人，異於非行人。身見顛倒衆生則計有，空亂意衆生則計無。有則生常見，無則起斷見。見斷見常者，尚不得因緣中道，豈能以如來藏爲境界乎？淨名云：法無衆生，離衆生垢故；法無有我，離我所故；法無壽命，離生死故；法無有人，前後際斷故；法常寂滅，滅諸相故。（《私鈔》）

世尊，如來藏者，是法界藏，法身藏，出世間上上藏，自性清淨藏。

近在煩惱之內，而遠與涅槃同體，故名自性清淨也。（《私鈔》）

此自性清淨如來藏，而客塵煩惱上煩惱所染，不思議如來境界。

　　客塵煩惱者，始雖貌同而性乖，終必遠離以獨絕，故謂之客也。不思議如來境界者，性雖不淪而非不染，豈可思議？（《私鈔》）

何以故？剎那善心非煩惱所染，剎那不善心亦非煩惱所染；煩惱不觸心，心不觸煩惱，云何不觸法，而能得染心？

　　煩惱不觸心等者，心以慮知爲能，煩惱以昧照爲用，其猶明闇同處而性自天隔，故名不相觸也。既不相觸，則義無染名也。此釋不染也。釋染者，五住地歷然，非無煩惱；三乘同闇，非不染心也。（《私鈔》）

如是自性清淨心而有染污，難可了知。有二法難可了知：謂自性清淨心難可了知，彼心爲煩惱所染亦難可了知。

　　有二法難可了知者，莫知所以有而有，一難了也。靡識所以染而染，二難了也。

如是二法，汝及成就大法菩薩摩訶薩乃能聽受，諸餘聲聞唯信佛語。

　　大法，猶大力之流也。聞說以入神，名爲聽受也。（《私鈔》）

　　汝及成就大法菩薩者，種性已上菩薩。馺公云："是大力之例。"勝鬘與之齊位，故知同是法身人也。（《寶窟》）

　　諸餘乘能信佛語者，馺師云："聞說入神，以爲聽受。言外之旨，非是所窺，名信佛語。"（《寶窟》）

若我弟子，隨信信增上者，依明信已，隨順法智而得究竟。隨順法智者，觀察施設根意解境界，觀察業報，觀察阿羅漢眠，觀察心自樂在禪定樂，觀察阿羅漢辟支佛大力菩薩聖自在通。

　　夫然，垢淨禍福，唯心爲主；知闇入明，唯信是先。是故若能履信以順智者，煩惱不斷而自滅，淨心不瑩而自明也。觀察五事以意解爲初者，信等五根是衆德之本；習信之始，始乎意解；意解既成，然後實果可登也。習惡行以致苦果，修善業以招樂報者，亦由積豪（與"毫"通）之功也。先假以及真，故次說業報也。修習有二種：一者積德，二者盡垢。觀察業報者，明積德也。觀察羅漢眠者，明盡垢也。眠者名身心昏昧，非真委體安寢也。既

395

能從假以及真，積德而盡垢，盡垢之地必依諸禪，故隨其所樂而依之，則得所期之樂也。通爲禪之果，故以禪明通也。假爲真之基，故終於聖自在也。（《私鈔》）

意解境界者，馥師云："信等五根爲根，是立行之本。施設爲用，謂三乘立施設用。五根不同，爲難知境界。解是禪定門，謂非青見青等。信解諸觀，逐意迴轉，假想無定，亦爲難知境界。"（《寶窟》）

觀察羅漢眠，馥師云："羅漢四住已盡，猶如覺（一作'於法猶覺'）。餘無明住地不了，名眠。此眠若覺，便成大覺。是故觀之。"（《寶窟》）

此五種巧便觀成就，於我滅後未來世中，若我弟子隨信信增上，依於明信隨法智，自性清淨心彼爲煩惱所染污而得究竟。是究竟者，入大乘道因；信如來者，有如是大利益，不謗深義。

馥師云："以五觀盡煩惱顯淨心，是（原作'之'，一本又作'之心'）故云而得究竟。"（《寶窟》）

勝鬘白佛言：三種善男子善女人，於甚深義離自毀傷，生大功德，入大乘道。

離毀傷，猶上不謗之大利。功德，猶上究竟之大益。入大乘，猶上所謂隨信者也。

何等爲三，謂若善男子善女人自成就甚深法智，若善男子善女人成就隨順法智，若善男子善女人於諸深法不自了知，仰推世尊非我境界唯佛所知，是名善男子善女人仰推如來。

甚深法智，謂大菩薩也。世尊就末以爲教，故辨之而不名，勝鬘欲廣其義，故列爲真子之上。真子之名，本出於隨信，故舉末以結嘆也。（《私鈔》）

除諸善男子善女人已，諸餘衆生於諸深法堅著妄說，遠背正法習諸外道腐敗種子者，當以王力及天龍鬼神力而調伏之。

以邪爲正謂能出離者，腐敗之種子也。假人神之力以調伏衆生令人信者，亦是佛之真子也。（《私鈔》）

爾時勝鬘，與諸眷屬，頂禮佛足。

明義既終，敬禮承旨也。（《私鈔》）

佛言：善哉善哉，勝鬘於甚深法，方便守護，降伏非法，善得其宜。

> 不因人神之力，則至道無由光（原作"先"）大。勝鬘始言，承旨而說；佛今嘆善哉，可曰神會也。（《私鈔》）

爾時世尊，放勝光明，普照大眾，身昇虛空，高七多羅樹；足步虛空，還舍衛國。

> 乘感而來以滌眾心，則名為放；應畢而往津悟已深，故曰勝也。法身無形，形以應顯，顯由物彰者，何法而非化耶？是以舉足下足皆佛事也。將明法本自空，因緣故有，所以始從空中來也。既已有矣，還復之無，故從地而昇空也。若乘空者與有不異，故云足步也，既能在有不有，處空不空，故可化流二國，道濟無窮也。（《私鈔》）

時勝鬘夫人與諸眷屬，合掌向佛，觀無厭足，目不蹔捨，過眼境已，歡喜踴躍，各各稱嘆如來功德，具足念佛，還入城中，向友稱王偈嘆。

> 領緣步之玄旨，極心目以送歸，雖形離而神會，何（疑為"向"）此度之。巍巍承感而至，於佛無來；應畢而往，於佛無去；是名具足念也。稱緣既異，則所悟不同，是以勝鬘之會，友稱近而不預。（《私鈔》）

時天帝釋白[①]佛言：世尊，當何名斯經，云何奉持。佛告帝釋：此經成就無量無邊功德，一切聲聞緣覺不能究竟觀察知見。

> 雖名以宣德，而德（此字原脫）為名本，故先言其實也。（《私鈔》）

憍尸迦，今以此說《勝鬘夫人師子吼經》。付囑於汝，乃至法住。受持讀誦，廣分別說。

> 阿難則隨佛常住，帝（原作"常"）釋則天壽彌久，故同以法住為期也。（《私鈔》）

帝釋白佛言：善哉世尊，頂受尊教。時天帝釋、長老阿難，及諸大會人天、阿修羅、乾闥婆等，聞佛所說，歡喜奉行。

> 阿難密奉聖旨，帝釋顯受尊教也。（《私鈔》）

> 據《明空私鈔》云：此注原祇十餘紙。以唐人寫經格式，每紙不過千字

[①] 編按，"白"原作"曰"，今據上下文改。

左右計算，則十餘紙亦祇得萬餘字耳。上所輯獲，已相近萬字。按之經文，有注釋者，已十之六七。則雖非全璧，其殘佚者，當已不甚多矣。佛書求晉宋舊疏，已極希罕。而《勝鬘注釋》今存四本，皆爲隋唐人作。曩年敦煌發現殘疏兩種，似爲六朝遺物，然師説難稽，且殘佚泰甚，終爲憾事。今考獲馥師注本，宗致具明，發潛德之幽光，蓋亦是存千百於十一矣。三十四年十二月二十七日，張德鈞於支那內學院蜀院校識。

（原載《圖書季刊》1946年第1~2期，第1~28頁）

杜詩用"招提"本起[①]

工部《遊龍門奉先寺》詩，首聯云："已從招提遊，更宿招提境。""招提"一詞，舊日注家，皆莫詳出處，今爲考定。

案此詞初見於苻秦建元二十年（384）曇摩難提所譯《增一阿含經》。其卷十四"高幢品第二經"云：

　　爾時世尊，與毗沙果説微妙法，勸令歡喜。時彼惡鬼手擎數千兩金奉上世尊，白世尊曰："我今以此山谷施招提僧，唯願世尊與我受之，及此數千兩金。"爾時世尊即受此山谷，便説此偈。云云。

又倭編《續藏經》第二編第二十三套第四册，有苻秦竺佛念譯《大雲無想經殘本》卷九云：

　　大衆盡知，瞿曇沙門是大妄語，先嘗説言：作五逆罪，誹謗正法，毁訾聖人，用招提僧物及佛法物，犯四重禁，污比丘、比丘尼，邪見：是十種人，是地獄種。

是"招提"一詞，出於東晉世之譯經也。顧此詞尤以《大比丘三千威儀經》中最多見（詳後）。而此書今日各《大藏經》本皆題爲後漢安世高譯，則"招提"本起，似可推之更早。然有未可，此須稽之史録。案此經梁僧祐《出三藏記集》（卷四）始著於録，題爲"大比丘威儀經"，勒在失譯（謂闕譯者名氏）。是最初本經實未注記何代何人譯也。至隋開皇十四年（594）法經所撰《衆經目録》（卷五），記載亦與僧祐符同。迨開皇十七年（597）費長房編《三寶統紀》（卷四），乃據《別録》定爲後漢安世高出，而題名"大僧威儀經"。洎唐龍朔三年（663）靜泰依《法經録》撰《衆經目録》（卷一），始别題爲"大比丘三千威儀經"。然仍從《法經録》，歸在失譯。逮麟德元年（664）道宣撰《大唐内典録》（卷一），又全採長房記載。武周朝明佺著《刊

[①] "本起"一詞，原自漢末康孟詳譯佛本生事皆名本起，有詳陳本末因緣之意。故今借用爲考證事蹟本末之稱。

定録》（卷十），乃題準靜泰録爲"大比丘三千威儀經"，譯人準長房録爲"後漢安世高"。靖邁《古今譯經圖記》（卷一），則又準《内典録》與長房記同。玄宗時智昇作《開元釋教録》（卷一），復更從《刊定録》所志。至是而後，高麗、宋、元、明各藏經本皆相承莫革焉。是則説出自後漢安世高者，始於費長房也。然長房所謂《别録》之説，實未足憑信。何者？有三不愜故。一、此經内容，乃聲聞戒學。據梁慧皎《高僧傳》（卷一）載："曇柯迦囉於魏嘉平中來至洛陽，譯出僧祇戒心，立羯磨法受戒，中夏戒律始自於此。"是迦囉未至以前，中夏不得有戒法，若遠在世高已有此譯，則《僧傳》何得著始於迦囉也？二、中土譯經肇有目録，創自道安。安公卒在晉孝武帝太元十年（385）即苻秦建元二十一年（譯《增一阿含》之明年）。生平最重戒學，常嘆："云有五百戒，不知何以不至，此乃最急，四部不具，於大化有所闕，《般若經》乃以善男子善女人爲教首，而戒立行之本，百行之始，猶樹之有根，常以爲深恨，若有緣，便盡訪求之理。"（《出三藏記集》卷九《漸備經敘》）倘此經已譯，豈有不爲入録之理！而徧尋安《録》，竟付闕如，是東晉以前，其書實未流傳中土，不得臆爲安世高譯也。三、勘經上卷，於"布薩者"句下，有子注云："秦言淨住。"既明注"秦言"二字，顯非後漢所出，尤爲鐵證。殆至安公殁後，姚秦之世（安殁次年，即爲姚秦），此書乃傳翻此方耳。僧祐最初著録，已亡譯者姓字，曾得兩本，皆然。蓋以無從考索，故乃疑以傳疑，斯其謹也。且在長房撰《三寶紀》前三年之《法經録》，猶爲失譯，罔異前型，一至長房之手，即忽有《别録》出現，著爲世高，已甚可怪，不加約察，遽以革更舊説，其亦孟浪之甚矣！由斯考覈，《大比丘威儀經》，實姚秦時始譯出。則知"招提"一詞，至東晉世始有。《增一阿含》乃爲最初出處，非妄臆也。

關於"招提"義訓，唐慧琳《一切經音義》卷六十四載玄應釋云：

　　招提，譯云四方也。招此云四，提此云方，謂四方僧也。一云：招提者訛也，正言拓鬭提奢，此云四方。譯人去鬭去奢，"拓"復誤作"招"，以拓、招相似，遂有斯誤也。

按所謂"一云"者，又見於《比丘尼鈔》中上曰：

　　拓鬭提奢，隋云四方，但是僧處。舊拓（招）提者，訛略也。昔人去鬭除奢，"拓"復誤作"招"，以拓、招兩字，形濫相似，致久來誤矣！

是此釋本隋以來之説，梵語原爲拓鬭提奢，譯人省爲拓提，傳寫者復誤"拓"爲"招"，此"招提"一詞之構成。無論招提爲具語，爲省文，意是四方，實無靜也。然若用以言僧及僧物或僧處，則必須以僧及僧物等字綴之，否則無以知其爲僧爲物。此

400

在諸譯經中，皆有例可尋也。如《大比丘三千威儀經》云：

不應著僧伽黎有三事：一者作塔事，二者作招提僧事，三者作比丘僧事。

後又云：

復有六事：一者不得招提僧物著僧物，二者不得招提僧物著比丘僧物，三者不得塔物著招提僧物，四者不得塔物著比丘僧物，五者不得持比丘僧物著塔物，六者不得持比丘僧物著招提僧物。（餘處尚有，文繁不引）

此中即以招提僧與招提僧物分說。蓋前者指人，謂四方僧；後者指生活資具，謂四方僧物也。然則經中又以招提僧與比丘僧，招提僧物與比丘僧物相區別，有何義耶？案敦煌寫卷有慧述《四分戒本疏》，其卷三云：

律云：若物許僧轉與塔，許四方僧迴與現在僧，許比丘迴與尼，乃至許異處迴與此處：一切吉羅。

如是應知，《威儀經》之招提僧，即此處所云四方僧；其比丘僧，即此處所云現在僧。蓋四方僧者，集團之目，比丘僧則個別之稱。集團份子，來去無定（團體雖仍是團體，而其構成份子，容時有變換。如某人自是某人，而其體內細胞，則新陳代謝，年年不同也），個人則某甲永是某甲（不能今日爲某甲，明日忽爲某乙）。故經所詔示無它，乃爲群己權界之畫定而已。此義見南宋法雲《翻譯名義集》（卷二十）引《律鈔》云：

僧祇，此云四方僧物。《律鈔》四種常住：一、常住常住，謂眾僧廚庫、寺舍、眾具、華果、樹林、田園、僕畜等，以體局當處，又通餘界，但得受用，不通分賣，故重言常住。二、十方常住，如僧家供僧當食，體通十方，唯局本處，此二，名僧祇物。三、現前現前，謂僧得施之物，唯施此處現前僧故。四、十方現前，如亡五眾輕物也，若未羯磨，從十方僧得罪，若已羯磨，望現前僧得罪，此二，名現前僧物。

此中，前二名僧祇物，後二名現前僧物，即《威儀經》分別招提僧物與比丘僧物之注腳可知。以僧祇譯義，即大眾（多數人）或集體（群體）故。蓋大眾之物，無論誰何皆不得據爲私有，體通十方，故云僧祇（或招提）。只許就地受用，不能攜走，唯局當處，故云常住。至於個人所受施物，則支配任己，無須留共它處它時來僧分享，故云現前僧物。《威儀經》譯現前僧爲比丘僧者，繙未善巧也。雖然，它處尚有常住僧與招提僧之別。如北涼道龔譯《寶梁經》卷上《營事比丘品》云：

401

若所用物：所謂常住僧物，及與佛物。若招提僧物，彼營事比丘，應當分別：常住僧物不應與招提僧，招提僧物不應與常住僧，常住僧物不應與招提僧物共雜，招提僧物不應與常住僧物共雜，常住僧物、招提僧物①不與佛物共雜，佛物不與常住僧物、招提僧物共雜。若常住僧物多而招提僧有所須者，營事比丘應集僧行籌索欲，若僧和合，應以常住僧物分與招提僧。迦葉，若如來塔或有所須若欲敗壞者，若常住僧物多，若招提僧物多，營事比丘應集僧行籌索欲，作如是言：是佛塔壞，今有所須，此常住僧物、招提僧物多，大德僧聽，若僧時到僧聽，若僧不惜所得施物，若常住僧物、若招提僧物，我今持用修治佛塔。若僧和合，營事比丘應以僧物修治佛塔。若僧不和合，營事比丘應餘勸化在家人輩，求索財物修治佛塔。

此所謂常住僧物，正即《律鈔》所謂常住常住。此所謂招提僧物，正即《律鈔》所謂十方常住。常住僧蓋有相當固定性，乃屬常川居住者。招提僧則各處游腳，而屬掛單蹔寓者。彼此財物，皆由營事比丘經管，而營事比丘卻不能擅爲動用。蓋營事比丘亦爲全體大衆共推委任爲團體服務之"公僕"。故凡須使用僧物，或作衰多益寡之再分配，皆必須召集全體僧②祇，會議表決，取得同意，而後得以行事。否則即屬修治佛塔，亦不能一意孤行，侵損公衆權益。此見佛家之於群體經濟，頗有民主自由之規制。惜未能蔚爲一社會運動，普徧展開於各族類。末世僧祇，乃無惡不作。良可嘆也！北涼曇摩讖譯《悲華經》卷第八《授記品》云：

爾時，佛告大悲菩薩……彼佛世尊，若再世，若涅槃，正法像法，於此中間，有諸比丘及比丘尼，非法捨戒，行於邪道，斷法供養，無慚無愧，或斷招提僧物，斷現前僧衣服、飲食、臥具、醫藥，取衆僧物（即上説招提僧與現前僧），以爲己有，自用，與人，及與在家者。善男子，如是等人，彼佛世尊皆與授記於三乘中。③

此經同本異譯——《大乘悲分陀利經》卷六《大師立誓品》云：

大悲，又彼智華無塵上勝菩提自在如來般涅槃後，正法眼時，復於像法，比丘、比丘尼，破戒惡法，邪行非行，無慚無愧，毀供養法，無有慚愧，斷

---

① 編按，"僧物"原作"物僧"，今據上下文意乙。
② 編按，"僧"原作"增"，今據上下文意改。
③ "悲華"此品，乃顯示佛不捨衆生之熱烈心腸。雖破法毀戒之人，猶保證其有證得三乘正果之可能。所以杜絕凡愚自暴自棄之卑劣媛，而振發賢智舜何予何之向上心也。此與儒家精神有相通處，故附及之。

402

截四方僧及現前僧衣服、飲食、臥具、湯藥種種供具而自入，若自食，若與俗人，大悲，彼智華無塵上勝菩提自在如來，先授彼一切三乘記。①

是季末僧徒破法毀制，佛早有懸記，諸經並說。姑置不論。此處有足以證成吾前說，《悲華》譯招提僧，《悲分陀利》則譯成四方僧，此見"招提"意即四方，文應音義，實有據也。兩本並先說招提僧（四方僧），次說現前僧，此見《威儀經》之區別招提僧、比丘僧，即餘經中四方僧與現前僧之區別，益無疑矣。諸經皆出東晉之世，堪見"招提"一詞，爲此期譯家所習用。如有更早之出處，予實未見也。

復次，坊間有《佛學大辭典》，係譯自倭國，其釋"招提"云："四方僧爲招提僧，四方僧之施物爲招提僧物，四方僧之住處爲招提僧坊。"其解釋本不甚謬，惟指陳出處則毫無文據。如彼云有"招提僧坊"一詞，見《涅槃經》卷十一。並引《慧琳音義》二十六云："招提僧坊，此云四方僧也。"按此實嚮壁虛造。今勘北涼曇摩讖譯《涅槃經》十一《聖行品》云：

菩薩摩訶薩作是念：居家迫迮，猶如牢獄，一切煩惱由之而生，出家閑曠，猶如虛空，一切善法因之增長。……是時菩薩即至僧坊，若見如來及佛弟子，威儀具足，諸根寂靜，其心柔和，清靜寂滅，即至其所，而求出家。（劉宋慧嚴、慧觀、謝靈運等改訂本，文亦同。）

是經此處但言僧坊，實無招提僧坊之文。再覆按所謂《慧琳音義》二十六，則匪特不有招提僧坊之釋，即"僧坊"二字，亦不見有。甚矣！倭奴詭譎成性，竟浸淫於淨業也！雖然"招提僧坊"一詞固不見於《涅槃經》卷十一，而北涼譯經，確已有"招提僧舍"一語。如前引道龔譯《寶梁經》卷上《沙門品》云：

---

① 按《大乘悲分陀利經》，隋法經《眾經目錄》（卷一）始著於"眾經異譯"內，未出譯人。智昇《開元錄》（卷四）則附於三秦失譯。今勘梁僧祐《出三藏記集》（卷二）於曇摩讖譯《悲華經》目下注云："《別錄》或云龔上出。"此云龔上，即釋道龔。道龔實元譯此經也。長房《三寶紀》（卷九）《北涼錄》記其道謂："《悲華經》，晉安帝世沙門釋道龔於張掖爲河西王沮渠氏出。"又云："見《古錄》，似是元譯，龔更刪改。"次又於曇摩讖譯《悲華經》目下注云："第二出，見竺道祖《河西錄》。又《古錄》亦載，此前道龔已出。雖處年不同，等是涼世出。疑前譯不精善，故有兩文異，似再翻。"此可定《悲分陀利》即道龔之譯。詳《祐錄》，似未見兩書（但見《悲華》，未見《分陀利》），故以爲單譯本，而《別錄》始記別本爲道龔出。長房則曾見兩譯，故云有兩文異。其意以爲道（編者按："道"，原漫漶不清，今據上下文意補。）龔前出，譯不善精，故曇摩讖再翻。蓋即以八卷本之《悲分陀利》爲道龔出，顧文不如十卷之多，而《悲分陀利》中四方僧一語，龔譯《寶梁經》卻爲招提僧，詞有乖互，故又疑似刪改元譯。曇摩讖譯《悲華》爲十卷，文既增廣，詞亦善精，故謂是再翻。《分陀利》即華之音譯，長房既兩著《悲華》於此，故他處更不著《悲分陀利》，其以《悲分陀利》即道龔之《悲華》，甚顯然也。否則爲何處再去覓一與曇摩讖譯異文之《悲華》，以爲龔本耶？《房錄》明云："雖處年不同，等是涼譯。"智昇《開元錄》乃附諸三秦失譯，其失彌多矣！

是破戒比丘，舉足下足處，一切信施不及此人，況僧坊及招提僧舍經行之處，若有房舍牀敷園林，所有衣鉢臥具醫藥，一切信施，所不應受。

此則倭奴著辭典者所不及知。時人譾陋，踵訛襲謬，又何譏焉！

前説"招提"在佛經中未嘗單用，必綴以僧及僧物等字，乃成名詞。此在譯經則然耳！顧中土先民，肇創書契，已以轉注、假借爲盡文字之用，慣習性成，故於重翻累譯之文，亦恒喜以分代全，或芟繁就簡，引申變化，馴至郢書燕説者，亦不乏焉。① 此"招提"一詞，在譯行未久，即有單用以題號寺廟者。北宋贊寧《僧史略》卷上云：

後魏太武帝始光元年，創立伽藍，爲招提之號。（法雲《翻譯名義集》二十云："後魏太武帝始光元年，造伽藍，創立招提之名。"此又本於贊寧之説。）

此著寺稱招提，始自後魏。然亦有其原因。《高僧傳》卷一攝摩騰（此人實子虛烏有，兹姑不論）傳云：

相傳云：外國國王嘗毀破諸寺，惟招提寺未及毀壞，夜有一白馬繞塔悲鳴，即以啓王，王即停壞諸寺，改招提以爲白馬，故諸寺立名，多取則焉。

此故事，在東晉以來，嘗甚流行。諸寺皆毀，獨招提能如魯殿靈光，且著神異，宜爲當時好建塔寺、興功德、求福報者所樂聞。故後魏太武即以招提顏寺。然尋劉宋謝靈運亦有《石壁立招提寺精舍》② 詩。又唐元康《肇論疏》云：

閏州江寧縣，舊是丹陽郡。始自吳朝，爰及宋齊梁陳六代以來，佛教興盛，伽藍精舍，接棟連甍，名字相參，往往而有。即如莊嚴寺，則有大莊嚴、妙莊嚴；招提寺，則有大招提、小招提也。大招提是梁時造，小招提是晉時造。

據此，是晉世以來，已有以招提名寺者。白馬之傳説，影響實大。北虜造寺，或亦繫規撫南人。贊寧《僧史略》之記，固有未覈。至文人之有摘藻招提，蓋以謝詩爲首見矣。工部《遊龍門奉先寺》，隸"招提"一詞，自是獺祭於斯。其末後兩句，尤

---

① 王伯厚《困學紀聞》卷二十注有云："釋書曰：招提菩薩皆佛名，故號寺者或謂之招提。"此所述釋書，不知何書？等佛於菩薩，已極可笑。至謂招提亦佛名，則不啻指鹿爲馬，謂馬亦有角矣。此種攪亂名實之事，疑起自禪家。如《燈録》載宗杲云："國師主張翠竹是法身，直主張到底，大珠破翠竹不是法身，是破到底。老漢將一個主張底，一個破底，收作一處，更無招提，不敢動着他一絲毫。要你學者具眼。"此所用"招提"一詞，以嚴正之教理衡之，亦可謂委巷之無稽、俗師之鄙背，固不可以爲典要也。

② 編按，原詩題名無"寺"字。下同。

404

似隱逆謝詩神旨，有引而不發之妙。讀杜詩後再翫謝篇，始知杜所省發者爲何，誠不翅化龍點睛。茲將兩詩附錄於後。世有好學深思之士，其以愚言爲信然否？

謝靈運《石壁立招提寺精舍》詩：

四城有頓躓，三世無極已。浮歡昧眼前，沈照貫終始。壯齡緩前期，頹顏迫暮齒。揮霍夢幻頃，飄忽風電起。良緣迨未謝，時逝不可俟。敬擬靈鷲山，尚想祇洹軌。絕溜飛庭前，高林映窗裏。禪室棲空觀，講宇析妙理。

杜甫《遊龍門奉先寺》：

已從招提遊，更宿招提境。陰壑生虛籟，月林散清影。天闕象緯逼，雲臥衣裳冷。欲覺聞晨鐘，令人發深省！

民國三十四年乙酉小暑前日寫於江津支那內學院蜀院，爲答友人王伯尹先生書問之作。三十五年季春寒食節，復將文字增訂數小段，寄《中國文化》發表，所冀世之博雅君子，有以正余失也。德鈞謹識。

（原載《中國文化》1946年第2期，第38~42頁）

吉藏《勝鬘寶窟》所引古注考

《勝鬘夫人師子吼經》，爲講涅槃正因之要典也。劉宋求那跋陀羅始於元嘉十三年（436）譯出。於時一乘（本《法華經》）佛性（本《涅槃經》）之説，經道生、慧靜諸名僧提倡，已籠罩一世。

《廣弘明集》卷二十三裴子野撰《智稱碑序》，述及當時佛學之情況曰："《法華》《維摩》之家，往往間出；《涅槃》《成實》之唱，處處聚徒。"
《勝鬘》本爲《法華》《涅槃》演進之義説。

《寶窟》卷上述南土人云："教有三種：一頓教，二漸教，經無方不定教。……無方之教……即《勝鬘》尊經是也。故此經過大品，包《法華》，與《涅槃》齊極，雖以一乘爲體，而顯言常住，故得與《涅槃》理同。雖説一體三歸，而以一乘爲致，故包《法華》之説。既義適兩教，故屬無方。又是別應於機，非雙林之説，故異《涅槃》。"此言《勝鬘》有其特質，實該《法華》《涅槃》之要。即是從二經演進之徵也。

故甫及譯行，義學之徒，即競用敷講。

《出三藏記集》第十一載齊周顒《抄成實論序》曰："頃《泥恒》《法華》，雖或時講；《維摩》《勝鬘》，頗參餘席。至於大品精義，師匠蓋疏，十住淵弘，世學將殄。"可見《勝鬘》譯出，漸奪餘經之席也。

逮及李唐，爲之注説者，前後接踵（另文詳之）。其書今見存者，有隋慧遠《義記》（僅上卷），吉藏《寶窟》，唐窺基《述記》（謂是基説，義令記），倭聖德太子疏《唐明空鈔》（併爲一書）四種（均在倭《續藏經》第一編第三十套第三—四冊）。晚近敦煌石室，復發現六朝殘疏三件（原紙存英博物館，倭編《大正藏》第八十五卷收入《古逸經部》）。而吉藏《寶窟》，最饒價值。據唐道宣《續高僧傳》："當陳隋之際，江陰淩亂，道俗波迸，各棄城邑，藏獨率其所屬，往諸寺中，收聚文疏，置於三間堂內，及平定後，方洮簡之。"（見《傳》第十一《吉藏傳》）藏既庋藏獨富，故凡所撰造，引證弘廣，頗存舊義。上自東晉，下逮隋末，凡《法華》《涅槃》《三論》《成實》《地論》《攝論》，南北各家之說，他書無由考見者，而於吉藏疏中，卻披沙揀金，往往見寶。洵爲治南北朝佛學史者文獻取徵之淵藪也。惟《寶窟》中引有《勝鬘》古注十七事，未知何家之著。翫其文藻，深厚淵懿，足騰玄趣。雅與《維摩》什、肇諸注同風，自是六朝前期產物。藏既標爲古注，或夙已佚名。顧尋其詞旨，知爲最早之注耳。

按古代書籍流通，率由鈔寫。有輩躭玩正文，忘錄撰人，久之餘本埃滅，此鈔獨行，遂致著家名氏無考。此事甚多。如僧馥之《勝鬘注》，在吉藏所見之本，尚著人名。至唐世則已佚失，遂逕以無名稱之也（詳拙著《僧馥〈勝鬘經注〉考述》，載《圖書季刊》新第七卷第一二期合刊）。又古人樸厚，不競虛聲，書成或未署名，並時之士，耳目親習，亦自知誰作。惟歷世久遠，傳授漸疏，則往往昧失本原。亦所以構成佚名之事也。吉藏徵引餘師之說，多著其名，於此獨闕，自是注本佚名，非原書即自題古注也。

但此注究屬何人遺說？此中不妨略加考證。先應審知最早注《勝鬘》者有何等人？次乃辨其誰屬。按《勝鬘》初出，創爲注解者，據梁慧皎《高僧傳》記載，約有四家：一道猷（據僧祐《錄九·慈法師〈勝鬘經〉序》，當作道攸，《高僧傳》蓋蹈寶唱《名僧傳》之誤），二法瑗，三法瑤（原作法珍，據湯用彤先生《佛教史》考），四僧馥。道猷（攸）爲生公門人。法瑗爲慧觀門人（湯先生列爲生公弟子，似誤，詳後辨）。法瑤則爲慧靜門人，而與生公持相反之見者（法瑤執漸悟與生公弟子道攸對揚，見後引。生公慧靜，本文開端已出）。僧馥爲曇順門人，乃羅什再傳弟子（詳拙著《僧馥〈勝鬘經注〉考述》），並爲元嘉時人。此四人中，究誰爲古注之主耶？試一一辨之。按《僧傳》稱法瑤所著名爲"義疏"。詳義疏之作，多爲酬酢講筵，語必淺近委悉，乃足喻衆。而注之爲體，則由攄發玄契，文貴含蓄淵渟，使人味之不盡。尋《寶窟》引有瑤說兩條，今錄其一云：

　　江南瑤法師云：此經以三義爲宗，論解惑所繫，辨明八諦，諦則如解之所解，如惑之所惑也。次辨解惑之本，故明自性清淨本無染。後則會二歸一乘。（《寶窟》卷上）

詞意顯白，誠義疏之體。藏既別出瑤名，文亦與古注之淵懿者不類，則非瑤注，理甚顯然。至於僧馥之書，則《寶窟》已數數引之（凡二十七見，詳拙作《僧馥〈勝鬘經注〉考述》），皆稱"馥法師云"。既已別於古注，則非古注，又不待辯矣。徧檢《寶

407

窟》，惟道猷（攸）、法瑗未見稱及，時此二師，最有可能。今即就此二師，以定其讞。按《高僧傳》稱道猷（攸）云：

  猷（攸）……注《勝鬘》……凡有五卷……文頗不行……後有豫州沙門道慈，善《維摩》《法華》，祖述猷義，刪其所注《勝鬘》，兩卷，今行於世。（《僧傳七·道猷傳》）

至述法瑗云：

  瑗……注《勝鬘》及《微密持經》，論議之隙，時談《孝經》《喪服》。（《僧傳八·法瑗傳》）

既慧皎於《猷（攸）傳》云今行於世，而於《瑗傳》不云行世，是猷（攸）書於梁時人最多見，瑗注或罕流行。則《寶窟》所引古注，疑即道猷（攸）遺著（不能爲法瑗著，後尚有說）。然道猷（攸）原作，今既不存，其講學辜較，又不見稱於他書。古注是否猷（攸）著，蔑資比較，驟下斷語，仍不免有任臆之嫌。今將用何術以相質定？夫學術有師承，有家法，流之瞀者，取鑒於本源。道猷（攸）既生公門人，假定古注根爲其說，即必有符於生公，果符於生公，則自可判爲猷（攸）作。此之原則，當爲業校讎者所共極成。今即請據此以求最後之斷案。按梁僧祐《出三藏記集》第九，載道猷（攸）弟子《慈法師〈勝鬘經〉序》云：

  時竺道生義學弟子竺道攸者，少學玄宗，偏蒙旨訓。後侍從入廬山，溫故傳覆，可謂助龍耀德者也。法師至元嘉十一年（434），於講座之上，遷神異世。道攸慕深情痛，有若天墜。於是奉訣墳壟，遂遁臨川，三十許載。經（《勝鬘》）出之後，披尋反覆。既悟深旨，仰而嘆曰：先師（道生）昔義，闇與經會，但歲不待人，經襲義後。若明匠在世，剖析幽賾者，豈不使異經同文，解無餘向者哉？輒敢解釋，兼翼宣遺訓。故作注解，凡有五卷。時人以爲文廣義隱，所以省者，息心玄門。至大明四年（460），孝武皇帝以其師習有承，勅出爲都邑法師。慈因得諮觀，粗問此經首①尾。又尋其注意，竊謂義然。今聊出其要解，撰爲二卷。庶使後賢，共見其旨焉。

此中道慈著其師名爲道攸，蓋可信據。自寶唱《名僧傳》始誤爲道猷（見倭《續藏經·名僧傳鈔存目》），慧皎撰《高僧傳》復沿之，不知其失本，而與帛道猷之名相

---

① 編按，"首"原作"音"，今據《出三藏記集》改。

混（帛道猷附見《高僧傳》第五《竺道壹傳》），是以改正爲宜。據序所言，攸侍從生公最久，偏蒙旨訓，又助龍耀德。是攸獨得公薪傳矣。

至於法瑗，據《高僧傳》所紀，卻未能及見生公。故如得證成古注有符於生公之説，則亦可旁證斷非法瑗之著。

《高僧傳》第八《法瑗傳》云：“釋法瑗，姓辛，隴西人。……初出家，事梁州沙門竺慧開。……經涉燕趙，去來鄴洛。……元嘉十五年（438），還梁州，因進成都。後東適建鄴，依道場慧觀爲師。……後入廬山，守靜味禪。……後文帝訪覓述生公頓悟義者，乃勑下都，使頓悟之旨，重申宋代。何尚之聞而嘆曰：常謂生公殁後，微言永絶，今日復聞象外之談，可謂天未喪斯文也。”

按此説甚可疑。生公卒於元嘉十一年（434），法瑗於元嘉十五年（438）後，方到江南。何從得聞生公頓悟之旨？又瑗既依慧觀爲師，慧觀則爲執漸悟義者（見《出三藏記集》十二陸澄撰《法論目録》，又見慧達《肇論疏》），瑗又安得輒違師説？又按《僧傳七·道猷（攸）傳》云：“宋文帝問慧觀頓悟之義，誰復習於？答云：生公弟子道猷（攸）。即勑臨川郡發遣出京。既至，即延入宮內，大集義僧，令猷（攸）申生公頓悟。時競辯之徒，關責互起。猷既積思參玄，又宗源有本，乘機挫鋭，往必摧鋒。帝乃撫几稱快。及孝武升位，尤相嘆重。乃勑住新安，爲鎮寺法主。帝稱曰：生公孤情絶照，猷（攸）公直響獨上，可謂克明師匠，無忝徽音。”觀此所述，是法瑗之師慧觀，亦但以道攸爲習生公頓悟之義。即當時士論，亦翕然無異。又同卷《法瑤（原作法珍，誤）傳》云：“瑤……大明六年（472），勑吳興郡致禮上京，與道猷（攸）同止新安寺，使頓漸二悟，義各有宗。”此處亦但舉道攸與法瑤頓漸對揚，初不提及法瑗。則《法瑗傳》説，當不可信。或即道攸之事，而張冠李戴，亦未可知。無論如何，法瑗縱言頓悟，不必即得生公之旨（《僧傳》但言道攸宗源有本，《勝鬘序》亦謂攸偏蒙旨訓），更不可派爲生公弟子也。復次，按《慧觀傳》云：“觀止場寺……求法問道者，日不空筵。……著《辯宗論》，論頓悟漸悟義。”而《勝鬘經》之譯，觀實筆受（見《高僧傳》第三《求那跋陀羅傳》），並爲製序（載《出三藏集記》第九）。意者：觀或亦曾講《勝鬘》於道場。故《傳》敘觀事已，繼即曰：“時道場寺又有僧馥者，本灃泉人，專精義學，注《勝鬘經》。”然則復與法瑗之注《勝鬘》，或皆有聞於慧。固不可與道攸同列之生公門下也①。

反之，如生公之旨，果見申於古注，則爲道攸之著，亦無疑。以道慈《勝鬘序》

---

① 編按，自"按此"至"下也"一段文字，原誤爲注文，今據上下文意釐正。

顯說，道攸作注，爲傷其師（生公）義與經會，而經襲義後，輒敢解釋，兼翼宣遺訓也。然此尚有一先決問題，即欲較量二者異同，則又不可不知生公學說，以何爲中心焉。考《高僧傳》第七《竺道生傳》云：

  道生既潛思日久，徹悟言外。乃喟然嘆曰："夫象以盡意，得意則忘象。言以詮理，入理則言息。自經典東流，譯人重阻，多守滯文，鮮見圓義。若忘筌取魚，始可與言道矣。"於是校閱真俗，研思因果，乃立善不受報，頓悟成佛。又著《二諦論》《佛性當有論》《法身無色論》《佛無淨土論》《應有緣論》等。籠罩舊說，妙有淵旨。

此可見生公是主善不受報，頓悟成佛，法身無色，佛無淨土諸義，惜所造論，一概無存，其詳詎得究焉？湯用彤先生《漢魏兩晉南北朝佛教史》，嘗從生公僅存之《法華疏》，及《維摩經注》《涅槃集解》等書中所引生公說，鉤稽掇拾，略具梗概。今且移錄湯先生所述生公佛無淨土義之文於此，以資比較。文曰：

  生公之《佛無淨土論》亦佚，惟《維摩注》中，亦已有此義。經文曰："菩薩隨所化衆生而取佛土。"生之注曰："夫國土者，是衆生封疆之域。其中無穢，謂之爲淨。無穢爲無，封疆爲有。有生於惑，無生於解。其解若存，其惑方盡。始解是菩薩本化，自應終就。使既成就，爲統國有。屬佛之迹，就本隨於所化義，爲取彼之國，既云取彼，非自造之謂。若自造無所終，無有衆生，何所成就哉。"又道生《法華經疏》，亦謂"無穢之淨，乃是無土之義。寄土言無，故言淨土，無土之淨，豈非法身之所託哉"。然經中之所以稱淨土者，則亦有故。蓋①"淨土不毀，且令人情欣美尚好。若聞淨土不毀，則生企慕意深。借事通玄，所益多矣"。又同注有曰："然事方成，累之所得。聖既會理，則纖爾累亡。累亡故，豈容有國土者乎？雖曰無土，而無不土。無身無名，而身名愈有。故知國土，名號，援記，之義者，應物而然，引之不足耳。"生公重權教方便之義。《維摩注》有謂若伏累須有慧，然若偏執，則慧亦縛。"若以爲化（教化），方便用之，則不縛矣。"故佛本無身，而寄言有身。佛本無土，借事通玄，而曰淨土。皆引人令其向善（不自足則向善），非實義也。（原書六四四頁）

案生公原文，不甚醒豁（尤其第一段，字句疑有奪誤）。湯先生於此，復惜墨如金，罕

---

① 編按，"蓋"原作"益"，今據湯用彤《漢魏兩晉南北朝佛教史》改。

所申釋。云何佛净土，仍難得一明確之概念。而《寶窟》所引古注，卻有一事，足相發明。原繫解釋經文"佛於衆中爲勝鬘授記，汝過二萬阿僧祇劫當得作佛號普光如來，彼佛國土無諸惡趣，彼國衆生皆悉快樂"一節。《寶窟》引之曰：

> 古注云："國土是養衆生封疆之域坪也。以理推驗，而實成佛者，則不必待乎記莂。既以權記引於庸信，故成佛必云封疆是妙。然封疆實是衆生惑報。既以惑盡成佛，佛焉得有惑報之封疆哉，但道極則兼化物，故示居惑報之封疆耳。苟爲權汲之旨，則亦無傷於佛實無土也。而衆生惑報封疆優劣不同者，實由資善有濃淡，煩惑有厚薄也。若惑薄善濃者，致報則妙。惑甚善微者，報必穢惡。經論備明也。"

持以比勘上述生公之説，實契若合符，而詞旨則更簡要明晰。從知生公所以主佛無淨土者，乃確認凡爲國土，皆屬衆生惑報之封疆。雖有淨穢優劣不同，而同爲惑所感則一（惑薄善濃則感淨土之報，惑甚善微則感穢土之報）。佛乃惑盡得成，因既不有，果自不生。故匪但不有染土，淨土亦無。若謂佛仍有土，則惑應猶在，又何以爲佛？然復示居有土，並授記成佛時土淨生樂者，皆所以權引於庸信，而爲化物之方優耳。以理推驗①，則佛實無土也。生公幽致，獲此而曉悤。然則非壁符同，且多津逮。所謂助龍耀德，翼宣遺訓，既信而有徵。古注撰人，捨道攸固莫屬矣。惜《寶窟》祇於上卷見引十七條，除上錄一條較長外，餘皆數句。弘綱巨構，既莫可髣髴。沈音墜旨，亦無所鉤稽。讀書至此，良深嘅嘆。然雖吉光片羽，究是一家之遺。故甄其義味，與生公話語，仍多愜合。今再鈔引數事，比較如次：

生公説	勝鬘古注
夫國土者，是衆生之封疆。	國土，是養衆生封疆之域坪也。
然事方成，累之所得。聖既會理，則纖累亡。累亡故，豈容有國土者乎？	封疆實是衆生惑報。既以惑盡成佛，佛焉得有感報之封疆哉？
淨土不毀，且令人情欣美尚好。若聞淨土不毀，則生企慕意深。借事通玄，所益多矣。	以權記引於庸信之故，成佛必云封疆是妙。……道極則兼化物，故示居惑報之封疆。苟得權汲之旨，則亦無傷於佛實無土也。
國土，名號，授記，之義者，應物而然，引之不足耳。	實成佛者，則不必待乎記莂。以權記引於庸信，故必云封疆是妙。

---

① 編按，"而爲化物之方優耳。以理推驗"，原作"而爲化物之方優以耳。理推驗"，今據文意乙正。

(續表)

生公説	勝鬘古注
《維摩經》云：深心爲華鬘。竺道生注云：鬘既爲首鬘，束髮使不亂也。又釋深心者，深入實相之心也。所入實相既其微妙，則徹理之心心亦端嚴。端嚴之慧居衆善之先，猶鬘之在首。（《勝鬘寶窟》引）	言勝鬘者，蓋法身同事之美名，攝物之麗稱也。徵之人事，四體唯首爲尊，飾嚴首唯鬘爲貴。此般若則證鑒居宗，暉照則備德兼美。斯乃借喻顯實，故獨標勝鬘者也。
如是：如者當理之言，言理相順，謂之如也。是者無非之稱，此目如來一切説也。（《法華疏》）	説得於理，文旨相扶：爲如。理説應解，徵信無昧：爲是。
我聞：將欲傳之於未聞，若有言而不傳便是從設（二字疑爲徒説）。不在能説，貴在能傳。可謂道貴兼忘者也。（《法華疏》）	我聞者，用表承宣，明其能虛己崇聽，祇納音旨也。
一時：言雖當理，若不會時亦爲虛唱，故次明一時。時者物機感聖，聖能垂應；凡聖道交，不失良機，謂之一時。（《法華疏》，又見敦煌寫本《浄名經關中釋抄》卷上引生説）	一時者，美不異時，不失機，感應同符也。
佛在王舍城者，法身雖無不在，若不記説之處，猶爲猛浪；不若不序之證説。（《法華疏》）	佛住舍衛國：列佛所在，重明旨實。
照東方：東方爲群方之首，以表①一乘爲三乘之妙，亦明悟大者冥故（無）不盡照也。萬八千：向雖照一方，欲明斯光能無不照，故寄之萬八千，表照無不在一也。上下洞頭者，明道無不在矣。（《法華疏》）所以光照無遺者，明道無不鑒。（同上）一切毛孔放光，表言不虛妄，慧照無遺。（同上）	言得作佛號普光如來：照極無遺，爲普光也。
所以於方便者良緣照圓無礙，遠極故也。（《法華疏》）理唯一極，言符於理，故云諸無異。（同上）聖既會理，則纖爾累亡。（《維摩注》）	聖應除惑，功德之實也。理極莫過，名爲第一。照得其會，理宣於解，爲攝持。

① 編按，"表"原作"妙"，今據《法華經疏》（續藏經本）改。

(續表)

生公説	勝鬘古注
高廣：理超數表爲高，彌綸無極爲廣。（《法華疏》）不偏見乃佛性體，不偏則無不真。（《槃集解立十四》引）	言方廣也，真解無偏爲方，理包無限稱廣。
理爲法身。（《法華疏》）既解玄旨，爲方（真）見佛，非形見佛。（同上）深悟非常，始知佛語爲美。（同上）	封形存見，亦未説佛；能深悟速解，爲見真佛也。

　　兩兩對勘，匪但意旨符契，名言亦多相承。如"理説"一詞，實爲生公所創（見《法華疏》）。而此中亦用之，借喻顯實乃生公釋經之矩（詳拙著《僧馥〈勝鬘經注〉考述》）。此中亦隨文運用，且明徵其言。至云："封形存見，亦未識佛。能深悟速解，爲見真佛。"則更是生公法身無色之旨矣。宋武帝稱道攸"克明師匠，無忝徽音"，蓋於斯焉見之。然則古注道攸之作，固的然無可疑也。夫當《大涅槃》《勝鬘》《楞伽》《密嚴》諸經，一乘寶性，佛性，法界無差分諸論尚未傳譯中土以前，生公便能孤明先發。唱一闡提皆得成佛，法身無色，佛無净土諸義。誠有越世高談，自開户牖之美。護持真理，雖遭擯遣而不屈。然閉門造車，終於出門合轍。其於後來禪門各宗，直接間接，尤多影響。至今婦人孺子，咸知生公説法，頑石點頭。人代冥滅，而清音獨遠，在中國佛學史上，洵有重要之地位與價值（另文闡述）。惜其鴻文玄著，泰半不存，冥搜尚友者，每以爲恨焉。生公唯一之弟子道攸，當時已有燭直上之譽。一生殫精《勝鬘》，書復零落，尤堪悼嘆。今偶稽獲佚文，崑山片玉，已足珍貴。況①於生公旨要，多所翼宣。故不避辭費，寧爲考鏡如上。其佚注十七事，謹附繫於後。治六朝佛學者，或可以爲綆汲之助歟。

---

① 編按，"況"原作"沉"，當形近之訛，今據文意改。

附：竺道攸《勝鬘經注》佚文

　　勝鬘，言勝鬘者，蓋法身同事之美名，攝物之麗稱也。徵之以事：四體，唯首爲尊，飾嚴首，唯鬘爲貴。比般若則證鑒居宗，暉照則備德兼美。斯乃借喻顯實，故獨標勝鬘者也。(《勝鬘寶窟》上卷，倭《續藏經》第一編第三十套第三冊一八四頁左。後錄皆同此一書，但標頁數。)

　　吉藏云："此釋意明外譬有三：一者四體，二者有頭，三者有鬘，莊嚴於頭。合中：(謂以喻合法) 以因中諸行爲四體；果地平等大慧爲衆德之最，故名爲頭；自平等大慧以外，餘果地一切諸德，莊嚴此慧，故名爲鬘也。"(同上揭)

方廣，言方廣者，真解無偏爲方，理包無限稱廣。(一八五右)

　　德鈞案：上二條，繫釋經題"勝鬘師子吼一乘大方便方廣經"。

如是：說得於理，文旨相扶，爲如。理說應時，徵信無昧，爲是。(一八八右)
我聞：我聞者，用表承宣，明其能虛己崇聽，祇納音旨也。(一八九左)
一時：一時者，美不異時，不失機，感應同符也。(同上)
佛住舍衛國，列佛所在，重明旨實 (一作"異")。舍衛是六師所居，佛住伏其頑首也。(一九〇左)
　　問：餘經皆有第六同聞，今何故闕耶？答：良以勝鬘淵悟超絕，獨感至聖，不參凡學也。(一九一左)
　　時波斯匿王及末利夫人，信法未久。王世事邪道，始悟正信。今欲顯必不得久習，爲未久。(一九二左)
　　共相謂言，天慈發內，理化爲偏，故云共也。(同上)
　　若見佛者必速解法，封形存見，亦未識佛。能深悟速解，爲見真佛也。(一九二右)
　　即遣內人名旃提羅。旃提羅，內監也。(一九三左)

嘆如來真實第一義功德章。聖應除惑，功德之實也。理極莫過，名爲第一。深有所以，目之爲義。修功所得，故名功德。（一九六左）

德鈞案：據上一條，是道攸注《勝鬘》，曾爲分章。

攝持一切法，照得其會，理宣於解，爲攝持。（一九八左）

爾時勝鬘及諸眷屬頭面禮佛，既頌美已畢，則法供理周（一作"同"），今標寄歸誠，欲化洽親屬。（一九九右）

吉藏云："此意明禮佛，佛既授記，則引親屬修淨土之因也。"（同上）

佛爲授記：汝當於無量阿僧祇劫天人之中爲自在王，居上化物，爲自在王也。勝鬘未來，形徧六道，無所不爲；就勝言之，故云人天之中，爲自在王也。（二○○右—二○一左）

當得作佛號普光如來，照極無遺，爲普光也。（二○一左）

彼佛國土，無諸惡趣，老病衰惱，不適意苦，亦無不善，惡業道名。國土，是養衆生封疆之域坪也。以理推驗，而實成佛者，則不必待乎記莂。既以權記，引於庸信，故成佛必云封疆是妙。然封疆實是衆生惑報。既以惑盡成佛，佛焉得有惑報之封疆哉？但道極則兼化物，故示居惑報之封疆耳。苟得權汲之旨，則亦無傷於佛實無土也。而衆生惑報封疆優劣不同者，實由資善有濃淡，煩惑有厚薄也。若惑薄善濃者，致報則妙。惑甚善微者，報必穢惡。經論備明也。（二○一左—右）

（原載《狂飆月刊》1947年創刊號，第20~27頁）

《十八部論》考證

各種《大藏經》小乘三藏中，咸有《十八部論》一卷，及《部異執論》（亦名《部執異論》）一卷，並題"（陳）真諦譯"。而勘尋兩者內容，實同一本母，但翻譯之異耳。果真諦兩出其文耶？抑款題有誤耶？此足值討究者也。檢智昇《開元釋教錄》第十三卷《十八部論》條云：

> 右《十八部論》，檢尋群錄，並云梁代三藏真諦所譯。今詳真諦三藏已譯《十八部論》，不合更譯《部異執論》。其《十八部論》初首引《文殊問經分別部品》（德鈞案，經原名《分部品》，無"別"字），後次云《羅什法師集》，後方是論。若是羅什所翻，秦時未有《文殊問經》，不合引之置於初也。或可準《別錄》中《文殊問經》編爲失譯，秦時引證此亦無疑。若是真諦再譯，論中子注不合有"秦言"之字。詳其文理，多是秦時羅什譯出，諸錄脫漏，致有疑焉。其真諦《十八部疏》，即《部異執疏》是。雖有斯理，未敢指南，後諸博聞，請求實錄。

是在唐賢，已興疑問，並有所考辨，然其爲説卻未盡安。如《論》果爲什公所譯，則何得首引梁譯《文殊問經分部品》？實最難解之問題。智昇乃以《別錄》編在失譯爲釋。而考所謂《別錄》者，蓋指隋法經等所撰《衆經目錄》而言耳。（以《衆經目錄》卷一，乃將《文殊問經》編在失譯，而曰"遺落譯人時事"云云。餘錄則無此事也。）然法經之言多未足據，如彼於本文所舉真諦譯之《部異執論》亦未入錄，詎亦可據謂真諦未譯此書乎？且《文殊問經》爲梁僧伽婆羅所出，費長房《歷代三寶紀》言之甚明。（《房錄》卷十一云："《文殊問經》二卷，天監十七年勅僧伽婆羅於占雲館譯，袁曇允筆受，光宅寺沙門法雲詳定。"是譯人、時、地、參預譯場[①]者，皆有記載也。）固未可以一家之失考，而謂秦時得預引是書也。晚近梁啓超先生於其所撰《讀〈異部宗輪論述記〉》一文復有説云：

---

① 編按，"場"原作"揚"，今據上下文意改。

416

《十八部論》，舊題爲失譯。但其頌文中有"羅什法師集"一語，其正文之"他鞞羅"三字下又夾注五字云"秦言上座部"也。據此，則似出鳩摩羅什矣。但其發端冠以《文殊師利問經分別部品》一篇，殆後人所羼增耶？

此亦大同智昇。但謂《論》初引《文殊問經分別部品》，殆後人所羼增，頗有勝解。惟《論》既羅什所繙，何以群録又題以真諦之名？其疑終未融也。今試探求其故，約以三番，分説於後。

（初）考今本《十八部論》原初之名題爲何，及何以增上《文殊問經分部品》之故。

按吉藏《三論玄義》卷下敘《諸部異執》有云：

> 又《大集經》亦明五部；而《文殊師利經》《部執論》及羅什《分別部論》，此三皆明二十部。

是嘉祥所見在隋前明二十部執説者，厥有三書：一《文殊師利經》，二《部執論》，三羅什《分別部論》。今本《十八部論》頌文，既間有"羅什法師集"一語，論中子注又有"秦言"之字，譯文復與《文殊問經》《部異執論》有別，成爲鼎立，自應即嘉祥此處所説之羅什《分別部論》，無有疑問。但嘉祥所見之本，由其"羅什《分別部論》"一語推測，顯見與今本卷式不同者，應有三事：一、但名《分別部論》，而非《十八部論》也（以其故未引《十八部論》名也）。二、《論》祇是論，首端未載經也（以其既舉《分別部論》，仍舉《文殊師利經》故。如《論》已載經，則舉《論》即足，不必重列經名，以嫌於疊牀架屋）。三、題署羅什之名，非真諦名也（以明云羅什《分別部論①》故。蓋由單論無經，則"羅什法師集"一語，自不被誤爲頌文，即無事另尋真諦爲譯主也）。此説可信。則羅什確曾譯撰此書，皎然易知。而嘉祥所睹，蓋其原本。但録家失於記載。智昇所謂"諸録脱漏，致有疑焉"是也。既知原初論本與唐以來之本迥不相同，則自無秦引梁經之難。而任公臆爲後人所羼增者，亦可得其證矣。

再尋《肇論》惠達疏於《般若無知論》，亦述及羅什此論，則與嘉祥所見，已有差異。其文云：

> 什師譯《十八部》云：《文殊師利問經》曰：佛滅度後，佛法若爲得住？佛曰（原作"同"）：有二百廿年令法久住。（德鈞按，經原文作"有二十部

---

① 編按，"論"字原無，今據上文補。

能令諸法久住"。）初二部者，一、摩訶僧祇，此云大衆，老少同會，共出律藏。二、體毗履，此云老宿，湻老宿人同會，共出律部文云。我入涅槃後一百歲，此二部當起。從摩訶僧祇出七部，並本成八；從體毗履出十一，並本十二。故偈云：摩訶僧祇都，分別出有七。體毗履十一，是謂（原作"從"）二十（原作"廿"）部。十八及本二，皆從大乘出。無是亦無非，我說未來起。此《分別異部僧論》，仆法師於長安大寺逍遙樓中撰集。

觀此所述，已將《文殊問經分部品》，引載論前，而題稱《分別異部僧論》。[按文初"十八部"之云，當爲通說（詳第二番第四段），非即什師譯書之名，猶嘉祥舉三書皆明二十部之"二十部"也。故於文終復云："此《分別異部僧論》，什法師於長安大寺逍遙樓中撰集。"明《分別異部僧論》，乃什師譯書之名耳。]均異玄義，是與嘉祥所見，又別爲一本。但尚未署"陳真諦譯"，使人猶知爲羅什撰集，固多少保存舊觀，蓋可以覘蛻變之漸，應即度到今本之橋梁歟？夫嘉祥玄義，三書分別列舉，顯示《論》本猶未將《文殊分部品》增入；《肇論疏》作者所見乃有之，則以梁譯經文牽合於秦譯之論，實始於隋季也。然於此引出一問題，真諦《部執異論》亦與此書同一性質，人卻不取《文殊》經文增之，而獨以弁諸秦本，又何故耶？應知此即由秦本原名實如嘉祥所引爲《分別部論》故。何以言之？因《論》名原爲《分別部》之故，學者隨睹《文殊問經》亦有《分部品》名，既詫其巧合，審察所陳分部，則又符順；乃疑《論》本即是經《分部品》之《優波提舍》（注釋）。取便研習計，於是逕將《分部品》鈔在《論》前，又依《論》名增一"別"字爲《分別部品》，而原《論》之名以廢；以既認《論》爲釋經之作，有經名自不須存論名，何況論名已與經名融合爲一矣。（《肇論疏》引爲《分別異部僧論》，與嘉祥所說殊，殆即由論名既廢，但得之傳聞，故不真確歟？又《肇論疏》傳於倭土爲一草本，倭人不能全識，每爲鈔錯；以此致訛，容亦有之也。）又在經文二頌之後論文四頌之前，安以"羅什法師集"五字者，似亦有意界畔經論，使其不相混亂，示自"正覺涅槃後"以下，乃羅什撰集釋經之文也。（經雖梁譯，固不妨認爲羅什曾見梵本而疏釋之，故合在一處，皆爲便利學人計，此其初意也。）抑此五字（羅什法師集），或原亦獨佔一行，後人傳鈔，見與頌文每句字數相同，不憶其爲名款，乃與經頌、論頌聯綴爲一。《肇論疏》作者猶知此《論》原初款題，蓋去增本時代未遙也。此《文殊分部品》引冠此書，全與原來論名有關，亦可迴證嘉祥所云羅什《分別部論》即今本《十八部論》，無容疑矣。使今本原名不爲《分別部論》，則後人何以將《文殊分部品》牽附此論，而不加於他家譯本？即不可解。

（次）辨《十八部論》乃真諦譯《部異執論》之別名，並說明何以移植於羅什《分別部論》之由致。

既明今本《十八部論》原名《分別部論》，由原名《分別部論》故始致有《文殊問經分部品》之屢增，茲可進論何以後人更題真諦之名。應知題真諦之名與移植《十八部論》名有不可分離之關係。以《十八部論》即真諦譯《部異執論》之別名故。然此自智昇以降，多冥然莫知其原。茲故不憚辭費，先出五證，以明《十八部論》之即《部異執論》，亦惟真諦《部異執論》始可用此名（《十八部論》）。由斯即返顯秦譯本用此名之非其朔。而《分別部論》乃其原名，實不可諍矣。五證云何？

一者，案真諦譯《部異執論·後記》云：

舊所出經論，亦有十八部名。（德鈞案，此語之意，蓋謂舊經論中，亦有陳説如十八部執之名者耳。非謂有經論亦名十八部也。）但音多訛異，不復如本。今謹別存天竺本名，仍以論初大衆等名，次第相對翻之。翻殊難具，如義疏中釋也。

其曰"舊出經論"，不待説，經即指《文殊問經》，或《舍利弗問經》，《論》即指羅什《分別部論》也。（按長房《錄》載僧祐有《律分十八部記》一卷，雖亦有關《部執》，但是此土撰述，非譯籍也，自不可爲真諦所指之論。）茲詳彼《文殊問經》及《秦譯論》（即羅什《分別部論》，亦即今本《十八部論》），與真諦譯音，信多不同〔如大衆部：秦本與《文殊經》俱譯"摩訶僧祇"，真諦則譯"婆訶僧者柯"。上座部：秦譯"他鞞羅"，《文殊經》譯"體毗履"，真諦則譯"他毗梨"。説一切有部：秦譯"薩婆多"（《文殊經》無音譯，但意譯"一切言語"），真諦則譯"薩婆阿私底婆拖"。正地部：秦譯"彌沙塞"（《文殊問經》但意譯"大不可棄"），真諦則譯"彌嬉捨婆柯"。説經部：秦譯"修多羅論"，《文殊問經》譯"修妬路句"，真諦則譯"修丹閑多婆拖"。餘詳後番第二表〕；故真諦斥爲訛異不如本（就此一點，已可見以今本《十八部論》爲真諦譯者，實荒謬絕倫）。自不得爲真諦所翻，甚明。細翫"舊出經論亦有十八部名"云云，"亦有"二字，是正顯示舊論非即名《十八部論》，但所陳《部執》有相同者而已。否則此處本經論並舉，如舊論即名《十八部論》，依例得謂舊經亦名《十八部經》耶？據長房《錄》真諦有《十八部論疏》十卷，而真諦於此謂"如義疏中釋"，是彼以《部異執論》爲《十八部論》之別名，審矣。

二者，尋長房（《三寶紀》卷九、卷十一）、靜泰（《衆經目錄》卷一、卷二）、道宣（《內典錄》卷四、卷五）、靖邁（《古今譯經圖記》卷四）等錄，咸於真諦梁代譯

419

經中載《十八部論》之目，陳代譯經中載《部異執論》之目。卻未注云"一譯""再譯"。舊論既如上述，非真諦所繙；而長房等《錄》通例，凡書有重譯者，存目皆必注明。今既但載名題，未稱兩出。則是真諦在梁朝譯時，實題稱《十八部論》，入陳後乃又名《部異執論》耳，原是一書，非有兩本也（又詳圓測《解深密經疏》嘗引真諦翻譯目錄，當即長房《錄》所本。考真諦在梁陳兩代，值世濁亂，轉輾播遷，飄流閩越各地，譯場屢更，傳語筆受之人，亦不恒一。門下記所出書當亦各隨耳目，不相爲謀；在梁在陳，因見複褈。至如《起信論》僞書亦皆竄入。長房等蓋但照舊錄鈔繕，未深別白，故依其異名而兩記之也）。茲更以秦譯之《論》與真諦譯《部異執論》對勘所陳部數，亦可依實正名。詳秦譯確指部數有曰：

　　如是摩訶僧祇中，分爲九部。
　　如是上座部中，分爲十二部。

合計是爲二十一部。今本題云《十八部論》者，顯與文中所陳之數不合。即減去根本兩部不計，猶有十九部，非十八部也。則《十八部論》不得爲秦譯本之名題，灼然矣。再詳真諦《部異執論》所陳部數則曰：

　　如是大衆四破五破，合成七部。
　　如是上座弟子部，合成十一部。

總計適十八部。則長房等《錄》載真諦在梁出《十八部論》者，固即指此《部執異論》，又何疑焉？檢《續高僧傳》卷一《拘那羅陀傳》，謂諦飄寓南越，西還無指，便與前梁舊齒重覈所翻。其有文旨乖競者，皆鎔冶成範，始末輪通。據此，《十八部論》，諸錄載在梁代，故應是初翻時之名題；《部執異論》，諸錄載在陳世，故應是重覈所翻後之稱號。實是一本，但先後異名耳。

三者，吉藏《中論疏》卷十五云：

　　今明業果俱義，因必養果。如百年之果未滅前三十年，果雖受此業，猶要至百年業方謝滅。十八部中有因果俱，即分別部也。

案《分別部》乃真諦《部執異論》中譯名，唐譯爲"説假部"，秦譯爲"施設論"，《文殊問經》譯"只底舸"。此既以"分別部"爲《十八部論》之説，而"分別部"名則見於《部執異論》，是《部執異論》與《十八部論》原是一書，再無可疑。由此，益知嘉祥得見什譯原本，尚未增經改題；故於《三論玄義》中出《部執論》名（見初番引文），此引其説，則稱爲《十八部》，明其是一也。又尋唐志鴻《四分律搜玄録》

有云：

> 曇無德者，是梵語。準費長房《錄》"魏云法藏"（德鈞案，見房《錄》五），《十八部》中名法護，《二十部》中名法密，《戒心疏》中名法尚，《羯磨疏》中名法鏡（德鈞案，祐《錄》三云："曇無德者，梁言法鏡，一音曇摩毱多。"），或云法正等。

今案各家譯"部執"之名者，惟唐譯從魏譯名"法藏"，又名"法密"。（窺基《異部宗輪論述記》卷中云："法藏者，部主名，亦名法密。密之與藏，義意大同。法藏、法密二義皆得。此師含容正法，如藏之密，故言法密。"法密是唐代特稱，故志鴻以爲《二十部》中說。慈恩實主《二十部》以駁真諦之《十八部》說者也。詳下。）其真諦譯《部異執論》與僧伽婆羅譯《文殊問經》，則同云法護。惟秦譯獨名曇無德。此既以法護爲《十八部》中名，則《部執異論》即《十八部論》，唐代疏家猶有知之者也。

四者，窺基《異部宗輪論述記》卷中云：

> 真諦法師不悟部之多少，遂減去二部，但言十八。今設難言：若意欲得有十八部者，何故上座部中並本合說乃有十一？大衆部中但說末分有七，不論根本大衆？若如所欲，豈大衆部非十八攝？若言上座亦不入數，恐離雪山別有上座；何故自所翻論，乃言雪山住部亦名上座弟子部？真諦法師聞相傳說有十八部，若言二十，恐有他非，遂略大衆不言，復減西山住部，以欲成己十八部故。若取大衆，便有十九。仍舊疏云：合外道所分二爲一，故合有七。

據此，是堅持十八部說，甚至曲說以求通者，亦惟真諦也。尋真諦於所譯《三無性論》云："若廣明論用，如十八部。"又於所譯述《婆藪槃豆傳》云："法師先徧通十八部義。"則十八部，固真諦恒用之雅言。宜以題其所出《部執異論》。慈恩謂真諦聞相傳說有十八部乃合於其數，當亦可信。稽諸故記，似"十八部"之語，天竺中夏，皆早極流行。如《蓮華面經》，佛告阿難：

> 未來世諸惡比丘、比丘尼等，輕毀法器，於初五百年，分我毗尼藏遂有五部，分我修多羅爲十八部。

又《法經錄》載僧祐有《律分十八部記》，《出三藏記》卷三猶大半錄存其名。吉藏《法華玄論》亦有云："十八部婆沙別釋十八部律，如善見之流。"又宋允堪《四分律拾毗尼義鈔輔要記》云：

> 《婆沙論》及《長耳三藏傳》云：一百年後分五部，二百年後分成十一

部，四百年後分十八部。

皆可見十八部爲一通說，有時並可爲言小乘部派之代詞。真諦蓋習聞是說，故取以名題所翻《部異執論》。以至彊求合於十八之數。由慈恩之語，益見此名與真諦有密切關係，非真諦所譯之書即不能用也。然慈恩此處所斥真諦之失，則似有誤記。案真諦《部執異論》明云：

> 如是大衆四破五破，合成七部：一、大衆部，二、一說部，三、出世說部，四、灰山住部，五、得多聞部，六、分別說部，七、支提山部北山部。

> 如是上座弟子部，合分成十一部：一、說一切有部，二、雪山住部，三、可住子弟子部，四、法上部，五、賢乘部，六、正量弟子部，七、密林住部，八、正地部，九、法護部，十、善歲部，十一、說度部。

是真諦於上座部，實未並本合說而有十一。大衆部亦不但說末分有七，乃並本說之，但將支提山、北山合爲一部耳。慈恩每肆意訛訶古人，而不免墮於目論；此可爲憙任胸臆者之戒。故並及之。

五者，長房（《三寶紀》卷九）、道宣（《內典錄》卷五）等錄，並載真諦有《十八部論疏》十卷（《續高僧傳》卷十三《釋道岳傳》亦言及真諦作《十八部疏》。又慈恩《異部宗輪論述記》云："家依法師疏成十卷。"家依即真諦也），而不言另出有《部執論疏》。然唐賢如圓測撰《解深密經疏》，卻一再引述"依真諦《部執論記》"，或曰"如《部執記》"云云，志鴻撰《四分律搜玄錄》亦引"若準《部執疏》"云云（此雖未標真諦之名，然勘其文非是基疏，故知爲真諦說也）。惟嘉祥《法華義疏》乃引爲《十八部論疏》耳。《錄》既惟載《十八部疏》一種，則凡引稱《部執論疏》者，皆即《十八部論疏》無疑。智昇固已云："其《十八部疏》，即《部異執疏》是也。"既疏《十八部論》者，即是疏《部異執論》；何可謂《論》非一本乎？疏既得一帙而二名，《論》又胡不可一本而兩稱乎？是知二五而不知一十也。尋高麗新雕《大藏十八部論》條有云："按此論者，宋藏中錯重寫彼《部異執論》，名爲《十八部論》。"蓋修宋藏者尚知《十八部》與《部異執》同爲一本。高麗藏以不誤爲誤。失之矣。

上來既由五證辨明《十八部》乃真諦《部異執論》之別名，則此名何以移植於秦譯之論（羅什《分別部論》），及今本秦論何以題上真諦之名，皆不難得到解釋。凡唐以前，鏤版之術未興，學者讀書，胥憑手錄。《分別部論》因增經改題故，本標譯人之《羅什法師集》即混在頌中（此在初番已說）。逮歷世滋久，舊聞寖墜。原所以界畔經論者，由傳鈔人將經頌與論頌連綴一處，後賢不察，遂視爲頌語。尋之群錄，又未見載有什翻此論之文；因疑此論爲失譯，不得不另尋譯主。而它方面，檢長房《三寶紀》等，並分載真諦在梁有《十八部論》，在陳有《部執異論》，顧世間流通，但有《部執異論》，別無《十八部論》；不曉《十八部論》乃真諦初譯《部異執論》時之名，誤以爲其本已佚。今睹秦譯，既無《論》名（首標《文殊問經分別部品》也），又失譯主（"羅什法師集"一語已沒在頌中也）；而經第二頌有"十八及本二"一語，極似主十八部說者；論第三頌復有"依於真諦說"一語，頗似指陳譯主之名者；一方有本無譯人，一方有譯人無本，事之巧合，無逾於此。於是遂以爲秦譯即真諦《十八部論》之佚本。失而復得，曷勝忭喜？所以逕題真諦名字以補失譯，又加《十八部論》之號以爲論稱。實則書非真諦所譯，而名亦非《十八部論》。《十八部論》者，固真諦所翻之書，但非是此論，而實即其《部執異論》而兩名焉耳。

（後）重以三徵證成今本《十八部論》即吉藏所謂羅什《分別部論》。

此番所說，所以補充初番未盡之義。因有人問：今本《十八部論》爲秦譯誤題真諦之名，昔人已有所論辨（如本文開端所引智昇說），無所用疑。今進而考定《十八部論》乃真諦譯書之名，不得爲秦譯論之目，理亦可信。但嘉祥雖稱羅什《分別論》，顧未引述其文；何以定知今本即彼所謂羅什《分別部論》耶？且如今本明二十一部與嘉祥所謂明二十部者，即不相侔。何能定其爲一耶？此亦應有之疑問。茲故重以三徵，證成前說。

（一）案今本《論》前明有"羅什法師集"五字，而《肇論》惠達疏引羅什撰集《分別異部僧論》，文初先出《文殊問經分部品》文，既與今本符契；其稱《分別異部僧論》之名復與嘉祥所稱《分別部論》大同。此於初番已詳。循邏輯公例，如乙爲丙，而甲又爲乙，則甲亦必爲丙。《肇論疏》所引既與嘉祥所稱之名合，今本又與《肇論疏》所述合，是知今本即嘉祥所說之《分別部論》，由邏輯而有以驗其必然矣。

（二）《開元錄》云："詳其文理，多是秦時羅什譯出。"玩智昇此語，蓋嘗持與什出文字對勘，而後有斯斷言。今且不徧徵什公譯籍，祇以所著《答慧遠問大乘大義章》與今本《十八部論》讎校，並與它譯表列下方，亦可見所用辭語，惟什與今本頗多相符，陳、唐諸譯則異若楚越。是其爲什翻，固不待辨。夫古今譯者，凡同一本書，在一人之身，例無兩出（如修治文句則非此所論）。今本既證明爲什所譯，則嘉祥所稱羅什《分別部論》者，捨此，更有何本可覓取乎？

《大乘大義章》羅什答慧遠問	今本《十八部論》（羅什《分別部論》）	《部執異論》（陳）真諦譯	《異部宗輪論》（唐）玄奘譯
〔佛〕以一念相應慧，通達一切法（答第三問）	以一念相念慧，覺一切法（大衆義）	如來一刹那相應，般若能解一切法	一刹那心相應，般若知一切法
菩薩常在定中，而能見佛德法聲所不能及（答第三問）。按《大智度論》卷十七云：菩薩常入禪定，攝心不動，不生覺觀，亦能說法	一切菩薩……禪定中，間亦有言說，亦調伏心，亦攝受思惟（大衆義）	若心在定，亦得有語折服，心恒有相，壞心恒有	在等引位有發語言，亦有調伏心，亦有淨作意
聖人所可引導群生器用，無非神通，皆是初通中説，神通之事（答第七問）	無所言說，常一其心。群生無種種無數，皆從如來聞說解（大衆義）	如來所出語，皆令衆生生愛樂心，如來心恒在觀寂靜不動	佛一切時不說名等，常在定故，然諸有情，謂說名等，歡喜踴躍
若無菩薩結使，障者先已是佛……得無生法忍，時世間實相雖破，凡夫結使未除（答第二問）	菩薩是凡夫有結使，未超昇離生，未超凡夫地受身（薩婆多義）	一切菩薩定，是凡夫具九結，若菩薩已入正定者，未度凡夫地	應言菩薩猶是異生，諸結未斷，若未已入正性離生，於異生地未名超越

（三）尋吉藏《大乘玄論教迹義門章》有述二十部之文云：

> 佛滅度後……至一百年餘，分爲二部：一者摩訶僧祇部，此云大衆；二者多羯羅，此云上座部。從大衆部分爲九部：一名大衆部，二名一說部，三名出世部，四名窟居部，五名多聞部，六名施設部，七名枝提部，八名阿婆羅部，九名鬱他羅部。三百年中，上座部因諍論事分爲十一部：一名薩婆多部，二名雪山部，三名犢子部，四名達磨鬱多部，五名跋陀耶尼部，六名三彌底部，七名六城部，八名彌沙塞部，九名曇無德部，十名迦葉維部，十一名修多羅論部。

嘉祥此處，未言本自何書。然據嘉祥於《三論玄義》中說，彼所曉知明二十部者，惟《文殊問經》《部執論》及羅什《分別部論》三種而已。則凡其所述二十部之文，來源皆不能外此三書。即持此以與《文殊問經》《部執異論》、今本《十八部論》對勘，如《文殊問經》《部執論》譯文與此所陳部名皆不合，則自是引自羅什《分別部論》無疑。如再驗之秦譯本，又獨能相符，則今本《十八部論》即嘉祥所稱羅什《分別部論》，斷如鐵案矣。爲避繁文，仍表列於次：

《文殊問經》	《部執異論》	今本《十八部論》	吉藏《大乘玄論》
摩訶僧祇	大衆（婆訶僧書柯）	摩訶僧祇	摩訶僧祇
執一言語	一說（猗柯毗與婆訶利柯）	一說	一說
出世間言語	出世說（廬俱多羅婆拖）	出世間說	出世
高拘梨	灰山住（高俱梨柯）	窟居	窟居
多聞	得多聞（婆吼輪底柯）	多聞	多聞
只底舸	分別說（婆羅若底婆拖）	施設論	施設論
東山	支提山（支底與世羅）	支提加〔支提〕〔一曰遊迦〕	枝提
		佛婆羅〔一曰阿羅說〕〔又曰羅阿婆〕	阿婆羅
北山	北山（鬱多羅世羅）	鬱多羅施羅	鬱他羅
體毗履	上座（他毗與）	他鞞羅〔秦言上座〕	多羯羅
一切言語	說一切有〔一曰說因〕（薩婆阿私底婆拖）	薩婆多〔亦名因論〕	薩婆多
雪山	雪山住〔上座弟子〕（醯摩跋多）	雪山	雪山
犢子	可住子弟子（跋私弗底梨與）	犢子	犢子
法勝	法上（達謨多梨與）	達摩鬱多梨	達摩鬱多
賢	賢乘（跋陀與尼與）	跋陀羅耶尼	跋陀耶尼
一切所貴	正量弟子（三眉底與）	彌離〔一曰三彌底〕	三彌底
芿山	密林住（山拖伽梨柯）	六城	六城
大不可棄	正地（彌嬉捨婆柯）	彌沙塞	彌沙塞
法護	法護（達摩及多）	曇無德	曇無德
迦葉比	善歲〔飲光弟子〕（蘇跋梨沙柯）	優離沙〔一曰迦棄惟〕	迦葉惟

(續表)

《文殊問經》	《部執異論》	今本《十八部論》	吉藏《大乘玄論》
修姤路句	説度〔説經〕（修丹蘭多婆拖）	修多羅論〔一曰僧伽蘭多〕	修多羅論
經云：於百歲内、從體毗履部出十一部	論云：至第三百年，有小因緣分成兩部：一説一切有部，亦名説因部；二雪山住部，亦名上座弟子部	論云：至三百年中，上座部中因靜論事立爲異部	玄論云：三百年中，上座部因靜論事分爲十一部

　　詳上表，是《玄論》所陳，與《文殊問經》《部執異論》，皆有鑿枘。而與今本《十八部論》，則幾於處處合符。惟"他鞞羅"，嘉祥述爲"多羯羅"，似相戾。然詳"他"古音讀"拖"（今僧徒誦咒猶然），與"多"同韻；如大衆第九部"鬱多羅"，嘉祥"多"又作"他"，是二字當時音讀無別，故可互換。"羯"與"鞞"一聲之轉，疑當時音讀亦同。蓋嘉祥但憑記憶，未盡檢原文，故不能無數字之異。抑或别據一本，或傳鈔者有誤歟？然音仍與秦譯本近，與《文殊經》《部執論》絶殊，是無疑仍本之秦譯。嘉祥所見明二十部者唯有三書。此陳部名既與《文殊經》《部執論》不合，自是出於羅什《分别部論》。此陳部名既獨與今本《十八部論》相符，則今本《十八部論》，即嘉祥所稱羅什《分别部論》，又何疑乎？是則謂嘉祥但稱羅什《分别部論》之名而未引述其文者，亦未審也。

　　最後，依於上引《大乘玄論》之言，則疑今本明二十一部與嘉祥所云羅什《分部論》明二十部似不侔者，今亦可以豁然。蓋嘉祥於大衆部中並本部合爲九部，於上座部中則不論本部説十一部，綜計即二十部。此本二十一部而説二十部也。玄奘法師譯《異部宗輪論》，本末實二十一部，亦除上座本部説二十部。此慈恩詡爲研窮褒貶乃可知者。不審嘉祥傳羅什《分别部論》之已我先。夫讀書不富，立言固未易乎？

　　上來詞旨稍嫌分散。兹再總結大意如下：秦譯本原名《分别部論》，羅什譯。非《十八部論》之名。法經、長房等蓋都未見，故未入録。智昇所謂"諸録脱漏"，是也。《十八部論》則真諦在梁所譯《部執異論》之始稱。房《録》兩存其名，未爲盡失。智昇非之，而以誤題《十八部論》之秦譯編爲失譯（見《開元録》卷四），斯謬。此雙辨秦譯本與《十八部論》名，乃兩家人之物也。由今本《十八部論》原名《分别論》故，因來《文殊問經分部品》之牽合。由《經分部品》之牽合故，論之本名始不存，而"羅什法師集"五字亦没在經與論相連結之頌中，因疑爲失譯。由疑分爲失譯復無論題故，尋經頌有"十八及本二"語，論頌又有"依於真諦説"語，適舊錄載真諦有《十八部論》，顧不得其本，遂意此論可能爲《十八部論》之佚，因來"十八部論"與"真諦譯"之移植。此辨羅什《分別部論》款稱所以遷訛之由致也。本文不外説明此兩事。自來論者，衹知譯人誤置，不審論名亦非。此考庶可補其闕失歟？

　　上文爲民國二十七年秋，德鈞在江津支那內學院蜀院，初事於考據學之習作。始憾太簡，後復嫌繁；翌年離院，草猶未定。因循廢置，忽遂十稔。比以講筵餘暇，掃户尸居，俗客罕至，車馬無喧；乃再取舊稿竄點之。文采雖乏，庶幾達意。夫理不經宗，或見黜於通人；事存匡謬，猶賢乎博弈耳。三十六年孟秋處暑，於成都華西協合大學小天竺宿舍，張德鈞識。

　　　　　　　　　　（原載《國立中央圖書館館刊》1947年第4期，第24~30頁）

竺道生生年考

道生事蹟，略見於慧琳著《道生法師誄》（文載《廣弘明集》二十三），暨梁僧祐《出三藏記集》卷十五（以後簡稱《祐錄》），慧皎《高僧傳》卷七，《宋書》卷九十七《蠻夷列傳》"天竺迦毘黎國"條，顧均不詳生之壽數與生年。時賢湯用彤先生撰《漢魏兩晉南北朝佛教史》（商務印書館出版），曾爲假定其年歲云：

  如假定在三七五年，而道生死於四三四，則道生壽六十歲。（滬版六一一面小注，渝版下冊一四一面）

蓋謂生公生年，當在晉孝武帝寧康三年也（以此年即當375年）。顧次文又云：

  誄文謂生中年遊學，廣搜異聞，生公當於三四十歲時去揚都遊學，先至廬山，即在其時，得見罽賓義學沙門僧伽提婆。查提婆在安公死後至洛邑，數年後乃至廬山。於太元十六年（391）在山譯《阿毘曇心》，至隆安元年（397）提婆東下京師。道生應在太元之末數年至廬，得見提婆，從習一切有部義。（滬六一二面，渝下一四二面）

此謂生公當於太元之末數年三四十歲時，去揚遊學。格之前說，則不免自破其壘矣。吾人姑徇湯先生之說。假定道生於太元最末一年（396），厪三十歲，逆推之，則已不應生在375年，而應在367年，即廢帝太和二年也。順往下推，道生幽棲廬阜七年而後入關，則稟學羅什時，年三十八矣。至元嘉十一年（434）卒，則道生應六十七，非六十矣。又假定道生在太元末年三十五或四十，登廬在太元十七年至二十年頃（392至396），則生之生年，應益推前，入關年齒應益加長，而其卒也且七八十矣，如是，則豈徒與先之假定相牾乎？揆之史實，亦未見其愜合也！請試陳之。

一者，慧琳誄文云："遁思泉源，無閡川阜；庶乘閑託，曰仁者壽，命也有懸。曾不永久，蘭蓀速頹，氣傷於偶！"此悼生之不得永壽也。若生之示寂，果已年邁七十，則雖孔子、釋迦之聖，壽亦不過如此。慧琳何來速頹之慟？

二者，《高僧傳》生本傳曰："年至具戒，器鑒日深，性度機警，神氣清穆。初入廬山幽棲七年，以求其志。"按佛家通軌，以二十歲受具足戒。《傳》既謂生於具戒之年，初入廬山，則去揚遊學，非在三四十歲時，明矣。

三者，吉藏《中論疏》卷一云："什……門徒三千，入室惟八，老則融、叡，幼則生、肇。"是道生與肇公，年齒實相齊比，生即長肇，亦不得大逾十歲。若道生未遊方時，已三四十歲，又在廬山幽棲七年，則見羅什時，當四十餘，或五十歲矣！羅什至關（四〇一），肇公年僅十九歲。生公適秦，肇公亦止二十餘，以四五十歲之人，何得與二十餘歲之人，並稱爲幼？且如湯先生説：羅什初至長安時，"法和約七十歲，僧䂮約六十歲，道恒約五十六歲，曇影約五十歲，僧叡亦逾五十歲，慧嚴、慧叡均約四十歲，僧導約三十七歲，僧業約三十五歲，慧觀約三十歲，慧詢約二十七歲，僧弼、曇無成約二十歲，以法和爲最老，僧肇爲最少"（滬三〇〇面，渝上二一九面）。則羅什門下，比生公年稚者，正不乏人，如慧嚴、慧叡、慧觀、曇無成，並當世所稱八俊十哲中人，年皆不遠過於生公，何爲獨以生公與肇公稱幼？又僧叡時逾五十，既稱爲老，果生公亦已四五十歲，則正與僧叡雁行，而反稱爲幼，毋乃非情！（謹案湯先生所計諸僧年歲，不知何據。如説慧觀約三十歲，即似有誤。據《高僧傳·慧觀傳》云："晚適廬山，又諮稟慧遠；聞羅什入關，乃自南徂北。"觀適廬山時，既稱晚年，稍後乃入關見什，是不得僅三十歲矣。）

四者，《續高僧傳》卷五《僧旻傳》，記僧旻以少年挫折尊宿，王儉乃以生公在逍遙園與道融對揚之事況之。則生公入關時之年歲，應與僧旻此時相當。茲具錄僧旻少年之事蹟如次，可以絜比。

釋僧旻，姓孫氏。家於吳郡之富春。……七歲出家，住虎丘西山寺，爲僧回弟子。從回受五經，一聞能記，精神洞出，標群獨秀。……年十六而回亡。……與同寺法雲，禪崗法開，稟學柔、次、達、亮四公經論。……大明數論，究統經律，原始要終，望表知裏；內鑒諸己，旁啓同志，前疑往結，靡不冰泮。雖命世碩學，有是非之辨，旻居中振發，曾無擁滯。光緒既著，風猷弘遠。齊文惠帝，竟陵王子良，深相貴敬，請遺連接。尚書令王儉，延請僧宗講《涅槃經》，旻扣問聯環，言皆摧敵。儉曰：昔竺道生入長安，姚興於逍遙園見之，使難道融義，往復百翻，言無不切，衆皆睹其風神，服其英秀。今此旻法師，超悟天體，性極照窮，言必典詣，能使前無橫陣，便是過之遠矣！文宣嘗請柔、次二法師於普弘寺共講《成實》，大致通勝，冠蓋成陰。旻於末席論議，詞旨清新，致言宏邈，往復神應，聽者傾屬。次公乃放塵尾而嘆曰：老子受衆於彭城，精思此之五聚，有十五番，發爲難窟，每恨不逢勁敵，必欲研盡；自至金陵累年，始見竭於今日矣！且試思之，晚講當

429

答。及晚上講，裁復數交，詞義遂擁，次公動容，顧四座曰：後生可畏，斯言信矣。年二十六，永明十年，始於興福寺講《成實論》。先輩法師高視當世，排競下筵，其會如市。（下略）

觀此所載，僧旻之辨摧僧宗，在十六歲後，二十六歲以前，使生公入關時已四十五十，則王儉援以贊旻，殊爲不切。《祐錄》云："生往長安，從羅什學，關中僧衆，咸稱其秀悟。"《高僧傳》亦云："生從什公受業，關中僧衆，咸謂神悟。"曰秀悟，曰神悟，與王儉所謂英悟，似皆屬少年儁異之稱。（如前引《僧旻傳》，謂旻標群獨秀，是在少時。又《名僧傳鈔·竺法義傳》云："法義年十三，伏膺道門，修治戒行，標秀之稱，與日而昇。"亦以"秀"目幼智之人，俗亦有神童之説，劉劭《人物志》曰"聰明秀出謂之英"，又曰"夫幼智之人，材智精達，然其童髦，皆有端緒"。足相證也。）罕見施諸老人。則生公去揚都遊學時，不當爲三四十歲，理甚顯灼也。

要之，湯先生之説，驗與史事不符，且依違靡定，難可信據，故當別爲考證。

尋生公歲數，雖史闕明文，而由（一）舊稱"幼則生、肇"一語，即可徵知生、肇年齒，必不相遠。由肇之生年，以求生之生年，當無大失。（二）觀莊嚴之挫僧宗，王儉以擬生公與道融之往復，旻既是以少當老，生亦應然。莊嚴此時不滿二十六歲（見前引《續僧傳》文），則可比知生公入關時，亦必厪二十餘也。得此兩例，則可進求之史錄，以確定其生年。

按如前引《僧傳》云："年至具戒，初入廬山。"是生入廬山時，年二十歲，由何年入廬山，即知何年二十歲。此在《高僧傳》未詳。然《祐錄》生傳有文曰："隆安中，移入廬山。"是生二十歲，當隆安時矣。隆安，爲晉安帝年號，共五載（三九七至四〇一）。《傳》既云隆安中，則定非元年（若元年，則必稱隆安初），亦必非末年（若末年，則應稱隆安末），當是二年或三年，蓋元年僧伽提婆由廬山至南京，講《阿毘曇》。《祐錄》十三記云："名僧雲集，提婆宗致既精，辭旨明析，振發義奥，衆咸悅悟。"（《高僧傳》卷一與此同）慧琳誄文稱生公究暢提婆小道之要，生之稟學提婆，蓋即在是時。考《祐錄》二：提婆譯《阿毘曇心論》四卷，《三法度》二卷，同以太元十六年於廬山出。是年，即提婆初由洛陽南下至止匡廬之歲。慧遠《三法度序》，又謂提婆未譯《三法度》前，即常以此書講誨（見《祐錄》十）。是其講譯兼行，亦不須夾歲。又昔道安講《放光經》，經二十卷，且歲常再徧（見《祐錄》八，道安撰《摩訶鉢羅若波羅蜜經鈔序》）。以此例之，則提婆初至建業之年，講《毘曇》四卷，當亦可反覆數翻也。生公穎慧非凡，經耳了心（誄文語）。披讀經文，一覽能誦（見《祐錄》生本傳）。諮稟提婆，當不甚久，已盡究其奥。其遁迹廬阜，可能於提婆至京之明歲。則《祐錄》所云隆安中者，不妨權定爲隆安二年，當公元398年。生此年二十歲，逆推其生年，則當晉孝武帝太元四年（379）。入廬山後，幽棲七年，再詣長安，則當義熙元年，爲姚秦弘始七年（405）或元興三年，即弘始六年（404），羅什至關，方二三載（什於弘始三年十二月二十日達長安，已逼歲盡，故不應算爲一年）。道生此時二十七歲，或二十六歲，僧肇二十三歲，或二十二歲，彼此相差止三歲。《高僧傳》記時人語曰："通情則生融上首，精難則觀肇第一。"（見《慧觀傳》）故在什公入室弟子中，生、肇特並稱年少。王儉以生於逍遙園與道融馳辯之事，借美僧旻二十六歲前之論推名宿，由此始見其貼切。生之入滅，在劉宋元嘉十一年（434），則壽止五十五，不可謂永年。故慧琳有"曾不永久，蘭蓀速頹"之嘆，至怪孔子"仁者壽"語，不能保證，而寄其無限之哀思，乃皆有著落，而不失之漫羨也。

如上推定，生公生年當在三七九年，湯先生最初假定在三七五年，與筆者之説，僅差四年。雖不甚協，要亦切近情理。（所以謂不甚協者，若增多四歲，則入關之時，已三十歲或三十一歲，與僧肇年齒既不相當，與僧旻二十六歲前之事，亦不相應。故仍不可從也。）而向後何以不據此繫年？細尋其故，似以爲有二種疑難：一、道生從提婆學，應在廬山。二、道生至關中，必不應遲至什公入關數年之後。如順前面之説，則此即牴牾。故但將先之假定，作爲小注備考耳，此可見湯先生治學之謹慎，然實千慮一失也。茲且具錄湯先生論説於次，再加以辨正。其説云：

> 按《名僧傳鈔》載《名僧傳目錄》，其卷十如下：
> 《名僧傳》第十（隱道下，中國法師六）
> 晉故章崐山支曇諦一，晉吳虎丘東竺道寶二，僞蜀郡龍淵寺慧持三（中略）
> 宋尋陽廬山西寺道生十（下略）
> 而《名僧傳鈔》之説處中，卷十則如下：
> 第十
> 曇諦講《法華》《大品》《維摩》各十五徧事。惠持九歲隨兄同爲書生，俱依釋道安抽簪落髮事。惠持辭惠遠之處，入蜀之時，契以西方爲期事。廬山西寺竺道生事，慧遠廬山習有宗事。（下略）
> 據此《名僧傳》卷十，首敘曇諦，內載其講經事。次爲道寶，再次爲慧持，內敘與其兄慧遠從安公出家及後入蜀事。及至第十傳，則爲竺道生。其中乃載有慧遠廬山習有宗事。依此推之，竺道生或與遠公同從提婆習一切有部之學。故《名僧傳》於《道生傳》中載遠公習有宗事。據《祐錄》載竺道生於隆安中遊廬山，則生見提婆應在建業（提婆隆安元年到京師）。然與上所

述牴牾。且慧皎鈔襲《祐錄》之傳，而"隆安中"三字則除去，可見皎亦疑之。又如生果於隆安中到匡山，並居彼七年，則其至關中，必遠在什公入關數年之後。夫道生聞什之來，當急欲相見，必不若是之遲滯也。（滬版六一二至六一四面，渝版下冊一四二至一四三面）

按湯先生此處推論，似嫌主觀稍過。《名僧傳》原書既佚，何能徒據鈔目，以臆揣其內容？此中明云"慧遠廬山習有宗事"則自説慧遠，不必即是道生之事。若生果與遠公同從提婆習一切有部之學，則鈔文自有前例。如《鈔慧持傳》説處云："惠持九歲隨兄同爲書生，俱依釋道安抽簪落髮事。"應將關係與關係者同時標出（文應爲竺道生於廬山同慧遠從提婆習有宗事）。此既不然，何得定爲道生從學提婆是在此時！意者，或緣生在南京諮稟提婆，《傳》因追敍提婆先在廬山，慧遠亦從受業，而道生乃到廬山，亦未可知。然鈔目既未詳録其事，隨臆推測，終不可以爲考證依準。而以謂《祐錄》與此牴牾，實未見其然也。

至云："慧皎鈔襲《祐錄》之傳，而'隆安中'三字則除去，可見皎亦疑之。"此亦嫌於任臆。案《祐錄》所述列傳（"述列傳"三字，本《祐錄序》），固多爲慧皎《高僧傳》所本。但竺道生事蹟，皎《傳》既謂"王微以生比郭林宗乃爲之立傳旌其遺德"，則皎此處所述，似不必取材《祐錄》，當即以王微文爲藍本，同時參考寶唱《名僧傳》。故皎敍宋太祖會僧食，道生投虎丘山，雷震青園寺，及殁後宋太祖述頓悟義等事，皆《祐錄》所未詳。蓋皎撰《高僧傳》，文字亟求整練，浮詞棘句，在所必芟。不但《祐錄》"隆安中"三字無有，即《祐錄》後文敍生"義熙五年還都"，"以元嘉七年投迹廬嶽"等有關年序文字，亦未綴入，寧得以爲皆皎疑其不合事實而遽除去耶？實則祐、皎製文，體氣各異。皎《傳》詞語精整，氣勢緊湊。若於其中橫插以"隆安中"三字，則讀之拗口，大傷清典，何取乎此？《祐錄》則文富波瀾，間雜慧琳誄文，氣勢疑於相隔，故不得不以年世點明其行事之時序，此兩家所以異撰全由文體，非於事實之觀察有不同也。今日將慧琳誄文，與祐、皎二家所撰《生傳》，各録其一段於次，以資比較。

慧琳《竺道生法師誄》（《廣弘明集》卷二十三）

（前略）法師本魏彭城人也。父廣戚縣令，幼而奇之，攜就法汰法師，改服從業。天資聰懋，思悟夙挺；志學之年，便登講座。於是望道才僧，著名之士，莫不窮辭挫慮，服其精致。魯連之屈田巴，項槖之抗孔叟，殆不過矣！加以性靜而剛烈，氣諧而易遵，喜捨以接誘，故物益重焉。中年遊學，廣搜

異聞，自楊徂秦，登廬躡霍，羅什大乘之趣，提婆小道之要，咸暢斯旨，究舉其奧。（下略）

《祐錄》十五《竺道生法師傳》

竺道生，彭城人也。家世仕子。父爲廣戚令，鄉里稱爲善人。生幼而穎慧，聰悟若神；其父知非凡器，愛而異之。於時法太道人，德業該懿，乃攜以歸依，遂改服受學。既踐法門，儁思卓拔，披讀經文，一覽能誦，研味句義，即自解說。是以年在志學，便登講座。探頤索隱，思徹淵泉；吐納問辯，辭清珠玉。雖宿望學僧，當世名士，皆慮挫辭窮，莫能抗敵。雖楊童之參玄文，魯連之屈田巴，無以過也！年至具戒，器鑒日躋，講演之聲，徧於區夏；王公貴勝，並聞風造席，庶幾之士，皆千里命駕。生風雅從容，善於接誘，其性烈而溫，其氣清而穆，故豫在言對，莫不披心焉。初住龍光寺，下帷專業。隆安中，移入廬山精舍，幽棲七年，以求其志。常以爲入道之要，慧解爲本；故鑽仰群經，斟酌雜論，萬里隨法，不憚險遠。遂與始興慧叡，東安慧嚴，道場慧觀，同往長安，從羅什受學。關中僧眾，咸稱其秀悟。義熙五年還都，因停京師。遊學積年，備總經論。妙貫龍樹大乘之源，兼綜提婆小道之要。傳以異聞，約以一致。（下略）

《高僧傳》卷七《竺道生傳》

竺道生，本姓魏，鉅鹿人，寓居彭城，家世仕族，父爲廣戚令，鄉里稱爲善人。生幼而穎悟，聰哲若神。其父知非凡器，愛而異之。後值沙門竺法汰，遂改俗歸依，伏膺受業。既踐法門，儁思奇拔，研味句義，即自開解。故年在志學，便登講座，吐納問辯，辭清珠玉。雖宿望學僧，當世名士，皆慮挫詞窮，莫敢酬抗。年至具戒，器鑒日深，性度機敏，神氣清穆；初入廬山，幽棲七年，以求其志。常以入道之要慧解爲本，故鑽仰群經，斟酌雜論，萬里隨法，不憚疲苦。後與慧叡、慧嚴同遊長安，從什公受業；關中僧眾，咸謂神悟。後還都止青園寺，寺是晉恭思皇后褚氏所立，本種青處，因以爲名。生既當時法匠，請以居焉。（下略）

按上所出文，《祐錄》與《僧傳》，有相同者，有互略者。其《祐錄》有而《僧傳》無者，則見於《誄文》。《僧傳》有而《祐錄》無者，則不見於《誄文》，知《僧傳》又別有取材。蓋兩書（《祐錄》與《僧傳》）並以王微所撰《生傳》爲藍本，即其相同部分。而《祐錄》則糅以《誄文》，皎《書》則參以《名僧傳》，是其詳略互異之由。寶唱《名僧傳》好記珍辭怪説，故皎據之撰《生傳》，復有宋太祖會食，道生投虎丘，雷震青園寺，及歿後宋太祖述頓悟義等事，增詳於《祐録》也。尋皎撰《生傳》，層次最清晰，初敘幼年出家，次敘十五登講，三敘具戒入廬山，四敘詣關從學羅什，五敘還都著述，都與《誄文》合，《祐録》則於具戒後，又夋述接誘來機之事，繞一大彎，乃轉歸隆安中移入廬山，文理凌雜，故使人疑生往廬山時，必已具戒多年。皆由鎔裁兩文（慧琳《誄文》，及王微撰《傳》），未盡善巧也。或曰：慧皎於"年至具戒"下，亦有三語"器鑒日深，性度機敏，神氣清穆"，乃繼之曰"初入廬山，幽棲七年"云云。中間既有語隔，何得定爲生入廬山時，即是具戒之年？答曰：具戒下三語，是形容生當時德量，因具此德量，乃有幽棲求志之事，故一滾説去，氣勢緊接。著一"初"字，正顯示上承"年至具戒"。否則"初"之一字，何所繫屬乎？此皎之善於著墨也。然《祐録》敘生事雖稍嫌冗雜，而能標出帝年，界畔先後，是其無條理中之條理，足補《僧傳》之闕略，兩書不妨相得益彰也。湯先生乃詬其牴牾，蓋未深考耳！

至於曰："如生果於隆安中到匡山，並居彼七年，則其至關中，必遠在什公入關數年之後。夫道生聞什之來，當急欲相見，必不若是之遲滯也。"此亦極想像之談！道生曾否急欲見什？吾人不得起古人於地下而問之。事既難徵，可不必論。然如筆者前説，生於什公至關後兩三年往見，則亦不得謂爲太遲。準提婆在廬山，地區密邇，生且未嘗汲汲欲見，羅什止秦，相距萬里，又何遽爾不俟終日耶？且據《祐録》羅什傳，先敘羅什出經及四衆遠赴已，乃曰："廬山慧遠，道業沖粹，乃遣使修問，龍光道生，慧解洞微，亦入關諮稟。"玩其辭意，亦似謂生遠於羅什法化既隆後，始聲應氣求，不遠千里耳。案僧肇《百論序》云：

先雖雜譯，而方言未融。致令思尋者躊躇於謬文，標位者乖迕於歸致。……弘始六年，歲次壽星，集理味沙門，與什考校正本，陶練覆疏，務存論旨。（《祐録》十一）

又僧叡《大智釋論序》曰：

法師於秦語大格，唯譯一往，方言殊好，隔而未通。苟言不相喻，則情無由比，不比之情，則不可以託悟懷於文表；不喻之言，亦何得委殊塗於一致？理固然矣。進欲停筆爭是，則校競終日，卒無所存；退欲簡而便之，則負傷手穿鑿之譏；以二三唯案譯而書，都不備飾！幸冀明悟之賢，略其文而挹其玄也。（《祐録》十）

羅什於弘始三年（401）十二月二十日，自涼州至長安。明年夏（402），即於逍遙園中西門閣上譯《大智論》，兼出《百論》。至弘始七年（405）《智論》始譯訖（上見《祐錄》十《大智論記》），於前一年（404）復更譯《百論》。據肇、叡兩序言，是羅什初至數年，於中華語文，頗多滯格；即彼秉筆承譯之人，猶不甚愜然，何得遽能感召遐邇？蓋羅什傳法徽望，乃積漸顯著，匪一朝夕，而四方名僧大德，亦由漸來集，非盡在羅什初至一二年中，故什於義熙元年前出經，皆隨有改正，至義熙二年後，乃一譯即定，文無再治。豈非以此時，一則羅什方言已融，再則南北儔父畢萃，審文詳旨，彌益精覈耶？故謂生公於弘始六七年至關，揆之當時情勢，亦甚切合也。又考《祐錄》所載《羅什譯經序》文，大率皆關中釋子所撰。除《大智度論》爲姚興送至廬山，請慧遠著序外，南方北去諸僧，祇慧觀一人製有《法華宗要序》一首。餘皆闕如（另有僧馥《菩提經注序》，則爲關中義學南徙後所作，不在什公譯經時矣）。而《法華經》乃弘始八年（406）譯出，從現存文獻方面考索，是南方諸僧於此時始見有露面於譯場者。則非羅什初至，嚴、觀、生、叡等即齊赴關中，足爲明徵。抑更有誠證者，羅什所譯諸經，生公爲造疏者，計有《法華》《維摩》《小品般若》三種。《法華》《維摩》譯於義熙二年，《小品般若》譯於義熙四年生公南歸前，其義熙元年前，五年後所出經論，則概未爲注。豈非以中間雜承羅什，故注之；前後未蒙指授，乃不敢臆度耶？此尤見生公是於義熙元年至關，理甚決定矣！要之，《祐錄》謂生於隆安中入廬嶽，幽棲七年再遊長安，乃爲實錄，無可疑也。

如是已辨正湯先生之疑難已。抑又思之，湯先生所以謂生公去揚遊學，當於三四十歲時者，要不爲無故。蓋由《誄文》謂生："中年遊學，廣搜異聞。"因著眼"中年"二字，故以爲當於三四十歲時耳（詳本篇發端處引文），然此亦太泥。中年所詮，詎有一定之數？尋慧琳此處下語，乃就生公整個遊學時期，適當其全部生命歷程之中段一事，故謂之中年。所以《誄文》繼云："自揚徂秦，登廬躡霍。"生公享壽，約五十五歲，二十遊學，三十一歲還都，正在其生命中段，故云爾也。蓋謂生公之中年一段時期，皆在遊學（緣慧琳敘生公學歷約分三期，幼年爲雄辯，中年爲遊學，晚年爲著述也），非謂生公中年後始遊學，此須善會也。茲依前說，編次生公年歷如下：

晉孝武帝太元四年（379），竺道生生於彭城魏氏家。

晉孝武帝太元十年（385），生七歲。約在此時，其父爲廣戚縣令，攜就竺法汰出家。時法汰在南京瓦官寺，常講《放光般若》。

是年謝靈運生，僧肇已三歲，道安卒於長安，年七十二。

晉孝武帝太元十二年（387），生九歲。法汰法師卒，年六十八。

晉孝武帝太元十八年（393），年十五。始登講座。

時僧伽婆提已於前二年（391），自洛陽南止廬山，譯出《阿毘曇心論》《三法度》等。

晉安帝隆安元年（397），年十九。從僧伽提婆習小乘之學。

時提婆由廬山至南京，講《阿毘曇心論》。

晉安帝隆安二年（398），年二十。初入廬山，幽棲求志。

晉安帝隆安三年（399），法顯與慧景、道整、慧應、慧嵬等，自長安往天竺。（此依《祐錄》）

晉安帝隆安五年（401），十二月二十日，鳩摩羅什由涼州至長安，爲後秦弘始三年也。

晉安帝義熙元年（405），年二十七，約於是年或前一年，與慧嚴、慧觀等同至關中，稟學羅什。姚興於逍遙園見之，使難道融義。

是年僧肇二十三歲，什公譯龍樹《大智度論》百卷訖。

晉安帝義熙二年（406），年二十八，什公譯出《法華經》《維摩經》，道生後皆有疏。

晉安帝義熙四年（408），年三十。二月六日至四月三十日，什公出《小品般若經》十卷，生後亦有疏。夏末南歸，至廬山，以僧肇所著《般若無知論》示劉遺民。

晉安帝義熙五年（409），年三十一，還都止青園寺。自此下帷專業。立善不受報及頓悟成佛義等，皆此後十餘年中事。

晉安帝義熙九年（413），年三十五。法顯已於前一年（412）自師子國附商舶歸抵青州，是年達京師，攜回《大般泥洹經》《彌沙塞律》等梵策。

是年四月十三日，羅什薨於長安大寺，年七十。明年（414），僧肇亦卒，年三十一。

晉安帝義熙十三年（417），年三十九。十月一日，法顯於道場寺請佛大跋陀譯出《大般泥洹經》（六卷），寶雲傳語，於時座有二百五十人（《祐錄》八，六卷《泥洹記》），道生當亦在內。

是年慧遠卒於廬山東林寺，年八十四（此據謝靈運《遠法師誄》）。道恒亦於是年卒。

晉安帝義熙十四年（418），年四十。正月二日，佛大跋陀譯《大般泥洹經》校定盡訖，生公即用敷講。剖析佛性，洞入幽微，著有義疏。約在此前後數年中，並著《二諦論》《佛性當有論》《法身無色論》《佛無淨土論》《應有緣論》等。於時守文之徒，多生疑忌。

是年劉裕弒帝，奉琅琊王德文爲恭帝。又二年（420），裕篡晉自立，國號宋。

宋武帝永初二年（421），年四十三。

是年十月二十三日，天竺沙門曇摩讖於北涼譯出《大般涅槃經》三十六卷。爲沮渠蒙遜玄始十年也。

宋武帝永初三年（422），年四十四。謝靈運出守永嘉郡，作《辯宗論》，釋生頓悟義。王弘送其《論》於生，生有書答之。

宋廢帝景平元年（423），年四十五。法顯於師子國所得《彌沙塞律》，未及譯出而亡。生於本年十一月，即於龍光寺（即青園寺所改名）請罽賓律師佛大什執胡文，于闐沙門智勝爲譯。

宋文帝元嘉三年（426），年四十八。

約在此年至元嘉五年頃，范泰有《致生觀二法師書》論踞食。范泰是於元嘉五年（428）八月卒（此條本湯先生《佛教史》說）。

宋文帝元嘉七年（430），年五十一，生講《泥洹》，説阿闡提人皆得成佛。於時《大涅槃經》未至，孤明先發，獨見忤衆，遂遭擯遣。初投吳之虎丘山，夏雷震青園佛殿。（《傳》云：龍昇於天，光影西壁，因改寺名，號曰龍光。）九月，復投迹廬山。竺道攸侍從。俄而，《大涅槃經》至於京師，果稱一闡提皆有佛性，慧嚴、慧觀與謝靈運等改治文句後，送達匡嶺，生即建講。

前一年（429）佛大跋陀卒，年七十一。

宋元嘉九年（432），年五十三。三月，於廬山東林精舍，重治定《法華經疏》，加採訪衆本，具成一卷。（分上下）

宋元嘉十年（433），年五十四。

謝靈運被殺於廣州，年四十九。北涼曇摩讖亦於是年爲沮渠蒙遜所殺。

宋元嘉十一年（434），年五十五歲。冬十月庚子，講經畢，即於座下示寂。遺骨仍葬於廬山之阜。

十一月，法綱卒於虎丘。

後二年，求那跋陀羅至建業，譯出《勝鬘經》。生弟子道攸披尋反覆，嘆曰"先師（道生）昔義，闇與經會；但歲不待人，義襲經後"云。

三十四年十二月四日寫成於江津支那內學院蜀院。

（原載《學藝雜誌》1947年第7期，第25~31頁）

關於清刻《大藏》與歷代藏經

——對《柏林寺和龍藏經板》一文的商榷

一九六一年七月二十二日《人民日報》發表朱家溓同志《柏林寺和龍藏經板》一文，以歷代編刻《大藏》情況與清刻《大藏》相比，對清藏作了極高的評價，認爲"在世界佛教史上有着重要的地位"。但文中所述事實，多無可徵信。謹舉正如次。

（一）作者說："佛教經典稱'藏'，始於唐代。"按佛典言"藏"，是指三藏，即經、律、論，乃源本印度。傳說釋迦牟尼逝世後，長老迦葉與阿難等即會集諸大弟子，共同誦出釋迦平日所說教義，分爲經、律、論三類編定，是稱三藏。此在小乘和大乘所傳的教典都有記載。隨舉一例，如《增一阿含經·序品》說："時阿難說經無量，誰能備具爲聚？我今當爲作三分，造立十經爲一偈：契經一分，律二分，阿毘曇經復三分；過去諸佛皆三分，契經、律、法爲三藏。"所以謂爲"藏"者，蓋"藏"字梵語爲"毘荼迦"，是指竹筐一類可容花果的器物；以佛典的結集，可使教義攝藏不失，事有相似，故取喻爲名也。①

至於我國把譯出的佛經"匯集"爲"一部佛學大叢書"，其事亦不"始於唐代"，遠在南北朝時即已有之。如梁僧祐《出三藏記集》載有《定林上寺建般若臺大雲邑造經藏記》、《定林上寺大尉臨川王造鎮經藏記》、《建初寺立般若臺經藏記》。僧祐本人這部《出三藏記集》，也就是依據建初寺的經藏寫成的。《梁書·文學傳》亦記載《文心雕龍》作者劉勰"依沙門僧祐，與之居處，積十餘年，遂博通經論，因區別類部，錄而序之。今定林寺經藏，勰所定也"，可見定林寺的經藏還有劉勰作過分類的目錄。又《隋書·經籍志》說："梁武帝於華林園中，總集釋氏經典凡五千四百卷，沙門寶唱撰經目錄。"這是南朝皇家也有"匯集"一切佛教經典"爲一部大叢書"的事實。

在北朝方面，據《廣弘明集》載魏收《北齊三部一切經願文》："總勒繕寫各有三部，合若干卷。"王褒《周經藏願文》："奉造一切經藏，始乎生滅之教，訖於泥洹之說。"又《歷代三寶紀》載有元魏永熙年中勅舍人李廓撰《魏世衆經目錄》，北齊武平

---

① 參閱呂澂《佛教研究法》第一篇，第一章。

年中沙門統法上撰《齊世衆經目錄》。可見北朝也同樣官私都有"匯集"佛教一切經典"爲一部大叢書"的事實。

到了隋朝統一南北，聚集佛教經典，更爲弘富可觀。隋煬帝有《寶臺經藏願文》，講到"寶臺四藏將十萬軸"。又説："今止寶臺正藏，躬親受持。其次藏以下，則慧日、法雲道場，日嚴、弘善靈刹，此外京都寺塔，諸方精舍，而梵宫互有①大小，僧徒亦各寡衆，並隨經部多少，斟酌分付②。"隋煬帝是把十萬軸佛經除留下寫卷最好的外，其餘都分給各大小寺院。隋朝對於所藏佛經，也屢加整理，而有新的編目。如費長房在隋開皇十七年著《歷代三寶紀》，其第十三、十四卷爲《入藏錄》，載總收經典一千零七十六部，三千二百九十八卷。這是歷史上較早寫本藏經的現存目錄。繼之釋彥琮等於仁壽二年又著《隋衆經目錄》，更作了新的分類。其一、二兩卷爲《入藏見錄》，載現存經"合六百八十八部，二千五百三十三卷"。這是經過清理，剔去了別生（摘抄）、疑僞等經以後的現存經數。此後唐代釋靜泰等奉勅編撰《衆經目錄》，道宣等奉勅編撰《大唐内典錄》，其《入藏錄》的編次、分類，都全依彥琮編錄的體制，只是在各類中加入了新翻出的經典而已。可見所謂"佛典稱'藏'，始於唐代"，實欠深考。

（二）作者説：宋、遼、金所刻《大藏》，"印刷的紙本僅存斷篇殘帙，保留到現在，也成爲稀世之珍了"。這很容易使人認爲那些藏經很少流傳下來，即有殘存也不堪一讀。而事實上，除了遼刻《大藏》無傳本外，宋刻如《思溪藏》，北京圖書館尚藏有之。《磧砂藏》，西安開元寺、臥龍寺並有其本，一九三一年至一九三五年曾加以影印流通，除缺十一卷外，其他有缺頁之處都據他本補全。金刻則有抗日戰爭時期八路軍從日本侵略者手中奪回的山西《趙城藏》，抗戰前有五千多卷，今尚存四千多卷；内中有很多爲其他《大藏》（包括清藏及朝鮮、日本所刻印《大藏》）所未收的唐代著作，這才可稱"稀世之珍"。此藏今亦存北京圖書館。

（三）作者説："元代除了完成《磧砂藏》外，還在浙江雕造兩次。"兩次雕造的究竟是什麽？作者未有説明。然據我們所知，元代浙江新雕《大藏》實只一次，即杭州路餘杭縣普寧寺《大藏經》。另有燕都弘法寺《大藏經》，乃刻於北京，不在浙江（一説，《弘法藏》即《金藏》，是元滅金後，將《金藏》版片移置燕京弘法寺，曾有補刻，不必另有其本）③。

（四）作者説："明朝政府洪武年間在南京刻的稱爲《南藏》。"按通常所稱

---

① 編按，"有"原作"存"，今據隋煬帝《寶臺經藏願文》改。
② 編按，"斟酌分付"原作"斟分酌付"，今據隋煬帝《寶臺經藏願文》乙。
③ 參閱葉恭綽《歷代藏經考略》、周叔迦《大藏經雕印源流紀略》。

《南藏》，乃刻於明永樂十五年。其洪武二十五年刻成的《大藏》，版片放在金陵（南京）天僖寺，不久即被焚燬，印本流傳極少，僅四川崇慶縣上古寺存有此藏，一九三七年支那內學院訪經四川，才被發現。今移藏於成都人民圖書館。由於《洪武藏》旋燬於火，明成祖始重事翻刻，頒賜全國各大寺，其書乃爲人所習見，所謂《南藏》實指此本。洪武所刻，固久佚而不爲人所知也。①

（五）作者說："在宋代，朝鮮根據《開寶藏》和《遼藏》曾經重雕過兩次，稱爲《高麗藏》。"按宋代朝鮮刻藏實有三次：一在高麗顯宗至文宗時，二在高麗宣宗時，三在高麗高宗時。其書亦不盡是依據《開寶藏》和《遼藏》。顯宗時所刻即加入了唐《貞元新定釋教目錄》新收的各種經典；宣宗時所刻乃是義天（高麗文宗第四子出家爲僧）從宋朝請去的諸宗章疏典籍三千多卷，稱爲《續藏經》。這兩次雕版皆於高宗十九年被燬於蒙古兵燹。以後高宗重刻《大藏》，更集中各種版本，作了嚴密的校勘，考定得失，去短取長（著有《校正別錄》），此藏乃爲世界學者所公認的以往《大藏》刻本中最精之本。②

（六）作者說："《清藏》，它是以《北藏》爲基礎而所增益的。自宋以來，元、明、清三朝的高僧大師，以及對佛學有研究的人士所留下的有名的著述，也都包括進去。這部《大藏》的刊刻，可以說是給佛教經典傳入我國以後，一千七百多年的譯著闡述結了一筆總賬，對中國學術界的貢獻很大。它不但是研究佛學的寶庫，而且也是研究文學、歷史、哲學、翻譯等等學術領域的寶庫。"這段話同樣不確。

試以《清藏》與《北藏》對勘。《清藏》新增書只五十種（《大清重刻龍藏彙記》稱："新續入五十四種。"實際其中《華嚴玄談會玄記》《法華玄義釋籤》《密雲禪師語錄》《教乘法數》四種，明藏已有，故只五十種），後來又撤出五種，實增四十三種。而抽掉《北藏》原有的書亦達三十六種。合《南藏》計，即四十種。是其所增益的跟所抽掉的，已幾乎可以兩相抵消了。

再說所抽掉的南、北《藏》那些書，實很重要。如《出三藏記集》，是記載漢譯佛典的現存最古目錄（在目錄學上也有特殊創造）；《佛祖統記》，是依《史記》《漢書》體例分本紀、世家、列傳、表、志編寫至宋理宗爲止的佛教通史鉅著；《禪門口訣》《六妙法門》《國清百錄》《止觀輔行傳弘訣》《止觀要例》《始終心要》，是隋唐兩代法華宗的重要著作；《原人論》《華嚴法界觀通玄記頌注》，是唐宋時代華嚴宗的重要著作；《鐔津文集》《永明禪師唯心訣》《古尊宿語錄》《禪宗頌古聯珠通集》《禪

---

① 參閱呂澂《南藏初刻考》、釋德潛《檢閱崇慶古寺明藏記》（並見《內院雜刊·入蜀之作四》）。
② 參閱呂澂《佛典泛論》第五章，又《佛教研究法》第一篇，第二章。

宗決疑集》《宗門統要續集》《禪宗正脈》《續傳燈錄》等，是宋元明禪學和有關禪宗歷史的重要著作。沒有這些書，對於中國佛教的歷史，是難以進行全面的、有系統的研究的。

還有，明萬曆時私家以書冊形式刻成的《嘉興藏》，至明末清初續有《續藏》的編刻，增書達三百一十種。至清康熙五十五年左右，復有《又續藏》的編刻，又增書達二百二十種（此處數字係依據《日本續藏經》"大藏諸本一覽"所記）。這兩種續藏都是以往《大藏》所未收和續出之書。在《又續藏》中特多明遺民之爲僧者的著作（如方以智的《愚者禪師語錄》即在其內）。《清藏》開雕遠在其後，卻沒有把兩續所收的書囊括進去。這更可明顯看出，《清藏》實不如作者所說，是在"給佛教經典傳入我國後，一千七百多年的譯著闡述結了一筆總賬"這個意義上進行刊刻的。

作者似單從時間先後上著眼，以爲凡"後來者居上"，《清藏》既晚出，理應是結總賬的（集以往之大成），殊知事實不然。清朝之刻《大藏》，據我考察，並不是從一般宗教的"廣種福田"出發，而是抱有極深隱的政治目的，欲借此以消除潛伏在佛教內的反滿分子的反滿思想。明亡以後，有很多不忘故國的知識分子穿上僧服，表示既不作降臣，也不當順民。他們的講經說法，實際就是宣傳不投降主義。凡有良心的人對他們都很尊敬，願意出錢刊刻他們的著作，收入於可以永遠保存的《又續藏》，這不能不引起清朝統治者的注意和視爲隱患，所以雍正要重刻《大藏》，正就是針對著此種情況而來。其所增所減，收入什麼，不收入什麼，都以是否合乎他們的反動統治利益爲準則。

雍正在"勅令"重刻《大藏》這年（雍正十一年）編著了兩部書，一是《揀魔辨異錄》，一是《御選語錄》，就自己暴露了這種卑鄙用心。《御選語錄總序》說："御極以來，十年未談禪宗。但念人天慧命……豈得任彼邪魔，瞎其正眼，鼓諸塗毒，滅盡妙心。朕實有不得不言，不忍不言者。"這就說明了他是在詩文經義題目上大興文字獄，血腥鎮壓"叛逆"後，又繼續企圖在佛教領域內進行思想鎮壓了。所以這兩部書，一是破，一是立，就是給佛教制定一個合乎他的反動統治利益的政治標準。

如他在《御選語錄》中，特別指責那破除偶像崇拜的"丹霞燒木佛……實爲狂參妄作！據丹霞之見，木佛之外別有佛耶？若此，則子孫焚燒祖先牌，臣工毀棄帝王位，可乎？"又對於另一公案："一古德殿前背佛坐，又一古德入殿向佛唾。傍僧云：'何得背佛坐，向佛唾？'答云：'將無佛處來與某甲唾！指無佛處來與某甲背！'（按此是泛神論思想）"指責道："此等見解與丹霞同。……當日但問此二狂徒，你道除此殿中佛，尚別有何佛？試指取看！管教他立地現形。此等無稽魔說，何堪提倡書錄掛齒？"

441

故不管"其言雖皆數千百年以來人人之所提倡,其人雖皆數千百年以來人人之所推崇",其"公案皆古今叢林中日日所舉似者,朕悉不錄"。他宣稱這是"稟覺王令,黜陟古今"。可見他是怎樣不容許人稍微存有一點叛逆思想。

《揀魔辨異錄》主要以明末禪宗法藏、弘忍一派爲攻擊對象,就因爲他們更直接妨害清朝的專制統治,法藏著《五宗原》,弘忍著《五宗救》,這兩書論證他們倡導的法門"宗旨",是從上六祖五宗世代相傳的真正"法乳"。他們堅持其見解,明白宣佈不怕"觸諱"。表示"有毁之者,甚至投毒、下獄,篆面、鞭背",亦所不顧,"雖蹈鼎鑊何辭"。認爲在"今日……亦勢之固然"。他們提倡"隱跡巖叢,君王命而不來,諸侯請而不赴",徒衆很盛。明亡後,其學説思想的影響,愈加擴大。看雍正宣佈他們這一派的罪狀是:(一)"今其魔子魔孫,至於不坐香,不結制,甚至於飲酒食肉,毁戒破律,唯以吟詩作文,媚悦士大夫。"(二)"以邪外知見,唐突佛祖向上邊事。""動稱悟道,喝佛罵祖。"(三)"貢高我慢。""今魔忍曰:'處尊貴則御飯亦吐。'(按此爲弘忍給其師法藏作的《像贊》裏面的一句話。'則'字原作'即'。)……魔忍之意,謂其師已證至尊至貴之法身。其於曹山'吐卻御飯'之語,直作輕鄙侯王,不屑食其食解。然則伊父子兩魔民,非即亂民耶?"還有"當日魔藏,取悦士大夫爲之保護,使緇徒競相逐塊,遂引爲種類,其徒散佈人間不少。"這對清統治者顯然成了威脅。所以雍正忍不住要親自出面鬥爭,著《揀魔辨異錄》口誅筆伐,以防時人"傳染其説"。這樣做了,還感到不夠,同時又下令:"著將《藏》内所有藏、忍語録,並《五宗原》《五宗救》等書,盡行毁版。僧徒不許私自收藏。有違旨隱匿者,發覺以不敬律論。……天童密雲派下法藏一支所有徒衆,著直省督撫詳細查明,盡削去支派,永不許復入祖庭。……諭到之日,天下祖庭,係法藏子孫開堂者,即撤鐘板,不許説法。"這已無異於掘墓鞭屍和行十族之誅了。現存《續藏》《又續藏》看不到法藏、弘忍的著作,就是在這時抽燬了的。

《揀魔辨異錄》是作爲破的榜樣,《御選語録》則是作爲立的榜樣。所以雍正説他選編此書,是在使"學者""知朕採取刪汰,意趣之所歸。舉一明三,方於此有分"。破與立原是相因的,立是要在破處立,所以《揀魔辨異録》狂詆法藏、弘忍,《御選語録》標榜的東西也就完全跟法藏、弘忍派針鋒相對。如法藏、弘忍一派説禪門有共同的"慧命之宗旨",是從上六祖五宗互相傳授,統緒歷然不亂的。《御選語録》乃故意不按時代先後,打亂傳承,並收進原不屬於禪宗之人,使人看不出有所謂從上相傳之"宗旨"。

《揀魔辨異錄》極稱站在法藏、弘忍的對立面的"天隱修,亦有《釋疑普説》以斥其謬"。這裏就"御選"了天隱弟子見"御飯"則吃的通琇（玉琳）的語錄。通琇語錄一開卷便可看到他是個標準的奴才："拈香云：此一瓣香，親受靈山記莂，焫向爐中，祝嚴佛心天子成等正覺。次拈香云：此一瓣香，華嚴海會早已敷宣，焫向爐中，祝嚴佛母太后，百福俱備，保助皇躬，大揚佛法。""御選"還附入了通琇弟子行森（茆溪）的語錄，行森也善於宣傳奴才道德，如《自箴》云："聰明而近於死者，好議人者也；博辯廣大而危其身者，發人之惡者也。孔子惡稱人之惡者，阮嗣宗口不論人過。""人好直言，必及於禍。言直切，則不用而身危。剛腸疾惡，不避嫌疑，謂之大失。""出言而不敢盡，保身之道也。"這些，跟法藏、弘忍"君王命而不來"，不懼"履固然之禍"，是多末的不同！

　　立的榜樣尤其堪稱典型的典型的，是特別"御選"了由雍正親自"御辦"成就的《當今法會》。這個"御辦"法會的妙處，便是"未及半載"就使吃了"百味具足""天廚御饌"的"王大臣八人，沙門羽士六人"，都"一時大徹"，"徹底洞明"，"一超直入"：原來如來佛不在西天，當今雍正就是"以現在佛，顯如來身"。請看《御選語錄》採入的他們自道"所見所證"的記錄："幸十世福田之廣種，遇一人首出之垂慈，欽惟皇上參贊三無，經綸萬有……現帝王身而爲說法，發如來藏於一微塵。……歷劫難報斯恩，大千的歸一旨。""皈依復皈依，稽首當前佛，祥風甘露徧十方，億衆常安一心福。""尊貴從來不自知，幸逢一撥好修持。誰知一滴曹溪水，卻在吾皇太液池！""此心何異頑石頭，此身不殊樗櫟質。聖恩一指髑髏碎，恰似盲人見日月。""觸目光風霽月，聖恩浩蕩難酬。祝言萬載千秋，一句天長地久。""六時翹請，常以國王水土爲心；三業精修，必以君父恩深爲念。""俗則居家，僧則秉教。爲臣當忠，爲子當孝。能盡倫常，即爲玄妙。"好一個奴才大合唱！這樣參禪，自可永保不作"亂民"。雍正詆法藏、弘忍"以吟詩作文媚悅士大夫"（實際他們是以猖狂之言傾動一世），他們這裏的"媚悅"，不更是連塊遮羞布也沒有嗎？

　　上面就是雍正給佛教制定的政治標準。其"重刻"《大藏》，也就貫徹了這種精神，所以沒有囊括前此私家編刻的《續藏》《又續藏》，原因就在於兩《續藏》全收入了法藏、弘忍派的著作。其他撰述的作者，也多是"見御飯即吐"的人。其所以在禪宗部分抽出了一些《明藏》原有的書，原因也在於它們是法藏、弘忍派據以論證六祖五宗傳承"宗旨"的要籍。後來又抽出了錢謙益著《大佛頂首楞嚴經叢鈔》，還是因爲錢謙益"降附後，復肆詆毀"（《清高宗實錄》第一千二十二卷，乾隆四十一年十二月諭）。這不是完全體現了雍正"御著"的破的精神嗎？至於新增入的幾部禪宗語錄，正好是跟法藏、弘忍派對立的"見御飯即吃"的通琇祖孫著作。其收入紫柏、憨山等

443

人的書，則是因爲他們原不隸於五宗派下，很可作爲否定法藏、弘忍執持五宗傳承説的憑據。最有意思的是特收雍正自己的《御選語録》《御録宗鏡大綱》《御録經海一滴》以殿後，顯示全部藏經都要彙歸到這個"現在佛"身上來，尤有畫龍點睛之妙，這不是又完全體現了雍正"御著"的立的精神嗎？

自雍正"御定"的《大藏》刻出，私版《嘉興藏》遂無敢再續。諸有志節的高僧大德的遺著，都不能繼續刊版（如方以智爲僧後許多著作即十九未刻，幸其子孫保存下來稿本）。是《清藏》雖然新增入了一點點書（其大多數《嘉興續藏》已經有了），實不足以抵償其以"御定"爲厲禁，而使更多更珍貴的著作遭受湮滅的罪責，正如乾隆時《四庫全書》之編修，雖然從《永樂大典》輯出一些佚書，但不能抵償其藉編修《四庫全書》而搜羅燒燬了成千成萬明人和明遺民的著作，以及肆意竄改刪削了大量宋元人著作的罪責一樣。足見作者誇譽《清藏》"自宋以來，元、明、清三朝的高僧大師，以及對佛學有研究的人士所留下的有名著述，也都包括進去"，是同真實的情況有很大距離的。

迄今爲止，無論中國、朝鮮、日本，實沒有一部《大藏》堪稱是"給佛教經典傳入我國以後，一千七百多年的譯著闡述結了一筆總賬"的。今天我們研究中國佛學史所憑藉的資料，六朝至唐代一段，主要依靠敦煌石室寫卷、山西《趙城藏》《明藏》《嘉興續藏》和日本《續藏經》。宋至清初這段，又主要依靠《思溪藏》《明藏》《嘉興續藏》《又續藏》和日本《續藏經》。故就學術價值言，《清藏》並不佔什麽"重要地位"。又《清藏》不曾博採異本精校，即作爲校勘之用亦沒有多少可取。

附帶説明一下，"龍藏"也不得爲《清藏》專有之名。明朝人稱《明藏》亦曰"龍藏"，如《嘉興藏》目録載《懇免賒請經典説》："茲幸逢聖明，頒給龍藏。"即指《明藏》。到了清代，也還有沿稱《明藏》爲"龍藏"的。如智①楷《正名録》就不止一次地説："紀諸燈録，載在龍藏。""《禪燈世譜》《五燈嚴統》，無故擅改龍藏。""從上世系相承機緣，一出一處，載在龍藏。"此書成於康熙三十三年，再後三十九年《清藏》才命工開雕，可知智楷所謂"龍藏"，仍是指的《明藏》。又詳，稱以"龍"者，以開雕出於"御勅"。"龍"是作爲皇帝的代名，如稱皇帝容顏爲"龍顏"一樣。今天自不宜再相沿用，故本文直稱"清藏"云爾。

（原載《文史》1963 年第 3 輯，第 17~23 頁）

---

① 編按，"智"原作"正"，今正。

讀湯用彤先生
《漢魏兩晉南北朝佛教史》記

抗戰期間，初讀湯用彤先生《漢魏兩晉南北朝佛教史》，間取群書，互相推勘，率漫筆散記所得，非敢爲文，備遺忘耳。比見巨贊法師撰寫《湯著〈佛教史〉關於"〈太平經〉與佛教"的商兌》，欣然感懷，輒繕定數條，寄《現代佛學》發表。

一、《出三藏記集》所引《舊錄》與《支愍度錄》

著者於第八章《釋道安》"經典之整理"節，謂"《祐錄》所引之《舊錄》即《支錄》"。所以如此斷言，其理由則具詳於第三章《〈四十二章經〉考證》。茲節錄如下：

> 按現存經錄，以僧祐《出三藏記集》爲最早，《四十二章》已見著錄。其言曰："《四十二章經》一卷，《舊錄》云，《孝明皇帝四十二章》，安法師所撰錄闕此經。"（中略）查三國時《法句經序》，及晉郗超《奉法要》，均引《四十二章》。又在晉成帝時，沙門支愍度作有佛經目錄。《祐錄》載其《合首楞嚴經記》，內謂漢支讖譯有"《小品》《阿闍貰》《屯真》《般舟》"四經。而《祐錄》支讖錄下有此二條（小注均出自原書）："《伅真陀羅經》二卷（《舊錄》云，《屯真陀羅王經》，《別錄》所載，《安錄》無，今闕）。《阿闍世王經》二卷（安公云，出《長阿含》。《舊錄》曰《阿闍貰經》）。"此云伅，《舊錄》作屯；世，《舊錄》作貰。均與支愍度《合首楞嚴經記》所載相符。可見僧祐所指之《舊錄》，爲愍度所作。其錄在《安錄》之前……僧祐謂《四十二章》見於《舊錄》，則安公時已有斯經，斷可知也。

著者此處固非專以考證《支愍度錄》爲目的，乃旨在證成《四十二章》在道安時已有其書。故並旁及於三國時《法句經序》及晉郗超《奉法要》。實則《法句經序》及《奉法要》僅有一二類似《四十二章經》之辭語，是否即引自《四十二章》，原有疑問，且不深論。茲惟就"《祐錄》所引《舊錄》即《支錄》"一說，試爲商榷。

按梁慧皎著《高僧傳》卷四《康僧淵傳》云：

> 晉成之世，〔淵〕與康法暢、支愍度等俱過江。……愍度亦聰哲有譽，著《譯經錄》，今行於世。

此可證《敏錄》（此遵《開元釋教錄》所用之簡稱）在蕭梁之世確實尚存。至隋費長房作《歷代三寶紀》時，乃稱"檢傳記有目，並未嘗見"，蓋陳、隋間始佚也。僧祐爲慧皎同時人，固有可能得見此書。然《出三藏記集》是否引用，以及所引《舊錄》果否即爲《愍錄》，必須覓取明白記爲《敏錄》之資料，以相對勘，始可立竿見影，得有分曉。

考費長房雖未見《敏錄》原書，其所撰《三寶紀》卻有十餘處引及之，當是見於旁書偶存者。唐道宣撰《大唐內典錄》於《歷代衆經傳譯所從錄》中，智昇撰《開元錄》於《總括群經錄》中，並照抄長房所引《敏錄》，幾無所遺。可見《房錄》所保存《敏錄》佚文，亟被繼起之錄家所重視。

吾人由《房錄》僅存之《敏錄》佚文，尚可大概推見《敏錄》爲書體例；據以對勘《祐錄》，亦可測知僧祐或未嘗見此書，其所引《舊錄》，自是另一亡名氏之作，與支敏度全無涉也。

敏度撰《都錄》是於晉成帝世，比道安時代爲早。其書殆已具備三種體例：一、詳記譯出年月。二、備注不同傳本之不同卷數。三、具列不同傳本之不同名目。《房錄》卷七述此書編撰大要云：

> 《經論都錄》一卷，右錄一卷，成帝世，豫（原作"預"，據《內典錄》改）章山沙門支愍度，總校群經，合古今目錄，撰此《都錄》。

長房係依據別種"傳記"，文雖簡略，其謂"總校群經，合古今目錄"，固已顯示具有得爲上說諸體例之一切條件矣。

《房錄》卷二《帝年紀》"後漢桓帝永康元年"下云：

> 《支敏度錄》云：世高此年譯《修行道地經》七卷。或六卷。

"靈帝光和二年"下云：

> 《支敏度錄》云：支婁迦讖七月八日譯《般若道行品》等十卷。

又卷四《譯經·後漢錄》"支婁迦讖譯經目"云：

《般若道行品經》十卷，初出。亦云《摩訶般若波羅蜜經》。或八卷。光和二年十月八日。見《支敏度錄》及《僧祐錄》。（按此作"十月"，與《祐錄》合，前條"七"字當爲"十"之誤。或《敏錄》原異於《祐錄》，此從《祐錄》。疑事無質，故不妨互見異文。）

此即《敏錄》爲書，有群記譯出年月與不同傳本卷數兩種體例之例證也。《房錄》卷六《西晉錄·竺法護譯經目》云：

《大方等頂王經》一卷，初出，亦云《頂王經》，亦云《維摩詰子問經》，亦云《善思童子經》。凡四名。見《支敏度錄》。

按房於餘目或兼引數錄，此目獨引《敏錄》，不及餘錄，蓋以《敏錄》所記最備。此又《敏錄》爲書，有具列不同傳本之不同名目一種體例，特爲顯著之例證也。

《敏錄》今存佚文僅十餘條，實不足以窺見原書全貌。然以與《出三藏記集》對勘，仍有足夠之事例，可以證明僧祐未嘗獲睹此書。試述如下：

（一）如上推尋，《敏錄》爲書，已具各種體例，確然無疑。而《祐錄》卷二卻云：

法輪屆止（原作"心"，無義。蓋"止"草書作"心"，致誤也），莫或條敘。爰自安公，始述名錄，銓品譯才，標列歲月。妙典可徵，實賴伊人。

卷十五《道安法師傳》亦云：

自漢暨晉，經來稍多，而傳經之人，名字弗記，後代追尋，莫測年代。安乃總集名目，表其時人，銓品新舊，撰爲經錄。衆經有據，實由其功。

此皆表明僧祐不知支敏度已導乎先路，是即未見《敏錄》之一證也。

（二）僧祐繼又自述撰錄體要云：

敢以末學，響附前規，率其管見，撰爲新錄。兼廣訪別目，括正異同。追討支竺（按指支讖、支謙、竺朔佛、竺將炎、竺法護等），時獲異經，《安錄》所記，則爲未盡，合悉更苞舉，以備錄體。

此即顯示其所撰錄有兩大要點：一爲括正諸錄經名、譯人、卷數異同，二爲增補道安《綜理衆經目錄》之所未盡。而吾人前引《敏錄》記安世高譯《修行道地經》，《安錄》無之，《祐錄》亦未補入。據《房錄》卷四《後漢錄·安世高譯經目》云：

447

《修行道地經》七卷，或六卷。初出。漢永康元年譯。支敏度制序。見寶唱《錄》及《別錄》。或云《順道行經》。

道宣、智昇《內典》《開元》二錄，均採此說。此記敏度並嘗爲此經制序（按序文已佚），益見安世高譯有此經，事決非誣。《祐錄》卷二亦載世高有《大道地經》二卷，下注"安公云：《大道地經》者，《修行經》抄也。外國所抄"，即《修行道地經》之節本。蓋正本遭亂佚失，道安已不獲見，賴《敏錄》得存其目。房云"見寶唱《錄》及《別錄》"。《別錄》不知是否即"未詳作者，似宋時述"之《衆經別錄》（見《房錄》卷十五）。寶唱爲梁武帝時人，天監十七年奉勅撰《梁世衆經目錄》四卷，其書在長房撰《歷代三寶紀》時尚存（亦見《房錄》十五）。《敏錄》佚文當即出於此書，故長房此處注記特首及之。《祐錄》載世高譯缺此經，即彼未見《敏錄》之證。又《祐錄》卷二載竺法護譯《頂王經》云：

《頂王經》一卷，一名《維摩詰子問經》。安公云：出方等部。或云《大方等頂王經》。

此較前引《敏錄》所記，亦少一異名（彼云"凡四名"）。此又可見其未校及《敏錄》也。

（三）支敏度在惠帝世已爲名僧，當代譯人，出經活動，得親身及見，故並載於《都錄》，其佚文猶存此類資料。而僧祐對歷代譯事，勤訪故記，務求詳審，反於此處，不盡委悉。如卷二載《樓炭經》，但知"一經，二人異出"，"竺法護出《樓炭》五卷，釋法炬出《樓炭》六卷"。其於後者尚有注云："《別錄》所載，《安錄》先闕。"似已力求能"備"《安錄》之"未盡"矣！而據《房錄》卷六記載，則六卷（第二出）者，原爲"惠帝世沙門釋法立共法炬等於洛陽出"，與《祐錄》謂爲法炬一人所譯之說已異。另又於《法炬譯經目》記載：

《樓炭經》八卷，第三（原誤"二"，據《內典錄》改）出。是《長阿含·世記》一分。與法護（原脫此二字，據《內典錄》增）、法立所出五卷、六卷者大同，略廣異。先共法立出，以意未悉，故廣之。見《支敏度》及寶唱《錄》。

目後總記又云：

右……惠帝世，沙門釋法炬出。初炬共法立同出，立死，炬又自出，多出大部，與立所出每相參合，廣略異耳。《僧祐錄》全不載。

可見法立、法炬譯經事，道安既闕然無聞，僧祐仍不能盡詳，惟敏度獨爲載筆。《祐錄》卷四《新集續撰失譯雜經錄》又載：

> 《善生子經》一卷，《舊錄》云：《善生子》一名《異出六向拜①經》。

所謂"失譯"者，即莫知譯者爲何也。而考之《房錄》卷六，乃爲支法度所譯四經之一，亦首見於《敏錄》。如彼云：

> 《善生子經》一卷，第三出。與竺法護、竺難提《尸迦②羅越六向拜經》大同小異。見《支敏度》及《竺道祖錄》。
>
> 右……惠帝永寧年中，沙門支法度出。總見寶唱《錄》。

如此兩事，皆爲惠帝時之譯經，宜乎敏度知之最悉。僧祐既自稱"廣訪別目"，而於此仍懵昧若罔聞知，其未嘗獲睹《敏錄》，此足爲徵驗矣。又按《房錄》此兩處，於稱見《敏錄》後，皆聯及寶唱《錄》，亦《敏錄》佚文原見存於唱《錄》之又一證據。

由上兩事，又可推知，《敏錄》爲書體例，蓋亦已兼載譯人有關翻譯事迹。書只一卷，或不太詳耳。

（四）《放光經》，據出經後記，原爲朱士行寫得胡本，後由無叉羅、竺叔蘭等譯出。而《祐錄》卷二云：

> 《放光經》二十卷，右一部，凡二十卷。魏高貴〔鄉〕公時，沙門朱士行以甘露五年到于闐國，寫得此經正品梵書胡本十九章。到晉武帝元康初，於陳留倉垣水南寺譯出。

後復說明，此依"《安公錄》所載"也。後之錄家，亦翕然相從，靡有異撰。至長房著《三寶紀》，始辨正曰：

> 此經……于闐僧無羅叉、竺叔蘭等，當惠帝世元康元年五月十日，於倉垣水南寺譯之。而竺道祖、僧祐、王宗、寶唱、李廓、法上、靈裕等諸錄，述著衆經，並云朱士行翻此。蓋據其元尋之人，推功歸之耳。房審校勘《支敏度錄》，及《高僧傳》出經後記、諸雜別目等，乃是無羅叉、竺叔蘭等三人詳譯。朱士行身留停于闐，仍於彼化。唯遣弟子奉齎經來，到乎晉地，斯豈得稱士行出也？

---

① 編按，"拜"原無，今補。
② 編按，"迦"原無，今補。

其後道宣、智昇皆採録此説。道宣猶明著"房云",智昇則隱沒其名,冒爲己見,亦足見此條考辨頗受重視。而長房論證之所取資,首即提出《支敏度録》,此即顯示《敏録》於諸録中,爲記此事唯一最早、最正確者。蓋此經以元康元年譯出,及太安二年至永安元年,重加校定(見《放光經記》),皆屬惠帝之世(《祐録》以"元康"爲晉武帝年號,誤),由是"大行京華"(道安《合放光贊略解序》)。敏度正身當其時,固應有記。其《都録》據《高僧傳》原名《譯經録》,爰著譯人,亦體例宜然也。道安、僧祐亦非不知此經譯出始末。安著《合放光光贊略解序》,已有所述及;祐嘗取此序與《放光經記》同收入集(見卷七),又別撰《朱士行傳》(見卷十三),亦敍竺叔蘭譯出此經事。然其"銓名録"仍不能免於放失者,得非以未見《敏録》,故不能如彼所云"括正異同"者歟?(附按:長房此處所稱《敏録》之説,疑仍見於寶唱《録》。當是寶唱正文沿用《安録》,但附注《敏録》,又不別加審定。房據正文,故謂唱,亦與餘録同。)

(五)敏度著作,尚有合經兩種,略同於後世所爲會譯,《房録》卷六記云:

《合首楞嚴經五本》八卷,第六出。合兩支、兩竺、一白,五本爲一部。見《支敏度録》。

《合維摩詰經三本》五卷,第四出。合一支、兩竺,三本爲一部①。見《支敏度録》。

右二經,合一十三卷,惠帝世,沙門支敏度撰集衆譯,共合爲部。

此明載兩書見《支敏度録》,則敏度有此撰集,毫無可疑也。而《祐録》卷二載此兩書,卻云:

右二部,凡十三卷,晉惠帝時,沙門支敏度所集。其《合首楞嚴》,傳云亦愍度所集。既闕注目,未詳信否?

特於《合首楞嚴》,稱爲"傳云亦愍度所集",即所據但傳説耳。繼云"既闕注目",即録有此書,卻未題注撰人也。終曰"未詳信否",即不敢肯定是否敏度所集也。觀此所言,是僧祐未嘗見《敏録》,彼且有自供矣!(附案,《房録》載《合首楞嚴經》爲合五種本,《祐録》則爲合四種本,無一白——即白延譯本。《開元録》卷二,疑"一白"爲《房録》所加,謂"準《祐録》及《合經記》,但四本合成,無白延也"。此論未是。《房録》已云"見《支敏度録》",自是《敏録》原書記載如此,不得以爲

---

① 編按,"部"原作"經",據《房録》改。

"《房錄》更加一白"。當是敏度初但合四本，後又訪得白延譯本，遂更增入。《都錄》撰於渡江之後，自以最後增輯之本入錄也。)

茲再以長房所引《敏錄》對勘同經《祐錄》。考房引《敏錄》共計十六條。去重見兩條，得十四經。同經祐亦著錄者，凡十二種（有兩種祐闕，已見前引）。此十二種經中，祐引《舊錄》者唯兩種而已：一即前述支法度譯《善生子經》，祐並不知譯人爲法度，乃置於《失譯雜經錄》中；二爲竺法護譯《大六向拜經》，敏載"太安元年譯"，祐則無此紀年，兩經異名，彼此所載，亦甚差池，可見祐引《舊錄》與《敏錄》無一相合。即使祐得見《敏錄》，或且採用之，然其所引《舊錄》決非《敏錄》，亦皎然可知也。

至於《祐錄》所載《仳真陀羅經》與《阿闍世王經》，長房兩俱未引《敏錄》，事無可詳，然前已論及，《敏錄》爲書，原有備載各經異名之體例。即如與《阿闍世王經》名題相近之《阿闍貰女經》（竺法護譯），《敏錄》亦詳記各種異名，見《房錄》卷六云：

《阿闍貰女經》一卷，建武元年出。第二譯。與吳支謙譯者小異，亦名《阿述達經》，亦名《阿闍世王女經》，亦名《阿述達菩薩經》。見聶道真及《支敏度錄》。（按《祐錄》卷二"竺法護譯經目"載"《阿闍貰女經》一卷"，文止此，另無注，列於"經今闕"類；在前"今並有其經"類中又載，"《阿述達經》，一卷"，下注"別錄所載，《安錄》先闕。《舊錄》云《阿述達女經》，或云《阿闍王女》《阿述達菩薩經》"。實則原是一經，智昇已指出其誤。推其所以致誤之緣由，亦坐於未見《敏錄》也。《敏錄》正題與注別目一，正好爲《祐錄》分載兩處之正題。)

其餘經目，除本唯一名外，亦莫不並詳別名，前引各條皆可復按。《阿闍貰》《屯真》既有殊號，著錄應亦準同。其作《合首楞嚴經記》，乃因敘贊支讖譯才，偶及數經，自合隨舉一名。豈得據以推斷，其撰《都錄》亦唯用一種字樣也？

僧祐既未見《敏錄》，其引《舊錄》亦無一與《敏錄》相合，則知載《四十二章》之《舊錄》自與敏度無關，其不能成爲"安公時已有斯經"之證據，亦"斷然可知也"。

再附帶一談。作者於第三章繼又說"郄超、愍度均約與安公同時"云云。謂郄超與道安同時，誠是。愍度則於惠帝世，即以撰集《合首楞嚴》《合維摩詰》等經流譽，年當已逾三十矣。而道安是在懷帝永嘉六年始生。愍度如於成帝初渡江，或已年近六十；道安纔十五六耳。相差足有一代，恐不宜説爲同時也。

二、見於《寶林傳》之《四十二章經》

《四十二章經考證》"《四十二章經》之疊經改竄"節，論證"《四十二章經》現今流行之本，原爲禪宗人所僞造"，義據甚確。惟於金刻《寶林傳》引《四十二章經》文，所作説明兩點，不無小誤。

一云："其行文常用韻語。"按《寶林傳》引《四十二章經》文，今存三十八章，其中用韻語者，實僅有三章，即《仰天唾章》《慎勿信汝意章》《慎勿視女人章》。餘三十五章，皆未嘗改爲偈語之形式也。

二云：《四十二章經》守遂注本改竄舊文，以麗本、《真誥》對照，凡增加新義最要者有十條。《寶林傳》除甲條殘缺外，"餘九條均與守遂本同"。實則乙條所舉"內無所得，外無所求，無念無作，無修無證"一章，《寶林傳》亦不見存。

三、大衆部與空宗

第四章《漢代佛法之流佈》云：

> 大乘空宗教史，書闕難言。然空宗或出於大衆部，而起於印度南方。大衆部，在南方流行，有案達羅各部。據西藏所傳，案達羅派已有大乘經。

按此説可信。即中土文獻，亦有足徵。
隋吉藏著《三論玄義》云：

> 大衆部，因摩訶提婆移住史崛多羅國，此國在王舍城北。此部將《華嚴》《般若》等大乘經，雜三藏中説之。

唐遁麟《俱舍論疏》亦引真諦説云：

> 大衆部，住史掘多羅國王舍城北。此部弘《華嚴》《涅槃》《勝鬘》《維摩》《金光明》等經。

《三論玄義》又云：

至二百年中，從大衆部又出一部，名多聞部。大衆部唯弘淺義，棄於深義。佛在世時，有仙人值佛，得羅漢，恒隨佛往他方及天上聽法，佛涅槃時，其人不見，在雪山坐禪。至佛滅度後二百年中，從雪山出，覓諸同行，見大衆部唯弘淺義，不知深法，其人具足誦淺深義。深義中有大乘義，《成實論》即從此部出。時人有信其説者，故別成一部，名多聞部。

此上諸説，蓋皆本之真諦《十八部論疏》，亦即印土相傳之舊説也。多聞部創首之仙人，窺基《異部宗輪論述記》載其名爲"祀皮仙人"，本爲外道。疑此人隱在雪山時，已嘗撰造大乘經，恐人不信，因詭稱早從佛游，佛滅時方在雪山坐禪不知云云。羅什《龍樹菩薩傳》記載：龍樹出家，"九十日中，誦三藏盡。更求異經，都無得處。遂入雪山，山中有塔，塔中有一老比丘，以摩訶衍經典與之誦受愛樂"，是龍樹最初得見大乘經，亦於雪山，應即祀皮仙人隱迹之所。大乘空宗源出大衆部，此其蛛絲馬迹之可尋者也。

四、《莊子·天下》篇無陰陽家

第五章《佛道》云：

　　《莊子·天下》篇舉儒、墨、陰陽、名、法諸學，總名之爲道術。

案《天下》篇所列舉者，有"鄒魯之士"，有墨翟、禽滑釐，以及"相里勤之弟子，五侯之徒，南方之墨者苦獲、已齒、鄧陵子之屬"，有宋鈃、尹文，有彭蒙、田駢、慎到，有關尹、老聃，有莊周，有惠施，以及"桓團公孫龍辯者之徒"，如是而止。其中實無一人屬於陰陽家者。雖有"《易》以道陰陽"一語，乃講儒家之爲道術之事，與儒、墨並列之陰陽家無關。陰陽之學以講五行相勝爲中心，《易》則連"五行"之字樣亦不見也。在莊周或《莊子》成書之世陰陽學派雖已產生，其開山祖師鄒衍且與莊子同時，此一學派實亦得稱爲一種"道術"，但篇中原不曾"舉"到，足以表明莊子尚不及知。增益即失實也！

五、"守一之法"

第五章《佛道》"《太平經》與佛教"節，談及"《太平經》中有'守一之法'，謂爲長生久視之符"。而"'守一'一語屢見於漢魏所譯佛經中",於是推論:"其法疑竊取佛家禪法。"同章"禪法之流行"節,更直截斷言:"《太平經》中'守一'之法固得之於佛家禪法。"一若確有證據矣!

按道教竊取佛法者,誠史不乏其事,然多在三國以後。《太平經》"守一"之法,恐仍應溯源於道家,當爲古神仙學之遺説。《莊子·外篇·在宥》攙有六國時神仙家言之一則,其宣説長生久視之道,即已明白提及"守一"矣。文曰:

> 廣成子南首而臥,黃帝順下風膝行而進,再拜稽首而問曰:"聞吾子達於至道,敢問治身,奈何而可以長久?"廣成子蹶然而起曰:"善哉問乎!來!吾語汝至道。至道之精,窈窈冥冥;至道之極,昏昏默默。無視無聽,抱神以靜,形將自正。必靜必清,無勞汝形,無搖汝精,乃可以長生。目無所視,耳無所聞,心無所知,汝神將守形,形乃長生。慎汝內,閉汝外,多知爲敗。我爲汝遂於大明之上矣,至彼至陽之原也;爲汝入於窈冥之門矣,至於至陰之原也。天地有官,陰陽有藏,慎守汝身,物將自壯。我守其一,以處其和,故我修身千二百歲矣,吾形未常衰。"

此所言"治身"之種種精神狀態,尤大似佛家禪法,然本爲道家"清靜無爲"教旨之應用。漢人治《老子》,亦多言其學"外以理國,內以治身"。治身即包含神仙家之養生術。其《在宥》虛構之黃帝、廣成子,後來《神仙傳》既已作爲真人真事,道教徒亦群奉爲祖師,故廣成子守一之道亦爲養生家所常談。河上公《老子章句》講"抱一"即直訓爲"守一":

> 抱,守也。式,法也。聖人守一,乃知萬事,故能爲天下法式也。

嵇康著《養生論》,申説"神仙雖不目見,然記籍所載,前史所傳,較而論之,其必有矣"。終言養生大要,仍約歸"守一":

> 外物以累心不存,神氣以醇白獨著。曠然無憂患,寂然無思慮。又守之以一,養之以和,和理日濟,同乎大順。

並謂,若此,即"可與羨門比壽,王喬爭年"。所謂"守之以一,養之以和",即廣成子"我守其一,以處其和"之變文。下及葛洪《抱朴子》、陶弘景《真誥》皆言"守一"。甚至王弼,本無慕於神仙,但好爲虛勝玄遠之浮談,所爲《老子注》,於第三十九章亦言及"守一":

> 用一以致清耳,非用清以清也。守一則清不失,用清則恐裂也。故爲功

之母,不可舍也。是以皆無用其功,恐喪其本也。

可見此爲道家固有之傳統教法也。故襄楷《上漢桓帝疏》云:"天神遺以好女。浮屠曰:'此但①革囊盛血!'遂不盼之。其守一如此,乃能成道。"前三句爲引述佛經故事,後二句爲楷自作案語(用"其"字顯示)。稱浮屠守一成道,即以彼素所服習道家之道術去理解佛教,非佛書故事原文已有"守一"之語(勘《四十二章經》亦可見),明也。其漢魏間佛經出現"守一"之字樣,自是譯人借用道家成語,事同"格義"。早期譯經,大抵皆然。即如頗有問題之《四十二章經》,其末章"佛言:吾視諸侯之位如過客,視金玉之寶如礫石",亦學步《淮南子·精神訓》:"視珍寶珠玉猶礫石也,視至尊窮寵猶行客也。"著者所引始見"守一"一語之漢末譯經,時代皆不能早於《太平經》。而謂"《太平經》中'守一'之法固得之於佛家禪法",於事於理,實皆不合,數典毋忘其祖。即使後來道教多剿取佛法,而其相傳"養生""衛生"之術,恐亦不得全視爲承受外來影響也。

六、沙門白延非龜茲王世子帛延

第六章《佛教玄學之濫觴(三國)》,"三國佛教史實與傳說"節,引述《開元錄》載魏世譯經沙門四人。(一)曇柯迦羅,(二)康僧鎧,(三)曇無諦,(四)安法賢。隨後注云:

《開元錄》另有白延,但應即前涼譯《首楞嚴經》者,不在魏世。

此説明但舉四人之故。蓋以爲此白延即龜茲王世子帛延,故不得列於魏世也。龜茲王世子帛延參加翻譯《首楞嚴經》事,見於《出三藏記集》卷七載"未詳作者"之《首楞嚴經後記》,云:

咸和(《開元錄》卷四引作"咸安")三年,歲在癸酉,涼州刺史張天錫,在州出此《首楞嚴經》。於時有月支優婆塞支施崙,手執胡本。支博綜眾經,於方等三昧特善,其志業大乘學也。出《首楞嚴》《須賴》《上金光首》《如幻三昧》。時在涼州州內正聽堂湛露軒下集。時譯者,歸慈(龜茲)王世子帛延,善晉胡音。延博解群籍,內外兼綜。受者,常侍西海趙瀟、會水令

---

① 編按,"但"原無,今據《後漢書》補。

馬奕、內侍來恭政。此三人皆是俊德，有心道德。時在坐沙門釋慧常、釋進行。涼州自屬辭，辭旨如本，不加文飾。飾近俗，質近道，文質兼，唯聖有之耳！

按《開元錄》卷四記載此事，題著譯主爲支施崙，不以屬之帛延。向來經錄體例，實皆如此。其敘譯人本事亦但稱："帛延傳語。"後復記云："出《須賴經後記》及《首楞嚴經後記》。"表明所敘本事，乃糅合兩文而成。前於經目都數下又有注云："《須賴經》一部一卷，見在。"則"帛延傳語"，當即《須賴經後記》原有之成文。應與《祐錄》卷七載：竺法護於太始二年口授出《須真天子經》，"時傳言者安文惠、帛元信，手受者聶承遠、張玄泊、孫休達"，事同一例。如是則知，龜茲王世子帛延，無論當時、後世，固皆未嘗視爲主譯之人也。

至於白延譯經魏世，並非《開元錄》始爲著錄。早見於《祐錄》卷二、《房錄》卷五。《祐錄》記載三經，《房錄》記載六經（誤重一經，《開元錄》已訂正）。祐稱據"《別錄》所載"，房云見竺道祖、始興、寶唱、僧祐等錄，是又遠在東晉時竺道祖撰《衆經錄》，劉宋時人撰《衆經別錄》，並已載白延譯經矣。《祐錄》但著時代，稱"魏高貴公時白延"。《房錄》則更詳載其本事云：

高貴鄉公世，西域沙門白延，懷道游化，甘露年中來屆洛陽，止白馬寺，衆請譯焉。

按《房錄》同卷敘安法賢云："群錄並云魏世，不辯何帝年，今依編於末。"合於末，可知其敘事，信以傳信，疑以傳疑，皆必有依據，即一本於舊錄，舊錄又何所憑依？當是根據譯本原有題識。今存敦煌寫本《衆經別錄》殘卷（見《現代佛學》第一卷第七期，一九五一年三月），正有譯人事迹簡志，勘同《祐錄》所載出經後記，可爲明證。由是即知，僧祐、長房依據舊錄，敘列白延在魏高貴鄉公時譯出諸經，亦必當初經本原有明白題識也。

設若不然，必謂竺道祖等舊錄所載白延即爲支施崙傳語之龜茲王世子帛延。人既非二，經亦應一。則前涼時所譯《首楞嚴經》《須賴經》，並明明著有《後記》，備詳譯事，錄家何爲竟摒置不用？乃自奮胸臆，謬謂魏高貴鄉公世沙門，又隱沒支施崙的譯主之實！究何所爲而必若是耶？此難以説通者，一也。

又支施崙譯經錄尚有《如幻三昧經》《上金光首經》二種，爲白延之所無。而白延譯經錄亦另有《無最清靜平等覺經》《菩薩修行經》《除災患經》三種，爲支施崙之所無。倘使沙門白延即龜茲王世子帛延，舊錄既能備載其《首楞嚴》《須賴》以外各經，縱不得見《如幻三昧》《上金光首》譯本，亦應由前兩經之《後記》而知有其書，爲何竟不存其目耶？錄家當務之急，非是知有何書即爲入錄耶？此難以説通者，二也。

是知魏世有沙門白延譯經，群錄並載，乃無可置疑之事。前涼時龜茲王世子帛延，雖姓名相同，並嘗參預譯事，所出之經亦有《首楞嚴》《須賴》，全屬偶合，究非一事。《開元經教錄略出》記唐時人藏諸書，其卷二上，猶並存《須賴經》白延與支施崙各别翻譯之本，目如下：

《須賴經》一卷，前涼月支優婆塞支施崙譯。
《須賴經》一卷，曹魏西域三藏帛延譯。

今《大藏經》仍有此兩種譯本，款題亦著明：

《佛説須賴經》，曹魏西域沙門白延於洛陽白馬寺譯。
《佛説須賴經》，前涼月氏國優婆塞支施崙譯。

嘗取兩書對讀，鑄詞互異，而白延本尤爲古拙。龜茲王世子帛延既爲支施崙傳言，固不能於崙譯外另出一書。沙門白延非龜茲王世子帛延，此又事有足徵者也。

又按彥琮《合部金光明經序》云：

大興善寺沙門釋寶貴者，即近周世道安神足。……貴睹昔晉朝沙門支敏度合兩支、兩竺、一白五家《首楞嚴》五本爲一部作八卷，又合一支、兩竺三家《維摩》三本爲一部作五卷。……諸此合經，文義宛具。斯既先哲遺蹤，貴遂依承，以爲規矩。

此序作於隋開皇十七年，是魏世白延譯《首楞嚴經》，支敏度取與兩支、兩竺所出共合爲部，周、隋間寶貴與彥琮皆得睹其書。益見《開元錄》以爲"《房錄》更加一白"，實失之武斷，支敏度既已取白延所翻《首楞嚴》與餘本撰爲合集，魏世白延不能是前涼支施崙譯經傳語之帛延，尤皎然可明矣。

七、竺法護與于法蘭

第七章《兩晉之名僧與名士》，"竺法護"節述支道林傳《像贊》有"微吟窮谷，枯泉漱水"等語後云：

枯泉漱水事詳《僧傳》，乃護在長安與于法蘭共隱山中事。

繼復於"于法蘭與于道邃"節云：

〔于法蘭〕常居長安山寺（原注：《名僧傳抄》目錄稱爲長安山寺于法蘭），與竺法護同隱（原注：《珠林》六十三引《冥祥記》）。

按此所云竺法護與于法蘭"共隱"一事，似出於猜測。《高僧傳》卷一《竺法護傳》雖記法護有"枯泉漱水"之異，卻不言時"與于法蘭共隱"。同書卷四《于法蘭傳》記法蘭有"馴洽虎兕"之異，亦復不言時"竺法護同隱"也。僅傳末云：

《別傳》云：蘭亦感枯泉漱水，事與竺法護同。未詳。

此與所謂"同隱"，固不相干。再查《出三藏記集》卷十三《竺法護傳》，亦但云"護以晉武之末，隱居深山"，以後即敘枯泉漱水事，絕無一字及于法蘭，與《高僧傳》同。如兩人確曾有"共隱"之勝事，在當時宜應傳爲名僧之美談，何爲各種傳記皆略不敘及之耶？

然著者於後條夾注中揭示其所本，乃根據《法苑珠林》卷六三引《冥祥記》。《冥祥記》者，南齊人王琰撰，比《出三藏記集》《高僧傳》皆早，誠有可以注意之價值。然而《冥祥記》是否確言蘭、護兩人"共隱"？非閱其原文不明。今且將此則錄出一看：

晉沙門于法蘭，高陽人也，器識沉秀，業操貞整，寺於深岩。嘗夜坐禪，虎入其室，因蹲其前，蘭以手摩其頭，虎揚耳而伏，數日乃去。竺法護，敦煌人也。風神情宇，亦蘭之次。於時經典新譯，梵語數多，辭句繁蕪，章偈不整；乃領其旨要，刊其游文。亦養徒山中。山有清澗，汲漱所資。有採薪者，嘗穢其水，水即竭涸，俄而絕流。護臨澗裴回，嘆曰："水若遂竭，吾將何資？"言終而清流洋溢，尋復盈澗。並武惠時人也。支道林爲之《像贊》曰："于氏超世，綜體玄旨；嘉遁山澤，仁感虎兕。護公澄寂，道德淵美；微吟空澗，枯泉還水。"

足見此文亦並未指說其爲"共隱"，與《高僧傳》《出三藏記集》所述，無大殊異。而著者一再提說，並自注本於《冥祥記》者，蓋由：一、《冥祥記》對此兩人既合併敘述；二、在敘竺法護事時，又有"亦養徒山中"之語。故臆其當爲"同隱"者也。

然理實未安，詳審《冥祥記》所以將此兩人合並敘述者，乃因其行迹互有類似之處，足以比肩而立，故其敘竺法護曰："風神情宇，亦蘭之次。"即兩相比較之詞，亦以說明其並列敘述之意。次云"亦養徒山中"，即以擬配蘭之"寺於深岩"。繼又述

"枯泉還水"事，即以擬配蘭之"仁感虎兕"。終乃合言之曰："並武惠時人也。"表明不特行跡相類，所生時代亦復相同。此即顯示所以特爲合併敘述之又一理由也。可知《冥祥記》固未嘗寫敘兩人聯袂"同隱"。設誠有其事，彼又何惜一言以爲交代！

又按《出三藏記集·竺法護傳》但載"護以晉武之末隱居深山"，卻未記隱居之山是在長安，抑在洛陽。（同書卷八載《出經後記》，太康七年三月十日，"法護在長安說出《持心經》梵文授〔聶〕承遠①"。卷七又載：太康十年四月八日與十二月二日，於洛陽城西白馬寺中先後翻出《文殊師利淨律經》《魔逆經》。又卷八載："永熙元年八月二十八日，比丘康那律於洛陽寫《正法華品》竟"，"手執經本詣白馬寺，對與法護，口校古訓，講出深義"。按晉武帝卒於永熙元年四月，則法護居山當在太康七年至十年之間。在此期間，彼由長安遷徙洛陽，故兩處皆有可能。）《名僧傳抄》目錄雖稱"長安山寺于法蘭"，卻不悉蘭之居長安山寺是在晉武帝世，抑在惠帝世。故兩人之"嘉遁"，實難定其必然同在一時，同在一山。《冥祥記》用"並武惠時人也"一語收束，即明爲原本互不相涉，但方便敘述一處耳。

八、于法道

第八章《釋道安》，"道安居襄陽"節，引習鑿齒《與謝安書》盛贊道安，有云：

其人理懷簡衷，多所博涉。內外群書，略皆徧睹。……佛經妙義，故所游刃。作義乃似法蘭、法道。恨足下不同日而見。

著者於"法道"下注云："不悉何人？"按《高僧傳》卷四《于法蘭傳》云：

又有竺法興、支法淵、于法道，與蘭同時化德。興以洽見知名，淵以才華著稱，道以義解馳聲矣。

又卷五《曇戒傳》云：

戒居貧務學，游心墳典。後聞于法道講《放光經》，乃借衣一聽，遂深悟佛理，廢俗從道，伏事安公爲師。

《名僧傳抄》錄《名僧傳》第二十二《晉長安太後寺釋惠精傳》亦云：

---

① 編按，"遠"原作"運"，今改。

> 惠精又名曇戒。……幼而家貧，無衣著，不得從師友。負薪炙火，披玩六籍。後聞于法道講《放光經》，借衣聽焉。告其兄曰："始悟儒淺近，道教虛曠，不能復馳騁方內，政欲自放人外耳。"……年十九，投釋道安，安津爲同學，甚相知敬。

慧皎以于法道附於于法蘭，與習鑿齒以法蘭、法道並稱相同。可知習所提之法道，即此于法道是。法道"以義解馳聲"，講《放光經》，能使曇戒頓生厭世思想，廢然出家，足見其巧於"作義"。道安亦頗致力於般若，自謂"講《放光經》，歲常再徧"（見其所撰《摩訶鉢羅若波羅蜜經抄序》），自亦有舌燦蓮花之本領。故習鑿齒以于法道相擬也。又按作者於第七章《兩晉之名僧與名士》，"《般若經》之流傳"節，已言及"于法道講《放光經》"。非全不知，此處蓋偶然疏忽。

九、羅什時群集長安名僧有惠始、惠慶

第十章《鳩摩羅什及其門下》，"羅什在長安"節，敘述舊記"於時四方義學沙門，不遠萬里"，極一時法會之盛。譯《法華》《思益經》時，多至二千餘人。而"現在所知義學沙門在長安者，不過數十人"。計"原在關中者"，有法和等十五人；"原從北方來者"，有道融等七人；"原從廬山來者"，有道生等七人；"原從江左來者"，有僧弼、曇幹兩人；"不知所從來者"，有慧恭等十二人；此外尚有才、暢、僧敦、道彤四人，"亦不悉其出處"。

此可謂存十一於千百，詳其所可詳。廣稽博考，其功已勤。然尚不無遺珠之憾。余於著者所列舉外，亦得兩人。

一爲惠始。《魏書·釋老志》云：

> 世祖（魏太武帝拓跋燾）平赫連昌，得沙門惠始。姓張，家本清河。聞羅什出新經，遂詣長安見之。觀習經典，坐禪於白渠北，晝則入城聽講，夕則還處靜坐。三輔有識多宗之。劉裕滅姚泓，留子義真鎮長安，義真及僚佐皆敬重焉。……統萬平，惠始到京都，多所訓導。時人莫測其迹。世祖甚重之，每加禮敬。自初習禪至於沒世，五十餘年未嘗寢臥。……太延中，臨終於八角寺。……中書監高允爲其傳，頌其德迹。（按《廣弘明集》卷二載，《釋老志》文字小有異同。）

惠始即《高僧傳》卷十所載之曇始。雖以習禪沒世，然初固研精義學。如彼傳云：

> 晉孝武太元之末，齎經律數十部，往遼東宣化，顯授三乘，立以歸戒。

蓋高句驪聞道之始也。義熙中，復還關中，開導三輔。

慧皎未得見魏收《魏書》，其敍惠始事，皆得之傳聞。故不知始之至長安，本爲聽羅什講法。彼又誤傳爲"關中人"，並謂"始後不知所終"。但述始曾齎經律宣化遼東，事當有據。此則可置於"原從北方來者"之列。

二爲惠慶。《名僧傳抄》第二三《宋尋陽廬山竺惠慶傳》云：

> 竺惠慶，廣陵人也。……涉學經律，汎研禪誦。誦《法華》《十地》《維摩》《思益》。雖不南面稱法師，而理懷簡表（遠）。晉義熙中，遊步長安，備浪（湌）道藝。宋元喜（嘉）時，復入廬山。求諸德勝。……於是散落囂磨（塵），澄心淨域。……盛造經書，頻營法集。

按羅什於晉元興元年（即姚秦弘始四年）譯《思益梵天所問經》，義熙二年（弘始八年）譯《妙法蓮華經》與《維摩詰所說經》，又嘗與佛陀耶舍共出《十住經》即《華嚴十地品》。除《十住》不詳外，餘三經今存序文皆記羅什曾爲講釋。惠慶遊步長安，當亦得預聽次，故云"備浪（湌）道藝"。而此諸經乃爲其所常誦。《高僧傳》卷七《道溫傳》云：

> 時中興寺復有僧慶、慧定、僧嵩，並以義學顯譽。慶善三論，爲時學所宗。

疑此僧慶亦即惠慶。《名僧傳》記惠慶遊長安後，"復入廬山"，當是早年即曾住此。與《高僧傳》載道溫"年十六，入廬山，依遠公受學。後遊長安，復師童壽（即羅什）"。事蓋相同。故慧皎附見於《道溫傳》後。此則可置於"原從廬山來者"之列。

又《大乘大義章》敍目引《符書》載羅什："其甘雨所洽者，融、倫、影、肇、淵、生、成、叡八子也。"著者於"鳩摩羅什之弟子"節亦引及之。在"倫"字下注云："不詳。"使此字傳寫確無訛誤，則"不悉其出處"之人，又可增入一"倫"矣。

十、賓頭盧

第八章《釋道安》，"彌勒淨土之信仰"節，作爲史著，似當着重說明：晉世沙門，隨《彌勒經》各本之譯出，崇信彌勒遂成一時風尚，而道安與其朋儔，尤致殷勤。可見佛教誘俗多方，雖高談名理，仍假神道爲教，此其殊於玄學者也。顧著者於此，無所推闡，乃偏陳神異，甚至撫拾如下傳說：

又《道安傳》中，謂安夢見梵道人，頭白眉毛長，語安曰："君所注經，殊合道理，我不得入涅槃，住在西域，當相助弘通，可時設食。"後遠公知所見爲賓頭盧，乃立座飯之，世世成則。《傳》又謂：安公將死前十一日，忽有異僧來告其須浴聖僧，安請問來生所住處，彼乃以手虛撥天之西北，即見雲開，備睹兜率妙勝之報。此異僧謂即賓頭盧，按賓頭盧爲不入涅槃在世護法之阿羅漢，其性質亦與彌勒菩薩相似也。

按此事在僧祐《出三藏記集》卷十五《道安法師傳》，全擯而不載，蓋已表示懷疑。世愈進而求知之術愈富且精，人類辨析真妄是非之能力宜益後勝於前，何爲反無所料簡？且《高僧傳》原文亦並未指說彼事所絕無之異僧即賓頭盧，此輒加以牽合，則賓頭盧留世護法與彌勒之住居兜率天宮，本爲純宗教之神話故事，竟若一皆信而有徵矣！抑或如著者書後之《跋》所云："宗教情緒，深存人心"，故"莫須有之史實"亦在所不棄耶？然與"慎思明辨"之旨，已大相戾矣。

又"世世成則"一語，《高僧傳》原文爲"處處成則"。後代是否相沿不替，非當時人之所及知，改之亦欠審。

十一、梵敏、超進、曇機疑亦曾師羅什

羅什在長安，義學沙門奔輳，其人可考者，余於第九則補出兩人。再尋《高僧傳》，又得數人。

（一）梵敏。《高僧傳》卷七《釋梵敏傳》云：

釋梵敏，姓李，河東人。少遊學關隴，長歷彭泗。內外經書，皆闇遊心曲。晚憩丹陽，頻建講說。謝莊、張永、劉虬、呂道慧皆承風欣悅，雅相叹重。數講《法華》《成實》。又序《要義》百科，略標綱紐，故文止一卷。屬辭省詣，見重當時。後卒於丹陽，春秋七十餘矣。

梵敏既"少遊學關隴"，晚又"數講《法華》《成實》"，其爲傳習羅什一派之學，事甚顯白。但梵敏親炙羅什與否，傳無明文。此當考較其在少年時能否及見羅什借以推

定。傳言梵敏"晚憩丹陽"時，有謝莊、張永等欣承講說。按《宋書》卷八五《謝莊傳》及《南史》卷二《謝弘微傳》，謝莊卒於劉宋泰始二年（466）。同書卷五三《張茂度傳附張永傳》及《南史》卷三一《張裕傳附張永傳》，張永卒於劉宋元徽三年（475）。梵敏憩止丹陽，既在暮年，則其去世當不至晚於二人。而羅什之卒在後秦弘始十五年即晉義熙九年（413），梵敏"春秋七十餘"，是彼在二十左右固得及見羅什。可知傳所謂"少遊學關隴"者，即指稟學於羅什也。故特精《法華》《成實》，"見重當時"焉。此則是又一"原從北方來者"。

（二）超進。（三）曇機。《高僧傳》卷七《釋超進傳》云：

> 釋超進，本姓顓頊氏，長安人。篤志精勤，幼而敦學，大小諸經，並加綜採。神性和敏，戒行嚴潔。故年在未立（猶言未滿三十），而振譽關中。及西虜勃勃赫連寇陷長安，人情危擾，法事罷廢，進避地東下，止於京師。更精尋文旨，開暢講說。頃之，進適姑蘇，復弘佛法。時平昌孟顗守在會稽，借甚風猷，乃遣使迎接，安置山陰靈嘉寺。於是停止浙東，講論相續。……至宋太始中，被徵出都，講《大法鼓經》。俄而旋於會稽，還紹法化。以《大涅槃》是窮理之教，每留思踟蹰，累加講說。……以宋元徽中卒，春秋九十有四。
>
> 時有曇機法師，本姓趙氏，亦長安人。值關中寇亂，避地東下，遊觀山水，至於稽邑。善《法華》《毘曇》，時世宗奉，與進相次。

按赫連勃勃入破長安，事在羅什死後五年。超進、曇機皆由此故，始"避地東下"，遠至會稽。其未來南時，皆以學法有成。夫羅什譯講佛經，"四方義學沙門不遠萬里"而至，此二公既本長安人，乃近水樓台，應無反而向隅之理。且傳言超進"大小諸經，並加綜採"，則羅什所出，自無可外。又言進"每留思踟蹰"於《大涅槃》。按僧叡《喻疑》云："《般若》除其虛妄，《法華》開一究竟，《泥洹》闡其實化。此三津開照，照無遺矣。"（《出三藏記集》卷五）此說明涅槃實佛家宗教蘄向之最後目的，故《大涅槃經》既出，羅什門下如竺道生、慧嚴、曇無成等皆競事講說（並見《高僧傳》卷七），超進固宜一道同風。又彼於太始中所講之《大法鼓經》，亦爲求那跋陀羅新近譯出之書，可見其日務求新。由此即可推知，彼早年正值羅什講譯，亦必咨稟不厭也。至於曇機，傳已明言"善《法華》《毘曇》"。按羅什譯《法華經》時，即已隨出隨講。僧叡《法華經後序》云："鳩摩羅什法師爲之傳寫，指其大歸，真若披重霄而高蹈，登崑崙而俯眄矣。於時聽受領悟之僧八百餘人，皆是諸方英秀，一時之傑也。"

(《出三藏記集》卷八）慧觀《法華宗要序》亦云："集四方義學沙門二千餘人，更出斯經，與衆詳究。""什猶謂語現而理沉，事近而旨遠，又釋言表之隱，以應探賾之求。"（同上）又《高僧傳》卷二《鳩摩羅什傳》（《出三藏記集》卷十四《鳩摩羅什傳》同）云："什雅好大乘，志存敷廣。常嘆曰：'吾若著筆作《大乘阿毘曇》，非迦旃延子比也。今在秦地，深識者寡，折翮於此，將何所論？'乃悽然而止。"是羅什亦頗重視《毘曇》。曇機"避地東下"，耽於"遊觀山水"，而"善《法華》《毘曇》"，非由始學。此可審知其在關中，已預羅什法會，得其指歸矣。是則此兩人並可列於"原在關中"者。

復次，《高僧傳》卷六《釋僧叡傳》附見僧楷云："時又有沙門僧楷，與叡公同學，亦有高名云。"著者據此，遂謂僧楷"或亦什公弟子"，因置於"不知所從來者"之列。按僧叡本傳，敘叡年十八，"依投僧賢法師爲弟子。謙虛內敏，學與時竞，至年二十二，博通經論。嘗聽僧朗法師講《放光經》，屢有機難。朗與賢有濠上之契，謂賢曰：'叡比格難，吾累思不能通，可謂賢賢弟子也。'至年二十四，遊歷名邦，處處講説，知音之士，負袠成群"。可見叡早年從學僧賢，已有高名。則傳謂楷與叡同學，究指同師羅什抑僧賢，或既同師賢又同師什，皆難質定。然以當時沙門群趨長安之盛況言之，實有很大可能。惟此既列舉，則尚有曇冏其人，似亦不宜遺漏。曇冏附見於同書卷七《釋曇無成傳》後，云：

　　時中寺復有曇冏者，與成同學齊名。爲宋臨川康王義慶所重。

其前敘曇無成事，則曰：

　　年十三出家，履業清正，神悟絕倫，未及受具，便精往復。聞什公在關，負笈從之。既至見什，什問："沙彌何能遠來？"答曰："聞道而至。"什大善之。於是經停務學，慧業愈深。

可見成受業羅什時，年甚小，僅聰儁可喜。其義學名家，乃在師什以後。則知傳云曇冏"與成同學齊名"，必指其同師羅什無疑。但不審曇冏是否與曇無成同爲黃龍人。成因"關中危擾"，"乃憩於淮南中寺"，冏當亦是由同一原因同時至此，故傳連類及之。

又余於第九則述惠慶事，據《名僧傳抄·惠慶傳》有"宋元嘉時復入廬山"一語，推測當是惠慶早年即曾住此。讀書粗心，竟忽略《高僧傳》卷十二原有《釋惠慶傳》已明白記載："釋惠慶，廣陵人。出家止廬山寺，學通經律，清潔有戒行。誦《法華》《十地》《思益》《維摩》"云云，足爲誠證。此既有一《惠慶傳》，則同書卷七《釋道溫傳》附見之僧慶，自當不是一人也。應予補正。

十二、曇鑒往長安

第十章"羅什在長安"節，講當時義學沙門在長安，"原從北方來者"列有曇鑒，不知何所根據？如繫以曇鑒籍貫冀州，則慧叡亦冀州人，何以又列入"原從廬山來者"？按《高僧傳》卷七《釋曇鑒傳》云：

> 釋曇鑒，姓趙。冀州人。少出家，事竺道祖爲師。蔬食布衣，律行清苦，學究群經，兼善數論。聞什公在關，杖策往學。

鑒之出家，究在北方，抑在南方，《傳》未交代。然既謂"事竺道祖爲師"，則必依其師居止。且看竺道祖究居何許，同書卷六《釋道祖傳》云：

> 釋道祖，吳國人也。少出家，爲台寺支法齊弟子。……後與同志僧遷、道流等，共入廬山七年，並山中受戒。各隨所習，日有其新。遠公每謂："祖等易悟，盡如此輩，不復憂後生矣。"……祖後還京師瓦官寺講説，桓玄每往觀聽。……及玄輔政，欲使沙門敬王，祖乃辭還吳之台寺。有頃，玄簒位，敕郡送祖出京，祖稱疾不行。於是絕迹人事，講道終日，以晉元熙元年卒，春秋七十二矣。

是道祖一生，足跡不出吳郡、建康（當時京師，今南京）、廬山數處。則鑒之師事道祖，"學究群經"，自不可能不在南方。其後"遊方宣化"，亦終老於荆州江陵辛寺。《傳》又稱鑒"常願生安養，瞻覲彌陀"，表明彼復沾染慧遠之念佛往生思想，蓋亦曾至止廬山。可見曇鑒最習慣於南方生活，其"聞什公在關，杖策從學"，既在"事竺道祖爲師"之後，應與慧叡一例，不宜置於"原從北方來者"。

十三、曇無讖在涼譯經年代

第十二章《傳譯求法與南北朝之佛教》，"北涼曇無讖"節，謂"宋元明版《祐録》載讖譯經十一部，出經年月多在玄始十年以前"。"而《長房録》《開元録》均無三版所注十年以前年月，則費氏及智昇所見之《祐録》均無此項年月可知。"又稱：《高僧傳》言玄始三年初譯《大般涅槃經》，"亦誤"。著者是認爲，曇無讖之至姑臧，

465

當在劉宋永初二年"即北涼玄始十年也"。

按此説未確。《房録》卷九載曇無讖譯經，其《大般涅槃經》下有云：

玄始三年於姑臧出，至十年方訖。此經凡有三萬五千偈，於涼減百萬言，今所譯者止萬餘偈，三分始一耳。見竺道祖《涼録》。

《海龍王經》下又有云：

玄始七年出。是第二譯，與竺法護出者同本別譯。見竺道祖《河西録》。

同書卷三《帝年表下》復敘列：

玄始元〔年〕，還治姑臧。讖始到涼土也。
三①〔年〕，曇無讖出《大般涅槃經》四十卷。
七〔年〕，讖出《海龍王經》四卷。
十〔年〕，曇無讖譯經，至此年都訖。

《開元録》卷四亦有著録如下：

《大般涅槃經》四十卷，或三十六②卷。第五譯，玄始三年出，十年十月二十三日訖。梵本具足有三萬五千偈，今所譯者止萬餘偈，三分始一耳。見竺道祖《涼録》及《僧祐録》。

《海龍王經》四卷。或加"新"字。第二出，與竺法護出者同本。玄始七年出。見竺道祖《河西録》及《僧祐録》。

附傳又云：

讖以玄始三年甲寅，創首翻譯，至十五年丙寅都訖，房云玄始十年訖者，此乃《涅槃》竟時，非餘經也。準《優婆塞戒經後記》云：丙寅年出。此即十五年中猶出經也。

可見長房、智昇兩録，皆未嘗無玄始十年以前之年月，但不如宋元明版《祐録》所注之夥。三版固不能盡信，亦不可謂全無根據也。

又按《祐録》卷二載"曇無讖譯經目"後云：

右十一部，凡一百四卷。晉安帝時，天竺沙門曇摩讖至西涼州，爲僞河

---

① 編按，"三"原作"二"，今據上下文意改。
② 編按，"三十六"原作"三十五"，今據《開元録》改。

西王大沮渠蒙遜譯出。（或作曇無讖）

既稱在晉安帝時，是僧祐固亦不以爲曇無讖之至姑臧，是在劉宋永初二年即北涼玄始十年，明也。

　　再考《房錄》等所引記載曇無讖於玄始十年以前已有譯經之竺道祖，乃東晉時人，爲廬山慧遠弟子。《高僧傳》卷六《釋道祖傳》云：

　　　　幼有才思，精勤務學。後與同志僧遷、道流等，共入廬山。……遷、流等並年二十八而卒。……道流撰《諸經目》未就，祖爲成之，今行於世。（按《祐錄》載："竺道祖《衆經錄》四卷：《魏世》《吳世》《晉世雜錄》《河西僞錄》。"）……以晉元熙元年卒。

元熙元年即北涼玄始八年。設在玄始十年曇無讖始至姑臧譯經，則道祖已不及見，何所據以入錄？《房錄》引道祖記明年時兩經皆在道祖逝世前，此可見道祖確實"精勤務學"，留意翻經事業，至死不倦。亦足以證明曇無讖至姑臧，不得遲至玄始十年，理甚決定。又《房錄》除《涅槃》《海龍王》兩經引《道祖錄》外，尚有《大方等大集經》《悲華經》《菩薩地持經》《金光明經》，亦皆云"見竺道祖《河西錄》"，或"見竺道祖《錄》"（只《大集經》一條），但此數經皆不詳年月，而明記"承玄元年"即玄始十五年譯出之《優婆塞戒經》，又不云見竺道祖《錄》，時道祖墓木已拱，故不得載於其書也。既道祖死後譯出之經不在錄中，即知入錄之《大集》等經，必皆在道祖逝世即玄始八年以前之所翻譯。《高僧傳》云："〔讖〕以僞玄始三年始就翻譯。"有道祖《河西錄》可證，烏得以爲誤也？但宋元明版《祐錄》載：《方等大集經》"玄始九年譯"，《悲華經》"玄始八年十二月出"，此兩經既已見於《道祖錄》，自不應年時在道祖死後。著者謂其"實無根據"，惟此最有確據。①

（原連載《現代佛學》1964年第1、2、3期，第15~21頁、第23~27頁、第50~54頁）

---

① 編按，全文未完，此後應還有，然編者徧查1964年《現代佛學》諸期，卻未見。《現代佛學》於1964年停刊，恐未發，待查待補。

法相唯識宗的哲學思想管見

——與任繼愈同志商榷

《哲學研究》1962年第2期發表了任繼愈同志的《法相宗哲學思想略論》，我由於過去曾有一段時間研究佛書，對此特別感興趣，反復看了幾徧。既有啓發，同時也覺得有些講法"異乎吾所聞"，並不就是法相宗固有的觀點或含義，有些更是明顯的事實錯誤。現在將我的愚見寫出，跟任繼愈同志商榷。

一 有關"百法"和五種分類的解釋

《略論》一文在第（三）（四）（五）節裏對法相唯識宗學說作了概要的敘述，首先提出"百法"，無可非議，但斷定"他們在《俱舍論》的七十五法的基礎上分爲百法"。把"百法"說成是由《俱舍》的七十五法發展而成的，這就成問題了。"分爲百法"的"他們"究竟指誰？法相宗的創始者呢？完成者呢？後繼者呢？一並包括在內呢？又《俱舍論》的著者是不屬於這個"他們"的嗎？稍加檢查，便可知道，事實原很清楚。作《俱舍論》者，世親也，是在其早年爲小乘經部學時。楷定"百法"者，亦世親也，其書即《大乘百法明門論》，是在改學大乘後。世親於《百法論》題下明明有自注曰："《本地分》中略錄名數。"窺基著《大乘百法明門論解》對此也曾作了注釋："《本地分》者，乃《瑜伽論》五分之一。'略錄名數'者，於六百六十法中提綱挈領，取此百法名件數目。此論主急於爲人而欲學者知要也。"可見"百法"乃從法相宗開山祖師彌勒所著《瑜伽師地論》的《本地分》中"略錄"出來的，與世親前期爲小乘經部師學撰著的《俱舍論》不相關涉。

史實就是如此。再按《瑜伽師地論》（卷五十一至五十六）《攝決擇分·五識身相應地意地》，首講成立阿賴耶識義，即建立有八種識。次講色自性"略有十一"，即建立色法主要有十一種。次又講徧行心法有五，於"各別境事生"心法有五，自性善法十一，本煩惱六，隨煩惱二十四，即建立心所有法有五十一種。又講心不相應行二十四，即建立不相應行有二十四種。亦講虛空、擇滅、非擇滅"是假有，非實物有"而說"真如所緣緣"是出世"轉依"之所依，即相當於無爲法中之四種。與《百法論》所不同者，只有（一）缺組織次序，（二）心所法未別立"不定"一目，而附於隨煩惱中，（三）沒有確說六種無爲法。但《瑜論》卷三《本地分》已云："如是無爲，廣八略六。"至於所講心所法、色法、不相應行法所有名數次第，則除"徧行"是以"作意"爲首，不以"觸"爲首外，其餘全與《百法論》相同。我們知道，《瑜伽論》的《攝決擇分》，原是就《本地分》提出一些問題加以說明的。世親略錄《本地分》的"名數"而成《百法論》，顯然亦即依傍於此。又考世親之兄無著造《顯揚聖教論》，於卷一《攝事品》云：

　　一切者，有五法總攝菩薩藏。何等爲五？頌曰：心、心所有、色、不相應、無爲。

次即廣說心法有八，心所法有五十一，色法有十五，心不相應行法有二十四，無爲法有八，共一百零六法。這比《瑜伽·攝決擇分》又進了一步，既具組織次序，並已將"不定"四法從"隨煩惱"中分出，單獨成爲一目。只是色法別立有地、水、火、風四大種一類，無爲法將真如分爲善、不善、無記三種（此即《瑜伽·本地分》所謂"廣八"），開法稍異。《百法論》乃攝四大於"觸"，故色唯十一；真如不分三性，故無爲法唯六（此即《瑜伽·本地分》所謂"略六"）。總得百法。世親雖未自言依據《顯揚》，但他改小學大即受業於無著，師承固甚明白。至於《俱舍論》乃小乘毘曇系統，其所講諸法，無論"名"和"數"，與大乘瑜伽學派都有很大不同（如立心所法五品名目爲："一大地法，二大善地法，三大煩惱地法，四大不善地法，五小煩惱地法。"其"大地法"即"受、想、思、觸、欲、慧、念與作意，勝解、三摩地"。是"徧行"卻有八，而無"別境"一目①）。且其成書遠後於《瑜伽》《顯揚》，而謂"百法"據以爲"基礎"，有什麽可爲證驗呢？

《略論》對"百法"分類的意義，某些解釋更大有問題，下面分別拈出。

（一）《略論》總釋"心所有法"說："從心法（八識）派生的有許多心理活動。"這樣的提法，就是說："心"是先有的，"心所"是後起的。然而法相宗是認爲"一切法各各別有自種子因"的（《瑜伽》卷五十二），"有諸色根種子及餘色法種子、一切心心法種子（心、心所法種子）"（同上，卷五十一）。即不許"色法"爲"心法"所生，或"心法"爲"色法"所生；亦不許"心所法"爲"心法"所生，或"心法"

---

① 具詳《阿毘達磨俱舍論》卷第四、《分別根品》第二之二。

爲"心所法"所生。它們彼此之間不存在"因緣"的關係。所以《成唯識論》（卷五）闡明"心所"的含義是："恒依心起，與心相應，繫屬於心，故名心所，如屬我物，立'我所'名。"普光在《大乘百法明門論疏》裏也講得很明白："言心所有法者，謂彼心王，是其能有；此等諸法數，心之有所。"都說明了"心"與"心所"的關係是一爲能有，一爲所有；而不是一爲能生，一爲所生。故泰賢《成唯識論學記》（卷三）云："心與心所，體用各別。"又據唯識宗言，"心法"現行時，還常須依賴某些"心所法"爲之領頭，如說"作意引心令趣自境，此若無者，心應無故"（《成唯識論》卷六）。單此一點，已可顯見，法相唯識宗的理論是不曾把"心所"看成是"從心法派生的"。《成唯識論》（卷一）亦曾指出："或執離心無別心所"爲一種"異執"，應予遮破，足知派生說與各有種子說，自是兩種不同的理論體系，不得混淆。

其次，關於"心所"的"五徧行法"與"五別境法"的區別，《略論》說：前者是"人人都有"，後者是"對特殊的人特殊的境而起的"。這確講得非常有趣。但唯識宗恐礙難認肯，因爲他們是一向認爲，只要處於他們所謂的"凡夫位"，所有五十一心所法，同八識一樣，並是人皆有之的。"徧"與"別"的差別，並不是依據人的普徧和特殊以爲規定。《成唯識論》（卷五）說：所謂"徧行"者，"一切心中定可得故"。窺基《述記》曰："不問何心，但起必有故。"即是說，不管某一個心、心所法，只要現行時，就都必有觸、作意、受、想、思與之相應俱起。所謂"別境"者，"緣別境而得生故"。窺基《述記》曰："唯緣別別境方生。"即是說，欲、勝解、念、定、慧這五種心理現象是要各別對一定的境事才得生起，不存在那一定的境事就不得生起。故"徧"是徧於一切的心，"別"是別於一定的境。前者不受一定的境規定，後者則必受一定的境規定。如果還感到不易理解，請看《成唯識論》（卷六）具體說明：

　　云何爲欲？於所樂境，希望爲性。……所樂謂欲觀境。於一切事欲觀察者，有希望故。若不欲觀，隨因境勢任運緣者，即全無欲。由此理趣，欲非徧行。

　　云何勝解？於決定境，印持爲性。謂邪正等教理證力，於所取境審決印持，由此異緣不能引轉。故猶豫境，勝解全無，非審決心，亦無勝解。由斯勝解非徧行攝。

　　云何爲念？於曾習境，令心明記不忘爲性。……於曾未受體類境中，全不起念；設曾所受不能明記，念亦不生。故念必非徧行所攝。

　　云何爲定？於所觀境，令心專注不散爲性。……若不繫心專注境位，便無定起。故非徧行。

云何爲慧？於所觀境，簡擇爲性。……謂觀德失俱非境中，由慧推求得決定故。非所觀境，愚昧心中，無簡擇故。非徧行攝。

普光《百法疏》也講得很好："言別境者，別緣諸境，名爲別境。何者名別？且如其'欲'，希望前境，名之爲欲。不希望境，即無有欲。希望之欲與不希望，二種有異，名之爲別。乃至第五'慧'數，簡擇諸法，名之爲慧。不簡擇法，不名爲慧。簡擇之慧與不簡擇，二者有異，名之爲別。"《略論》如果説，"別境"只是對"特殊的境而起的"，那就完全正確。無端加上一句"是對特殊的人"，則成了畫蛇添足，雖然有趣，可不是蛇了。《瑜伽師地論》（卷三）和《成唯識論》（卷五）都說，"別境"法儘管不同於"徧行"法徧一切時徧一切心定與俱生，但仍徧一切性徧一切地，即已顯示此"別境"法是人皆有之的了。以常情而論，希望、判斷、記憶、集中注意，分辨得失，這些心理活動現象，也並不是要"特殊的人"才能具有的。法相唯識宗在這點上，實沒有違背常情，故作新奇駭人之論。

《略論》解釋五徧行的"作意"爲"意願"，"思"爲"思想"，也不確切。《成唯識論》（卷三）說"作意，謂能警心爲性，於所緣境引心爲業。謂此警覺應起心種引令趣境，故名作意"。《述記》釋曰："作意警心有二功力，一者令心未起正起，二者令心起已趣境，故言警覺應起心種，引令趣境，故正理師說，'作意之用在未來起'。此在種子，義勢亦同。由作動意，立作意名。"可知此所謂"作意"不能相當於"意願"。《成唯識論》又說："思，謂令心造作爲性，於善品等役心爲業。謂能取境正因等相，驅役自心令造善等。"《述記》釋曰："即此邪正俱相違行因相，由思了別。謂邪正等行即身語業，此行之因即善惡境。由了此境相故，思作諸業，起善惡等事，故言取境正因等相是思之業。"可知此所謂"思"不能相當於"思想"。再有，《略論》把原來觸、作意、受、想、思的次序改爲觸、受、思、想、作意，也未免太好自作主張了。法相宗原來排列的次第，實暗含有先後之序。如上引"作意"的界說，是言一切心種之起，都要由它"作動"，即受、想、思的活動亦離它不得。所以《瑜伽論》特把"作意"置於"徧行"之首，怎麼可以挪到最末？

《略論》又解說"別境"的"慧"爲"佛教帶有神秘直觀意義的智慧"，亦欠恰當。《成唯識論》（卷六）講"慧"說："或於所觀唯起簡擇，謂不專注，馳散推求。"《述記》釋曰："謂掉舉多者，不專一境，馳散其心推求法相、或復事理，唯有慧無定，亦世所共成。"此即表明"慧"的主要特點是"簡擇"或"推求"，非必定要由修"定"才得產生，可知不能說成"神秘直觀"。

（二）《略論》解釋"不相應行法"說："'不相應'即'不相似'，不同於前面所

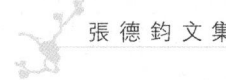

說的心法、心所有法、色法等，又不同於後面的無爲法。""這一類的法，特別和心的活動現象有區別，其實它和色也有區別。"這不能說字面沒有講對，但也僅僅解釋了字面。究竟它們是怎樣的和爲什麼"不同"或"有區別"呢？即作爲"不相應行法"的特徵是什麼呢？這在法相唯識宗的一般著作裏並不是沒有說明。

《大乘五蘊論》說：

> 云何心不相應行？謂依色、心、心所分位，但假建立，不可施設決定異性及不異性。

《大乘阿毗達磨雜集論》（卷二）說：

> 如是心不相應行法，唯依分位差別而建立故，當知皆是假有。

《成唯識論》（卷二）說：

> 不相應行，亦非實有。所以者何？得非得等非如色、心及諸心所體相可得，非異色、心及諸心所作用可得，由此故知定非實有，但依色等分位假立。

這就可以看出"不相應行法"所以別立爲一類的理由與其特徵是什麼了。原來法相唯識宗是認爲"不相應行"這一類法都是假施設有的，不似色法、心法，心所有法之有實體實相。它們只是依據色、心、心所的分位差別建立起來的，離開色、心、心所法沒有自體可得，故不可說"決定異性"。但它畢竟是色、心、心所法的分位差別，不即是色、心、心所，故亦不可說"決定不異性"。這裏，可以用"時""方"二法來作具體說明。《雜集論》（卷二）云："時者，謂於因果相續流轉，假立爲時。何以故？由有因果相續轉故，若此因果已生已滅，立過去時；此若未生，立未來時；已生未滅，立現在時。方者，謂即於東西南北四維上下因果差別，假立爲方。何以故？即於十方因果徧滿，假說方故。當知此中唯說色法所攝因果，無色之法，徧佈處所，無功能故。"這就是說，時間空間"是假有"，"非實有"，因爲時間只是就諸行（色、心、心所）相續流轉的因果生滅之分位差別而建立者，空間只是就有質礙（體積）的色法徧佈處所之分位差別而建立者。它們離開色、心、心所法是沒有獨立的自體的。這種見解，不能說爲純粹是唯心主義理論。舊唯物主義者費爾巴哈也有相類似的說法："不是事物以空間和時間的存在爲前提，相反地，而是空間和時間以事物爲前提，因爲空間或廣延性是以某種有廣延的東西爲前提。而時間、運動——其實時間就是運動的一個從生的概念——是以某種運動着的東西爲前提。"① 對於"運動",《瑜伽師地論》(卷五十四)亦説:"問:依止聚色而有運動,當言與彼(謂聚色)異不異耶?答:當言不異。何以故?……無別運動實物可得。"即是説運動離色無有自體,所以運動也是不相應行法。《成唯識論》(卷九)云:"依他起性有實有假。聚集相續分位性故,説爲假有;心、心所、色從緣生故,説爲實有。若無實法,假法亦無,假依實因而施設故。"亦説明了不相應行法與色、心、心所法的不同:一是依他起性假有法,一是依他起性實有法,而假有是依實有的聚集相續分位施設的("施設"是指抽象爲範疇。此範疇既是從"實法"自身的"聚集相續分位性"產生的,故"不相應行"這類假法不屬於"徧計所執性")。雖有假實不同,但都是依他起性。即就此義,故亦稱"行",窺基《雜集論述記》(卷九)云"'不相應',言簡餘有爲法(指色、心、心所)","'行'謂遷流,簡無爲法"是也。只籠統地説個"不相似""不同",而不具體指出怎末樣"不相似""不同",是莫法使人了解這一類法設立的意義的。

(三)《略論》總結地講明"無爲法"與前四類法的差別説:"法相宗這些法共一百個,絕大部分有生滅,有缺陷,只有第五類無爲法才是最圓滿的、最真實的實體。他們認爲世界上一切現象都是假相,是第八識的產物。分析諸法的目的,是爲了證明給人們看:世界上現象雖然複雜,千差萬別,但它們只不過是假相。只有破除了這些假相的物質基礎才會給真如(他們所謂真理)留出地盤。"在後面(第四節)也説:"法相宗認爲〔真如〕是萬法(一切事物)的實體","超現實的本體"。

法相宗果真是這樣講的嗎?我們就看專講"百法"的《大乘百法明門論》是怎樣説的。其所以講百法的旨趣具明於開頭和結尾,開頭是説:

> 如世尊言:"一切法無我。"何等"一切法"?云何爲"無我"?"一切法"者,略有五種……

結尾是説:

> 言"無我"者,略有二種:一、補特伽羅無我;二、法無我。

"補特伽羅"義譯爲"數取趣",即"生"或"人"的意思。《瑜伽師地論》(卷九十三)解説《雜阿含·大空經》(參考丘晞明先生編刻《雜阿含經論》卷三十四)云:

> 補特伽羅無我者,謂離一切緣生行外,別有實我不可得故。

---

① 引自列寧《哲學筆記》,人民出版社1960年版,《列寧全集》第38卷,第62~63頁。

"法無我"者，窺基《百法論解》云：

> 言法者，軌持之義。謂諸法體雖復任持軌生物解，亦無勝性實自在用，故言"法無我"（義忠《百法明門論疏》卷下釋義與此相同）。

可見"百法"的剖析，只在破除兩種我執，即人我執和法我執。《成唯識論》開卷就宣佈它的宗旨也這樣說：

> 今造此論，爲於二空有迷謬者生正解故。生解，爲斷二重障故。由我、法執，二障具生；若證二空，彼障隨斷（按此爲糅取安慧說。梵本安慧《三十唯識釋》，西藏勝友等譯安慧《三十論釋》，"二空"皆作"二無我"。參看支那內學院編印《藏要》第一輯《成唯識論》校注）。

窺基《述記》解云：

> 何謂二空？謂即生、法。先云人空，今說爲生。……彼皆執有，此說爲空。空即彼無，無別體也。

在唯識宗，"我"是有特別意義規定的，指"有實主宰"[1]，即普徧常在絕對不變的實體。唯識宗（空宗亦然）是不承認，而且竭力反對有這樣一種怪物的。他們認爲這種執着，就是一切罪惡的淵藪、人生痛苦的來源，所以要破而空之。他們也就是以此抹殺掉社會的物質的原因，一切都是從自己內心求解決，而不是向外尋找解決。《略論》的作者完全忽略了《百法論》在講"無爲法"後，跟着就講兩種"無我"，即已把"無爲法"包括在內了，怎麼還會認爲"無爲法"是"最真實的實體"！作者尤其不知道他那樣的提法早已被《成唯識論》作了駁斥。請看該書第二卷說：

> 諸無爲法，離色、心等決定實有，理不可得（窺基《述記》曰："即薩婆多等，實有無爲，此中皆破。"按薩婆多即小乘說一切有部，亦簡稱有部）。且定有法，略有三種：一、現所知法，如色、心等。二、現受用法，如瓶、衣等。如是二法，世共知有，不待因成（《述記》曰：謂"更不須待比量成立"。按比量即邏輯推理）。三、有作用法，如眼、耳等，由彼彼用，證知是有（《述記》曰："此五色根，非現量得，亦非現世人所共知，此眼耳等各由彼彼有發識用，比知是有。"——以上是說，凡言決定實有的東西，必定可由感覺經驗直接看到它的體相；或雖不能看到它的體相，而由它有某種作用，

---

[1] 見窺基《大乘百法明門論解》。

亦可據此推知用必有體。這是作爲判斷"無爲法"有沒有"實體"的理論準則的）。無爲，非世共知定有（即説明不同於前一、二兩種法）；又無作用如眼耳等（即説明不同於前第三種法），設許有用，應是無常（謂如説有用，那就不成"無爲法"了），故不可執爲定有（即斷定沒有"實體"）。然諸無爲，所知性故（謂是理論思維的對象），或色、心等所顯性故（泰賢《學記》卷三云："所顯有四：一、以色顯色，如燈照物；二、以心顯心，如他心智；三、以色顯心，如表内心；四、以心顯色，如心縁色。無爲亦爾，從彼所顯容受色等，斷惑不生之所顯故"），如色、心等，不應執爲離色、心等〔有〕實無爲性（此即總言，離色法、心法沒有所謂"最真實的實體"的無爲法）。

執"無爲法離色、心等決定實有"；理尚不許，豈可説它是"最真實的實體"！唯識宗認爲"無爲法"是根本不具有"實體"性的，所以它就這個問題，又繼續對六種無爲法加以分析説：

> 又虛空等爲一爲多？若體是一，徧一切處，虛空容受色等法故，隨能合法，體應成多！……若謂虛空不與法合，應非容受，如餘無爲！……一部一品結法斷時，應得餘部餘品擇滅！一法緣闕得不生時，應於一切得非擇滅！執彼體一，理應爾故。若體是多，便有品類，應如色等，非實無爲，虛空又應非徧容受！餘部所執離心、心所實有無爲，準前應破。……然《契經》説有虛空等諸無爲法，略有二種：一、依識變，假施設有（《述記》曰："此無本質，唯心所變"），謂曾聞説虛空等名，隨分别有虛空等相，數習力故，心等生時，似虛空等無爲相現，此所現相，前後相似，無有變異，假説爲常（《述記》曰："假説爲無爲，而理定無實有本質"）。二、依法性假施設有，謂空無我所顯真如，有無俱非，心言路絶，與一切法非一異等，是法真理，故名法性。……真如亦是假施設名。遮撥爲無，故説爲有；遮執爲有，故説爲空。勿謂虛幻，故説爲實；理非倒妄，故名真如。不同餘宗，離色、心等有實常法名曰真如。故諸無爲非定實有。

由此可見，《略論》所講，無爲法"是萬法（一切事物）的實體""超現實的本體"，等等，不但非法相唯識宗之所立義，而且正就是法相唯識宗之所竭力破斥者。無著《攝大乘論》引頌言"若無依他起（即有爲法），圓成實（即無爲法）亦無"。也指明了無爲法不是離有爲法獨立存在的"實體"。法相唯識宗不曾把無爲法作爲現象界的本體來看待，在其他著作裏面也都有相同的論證，用不着繁徵博引了。

二　是怎樣一種認識論

　　《略論》反復聲言：法相宗"基本辦法是取消主觀和客觀對立的關係，他們把客觀世界完全說成主觀世界的作用"。"他們把哲學的根本問題，說成不是主觀對客觀的關係問題，而說成純主觀的作用。""玄奘、窺基要求更徹底地取消了認識論中主客的分別。""他們取消了認識中的主客對立的關係，把認識作用僅僅歸結爲主觀性（心）的自我認識。""認爲八個識都是先分別由它們自己變現出它們所認識的對象（境），然後才起認識作用。認識不是主觀與客觀發生關係，只是各個識自己認識自己的過程。""因此，他們就把八識的認識對象，都歸結爲它們自己見分所認識變現出來的相分"。"他們只承認能認識，而所認識的不過它自己變現出來的相分。"

　　首先應當指出，《略論》的作者也承認："哲學上的根本的問題，就是思維和存在哪是第一性的問題，和兩者的關係問題，經典作家的指示，是顛撲不破的真理。"那末，不管任何哲學派別，他們怎樣說教，都不可能逃避對於這個根本問題作出回答。可是《略論》如上引述，它卻又說，法相宗"把哲學的根本問題說成不是主觀對客觀的關係問題"。這就無異是說，"把哲學的根本問題說成不是根本問題"。因爲"主觀對客觀的關係問題"與"思維和存在的關係問題"，不可能有着不同的含義。這樣，法相唯識宗的謬誤，就應是主要在於否定了我們認爲是哲學的根本問題的問題了！但是《略論》又認爲"他們把客觀世界完全說成是主觀世界的作用"，難道這又不正就是說明"主觀對客觀的關係問題"（＝思維和存在的關係問題）嗎？試看列寧《哲學筆記》摘錄黑格爾《哲學史講演錄》的話："畢達哥拉斯把那主觀的、聽覺所獲得的簡單的、但本身包含着比例關係的感覺判歸理智，而且是用嚴格的規定把它判歸理智的。"① 這也應該認爲是"把客觀世界完全說成是主觀世界的作用"吧，然而列寧所下的評語，卻正好說的是"主觀對客觀的關係"。② 他並沒有因此就說，畢達哥拉斯是"把哲學的根本問題說成不是主觀對客觀的關係問題"了。可見《略論》上面那些提法，在理論上已陷於混亂，實際離開了"經典作家的指示"。

　　現在我們再回頭來討論法相唯識宗特別是他所指名的玄奘、窺基等的認識論又是不是《略論》所說那一回事呢？這裏就從《略論》提出的"見分相分"理論加以

---

① 《列寧全集》第38卷，人民出版社1960年版，第274頁。
② 《列寧全集》第38卷，人民出版社1960年版，第274頁。

考察。

要正確了解"相分見分"之爲説，首先必須懂得"所緣緣"義。可以説，"所緣緣"的理論是唯識宗認識論的基礎。不幸《略論》把"所緣緣"擺在其他的地方去講了，又剛好完全講錯了（後詳）！

唯識宗關於認識論，有一個是窺基提出而很少爲人注意的根本概念，叫做"緣有生心"，"於無心不生"。即謂人的認識活動決不能憑空而起，必要有所仗託才得生起。"相分"是由此建立，"所緣緣"亦是由此建立。

《瑜伽師地論》（卷五十二）説："云何所緣緣？謂五識身以色等五境如其次第爲所緣緣；若意識，以一切內外十二處（按內六處爲眼耳鼻舌身意，外六處爲色聲香味觸法）爲所緣緣。"這就是説，前五識的活動，是眼耳鼻舌身各別以對面的具體實物色聲香味觸作爲它託之而起和了別的境相。意識的活動，則以一切凡存在着的東西包括意識自身，都得被作爲它託之而起和了別的境相。所以，"所緣緣"就是説明客觀世界與主觀世界是怎樣一種關係的。佛家認爲，若無色等五境作爲前五識的所緣緣，一切內外十二處作爲意識的所緣緣，則前五識和意識絕對不能生起。不可否認，這是完全合乎常識的理論。

但唯識宗以"所緣緣"説明認識是怎樣形成的問題時，還遠遠超過了常識。這是由陳那、護法，以至玄奘、窺基不斷變化和發展起來的。

陳那原不在唯識十大論師之列，但他也講唯識，作有《觀所緣論》，主要就是論證五識所緣色等境，非外而似外現，能緣所緣同出一源。如他説：

> （頌）內色如外現，爲識所緣緣，許彼相在識，及能生識故？（釋）外境雖無，而有內色似外境現，爲所緣緣。許眼等識帶彼相起及從彼生，具二義故。①

意思就是説，識生時不待他緣，自能變現似外境相，即此似相生起分別識。相非由外起，故成唯識。陳那在另一著作《集量論》裏也説：

> （頌）境識及識別，以爲心二相。（釋）境者謂色等。識者謂顯現彼境。識者即與境相類似之識。凡識皆顯現彼義及自體。②

"彼義"即境，"自體"即識別，皆識顯現，故爲"心二相"。就此而言，陳那倒是不

---

① 玄奘譯：《觀所緣緣論》。
② 《內學》第四輯，呂澂：《集量論釋略抄》，按義淨曾譯此論，早佚，此從西藏譯本重譯。

承認認識主體以外有客觀對象的存在的，可以說是一種純粹主觀唯心主義的認識論。

然這種理論，很難使人相信。譬如色等境相的感覺，爲什麼總是有空間時間的定在：見泰山必於山東，觀月圓必於農曆十五夜等，即莫由解釋。雖然也可拿夢作説明，夢由心現，夢中亦感到境相有定時、定處。但人的現實生活，畢竟不是夢啦。護法繼起，大致覺察到這種理論不很得勁，乃於成立有第八阿賴耶識的同時，説有親疏兩種所緣緣，認爲陳那所説只是親所緣緣，而親外容有疏所緣緣，即以此確立認識對象有其相對的客觀性。如《成唯識論》卷七《廣成唯識義》有云："極成眼等識……不親緣離自色等。"窺基解釋爲："不親緣離自眼識之色，此'親緣'言，簡他身中自心外色及第八等所變，爲眼識本質，彼亦疏所緣緣故。"這段論文是前此各種論著所未見的（安慧《三十唯識釋》亦無），顯然是經過改造了的新説。玄奘就繼承了這種理論，大力加以弘揚，他信守新説，甚至到了這種程度：在譯《觀所緣論》時，雖然還沒有公然把"疏所緣緣"彊加進去，但對陳那原書給"所緣緣"含義的解釋，在譯文上卻不惜大事修改，使其具有可以引申出有親疏二所緣緣的契機。據吕秋逸先生《觀所緣論會譯》並《附論唐譯本之特徵》①所揭示，西藏譯本與陳真諦譯、唐義淨譯都很相近，蓋最合原書真面，其文爲："其名境者，謂識決了自性生彼相故。"並沒有把"所緣"與"緣"分説的意思。而玄奘竟譯成："所緣緣者，謂能緣識帶彼相起，及有實體令能緣識託彼而生。"這就是以帶相爲"所緣"，託生爲"緣"，將"所緣"和"緣"分截爲二了。由此又有並非陳那本義的"容有'緣'義然非'所緣'""設作'所緣'然無'緣'義"之説。以至把原爲《觀所緣論》的題名也增字爲《觀所緣緣論》。就翻譯論，誠爲很不忠實，但從這裏卻可以看出玄奘在認識論學説上的基本傾向。由此過渡，就有窺基糅譯《成唯識論》給"所緣緣"下出更進一步發展的最完備的定義，作爲他們這派認識論思想的集中表現。討論玄奘、窺基是否"要求更徹底地取消認識論中主客的分別"，不可不從這裏看取分曉，下面再略加闡述。

《成唯識論》卷七云：

> 所緣緣者，謂若有法，是帶己相〔之〕心或相應所慮、所託。此體有二：一親，二疏。若與能緣體不相離，是見分等內所慮託，應知彼是親所緣緣。若與能緣體雖相離，爲質能起內所慮託，應知彼是疏所緣緣。親所緣緣，能緣皆有，離內所慮託必不生故。疏所緣緣，能緣或有，離外所慮託亦得生故。

欲明白這個定義，還須參看窺基《述記》的解釋："'謂若有法'者，謂非徧計所執

---

① 《內學》第四輯。

（指主觀虛構的概念）。……所執無體，不能發生能緣之識，故非是'緣'。必是有體方〔得爲〕緣。"這就是規定作爲"所緣"之"緣"，必須是客觀存在的"有體"物事。"似帶己相"者，"'己'者是境體（指認識的客體、對象）。'帶'者是心似彼境相義，即能緣之心有似所緣之相名'帶'。'相'者，相狀。"這就是說明："所緣"，乃是就認識主體對於認識客體（對象）的相狀的模寫而說的（此即迥異於陳那的所緣唯自心現，相非由外起說）。"所慮所託"者，"'所慮'即前'所緣'義，'所託'即前'緣'義。設此爲彼（指心、心所）所慮，非所託者，不名爲'緣'。設爲彼所託，彼得生，亦須彼能慮於此，方是所緣緣。"這就是說，所謂"所緣緣"，必須是一方面能爲境體引起認識主體產生映象，另方面要認識主體同時對之任運（不自覺的、隱微的）起慮（所以別於鏡子），這才構成了人的認識。這裏最重要的，是確立"有法"（"有實體"法）才是"所緣緣"。所以窺基的再傳弟子智周著《成唯識論演秘》說："心、心所法，其性羸劣，非境不生，如羸人（身體衰弱的人）非杖不起，故彼境等是心所慮，名爲所緣。"這是窺基一派與陳那不同，在認識論上彊調客觀對主觀的作用最明確的表示。

後段分釋親所緣緣、疏所緣緣，是說明對象"境體"與認識主體上變現的"影像"的差別。即由此建立了"相分"的理論。"親""疏"的主要分別是，一爲認識主體所"親取"，即"影像相分"；一是"仗爲質"，即"影像"所由生起的"本質法"。故《述記》曰："要爲本質能起內所慮託之相分，名疏所緣緣。爲仗質起，故名'緣'，見分亦變內相分似本質法，故名'所緣'。親所緣者，即謂見分是帶己相，此即疏中即影像相分是帶本質之相名'所緣'；故名'能起內所慮託'，不言起內心。以'起'是'緣'義，'起相分'是'所緣'義。"影像相分與本質法不同，在於前者與能認識"體不相離"，後者與能認識"體定相離"。泰賢《學記》（卷九）云："相於心現，故名所慮。有體生心，名爲所託。親者，各自所變相分。……基云：即如自體緣見分等，並是此輩。若所仗質，名疏所緣，非己體分，影所隔故。"又如理《義演》云："親所緣緣，約見與相體不相離，相即是見內所慮託，故說爲親。今言疏者，由質爲緣能起影像，能變相相似於質，從質而說故名爲疏。"故親所緣緣是說明認識必有影像的，而疏所緣緣則說明認識對象是客觀地存在於認識主體之外的。所以《述記》說："親所緣緣但是能緣之心皆有，離內所慮託之相分，一切心等必不行故。今大乘中若緣無法不生心也。疏所緣緣能緣之心或有或無，以是心外法故。如執實我法，雖無本質，然離彼法心亦生故。"此義也發揮於對《成唯識論》卷一"破我執"處的解釋，爲了便於參考，摘錄於下：

479

> 如是所説一切我執，自心外蘊或有或無。
>
> 　　述曰：總釋二執，今説本質之有無也。……能緣緣不著，皆名心外。
> 　　第七〔識〕計我，心外唯有。第六〔識〕計我，心外之蘊或是於無，如吠世（即勝論師）等我，無所依蘊，故説爲無。俱生定有，分別或無。即蘊計我，本質是有；離蘊計我，本質是無。
>
> 自心內蘊，一切皆有。
>
> 　　述曰：親所緣緣也。不問即離計爲我者，影像必有。故無少法能取少法，唯有自心還取自心。故皆緣蘊。
>
> 是故我執，皆緣無常五取蘊相，妄計爲我。
>
> 　　述曰：結成前文。影像相分必是蘊故，緣此爲我。又顯大乘親緣，於無心不生也。成所緣緣必有法故。

又前此釋第六識俱生我執義，亦云：

> 此中所言五取蘊相或總或別者，是第六本質。起自心相者，是影像相，顯緣不著，妄生我解。

十分清楚，唯識宗護法、玄奘、窺基等所建立的"見分""相分"學説，決不是"只承認主觀世界，而抹殺了客觀世界"。它只是說明能認識之心不能"親取"外境，所"親取"的實是自己心上變現的"影像"，即此影像名爲"相分"。自然，"影像"也有純屬主觀虛構的，但一般是要"仗本質"的。只有意識的活動有時不"仗本質"，前五識則必須"仗本質"。故意識不定有疏所緣緣，前五識則定有疏所緣緣。疏所緣緣即引生"影像相分"的"本質法"，它是與它發生認識關係的那個能認識之心"相離"而外在的。唯識宗認爲所謂認識，就是自心對境有似彼"境體"的影像產生，爲"見分"所著，同時自心了了證知（他們把這個作用稱爲"自證分"）。影像正是"境體"之相在能認識心上的呈現。故《唯識演秘》説："彼意識上必有似境之相，其色等境方名所緣，不爾便非。何以故？能緣無彼取境用故。"泰賢《學記》（卷三）亦説："若無似相許是所緣，緣色等時可言緣聲！又無及假，既非實體，緣彼之時應無緣用，緣用必待實有體故。"此皆説明，如果認識起時，自心不變影像如彼境相，則怎樣知道所見者是色，所聞者是聲？而且錯誤認識和幻覺等（無及假）如何產生，亦莫由解釋。《佛地經論》（卷三）還駁斥了有謂"無漏心品"可以"親照前境，無逐心變似前境相，以無漏心說名無相無分別故"之説："若言無相則無相分，言無分別應無見分！都無相見，應如虛空。或兔角等，應不名智。"故泰賢云："今護法宗，從凡至佛皆變影像。"(《學記》卷三) 以此,他們不是不可知論者,也不同於一般常識的看法。護法等唯恐人家不明此理,在許多著作裏還以明鏡照物作譬喻來講明。如《佛地經論》(卷三) 説:"諸心、心法,法爾似鏡顯現名'緣'。非如鉗等動作取物,非如燈等舒光照物,如明鏡等現影照物。"《成唯識論》(卷七) 説:"謂識生時無實作用,非如手等親執外物,日等舒光親照外境,但如鏡等似外境現。……非親能了,親所了者謂自所變。" 窺基也一再説:"諸心同鏡照物,必有影生。……若無影像,違親所緣。"(《唯識二十論述記》卷下)"緣此自境時,心上必有帶境之相,如鏡面上似面像生,方名所緣。"(《成唯識論》卷三《述記》) 故唯識宗在認識論上成立唯識,自護法以來,率皆以"不親取故"説之爲"唯",如窺基於《成唯識論》卷二解他心智云:"佛他心智……非謂親能取得他心,名異餘智。不爾便有識,非唯故。《二十唯識》世親自解及護法《唯識釋》,皆不言親取。"他們但以不能親取外境,必自變影像而緣,這樣來説明其所以聲稱"唯識"之故,見相二分不是爲了否定境的客觀存在,十分明顯。

由此可見,《略論》雖然一而再,再而三地説:法相宗"他們取消了認識論中的主客對立的關係,把認識作用僅僅歸結爲主觀性(心)的自我認識","認識不是主觀與客觀發生關係,只是各個識自己認識自己的過程","他們只承認能認識,而所認識的不過它自己變現出來的相分"等等,對護法、玄奘、窺基等來説,卻是查無實據。道理很清楚,如果護法、玄奘、窺基等真是認爲認識"只是各個識自己認識自己的過程",則他們何必建立疏所緣緣,何必講"相分"是"心外法"作爲"本質"顯現在心上的"影像"?事實上,他們只是認爲認識活動所"親取"的是自己變現的影像相分,而不是説"所認識的不過它自己變現出來的相分"。故他們常引《解深密經》的話:"佛告慈氏:……由彼影像,唯是識故,我説識所緣,唯識所現故。""無有少法能取少法,但識生時似彼相現,名取彼物。" 由於"影像"是産生在認識主體的心上的,故説"唯識所現",但"影像"是"似彼"的,是"境之相","彼""境"卻不是"各個識自己"(泰賢明云:"非己體分,影所隔故"),而是與能認識"相離"的"心外法",故亦稱"外境",所謂"如鏡等似外境現"。説"影像",説"似",即已肯定了有"外境"的存在(參考前引窺基《述記》語"能緣緣不著,皆名心外"),外境爲本質,似現爲相分(《演秘》云"本質名外,亦心外故。影像名内,自心内故"),這正好説明了"認識論中主客的分别",怎樣會是"取消了認識論中的主客對立的關係"呢?

還有最值得注意的是,窺基在其所著《唯識料簡》卷第四裏發表了如下一番話:

> 經説衆生心所現者,就其親緣密意趣説。謂本性境雖非心生影像,所緣

皆自意起。爲令觀察所取唯心，説外境無，皆從識變。由此密意，總説唯心。不言唯心，教無外境。故隨法相，本質雖非無，行者修心，要總觀唯識。如論法性雖有空不空，行者修空，必總觀非有。密意唯識，理在斯焉。

這就是宣佈，他們所以説唯識，不過是爲了佛教的宗教實踐"觀行"方便而假施設之（密意説，即非了義説）。在事實上仍應承認外境實有（法相本質非無），不可"教無"。從這裏可以看出，在窺基的思想上有着向唯物主義動搖的一點迹象。本來瑜伽學派是認爲，以前小乘之"有"，般若之"空"，都是密意説，非了義説；唯自所宗，是最後了義説。而窺基現在卻宣稱，即瑜伽學派的中心思想——唯識義也是密意説，非隨法相如所有性義，這又是前此未見有的提法。但他畢竟是佛教徒，宗教迷信植根已深，這也就規定了他不可能決然地乾脆地轉到唯物主義方面來，從認識論到世界觀一以貫之。

爲了容易明白起見，兹再將上述護法等所講明的前六識認識活動的組成圖示如下：

```
心法 ┌─ 見分 ── 似能緣相
     └─ 相分（影像）── 似所緣相 ＝ 親所緣緣（內境）
              ↑
色法 ── 本質 ── 所緣之緣 ＝ 疏所緣緣（外境）
```

玄奘、窺基所闡明的唯識宗的認識論學説，不是"各個識自己認識自己"的理論，這是十分清楚的，它並没有把識看作是一種"過程"，特別是見分、相分的理論完全不具有"過程"的概念，這尤其是十分清楚的。"黑格爾認爲現實世界是某種永恒的'絕對觀念'的體現，而且人類精神在正確地認識現實世界的時候，就在現實世界中並通過現實世界認識'絕對觀念'。"①"絕對觀念……把自己'外化'（即轉化）爲自然，然後在精神上，即在思維中和在歷史上，又返回到自身。"② 這才是一種"過程"論，精神"自己認識自己的過程"的理論。唯識宗的相分、見分學説，是説不上與此有多少相似之點的。

問題的癥結何在呢？應該説是，由於《略論》的作者對於《成唯識論》的所緣緣義還没有深刻的理解（或者説，缺乏正確的理解）。所以他既没有把"相分"理論跟"所緣緣"理論聯繫起來作考察；在講"所緣緣"時，也不管護法、窺基們對所緣緣怎樣地作了説明。看他在這裏，竟然説："法相宗反對認識的作用是反映外物的過程。"

---

① 《唯物主義和經驗批判主義》，《列寧全集》第14卷，人民出版社1960年版，第95頁。
② 《費爾巴哈與德國古典哲學的終結》，《馬克思恩格斯文選》兩卷集，第2卷，莫斯科中文本第360～361頁。

佛學研究

難道"但如鏡等似境相現",不能在一定的意義上(或範圍內)説是具有反映論的觀點(至少是色彩)麽?① 又看他還別出心裁地講:"法相宗認爲一種外境和認識的主體不可分開,'能緣(主體)入所緣(對象),宛若一體',主客不分,才能産生認識作用。"我們前面已經論證,唯識宗肯定"外境"爲"心外法",是"能緣緣不著"的(又明説,認識生時"非如鉗等動作取物"),由此才建立了"疏所緣緣"。哪裏説過什麽"外境和認識的主體不可分開"?《略論》文中打了引號的那一句話,也出於杜撰,唯識宗著作是没有的。他們只説:"相見二分俱一識爲體。"② 意指從一識變現,"即一識體轉似二分相用而生,如一蝸牛變生二角"③,怎麽會"宛若一體"?如謂正是就它們爲一心所變而言,則本是一體,也不能説"宛若一體"。唯識宗在認識論上只講"顯現""變似",如云"我説識所緣,唯識所現故",是不能作出"能緣入所緣"的提法的。並且能緣、所緣的"緣"字,即已經顯示了它們之間的關係,也不能再講個"入",使理論發生抵觸。《成唯識論》(卷三)曰:"似所緣相,説名相分;似能緣相,説名見分。"難道可以説見分入相分嗎?這裏,"似"與"所似"都已能所判,然又怎能説是"主客不分"?

還有很難索解者,《略論》説:"親所緣緣,是各個識直接認識它的境(相分);疏所緣緣是各個識又都爲第八識所緣。"不知是否是説:前七識都只有親所緣緣,唯第八識才有疏所緣緣,而第八識是以前七識爲所緣,這便叫做疏所緣緣。若果如此,則亦不是唯識宗的講法。《成唯識論》(卷八)明明白白説:"自八識聚,展轉相望,……所緣緣義或有或無(此謂'疏所緣緣'。一般地説所緣緣,皆指疏所緣)。八於七有,七於八無,餘七非八所仗質故。"《述記》釋曰:"此謂第八於餘七識,有所緣緣義。七於第八,無此緣義。以第八相分色爲其本質生五識相分色等故,第七亦緣彼(指第八)見分爲境故,第六理通以見相(仍指第八的見相)爲境;若無第八定爲本質,五、七不生故。雖非親所緣緣,然是疏所緣也。第八不託七識而生,故七非八所緣緣也。第八若有,七識必有。七但爲八定有增上緣,非所緣緣也。"可見就八個識的互相關係來説,他們只認爲第八識定作前七識的疏所緣緣,而前七識是決不能作第八識的疏所緣緣的(只能爲增上緣),《略論》剛好講顛倒了。但第八識有没有疏所緣緣呢?有的,那就是在以這個人的八識與别個人的八識互相對望時。由於唯識宗不同於

---

① 按列寧在《唯物主義和經驗批判主義》裏表述反映論的概念:"人的感覺和表象","是物的複寫、攝影、模寫、鏡象。"《列寧全集》第14卷,人民出版社1960年版,第244頁。
② 《成唯識論》卷五《述記》語。
③ 《成唯識論》卷一《述記》語。

483

一般客觀唯心主義者，它不承認有一個共同來源的絕對觀念（認爲邏輯上很難講通），而説一切有情各有八識，各個人即以自己的"阿賴耶識因緣力故，內變爲種及有根身，外變爲器"①。"由此，識是有情世間生起根本"，"亦是器世間生起根本"②。"他所變者爲自質故。"③ 彼此相望，即各以對方的阿賴耶識爲疏所緣緣。所以，單從護法、窺基等講前六識的認識活動（他們一般講認識論是着重講前六識）來看，它的哲學唯心主義實質，是暴露得不很明顯的。但只要一追究到世界起源問題，即哲學根本問題的第一方面和與此相聯繫時，其唯心主義實質馬上就原形畢露了。他們自己也宣佈了它是一種唯心主義哲學，而毫不隱瞞。雖然如此，我們對於它的認識論的見分、相分理論和所緣緣理論，還是不可無分析地輕率認爲"它本身"不包含"有什麼真理"，和任意説成是"反對認識作用是反映外物的過程"的"自我認識"的學説。

還應指出，《略論》爲了證明玄奘、窺基是"徹底地取消認識論中的主客分别"的，講了下面一段話，也不合事實。

　　以玄奘爲代表的法相宗與舊的以真諦爲代表的一派，對於識的"能變"作用有不同的解釋。真諦等……只承認第八識具有"能變"的作用，其餘前七識只起能認識的作用，不能變現出它們（前七識）所認識的形相。他們説："三界但唯有識，何者是耶？三界有二種識：一者顯識，二者分别識。"（見真諦譯《顯識論》）

　　三界唯識已經是唯心主義的觀點，但玄奘、窺基等人對於真諦等人的舊説法還不滿足。他們不滿足於只有第八識具有能變的作用。窺基曾説："真諦法師似朋一意識師意。一意識師者，即計識體是一，但作用有制④。謂本一識，發用於眼則能視，名爲眼識；發用於耳則能聞，名爲耳識；乃至發用於意，則能思慮一切法，及計執内自我，名爲意識等。"（《辨中邊論述記》）

　　玄奘、窺基要求更徹底地取消認識論中主客觀的分別。因爲，前七識如果只起能認識的作用而不能變現它們所認識的對象的形相，那還是有認識論的主觀與客觀對立的嫌疑。有主有客，在法相宗的立場看來，總不如只有主而無客更能保證唯心主義的安全。

---

① 《成唯識論》卷三。
② 《瑜伽師地論》卷五一。
③ 《成唯識論》卷七。
④ 編按，"有制"，據上下文意，似當作"有别"。

首先查所引窺基語，實只有"真諦法師似朋一意識師意"一句見於《辨中邊論述記》原書，其餘全不是。但我猜想作者或亦有所本，果然在熊十力先生著《佛家名相通釋》卷下裏找到了。同時還發現《略論》上一段話的論點，也正是緣此而來。熊先生的説法是否可靠，仍值得研究，現在也不妨抄錄於下：

> 古學，唯以第八識爲能變。真諦譯顯識論云。三界但唯有識。何者是耶。三界有二種識。一者顯識〔謂第八識〕、二者分別識〔謂前七識〕、云云。此則以前七爲能緣。能變僅屬第八。其名第八曰顯識者、即謂其能變現色心萬象故。此與世親説三能變〔即八個識皆爲能變〕、顯然異指。基師中邊述記言。真諦法師似朋一意識師意〔見辨相品〕。一意識師者、即計識體是一〔無所謂八識故〕。但作用有別。謂本一識。發用於眼則能視、名爲眼識。發用於耳則能聞、名爲耳識。乃至發用於意、則能思慮一切法、及計執內自我、名爲意識等。攝論卷四、敘此師計、説爲一意識師。〔詳見所知相分〕。真諦既朋此師之説。故以第八、當此師所計識體、唯是能變。自餘七識、但依識體上義用分之、無別自體。故説七識只是分別境、即皆不爲能變可知。（此處斷句，全依原書。括弧內文，原爲雙行夾注。有幾個夾注我刪去了。）

熊先生原書雖未用新式標點及於引文處加以引號，但文中明有夾注云："見辨相品。"即已表明所引窺基《中邊述記》語唯此一句，下面則是他的解釋了。《略論》的作者蓋不知夾注中的"辨相品"爲《辨中邊論》篇名，最要緊的乃是沒有復查窺基原著，以故不但引文致誤，並不審知熊先生這裏的説法實有問題。

按窺基《中邊述記》所説，乃是針對真諦舊譯《中邊分別論》第四頌文義的不正確而來，與《顯識論》原不相涉。玄奘新譯《辨中邊論》第四頌爲：

識生變似義　　有情我及了
此境實非有　　境無故識無

真諦舊譯則爲：

塵根我及識　　本識生似彼
但識有無彼　　彼無故識無

兩譯最大的分歧是在前兩句。新譯意思是説：阿賴耶識變似器界（義）、五根（有情）、末那識變似我，前六識變似六境（了）。而舊譯之意卻成了：器界、五根、末那、前六識，都是阿賴耶識變似的。出入顯然很大，不加辨正，即無以見新譯之合理，故窺基作《述記》特別提出。指斥其錯誤云：

> 舊云"塵根我及識，本識生似彼"者，不然。所以者何？非是本識能緣變我及與識也（按《成唯識論》卷三引《辨中邊論》，窺基《述記》於彼處亦引真諦舊譯駁之曰："此應不爾。豈復本識亦起我也？亦緣心乎？"義與此同）。若許變者，即違彼舊論長行，長行自釋云："似我者，謂意識與我見無明等相應。似識者，謂六種識。"此猶不然，應言變爲所了，所了者謂六境，相粗故。若許緣我、識者，又違《瑜伽·抉擇》說：阿賴耶識緣有根身相名分別種子及器世間。此則違教。若違理者，應所緣心不能緣慮，相分心故，如化心等。又緣我者，第八本識應許亦與見癡相應，入見道等無漏觀時，此識應轉，違無漏故。

這說明了舊譯有三違：違本論長行，違教，違理。接着才總結之曰：

> 由此理故，舊頌說非，長行乃是。然真諦法師似朋一意識師意，所以頌中但言本識，長行乃別開之。

可見窺基原意，只是討論真諦舊譯《中邊分別論》頌文，根本不曾牽扯到《顯識論》。

我們再看《顯識論》又是否有如真諦譯《中邊頌》義，或只講本識爲"能變"的意思呢？《顯識論》在《略論》和《佛家名相通釋》所引的幾句話後面，即接着說：

> 顯識者，即是本識，此本識轉作五塵四大等。何者分別識？即是意識。於顯識中分別作人天長短大小男女樹藤諸物等，分別一切法，此識聚分別法塵，名分別識。譬如依鏡色影色得起，如是緣顯識，分別識得起。

這裏很明顯，只說"本識轉作五塵四大等"，並沒有說本識轉作分別識。後又有云：

> 識有二種：一顯識，二分別識。釋曰：初一是本識，本識顯六塵也。次一是六識，六識分別此異彼也。又前一明所緣，後一明能緣。就顯識有二種迴轉：一迴轉作六塵，二迴轉作五根，次分別識迴轉作似我，如是意執二識計我也，即陀那與意識共作我見。陀那執本識起我體相，意識分別計我有種種差別用。

應知這裏所謂"迴轉"，就是玄奘新譯說的"能變"，亦譯作"轉變"。《成唯識論》（卷七）言"轉變"義，《述記》引護法解云："轉變者，但改轉義，謂一識體改轉爲二相，異於自體，即見有能取用，相有質礙用等。"真諦在譯《顯識論》的同時還譯有《轉識論》，互相參看，意思就更明白：

> 能緣有三種：一果報識，即是阿梨耶識；二執識，即阿陀那識；三塵識，即是六識。

此處說"能緣有三種"，就是講"三能變"，即一切識都要"變現他們所以認識的對象的形相"。後面還有明文：

> 第三塵識者，識轉似塵。

又云：

> 由此等識能迴轉造作無量識法，或轉作根，或轉作塵，或轉作我，或轉作識，如此種種不同。唯識所作，云如此造作迴轉也。

又云：

> 一一識中皆具能所，能分別即是識，所分別即是境。

真諦還曾譯《無相思塵論》，有云：

> 塵者何相？若識能了別其體相，如其體相識起，是故說此名塵。
> 鄰虛相者非塵……非眼識境界，眼識不如其〔相〕起故。

又譯《攝大乘論釋》，其卷五有云：

> 若能通達世等六識一分成相，一分成見，名入唯二。此義云何？諸識中隨一識一分變異成色等相，一分變異成見，故名唯二……
> 是一眼識。如所應成，一分能起種種相，一分能取種種相，能取者即名見。若意識取意識、一切眼等識及法識為相。意識為能見。

可見《略論》的作者襲取熊十力先生的意見，摘引《顯識論》幾句話，就斷言："真諦等……只承認第八識具有'能變'作用，其餘前七識只起能認識的作用，不能變現出它們（前七識）所認識的形相。"實際事實並不如此。

不但真諦沒有那樣的觀點，就是在一意識師的學說裏也同樣沒有那樣的觀點。如《攝大乘論》敘彼義云：

> 又於一切所依轉時，似種種相二影像轉，謂唯義影像及分別影像。

世親釋云：

> 或有難言：眼等諸根無有分別，意識依彼轉時應無分別，如染污意為染污依令雜染轉，此亦應爾。故次解言："又於一切所依轉時似種種相二影像

轉，謂唯義影像及分別影像。"此中"一切所依"者，謂眼等所依。"似種種相二影像轉"者，謂"唯似義影像及分別影像"二句解釋。由此二句，説唯一識，一分唯義影像顯現，第二分別此義相生。是故前説無有過失。

這裏的"義"字，即謂境相。（窺基《成唯識論述記》云："義之言境。"）"似義影像"即是相分，"分別影像"即是見分。一意識師的特點，只在於説前六識唯一意識是實，其餘五識皆是意識依根隨轉而假立名。（他並不排斥意識之外還有阿賴耶識，故彼説云："非離意識別有別識，唯除別有阿賴耶識。"熊先生説：一意識師"計識體是一，無所謂八識"是不正確的。）至於識起必自變所緣，此乃大乘瑜伽學派的根本義，他自不能違背。

其實，如果要講法相宗唯心主義的徹底化，倒不如説真諦比玄奘、窺基更爲走向極端。單從真諦遣依他法而窺基們卻反對他這點便可看出。窺基在《辨中邊論述記》解釋"識生變似義，有情我及了"云：

> 明妄分別所變之境有依他用。

又解釋"此境實非有，境無故識無"云：

> 前成境非有，此成心無。舊論（指真諦譯）文意先遣所執，後遣依他。皆不□□（缺兩字，當爲"如理"）。此中亦是遣所執。如下論言"許滅於此得解脫故"。但如煖頂遣境，忍等遣心，非除依他，依能緣心執有能取，除此識也。

案真諦舊譯論解釋後二句云：

> "但識有"者，謂但有亂識。"無彼"者，謂無四物。何以故？似塵似根，非實形識故；似我似識，顯現不如境故；"彼無故識無"者，謂塵既是無，識亦是無。是識所取四種境界謂塵根我及識所攝實無體相，所取既無，能取亂識亦復是無。

這確是一切都要否定，一切掏空了。而上引窺基根據玄奘新譯作的解釋則認爲，能變（八個識）、所變（器界、根身等）皆是依他起性法，不能遣除。只有在這依他起法上執爲實有，才得遣除，即謂有所變之境，而無執實之境（"境無"即指執實之境，即所取。"識無"即指執實的執，即能取）。又在前面還有一段話説明此義云：

> 此中論云："非實有故。"護法等〔謂〕依第八變依他根境，執爲實有，體非實有，非第八相分體是無也。

可見玄奘、窺基的唯心主義理論，上承護法統緒，實遠不像真諦一派那樣講得簡直成了"惡取空"。如果說，玄奘、窺基是"只有主而無客"，那真諦就是客和主都一攬子取消了，更談不上所謂"認識論中主客觀的分別"。這反可證明玄奘、窺基是"要求"不要過於"徹底"的。

《略論》講述法相宗的認識論，除了指責"他們把哲學的根本問題，說成不是主觀對客觀的關係問題。而說成純主觀的作用"，即"把認識的作用僅僅歸結爲主觀精神（心）的自我認識"外，還提出了另一種指責："他們還主張，就是主觀方面，能起認識、了別作用的，也不是由於人的身體的物質結構（如眼、耳、心等等），而是純精神。"或者說："在主觀方面，起作用的也不是由於生理、心理的條件，而是純精神的作用。"也就是說，法相宗"只消滅了客觀對象還不算"，他們"更進一步對於主觀認識方面的能力的物質基礎也一概否定"了。

從何見得呢？它指出，"佛教小乘認爲認識要通過一定的身體部分的機構，他們叫做'根'"，"有些像今天所謂神經系，是細微的物質的結構"。而"法相宗認爲這種說法還不免有精神作用依賴物質結構的嫌疑，豈不是會引申出沒有物質結構的'眼根'，就沒有精神作用的眼識"。接着它就說明法相宗怎樣"改造了小乘佛教相沿已久的'根'的說法，取消了根的物質性"，列舉三個事例，但我認爲實際也還並不是那末一回事。

第一，《略論》說："從無著開始，對根的解釋有所改變。他們認爲只靠根，如前五識的根，不能起作用，必須通過意識（第六識）與前五識俱，同時在起作用（俱起）。這裏，他們剝奪了通過物質性的根可以起認識作用的能力。"

這完全是一種"莫須有"的擬議，根本不能成爲論證。《略論》的作者似乎也看到過"世親早期著作"的《俱舍論》而一再加以稱述。但在《俱舍論》卷二十九《破執我品》裏就有如下的話：

> 如《契經》言：梵志當知，五根行處境界各別，各唯受用自所行處及自境界，非有異根亦能受用異根行處及異境界。五根謂眼耳鼻舌身。意兼受用五根行處及彼境界，彼依意故。

《俱舍》爲小乘從有部到經部理論發展的總結。這裏，他們已說："彼依意故。"即謂五識活動同時要依意識，意與俱起，因此意能"兼受用五根行處及彼境界"。開頭稱爲"如《契經》言"，就表明了這還不是一家之言的新說，而是小乘傳爲佛口親說的"聖典"原有的理論。這裏是論主（世親）在與犢子部辯論時援引經文作爲"聖言量"以折服對方的，也就是大家都能承認的金科玉律，如果這種理論可以說是"剝奪了通過物質性的可以起認識作用的能力"，那"始作俑者"就是釋迦牟尼，而非無著了。

其實法相唯識宗不單說五識要以意識爲依，同時還說意識要以五識爲依。如《成唯識論》（卷四）云：

> 又緣五境明了意識應以五識爲俱有依，以彼必與五識俱故，若彼不依眼等識者，彼應不與五識爲依，彼此相依，勢力等故。

至於爲什麼講五識要有意識俱起，也不是沒有道理，同書卷七說：

> 若爾，五識已了自境，何用俱起意識爲？五俱意識助五令起，非專爲了五識所緣；又於彼所緣能明了取，異於眼等識，故非無用。由此，聖教說意識名有分別，五識不爾。

窺基《述記》闡釋道：

> 又意識於色等能明了取，即雖俱①現量，異於眼等識，彼不能明了分別，深取境之相故。故意助五。非無用也。

這就是說，意識與五識俱起，它的作用就在於使認識深化。可見這個理論的主旨，並不是企圖什麼"剝奪了通過物質性的根可以起認識作用的能力"的。

第二，《略論》說："法相唯識一派，十師之一的難陀認爲五識的功能叫做根，不承認還有非物質性的淨色根，並因此引起十師中另一派安慧的反對。"

這也不成理由。《略論》開頭再三說明，法相宗是玄奘、窺基"創始"的，"建立"的。難陀之說，《成唯識論》雖加以敘述，玄奘、窺基是不是就據爲宗依呢？窺基於《述記》卷首曾經作過聲明："製此釋者雖十論師於中護法，聲德獨振，故此論題，特以標旨。此師所說，最有研尋，於諸義中，多爲指南。邪徒失趣，正理得方，迥拔衆師、穎超群聖者，其唯一人乎？"他們乃是於十師中，獨以護法爲宗。後面又說糅譯此論的"文例"：有時"假敘異執，種種研尋，方於最後申了義說"。"或復諸師申說異理……初後皆言'有義'，勝者多後。"按難陀以五識種子爲五根說，見《成唯識論》卷四，《略論》作者似沒有細讀全文，只知安慧反對，不知護法、窺基也同樣反對。而且窺基認爲是"正義"的，足以與難陀的論點完全對立的，不是其他，正是護法之說。如《論》文云：

---

① "俱"字各本脫，此據山西趙城藏本補。

次俱有依。有作是説：眼等五識，意識爲依，此現起時，必有彼故，無別有眼等爲俱有依，眼等五根即種子故。

窺基《述記》在這裏即加以説明曰："此即難陀等義。""此師意説，無別淨色大種所造爲眼等根，根體即是識種子故。""言'有作是説'，此不正故。"指出譯敘此師之説所使用的文法，已顯示其非"正義"了。以後才通過安慧詰難，和護法"假朋設救"，使問題得到充分討論（所謂"種種研尋"），而最後歸結於他認爲是"指南"的理論，即護法之説："然護法論師，假爲此救，非用彼義。故下正義，護法所説。"我們再看下面護法是怎樣説的：

又諸聖教處處皆説，阿賴耶識變似色根及根依處器世間等。如何汝等撥無色根？……是故應言：前五轉識，一一定有二俱有依，謂五色根、同時意識。

窺基著《法苑義林》，於《五根章》亦敘述護法與難陀對立，而以護法爲正義。云：

《唯識》第四略有二説：一、難陀師等，説唯是種子，無別現行淨色五根。……二、護法等正義：別有現行淨色爲其五根。故《唯識》云：五識俱依定有四種，謂五色根、六、七、八。隨闕一種，必不轉故。

可見護法、窺基不但不否定"根體"是"色"，而且堅決反對否定"根體"是"色"的"異執"。既然是講玄奘、窺基所"建立宗派"，怎麼可以把他們所批判的"異執"作爲他們自己的觀點來談呢？

第三，《略論》説："法相宗中，如護法、玄奘等徹底的唯心主義的一派，對小乘佛教的淨色根加以改造，認爲淨色根只是邏輯地存在着：'以有發生五識用故，比知有根。由果推因故。'這就是説，能起認識作用的不是由於物質性的生理組織，生理組織他們叫做'扶根塵'，對認識只能起一點扶助作用，而主要的非物質性的'淨色根'在起作用。"

這裏有點理論混亂。以邏輯推理的方法論證某一事物存在，怎麼能夠説這就是"認爲"某一事物"只是邏輯地存在着"？且看窺基《述記》全文：

然此根相，非現量得，但可比知，以有發生五識用故，比知有根，以果比因故（按此句《略論》改作"由果推因故"）。若不爾者，如生欲界，成就眼識，闕眼根故，不能見物。若無別根；既成眼識，何不見物？

智周《演秘》對此曾有解釋：

>《論》以能發識比知是有者。汎明比量略有四種：一、以因比果，如觀現法，有引後用。二、以果比因，即觀現法，有酬前義。三、以體比用，觀所成法而知作者，作具差別。四、以用比體，觀作者等，知所成法。今《論》所明，以果知因，由用比體。

這是認爲"根只是邏輯地存在着"呢？還是以邏輯推理的方法來確證根的存在？顯然不是前者，而是後者。因爲他們認爲根體細微（《俱舍》已如此説），非感官所能看見（即所謂"非現量得"。如理《義演》云"色等有相狀顯現可得，然五根相狀不顯現，故非現量得"），才不得不就它（根）"有發生五識用"這個事實，用邏輯的"以果比因"或"由用比體"的方法來論證其存在。《成唯識論》卷二也是這樣説的：

>然眼等根，非現量得，以能發識，比知是有。

《述記》曰：

>色等五塵，世間共見，現量所得。眼等五根，非現量得。……以但能有發識之用，比知是有。此非他心及凡〔夫〕六識現量所得，唯除如來。如來小乘亦許爲現量得。非世共許，故不爲證。

同卷又説：

>且定有法，略有三種：一、現所知法，如色、心等；二、現受用法，如瓶、衣等；如是二法。世共知有，不待因成。三、有作用法，如眼、耳等，由彼彼用。證知是有。

《述記》曰：

>此五色根，非現量得，亦非現世人所共知。此眼耳等，各由彼彼有發識用，比知是有。言"證知"者，證成道理也。以現見果，比有因故。果謂所生心、心所法，比量知有清淨色根。此非現量，他心智知。然今大乘第八識境亦現量得，佛智緣時亦現量緣。今就他部除佛以外共許爲論。非世共悉，是故但言"比知是有"。

可見他們以邏輯方法論證根的存在，只有一個目的，就是使彼"非世共悉"的轉化爲"世共知有"。知不知是主觀方面的問題，"定有法"之爲客觀存在，並不會因爲人的知與不知而有所改變。而且他們尚還沒有絕對認爲淨色根定"非現量得"。儘管説"唯佛爲現量得"，不足徵信。由於他們説"比知有根"，就推論出他們"取消了根的物質性"，"改造了小乘佛教相沿已久的'根'的說法"，這倒是一種很奇怪的邏輯。

其實，"比知有根"，不折不扣，如同前說五識要以意識爲俱有依一樣，也正就是"小乘佛教相沿已久的'根'的說法"。仍請看《俱舍論·破執我品》下面一段話：

> 以何爲證，知諸我名唯召蘊相續，非別目我體？於彼所計離蘊我中無有真實現比量故。謂若我體別有實物如餘有法，若無障緣，應現量得，如六境意；或比量得，如五色根。言五色根比量得者，如世現見，雖有衆緣，由闕別緣果便非有，不闕則有，如種生芽；如是亦見。雖有現境、作意等緣，而諸盲聾、不盲聾等，識不起、起，定知別緣有闕不闕，此別緣者即眼等根。如是名爲色根比量。於離蘊我，二量都無，由是證知，無真我體。

與窺基同師玄奘而年歲較長的普光，著《俱舍論記》，解釋此文亦頗分明。茲將釋比量段摘錄於下：

> 言五色根比量得者，如同世間現見，雖有水土人工相緣，由闕種子別緣，芽果即便非有。不闕種子別緣，芽果便有。如種生芽，見芽比知有種。此舉外喻。如是亦見，雖有色等現境，作意等緣——等取明、空。若眼識，由色、作意、明、空，四緣；若耳識，由聲、作意、空，三緣；若鼻、舌、身三識，由作意及香、味、觸，二緣。——而諸盲聾等識不起，以闕眼等別緣故。不盲聾等識起，以有眼等別緣。定知：別緣有闕之時，識不得起；不闕之時，識便得起。此別緣者，即眼等根。作意等是共緣，眼等是別緣，五識是果，由能發識，比知有根。如是名爲色根比量。

這與護法、窺基所說，有異乎？無異乎？還應知道，《俱舍論》這裏，是作爲邏輯的援例來徵定有無真實"我體"的，這就表明，以比量論證根的存在（定有），在當時已經成爲了一般人承認的正確知識。《成唯識論》以現比二量徵定"無爲法"是否"定有實體"，正是脫胎於此。如果"比知有根"就是"認爲淨色根只是邏輯地存在着"，則亦不能單單指責護法、玄奘等，首先就應指責"小乘佛教"！這究竟說明了什麼問題呢？事實是絕對的證據，關於"根的說法"，我們只看到法相宗與小乘有部、經部有明顯的相承之迹，說不上有什麼"改造"！其實小乘之中還有一派，如"一說部說：根唯有名，都無色體"。這倒是真正"取消了根的物質性"，然護法一派並沒有採取這種觀點。

復次應知，法相宗不但沒有"否定"根在"主觀認識方面"的作用，而且十分彊調它的重要性。如被稱爲"集《阿毘達磨經》所有宗要"的《雜集論》（卷二）說：

493

问：若了别色等故名爲識，何故但名眼等識，不名色等識耶？答：以依眼等五種解釋道理成就，非於色等。何以故？眼中之識故名眼識，依眼處所得生故。又由有眼識得有故，所以者何？若有眼根，眼識定生，不盲冥者乃至闇中亦能見故；不由有色，眼識定生，以盲者冥不能見故。又眼所發識，故名眼識，由眼變異，識亦變異，色雖無變，識有變故，如迦末羅病損壞眼根，於青等色皆見爲黄。又屬眼之識，故名眼識，由種子隨逐於眼而得生故。又助眼之識，故名眼識，作彼損益故；所以者何？由根合識有所領受，令根損益，非境界故。又如眼之識，故名眼識，俱有情數之所攝故。色則不爾，不決定故。眼識既然，餘識亦爾。

這說明前五識爲什麼都依"根"得名？就是由於"根"對於這五種識有着規定和決定之作用的緣故。它的意思，難道不正是認爲"沒有物質結構的'眼根'，就沒有精神作用的眼識"嗎？在窺基的著作裏，也有同樣的彊調。如《成唯識論》（卷三）云：

觸謂三和，分别變異……謂根、境、識更相隨順，故名三和。……根變異力，引觸起時，勝彼識境，故《集論》等但說分別根之變異。

窺基《述記》釋曰：

謂三和位，引觸起時，根變異力勝餘二種，故《集論》等但說分別根之變異。不說分別識境變異。問：何故三和唯根獨勝？答：一由主故，有殊勝能，名之爲主。二由近故，能近生心及心所也。三由徧故，不唯生心所，亦能生心故。四由續故，常相續有，境、識不爾故。

說"根變異力"，"勝彼識境"，對於根的作用已經夠彊調了，窺基還特加發揮，說"根"具有"主""近""徧""續"四個特點，非識境所有，這是多末積極肯定"根"的重要性！可見《略論》認爲"不免有精神作用依賴於物質結構的嫌疑"的，在法相宗乃根本沒有視爲"嫌疑"，無非是杞人憂天而已。

還有自相矛盾，自造混亂的。《略論》割取"比知有根"一語，便宣稱護法、玄奘等把"根的說法"改造了，他因而給它安個名字叫做"非物質性的淨色根"，這樣，按照法相宗"法相"分類，在四種"有爲法"即心、心所、色、不相應這四類中，"根"又將歸入何類呢？是不是法相宗已經不把"根"當成"色法"了呢？但是《略論》又明白稱述：法相宗的"色法，是屬於自然現象方面的，有：眼、耳、鼻、舌、身、色、聲、香、味、觸等"。根仍然安坐在色法的位子上，這又怎樣可以叫做"非物質性的"？試仿因明三支，作一比量：

法相宗所謂的根，非"非物質性"。（宗）

　　色法攝故。（因）

　　如扶根塵。（喻）

因爲《略論》作者承認："物質性的生理組織……他們叫做扶根塵。"而扶根塵和淨色根，法相宗是同認爲是色法的，故得以爲同喻。不能否認扶根塵是物質性，也就不能否認淨色根是物質性。扶根塵是生理組織，淨色根仍還是生理組織。這裏有一個十分顯白的文證，窺基在《瑜伽師地論略纂》卷十三裏説："法師云：根依者，扶根塵。……根依者，即造根之四大故。"法師即指玄奘。玄奘明白説，根是扶根塵四大所造。怎能説扶根塵才是生理組織，根就不可能是生理組織呢？法相宗護法、玄奘、窺基等從來不曾説過根非色法，《成唯識論》卷四破斥難陀"五根即五識種"的"異執"，其所提出的理由，有一條便是指責他"違聖教眼等五根皆是色藴内處所攝"，這就十足表明了他們自己的立場。又同書卷三云："有根身者，謂諸色根及根依處。"《述記》解釋道："身者，諸大造等合聚名身；或依止名身，即一形之總稱。以根微細，不言於根但言於身，恐無根色；以别根爲首標其總身，即顯本識緣彼五根、扶根塵色盡。總身之中有别根故，名'有根身'。"此更説明，"身"本可包"根"，《論》卻不單稱"身"而稱"有根身"，就是怕人忽視了生理構造有"微細"之"根色"。同書卷五又引"《契經》説：若根不壞，境界現前，作意正起，方能生識"（參見《瑜伽》卷三、《顯揚》卷一）。假使不承認"根"是物質性的，那又有什麽壞不壞可言？

　　其實，法相宗"對根的解釋"，没有跟小乘立異，稍作考較，也可明白。如《俱舍論》説根：

　　　　彼識依淨色　　名眼等五根

　　　　釋曰：……如世尊説：苾芻當知，眼謂内處四大所造淨色爲性。如是廣説。

而《瑜伽論》（卷一）同樣説：

　　　　眼謂四大種所造，眼識所依淨色，無見有對（對謂質礙）。

《集論》（卷一）也同樣説：

　　　　何謂眼根？謂四大種所造，眼識所依，清淨色（《雜集論》"色"下有"爲體"二字）。

《大乘廣五藴論》則更説得具體：

495

> 云何四大所造色？謂眼根、耳根、舌根、身根……根者，最勝自在義，主義，增上義，是爲根義。所言主義，與誰爲主？謂即眼根與眼識爲主，生眼識故；乃至身根與身識爲主，生身識故。云何眼根？謂以色爲境，淨色爲性，謂於眼中一分淨色如淨醍醐；此性有故眼識得生，無即不生。……云何身根？謂以觸爲境，淨色爲性，謂於身中周徧淨色；此性有故身識得生，無即不生。

窺基釋《成唯識論》（卷四）也指明："護法等通用現種爲根。""通現種文者，實唯現行者是根，以大所造説淨色故，對所生之果識假説現行爲功能，實爲現色。"又於《法苑義林·五根章》云："問：現根增現識，現色得根名，根種增識種，應同現根攝。《對法論》云：由根種子生現根已，識之種子方生現識故。答：大種所造，功用增上，現得根名。種非大造，用非增上，故非根攝。"足證，根與扶根塵都是四大所造說（根不同於扶根塵者，只在其爲淨色這一點），法相宗、小乘見解原本一致。不是法相宗"改造了小乘佛教相沿已久的對'根'的說法"，"對於主觀認識方面的能力的物質基礎也一概否定"，倒是《略論》的作者"改造了"他們的說法，使"成了否認根的物質性的學說"，而把不應否定的東西"也一概否定"了。

復次，《略論》另有一段話也涉及法相宗關於認識論的問題。他說："法相宗還用類似西方哲學史唯心主義經驗論的方法，來論證對現實世界的一切事物不過是衆多感覺經驗的複合體，它（客觀世界的事物）本身是不存在的，對眼感覺它有顏色；耳聽到它有聲音；觸覺得到它的質礙性、冷、熱，等等。而這些，都是感覺通過人們不同的主官感覺器官得到的表象，可知外物並不真實。"

這樣講去，法相宗倒有資格稱爲馬赫主義的老祖宗了！因爲馬赫主義的觀點正是："世界僅僅由我們的感覺構成。""我們所知道的也就僅僅是我們的感覺。"（馬赫語）[1]"只有感覺才能被設想爲存在着的東西。"（阿芬那留斯語）[2] "感性表象也就是存在於我們之外的現實。"（巴扎羅夫語）[3] 列寧批判這些都是"唯心主義者的謊話或不可知論者的狡辯，因爲感性表象不是存在於我們之外的現實。而只是這個現實的映象"[4]。"感覺是客觀世界，即世界自身的主觀映象。"[5] 然而法相宗是不是曾經作了跟馬赫主

---

[1] 引自《列寧全集》第14卷，人民出版社1957年版，第32頁。
[2] 引自《列寧全集》第14卷，人民出版社1957年版，第38頁。
[3] 引自《列寧全集》第14卷，人民出版社1957年版，第110頁。
[4] 引自《列寧全集》第14卷，人民出版社1957年版，第111頁。
[5] 引自《列寧全集》第14卷，人民出版社1957年版，第116頁。

義相同的理論論證呢？《略論》的作者並沒有提供可信的文獻資料證據。其實，如我們前面引述的見分、相分，親、疏所緣緣等理論，已足夠證明法相唯識宗（特別是護法、窺基等）實沒有把感覺、表象自身認爲即是客觀世界，雖然他們從根本上否定客觀世界離心獨立存在，但卻不是以唯心主義經驗論的方法來作論證的。

誠然，法相宗認爲現實世界的一切事物，都是幻有，在絕對意義上不可説爲實在。房舍瓶盆等都是色香味等聚集所成的假法。但問題在於他們是不是認爲色香味等自身就是感覺，或主觀表象。凡是認真讀過法相宗著作的人，都能明白這一點，佛家的色、聲、香、味、觸的概念並不同於十七世紀英國哲學家洛克所説，它只是人的主觀感覺，並非物質本身之所固有。長短、方圓、動靜等才是外物固有的性質。洛克謂前者爲物質的第二性的質，後者爲物質的第一性的質。巴克萊主義以至馬赫主義就導因於此。而法相宗乃是認爲，一切東西的長短、方圓等形狀倒是假有，青黃赤白等顏色才是實有，他們稱謂前者爲"形色"，後者爲"顯色"，但也還不認爲"形色"就是人們自己的主觀感覺，而仍肯定爲感覺的對象。聲音味觸等一樣有假有實，也都肯定是感覺的對象。如《瑜伽師地論》（卷一）云："如是一切顯形表色，是眼所行、眼境界、眼識所行、眼識境界、眼識所緣。"同樣，他們雖否定房舍瓶盆等有真實性，但決不否定它的客觀性。他們之所以謂此爲假有，只是就其爲他種東西之所集成而言。如窺基在《成唯識論》卷九的《述記》裏有一段話説："聚集假，如瓶盆有情等是聚集法，多法一時所集成故。能集成雖實，所成是假。""能集成"法即指四大、五塵、五根等。由瓶盆等是四大、五塵等聚集所成，故説爲聚集假。這種假法既是本於客觀存在的東西之所聚集，故它也不得不是客觀存在的。因之，法相宗把它攝於"依他起性"一類，而不攝於"徧計所執性"。窺基又引"《顯揚》十六'三性'中説：不應宣説諸法唯是假有，何以故？假法必有所依因故，非無實法，假法成立。若異此者，無實物故，假亦應無，即應破壞假實二法"。我在前面已曾引過《成唯識論》説："依他起性有實有假，聚集相續分位性故，説爲假有，心、心所、色從緣生故，説爲實有。"這裏的"色"也就包括色聲香味觸五塵在內。

所以，法相宗之講"法相"，所有著作都無一例外地以"蘊""界""處"爲綱領。《雜集論》（卷十一）説："事邊際所緣者，謂一切法盡所有性。……盡所有性者，謂蘊、界、處爲顯所知諸法體事，唯有爾所分量邊際，是故建立蘊、界、處三。"蘊界處即以色法居首，顯示着色法對精神活動有極其重要的作用。如《瑜伽師地論》（卷五十四）云："云何諸蘊次第？……一、生起所作。……謂眼、色爲緣，能生眼識，乃至意、法爲緣，能生意識。此中先説色蘊，次説識蘊，此則是諸心所所依，由依彼故受等心所生。"又《雜集論》（卷一）云："問：何因界唯十八？答：由身、具、等能持過、現六行受用性故。身者，謂眼等六根。（窺基《述記》：'此言身者，識所依義。'）具者，謂色等六境（《述記》'此言具者，資識生義'），過、現六行受用者，謂六識。（《述記》：'行，遷流義。識念念滅，作用速謝，例識於余，又多間斷，獨立行名。……身、具不爾。'）能持者，謂六根、六境能持六識。（《述記》：'此釋根境能持六識。身爲所依，具爲所緣，是持義故。'）當知十八以能持義，故説名界。問：何因處爲十二？答：唯身及具能與未來六行（即六識）受用爲生長門故。謂如過、現六行受用爲眼等所持，未來六行受用相以根及義（《述記》：'義者境也。'）爲生長門，亦爾。所言唯者，謂唯依根境立十二處，不依六種受用相識。"可見他們不但不承認色聲香味觸等是沒有客觀性的主觀感覺，而且説明主觀精神活動的產生，正是由於有色聲香味觸等客觀地存在着作爲"資具"或"生長門"。

法相宗還解釋色聲香味觸等所以稱爲"大種所造色"者，"謂以四大種爲生、依、持、養因義。即依五因説名爲造。生因者，即是起因，謂離大種，色不起故。依因者，即是轉因，謂舍大種，諸所造色無有功能據別處故。立因者，即隨轉因，由大變異，能依造色隨變異故。持因者，即是住因，謂由大種，諸所造色相似相續生，持令不絕故。養因者，即是長因，謂由大種，養彼造色令增長故"（《雜集論》卷一）。這説明了色聲香味觸等有其自己的根據，尤足以證明它不可能是人的主觀感覺。法相宗甚至認爲，即使是一種帶有神秘意義的"定果色"也不一定可以説是純主觀精神的產物。如《瑜伽師地論》（卷五十四）云："勝定果色，若依此系（指三界，即欲界、色界、無色界）定，即由此系大種所造。"又（卷六十六）云："問：世尊説有無見無對色，當言何等大種所造？答：若彼定心，思維欲界有色諸法影像生起，當言欲界大種所造；思維色界，大造亦爾。"

《略論》的作者，大概由於看到近現代"西方哲學史唯心主義經驗論"是把色聲香味觸等詭辯地説成是人的主觀感覺的，就認爲這是一切唯心主義共有的觀點。於是一見法相宗講論現實世界的東西都是色聲香味觸等的聚集所成，就不再問他們這裏色聲香味觸等含義有沒有他自己的特規定，在已有的思想前提下，就非常方便地作出了結論：這是法相宗"論證現實界的一切事物不過是衆多感覺經驗的複合體"。這種方法恐不能説是"具體分析具體事物"，其構成的論點，自然會是經不住事實的對證的。恩格斯在《資本論》（第三卷）《編者序》裏説："研究科學問題的人，最要緊是對於他所要利用的著作，學會照着寫這個著作時本來的樣子去研讀，並且最要緊是不把著作中沒有的東西包括進去。"我們研究和講述哲學史，難道可以違背恩格斯這個教導嗎？

三　是怎樣一種宇宙論

　　《略論》大意說：「法相宗建立了精神性的單子——『種子』說，認爲種子是構成世界的原因。」即「物界心界都是種子的產物」。「種子是各各獨立的、最小單位的實體，一粒一粒的。」「它不是物質性的，只能是精神性的。」「他們又認爲人的主觀精神（心）最根本的是第八識，種子藏住的地方在第八識裏面。種子和第八識是虛構的互相依存的精神實體。」又據他說：「第八識有發號施令，主持一切的作用，所以稱它爲心，它的特點是『動而無爲』。」「因此精神成了萬化之源。」

　　種子說和第八識的建立，確是法相唯識宗宇宙論的主要特點。它不同於其他唯心主義派別和有神論思想，也在於此。然而《略論》敍述唯識宗所講的「種子」，籠統說爲「精神性」，卻不合於唯識宗固有的含義。

　　唯識宗建立種子是從這個意義出發：關於世界的構成問題，他們是既不許無因論，也不許一因論的，由此才從原有的緣生說建立了種子說。緣生說是說一切有爲法不是自生和無因生，必須具備兩種緣才能生，即因緣和增上緣。但精神現象和物質現象有所不同，如何區別？於是又別立等無間緣和所緣緣，以顯示心異於物的特殊性。（窺基釋《成唯識論》卷八云：「此等無間緣及所緣緣，唯望一切心、心所故。」）其實這兩種緣也可說爲同是增上緣。（窺基云：「以餘二緣亦增上故。」）如果不稱「緣」而稱「因」，則因緣是「能生因」，增上緣是「方便因」。（《瑜伽》卷三十八云：「此一切因，二因所攝：一能生因，二方便因。當知此中牽引種子，生起種子，名能生因。所餘諸因，名方便因。」參見《成唯識論》卷八）建立種子是爲了顯示「因緣」在於說明各種現實存在的東西都是各有其自己的一定根據的。所以《成唯識論》（卷三）講種子有六義，特別指明：

　　　此遮常法，常無轉變，不可說有能生用故。
　　　遮餘部執異性因，生異性果，有因緣義。
　　　遮外道執自然因，不待衆緣，恒頓生果。
　　　遮外道執唯一因生一切果。或遮餘部執色心等互爲因緣。

六義最重要的一條是：

　　　六、引自果，謂於別別色心等果各各引生，方成種子。

故同書卷二也説：

> 此中何法名爲種子？謂本識中親生自果功能差別。

卷七同樣説：

> 一、因緣，謂有爲法，親辦自果，此體有二：一種子，二現行。種子者，謂本識中善染無記，諸界地等（《學記》卷九引"基云：等取有漏無漏色非色等，各別生故"）功能差別，能引次後自類功能，及起同時自類現果。此唯望彼，是因緣性。

卷八論"四緣依十五處説爲十因"義，復説：

> 十二、差別功能依處，謂有爲法各於自果有能起證差別勢力，即依此處立定異因，謂各能生自界等果，及各能得自乘果故。

《述記》還特別説明：

> 此唯自性。……非別性不相稱爲因。謂自界法與自界爲因，自界中自性與自性爲因，自性中色與色爲因，色中內與內爲因，內中長養與長養爲因，如是等。

這裏，"別別色、心等果各各引生，方成種子"，或"親生自果功能差別"，唯"能引次後自類功能及起同時自類現果""是因緣性"等義，就是與"異性因生異性果""唯一因生一切果"和"色心等互爲因緣"諸説對立的。

可見成立種子義，主要是説明"親生自果"的"功能差別"。《略論》講種子義，卻不加分別地説："不是物質性的，只能是精神性的。"並直截了當地稱爲"精神性的單子"。又説："物界心界都是種子的產物。"這樣，按照法相宗"因果性相隨順"的理論，"精神性"的種子怎樣可能產生"物界"呢？窺基解釋前引"或遮餘部執色心等互爲因緣"句就説了："薩婆多等以善色望四蘊（指'受想行識'）爲因，四望色亦得爲因。此即不然。唯引自果，因果隨順、功能同故，名爲因緣……如何色等與心爲因？不相隨順，功能異故。"如理《義演》復有釋云："小乘身語二業以色爲體，意業體思，彼計色心展轉互爲因，是因緣義。今則不爾，唯望自果得種子名，如麥種子唯生於麥，不生穀等。"《略論》也曾説過："法相宗建立了種子學説，爲了便利他們解釋世上一切心理現象和自然現象的起源、變化的原因。"然而只説"物界心界都是種子的產物"，不説物界心界都各有各的種子，又怎能使人明確知道他們是怎樣地"解釋世界上一切心理現象和自然現象的起源、變化的原因"呢？

應知，法相宗最初建立種子，就是爲了說明物界心界都是各有自己的"因緣"的。如法相宗的"根本論"《瑜伽師地論》卷五十說：

> 云何因緣？謂諸色根、根依及識。此二，略說能持一切諸法種子。隨逐色根有諸色根種子及餘色法種子、一切心、心所等種子，若隨逐識有一切識種子及餘無色法種子，諸色根種子所餘色法種子。當知所餘色法自性唯自種之所隨逐，除大種色，由大種色二種種子所隨逐故，謂大種種子及造色種子。即此所立隨逐差別種子相續。隨其所應，望所生法，是名因緣。

"一切識種子"，毫無問題，可以說"只能是精神性的"。"諸色根及餘色法種子"就決不能說"只能是精神性的"，理應說是物質性的，否則色法種子與心法種子將如何差別？《略論》在講"四緣"時，曾指出："法相宗認爲自然現象的產生"，有"因緣和增上緣"，"因緣是基本的"，因緣是說"它自己的因產生它自己的果"。按照這個觀點，也不應有種子"只能是精神性的"提法。但他隨後又說："事物的產生由於四緣，因而取消了事物的物質性基礎。"就好像"自然現象"沒有"它自己的因產生它自己的果"的"因緣"了！他一點也不覺得"因而"那個轉語，成了結論與前提相背反，是很不合邏輯的。

《略論》始終避免提到法相宗認爲心法有心法的種子，色法有色法的種子；而另方面卻說："種子是各各獨立的，最小單位的實體，一粒一粒的。"這話實無根據。法相唯識宗並不認爲種子是獨立的實體，更談不上什麼"一粒一粒的""單位"！《成唯識論》卷二明明說：

> "一切種"相，應更加分別。此中何法，名爲種子？謂本識中親生自果功能差別。此與本識及所生果不一不異。體用因果，理應爾故。

此言種子與第八識，和種子與現行，都是"不一不異"的。就"不一"這邊，似乎可以說有獨立性。但同時又稱"不異"，那就畢竟無獨立性。窺基《述記》也解釋得很清楚：

> 本識是體，種子是用。種子是因，所生是果。此之二法，理應如是，不一不異。本識望種，四出體中攝相歸性，故皆無記；種從現行望於本識，相用別論，故通三性。若是即一，不可說爲有因果法，有體用法。若一向異，應穀麥等能生豆等，以許因果一向異故。不爾法滅，應方有用，以許體用一向異故。用體相似，氣勢必同；果因相似，功能狀貌可相隨順，非一向異。

501

智周《演秘》更徵引他書説明云：

> 《論》"體用因果理應爾"者，《攝論》唯望體用明之，《瑜伽》據因果以析，此《論》兼之。《攝論》本云："阿賴耶識中諸雜染品法種子，爲別異住？爲無別異？非彼種子有別實物於此中住，亦非不異，無性。"《論》第二釋云："一切種子是阿賴耶識功能差別，如法作用與諸法體，非一非異。"此亦復爾。（下略）

可見從《攝大乘論》以至《成唯識論》，也就是從無著到護法，全都沒講"種子是各各獨立的"。《成唯識論》稱爲"功能差別"，亦不過顯示像是一種潛勢力，怎能説是"一粒一粒的"獨立的"實體"呢？又有什麼"最小單位"可言，難道與種子相對待還有一種"最大單位"的東西嗎？種子是就色心各別能"親生自果"的"功能差別"而言，故沒有一般的種子，只有這樣那樣的種子，或爲心法種子，或爲色法種子。如不問它是色心法中哪一種子，只要它説有種子，便認爲"只能是精神性的"，這就成了古人説的"越理橫斷"！

我窺作者之意，大致認爲，只有把法相宗任何一個概念或論點都説成是"取消了物質性"的，才足以顯示他們公開宣佈爲"唯識論"的本色，即如此才能叫做"貫徹了他們的唯心主義原則"。要不然，"識"怎樣"唯"？即怎樣成爲唯心主義，恐難説明，這確頗費"苦心"。

其實這是用不着的。閉門造車，未必出門合轍。車須合轍才有用；不合轍的車，不管怎樣美觀，終成廢物。歷史上的唯心主義千差萬別，"唯"成什麼樣子，應還它那個樣子。法相宗之所謂"唯識"，並不在於否定物質，不承認有物質這個事實。熊十力先生著《佛家名相通釋》曾再三指明：

> 佛家哲學……在宇宙論方面，則攝物歸心。……非不承認有物，只是物不離心而外在故。

> 云何唯識？以一切法不離識故。説識名唯，非謂唯有識故。方置"唯"言識者，對境受稱。設無所緣境，則能緣識之名亦無自而立故。唯識不謂無境，但不許有心外獨存之境。〔德鈞案：此處"心"字，是通全八個識而言，非謂八識中某一個別的識。某一個別的識（如前六識）起認識活動時，許有疏所緣緣，是心外法故。惟疏所緣緣，雖跟同它發生關係的那個能認識之心，體定相離，但它本身卻乃預先設定是依止于阿賴耶識的，故畢竟"非心外獨存之境"。〕

所說深合法相唯識宗意旨。前此歐陽竟無先生亦云：

　　……不離識故唯有識。物二同處是名不離。據不離言，便非即一。①

此皆本於《成唯識論》（卷七）說："'唯'言爲遮離識實物，非不離識心、心所等。"同時，《述記》曰："遮離能變等識外實我法，名爲唯識。非不離識心、心所及相見分、色、真如等。故不離識，名唯識也。"故法相唯識宗的宇宙論，實有些迹近於二元論，但不是真正的二元論。他們只承認有異心之色物（即色物與心，本質非一），而不許有離心之色物。窺基釋《成唯識論》卷二云：

　　若言異識，大乘亦成，色異心故。

他們認爲，色與心同爲"無始以來"就有的。即都無起頭的時候，都無第一因，亦不互爲第一因。但彼此相互隨逐——這是沒有建立第八阿賴耶識時如此講的。唯識宗建立了第八識，就說色界同心法種子都是依存於第八識的，以爲若無第八識，色法與其種子無所攝藏，即不可能存在，故成唯識。又他們認爲色種之成就一定的根身、器界，亦有賴於前六識造業作增上緣，擊發第八識，才得實現。如《瑜伽師地論》卷五十四說：

　　"業所作者，隨業勢力，先大種生，後隨彼力色變異生。""當知此中用色自種爲因，感生業爲緣。"

這就顯示精神有決定作用了。但不由此就否定色法的實在性，因它畢竟從"自種"生故。《成唯識論》卷三云：

　　異熟識變但隨因緣，所變色等必有實用。

《述記》釋曰：

　　顯變色等從實種生，故所色法有實體用。

泰賢《學記》卷二亦云：

　　識變，謂第八識由色因緣變似眼等五根相現，八及五識由色種力變似五塵相現，隨應以爲所依所緣。

即說明了此理，但色等雖從自種、自因緣生，它卻是依存於第八識的，永遠不能離開第八識。同時它之成就根身、器界，在唯識宗看來，也畢竟不是它自己完全有力能顯

---

① 歐陽漸：《瑜伽真實品敘》。

現，而是由第八識帶持着它轉變，故他們又經常直接説，根身、器界是第八識所變的。窺基於《成唯識論》（卷一）《述記》曰：

> 相別有種，何名識變？不離識故。由識變時，相方生故；如大造色，由分别心，相境生故。

所以唯識宗的唯心主義實質，一方面在於他們説離心無境無物。雖然承認有異心之物，但不承認有離心之物；只許心外有心，心包含物，而不許心外有物，物包含心。也就是否定了物先心在這個極其明白的事實。另方面，他們建立了"識所變"義，即假設出世界的形成是以識爲主體和主導的説法。這點，上來還説得不夠，要特別着重談一下。

按釋迦牟尼當初創教，僅止於以十二緣生（或緣起）法説明人生問題是以心爲根本。雖然這也是唯心主義，但還沒有擴大到宇宙論方面去。作爲宗教的哲學，顯然不夠徹底，不夠完備。唯識宗乃以"識變"義來彌補這個缺陷，而最後完成了佛教的宗教唯心主義哲學理論。《成唯識論》全書十卷結構分爲境、行、果三部分，"境"即相當於宇宙論，也包括人生論。這部分佔的篇幅特別大，達八卷之多，就是對於宇宙論和人生論全面地作了唯心主義的剖析和構畫。如作爲《成唯識論》本母的世親《三十唯識頌》第一頌開門見山就説：

> 由假説我法，有種種相轉，彼依識所變。

全部談"境"都以此爲命脈。以下接着説"變"的主體有三，即心（第八識）、意（末那識）、識（前六識）。至於怎樣"變"，則説有因變和果變。因變是指第八識裏面有能變的二類功能習氣（種子）的發生和增長。其中一類名等流習氣，即由前七識所起的分別作用留下了潛能而成，隨後更由同類的作用使其能力逐漸增長。這些習氣又叫做"名言種"或"二取習氣"；另外一類名異熟習氣，則由前六識所發動的身、語業表現爲善惡行爲而留下了足以產生自己一定後果（苦樂界趣）的潛力而成，隨後也由反覆實現同類的行爲而增長習氣的勢力，這些習氣又叫做"業種"或"業習氣"或"有支習氣"。道邑《義藴》云："種子難知，故以功能顯種子義。"果變則是説以前面兩種習氣爲因必然產生的一種一定的後果，此亦相應分爲兩類：一、等流果，即由等流習氣直接顯現爲與第八識同時現行的精神活動，這種精神活動，即指七轉識在一定條件下變現出見分、相分（或能取、所取）等。二、異熟果，即由異熟習氣"展轉相續至成熟時"，它能發生極彊大的促成作用，一方面使第八識所藏色種對應着已造業的善惡性質而變現出具有爲苦樂果報意義的根身、器界；另方面又使前六識在此變現的根境上過着隱然有某種規定的生活，而實際感到或苦或樂。他們依據自己虛構的這種極其神秘的業報事實，就說"外器內身界地差別"都是"業力所變"。故舊有頌云："天地風虛空，陂池方大海。皆由內所作，分別不在外。"但在這裏，屬於分別（能所二取）的等流習氣產生等流果後，還可以相續不斷地等流下去。異熟習氣則受果完了以後勢力就消失了，這叫做"一期生死"。但當正受果時，前六識必同時又在造善惡業，形成新的異熟習氣，同以前一樣要產生來世之果，因之生死得以輪迴無盡。故《三十頌》第十九頌云："由諸業習氣，二取習氣俱，前異熟既盡，復生餘異熟。"這就是唯識宗的宇宙論和人生論的概要。顯然他們之建立第八識固有心法色法一切種子，並由此而有因果二變，目的是在從根本上否定宇宙的客觀存在的。所以第十八頌云：

　　由一切種識，如是如是變，以展轉力故，彼彼分別生。

《論》曰：

　　此頌意說，雖無外緣，由本識中有一切種轉變差別，及以現行八種識等
　展轉力故，彼彼分別而亦得生。何假外緣方起分別？

這樣，就可明白看到，唯識宗雖然承認有異心之色物，色物亦有其自種，但他恰好用以說明"何假外緣"。而彼色種之現行又被規定着必須依賴前六識造作業力的促成，這更完全否定了物質的基礎作用。所以它雖跡近於二元論，說到最後，實質還是一種宗教的主觀唯心主義。因此，我認爲，只要把唯識宗宇宙論原有的體系揭示出來，就完全可以充分說明其爲唯心主義。既用不着迴避他們的色有自種說，也無須乎把他們的色法彊調爲"非物性的，只能是精神性的"。如果從他們某些言論裏還可以看到一點唯物主義因素，這也沒有什麼不可理解，唯心主義本來是很難講得十分徹底的，歷史上不是也有唯心主義著作裏面包含着它的對立物——某些唯物主義觀點這種事實嗎？

　　至於作者宣稱："第八識有發號施令、主持一切的作用，所以稱它爲心，它的特點是'動而無爲'。"這也很不對頭，他忘記了自己前文（十四行前）曾引窺基《述記》說："第八以集起義勝，故獨名爲心。"① 所謂"集起"者，即法相宗的論敵清辯也知道："此中能集諸行種子，或爲諸行種子所集，故名爲心。"② 此所謂"能集"，也只是

---

① 但作者認爲此是窺基"補充解釋"之義，即亦欠當。《成唯識論》卷五明云："集起名心，思量名意，了別名識，是三別義。如是三義雖通八識，而隨勝顯，第八名心，集諸法種起諸法故。"又《瑜伽》卷六三云："此中諸識，皆名心、意、識。若就勝顯，阿賴耶識名心，由此識能集一切法種子故。"可知窺基是沿用舊義，無所創新。

② 玄奘譯：《大乘掌珍論》卷下。

就其爲依止處所而言，並不是説它能把原來分散的東西集合起來，當然更不會有"發號施令、主持一切的作用"。只消看看《成唯識論》卷三怎樣描述這個第八識的情狀：

> 此識任運，無所希望。
> 此識瞢昧，無所印持。
> 此識昧劣，不能明記。
> 此識任運，刹那別緣。
> 此識微昧，不能簡擇。

前此還有説云：

> 此識行相極不明了，不能分別順違境相。

由此就可知道，它只配當"阿斗"，何得有"發號施令、主持一切的作用"來？下句説"它的特點是'動而無爲'"，跟上語也自相矛盾。同時它也不是絕對"無爲"，許有執藏用故。勉彊取譬，只能説它好比是個倉庫，同時又是倉庫管理者，擔任出納（這個比喻，也只取少分相似）。中國儒家乃有比心爲"君"的説法，不能據以解釋法相宗之所謂"心"。

《略論》還從法相唯識宗的"四緣"説講到了他們的"因果"説，卻没有分辨出《成唯識論》以"因果"來説明第八阿賴耶識和講因果範疇本身是兩回事，更没有理會到他們那裏討論因果範疇有破和立兩個方面，而全都混爲一談。

如《略論》説："法相宗的因果觀，首先指的不是物質性的事物，不是客觀的實在，他們只是指的在心中前一觀念與後一觀念的刹那生滅的因果關係。因果範疇，在他們的哲學體系裏被歪曲爲'識的流轉相續'，抽掉了物質基礎……"證據是什麽呢？就是《成唯識論》卷三下面一段話：

> ……如是法喻，意顯此識（第八阿賴耶識）無始因果，非斷常義。謂此識性（按《略論》把"識性"引作"性識"，誤），無始時來，刹那刹那，果生因滅；果生故非斷，因滅故非常。非斷非常，是緣起理。故説此識恒轉如流。

實際這段話的意義原是説明，法相唯識宗設立第八阿賴耶識，與印度其他學派所設立的神我、自性、大梵等造物主不同，自認爲很高明的，即在於離斷、常過這一點上。如窺基《述記》前此説明："僧佉自性雖爲法種，仍體是常。爲簡彼宗，言非斷常。""此遮常一，此簡自性及我爲常爲一。"云何非斷、常？即由説此識性是"無始因果""念念生滅"故。《述記》云"因果性故簡一,非我也;有生滅故簡常,非自性也;常一之法無因果故"。此即顯示與其他學派所計的宇宙本體"常一"論不同的理由所在也。文中已一再指稱"此識"云云,即表明是以因果說明第八阿賴耶識是何等性質的。結語亦明云:"故說此識恒轉如流。"並非一般地講因果,怎能說這是把"因果範疇",歪曲爲'識的相續流轉'"呢?這顯然是沒有按照本來意義的引申。

《略論》又節引《成唯識論》次一段話:

前因滅位,後果即生,如秤兩頭,低昂時等。如是因果相續如流,何假去來,方成非斷?因現有位,後果未生,因是誰因?果現有時,前因已滅,果是誰果?既無因果,誰離斷常?若有因時,已有後果,果既本有,何待前因?因義既無,果義寧有?無因無果,豈離斷常?……應信大乘緣起正理,謂此正理深妙離言,因果等言皆假施設。

講道:"法相宗在因果關係上故意製造混亂,然後在他們製造的混亂的基礎上偷偷地抹煞了科學的因果規律。第一,他所謂因果不是指的事物的發展的過程;第二,因果不是在一定的時間裏進行的;第三,取消了因果的關係和時間先後的相繼續的特點,而把因果說成不是在時間的同時出現的思想活動,'如秤兩頭低昂時等'。如果抽掉了時間的制約,因果就失去它基本意義,'因'也可以說成'果','果'也可以說成'因',等於否認因果。事實上,法相宗正是要抹煞現實世界的、科學的因果關係。"

這裏,確實呈現着一種"混亂",就是作者沒有分辨清楚這段文字所述,原有立、敵兩方互相往復的論難,最後才提出了正面的主張。不幸被刪略的,剛好就是他們的正面主張,據爲論證的乃其論敵之見,只要細讀窺基的《述記》,是不會感到他們"在因果關係上故意製造混亂"的。爲了澄清這種不應有的理解"混亂",有必要再就原文分別加以說明。

首先應知,這裏對於因果範疇,有與法相唯識宗發生異議的是小乘有部、正量部等。他們的理論認爲,一切法三世實有,即現在、過去、未來皆有"體性"。法相宗則只承認現在是實有,過去、未來都是假說,即謂過去是已滅的現在,未來是當生的現在,諸行唯現現相續而已;過去的現在已滅,滅即無體;當生的現在未生,亦不可說爲有體;故唯現在是實。如我面前有一張桌子,雖相似凝然,而實際它是刹那刹那,生滅相續的。已滅爲過去,生爲現在。如果滅亦有體,那就應當看見的不是一張桌子。未來亦爾,而事實並不如此。此證明有部說謬,而有部現在就據唯識宗前講"果生因滅""非斷非常"義提出質問:"過去、未來既非實有,非常可爾;非斷如何?斷豈得

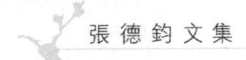

成緣起正理？"即是說："汝過去無，可許非常；未來既無，後法應斷！"（此《述記》釋）因此，唯識宗才有下一段答詞：

> 前因滅位，後果即生，如秤兩頭低昂時等。如是因果相續如流。何假去來，方成非斷？

《述記》釋曰：

> 我宗因果，前因滅位後果即生，中間無隔，因果不斷。如秤兩頭低昂時等，由彼低時〔即〕此昂時故，前生後滅，相續如流，豈假去來是有，方成因果不斷？不借去來，因果足不斷故。謂但一種，在現在時流入過去，此之種子、後念即起，刹那刹那恒時現在，而是無常，因果不斷。

即說明，就在"現在"這個時間內，一方面是前因滅，一方面是後果生，不容許中間有個間隔。"如秤兩頭低昂時等"，即喻顯此"中間無隔"。故不必假說未來有體，也不致陷於斷滅。

可知這裏只是否定小乘有部等的"過未有體性"說，不是根本否定時間性。《述記》明說"恒時現在"，怎能說"因果不是在一定的時間裏進行的"？又明說"前生後滅相續如流"，怎能說"取消了因果的關係和時間先後的相繼續的特點"？作者既承認"如秤兩頭低昂時等"是因果的"同時出現"，怎樣又說它是"說成不在時間裏"？《述記》又明說："但一種在現在時流入過去，此之種子後念即起。""種子"豈是"思想活動"？顯然作者在這裏又偷換了概念。

至於次文云：

> 因現有位後果未生，因爲誰因？果現有時前因已滅，果是誰果？既無因果，誰離斷常？

《述記》已明釋：

> 外難云：如一種子因於現在有作用時，後果未生，果法未來既體是無，不可定其所生之果。此說因者是誰之因？無果可屬因定能生彼故。問果亦爾。現爲因即無果，現爲果即無因。因果既無，斷常誰離？初但難斷，今亦難常。

又次云：

> 若有因時已有後果，果既本有，何待前因？因義既無，果義寧有？無因無果，豈離斷常？

《述記》亦已明釋：

> 論主變質。……此爲彼部未來有故，其果之體未來已有，現在爲因之時果已先有。果已先有，何待於因？若果本無，可待因有，果已先有，何待於因？量云：未來果法應不待因，體已有故，如已生果。因義本欲生果，果有不待於因，因義不成有，果義亦應無。量云：所言果法當非是果，以先有體故，猶如於因。汝所言因應不是因，先有體故，猶如於果。無因無果，豈離斷常？言我不離，汝豈離耶？

可見這兩段，一是有部難唯識宗的話，一是唯識宗反質有部的話，並不是唯識宗自己對於因果範疇的說明，怎能說是"故意製造混亂，然後在他們製造的混亂的基礎上偷偷地抹煞了科學的因果規律"？就說"抹煞"，他們所"抹煞"的也只是小乘有部等的因果說，不能等於"抹煞了科學的因果規律"。除非作者能夠證明，小乘有部的因果說就是"科學的因果規律"。

唯識宗自己對於因果的看法，乃在後面，《略論》未加引述的一段話：

> 觀現在法有引後用，假立當果對說現因。現在法有酬前相，假立曾因對說現果。

《述記》釋曰：

> 謂大乘中唯有現法。觀此現法有能引生當果之用，當果雖無，而現在法上有引彼用。用者功能。行者尋見現法之上有此功用，觀此法果遂心變作未來之相，此似未來實是現在。即假說此所變未來名爲當果，對此假當有之果而說現在法爲因。此未來果即觀現法功能而假變也。其因亦爾。觀此現法有酬前之相，即熟變相等。觀此所從生處而心變爲過去，實非過去而是現在。假說所變爲現法因，對此假曾有過去因而說現在爲果。

道邕《義蘊》就《述記》解釋復加說明云：

> 如觀穀子至成熟時有酬前相，觀此熟相從本穀子所生故，對此本因立現法爲果也。

這就是他們所謂"因果等言，皆假施設"。仍是否定過去未來實有體性，而主張"唯有現法"。它只是就每個事物在其現在位，望前說果，望後說因，前對現名因，後對現名果。因果同時，或者說，一人事物在同一時間內既可稱爲果法，也可稱爲因法，皆是從現在位望前望後立說，絕不能離開一定的事物抽象地談因果，如《略論》所說"因也可以説成果，果也可以説成因"，這便成了"矯亂論"。《瑜伽師地論》卷五十三有明文曰："當知此中，果與種子不相雜亂。何以故？若望過去諸行即此名果，若望未來諸行即此名種子。如是，若時望彼名為種子，非於爾時即名為果；若時望彼名果，非於爾時即名種子。是故當知果與種子不相雜亂。"這豈不是十分明確地表述了因果有着"時間的制約"？這裏泛説"諸行"，當然也就不能是僅僅於指"思想活動"。法相唯識宗雖然説因果範疇是"假施設"的，而它的出發點是由於"觀現在法有引後用"和"有酬前相"，即根據是在"所觀"的"現在法"那一面，不是在"能觀"的主體這一面。又他們這裏只説過去未來之相是"心變"的，以成其過未無體説，並沒有講"現在法"上的"引後用"和"酬前相"也是"心變的"，所以他們對於因果範疇，還是表明了為由客觀事物中引出的，非從人的主觀意識中引出的。

列寧曾説："因果性問題上的主觀主義路綫，即不從外部客觀世界中而從意識、理性、邏輯等等中引出自然界的秩序和必然性的主觀主義路綫。"① 康德就是典型的代表。在法相唯識宗，只認為因果的"名言"是主觀的產物。"名言"不是事物本身所固有的，也不是主觀意識上先天本具的，而是在"觀現在法有引後用"和"酬前相"時才產生的。"引後"和"酬前"是"現在法"本身的"相""用"，"因果等言"乃是從這上面"假施設"有。很顯然，這裏是把現在法作為第一性，名言作為第二性的。故法相唯識宗的因果觀，雖然很難語於科學的因果規律，但還不能説它就是走的主觀主義路綫。列寧又論述：

  恩格斯在《反杜林論》第一章裏……特別彊調以辯證觀點來看原因和結果："原因和結果是兩個觀念，它們只有應用於一定的個別場合時才有原因和結果的意義；只要我們從這種個別場合和整個世界的總的聯繫上來考察這種場合，這些觀念就會會合並交織成一個普徧的互相作用的觀念，在其中原因和結果不斷轉換位置；在此時或此地是原因的東西，在彼時或彼地就變成結果，反過來也是這樣。"因此，人的因果概念總是把自然現象的客觀聯繫稍許簡單化了，只是近似地反映這種聯繫，人為地把一個統一的世界過程的某些方面孤立起來。②

法相唯識宗對於因果的看法，實不能與此相提並論。但也不能説，前面所引述的論點，它沒有包含着一些"辯證觀點"，恩格斯在《自然辯證法》裏已經指出：佛教徒同希

---

① 《列寧全集》第 14 卷，人民出版社 1961 年版，第 156 頁。
② 《列寧全集》第 14 卷，人民出版社 1961 年版，第 157~158 頁。

臘人一樣，早就有了自發的"辯證的思維"。①因此，批判地研究佛學，固不能只看到它的形而上學虛構和宗教胡説，雖然這是最主要的一面。

復次，《略論》講法相宗的"三自性"理論説："法相宗把人類的正常認識叫做迷妄"，即"徧計所執性"，這話也没有多少根據。《成唯識論》卷九明説：徧計所執性"謂所妄執藴處界等若法若我自性差别"，即於藴處界等依他起法上起增益執或損減執，才叫做徧計所執。他們是否排斥"人類的正常認識"？應首先看他對依他起性作何解釋：

依他起性有實有假：聚集、相續、分别性故，説爲假有；心、心所、色從緣生故，説爲實有。

《述記》曰：

假有三種：一聚集假，如瓶盆有情等。……二相續假者，如過未等世，唯有因果是相續性。……三分位假者，如不相應行。

可見他們認爲某些是"假有法"的，仍稱爲依他起性，不叫做徧計所執。至於心、心所、色，他們更説爲依他起性實有法。這怎能説"把人類的正常認識叫做迷妄"？又《瑜伽師地論》（卷三十六）《菩薩地真實義品》云：

此真實義品類差别復有四種：一者世間極成真實……云何世間極成真實？謂一切世間於彼彼事隨順假立，世俗串習悟入覺慧所見同性，謂地唯是地，非是火等。如地如是，水火風、色聲香味觸、飲食衣乘諸莊嚴具、資産什物、塗香華鬘、歌舞妓樂、種種光明、男女承事、田園邸店宅舍等事，當知亦爾。苦唯是苦，非是樂等，樂唯是樂，非是苦等。以要言之，此即如此，非不如此，是即如是，非不如是，決定勝解所行境事，一切世間從其本際展轉傳來想自分别共所成立，不由思維籌量觀察然後方取，是名世間極成真實。

這裏所承認的"世間極成真實"，豈不都是"人類的正常認識"？所謂"不由思維籌量觀察方取"，正就是説它異於徧計所執。故窺基《瑜伽師地論略纂》卷十解釋《真實義品》的涵義是："今有言有，無即言無，稱當真實，名真實義品。"又釋"世間極成真實"云："初謂世間世俗共許是有，依世俗理，此法是有，除所執之法故，名世間所成真實，以共許故名真實。"這就是更進一步，把説爲是依他假有法的，在一定的意義

---

① 恩格斯《自然辯證法》，人民出版社1955年版，第185頁。

上也認爲是"真實"了。因明立論，亦以犯"世間相違"爲"似宗過"。這全都可以證明，法相宗不是完全把人類的正常認識叫做迷妄的。雖然他們的理論，有許多根本違反了人類的正常認識。

《略論》雖還有一些錯誤，如以僞書《楞嚴經》爲法相宗"六經"之一，以《金剛般若論》爲法相宗"十一部論"之一，又以《成唯識論》所依之十一論說成是瑜伽學派之"一本十支論"等等；此外也還有可以商榷之處，如說大乘空宗的般若學派是把什麼都"給掏空"，說阿賴耶識隨着某一動物生命的結束"會轉移到另一個生物中去"，以至說玄奘是"政客"，等等。但因本文已經大大超過預計的字數，未便過多縱論，且止斯事。

本文初稿寫成，任繼愈同志曾看過。後來任繼愈同志出版《漢—唐中國佛教思想論集》，將《法相宗哲學思想略論》收入，如拙文所指出的下列一些錯誤或欠妥處：把五徧行心所法原來次序改爲"觸、受、思、想、作意"，說五別境法"是對特殊的人而起的"，以熊十力先生《佛家名相通釋》的話當作窺基《辯中邊論述記》之文，說護法、玄奘等講淨色根"只是邏輯地存在着"，說法相宗講種子的特性是"一粒一粒的"，說"法相宗在因果關係上故意製造混亂，然後在他們製造的混亂的基礎上偷偷地抹煞了科學的因果規律"，說"親所緣緣，是各個識直接認識它的境（相分）；疏所緣緣是各個識又都爲第八識所緣"，說玄奘"光靠一個學者而不兼政客是不可能的"等等，他都作了刪改，但拙稿原非據《論集》收入之文寫成，故發表時亦不照改。恐讀者但取《論集》之文對照，或致疑我引對方文字多有虛構，故附贅數語云。

（原連載《哲學研究》1964年第4、5期，第39~60頁，63~72頁）

文學研究及創作

一個讀書的好方法[1]

——筆記

　　小朋友們，你們都是在學校中讀書的，想你們對於功課，一定很努力。但是到底爲什麼要努力呢？想各位一定知道的，就是爲了要求進步。

　　不過，從事一件工作，總要有一個方法，才不會失敗。好像工匠造房子一樣，起先總要打好一個圖樣，以後便依圖工作，才會造成一座好房子。讀書也是這樣，不過讀書並不是打圖樣，讀書是要養成作筆記的習慣。

　　什麼叫筆記呢？就是將自己在書中看見的意思，揀出最重要的部分，一一記在筆記簿上面。

　　筆記到底有什麼益處呢？依我的意思，可有五種益處：1. 補助腦力之不足；2. 可作他日之參考及應用；3. 免遺忘；4. 可養成正確的腦筋；5. 使思想有系統。

　　筆記的益處，我們既然知道了；那末，我們再來談談筆記的方法吧。筆記最應該注意的幾點是：1. 大意和主旨；2. 自己閱讀後對該篇的感想及批評；其他像分段、劃表等，如果工夫很多，儘可多記一點。

　　以上是關於筆記的方法和利益，我想諸位看了，總已明白了。諸位，你們願意讀書有進步嗎？如果願意[2]，那麼，請你們快去實行這一個方法吧！

（原載《小朋友》，1933 年第 548 期，第 40~41 頁）

---

[1] 編按，此篇署名原作"永嘉郭溪張時明轉張德鈞"，今依前例，移爲腳注，略作說明。
[2] 編按，"意"原無，今據上下文意補。

蠲戲老人説詩

　　自復性書院成立，鈞①即負笈從馬先生湛翁學。師除七日一升座講説外，平時同學有疑義，則就師寓所請益。師初安榻爾雅臺，後築室烏尤山下麻濠之上；至罷講後，即少上山，鈞仍時往問學，師亦垂誨不倦，歸來輒私記所聞於日録中。自睽離絳帳，今已三年，時時把玩舊記，猶怳然如承謦②欬，恨未能弘師所教，心恒内疚。師兩三年來，不受院餽，但鬻字度日，其守先待後悲天憫人之懷，則一寓於詩。益③師於吟事，實自開户牖，古今名家，皆工於言情寫物之作，師則獨造理境者矣。鈞日記中，有師前日論詩數則，與師今日所見，或不能無異，然要足以供留心斯道者參考，輒僭爲批露。三十四年正月初十日德鈞謹識於江津。

　　四月二十六日，陰。巳刻，與伯尹季明大蠁同過爾雅臺，謁湛翁師於三層樓上。問起居畢，師語余等云："觀賢輩近日所呈詩，並有才思，但欠學耳。作詩第一要充實有内容，第二要空靈有韻致。玩理熟，讀書多，則落筆自然藴藉，自然清新，無有譾陋板滯之患矣。詩有言情景者，有言理趣者：言情景之詩尚易作，説理趣之詩卻難工。古人唯陶、謝二家，爲得理趣三昧。陶詩語無雕繪，音節自然，而神旨超著，遠有會心；雖不言理而無處不是理，所謂達人解其會耳。謝則篇中常入玄言，妙善藻飾，故無傷清美；其不言理處，理亦皎然，不可及也。若老杜之詩，則大有儒者氣象。純樸渾厚，乃得力於《小雅》之變。後之作者，皆《國風》之流耳。但有空靈而少深厚也。若《離騷》，亦風之變也；然猶近古，應與《三百篇》一齊熟讀。漢魏《樂府》亦後日古詩之源，並宜常玩。若極其流變，則宋人之詩，亦不可不知。宋詩雖不及唐人深渾，卻空靈有致。當中以荆公才力最大；荆公④長於古體，韓昌黎視之，猶有遜色。蓋昌黎古詩，處處猶呈費力之象，荆公則漸近自然也。"

　　九月二十八日，巳刻，湛翁師上山，止息於爾雅臺。鈞往見。言及詩學，師因語

---
① 編按，"鈞"原作"均"，今據上下文意改。
② 編按，"謦"原作"罄"，今據上下文意改。
③ 編按，"益"，據文意似當作"蓋"。
④ 編按"公"原無，今據文意補。

云："詩者，言語之最精者也。而絕句又言語最少，尤爲難工。大要貴於意在言外，語雖盡而意不窮，感乎此而興於彼，讀之能啓人無限之思、無量之感，如善畫者，有咫尺千里之勢，乃可稱佳構也。此自以晚唐所作爲最工，當中又以義山所作爲最好。盛唐則惟李太白、王摩詰爲上乘。老杜則祇《送李龜年》一絕可觀，餘皆缺少韻致也。蓋老杜所長者，乃在律體，其排律由五六十韻以至百韻，皆句句穩切，字字錘鍊，縱橫開闔，元氣鼓盪，無一字之可易，無一懈之可擊。後世學之者，胡止百家，乃無一人及得，亦才力限之也。然盛唐人詩，無一篇不風格雄健，元氣浩然。太白尤天才高邁，不受羈勒；即作一絕句，亦氣象萬千；其古寖寖十首①，直寖有建安風骨，其餘歌行，皆雄怪驚人，殆天縱之也！但不可學，學之不得，反流爲粗野耳。老杜作詩，常以苦思成之，難時現拙氣，而渾樸敦厚，卻有儒者氣象，此可學也。晚唐習於纖麗，流連哀思，音節遂以卑靡，類似陳隋；蓋緣於學養不厚，不能超然於萬物之表，而常爲境風所動，故感於亡國之漸，遂形爲亡國之音也。黃山谷才氣亦自不小，善能驅遣縱橫，而音節風格，卒不逮盛唐。後山則有骨無肉，其失也瘦。"德鈞曰："此亦氣數使然歟？"師曰："萬事本乎心，何有氣數？原初亦由一二人提倡，後來從之者日多，便自然蔚爲風氣。旋乾轉坤，亦由當初一人之一念耳。所謂'人能弘道，非道弘人'，自不振拔，則託於運數矣。"（上兩則，並從德鈞二十九年日記錄出）

（原載《讀書通訊》1946年第108期，第13頁）

---

① 編按，此句原文如此，疑作"其古風寖寖十首"。

重視修改文章的工作[①]

在學校教師修改的作業裏面，在報紙編輯修改的稿子裏面，我看到有些句子原來有毛病的地方沒有改，原來沒有毛病的地方反而改得有了毛病。照說，應該把不通順的話改成通順的，現在，不通順的還是不通順，通順的卻反而改得不通順了，這是值得注意的問題。這裏把這樣的例子摘引一些出來，加上說明，希望引起一些改稿的人的注意。

〔原文〕他在執行"健康第一"的工作方針上，除通過教學加彊學生的衛生知識並培養學生的衛生習慣外，對學生的生活也是十分關心的。

〔改文〕他結合具體情況，在教學工作中，特別注意執行"健康第一"的工作方針。他除通過教學加彊學生的衛生知識、培養學生的衛生習慣外，對學生的生活處處關切幫助。

說"他在執行……方針上"，不如說"他在依照'健康第一'的方針執行工作時……"原文別的地方沒有毛病。改文卻添上"結合具體情況""在教學工作中""特別注意"，這些話既不是原文當說而沒有說清楚的，又不能爲原文生色。結尾加上"幫助"不妥，"生活"不能說"幫助"。

〔原文〕搜集材料，說明主題，會使孩子們領會深刻。但宜精而不宜繁。當然找得多，用得少；對孩子接受知識來說，是沒有什麼可惜的。

〔改文〕材料越多，更容易說明主題，使孩子們領會深刻。但選擇說明主題的材料，宜精而不宜繁，這樣自然材料找得多，用得少，可是這對教學來說，是沒有浪費可說的。

原文的毛病是有些詞用得不妥當，話說得不清楚，在邏輯上並沒有矛盾。改文沒有把它的毛病改掉，反而改得前後矛盾了。要把話說清楚，可改成："找好的例子來說明主題，可使孩子對主題的意義領會得深刻些。例子要好而不在多。爲了找好的例子

[①] 編按，本篇原署名"莫干"。莫干即張德鈞筆名。

而多花費①些時間,是必要的。"能"說明主題"的是"例子",不是"材料";"使孩子們領會"什麼,應該指明;"例子"應該說"要好而不在多";"找得多、用得少……"就是爲了找好的例子而多花費些時間去選擇。這些說得不明白不妥當的地方,改的人沒有改。改文作"材料越多,更容易說明主題",好像"說明主題"是依靠"材料越多"的。但是後面又說"自然材料找得多,用得少",好像又在表明"說明主題"並不在於"材料越多"似的。這樣就前後矛盾了。

〔原文〕由於祖母的溺愛,因此拋棄了學習,功課不及格,改分數,不守紀律,不勞動。

〔改文〕由於祖母的溺愛,她因此不用心學習,功課不及格,不守紀律,不勞動等壞習慣。

原文的毛病很多。"由於"就是因爲的意思,和下面的"因此"重複。上面說"拋棄了學習",但下面說"功課不及格",可見仍在學校裏上課,用"拋棄"分量嫌重了。"改分數"不明白什麼意思,倘是把成績報告單上不及格的分數改成及格,那就得說清楚,不能光說"改分數"。原文可改成:"祖母的溺愛,使得她荒廢了功課,不守紀律,不勞動。因而功課不及格,操行列入劣等。"改文對這些毛病沒有改正,卻在結尾添上"等壞習慣",把原來的謂語變成附加語,破壞了結構的完整,上面缺少像"養成"一類的動詞。

〔原文〕我們必須帶着豐富的感情熱愛兒童,深信每個少年兒童都有優點,都可以教育好,與家庭、團、隊密切配合,發現每個學生的優點,表揚優點,發展優點。

〔改文〕我們必須帶着豐富的感情熱愛兒童,深信每個少年兒童都有優點,都可以教育好,密切去發現每個學生的優點,表揚優點,發展優點。

原文說"熱愛",已含有"豐富的感情"在內,因此,"帶着豐富的感情"可刪。前面說"兒童",中間說"少年兒童",後面說"學生",前後不一致,應該改成一致,或者都用"兒童",或者都用"孩子"。"與"字前面加"因此,我們必須",使上下文連接。下面可以這樣改:"發現……優點,加以表揚,使它發展起來。"改文作"密切去發現……""去"字在這裏不必要。"密切"通常跟"關係""來往""配合"等詞連用,和"發現""表揚""發展"都搭配不上。原文作"與……密切配合",用得合

---

① 編按,"花費"原作"化費",今據上下文意改。下同。

519

適，改文反而改得用詞不當了。

〔原文〕學校又收到了前方大批的回信，志願軍叔叔姑姑們在信裏都寫了很多他們英勇殺敵的故事，信裏還向兒童們挑戰。兒童們看了這些信上的故事，比讀了報上的故事更親切；這些挑戰書，也更加鼓舞了兒童學習的熱情。

〔改文〕學校又收到了前方大批的回信，志願軍叔叔姑姑們在信裏都寫了很多他們英勇殺敵的故事，信裏還向兒童們挑戰。這些挑戰書，更加鼓舞了兒童的熱情。

原文還算通順，只是有些地方還需要修改一下，如開頭的話該作"學校裏又收到了朝鮮前綫寄來的大批回信"，"在信裏"三字移到第二分句頭上，下面的"信裏"和"信上的"都是多餘的。"挑戰書"改作"挑戰的話"，"也"字刪。"挑戰書"下面的逗號不必要。原文指出志願軍來信的兩個方面：一是敘述英勇殺敵的故事，一是向兒童們挑戰。因此敘述兒童們思想情感上的反應，也有兩方面：一是"看了這些故事，比讀了報紙上的故事更親切"，一是"這些挑戰的話更加鼓舞了兒童們學習的熱情"。這樣寫，是很合情合理的。說"兒童們看了這些故事，比讀了報紙上的故事更親切"，是因爲這些故事是志願軍自己講的，所以看起來更加親切。改文把這句話刪掉，情感就顯得不夠充沛了。

〔原文〕已經培養出了許多人能夠初步掌握學習蘇聯先進經驗及文化的基本工具。

〔改文〕許多人取得了很好的成績。

這是指學習俄語說的，原文通順，並能比較具體地寫出學習俄語的效用，也就是能寫出特徵。改文卻空空洞洞，成爲概念化的說法了。

〔原文〕在解放前，我常感到教書是吃灰，是被看爲沒有出息的，解放後，在政治上有了保障，全國一片新氣象，但我還是夢想到學術研究機關去搞自己的所謂"學術研究"。

〔改文〕解放後，我本是企圖到學術研究機關去，單純技術觀點地搞自己的所謂"學術研究"。

原文中"吃灰"的"灰"太泛，應該作"吃粉筆灰"。原作者對教書"沒有出息"的看法並不反對，所以"被看爲"應刪。上文寫自己的不安心教書，並沒說由於工作沒保障，也沒說由於反動統治下的一片黑暗，那麼後面說的"在政治上有了保障，全國一片新氣象"，跟上文沒有聯繫。原文的第一句話，是給後文"使我改正了認爲教書沒有出息的想法"一語作張本的。改文刪去這一句，就使後文沒有着落。用"單純技術觀點地"修飾"搞學術研究"也不妥。"學術研究"工作是有它的必要的，不能說它是"單純技術觀點"。

〔原文〕這對於鼓舞群衆的寫作興趣，作用很大。

〔改文〕這對於鼓舞群衆的寫作興趣作用，起了很大的作用。

原文很明白，大家都看得懂。改文作"對於……作用，起了……作用"，不但"作用"重複，連意義也模糊了。

〔原文〕因爲只有學校與家庭雙方在教育兒童這一工作上取得了密切的聯繫和一致的步調，才能把兒童教育得更好，才能把兒童培養成全面發展的新人。

〔改文〕因爲只有學校與家庭雙方在教育兒童這一工作上取得了密切的聯繫和一致的步調，就可把兒童教育得更好，使兒童能培養成全面發展的新人。

通常只說"只有……才能"，不說"只有……就可"。跟"就可"相呼應的是"只要"。改文讀起來很別扭，就是由於違反了語言的規律的緣故。

從上面的一些例子看來，這些改稿的同志，不是沒具備應有的語法修辭的知識，就是過分草率地對待修改文章這件工作，或者是兩種原因兼而有之。修改文章是一項責任很重的工作，對學生對讀者甚至對作者都有很大的影響，這道理是非常明顯不待申論的。我們誠懇地要求修改文章的同志嚴肅地對待這個工作。

(原載《語文學習》1954年2月號，第28~31頁)

對《再談〈胡笳十八拍〉》的商兌

劉大傑先生在《文學評論》（1959年第4期）上發表了《再談〈胡笳十八拍〉》一文，"從另一方面"來論證《胡笳十八拍》非蔡文姬所作。他斷定在唐以前根本就"沒有以拍名曲的"，認為十八拍琴曲是董庭蘭所作，與蔡琰無涉。這是很重要的一個問題。

我現在把劉先生新提出的一些問題，再作一番討論。

一　拍不是旦的演變

劉先生列舉了（一）《隋書·音樂志》及《遼史·樂志》關於鄭譯採用蘇祇婆五旦或七旦之聲的記載；（二）《事文類聚》引《能改齋漫錄》，有開元、天寶間"才士始依樂工拍擔（劉改為'旦'）之聲，被之以辭"的說法；（三）《舊唐書·曹確傳》和《南部新書》記載太和中有"囀喉為新聲"者"呼為拍彈"的故事，為之說云：

　　由隋代的旦，變為開、天年間的拍旦，到了九世紀，再變為拍彈，完全成為一種通俗的歌曲了。

　　從歷史意義上說來，旦、拍旦、拍彈，在一定程度上，必然有繼承的關係，有發展性的聯繫的。

他由此斷定："樂曲言拍，以拍名曲，是源於隋而盛於唐。"蔡文姬生在東漢末年，是不可能"作過《胡笳十八拍》的琴譜和歌辭"的。

我們暫不討論唐以前有無"曲以拍名"之事。先試分析一下旦與拍彈有沒有如劉先生所說的"繼承的關係"和"發展性的聯繫"。

劉先生說"旦是一個外語，意義很費解"，其實一點也不費解。《隋書·音樂志》明明說：

　　以華言譯之，旦者則所謂均也。其聲亦應黃鍾、太簇、林鍾、南呂、姑洗。

均，就是今天音樂所謂的音程，它是作樂時定音的標準，一切樂曲的定音都離不開它，由它才有各色各樣的調。所以《隋書·音樂志》下面繼續説：

〔鄭〕譯遂因其所捻琵琶弦柱相飲①爲均，推演其聲，更立七均，合成十二（謂連同五旦），以應十二律。律有七音，音立一調，故成七調。十二律合八十四調。

武則天《樂書要録》也説：

每均七調，每調有曲，終十二均，合八十四調也。

朱長文《琴史·審調》還是這樣説：

古者推律以立均，依均以作樂。故十二律旋相爲均，均有七調，合八十四調。播於八音，著於歌頌，而作樂之能事畢矣。

"旦"不過是梵語的音譯，與"均"爲同義語，根本講不到"與'拍'在意義上有一定的聯繫"。况且《事文類聚》引《能改齋漫録》原文是作"拍擔"，並没有"拍旦"的字樣，所謂由"旦"變爲"拍旦"，再變爲"拍彈"，有着"繼承""發展"的説法，也就不能成立。

二 琴曲言拍，早已有之

劉先生論證唐以前"没有一個琴曲是以拍名的"。其實，"以拍名曲"早見於唐以前的書，這書就是謝希逸的《琴論》。劉先生説："謝希逸前人認爲是謝莊，這是錯誤的。"他舉出四點理由，推斷"謝希逸是晚唐、五代時人，他可能與《琴曲》的作者蔡翼同時"。因此他反把《琴論》作爲唐代"曲以拍名"的例引用了。我們現在試來檢查一下劉先生判斷前人錯誤所提出的四點理由。

一 如果《琴論》爲謝莊作，著録徵引，應作謝莊，不應作謝希逸，目録學慣例，都是如此。

---

① 郭沫若同志認爲當是"顧"字之誤，見所著《隋代大音樂家萬寶常》。

這裏，不知劉先生所見的究竟是何種"目錄"？我們看到的《宋史·藝文志》正作"謝莊《琴論》一卷"，並且位置是在"蔡琰《胡笳十八拍》""孔衍《琴操》"之後，"梁武帝《鍾律緯》""釋智匠《古今樂錄》"之前。《玉海》引《書目》（當爲《中興書目》）也作"宋謝莊《琴論》一卷"，就是近人周慶云的《琴書存目》也還是題稱"謝莊"。只有郭茂倩編的《樂府詩集》引到《琴論》才稱爲"謝希逸"，但郭茂倩是南宋時人（見《建炎以來繫年要錄》，稱茂倩爲侍讀學士郭褒之孫、源中之子）。在他以前的朱長文（北宋仁宗時人）作《琴史》，其傳目也稱"謝希逸"，而傳文則云"謝莊字希逸"，即知《樂府詩集》稱字與《琴史》同例。《琴史》傳目於謝安也稱謝安石，王徽之稱王子猷，宗炳稱宗少文，皆字而不名。正史也有此例，如《隋書·經籍志》云"《本草》二卷，徐大山撰（大山是徐文伯，曾爲太山郡太守而有此稱）"。"《藥方》五十卷，後齊李思祖撰（思祖是李修的字）"。"《張仲景方》十五卷（仲景名張機）"。"梁有《陶隱居本草》十卷（陶隱居名陶弘景）"。《舊唐書·經籍志》云："《幽通賦》一卷，曹大家注（曹大家姓班名昭）"。"《東都賦》一卷，左太冲撰（太冲名左思）"。"《狐子方金訣》二卷，葛仙公撰（仙公名葛玄）"。例子還很多，用不着一一臚列了。可見劉先生斷定目錄學有稱名不稱字的慣例，是沒有多少事實根據的。其實，對於謝莊，字而不名，唐以前已如此了。如鍾嶸《詩品》云："希逸詩，氣候清雅不逮於王、袁，然興屬閑長，良無鄙促也。"蕭統《文選》，採錄了謝莊《月賦》一首、《宋孝武宣貴妃誄》一首，也都題稱爲"謝希逸"（按《文選》對所有作者，全都是字而不名），豈能說希逸就不是指的謝莊？

　　二　謝莊並不工琴，其本傳中無此記載。在琴書目錄中，除《琴論》外，謝希逸還有其他琴學專門著作多種，另有《雅琴名錄》一卷，現存。可知他是一個專門研究琴學的人，與謝莊無關。

劉先生查書可惜不夠全面。《宋書·謝莊傳》雖沒有提到他"工琴"，但《南史·褚裕之傳附褚彥回傳》有這樣的記載：

　　嘗聚袁粲舍，初秋涼夕，風月甚美，彥回援琴奏《別鵠》之曲，宮商既調，風神諧暢。王彧、謝莊並在粲坐，撫節而嘆曰："以無累之神，合有道之器，宮商暫離，不可得已。"

《琴史·褚彥回傳》也記載了此事，而沒有提王彧，可見謝莊是深知琴理的。《琴論》從今天尚存的一些殘文看來，全都是記錄性的東西，用不着"工琴"也可撰述。何況謝莊確實懂琴並能創作樂歌（見《宋書·謝莊傳》及《通典·樂一》）。

劉先生説："謝希逸還有其他琴學專門著作多種。"這也未免誇張了一點！查舊書記載謝莊的琴學著作實際只有三種，除了劉先生文中引到的《琴論》和《雅琴名録》外，另有《琴譜三均手訣》一卷，見於《崇文總目》《文獻通考》《玉海》等書。它們都題作"謝莊"，並不是題的"謝希逸"（《玉海》在此書目下有注云："疑假託。"但他在《琴論》下没有提出這樣的意見）。《雅琴名録》在焦竑的《國史經籍志》和周慶雲的《琴書存目》裏也都題爲"謝莊撰"，不作"謝希逸撰"。只有《説郛》才題作"謝希逸撰"。但《琴史》於謝希逸（即謝莊）傳説："史雖不言其善琴（按指《宋書・謝莊傳》），然故傳希逸作《琴名》，今所存古人名氏班班可識，意即希逸撰也。非屬意於絲桐者，詎能殷勤於此哉？"朱長文倒以此書來證明謝莊"善琴"。可見就題爲"謝希逸"，還是不能説"與謝莊無關"。

三　《琴論》內容，已及唐代樂曲。

究竟有哪一個或哪幾個樂曲是屬於唐代的？我徧查了《樂府詩集》引的《琴論》，一點也找不出苗頭。在《樂府詩集》外，還另有《琴論》的佚文嗎？我們且看《玉海》引《書目》云：

宋謝莊《琴論》一卷，敍堯至宋，凡九代善琴者姓名及古曲名，琴通三均之制。

這個《書目》的著者，作了《琴論》內容的提要，可以相信他是翻閱過原書的。他説這書所敍述的是自堯至宋，共得"九代"。哪"九代"呢？應該是指唐、虞、夏、商、周、秦、漢、晉、劉宋。不把三國作爲一代，是採用習鑿齒作《漢晉陽秋》的史法。由此就可見，《書目》的著者在《琴論》中，不要説唐代的樂曲他不曾見到，就是齊、梁、陳、隋的樂曲他也不曾見到。而劉先生在《琴論》原書早已亡佚的今天卻看出了"內容已及唐代樂曲"，我懷疑可能是不大真實的。

四　陶宗儀説他是宋人。

這條理由更脆弱了！陶宗儀是元朝人，他所以説謝莊是宋朝人，原是由於看到一般書目在謝莊名上都冠一"宋"字，不知這是劉宋並非趙宋（前引《玉海》述其內容爲堯至宋凡九代，就是最好的證明）。

由此可見，劉先生斷定"謝希逸是晚唐、五代人"，是没有理由的，謝希逸即謝莊，《琴論》是謝莊的著作，是否認不了的。

下面我們再進一步論證《琴論》所記録的《明君》七曲，絶不是唐代所能有。

525

《舊唐書·音樂志》云：

> 《明君》，漢元帝時，匈奴單于入朝，詔王嬙配之，即昭君也。……漢人憐其遠嫁，爲作此歌。晉石崇妓綠珠善舞，以此曲教之，而自製新歌曰："我本漢家子，將適單于庭。昔爲匣中玉，今爲糞土英！"晉文王諱昭，故晉人謂之《明君》。此中朝舊曲，今爲吳聲，蓋吳人傳授訛變使然。

這說明《明君曲》源遠流長。但到唐朝，只有"傳授訛變"了的吳聲，實在是今非昔比。具體情況又是怎樣的呢？《通典·樂六·清樂》云：

> 大唐武太后之時，猶六十三曲。今其辭存者，有……《明君》……等共三十二曲。……自長安以後，朝廷不重古曲，工伎轉缺。能合於管弦者，唯《明君》……等共八曲。舊樂章多或數百言，時（按《舊唐書·音樂志》作"武太后時"）《明君》尚能四十言（按《舊唐書》作"四十四言"），今所傳二十六言，就中（按《舊唐書》作"就之"）訛失，與吳音轉遠。以爲（按《舊唐書》作"劉貺以爲"）官取吳人使之傳習。開元中有歌工（按《舊唐書》此六字作"以問歌工"）李郎子，郎子北人，聲調以（按《舊唐書》作"已"）失，云學於俞才生（按《舊唐書》此下尚有"才生"二字），江都人也。自郎子亡後（按《舊唐書》"亡"字作"逃"，無"後"字），清樂之歌闕焉。

原來《明君》在唐以前是字數很多的長弄。至武則天時只能演奏四十言了。再後就只有吳人傳下的二十六言，而且已與原來的"吳音轉遠"了。最末至於一個傳習吳音的李郎子亡後，簡直就再沒有人能夠演奏《明君》了。這說明了《明君》進入唐朝以後，並不是走向發展的道路，而是走向逐漸衰亡的道路。這種情況是一點不假的。我們只須注意一下，各種文獻記載開元、天寶以後任何琴師彈琴，都沒有一個提到過《明君曲》的，就可知《通典》和《舊唐書》的記載絕對真實。唐代關於《明君》的實際情況既是這樣，而《琴論》乃記載《明君》七曲共有一百多拍，這難道還不夠說明它是只有在唐以前才能有的嗎？劉先生認爲《琴論》作於晚唐、五代人，書中記的是當時的音樂情況，爲什麼《明君曲》除本書外，在這時和以後，都絕沒有任何書記載過琴師演奏它呢？從這裏就可看出，劉先生說《明君曲》"到了唐代大大地發展起來"，"成爲琴曲中的主要樂曲"，事實上是毫無根據的。

由此我們就可以得出結論：劉先生所謂的"曲以拍名"，在唐以前早已有之，並非"起於唐代"，謝莊《琴論》記載《明君》七曲，每曲都系有拍數，就是明證。

526

除了《琴論》記載的《明君》七曲外，唐以前還有《三臺曲》也著録有拍。《樂府詩集·雜曲歌辭》引李氏（匡乂）《資暇〔集〕》曰：

> 三臺，三十拍促曲名。昔鄴中有三臺，石季龍常爲宴游之所，樂工造此曲以促飲。

胡震亨《唐音癸籤》也把《三臺》列爲"周隋以前之曲，在唐猶盛行"的三十七曲之一，而且把它擺在第一。（《癸籤》採録了過去解釋《三臺》的凡三家，而稱"李氏説似可信"。）石季龍是東晉初人，這時樂工作曲，已習慣稱若干拍數，可見拍之名其來久矣。

就是唐代琴師彈的《廣陵止息》，李良輔著録的譜有三十三拍，呂渭又增爲三十六拍，我認爲也都遠有傳授。《世説新語·雅量》曰：

> 嵇中散臨刑東市，神氣不變，索琴彈之，奏《廣陵散》，曲終曰："袁孝尼嘗請學此散，吾靳固不與，《廣陵散》於今絶矣！"

一般人（包括劉先生在内）據此遂認爲《廣陵散》真的由嵇康死而絶，不知《廣陵散》並不是嵇康創作的，晉以後能彈的人還多。傅玄《琴賦》云：

> 馬融覃思於《止息》。

"止息"即是《廣陵》的省稱。嵇康《琴賦》云：

> 次其曲引所宜，則《廣陵止息》。

可見東漢以來就有這個琴曲，嵇康只是魏晉時喜歡彈此曲和彈得最好而已。《宋書·戴顒傳》云：

> 顒及兄勃，並受琴於父。父没，所傳之聲不忍復奏，各造新弄，勃五部；顒十五部，顒又制長弄一部；並傳於世。……勃卒……顒來止黃鵠山，……爲〔衡陽王〕義季鼓琴，並新聲變曲。其《三調游弦》《廣陵止息》之流，皆與世異。

這裏説戴顒所奏《廣陵》等曲"與世異"，可見劉宋時能彈此曲者大有人在，而戴顒更創造了新弄。又釋智匠《古今樂録》引劉宋時人張永著的《元嘉伎録》亦明記當時琴曲有《廣陵散》。《初學記》引隋朝的《琴歷》（即《琴歷頭簿》）也載有《廣陵散》。又《琴史·韓滉及其子皋傳》載"皋聞鼓琴，至《止息》，嘆曰：美哉嵇康之爲是曲，其當魏晉之際乎？其音主商。"韓皋是盛唐末人。從這些可以證明《廣陵散》並沒有由嵇康被殺而絕傳。李良輔著録《廣陵止息譜》說此曲之傳，由"袁孝尼竊聽而寫其聲"，固不可信。但也很可理解，唐以前的琴曲多未著譜，琴師一般是以聲相授，經過幾代或幾十代之後，遂數典而不知其祖，但這個東西明明不是自己創作的，而是前代傳下來的，要寫成書，必須講出一個來頭，所以只好找歷史上彈此曲最有名的人來託始。事情雖不真實，但他們承認這是很早就有傳授的，則是不真實中之真實。我們對待古代許多傳說文獻，都應這樣辯證地理解，才不致成爲潑洗孩子的水，連同孩子一齊潑掉了。

三　有拍也不一定系於曲名

還應指出，琴曲有拍，古人著録或稱引時不必定把拍數系於曲名，這也是常見的現象。如唐玄宗著《金風樂弄》一卷，題未言拍，《玉海》引《書目》卻講明了："載琴音第一第二第三拍，宮調指法。"我們前引李氏（匡乂）《資暇集》云："《三臺》，三十拍促曲名。"亦是一例。即《胡笳十八拍》，古人提到時也多省去"十八拍"的字樣，如李頎詩題稱"聽董大彈胡笳聲"，詩中又稱"蔡琰昔造胡笳聲"，戎昱詩題"聽杜山人彈胡笳歌"，李益《塞下曲》稱"蔡琰沒去造胡笳"，李肇《國史補》稱董庭蘭"善沈聲、祝聲，蓋大小《胡笳》云"，《琴史》稱董庭蘭"以《胡笳》擅名"，蘇易簡自敘"十七歲彈《胡笳》兩本"，陳康自敘"徧尋正聲《九弄》《廣陵散》、二《胡笳》"等，都不言拍。就是劉先生所引的"《廣陵止息譜》三十三拍""《廣陵止息譜》三十六拍""《東杓引》（按《新唐書·藝文志》《崇文總目》等俱作《東杓譜引》①）七拍"，在《新唐書·藝文志》《崇文總目》《中興書目》《宋史·藝文志》《文獻通考》《玉海》以至焦竑《國史經籍志》、周慶雲的《琴書存目》等，也全都沒有繫以拍數（如《崇文總目》云："《廣陵止息譜》一卷，唐吕渭撰。……李良輔……著此譜總三②十三拍，至渭又增爲三十六拍。"《宋史·藝文志》更只稱"吕渭《廣陵止息譜》一卷"，根本不提拍數），連拍作爲曲名乃劉先生給加添上去的。所引《離騷九拍》雖見於僧居月的《琴曲譜録》，但《新唐書·藝文志》《崇文總目》《文獻通考》《國史經籍志》等書實作《離騷譜》。就是《琴論》記載的《明君》七曲，其名亦不必以拍數相連，蓋《琴論》是一方面列舉它們的名字，一方面顯示它們之間的區别，應該這樣

---

①　編按，《東杓譜引》，《新唐書》《崇文總目》均作《東杓引譜》。
②　編按，"三"原作"二"，今據《崇文總目》改。

點斷："《平調明君》，三十六拍；《胡笳明君》，二十六拍；《清調明君》，十三拍；《間弦明君》，十九拍；《蜀調明君》，十二拍；《吳調明君》，十四拍；《杜瓊明君》，二十一拍；凡有七曲。"同樣，《楚妃嘆》（劉先生引作《吟嘆曲》，誤。"吟嘆曲"乃類名。）亦應這樣點斷："《楚妃嘆》，七拍。"推之，《大胡笳》十八拍，《小胡笳》十九拍，亦皆可不連着拍數讀，蔡翼《琴曲》正作"大小《胡笳》"，次乃釋曰"十八拍，沈遼集"云云。

從上面這些例子和解釋，說明了古人著錄琴曲，原不（或多不）連帶拍數爲名。則知唐以前琴書和樂書所載"胡笳"，雖沒有"十八拍"的字樣，也應該是指的《胡笳十八拍》，或者包括有《胡笳十八拍》在內。特別是釋智匠的《古今樂錄》載有下面"張永《錄》"一條，值得我們注意：

> 張永《錄》（按即宋《元嘉正聲伎錄》）云："……又有但曲七曲：《廣陵散》《黃老彈飛引》《大胡笳鳴》《小胡笳鳴》《鵾雞》《游弦》《流楚窈窕》，並琴、箏、笙、筑之曲。"……其《廣陵散》一曲，今不傳。

張永，劉宋時人，曾主朝廷樂事（見《隋書·經籍志》），所著《元嘉正聲伎錄》，是記述他親身見到和聽到的音樂，這裏已提到了"《大胡笳鳴》《小胡笳鳴》"。釋智匠說：張永《錄》的"但曲七曲"只有《廣陵散》在陳時"不傳"。（按唐代猶有《廣陵散》，見前文引證。智匠或據當時朝廷的琴樂言之，山林隱逸有傳此曲，容爲智匠所不知。）說明大、小《胡笳鳴》等曲，由宋至陳一百多年，一直流行。陳後即爲隋，隋僅二十來年即進入唐代，在這樣短的時間內，想來也不會遽然亡絕。按隋朝《琴歷頭簿》（簡稱《琴歷》）有《胡笳》一目，唐初的《琴集歷頭拍簿》（簡稱《琴集》。此書作於初唐，後有論證）記載："《大胡笳》，十八拍；《小胡笳》，十九拍；並蔡琰作。"應即是"《大胡笳鳴》《小胡笳鳴》"的一脈相傳。如果大、小《胡笳鳴》不即是十八拍和十九拍的《胡笳》，即"大"與"小"的稱謂或區分，其依據將是什麼呢？再則一切事物，如果不是舊的，必然另創新名。十八、十九拍的《胡笳》如不是隋以前的大、小《胡笳》，而是新創的琴曲，則又何必襲用"大""小"的字樣，不徑稱爲"《胡笳十八拍》""《胡笳十九拍》"更好呢？還有，上面已經說過，由陳至隋僅僅二十來年，劉宋時演奏、至陳時仍然演奏的大、小《胡笳》，不至遽絕。如果"十八拍""十九拍"確是歷代相傳的大、小《胡笳鳴》以外的新創琴曲，則在唐代，二者應當並行，不會所有琴師都不傳習舊曲。（按《舊唐書·音樂志》記載，從唐高祖至唐玄宗時，自拓跋魏樂府始有的北歌，至此零落殆盡，以"家世相傳"北歌的長孫元忠，猶

529

至於"雖譯者亦不能通知其辭"。《志》緊接着卻稱"絲桐惟琴曲有《胡笳》聲",就說明了當時琴師彈的《胡笳》都是舊聲。)爲什麼唐人提到大、小《胡笳》都是指"十八拍"和"十九拍",絕未提到另有一種《大胡笳鳴》《小胡笳鳴》呢?更有極重要的一點是,《琴集》已明白記載大、小《胡笳》"並蔡琰作",這話是否可以説爲依託,暫不討論,但總說明了《琴集》的作者他是承認這是前代已有的琴曲。(或問:張永《録》和《琴歷》爲什麼都沒有提蔡琰?答:張永《録》只記載劉宋元嘉時演奏什麼樂,例不登記樂曲來歷。《琴歷》記載琴曲亦多不著録撰人,並且原書早佚,類書採録或僅摘取所載曲名。)再加上我們前面論證,唐、宋人稱說"胡笳"都有不帶"十八拍"字樣的慣例,這種慣例也應當有歷史的傳統。由此我們完全可以相信,張永所録的大、小《胡笳鳴》,雖沒有記明十八拍、十九拍,也不能硬斷:它的實際內容不是"十八拍""十九拍"。石虎時的《三臺曲》,唐玄宗的《金風弄引》,李良輔、陳康的《廣陵止息譜》,李約的《東杓引譜》,其曲名不都是"未言拍"嗎?

四 唐代琴家不曾變古

復次,劉先生意圖說明《胡笳十八拍》在"東漢末年蔡琰時代""是不可能有的",又以很大的篇幅暢論了唐代"清樂雅音無不蒙受外樂的影響而發生變化",特別指出"這種影響和變化,到唐玄宗年代,最爲顯著"。由此,他更進一步推論,到了這時,"就是最富於民族傳統、最富於保守性與排外性的中國古琴,在這種特有的歷史條件和社會風氣下,到這時期也不能不接受外樂的影響"。有甚麼迹象可以證明呢?他舉出了下面一個也是他僅能舉出的一個故事:

李肇《國史補》云:于頔司空嘗令客彈琴,其嫂知音,聽於簾下曰:三分中,一分箏聲,二分琵琶聲,絕無琴韻。

劉先生說他從這個故事裏獲得了"很重要的消息",即彈琴已"是與當代外樂的影響密切聯繫的"了。

但我們知道,箏是秦代已有了的,琵琶是漢代已有了的。只消看看後漢侯瑾、曹魏阮瑀、晉陶融妻、賈彬、顧愷之等等作的《箏賦》,和孫訪、成公綏、傅玄等等作的《琵琶賦》,他們對於這兩種器樂是如何的讚美,一個也沒有斥爲非雅正之聲,就知彈琴彈出箏聲和琵琶聲,不過表明于頔那個客人手藝有欠高明而已,哪裏說得上什麼

"接受外樂的影響"？即使那位"客"的彈琴，確是接受了外樂的影響，但《國史補》並沒有稱那位"客"是當代"有名的琴師"，于頔的嫂子也並沒有表示一點"欣賞"和"歡迎"（毋寧說她是在指責），就說明那種情況在彈琴家中仍沒有成爲氣候。唐代彈琴家的真實情形，杜佑《通典·樂六·清樂》講得明明白白：

> 自周隋以來，管弦雜曲將數百曲，多用西涼樂；鼓舞曲，多用龜茲樂；其曲度皆時俗所知也。唯彈琴家猶傳楚漢舊聲及清調、瑟調、蔡邕五弄調（據《新唐書·禮樂志》，此"調"字前後有脫文，應作"楚調四弄"），謂之九弄。雅聲獨存。

是唐代音樂，一切管弦雜曲都崇尚胡聲，獨有彈琴家守舊不變。《通典》這條材料，劉先生也把它抄引了，奇怪的是，他的文章卻作了翻案，認爲當時所有著名琴師，演奏的都不是舊聲，而是新產生的胡聲。看他說：

> 在這種音樂環境和社會風氣之下（按即指《通典》所言管弦雜曲多用西涼樂，鼓舞曲多用龜茲樂一類的事），猶傳楚漢舊聲的彈琴家們，已經不爲社會所歡迎，快要變爲古董了。大家愛聽的是當日稱爲"胡弄"的琴曲，受到歡迎的是那些彈胡笳聲的琴師。唐代幾個有名的琴師，幾乎都是"胡弄"的專家。如趙耶利、陳懷古、董庭蘭、鄭宥、薛易簡、杜山人、姜宣、蕭祐等人，都是以彈胡笳聲出名，得到詩人們的贊揚和宮廷貴族的欣賞。當然，看見這種情形，保守派是要感嘆的。劉長卿《聽彈琴》詩云："泠泠七弦上，靜聽松風寒。古調雖自愛，今人多不彈！"流行的是"胡弄"，冷落的是古調，這是歷史環境決定的，劉長聊再感嘆也沒有什麼用處。

真寫得像煞有介事！我們還是復查一下文獻，看看唐代彈琴家是不是都在搞所謂"胡弄"和"胡笳"，是不是因爲有一個"胡"字就可以說爲"胡弄"？

請先看音樂史家是怎樣記載趙耶利的，《太平御覽·樂部》引《樂纂》曰：

> 趙耶利居士，唐初天水人也，以琴道見重於海內，帝王賢貴靡不欽風。舊譜錯謬十五餘弄，皆削凡歸雅，無一微玷不合於古，述執法象及《胡笳五弄譜》兩卷。

趙耶利是唐初第一流彈琴名手，也是最受宮廷貴族歡迎的琴師，而史家稱他最傑出的地方，不是別的，就在於能夠釐正舊譜，削去流俗的聲調，歸於古雅。可見趙耶利彈的"胡笳"正是古調，絕不可以"胡弄"目之。

請再看琴學家是怎樣稱述董庭蘭的，《琴史·董庭蘭傳》云：

> 薛易簡稱：庭蘭不事王侯，散髮林壑者六十載。貌古心遠，意閒體和。撫弦韻聲，可以感鬼神矣。天寶中，給事中房琯，好古君子也，庭蘭聞義而來，不遠千里。……唐人有詩云："七條弦上古音寒，此樂求知自古難。唯有開元房太尉，始終留得董庭蘭。"

董庭蘭是盛唐時以彈《胡笳十八拍》著名的琴師，但他沒有像趙耶利大走紅運。六十年散髮林壑，只有房琯一人始終見賞。我們看這短短的傳裏提到了多少次"古"：董庭蘭的貌古，他的七條弦上音古，罕遇解人，深感求知自古難，不遠千里投房琯，亦由房琯好古。可見董庭蘭純全是個"古董"，他的拿手好戲"胡笳聲"更不可以"胡弄"目之。

請再看詩人們是怎樣贊揚杜山人的，戎昱《聽杜山人彈胡笳歌》云：

> 杜陵先生證此道，沈家祝家皆絕倒。如今世上雅風衰，若個深知此聲好？
> 世上愛箏不愛琴，則明此調難知音！今朝促軫爲君奏，不向流俗傳此心。

杜山人是中唐時工彈《胡笳十八拍》的琴師，又是一個隱士。詩人說他彈的《胡笳》是雅風，此聲在當時已難得知音，甚至說"世上愛箏不愛琴"了，這與劉長卿《聽彈琴》的感嘆，不是如出一轍嗎？（劉先生忘記了劉長卿《鄂渚聽杜別駕彈胡琴》也有這樣兩句："文姬留此曲，千載一知音。"不也是不勝寥落之感嗎？）可見杜山人的《胡笳》聲仍是古調，並不是什麼"胡弄"。

請再看琴學家薛易簡是怎樣論琴的，《琴史·薛易簡傳》記易簡著《琴訣》七篇，其論琴一則曰：

> 今人多以雜音悅樂爲貴，而琴見輕矣。夫琴士不易得，而知音亦難矣！

再則曰：

> 調弄節奏，或慢或急，任己去古……此皆所甚病。

薛易簡是天寶年間以琴待詔翰林，對當時琴學曾作了總結的專家。他十七歲就彈《胡笳》兩本。他也慨嘆知音甚難，而呵斥流俗調弄"任己去古"。可見薛易簡所主張的還是古調，他所痛惡的正是所謂"胡弄"。

請看看另一個琴學家陳康（《崇文總目》作陳康士）是怎樣自白的，《琴史·陳康傳》云：

> 陳康字安道，篤好雅琴，名聞上國。所制調弄，綴成編集，嘗自敍云："余學琴雖因師啓，後乃自悟，徧尋正聲《九弄》、《廣陵散》、二《胡笳》，可謂古風不泯之聲也。其餘操曲，亦曠絕難繼。"

陳康是晚唐僖宗時的著名琴學家，著有《琴譜》十三卷、《琴譜敍》一卷、《琴調》四卷、《琴調譜》一卷、《離騷譜》一卷。《琴史》引述的自敍，當即採自他的《琴譜敍》。這裏更明白提到了《通典》所說的《九弄》，而稱爲"正聲"；也明白提到"大小《胡笳》"，與"《廣陵散》"同稱爲"古風不泯之聲"；還明白提示他所尋得的"其餘操曲，亦曠絕難繼"。可見陳康所篤好的也是古調，他也不承認《胡笳》是所謂"流行的胡弄"。

請再看琴史專家朱長文對於整個唐代的琴學是怎樣評論的，他在《琴史·三戴傳》云：

> 晉宋之間，搢紳猶多解音律，蓋承漢魏嵇、蔡之餘，風流未遠，故能度曲變聲，可施後世。自唐以來，學琴者徒仿效其節奏，寫其按抑，而未見有如三戴者，況嵇、蔡乎！

他不是明白指出，唐代的琴學家很少創新，只知墨守陳規嗎？

我們上面所列舉的文獻，唐代初盛中晚幾個時期的琴學家都有了，並且他們都彈《胡笳》，而沒有一個不稱它爲雅正之聲，爲古調，也沒有一個不感嘆知音寥寥，好像遺世獨立的絕代佳人，完全證明了劉先生所說與史實不符，也再一次證明了《胡笳十八拍》絕不是唐代才有的琴曲。唐代詩人和琴師，都異口同聲地說《胡笳曲》是蔡琰作，除了當時可能見到的文獻記載外，應當還有彈琴家世代相傳的師說根據，這也是我們必須估計到的。

五　《胡笳十八拍》曲非董庭蘭作

跟着我們再討論一下《胡笳十八拍》曲是不是陳懷古、董庭蘭所作的問題。

劉先生說："《胡笳十八拍》的琴聲"，"起於沈、祝二家"。"沈、祝聲調產生的年代，也就是《胡笳十八拍》琴曲形成的年代"。而"趙耶利是唐初獨享盛名的大琴家……但他所撰的琴譜名爲《胡笳五弄譜》，未名十八拍，同時關於他的各種記載，與沈、祝聲調無任何聯繫，可知在貞觀年間，沈、祝聲調還沒有產生"。"將沈、祝聲調正式寫成琴譜的，出於陳（懷古）董（庭蘭）師生之手"。他由此"證明作'十八拍'琴譜的是董庭蘭而非蔡琰"了。但是李頎《聽董大彈胡笳聲兼語弄》詩明明説："蔡女昔造胡笳聲，一彈一十有八拍。"這又怎末辦呢？他説："我們知道：詩當然是真的，事實是假的。"唐以前"沒有蔡琰作曲的記載"，李頎"隔蔡琰的年代那末遠，是從什麽地方得到這種材料的呢"？他從古琴曲有許多是託古附會的，於是類推出舊傳蔡琰作《胡笳十八拍》，也不外"是琴師們的託古和附會"。他説："李頎並不是做考證文章，他是作詩。琴師們那樣説，他就那樣寫。"

劉先生這一大段議論有很多錯誤。

首先須得指出，劉先生是把"聲"跟"曲"混爲一談了。從來的琴學家是不認爲聲跟曲是一回事的。如《琴史·論音》就明確指出了這點：

    唐代琴工復以聲名家，曰：馬氏，沈氏，祝氏。又有裴、夾、翟、柳、胡、馮諸家聲。師既異門，學亦隨判。至今曲同而聲異者多矣。

大抵同一琴曲，由於各家的彈法不同，就形成了不同的聲，也就有了不同的譜。正如今天同一劇目甚至同一劇本，各地方各劇種唱法表演都可不同。但它們必有一個共同的祖本，不可望派迷源。唐代琴聲確是各有師授，還往往隨地方不同。如《太平御覽》（又見《琴史》）載趙耶利云："吳聲清宛，若長江廣流，綿綿徐逝，有國士之風。蜀聲躁急，若擊浪奔雷，亦一時俊決（快）也。"《山堂肆考》（《徵集》卷十七）亦載："唐李龜年至岐王宅，聞琴聲曰：'此秦聲。'良久又曰：'此楚聲。'主人入問之，則前彈者隴西沈研，後彈者揚州薛滿。"此不必都是琴曲的不同，因爲它們明白的説是"聲"。又如我們前講《廣陵散》，在劉宋時就有不同的聲調，到了唐代又有更多不同的聲調譜，不能説《廣陵散》琴曲不是原來就有的。再如《明君曲》，唐初唯傳吳聲，後來又"與吳聲轉遠"，不能説《明君曲》不是原來就有的。我們前面已經論述過，劉宋時張永《録》已有"《大胡笳鳴》《小胡笳鳴》"，隋代《琴歷頭簿》也載"《胡笳》"，唐初《琴集歷頭拍簿》更明白記載："《大胡笳》，十八拍；《小胡笳》，十九拍；並蔡琰作。"這裏並沒有提到沈聲、祝聲，一方面可以看出沈、祝聲之興起是在這以後，另方面也可看出聲跟曲原是兩回事。以"聲調產生的年代"來推定"琴曲形成的年代"，不能不説是"差之毫釐，謬之千里"了！

其次，劉先生不知《胡笳五弄》跟《胡笳十八拍》原不相干。《琴史·劉琨傳》云：

    〔琨〕洞曉音律，其在晉陽，嘗爲胡騎所圍數重。城中窘迫無計，琨乃乘月登樓長嘯，賊聞之，皆淒然長嘆。中夜奏胡笳，賊又流涕戲歔，有懷土之意。向曉復吹之，賊並棄圍走。琴家又稱琨作《胡笳五弄》，所謂《登隴望》《竹吟風》《哀松露》《悲漢月》。傳至趙耶利復修之，清聲妙響，在於茲矣。

可見趙耶利譜的《胡笳五弄》，是起源於劉琨吹笳卻胡騎事，與蔡文姬沒入南匈奴事並無聯繫，當然不會有"十八拍"的字樣。只能用來說明唐代琴曲《胡笳》不止"十八拍（及十九拍）"一種，不能作爲《胡笳十八拍》在這時還沒有産生的證據。

再次，古代琴曲出於依託、附會的，大致在東漢以前的爲多，東漢以後的就很少了。從晉宋以來琴家制作新弄，史籍多稱美其事，想來他們也樂得有此榮譽。劉先生也說：唐時，舊聲"已不爲社會所歡迎"，"冷落的是古調"，則他們何事汲汲乎"一定要託古"？難道自甘討取"冷落"嗎？劉先生還忘記了唐代有一種風氣：文人命辭，每字都要求其有出處。歐陽詢編《藝文類聚》，虞世南編《北堂書鈔》，徐堅編《初學記》，白居易編《六帖》，李善注《文選》，都是適應這種需要；杜甫"熟精《文選》理"，"讀書破萬卷"，也是爲了下筆都有典據。李頎歌唱"蔡女昔造胡笳聲"，他可以徒然道聽塗說，一點不曾查考文獻記載嗎？又豈止李頎，跟他同時的劉長卿也稱："文姬留此曲，千載一知音。"在他以後的李益還是稱："蔡琰沒去造胡笳。"在那種命辭要有出處的風氣下，一個人可以不經考校，胡胡塗塗道聽塗說，兩個人、三個人也全可不經考校，胡胡塗塗道聽塗說嗎？並且劉長卿聽的是"杜別駕彈胡琴"，李益作的是《塞下曲》，未聞他們與董庭蘭有何關聯，沒有文獻材料的根據，能夠這樣巧合嗎？《太平御覽》引《蔡琰別傳》明白記載"作十八拍"，是最可徵信的最早材料。（劉先生說：《四部叢刊》本《太平御覽》引文爲"作詩言志"，並沒有"作十八拍"的話，"是後人改作無疑"。按《四部叢刊》本實無"作詩言志"四字，它是到"感笳之音"爲止，顯然下面脫漏了一句。明刻蓋據另一無脫文之善本，與唐人的傳說正合。一個是有脫漏，一個是無脫漏，怎麼可以說是"改作"！）本文前面又一再引述唐初的《琴集》也明白記載："《大胡笳》，十八拍；《小胡笳》，十九拍；並蔡琰作。"就都有可能是詩人們歌詠的根據。何以知道《琴集》是唐初人所作？這裏當說一說。按周慶雲《琴書存目》曾有考釋云：

    《琴集歷頭拍簿》一卷，《新唐志》著錄，次陳懷《琴譜》下，趙耶利《琴敘譜》前，當是初唐之書。

又有一條云：

    《琴譜》二十一卷，唐陳懷撰。懷始末未詳。《新唐書志》有《琴譜》二十一卷，次趙耶利《琴敘譜》之前。考耶利卒於貞觀十三年，則懷當是唐初人。

我認爲周慶雲這個考釋是可信的。前面已引過《通典》和《舊唐書》關於《明君曲》的記載：

> 舊樂章多或數百言。時（《舊唐書》作"武太后時"）《明君》尚能四十言，今所傳者二十六言。

説明貞觀以後，《明君曲》一天天地短缺。而《琴集》卻記載了：

> 《胡笳明君》四弄，有上舞、下舞、上間弦、下間弦。《明君》三百餘弄，其善者四焉。又《胡笳明君》别五弄，辭漢、跨鞍、望鄉、奔雲、入林是也。

所謂"《明君》三百餘弄"，正合於"舊樂章多或數百言"之説。其《胡笳明君》有四弄，又有五弄，也不是貞觀以後才有的（當時唯傳《吳調明君》一種）。這些，在《琴集》的作者都看到了，而且詳記下來，從這點看，他可能還是隋朝或更早的人。按王應麟《玉海》正把陳懷《琴譜》與《琴集歷頭拍簿》定爲唐以前的著作，他可能也曾考證過。如此説可信，則大、小《胡笳》蔡琰作，在唐以前是已明明白白有著錄了。

劉先生還引吳兢《樂府古題要解》、杜佑《通典》兩書"沒有蔡琰作曲作詞的記載"，證明當時"蔡琰的作品還沒有產生"，這也不成理由。因爲《樂府古題要解》原多漏落，如蔡邕五弄、戴顒兄弟新制諸弄等，它都沒有記載，總不能說，那些琴曲也是莫須有的。杜佑撰《通典》，對於琴曲，他自己已經表明："非朝廷郊廟所用，故不載。"所以書中只極簡略地提了一下"楚漢舊聲及清調、瑟調、蔡邕五弄調，謂之九弄"。不知劉先生怎樣把《通典》説明著錄體例的那句頂重要的話（《舊唐書·音樂志》也有）讀漏掉了！

六 《胡笳十八拍》辭與拍彈毫不相干

現在我們再進一步討論《胡笳十八拍》辭，是否果如劉先生所説："它是晚唐拍彈的產物，是在劉商'胡笳詞'的基礎上發展起來的？"劉先生列舉了好幾條理由，但這裏，我們用不着逐一辯駁，只須指出：這篇歌辭是在劉商以前早已有之的，劉先生的幾條理由就可全部不攻自破。

文學研究及創作

　　從何見得"十八拍"辭在劉商以前早已有之？那就是戎昱作的《聽杜山人彈胡笳歌》。這詩首載於《文苑英華》，《全唐詩》也曾收入，只要勤於翻檢，是不難發現的。蕭滌非先生在《〈胡笳十八拍〉是董庭蘭作的嗎》①裏就已經引來證明"在劉商之前'十八拍'早有了歌辭"了。

　　《全唐詩》説：

　　　　戎昱，荆南人。登進士第。衛伯玉鎮荆南，辟爲從事。建中中，爲辰、虔二州刺史。

　　　　劉商，登大曆進士第。官至檢校禮部郎中，汴州觀察判官。

　　大曆與建中是前後相接的，大曆凡十四年，建中凡四年。戎昱建中時爲刺史，其登進士第也就應當在大曆時，可見他與劉商生活的年代不相先後。《胡笳十八拍》辭既然戎昱已經看到了，是不好說它是劉商以後才產生的。晁公武《郡齋讀書志》、辛文房《唐才子傳》（參閱蕭滌非先生文）都説"劉商擬蔡琰《胡笳曲》"，這話是完全可信的。武元衡《劉商郎中集序》稱商"早歲著《胡笳詞十八拍》"，與此亦不矛盾。古人言"著"，並沒有表示"獨創"之意，正如今人言"寫作"。我們不能説，"擬"不是寫作。

　　戎昱《聽杜山人彈胡笳歌》敘述：

　　　　綠琴胡笳誰妙彈？山人杜陵名庭蘭。杜君少與山人友，山人没來今已久。當時海內求知音，囑咐胡笳入君手。杜陵攻琴四十年，琴聲在音不在弦。

　　這個庭蘭，誠如蕭滌非先生所說，就是董庭蘭。董在唐肅宗乾元時還活着（乾元距大曆僅六年）。杜山人少時就與庭蘭爲友，想來歲數不會小得很多。庭蘭以他夠得上稱爲"知音"，把《胡笳》傳授給了他。那末，杜山人演奏的《胡笳》，毫無疑問也就是董庭蘭演奏的《胡笳》。戎昱聽杜山人的演奏，詩中已十分清楚地表明了有配弦的歌，就可證明，李頎《聽董大彈胡笳聲兼語弄》的"語弄"，也就不能不是指的唱辭。古人一般以弄指琴曲，而有時亦用以稱歌辭，如智匠《古今樂錄》載梁武帝《江南弄》七曲，每曲還留下一句唱辭。唐代顧況有一首琴歌，也題爲《幽居弄》。李頎詩中雖"沒有一句提到歌辭"，但戎昱的詩明白表示是有歌辭，並不"只是彈琴"。戎昱詩題有個"歌"字，與"胡笳"連讀，亦即謂"胡笳辭"。

　　劉先生説：彈琴時"是不能邊彈邊唱的"，這是不顧歷史事實的獨斷論。《爾雅》

————————————
① 見《〈胡笳十八拍〉討論集》。

537

云："聲比於琴瑟曰歌，徒歌曰謠。"古人彈琴，原有三種情況：一是彈而不歌；二是一人彈，另人和歌；三是自彈自歌。前兩種沒有爭論，不必舉證。其自彈自歌，如《琴操》《樂府古題要解》等書就記載了很多"援琴而歌"的事實。又如劉向《說苑》載曾子"鼓琴而歌"，應劭《風俗通》載百里奚之妻"援琴撫弦而歌"，《魏志》裴松之注引《文士傳》載阮瑀"撫弦而歌"，吳均《續齊諧記》載王敬伯"倚琴歌泫露之詩"，《太平御覽》引《前秦錄》載趙整"援琴而歌"，祖台《志怪》載廬山夫人女婉"撫琴歌曰"，如是等等。《史記》也明白記載："〔《詩》〕三百五篇，孔子皆弦歌之。"又明白記載：趙武靈王"夢見處女，鼓琴而歌詩曰"云云。《晉書·苻堅載記》也明白記載："堅之分氐戶於諸鎮也，趙整因侍，援琴而歌曰"云云。石崇《思歸引》還深憾"古曲有弦無歌，乃作樂辭"。還不止此，蔡邕《釋誨》："胡老乃揚衡含笑，援琴而歌，歌曰"云云。又《琴賦》："繁弦既抑，雅韻乃揚……感激弦歌，一低一昂。"嵇康《琴賦》："初涉淥水，中奏清徵，撫弦按歌，新聲代起。……更唱迭奏，聲若自然。"北齊馬元熙《日晚彈琴詩》："上客敞前扉，鳴琴對晚暉。掩抑歌張女，淒清奏楚妃。"這該是邊彈邊唱，唐以前繁有其例，絕對無可懷疑的文獻證據吧。

古琴彈而不歌，大致在南北朝後期這種現象才多起來，因之這時辭亦多有亡失。《舊唐書·音樂志》云：

> 顯慶二年，太常奏《白雪》琴曲。先是上（指高宗）以琴中雅曲，古人歌之，近代以來，此聲頓絕，雖有傳習，又失宮商。令所司簡樂工解琴笙者，修習舊曲。至是太常上言曰："臣謹按《禮記》《家語》云：'舜彈五弦之琴，歌南風之詩。'是知琴操曲弄，皆合於歌。……《白雪》琴曲，本宜合歌，以其調高，人和遂寡。自宋玉以後，迄今千祀，未有能歌《白雪》曲者。臣今準勅，依於琴中舊曲，定其宮商，然後教習，並合於歌；輒以御製《雪詩》爲《白雪》歌辭。"

雖然經過唐高宗的力求復古，但從唐代許多有關彈琴的文字描述，到處看到的似乎仍多是弦而不歌。除陳康士的《離騷譜》顯然是以《離騷》原文爲辭外（《崇文總目》云"依《離騷》以次其聲"），一般琴譜也似乎都沒有辭。說明弦而不歌，已是當時不可挽回的風氣了。在這種社會風氣下，《胡笳十八拍》如果本無唱辭，是沒有必要再補作的。戎昱的詩已表明"《胡笳曲》（連辭在內）"在當時是不受"俗流"歡迎的古調，雖然那時"回鶻數年收洛陽，洛陽士女皆驅將"，與《胡笳曲》中蔡文姬所傾訴的慘痛遭遇，完全可以引起共鳴，但結果還是："如今世上雅風衰，若個深知此聲好？

世上愛箏不愛琴，則明此調難知音！"這與"京師偷薄少年"以至"屠沽"都"爭相慕效"的拍彈，不是簡直有天上地下的懸殊嗎？

再說，古代原是先有辭，後有聲的。聲是唱辭時拉長的腔調，這種腔調有起伏變化，抑揚頓挫，簡單說，就是有曲折，所以隨後把聲逕稱爲曲（管弦等樂器又是用來合聲的，所以其合聲之音，亦稱爲曲）。當初聲是不能離開辭的。聲離辭獨立，是後來的事。倚聲作辭，又是更後來的事。古代有許多研究音樂和工琴的人都談到了這點。如《茅亭客話》記載一位"家習正聲，自唐以來待詔金門"的琴師黃延矩說：

> 非歌詩之言，則無以成其調也；本詩之言而成調，非因調以成言也。

《琴史·聲歌》篇更譏斥："近世琴家所謂操弄者，皆無歌辭，而繁聲以爲美！"指明了這是流遁忘返的現象，關於古代聲不離辭的事實，唐以前歷有文獻記載。如《宋書·樂志》於《今鼓吹鐃歌》（按"今"指劉宋時）目下注云："樂人以音聲相傳，詰不可復解。"卷尾又記云："《聖人製禮樂》一篇，《巾舞歌》一篇，按景裪《廣樂記》言：字訛謬，聲辭雜書。《宋鼓吹鐃歌辭》四篇，舊史言：詰不可解。《漢鼓吹鐃歌》十八篇，按古今樂錄，皆聲辭豔相雜，不可復分。"（或謂：漢鼓吹曲"是先有聲調，後有歌詞"。由此可證其不然。）蓋當時沒有發明專門表音的符號，只能以字記聲，嵌在辭內，故成爲聲辭相雜；傳之既久，就分不清誰是辭，誰是聲，以致"詰不可解"了。《漢書·藝文志》載"河南周歌聲曲折七篇"，"周謠歌聲曲折七十五篇"，想來也是用字把唱腔（即"聲曲折"）嵌注在辭裏的。但另外還有"河南周歌詩七篇"，"周謠歌詩七十五篇"，單獨保留了歌辭。《宋書·樂志》於魏武帝《秋胡行》《苦寒行》《塘上行》、魏明帝《苦寒行》、古辭《西門行》等樂章，差不多每個字下面都注有表示重文的"二"字，這大概是給歌唱時須拉長其聲的示意。雖然它還不能表示出聲的曲折，但可認爲這是舍字而別創專門用作表音的符號的萌芽。沒有專門表音的符號，就很難產生離辭獨立的曲譜。智匠《古今樂錄》云：

> 俗歌以一曲爲一解，中國以一章爲一解。王僧虔啓云：古曰章，今曰解。解有多少。當時先詩而後聲，詩敘事，聲成文，必使志盡於詩，音盡於曲，是以作詩有豐約，製解有多少。……又諸調曲，皆有辭有聲。……辭者其歌詩也，聲者若羊吾夷伊那阿之類也。

按王僧虔是宋、齊間人。他這段話，表明了這時記聲還是用的字，所以聲仍必附麗於辭。曲有多少節段，也就是辭的多少節段。聲是辭之文，即藝術形式；辭爲聲之意，即思想內容。這是他對於在他以前及當時辭與聲密切相依、密切結合，很好的理論闡述。古代有曲即有辭（即王僧虔明白講了的"諸調曲皆有辭有聲"），至南齊時情況還是如此。這就不可能設想，蔡文姬作《胡笳十八拍》，只有曲，沒有辭了。

（原載《文學評論》1960年第1期，第44~59頁）

關於編改彈詞的女詩人侯芝

張德鈞同志寫了一封信給我，把侯芝的身世作了進一步的查考，對於我在談《再生緣》一文（載於1961年5月4日《光明日報》第二版，題爲：《〈再生緣〉前十七卷和她的作者陳端生》）中的推測有所補正。我認爲，這在撰述文學史上，可能是有用的資料。因此，我節錄了出來，請求《光明日報》予以發表。

郭沫若識

侯芝是桐城的著名文學家梅曾亮的母親，梅曾亮乃清初大數學家梅文鼎的後代（第五世孫）。陳作霖《金陵通傳》中有《梅氏傳》，對於梅曾亮的前輩人作了比較詳細的敘述。

> ﹝梅﹞鏐字既美，號石居，諸生。……鏐子衝，字衝淵，號抱蓀。嘉慶五年舉人。……衝妻侯芝，字香葉。通經史，能詩。生子曾亮。

梅曾亮死在咸豐六年（1856），年七十一歲，逆推上去，是生於乾隆五十二年（1787）。當道光元年（1821）曾亮已三十六歲，這年他才考中舉人，明年才成進士。侯芝決定付刻《金閨傑》是在道光二年，其改編此書卻還要早（見《再生緣序》）。書前的《題詞》也是早已寫好的，所以內稱："一第良人猶負米，三旬伯子尚衣緇。"

梅曾亮在他所著的詩文中也曾屢屢提到他們一家人長時期以來奔走衣食的實際情況。如在嘉慶十三年他二十二歲時著的《龍潭夜發》詩說："但使間關常負米，敢將身世嘆浮沉。遙知欹枕高堂上，合眼江湖夢未醒。"嘉慶十五年《寄王惠川書》説："曾亮行年二十有四……竊自惟五十老親，道長於外；六尺壯男，安坐於室，曾不能紆朱拖紫爲宗族之寵，復不能乘時乾沒逐什一之利……將何以上對毛義捧檄之忱，中伸子路負米之義……計可以濡染筆札邀斗合之資者，唯書記職耳。"嘉慶十六年作《寄園述懷》詩說："家君困筆耕，道長今未歸。遙遙皖公山，餘季亦分飛。……愧彼負米賢，使爾去庭闈。"道光元年《入都寄彥勤弟》說："我生三十餘，踽踽事幽討。豈無功名志？日月送饑飽。長風吹雲濤，萬里試魚鳥。得失安可知？徘徊二親老。"又同年《自樂城赴都作》說："我來視仲卿，一月暫休息。姻親遭變故，後事惟汝力。汝身既淹留，生計安所即？念此增旅愁，起坐悵燭熄。勞勞赴春官，失得自迷惑。我賤安足悲？汝勞竟何極！"父子兄弟全都爲了仰事俯畜，謀食四方。家族貧困，可想而見。

侯芝的婆婆（即梅曾亮的祖母），在她編改彈詞時還在世，也有文獻足徵。梅曾亮在《葉應傳》裏說："石居公之卒，既除喪，有白衣冠立大門外者，家人驚。祖母汪宜人曰：'噫！是其葉先生乎？'余易衣冠出迎，乃入哭，弔如禮，趨而出。"後稱"幼時見先生（葉應）不敢正視，恐失笑見呵。後稍長，知敬異之。聞已沒，不復來。"可見曾亮見葉應時年紀還不很大，但既能具衣冠迎客，也不會太小。或當爲十四五至十七八歲，即在嘉慶五年至九年這段時期內他祖父死了。

侯芝在《再生緣序》裏說："……十年來，拋置章句，專改鼓詞。花樣翻新，只恐詞難達意；機絲巧織，未免手不從心。近改四種，《錦上花》業已梓行。"可見她從事編改彈詞已經有十來年了。這序作於道光元年，往上逆推十年即爲嘉慶十六年。這時她爲了承事她的婆婆汪宜人的"色笑"而編改彈詞，跟他的丈夫梅衝"負米"養親的行迹正是內外相應的。

至於侯芝的父親，他名叫侯學詩，字康衢，一字起叔，號葦園。《題詞》中說，"椿庭五馬稱名宦"。確也是事實。《金陵通傳》有《朱侯傳》詳記其行事："孤貧力學，尤邃於詩。舉乾隆二十一年鄉試。三十六年成進士，除三水知縣，調新會。歲饑，捐振活人無算，新會建有生祠，立碑紀其事。轉南海，兼虎門同知。廣東巡撫李瑚於舟次治番禺茭塘盜，夜縛二百人，平明將殲之。學詩乘小艇往謁，請宥脅從。不許，解舟去。時已四更，學詩復緣堤追及之，徒步十五里，見而力請。瑚曰：'吾任君作好人！'乃復訊，出者百餘人。尋擢監，掣通判。……升撫州知府。遽引歸。家居，自刪削所爲詩曰：'吾詩自南海後憊矣！'著有《八月梅花草堂詩集》。"同治時編的《上元江寧兩縣志》也有相同的記載。梅曾亮著的《侯起叔先生家傳》敘平訊茭塘盜事稍有不同："先生之官南海也，巡撫李公瑚威重甚，甚患茭塘民之多盜也，計殲之。先生請訊。公曰：'每獲盜，皆曰茭塘茭塘。茭塘數百家，即得不爲盜者一兩人，足爲訊乎？'先生固請之。公曰：'吾任君作好人！'後訊出者三百餘人。"梅著傳中還著重敘述了侯學詩作爲一個文人的風格和他的詩作的造詣："是時錢塘袁簡齋方寓江寧，及陽湖趙甌北、鉛山蔣心餘皆以詩震爍天下，而袁爲魁。自王公大人下至商賈婦孺，讀其詩者，人人自以得其意。賓客遊士投詩卷爲弟子者，名紙之積如山。而先生泊如也。其所爲詩，味幽而氣疏，情暢而義肅。大較似陳無己而貌加豐焉。世之人不知好也。即先生，亦未嘗輕以詩許人。"侯芝"做舊詩的功力相當高"，自然是多分得力於"幼承庭訓"。從上面引述的記載，同時可以證明，侯芝的父親沒有死在廣東的任上，《題詞》所說的"宦遊東粵父娘離"，是說她的父母往廣東赴任，和侯芝離別了。

侯學詩有兩個兒子。長名雲松，字青甫，中嘉慶三年舉人。次名雲石（《金陵通傳》說叫雲倬），博士弟子（《金陵通傳》說道光十四年舉人）。但對侯芝來說，他們都是老弟。《題詞》所說"依兄問字"的那位哥哥，應當是指侯學詩之弟學誼的兒子，名雲錦。其人：

  雲錦字子有，號抑庵，嘉慶三年與從弟雲松同舉鄉試。性沖淡誠摯，工詩畫。……著有《曇花書屋詩集》。（《金陵通傳》）

梅曾亮講到侯雲錦時，一則曰："少以文名於時"，再則曰："先生於吾母爲同堂兄，友愛殊甚。"則侯芝幼年時"依兄問字"的情狀可想而見。

侯雲錦也的確是善於教學的人，梅曾亮幼年也曾受業於雲錦，頗得其陶冶。他後來常常提起這事，如說：曾亮"於先生爲弟子"，"曾亮幼時受業於先生"，"憶曾亮受書時，年十二三，先生顧不以常童畜我"。又說："抑庵舅氏館吾家時，曾亮童子也。""舅氏抑庵先生好詩，冬雪後，紅日射窗紙，呵筆不自休；尤好東坡《聚星堂雪詩》，每和必屬曾亮。"

曾亮的妹子淑儀也由雲錦教會了作詩。侯雲松贈答淑儀的詩曾講道："汝昔隨吾兄，典籍導所喜。邇來善涉獵，揮翰備諸體。……我歸才幾時，新什貽累紙。詞工視所歷，甘苦備嘗矣。"

侯雲錦是一位有才學的人，但爲封建社會所折磨、困阨，郁郁不得志而死。梅曾亮《侯子有先生墓誌銘》說："先生於內行修也，少以文名於時，於仕宦危得之矣，卒不遂，晚乃頹墮委靡，務爲無訾省狀，以自適。然終不能自勝。其卒也疾以肝。……將死，自書其行曰：'父母已衰，孝不勝慈；有弟曰松，友不勝恭。少治章句，乃爲祿利；晚逃佛老，未捐忿恚。嗚呼哀哉！名與生敝！'"

侯芝《再生緣序》說："余幼弄柔翰，敢誇柳絮迎風；近抱採薪，不欲筆花逞豔。是以十年來，拋置章句，專改鼓詞。"講明她之所以編改彈詞，除了承歡婆婆外，還有一個原因，是自己被病魔纏繞住了（"採薪"），不能再做太花心血的詩文。她是在道光前十年就已失去健康的。梅曾亮記載他的舅父侯雲錦和他母親"又皆多疾，以年命相憂"。侯雲錦死於嘉慶十八年，即道光前八年，跟侯芝自己所說"近抱採薪"之時，也很相合。侯芝所以喪失健康，應該是由於家務勞悴。她的大弟侯雲松贈答她的女兒梅淑儀詩說："汝既備文福，性尤似母氏。事能務其大，睦族聯其邇。用財酌豐儉，御下肅綱紀。勞悴而不辭，德怨兩俱弭。人人謂賢能，儔輩惡可比？要知愁與病，隱亦由此起。"從這裏也可見侯芝之爲人。

侯芝的父親雖然官至知府，但回家後，仍清貧如洗，要靠兒子筆耕養活。這和侯芝丈夫的家境完全相同。梅曾亮著《侯青甫舅氏詩序》有這樣的描述："吾舅氏青甫先生（即侯雲松），其舉於鄉，年甚少也。爲文操紙筆立就者數千言。工尺牘，得畫名四十年，所至屨滿户外。然僅一應禮部試，得校官，遂不復出館。江鄉數百里內筆墨所入，供甘旨，庀家具；又推給寒與饑之三族。至供養事畢，始赴歙就官。家居時，間日必過吾母話。……吾母嘗曰：'今歲殊艱難，未過上元節，典一釵，後當如何？'先生曰：'吾初質衣服，慚其家人；今計有質物，即自豪耳。'"可見兩家生活之艱難情況。

侯芝也善於教育子女。梅曾亮在《周石生授經圖記》一文裏這樣附帶提到："曾亮年十三四，家大人方試禮部，留京師。每從塾歸，則吾母課誦。必問：所習者師講解否？能記憶否？背師作遊弄否？自塾歸適他所否？即石生從塾歸，其母夫人亦然。"梅曾亮於文學很有造就，品格也頗高，不能不歸功於家族教育，更不能不歸功於母教。

侯芝除了編改的四種彈詞梓行外（《再造天》記明：道光八年戊子香葉閣刊，內封題"香葉閣藏板"。說明此書是侯芝自己經手刊印的），她還著有詩集，在她生前就已刻板。梅曾亮《曇花居士存稿序》："母嘗病危，先生（侯雲錦）序母詩刻之，幸生存，見以自慰。"這是侯雲錦還沒有死前的事，即嘉慶十八年以前的事。

以後侯芝繼續有著作，在她死後，侯雲松很想搜輯起來，跟雲錦和自己的詩合刻在一起。雲松曾把這個心願寫在贈答梅淑儀的詩裏："吾兄有遺稿，宅相序而梓。汝母所未刻，搜輯尚有幾。我亦錄所作，共擬附卷尾。三人昔攜持，合刻亦宜爾。歸裝縱蕭然，悉索仍辦此。"這個合集究竟刻了沒有，無從知道。

《曇花居士存稿序》作於道光十二年（1832）。其中有這樣的話："吾母之卒亦三年矣。"可知侯芝死於道光九年（1829）。又嘉慶十五年（1810）《寄王惠川書》裏說："曾亮行年二十有四……竊自惟五十老親，道長於外。"雖然講的是侯芝的丈夫，但侯芝的年齡應亦相當。假定她這年也五十歲，則至道光九年（1829）她死時約六十九歲。再逆推以計，其生年則應該是乾隆二十五年（1760）。這跟她的"同堂兄"侯雲錦死於嘉慶十八年（1813），年五十七，逆推應生於乾隆二十二年（1757），她的大弟侯雲松在道光十四年（1934）滿七十歲，逆推應生於乾隆三十年（1765），互相比較，恰好她亦在差數的中間。

作了上面的瑣碎的考核後，我不禁產生了兩種感想。

（一）處在封建時代，地主階級的知識分子，他們的思想言論以至情感，全都沒有越出封建制度所可能允許的範圍。然而，其中有不少的人，儘管有多大的才華和學問，有多高的品德和抱負，總不免於被"命運"捉弄。扼於功令，困於科場，顛沛於糊口，震掉於飄忽靡定的寵辱得失，就這樣勞勞役役，一步一步地走進了墳墓。梅曾亮給侯雲錦作的墓銘曰："生靡樂，死奚若，嗚乎先生，此其壑！"這實際就是以往歷史上大多數知識分子所同有的悲劇式的命運。這樣的情況在今天是一去不復返了。

（二）侯芝是一位女詩人，她編改的彈詞四種，也是一種詩作。但彈詞這種文藝作品，儘管十分受人民歡迎，而封建士大夫總視爲"鄭聲"。雖然侯芝已經按照封建傳統的道德觀把舊詞來了個"花樣翻新"，期於"敘事言情，厝歸禮德；謔書雜戲，不盡荒唐"（《再生緣序》），一點也不致於有傷封建主義的"風化"了，但她的詩人資格畢竟因此被取消了。試查一下，清代所有的史書、筆記，以至地方志，除了《金陵通傳》外，不是全沒提起過她的名字嗎？就是專門編錄一代婦女詩作的《正始集》《續正始集》，亦復如此。其至光緒三十二年某氏編著《祖國女界文豪譜》，自稱是爲了"擴張女權"而作的書（實簡陋不堪），也仍然如此。到了民國十四年，梁乙真女士著《清代婦女文學史》，"涉獵婦女文學書籍不下數百種"，以婦女而著婦女文學史，涉獵的書又那樣多，而在她寫成的文學史中，依然還是只字未提到侯芝。爲什麼呢？不是由於她認爲彈詞不能算做文學作品嗎？這還不足爲奇。梅曾亮在道光、咸豐間，執文壇的牛耳，"一時碑版記敘，率其手筆"。他的文集中也保留了不少給當時人著的"家傳""墓誌銘""壽序"等。而他對於自己的母親侯芝，卻沒有爲她立一傳，著一墓誌，僅僅在給別人寫的文章中，時一提到，而提到了，也從沒有著出"侯芝"或"香葉"的名和字來。這又是爲什麼呢？我想，應該還是封建傳統的文學觀在作祟。梅曾亮害怕寫出了他母親的名字，使後人知道《金閨傑》《再造天》的作者就是他的母親。這可不要受人嗤笑？所以他率性把自己母親的名姓隱諱下去了。

侯芝儘管封建意識也十分濃厚，但也確有遠遠超出當時所謂"勝流"的地方。她也是係出名門，而又是賢妻良母，到了六十高年（編改《金閨傑》在道光元年，時已六十），不怕貧病交加，卻能奮然不顧"正統"文學家的譏訕、指斥，而把幾種僅有抄本流傳的彈詞連續編改刻印了出來。這不能不說，她還是具有一定的叛逆精神的。彈詞早爲人民所喜聞樂見的作品，而在今天更已成爲我們百花園中的一棵千葉牡丹了。整個社會翻了身，勞動人民翻了身，通俗文學也翻了身。這是侯芝所不曾料到的，更是梅曾亮所不曾料到的。

1961 年 5 月 11 日

沫若案：侯芝具有一定的叛逆精神是可以肯定的。有趣的是，她儘管是賢妻良母主義者，而在她所做的《再造天》的第一回裏，卻在大大地頌揚武則天。

"唐朝不是武則天大權獨掌，若如高宗與中宗庸主行爲，則江山久已分崩，如晉惠帝五胡入佔、唐明皇避蜀，而一家元氣盡矣。則天僭位改元，誅殺太過，但量才酌用，知人以明，實一代英主。唐之後代主，誰能及之？且六十年完完全全的，若中宗作二十年天下，則久爲韋后諸人弄得如賈后矣。則天乃千古之奇人，豈昏君淫后之比？"

這見解，在我看來，比司馬光那樣的正統史學家要高明得多。這樣的話已經説得夠膽大了，她接着還寫了一首五言排律來歌頌：

　　女主御當陽，威名四海揚。
　　呼韓稽首至，高麗甲兵藏。
　　人漫譏狐媚，君誰及帝剛？
　　南衙嚴內寵，鳳閣按張郎。
　　法不寬私愛，臣惟擇相良。
　　知賢稱國老，讀檄惜賓王。
　　慚德何爲玷？雄才足制彊。
　　金甌無缺失，千載一神皇！

生在乾嘉時代的女人，敢於説出這樣的話，做出這樣的詩，是足以令人詫異的。不過她也用了隱身法來掩蓋了自己的叛逆。這些話和詩，在書中是通過一個壞女人皇甫飛龍説出來的。既是壞女人説的，當然也就是壞話和壞詩了。但儘管怎樣巧於掩藏，在我們看來，誰也會知道這是侯芝自己的話和她自己的詩。她巧妙地衝犯了一下封建時代的森嚴壁壘，的確可以肯定：她是有一定的叛逆性。

一九六一年五月十三日

（原載《光明日報》1961 年 5 月 17 日）

陳端生的母系對她在文學成就上的影響

  陳寅恪先生在《論〈再生緣〉》一文中，早就注意到陳端生的母親汪氏對於陳端生的影響，並涉及汪氏的父親和弟兄。但因所接觸的資料有限，他的論證每出於猜想，而且有些猜得不大正確。張德鈞同志對於這一個問題，作了進一步的搜索，有所弋獲，特爲介紹。

郭沫若

  《再生緣》作者陳端生的外祖父家，從外高祖到表兄弟，在李桓輯的《國朝耆獻類徵初編》中都收有他們的墓誌。

  外高祖汪森，字晉賢，號碧巢，生於順治十年（1653），卒於雍正四年（1726）。外曾祖汪繼燝，字焯云，號恬郒，生於康熙十六年（1677），卒於雍正四年（1726）。外祖汪上堉，字綺巖，生於康熙四十一年（1702），卒於乾隆十一年（1746）。大舅父汪孟鋗，字康古，號厚石，生於康熙六十年（1721），卒於乾隆三十五年（1770）。二舅父汪仲鈖，字豐玉，年未三十，以乾隆十八年（1753）沒，當生於雍正三年或四年（1725—1726）。表弟汪如洋，字潤民，號雲壑，生於乾隆二十年（1755），卒於乾隆五十九年（1794）。從汪繼燝以上，住居嘉興桐鄉縣，至汪上堉始遷居秀水。

  汪繼燝墓誌云："子六……廷英、上埏、上堉、廷萼、上坮、上埵。……上堉娶祝氏，有子曰鋗、曰鈖、曰鎔，有女一。"

  汪上堉墓誌云："連應鄉舉，不得薦，慨然有功名之心。雍正乙卯（十三年，公元1735）以軍興，入粟佐邊，起家爲郎，初授盛京刑部員外，內轉户部，擢刑部郎中。乙丑（乾隆十年，公元1745）出守大理府。""子孟鋗、仲鈖、季鏗。"

  汪孟鋗墓誌云："庚午（乾隆十五年，公元1750），君與豐玉（仲鈖）同舉於鄉。"又云："大理（汪上堉）四子，君其長也。……雍正乙卯（十三年，公元1735）爲娶婦……蓋大理惟及爲家子娶婦，其諸子女，皆君於父沒後爲弟婚而嫁其妹者也。"

  這些都與下述資料相合：（1）陳端生祖父陳兆崙撰《顯妣沈太宜人行述》所載：

"孫玉敦，聘汪氏，原任刑部河南司郎中、雲南大理府知府加二級[①]起（綺?）巗公女。"（2）陳玉繩撰《陳兆崙年譜》所載："〔乾隆〕十五年（1750）……六月，率諸子弟回浙鄉試。……榜發，二子玉萬、玉敦同領鄉薦。……次子（玉敦）之妻兄秀水汪孟鋗、弟仲鈏（按《年譜》誤，應作仲鈖）亦中式。"

陳寅恪先生在《論〈再生緣〉》一文中，據道光十五年修《雲南通志稿》一一九《秩官志》記載：汪上堉"乾隆十年（1745）任雲南府知府"。推斷汪上堉可能即"起巗公"，這是對的。但他說：汪上堉可能先任雲南府知府，後又爲大理府知府；更推測：陳端生的母親可能曾隨同汪上堉到過雲南，《再生緣》中有關雲南地理知識即得之於其母云云；按之墓誌，則全不相符。汪上堉墓誌云："乾隆丙寅（十一年，公元1746）八月，雲南大理府知府汪君以疾卒官。"又云："……擢刑部郎中，乙丑（乾隆十年，公元1745）出守大理府，逾年遂卒。"汪上堉沒有做過雲南府知府，這可證明了《雲南通志稿》的錯誤。又《汪孟鋗墓誌》云："考上堉，歷官大理府知府。""乾隆元年丙辰（1736），君年十六，侍母從父官盛京。入官京師。……乙丑（乾隆十年，公元1745），大理出守，遣家歸。丙寅（乾隆十一年，公元1746），大理卒於官，君奔迎柩歸。"陳端生的母親也並沒有隨同她的父親汪上堉到過雲南。因此，陳端生寫《再生緣》時，其有關雲南的地理知識，應該是從她的舅父汪孟鋗或其他的親眷那裏得來的。

汪氏幾代墓誌說明，汪氏是當時浙江的"望族"。不但饒於財，並長於文學。汪森著有《小方壺存稿》，又輯有《蟲天志》《名家詞話》《粵西詩載》《文載》《叢載》（合名《粵西統載》）。汪繼燝著有《雙椿草堂集》《視台草》。汪孟鋗著有《龍井見聞錄》《厚石齋詩集》。爲內閣中書時，充方略館纂修。又於《御批通鑒輯覽》《平定準噶爾方略》《大清一統志》的撰述，皆身任其事。汪仲鈖亦著有《桐石草堂集》。汪如洋著有《葆中書屋詩集》。"雄於文，豪於詩，試輒冠軍。每一篇出，口相傳以熟走數千里，垂數十年諷詠者不絕。"王昶在《湖海詩傳》裏說：汪森"讀書好友，建裘杼樓以貯圖史，有華及堂以延賓客。故子孫皆好學能文"。汪如洋墓誌說："汪氏自先生（汪如洋）以上五世，文望輝赫，祿位踵於朝。"

陳端生的母親生長在這樣的家庭環境裏，自然也會受到文學的良好熏陶而長於文學。所以《再生緣》敘述稚年時，"椿萱分韻課詩篇"。（陳文述題端生妹陳長生的《繪聲閣詩集》也說："紗幔傳經慈母訓。"）又記她"戲寫"此書時，"慈母解頤頻指教"。一旦到了"自從憔悴萱堂後，遂使芸緗綵筆捐"。——失去母親，就很長時期不

[①] 編按，"級"原無，今據《行述》補。

能再寫下去。從這裏可以看出，陳端生創作《再生緣》，她的母親是曾給予了很大的幫助的。

《再生緣》由"浙江一省徧相傳"，以至"頗耐西南漸有聲"，正好像她的表弟汪如洋"每一篇出，口相傳以熟走數千里"一樣。我想這也可能多少跟她的外祖汪上堉知大理府遺愛在民有關。

《汪上堉墓誌》云：上堉"其疾也，以勞役傷暍（中暑）"。與此相應的，《嘉興府志》記載有汪上堉死後當大理府城隍神頗顯靈異的故事。在上堉死後七年，"上堉弟筠道經大理，先一夕，郡廟巫夢上堉衣冠出，蹴巫起，曰：'吾弟且至，其速候於途。'旦往伺，筠果憩候館矣。於是大理人咸知上堉爲府城隍神。蓋生而勤民，沒而祭祀，理固有之"。靈異是鬼話，"生而勤民"，則是事實。《汪如洋墓誌》亦敘述："先是大理公惠愛在民，歿有廟祀，屢著靈異。先生按試大理（汪如洋於乾隆五十一年〔1786〕冬，督雲南學政），拜謁於廟。郡人以爲'明德之後，必有達者'……相與焚香擎跽以送。"汪如洋由於是汪上堉的孫子，大理人民對他表示了這樣濃摯的敬愛。陳端生是汪上堉的外孫女，剛好在汪如洋督雲南學政這個時候，她父親陳玉敦也在雲南任監安同知，《再生緣》抄本被帶到雲南，汪如洋或其從屬也很可能要爲之延譽。以這種種關係，雲南人爭相以先讀爲快，因而"頗耐西南漸有聲"，這是很自然的。

（原載《光明日報》1961年7月25日）

由《里堂詩集》抄本說到《雲貞行》的年代

  這是張德鈞同志給我的一封信，是我託他對焦循《里堂詩集》抄本進行研究的結果。他的看法和敬堂同志在《陳端生是"陳"雲貞嗎？》中的看法，大有距離。用爲介紹，以供商討。

郭沫若　一九六一年十二月二十六日

  北京圖書館藏《里堂詩集》抄本我去查看過了，似是焦循本人所手編。卷首有徐熊飛序（並有"徐""熊""飛"三字長列的印記），亦見載於《雕菰樓集》卷前。序云："予讀君詩既卒業，因……爲之序。"是知焦循原有將其生平詩作單獨編成集子付刻的打算。阮元撰《通儒揚州焦君傳》稱："君文集手自訂者，曰《雕菰集》二十四卷，詞三卷，詩話一卷。"蓋焦循後來把詩既編入了《雕菰樓集》，《里堂詩集》因而遂未付刻。

  《里堂詩集》抄本第一冊第二卷在《哀小甲》詩那一頁夾了一個紙條，上面寫着："聯句注'予'字，古人有此體否？似宜注名，使《與朱茮堂聯句》一例。"其右邊又有小字一行云："'與'字下增'兒子'字，自明。士禎校。"查第五卷（在第二冊）有《登雞鳴埭，歸舟，自蓮花橋步至地樓，與延琥聯句，得十韻》，詩云："纔過雞鳴埭，還來上地樓（予）。塔雲行漸逼，徑竹轉偏幽（琥）。……"又另有《與朱茮堂月下聯句二首》，詩句下正是注的"循"字。可知上述紙條是對《與延琥聯句》一詩提的意見，誤放入第二卷去了。再查《雕菰樓集》卷四載此詩，詩的斷句處仍舊注"予"字，不注名；而詩題"與"下卻有了"兒子"兩字。顯然焦循是在"手自訂"《雕菰樓集》時部分採納了士禎的意見。這也就可以證定此抄本確是焦循在未編訂《雕菰樓集》前所手編的一部詩稿，並曾以此請正過一些朋友。

  抄本詩集跟《雕菰樓集》中詩的編次，有很大的不同。抄本不分體裁，主要是以一個時期的詩作編在一起。《雕菰樓集》是詩文合集，其詩則完全是按體裁分編，以樂府、五言古、七言古、五言律、七言律、五言絕句、七言絕句相次。詩中或詩序中有明確提到年代的，亦大略按年代先後編次。

但抄本詩集每卷前以甲子標明的寫作時間卻很有問題。首先值得注意的是，它的字體和墨色跟本書的字迹全不一樣。其卷一標注的甲子還不是放在書題卷次下，而是寫在第一首詩《古意》的題目之下。很明顯，這不會是原來就有的，乃另外的人看到詩中或詩序中有一些記明了年代，因認爲其他没有記明年代的也可能是同一時期之作，於是就在每卷前面都給它添上甲子了。

事實上，原稿只是大體上按年代相次，卻不嚴密。舉一例子，如卷五《四哀詩》第二首"王準"，序云："壬子遊幕南昌，遂病，病中迫欲見父，方及閩而卒。"詩云："三年之别頓聞君死，聞君之死又三年矣！"壬子後三年乃乙卯。又第三首"顧之逵"，序云："乙卯秋遇於秦淮水榭中，明年自浙至吴、至其書室……值君病死。"乙卯之明年乃丙辰。而卷前標注時間爲"丁巳至庚申"，豈能相合？又按抄本這篇詩曾用濃墨鈎乙了一下，另又有一個示意還原的三角形鈎畫打在右邊，並頂批"不删"，這也值得注意。我是這樣推測：所以乙去者，蓋初認爲依年代不合在此。終不删去者，則表明原可不必悉依年代順序。

另外，還找到一個最堅彊的證據。抄本詩集卷二，是標注着"庚戌至甲寅"的，但裏面有《答朱休臣（當作"承"）》一詩，並附載："原作""朱士彦"。考朱士彦的《朱文定公集》卷一，正也收有《贈焦里堂》詩（但未附載焦循答詩），卻是編在"戊午"（嘉慶三年）。據朱士彦的兒子朱百榖在卷十記云："先文定公手自編詩，絕筆於此，男百榖謹將續稿編年於後，從公志也。"後復有補編，徑題爲"文定公編年詩補"，可見朱士彦詩乃是完全按照年代先後編次的。"戊午"只有《贈焦里堂》和《題朱弇風月堂詩話》兩首，更可相信它的紀年不會有所差錯。而《里堂詩集》抄本把載有朱士彦《贈焦里堂》的這卷，竟標爲"庚戌至甲寅"，是把朱、焦贈答之作至少提早了四年。如果是焦循本人所爲，何至錯誤如此！單憑這點，就可充分證明，抄本每卷前面添注的甲子紀年，不能信爲原稿所有，當然也不能據以推斷各詩的寫作年代。

焦循作的《雲貞行》，《里堂詩集》抄本正好放在卷二。同卷的《答朱休臣》詩既證明了實不作於"庚戌至甲寅"這個時期內，其《雲貞行》，自然也不能依據卷前所添注的甲子紀年以推定它的寫作年代。

依我看來，《雲貞行》很可能作於《答朱休臣》同一時期，或許還要稍後一些。按《雲貞行》序云："寶應朱文學士彦志之以詩，事可見矣。"是焦循作此詩係由朱士彦的詩所引起。而焦之得見朱作，又特別提到他，並且詳具其籍貫、身份，必定是很熟的人。而焦循與朱士彦一住江都，一住寶應，是怎樣相識的？何時相識的呢？前述他們互相贈答之作似能解決問題。茲抄於下：

551

朱士彥《贈焦里堂》
租驢博士日相逢，被酒何人識乃公？
坐擁百城胸列宿，行吟七子氣如虹。
大兒文舉今安在？老子韓非傳所同，
瞢社珠光知有意，才名不獨大江東！

焦循《答朱休臣》
從來杜母重知名，慚愧齊竽逐隊行。
狗曲怒曾逢博士，龍頭句敢壓彌明！
聞雞野店君先舞，種樹重堂我未成。
莫道珠光爲科目，秀才胸次有蒼生！

按《里堂詩集》抄本和《雕菰樓集》所附載朱士彥的詩，有幾句略異，"日相逢"作"鎮相逢"，"七子"作"七字"，"傳所同"作"傳許同"，"才名不獨大江東"作"相期攜手鳳池東"。這大致是原來的樣子，後來朱自己作了修改。這兩詩說明了他們是應戊午鄉試在路上同宿一個"野店"才相識的。但彼此早已互相知名，故一見就有英雄識英雄之慨。這時他們都是郡學生，都看不起他們的儕輩，所以都罵"博士"。同時互相推許可以穩拿功名："相期攜手鳳池東"，"龍頭句敢壓彌明"。雖然結果朱士彥是嘉慶五年庚申才中舉人（見民國二十一年修《寶應縣志》卷七《科貢表》），焦循是在嘉慶六年辛酉才中舉人（見阮元撰《通儒揚州焦君傳》）。

朱、焦互相贈答詩是他們初相識時之作，焦見朱的《詠雲貞》詩雖不知在何時，然焦循《雲貞行》在《里堂詩集》是編次於《答朱休臣》又隔三首詩的後面的，這卻表明了寫作時間是在兩人相識以後。但下限不能越過嘉慶五年庚申，因爲序稱朱士彥爲"文學"。嘉慶五年朱士彥中舉人，就不能以"文學"稱之了。由此可以推定，《雲貞行》當作於戊午至庚申即嘉慶三年至嘉慶五年這兩三年內。還很有可能他們是在一起寫作的，朱作了，焦馬上就作，互逞才華，就同在赴鄉試路上的互相贈答一樣。

《雲貞行》序云："書中有'楓亭分手'之語，共傳爲仙游縣人也。""共傳"兩字也很可注意，似乎是根據陳文述《雲貞曲》所說的"妾往仙游縣"而來。焦詩也有這個句子，不能說是偶同，正是襲用。由此可以推定焦詩、朱詩都在陳文述《雲貞曲》之後。反過來，也由此可以推定陳文述的《雲貞曲》寫作時間不能晚於嘉慶五年。

（原載《文匯報》1962年1月4日）

五言律詩 二首

大佛亭小坐

坐石能雕佛，遊人此息機。江流常繞足，花影不沾衣。苔滑香塗盡，亭閒鴿怖稀。化城無久住，得意蹔忘歸。

烏尤寺

惠淨安禪處，何年龍象行。松陰當戶暗，竹影入江清。夜雨知花落，晨鐘亂鳥鳴。天留孤嶼在，能使二流平。

（原載《吹萬集·詩選》，1941 年《復性書院選刊》，第 105 頁）

七言律詩 二首

和湛翁夫子上巳日韻

　　兀坐孤峰絕四鄰，青山常與白雲親。吹含萬籟風無作，影入千江月近人。在定不知身是幻，觀空何礙物爲實。塵中任爾爭蠻觸，未減花前一片春。

　　蓬累行吟豈擇鄰，域中憂喜迭相親。空庭暮噪爭巢鳥，極浦晨歸罷釣人。此日風塵迷故國，他年籩豆憶初賓。子規啼向江南路，楊柳依依送遠春。

(原載《吹萬集·詩選》，1941年《復性書院選刊》，第105頁)

五言絕句 一首

偶成

昨夜江風急，臥聞山鳥啼。朝來開徑望，落葉滿林蹊。

（原載《吹萬集·詩選》，1941 年《復性書院選刊》，第 106 頁）

七言絕句 三首

過龍泉驛遇敵機

百戰當年尚此山，綠沈終見點苔斑。行人爭避鷹鸇擊，卻憶籠開放白鷴。

晚泊中巖望邱先生故居

舊日訪碑曾過此，今年征棹偶重臨。山陽日暮聞吹笛，目繼白雲何處尋。（邱公題中巖有"白雲深處誦遺經"句。）

宴坐

巖間宴坐自觀空，風動塵飛萬境同。到眼雲煙隨起滅，經天日月自西東。

（原載《吹萬集·詩選》，1941 年《復性書院選刊》，第 107 頁）

少　　年 （詩）

有人說少年好比是初出東方的朝陽,
一輪剛起，萬丈光芒，
但他假使沒有真的力和熱，
結果終衝不出這密密的烏雲。

也有人說少年是初出山谷的流泉,
轉瞬間便要變成滔天的湖海，
但他如不努力衝過巖沙險阻，
終於只留在山谷中徘徊。

少年們！
你要不斷地奮鬥，努力！
你要努力將途中的荊棘斬盡！
別怕什麼肝腦塗地，
別怕什麼粉骨碎身。

奮鬥,
努力，
向光明之路前進！

（原載《兒童世界》1933 年第 11 期，第 91 頁）

柳　　　絮　(小説)

　　風過處，片片的柳絮都脫離了樹枝，漫天地飛舞着。有的跌在泥裏，有的落到地上，有的高沖雲霄，有的跌落深淵，有的黏附在人們的衣上，有的在渺渺茫茫中消失了。

　　他們這樣地跟着風飛，自己並沒有什麼意志，只是任着風來支配它的前途。

　　柳絮啊！像你這樣的毫無目的，只是聽命於風，到底是什麼意思？

　　風，他是毫不負任何責任的，他不管將你們吹到哪裏，也不管你們此後環境的好壞——橫豎於他是無關的。但是，柳絮啊！這是關於你們一生的命運，你們是不可如此只隨着風來斷定你們的命運啊！

　　當你們生在枝頭的時候，是何等的美麗，可是你一旦被風吹到泥漿裏，那真骯髒極了，這便是你盲從的結果啊！柳絮，美麗的柳絮，快快醒悟吧。

（原載《兒童世界》1933 年第 9 期，第 101 頁）

最好的禮物 （愛國故事）

玉兒的外祖母明天要做生日了，他的母親拿了一塊錢給他，並且對他說："玉兒，明天是你外祖母的生日，你應該買點禮物送給他。"

玉兒聽了，便接了錢到街上去，看看甚麼東西是外祖母所喜愛的，他便買了來。後來，他在一家百貨商店裏，看見一個錢袋，那錢袋很中玉兒的意，他想這一定能使外祖母喜歡，就開口向店伙購買。哪知價錢太貴了，要一元二角，他衹得硬着心腸，走出這家店，再去買別的東西。

他走了一段路，突然走到救國會的門前，那門口豎着一塊木牌，上面寫着"救國義捐經收處"七個字。他一眼見了，不覺想起了敵國侵略我國的可惡，親愛的同胞被屠殺的可憐，眼淚不禁簌簌地滴了下來。他想："爲了國家，總比爲了祖母要緊，我還是將這塊錢去捐了吧。"因此，他就拿了這塊錢，到裏面去應募。當寫收據的時候，經收員問起他的姓名，他就報了外祖母的名字，因爲這麼一來，送給外祖母的禮物也就有了。

第二天，他同母親到了外祖母家裏，他母親叫他將禮物拿出來，他就把那張收據拿出來，交給外祖母，並且將經過的情形告訴外祖母。外祖母歡喜地說："很好，我很喜歡，因爲你很愛國家呀！這實在是一件最好的禮物！"

（原載《小朋友》，1936年第734期，第40~41頁）

附　錄

答張德鈞 二則

馬一浮

一

　　夢、覺一也，離心無前境，境由心生。人寐時，前五識不行，第六識亦暫伏。其前塵昧略之影變現爲夢，不假諸根，亦能攬境，故謂之夢中獨頭意識。今問何故起夢，起於取著前塵。若離前塵，安有夢邪？《信心銘》曰："眼若不寐，諸夢自除；心若不異，萬法一如。"須知醒時取境與夢無差，但醒時與前五識俱，夢時不俱耳。《周禮·春官》有《占夢》，"占六夢之吉凶：一曰正夢，二曰噩夢，三曰思夢，四曰寤夢，五曰喜夢，六曰懼夢"。雖名爲六，總屬於思。《世說新語》："衛玠問樂令夢，樂曰：'是想。'衛曰：'形神所不接而夢，豈是想邪？'樂云：'因也。未嘗夢乘車入鼠穴，擣齏噉鐵杵，皆無想無因故也。'"所言因者，即指嘗取著之前塵。是故莊子云"至人無夢"，以其心不附物，無所取著也。常人形體疲極亦無夢，只是氣昏睡眠，是五蓋之一，與安眠絕不同。安眠是身心輕安，已離昏掉，儒家謂之宴息。凡人睡夢醒來，正好自己勘驗，不唯醒時要作得主，夢時亦要作得主在，方有少分相應。通乎晝夜之道而知，便悟死生之説。昔有人問死生何以能自由，古德答云："定慧力耳。"圭峰云："作有義事是惺悟心，作無義事是狂亂心。狂亂隨情念，臨終被業牽；惺悟不由情，臨終能轉業。須知死生猶晝夜，夢覺猶死生。"子路問"死"，孔子曰："未知生，焉知死？"今乃問夢，若據古人風規，應答曰："未知覺，焉知夢？"只爲慈悲之故，因有落草之談。且勿向夢裏尋求，須在醒時領取（沖寂獨照，談何容易，乃以睡眠蓋當之乎？靈光獨耀，迥脱根塵，乃果位上事）。

二

　　學者讀書窮理，不獨理會文義，處處要引歸自己，方見親切。來問云：既云"至誠無息"，何以稱顏淵"三月不違仁，其餘則日月至焉"？日月所至與"不違"是同是別？"不違"與"無息"復是同是別？若"不違"與"無息"同，則不當僅言"三月"；若別，則顏子之心應不至誠，何以爲顏子？若"不違"與日月所至是同，則不應獨稱"三月"；若不同，亦應有間息（以上約來問語）。此問有二失。一計著文義太黏滯，故分疏不下；二則只知較量顏子之心有間無間，未曾一就自己之心勘驗，其"日月至焉"邪？其"三月不違"邪？其"至誠無息"邪？平常與賢輩說文義，已是太煞分疏，然重在切己體究，此事總未能得力，若直下承當得，決不會於此有疑，今不免葛藤上更添葛藤。須知"至誠無息"是本體如然，"三月不違仁"與"日月至焉"是功夫疏密。"誠"是言此性體真實不妄，"仁"就是此性中之德顯發處說。來書云"至誠則無息"，中間著一"則"字不得也。瞥爾一念相應是日月之至，念念相應方是不違，言"至"與"不違"者，皆與此無息之本體相應也。"三月"但形其久，猶曰"三年無改"，雖終身可也。故曰："君子無終食之間違仁，造次必於是，顛沛必於是。"所以極言其保任不失也。不成三月以後便有違時，若不到不達，爭知無息？禪師家有湧泉欣，嘗曰："老僧四十年於此，尚不免走作。汝等諸人慎莫輕開大口。"洞山云："相續也大難。"此是真實工夫語。學者分上且莫計較如何是不息，如何是不違，須是自驗現前一念發動處是仁是不仁。常人亦有私欲未起時，此心昭昭靈靈，未嘗欠缺，或服習聖言，熏發本智，斬與理應，亦是日月之至；及逢緣遇境，私欲一起，人我熾然，依舊打入鬼窟裏去，便是違仁。故曰：直須腳下無私，去一念，萬念去，更無異念，方是不違。此指學地工夫，是修道邊事，若"至誠無息"，乃顯真常之體，須親證法身始得，不可揣量。以上一絡索總是分疏文意，不濟事。賢且莫問顏子之心是有間無間，當合下理會自己之心違仁不違仁，是日月一至？是念念相應？喫緊處尤在識仁，直下薦取，更莫遲疑。切不可拈弄一"仁"字、一"誠"字，下得注腳便當了事。此實絲毫無干涉也。古德決不如此說，只道待汝學到顏子地步，即與汝說。今不惜眉毛，如此忉怛，早是不著便也。日後相見。不具。

（原載《馬一浮全集》第一冊下《爾雅臺答問》，浙江古籍出版社，2013年，第403~405頁）

示張德鈞 七十五則

馬一浮

　　《華嚴》云："一切衆生皆有如來智慧德相，但以妄想、執著，而不證得。"妄想簡凡夫，執著簡二乘。故佛與衆生一體無殊，所以異者乃由妄、執，此即李長者所謂"見隔"也。情本非惡，因好惡無節而成惡，好惡無節即是妄想、執著。《楞嚴》謂"觀相元妄，觀性元真"。依《起信論》一心二門，性是心真如門，情是心生滅門，乃有覺與不覺二義。隨順真如，元無不覺，即是性其情；隨順無明，乃成不覺，即是情其性。真如離言說相，故明道云："纔說性時，便已不是性了。"從來說性，只是說個"繼之者善"，是好生滅門中覺義也。一體二相義與生滅門二義相應，然橫渠本意則是說"一心二門"也。（按原文云："《易·繫》謂'乾坤毀則無以見易，易不可見，則乾坤或幾乎息矣'。乾如性，坤如情，易如心。離性、情則不足以見心，離心則性、情亦無可依。故心一體而二相，性、情之謂也。"又云："情爲變易，性爲不易，心統性、情，則簡易也。"）三易義卻說得是。體用相違，義不成因，相變體殊。如全水是波，全波是水，覺體相與不覺體相皆此一心所作。體字稍粗，性字較細。覺與不覺，皆是相轉，不覺爲覺，乃是其用也。須知此不是言說邊事，乃教汝識取自心，見取自性，即於用處著力。到得用處全真，更不待言說，方是參學事畢。疑則一任別參。

　　性即心之體，情乃心之用。離體無用，故離性無情。情之有不善者，乃是用上差忒也，若用處不差，當體即是性，何處更覓一性？凡言說思辨皆用也，若無心，安有是？若無差忒，安用學、將心覓心，轉說轉遠。觀諸子所說，只是隨逐名相，全未道著，不如且居敬窮理，莫謗他古人好。

　　凡在學地，最忌執性廢修。故雖說得相似，毫無把鼻，此禪家棒喝所以爲沒量慈悲也。此文末段結歸修德卻是，言而履之，斯可矣。（以上三條批《心統性情說》。）

　　臨濟云"諸方火葬，我這裏活埋"，乃是直下教人剿絕情塵意識耳。其後中峰自題其居曰"活埋庵"。船山心事又別，"六經偪我"之言，在詩則爲險語，亦見船山氣象未醇。六經道理平鋪著，何謂偪我？今獨有取於斯，似有二失：一則悁忿未平，二則近乎頹放。《易》曰："樂天知命，故不憂；安土敦乎仁，故能愛。"既有志於學《易》，宜以是爲則耳。真能活埋，則妄心止歇，絕後再蘇，欺君不得。投子所謂"大死的人復活"，今日尚非汝境界也。且慢承當，尚須子細。（批《言志》文中引用王船山"六經倡我開生面，七尺從今作活埋"語。）

南泉曰："學道之人不識真，只爲從來認識神。無始世來生死本，癡人認作本來人。"此一偈與孟子、橫渠把手共行。今不惜眉毛，再爲注破。若依佛語會通，則橫渠所謂"氣質之性"者，識也；"天地之性"者，智也；"善反之，則天地之性存焉"者，即是轉八識成四智。大鑒所謂但轉名言，無實性也。形而後有"氣質之性"是全真起妄，"善反之"則舉妄全真。"君子有弗性焉"，即不認識神也；"天地之性存焉"，即三身四智體中圓也。若能如此，則幻化空身即法身矣。幻化即謂形而後有，非曰空無也。諸子言語雖多，總未道著，未會橫渠意在。今此注破，若遇橫渠，必罵曰：這老漢，著甚死急。然吾不惜橫身，只爲慈悲之故，有落草之談。諸人各宜自己看取，是認識神，是能出得此氣質否？無論文字作得支離，即與橫渠異口同聲，日用中仍是氣質用事，依舊打入鬼窟裏去，有何饒益？莫妄語，各宜自己看取好。

須知根塵本不相到，皆緣識取。根塵識三，忽然迴脫，又作麼生？所謂氣質之性者，唯指識言耳。前五識轉時即是成所作智，不喚作氣質之性矣。須依何而轉？思之。

氣以陰陽言，質以剛柔言。營衛氣血，只能表陰陽，不能表剛柔。至本能衝動，又只就氣這動處說，而遺其靜底一邊，轉益粗矣。（以上辨"氣質之性"。）

題既曰"辨"，則當有辨。於何辨之？聞道不聞道而已。聞道則經術、經學皆是也，不聞道則經術、經學皆非也。（王莽以經術文姦言，若不聞道，則莽、歆之徒固非不知經術者也，此焉得無辨？京房、劉歆，經學豈不深，不聞道何益？）《學記》曰："師也者，所以學爲君也。"《儒行》一篇，乃所謂經術；《經解》一篇，乃所謂經學。漢師亦有得失，清儒亦豈可全非？具眼者持論自平，斯無抑揚之過矣。（批《經術經學辨》。）

大凡看先儒書，須引來自勘，理會他長處，可以對治自己病痛者方切。即有疑不安者，亦須細思他何以如此說，我今日見地何故不及他。如此卻於自己有益。若只一味比較同異，輕下雌黃，則醍醐變成毒藥矣。

橫渠以自誠明爲先盡性後窮理，自明誠爲先窮理後盡性。如此則窮理盡性分爲兩事，此或是對機發藥之言。若論此語見處，自不及二程直截。

朱子編《伊洛淵源錄》，體例自合如此，安有以張、邵爲附庸之意？《近思錄跋》謂呂伯恭過寒泉精舍，相與讀周子、程子、張子之書，嘆其廣大閎博，因共綴緝，以爲此編。周、程、張並稱，豈有軒輊存乎其間？呂與叔作《行狀》中語，誠不能無失，伊川已斥之。龜山之言，乃指關中後學欲自立門戶之失，謂其源於程氏，亦謂二家本無異耳，安有甚之訾之之意？至撤去皋比一事，正是美談，小事必咨，尤見橫渠沖德，何故惡之而必以爲誣邪？作者之意，蓋欲爲橫渠雪屈，不知古人爲學孰非自得，師友往還，即言語小異，其見得端的處決不相違，絕無一毫人我勝劣、門庭盛衰之見。此只是舊來習氣，以私意窺測，反成贓誣古人。不解作得如許張致，於橫渠分上有何增益？於自己分上又有何交涉？要得親見橫渠，且將橫渠現存之書細讀，且莫作此閒計校。若令橫渠見此，必將斥爲俗氣也。

程子言關中學者，以今日觀之，師死而遂倍之，卻未見其人，只是更不復講。呂與叔但是下語有過，亦不可謂遂倍其師。程子雖加嚴斥，若與叔果倍橫渠，豈得居程子門下？

橫渠《語錄》云："某比年所思慮事漸不可移動，歲年間只得變得些文字，亦未可謂辭有巧拙，其實是有過。若果是達者，其言自然別，寬而約，沒病痛。""聖人之道，以言者尚其辭，辭不容易，只爲到其間知得詳，然後言得不錯，譬之到長安，極有知長安仔細者。然某近來思慮義理，大率億度屢中，可用。"橫渠自說他得處。今觀橫渠《正蒙》文字，直是精醇，而其不自肯如此，猶以爲有過。未到寬而約，只以億則屢中自居。何不體取此語？

又橫渠云："某所以使學者先學禮者，只爲學禮則便除去了世俗一副當世習熟纏繞。譬之延蔓之物，解纏繞即上去，上去即是理明矣。""苟能除去了一副當世習，便自然脫灑也。"此正橫渠喫緊爲人處。今觀賢所記，令橫渠見之，或將詫爲一副當〔世〕習熟纏繞，正須學禮除去始得。要識橫渠，須從此等處著實用力。

又《程氏外書》云："佛氏以天地萬物爲妄，何其陋也？張子厚所深闢者此耳。"橫渠闢佛氏以山河大地爲見病，程子正指此說。此橫渠說道理大頭腦處，至一切不用佛語，卻未必然。如曰："洪鐘無聲，因叩故有聲。聖人無知，因問故有知。不以苟知爲得，必以了悟爲聞。"此獨非佛語邪？先儒無不會禪，有時拈出，正爲其語實好。若有意避去不用，亦是作意安排耳。但見處自是有別，亦莫向言語邊討，未到此田地而輕欲格量，亦是盲人摸象耳。（以上五條批《關洛學說先後考》。）

伊川稱退之此語者（按，伊川云："韓退之作《羑里操》云'臣罪當誅兮，天王聖明'，道得文王心出來，此文王至德處也。"），謂其得怨而不怒之旨耳。其實退之此詩好處在善怨。"時日曷喪？予及汝偕亡"，則怨而近於怒矣。"人而無禮，胡不遄死"，乃純是怒。此是就詩論，如賢所記，乃是高叟之固也。

"舜往於田，號泣於旻天。"自怨自艾，此是何心？《凱風》之詩曰："母氏聖善，我無令人。"有七子之母而不安於室，尚得謂之聖善乎？然如此卻是好詩。會得此，方了得"溫柔敦厚"之旨。

邵語（按《二程遺書》云："堯夫嘗言'能物物，則我爲物之人也；不能物物，則我爲物之物也'，亦不消如此。人自人，物自物，道理甚分明。"）本出《莊子》"物物而不物於物"，謂因物付物，則不爲物累耳。莊語無病，邵語卻有病。病在"我爲物之人""物之物"上。如此則人物總成對待去。須知心外無物，自心取自心，非幻成幻法。謂物爲人役，人爲物役者，只是在人物對待上著倒耳。石頭云："回而更相涉，不爾依位住。"人住人位，物住物位，二法不相到，何取之有？孟子所謂"思則得之"者，此也。程子意是如此，人還他人，物還他物，不須說迭爲主客，故謂"亦不消如此說"也。

快劍不斬死漢，一棒打不回頭，決非俊物。臨濟於黃檗三頓痛棒下得活，所以嘆爲恩大難酬也。凡夫之心，只是偷心，偷心死不盡仍是未活，活了決不會再死。今云此心不常活者，是偷心未死盡也。更參教家云"如礦銷金，不重爲礦"，豈有更番死活之理？然則今之所謂活者，尚非真活也。省發則不無真活，猶遠在。

既知聖人守護根門工夫煞密，此是好個入處，便當吃緊用力，不可自己放過，否則孤負自己。聖人還他聖人，自己卻不依此下功夫，仍是了無干涉也。

但勇於自克，何難之有？大鑒云"汝當一念自知非，自己靈光常顯現"，是實語也。此見不除（按，指我見），終難入德。

禪家有設問曰："爲復是稟受師承？爲復是自性宗通？"答云："亦是稟受師承，亦是自性宗通。"此語好，若無前語，則是天然外道；若無後語，則是依他作解。

夢中作不得主，病根不在夢時，而在醒時。夢覺一如，醒時若作得主，夢中定亦作得主。於此正好自己勘驗。

古語云："小官多念律，老將不談兵。"雖是俚語，卻有意味。《大學》云："未有學養子而後嫁者。"後儒以心性爲空談，而好言經濟，此未嫁而學養子之類也。性上既分明，則用已具，何須更講。如是則體自體，用自用，顯分兩橛了也。如"子入太廟，每事問"，問官問禮，亦是體上工夫，故曰"是禮也"。"樊遲請學稼"，則意在用，故答之曰"焉用稼"。儒者未有不通達治體，其蒞政亦未有不能舉者，唯顏、李之徒乃以此動色相矜，視永嘉經制爲尤粗耳。觀陽明得力處是何等，彼之用兵，豈夙習軍事邪？今人不唯不知有體，亦不識用。

古人通達治體，故舉而措之斯可矣。禹平水土，稷播百穀，伯益作虞，垂作共工，豈是專講用邪？今人好言專門知識，以此爲用，只是工師之事，焉能通達治體。

"事親有隱而無犯"，"事君有犯而無隱"，此謂犯顏敢諫，乃所以爲忠也。如"畫地而民不犯"，乃謂不觸刑網。用"犯"字，隨所施義別。此言犯上，則爲下不敬之義，弟可移於長，故無不敬之心耳。有子之言分齊止此。今謂犯上可許，作亂不可許，非有子之意明矣。湯、武之放伐，豈得謂之犯上？然猶曰恐後世以臺爲口實。蓋有湯、武之志則可，無湯、武之志則篡也。後乎湯、武者，只是以桀、紂伐桀、紂耳，去一桀、紂，來一桀、紂，則何益矣。湯、武方是孝弟之心，桀、紂正是犯上之人，勿認桀、紂爲上也。若教人輕於犯上，恐桀、紂接跡於世，而湯、武終不可得。導人孝弟，庶人人可爲湯、武，而桀、紂自不容肆然於上矣。

暴君污吏，非此所謂上也。程子云："堂上人方能判堂下人曲直。"如湯、武方可爲堂上人，桀、紂乃正是堂下人耳。豈得以湯、武之事爲犯上？

説"和義"不徹，須知"利者，義之和"，此"利"字即斷制之義。理是智德，義是斷德。

中土謂之玩弄光影，彼之所謂觀念即光影耳。（按，原文謂"有人以哲學爲觀念遊戲"。）

以四緣説《易》，只在變易一邊，不如以《華嚴》六相義説，即變易，即不易，於義始爲圓足。

末段出題卻對，但《漢志》之言實未精，以《詩》《書》《禮》《樂》交參互入，非如五行之更用事也。（以上四條批"《易》爲六藝之原論"。）

小是微細之義。言惑雖微細，亦必斷之，即知幾也。（釋"復小而辨於物"。）

陽明有學人患目疾者，憂之過甚，因喻之曰：汝乃貴目而賤心。（此語可思。）形體不能禦六氣，盡人所不得免，何乃悒悒不自聊？須務調心，乃有以勝之。

和會佛義處，頗見思理，未能盡如其分齊也。行文但知求簡潔，而下語時有率易。心氣未和，形言遂爾，礙膺之物一旦廓落，四大何足爲病乎？更須精進始得。

叔孫通亦號通經，何以爲賤儒？

孔光、張禹諸儒雖以經學致高位，非無所建白，而多持祿固位，亦有晚節不終以殺其身者，謂其能明先聖之道，可乎？

且先自易，然後可易天下。

文有玄致，而於題旨則未密合。此題須著眼"蔽"字，意在抉去此障，乃可與適道耳。以二執詮自私用智，未嘗不是，不如以煩惱障、所知障説之，轉見親切。日用事如何？能遠離此障否？試道取看。（批《明道答橫渠人情各有所蔽患在自私用智試申說其義》一文。）

　　毫釐有差，天地懸隔。"天地之大德曰生"，豈有毀物之心哉？改此一字，急著眼看。（按，課文有云："天地生萬物，毀萬物。"先生改"毀"爲"成"。）

　　文字作得斐然可觀，許汝善會。然吾不敢以此自多，不過先儒所不肯道底，今則儘量道出，實不能增得一些子也。所望實下功夫，方不爲虛説。切莫作言語會，讚嘆一番便休。吾不爲讚嘆而喜，卻以人不會爲憂耳。（批《〈洪範約義〉書後》。）

　　途路良苦，有小詩奉贈，差足解慰。詩曰："莫謂征途苦，千山即是家。不因知足痛，何處有玄沙。"願賢於玄沙悟處，忽然瞥地，便可抵得草鞋錢也。

　　疑則許疑，不容著勝心。上言"余謂"云云，此又直斥其支離。辭氣如此，何不自覺？方説"克己復禮"，爲是已克，爲是未克？爲是已復，爲是未復邪？切宜傲省。

　　《楞伽》譯文隱奧，最爲難説。邱先生殫精於此，其書當不苟作。惜其未就而歿，閱之良爲惋嘆。他日有暇，亦願以其稿本一相示。

　　有意要排奡，即非佳詩。詩亦煞費工夫，到純熟時自然合轍，勉彊安排不得。（按，王敬身句云"要令排奡出平夷"，所記頗稱道之。）

　　此爲世間有一等人念舊惡者説，不是貶夷、齊。若程子尚識不得夷、齊，何以爲程子？（按，《遺書》曰："以夷、齊之隘，若念舊惡，將不能處世矣。"）

　　明道《答橫渠定性書》在何時，可考之。然考得考不得實無甚關係，此只是作年譜材料耳。

　　伊川十八歲作《顔子所好何學論》，豈全未有得邪？作《易傳》自述如此，乃是戒學者輕易耳。

　　《祭法》："遠廟爲祧。"祧者，遷也，乃藏其遷主之所。如三廟祭曾祖、祖、禰，則遷高祖之主於祧。

　　心中煩急不得。看《二程遺書》後而煩急，殊不可解。

　　鳥鳴非候，於人無與，心中煩急，卻是不佳。

　　觀所記讀《二程遺書》諸條，未見有一語引到自己心上來，只是尋他罅隙，摘他瑕疵，似乎以此爲快，如此不如不看。看時胸中似隱隱有個物作祟也，此是何故？請賢自勘。

　　"氣質之性，君子有弗性焉。"此豈荀卿所能及？橫渠教人學禮，是除其習氣。荀卿雖亦善言禮，卻是將這好底習氣換卻他那壞底，故終是知修而不知性。如《西銘》文字，程子所以嘆爲孟子以後未有。今觀荀子書有此等義理否？《正蒙》亦非荀子所能道。謂橫渠似孟則是，擬於荀卿則非。

月川誠有割裂之失（按，指《西銘述解》），其於《通書》卻有理會得細處。其《西銘述解》本附《太極圖説述解》之後，遂連類刻之耳。以示初機亦無害，病其割裂則可，亦不須深詆之。凡格量古人得失，如其分而止。刪去末後數語，亦以其氣象不佳，一似負氣與人爭而故作反語以誚之者。此亦習氣，所當除去者也。試平心思之可見。

能如此理會，方不負横渠。反觀前來關、洛門庭之見，有何交涉邪？（批"讀《西銘》"條。）

説五先生氣象亦似（按，所記謂百源消遥，濂溪灑落，横渠謹厚，明道温粹，伊川儼肅），論其學造詣處卻未可輕爲論量。明道作堯夫《墓誌》，曰：先生之學"可謂安且成矣"。看他下字是如何。賢今是誰之儔？近似何人？在五先生及古賢中亦有相似處否？取以自勘則切矣。

知有己是有之於己，孟子所謂信人也。（按，程子曰："學在知其所有又養其所有。"）

不須如此會。子夏語乃"學如不及，猶恐失之"之意，非"藏往知來"境界。（按，所記謂："日知其所亡，其神以知來乎？月無忘其所能，其知以藏往乎？"）

《外書》多可疑，即《遺書》記録亦不免失其語脈，故二先生不欲人記其語。此皆後來朱子收集，以其無多，故皆存之耳。

"己欲立而立人，己欲達而達人"，乃是大悲大願，而孔子但曰"能近取譬，可謂仁之方也已"。"博施""濟衆"乃是取衆生相、住相而施，正子貢納敗闕處，故孔子不然之。言"堯舜其猶病諸"，正以子貢求之於外，乃是取相，不可以爲仁也。

明道無意於作詩。聞道之人出語自别耳。

前講《洪範》"敬用五事"，以五事爲萬事根本。五事皆盡其理，則萬事自無失職。視、聽、言、貌、思，一有不敬，此心即便放失，隨物而轉。故於義理若存若亡，只緣未有主在，縱有見處，亦是客感客塵也。物欲消盡，則自無此病。對治之法，唯是用敬，不是道得一個"敬"字便休。孟子所謂"必有事焉""勿忘勿助"，佛氏言"都攝六根，淨念相繼"，頗爲近之。起滅不停，全是妄心。敬則住於正念，不爲物轉，久久純熟，則六根門頭皆成大用，即是轉六識成妙觀察智，轉前五識成成所作智也，故曰"敬用五事"是盡己之性也。

"好直不好學，其蔽也絞"，宜參。

近世哲學，始有本體論、認識論、經驗論、方法論之分，中土聖人之學，内外本末只是一貫。讀《大學》便依《大學》實在用力，讀《中庸》便依《中庸》實在用力，始有用處。工夫即從本體上來，本體即在工夫上見方是。若如此說去，不出哲學家理論窠臼，仍是沒交涉。言非不辯，有何饒益？《大學》"明德"，便是本體；《中庸》"戒謹"，亦是工夫。豈得專以《中庸》爲本體論？

先儒皆以亨配禮、貞配智。據《文言》"嘉會足以合禮，利物足以和義"，宜依舊說元配仁、真配智，方合"吉凶者，貞勝者也"，貞勝即是"與鬼神合其吉凶"。更思之。

《圖》《書》雖是後出，本《易》而畫出，有何不可？不必過尊，亦不當廢斥。東樵不足以及此。

東樵必外邵子於丹道，亦是一蔽。《參同契》爲丹經之祖，彼卻實能用《易》，但小耳。邵子之書體大，豈可與魏伯陽同日而語？所謂"養生之道備焉""《易》外別傳""自爲一家之學"者，以論魏伯陽則是，以論邵子則過也。試讀《觀物》內外篇，是否丹道，自然可明。

文字做得不弱，但發揚蹈厲之意多，深潛縝密之意少，卻要自勘始得。

詩貴神悟，要取精用宏，自然隨手拈來都成妙諦。搜索枯腸，苦吟無益。語拙不妨，卻不可俚。先求妥帖，煞費功夫，功忌杜撰。不屬善悟者，不須多改。近體法門亦已略示，捨多讀書外，別無他道也。

和韻，唐人至元、白始有之，及東坡、山谷、荊公，始好再疊、三疊不已。鬪險爭奇，多則終涉勉彊。此可偶一爲之，不貴多也。拙作亦是偶然興到，所以寫示諸子者，聊爲助發之資耳。及取而覆視，仍不自愜，又經改定數字，乃可入唐。今別寫一本去，若同學中有好此者，可共觀之。少陵云"新詩改罷自長吟"，"得失寸心知"。非深歷甘苦，不易到古人境界。賢輩見和者，俱有思致，可喜，所欠者工夫耳。讀破萬卷書，不患詩之不工。謂"詩有別裁，不關學"者，妄也。但此是遊於藝之事，不工亦無害。若爲之，則須就古人繩墨，方不爲苟作。天機自發，亦不容已，但勿專耗心力於此可耳。

良馬見鞭影而行。一粒金丹，便脫胎換骨，豈在多邪？賢輩於此事尚未悟入，且須蓄養深厚，不愁不得，多作無益。老僧爲汝得徹困也。

字法不妥者，俱爲點出。有字然後有句，有句然後有篇，此亦具名。句文三身，一字疵纇，絕不可放過，方見精純。

所解仍是滯在名言，故知講說無用。凡人不感覺聞道之必要，與汝無干，可置勿問。今當反問汝自己，亦曾感覺有聞道之必要否？若與凡人同無感覺，此問又自何來？賢者自答。

問：孔子曰："誦《詩》三百，授之以政，不達，使於四方，不能專對，雖多，亦奚以爲?"又曰："人而不爲《周南》《召南》，其猶正牆面而立也歟?"又曰："《詩》，可以興，可以觀，可以群，可以怨。邇之事父，遠之事君。多識於鳥獸草木之名。"若是者，《詩》蓋是多聞之學，其亦等於佛氏之加行方便矣。而《經解》卻曰"《詩》之失愚"，何邪？豈多聞方便無當於實智乎？

《詩》是聲教之大用（"此方眞教體，清净在音聞。"一切言語音聲總爲聲教），以語言三昧顯同體大悲。聖人説《詩》教時，一切法界皆入於《詩》，自然是實智。來問誤以《詩》爲多聞之學，只據"多識於鳥獸草木之名"一語斷之，乃與上所引一串語無涉矣。當知從初發心至究竟位皆是詩（此圓教義。儒家教義，唯圓無偏也），不得但以加行方便爲説。"失之愚"者，愚相粗細煞有差別，略以愛見大悲。（猶有衆生相而起大悲者。）及所知愚當之，一品無明未斷，皆於《詩》非究竟也。（此語，曾涉意教乘者並不難會。）

問：孔子曰："性相近也，習相遠也。""唯上智與下愚不移。"竊謂此與佛家言種性相同。"性近""習遠"者，蓋猶不定種性，習於菩薩則爲菩薩，習於聲聞則成聲聞也。"上智"則大乘種性是也，"下愚"則一闡提無性種性是也。然果有下愚不移，則是聖人過化之德有時而窮。時雨之潤，有物不沾，而孟子所謂"人皆可以爲堯舜"者，殆非如語了義乎？

"性相近"義略當於如，不一不異之謂如，此純以理言性德也。"習相遠"則指氣。聖凡迷悟，相去迢然，故須重修德。智愚自是氣質有昏明清濁之異，須假修習以變化之而至於同。然上智不移於惡習，故易成；下愚不移於善習，故難化。"不移"字須活看，非定不能移，彼自不肯移耳。此與"人皆可以爲堯舜"並無二致。人之不爲堯舜者，是不爲也，非不可也。故聖人之教在因修顯性，決不執性廢修。佛氏言種性，亦指氣質，闡提便是下愚，然不得謂之無佛性。闡提若聞法起信，即非闡提；下愚若人一己百，即非下愚矣。

問：先儒言爲學應時時提撕此心。敢問是在醒時提撕邪？是在迷時提撕邪？若在醒時，何事提撕？若在迷時，何能提撕？又提撕此心者，非仍即此心邪？若仍即此心，則迷悟不同時，即不得能提。即所提若非此心，則有朱子所訶捉一個心來。照此，心之失將何以詣於極邪？

迷悟總是一心，提撕即從迷向悟，不提撕即安於長迷。真悟不須提撕，唯在迷，故須提撕。操之則存，舍之則亡，正是學人吃緊用力處。若謂在迷時不解提撕，此迷之尤者。汝若聞言而省，即是自解提撕，豈有別捉一個心來之理？喻如人睡時，不假人唤，亦自會醒。睡時醒時，只是此人，豈有二邪？醒時逢緣遇境，自解照管自己，何謂不能提撕？（此醒不可作悟看。）若不解提撕，只是個睡著底人耳。

別來時從伯尹處略聞消息，知兼教兩中學，近在鄉邑，便於定省，足慰所望。方遭亂居貧，切己之事莫亟於事親，隨分教學，亦有益於己。但息馳求，自無計較，合下盡有受用。君子闇然日彰，弟一勿慕顯學之名也。頃得舊曆二月十六日來書，齒及賤降，欲同諸友致饋。僕既無德，不敢虛受供養。且世變如此，那復有此事，無勞相及。但能不以鄙言為有隱，莫作鈍置會，則愛我實多矣。聚散遠近一也，安用以是為敬哉！附來《南充高中同學錄序》一文，於"道外無事，事外無道"之旨，頗能發揮，文亦簡潔可喜。然所望於賢者，正在義而不在文耳。僕之羈此，亦如隨順世緣，為無所為，時至即行矣。尋常懶作書，亦病其無益也。

前因和詩，聊寄期勉之意，何勞深謝。人苟不自棄，僕固未嘗棄之，於天下人皆然，況於從遊諸子，況於足下！此僕平日之用心。然緣會靡常，豈必相聚而後為得？來書乃欲重來依止，無乃一往之情而不揆諸事實乎？每勸足下近依親舍，隨分教學，以足下今日所處之道宜然，捨此非所以為道也。若以吾言為可信，何為忘之而僕僕道路，徒自貽累邪？書院不可終日，今年不唯刻書不能繼，乃至無錢買米，更何足以言依止？幸亟寝是念，勿徒自擾。若乃履道於常行，得旨於言外，是固吾素所望於賢者，雖千里又奚隔焉？或若以此為相距，則吾復何言？以賢者之智，不宜若是之夢夢耳。

（原載《馬一浮全集》第一冊下《爾雅臺答問續編》卷二《示語二》，浙江古籍出版社，2013年，第459~473頁）

張德鈞 七則①

馬一浮

近來總未見看經，想已罷參矣。

不得水喫，良苦。然運水搬柴，亦是神通妙用，何不自取，乃待人送。

寒暑到來，何處回避。寒則普寒，熱則普熱，此亦須修忍波羅蜜始得。

分疏已竭其才，無勞更事藻飾，造語稍拙無礙，所以存其真也。舊注文字，小失處不必深貶。略爲易數語，使抑揚弗過而已。總抉擇文中，以實證易先見，卻有關係，篇名"立事"，須到事事無礙法界，始許親見曾子耳。（按：此爲評其《〈大戴禮·曾子立事篇〉箋解》語。）

看明道答橫渠《定性書》末段"人能於怒時遽忘其怒，而觀理之是非，則於此道亦思過半矣"數語，便是無上法門。心有所忿懥則不得其正。《信心銘》曰："欲得現前，莫存順逆。"今日怒後輒悔，異時仍不自制，亦知甚苦，是誠何心？知悔知苦者誰耶？知悔即當改，知苦即當斷。徒然留此悔苦而無法以遣之者，由於不觀理耳。若能觀理，自當知非，怒自無從著，而悔與苦皆可免矣。起倒皆由自己，急須自揆。若如此，安有了期，可哀也。"遽忘""徐觀"字，須著眼。②

古德言句，迥出常情，非可以情識卜度。教家義解，若拘於一宗，猶太遠在，何論祖師門下事，初地猶不知二地事。果位中人境界，非實證實悟，豈可妄判。此問太早，待無舌人解語，即與汝説。

聞道即見性也。聞道非耳，見性非眼，彊名見聞，就自證義説也。今汝見色聞聲，亦由自證，無人替得，大好參取。性外無道，道外無性，已屢言之，今猶問此"道"字作何解，仍是滯在名言，故知講説無用。凡人不感覺聞道之必要，與汝無干，可置勿問。今當反問：汝自己亦曾感覺有聞道之必要否？若與凡人同無感覺，此問又自何來？賢者自答③。

（原載《馬一浮全集》第四冊《爾雅臺答問之餘》，浙江古籍出版社，2013年，第179~180頁）

---

① 編按，後三則內容與前1939年10月21日馬一浮與張德鈞書札內容相同。因出處不同，此處亦收錄。
② "遽忘"至"自答"，丁敬涵先生《答問之餘》未錄，茲據《復性書院掌故錄》補。
③ "凡人不感覺"至"著眼"，《答問之餘》未錄，茲據《復性書院掌故錄》補。

致張德鈞書札 三通

馬一浮

一 一九三九年十月二十一日

　　看明道答橫渠《定性書》末段"人能於怒時遽忘其怒，而徐觀理之是非，則於此道亦思過半矣"數語，便是無上法門。"心有所忿懥，則不得其正。"《信心銘》曰：欲得現前，莫存順逆。今日怒後輒悔，異時仍不自制，亦知甚苦，是誠何心？知悔知苦者誰邪？知悔即當改，知苦即當斷。徒然留此悔苦而無法以遣之者，由於不觀理耳。若能觀理，自當知非，怒自無從著，而悔與苦皆可免矣。起倒皆由自己，急須自救。若如此，安有了期？可哀也。（"遽忘""徐觀"字，須著眼。）

　　古德言句，迥出常情，非可以情識卜度。教家義解若拘於一宗，猶太遠在，何論祖師門下事？初地猶不知二地事，果位中人境界，非實證實悟豈可妄判？此問太早，待無舌人解語，即與汝説。

　　聞道即見性也。（聞道非耳，見性非眼，彊名見聞，就自證義説也。今汝見色聞聲，亦由自證，無人替得，大好參取。）性外無道，道外無性，已屢言之。今猶問此"道"字作何解，乃是滯在名言，故知講説無用。凡人不感覺聞道之必要，與汝無干，可置勿問。今當反問，汝自己亦曾感覺有聞道之必要否？若與凡人同無感覺，此問又自何來？賢者自答。

二 一九四三年十二月五日

德鈞賢友足下：

　　得書知教學甚力，良慰。相去一衣帶水，承示寒假中願來山中小住，亦佳。唯山中氣象蕭索，益甚於前，使人意盡，或非賢所樂見耳。小詩寄意，卻非閑言語，能於此直下薦得，亦不虛存問之雅。時寒珍重，不宣。浮啓。舊曆十一月九日。

三　一九四五年五月五日

德鈞足下：

　　立民見示來書，齒及賤降，復勞致饋。此誤自往年以風倡之，歲歲累諸友相遺，非特僕所不安，亦爲人情所苦。今願自此罷之，已囑立民代爲璧還。賢今一意學佛，豈復留此俗情。諸供養中，法供養最，幸勿以是爲禮。手此奉謝，即頌安隱，不宣。浮頓首。舊曆三月廿四日。

(原載《馬一浮全集》第二冊上《書札三》，浙江古籍出版社，2013年，第918~919頁)

張德鈞試卷評語 五則

馬一浮

評張德鈞《辨義理之學與哲學》

"倒綴順綴"不成話，豈可入文。

莊子此段文（指論惠施）以嘆辭結，節去便失其神采。

分疏得是，文亦流暢，但須肩鍵，切忌流布。料簡俗學流失則不可無，以此召諍則不可有。

評張德鈞《〈易〉爲六藝之原論》

合說處尚欠精湛，分說處亦少融攝，是以文字頗覺費力。學《易》須是於《華嚴》有悟入處，說得自別，向後當知。

附：一九四〇年一月四日第一次考試試題

《易》爲六藝之原論。

心統性情說。

何謂義理之學？何謂哲學？試言其意趣。

人之好樂各有不同，因之擇術亦異，諸生既有志於六藝，欲專治何經？將來涉世欲作何等人？此必有所擇矣。願依各言爾志之例，恣言之毋隱。

評張德鈞《說治經方法》

下語須有分寸，豈可一概貶駁。

附：一九四〇年六月二十日第二次考試試題

釋《易》九卦義。

聖之時解。

問今日治經方法何以不與先儒盡同？試各就思學所及推言其故。

評張德鈞《〈曾子立事〉篇解》

老子曰："能敝不新成。"（原解"事無求數有成"云："知名是外物，成亦無心。"改云："名既是外，成亦非新。"）

578

"云"是衍字，或有闕文。今説爲占字，篆籀形皆與ㄊ、ろ絶殊。先秦古籍亦未見有用是字者，失之牽彊，未是。（指"道遠日益云棐信①弗主"。）

説宜類、宜年，得旨。

此當以見、思二惑説之。斷見惑易，斷思惑難。比傅《詩》教則是，惜其行文過率，尚少精采耳。（指"色勿爲""心思勿爲"。）

内紹本石霜五位王子語，與洞山君臣五位相同，其後因有外紹是臣位、内紹是王種之説。或問九峰虔曰："如何是外紹？"曰："若不知有，祇了得事，名爲外紹。"問："如何是内紹？"曰："知向裏許承當擔荷，是爲内紹。"

理會入細，科分次第亦密，就其見處知能究心。故謂欲大儒宗必有資於義學。益望篤之踐履，庶幾不爲虚作。下語小未瑩處，更自詳看。

評張德鈞《釋〈四箴〉》

孔孟説心，顯真義多；釋氏説心，破妄義多。言各有當，善會自知。神光覓心了不可得，乃爲安心境，此是何理？須知不可得者，正指妄心，能徵之心，亦是妄計，切忌認賊爲子。（原引《楞嚴經》以七處徵心謂心不可得，云："能徵心者，正是心用。"）

《古文尚書》未能剋指出於何人，不當出梅賾名。

義理分齊甚明，有以得其語脈。

　　附：一九四一年六月一日第四次考試試題

《大戴禮·曾子立事》篇解。（録全文、分章句，以己意解之。若引舊説，必出其名。不貴多，貴能精約。勿泛、勿襲、勿鑿，於此可觀下語之切與不切，亦可驗行事之實與不實也。）

　　伊川四箴釋義。

　　擬柳子厚《師友箴》。

（評語原載《馬一浮全集》第四册《試卷評語》，浙江古籍出版社，2013年，第188~189頁、192頁、201~202頁；試題原載《馬一浮集》第一册《試卷評語》，浙江古籍出版社，1996年，第931、938~939、950頁）

---

① 信：《復性書院掌故録》《馬一浮集》均作"生"。兹據《曾子全書》改。

閱改張德鈞詩評語

馬一浮

《二十六歲生日》

〔眉評〕結句健。

據舊傳《梁父吟》，正是未息心。若真息心，則不復爲是語。故謂之"朝聞"則可，謂之"息心"則未也。

〔篇後評〕來詩爲易數字，似較妥。別紙奉答一首，卻不類詩，然不異上堂一上，留與後來作影響，可也。

往事乍隨流水去（"乍"改爲"易"），生朝又見物華新。從微恐負弧桑志（"從微"改爲"在家"，"弧桑"改爲"桑弧"），同俗初知憂患親（"同俗"改爲"入世"）。枯樹回寒猶作綠（改爲"枯樹逢春應更綠"），變風據亂漸難醇（"漸"改爲"猝"）。息心正好吟梁父（"息心"改爲"閒中"），豈爲居貧憎不辰。

（原載《馬一浮全集》第四冊《雜篇》，浙江古籍出版社，2013年，第376~377頁）

題張德鈞藏《宜黃丘居士遺著〈楞伽疏證〉殘卷》 三首

馬一浮

離名不秉故須名，謾道生薑樹上生。五百年來宣勝義，針錐著處仗深經。

法王法令白衣傳，蛛網塵封識舊編。兜率親聞玄外句，祇今一塔枕松眠。

江西鹽醬不曾無，雙履穿雲事已殊。龐老臨行留半偈，後人珍重護衣珠。

（原載《馬一浮全集》第三冊上《避寇集》，浙江古籍出版社，2013年，第80~81頁）

答張德鈞

馬一浮

五湖好風月,行者總須歸。佛法人人有,傳衣早是非。

(原載《馬一浮全集》第三冊下《蠋戲齋詩輯佚》,浙江古籍出版社,2013年,第666頁)

贈張德鈞行[①]

馬一浮

莫謂征途苦，千山即是家。不因知足痛，何處有玄沙。

(原載《馬一浮全集》第三冊下《蠲戲齋佚詩續輯》，浙江古籍出版社，2013年，第740頁)

---

① 编按，此詩題原爲《馬一浮全集》编者所加，詩是從文中抄錄。

談讀書窮理之態度

熊十力

一友問：居今之世，應以何種態度讀書窮理始能有得？先生曰：讀佛家書，於其名相、法數、條理、節目、系統等等，一切還他佛家的說法，勿以□辭片義取之，與儒家及他家比附。讀儒家書與他家書，亦是還他各自面目。準上說可知。至於自家□窮理工夫，卻是要尋着根本問題，次第引生許許多多的枝節問題，相引以至無窮。吾之解決此等問題，常有賴於平日所讀百家書之所資助與引發。一旦自家豁然貫通時，自家思想成了偉大的體系，於百家之說，或有所同或有所異，或於衆異中有一同，或於衆同中有一異，或於小同中有大異，或於小異中有大同。（小異中大同，只是條理詳略之殊，或立說善巧與否之異。此緣古今時會不同，機緣不等故耳。而其所大同者，則根本旨趣不二之謂，如陸王派與程朱派之爭，是也。佛家空有二宗之爭，又何不是小異而大同，知其大異，則應不同名佛家也。）總之，無論同異如何，而自家思想，畢竟不是浮泛而駁雜的見聞□混亂□合而成的。畢竟是自家深造自得的，畢竟是自家偉大的系統的。□此□，出口說話，往往融通衆家，左右逢源，不是有彼此是非與牴牾□，此真是觀其會通，此真是蹈於大方，此真是□□真理，而無私家門户見，但此□境界又的的確確不是如世所□□□融通者亂作此附。吾《破破論》中有一段說此意，惜乎世人知學者太少，不足了此。汝等聽吾談義，往往徧舉諸家之說，以見義理之大同，而或不了吾指，竟疑吾是比附，則烏吾不足惜，其如斯理何？

（張德鈞記）

（原載《黑石月刊》，1945年第2期，第5~6頁）

答張德鈞

熊十力

函悉。讀佛書，須一面弄清名相法數並理其系統，一面須於文言之外識得旨趣所在。前者是經師或攷據家之事，後一層方上窮理盡性路途。若僅有前項工夫，只是讀書人，不名爲知學也。佛家"真如"一詞，其異名不下十餘，而每一名各有其特別涵義。以其至真至實，不可變異，而爲萬法實體，則曰真如等。（等者，等實際，與一真法界諸名。）克就吾人當躬而言，即直指本心而名之，則曰涅槃。本心何以説名涅槃耶？此本心是固有的，非後起的，是照體獨立，非依他的。妄識遷流無常，本心恒是寂靜圓明，離無常相，故説名常。妄識種種攀援，種種纏擾，故苦。本心離如是等苦相，故樂。妄識逐境起縛，無有主宰，本心隨緣作主，不隨境轉，故説爲我。妄識是無量惑相，是雜染相。本心則離諸倒妄，湛然衝寂，故説爲凈。如上四德（常、樂、我、淨）。須反之自心，切實體認。

（原載熊十力：《十力語要》卷二，長沙：岳麓書社，2011年6月，第158~159頁）

答張德鈞

熊十力

　　駁皮氏文，頃閱過。卦、爻《辭》爲《繫辭》，此説不爲無理。但皮氏謂孔子始作之，以前無辭，此甚謬。然孔子集羲皇乃至文王以來之占辭與筮法等而新定其義，則謂卦爻辭爲孔子繫之辭可也。如魯史之辭經孔子取義，而謂《春秋》之辭非孔子作，可乎？《示要》説得甚明，汝何疑焉？重卦之人不必爭論誰何，汝意極是。吾意，言八卦即是六十四卦備舉之，羲皇一手演成，本自然之序，無可疑者。然漢儒多稱文王重卦，或因其於占法有所整理而云然，羑里演《易》之説，必非無據，《論語》：子曰"文王既沒，文不在茲乎"，此所謂文，蓋指文王之《易》而言也。孔子取其文而董理之，乃別有新義，故曰"在茲"也。

（原載熊十力：《十力語要》卷三，長沙：岳麓書社，2011年6月，第288頁）

示張德鈞

熊十力

　　吾衰矣！當茲危運，無所效於當世，老來只念寡過二字較親切耳。後生真當努力，年一過往，何可攀援？爲學須是自家有真實心，心不虛則理不來舍，心不真則一切浮妄皆足爲理之障，如此而欲有成於斯學，古今未之聞也。學在自己，師若友，只堪輔益。忘其在己，雖登洙泗之堂，猶無補也。悟此則於師友之間無苛求，亦無失望矣。

　　來字甚好。汝能處處不忽，何幸如之！然余謂程朱欠分曉亦自有故。《集注》此所謂性，兼氣質而言者也，此其頭腦處卻將二性不分，所以許多人就以此章打倒性善。須知義理之性不可兼在氣質中說，一兼便糟了。氣質之性實不是性也，兩下分清才是。汝對看吾文可也。

　　午間來字，吾方進膳，頃略寫此。俗所謂思想是情識不待言，即科學的思想亦然。科學必假定有外在世界，正是有取。格以法空正智，即情識也。然法空智顯，仍現情識，其不同未悟之情識者，以不執着故耳，只是隨俗假設而不執實耳。妄法，聖人亦現者以此，用外覓體者，不悟即用即體，卻於用之外去覓體，所以成過。

（原載熊十力：《十力語要》卷三，長沙：岳麓書社，2011年6月，第293~294頁）

自　傳

　　我名張德鈞，四川南充集鳳鄉人，現年卅四歲，家世代代務農，現在還是屬於中農階級成分。我只讀過初級小學，未進過中學、大學。但在十三四歲時，我有個表兄（姑母的兒子）名叫王恩洋，從南充支那內學院學佛回來，辦了一個私塾，教他的侄子和外甥輩。他也叫我到他那裏去讀書。至十五歲時，得梁漱溟先生的《東西文化及其哲學》，讀之感覺有味，跟着又讀他的《印度哲學概論》。由於它的深奧難懂，愈益引起我的求知欲。我曉得他的東西都是有來源的，想從他的根源上探究。乃編纘宋明儒及佛家法相唯識各種重要著作，如《陸象山集》《文文山集》《王陽明集》《楊椒山集》《史可法集》《宋元學案》《明儒學案》《成唯識論述記》《二十唯識論述記》《百法明門論》《阿毘達磨五蘊論》《阿毘達磨集論》《雜集論》《瑜伽師地論》《因明入正理論》等，同時還讀了些近人介紹西洋哲學或講中國哲學的書籍和文章，如杜威《五大講演》、張東蓀《新哲學論叢》、梁任公《先秦政治思想史》《近三百年學術思想史》《清代學術概論》、謝无量《中國哲學史》、鍾泰《中國哲學史》、胡適之《中國哲學史大綱》《胡適文存》等。這樣東翻西閱一直到十七歲，有一天忽然在一任姓朋友處得見一本彙訂成都大學出版社的《科學思想》，是專門宣揚馬克思主義的理論的。我借回家潛觀數過，大覺有益。又在《申報月刊》上看到章乃器先生許多講經濟的文章，《東方雜誌》上看到署名"亦英"的幾篇講邏輯的文章，又得了幾本《時代前》雜誌和一本《社會進化之鐵則》看，對於馬克思頓起了信仰。我平素是好論辯的，就拿新的觀點批評王恩洋表兄。他說我打翻天印，就不要我再在他那裏看書，我回家學種了兩年田，暇時仍找書讀，不管新舊，沒得書，就連醫書也讀，不久就會診脈處方，後又從一親戚陳達泉先生學外科。但我的志向總是想造學問，在十八歲那年，試寫文章，投到釋太虛們主辦的《海潮音》去，有《人間佛教與社會主義》及《駁呂思勉〈理學綱要〉篇二之錯誤》兩文發表（見二十三年《海潮音》）。王表兄看見，又寫信叫《海潮音》編者以後不要發表我的東西。我意興大沮而無可如何。寫了一篇駁正他講唯識錯謬的文章，題名《唯識見相二分與三境述義》①，到三十四年才得在《哲學評論》上刊出②。就當我在家學種田時，紅軍第一次入川，四川軍閥在南充捕殺共產黨人甚凶，距我家二十里之金寶鄉即被屠戮六七十人，內中頗有非共產黨員者。我因同情共產黨的理論，亦時時提心吊膽，恐遭不測。於十九歲時即民國二十四年，北碚溫泉公園請陳達泉先生去行醫，陳先生介紹我去，我才到北泉公園寄食於紹隆寺。園內圖書館購訂書報甚多，因復肆力閱覽。此時思想往復徘徊於新舊之間，異常苦悶。後來偶為漢藏教理院教師德潛君見知，德潛本南充支那內學院學員，介紹我於院長歐陽竟無先生，二十五年夏遂到內學院求學，逾年（全面）抗日戰事起，內學院遷四川江津，我亦到江津，竊念寇患日偪，讀書機會愈少，乃專心研究佛籍，但缺乏宗教信仰，只偏向於考據，二十七年寫成《敦煌卷子道氤〈金剛宣演〉校記考初稿》③，除《〈十八部論〉考》於三十七年改寫在《中央圖書館館刊》發表外④，餘俱在三十一年《圖書月刊》上發表。（內《笈多譯〈金剛經論〉考》⑤ 一文，亦曾發表於三十年北平圖書館在昆明所編《圖書季刊》上。）二十八年秋，復性書院開辦於四川樂山，又引起我重研佛學的興趣，乃往復性書院從馬一浮先生學。但仍喜弄考據。作有《關洛學說先後考》（登《圖書月刊》）、《跋〈張子全書〉》（登《志學》）、《胡子〈知言〉發微》（登《靈巖學報》）、《關於明道、伊川兩項事》（登《中國文學》）⑥、《經學與經術》（登《中國學報》）等。另外專門闡述佛家哲理的東西，備載於復性書院所編刊的《吹萬集》中。三十年冬，復性書院膏火不繼，我回家來，次年春張表方翁就約我在他所辦的建華中學任教。同時省立南充中學也找我教兩班國文。在這當中，我曾應中央圖書館約寫了一篇《評釋太虛考真觀實論》⑦ 的短文（內容係指出他三點錯誤），又寫《讀〈十力語要〉卷二》《論陸王之言心性》等文在《讀書通訊》發表。秋季，我就沒有教書，在家裏自修。三十二年春，熊十力先生知我在家賦閑，約我至北碚勉仁書院研究，

---

① 編按，此篇正式發表時題作《唯識二分與三境義述》。
② 編按，此文刊載於《哲學評論》1946年第1期，故此處當言民國三十五年。
③ 編按，此文正式發表時原題作《〈金剛經疏宣演〉校記》，刊於《圖書月刊》1941年第3期，故作者後言三十一年恐誤，當為民國三十年。
④ 編按，此文正式發表時原題作《〈十八部論〉考證》，刊載於《國立中央圖書館館刊》1947年第4期，故作者此處言三十七年恐誤，當為民國三十六年。
⑤ 編按，此文刊載於《圖書月刊》1943年第8期，故此處言三十一年恐誤，當為民國三十二年。
⑥ 編按，作者有兩篇與此述相關文章，一為《關於程伊川兩項事》，一為《明道與伊川——兩種人格類型》。據前後文意，作者兩文敘述恐有混淆，此處依意當為《明道與伊川——兩種人類類型》一文，載於《三民主義半月刊》，亦非《中國文學》。
⑦ 編按，此文編者未曾查到，待查待補。

但書院是沒有錢的，只得在勉仁中學講一班國文，以供伙食和零用。後來僞幣劇烈貶值，薪資收入簡直不夠一人吃飯，乃於下年應國立清溪職業學校之聘，到犍爲教書，共三學期。此時年紀已快到三十，隨時想到學問無成，人漸老大，不勝憂傷。三十四年因復回內學院重理舊業，寫就《僧馥〈勝鬘經注〉考述》（登《圖書季刊》）、《竺道生生年考》（登《學藝》）、《吉藏〈勝鬘寶窟〉所引古注考》（登《狂飇》）、《杜詩用"招提"本起》（登《中國文化》）等文。三十五年冬得蒙文通先生《曾赴三公尊經圖》，專講印度哲學。此時成都華西協合大學哲學歷史學系亦乏人講印度哲學史，依僞教育部規定哲學系學生必修此課，時青年黨人姜蘊剛爲系主任，託傅西法師找我，我提了幾個條件，姜皆應允，遂於三十六年春到華大，除教"印度哲學"外，尚開有"孔孟荀哲學"與"宋明理學"兩個課程。但我性孤癖，不喜酬應，除有要事一至系辦公室外，校長、教務長、文學院長皆無往還，以至不相識。姜蘊剛本想在校內利用地位，大樹其黨，約我加入狂飇社，我答如要文章，我可投稿。我是從來不加入任何社團的，姜甚不悅。後來我給《狂飇》一篇《明道與伊川》①的文章，內中罵走狗之走狗，實指姜輩，《狂飇》由姜的學生編輯，刊出後姜注意了，益大惡我。第二學年遂只以一半時間相聘。第三學年以至不下聘。時爲三十七年的秋季。梁漱溟先生已於北碚創辦勉仁文學院，聘李源澄爲教務長，李與我素相知，再三函我，我才到勉仁。滿一年，勉仁經費支絀，至不能維持現狀。我已打算歸家了。值江津白沙人紀念故詩人吳芳吉先生，成立白屋文學院，吳先生兒子吳漢驤與我原爲勉仁同事，懇約我幫忙，我因又到白屋教了一期。十一月底，重慶解放了，學生三分之二都去參加革命工作，學校勢不能續辦，我乃於年底回南充家鄉。今春，張默生兄當南充高級中學臨時管理委員會主任（現已爲校長），又找我去教三年級國文兼政治常識，我雖然黽勉將事，但總覺自己一切都已趕不上時代，思想方面、生活習慣方面，包袱都很多，一定要在適當的環境裏改造，才會有大的進步，所以決意辭去教職到北京，請求學習以便將來更好地爲人民服務。一九五〇年十月二八日於北京捨飯寺胡同。

萬有飯店十五號述。

（據張德鈞女兒張正學女士言，此篇自傳爲其思想匯報，未刊稿）

---

① 編按，據作者文意，此篇當爲《關於程伊川兩項事》一文，刊載於《狂飇月刊》。另又有《明道與伊川——兩種人格類型》一文，刊於《三民主義半月刊》，與此文略有不同。

憶 父 親

張亞芬

記得父親在"四清"的時候參加了工作組,應該在山東,那時農村很窮,又缺醫少藥。父親看到這種景況很痛心,他很想爲當地老百姓做點什麼。父親以前學過醫,就爲當地生病的老百姓當起了赤脚醫生。給病人針灸開藥都不能出差錯,他還讓母親給他寄去醫書,針灸圖譜。後來很多人的病被父親治好了,或病情得到了緩解。到"四清"工作組離開時,當地百姓都依依不捨。父親還得到了"張半仙"的綽號喲!

在我的記憶裏,父親是個勤奮的人,即便在"文化大革命"中,别人忙着寫大字報,積極參與各種批鬥會時,他却在家查找資料,看到有用的資料,就寫到卡片上。父親說,"文化革命"總要結束的,社會總會需要知識文化的,趁現在有時間,要多看點書,多積累點。他對子女們也是這樣要求,雖然不上課了,家裏訂的報紙要求我們每天必讀,還要求我們寫日記。

父親是個特別有愛心的人,記得我很小的時候,那時母親身體不好,父親除了上班外,還要照顧母親和我們這些孩子們,每天早晨去上班還要先把我和哥哥送到幼稚園,下班後再接回家。我們家孩子比較多,母親身體又不好,全靠父親上班養着一大家人。爲了節約錢,他每天上班都是步行到單位,下班再走回來。他捨不得花錢,雖然家裏到單位的車費只有5分錢。記得1971年他生病住院的時候,我那天去前門抓藥,在大柵欄看到一大堆人圍着兩個小女孩,小的有五六歲,大的約七八歲,站在那裏哭泣,似乎是被家人拋棄了。到了醫院我把這事對父母說了,父親長嘆一聲說:"要是我身體好,我們就把這倆孩子收養了。"我和母親都默然。

回憶父親

張正平　張亞芬　張正鵠　張正雄　張正儀　撰
張正學　組織整理

父親離開我們，已經整整48週年了。這個時間很長，長得足夠我們體會人生的坎坷起伏、喜怒哀樂，長得足夠我們度過自己的半生，長得足夠我們用近半生的時間去回憶父親、了解父親、體悟父親……

父親幼時，家境是那麼貧苦。祖父離世太早，奶奶獨自拉扯幾個孩子長大，他們連一日三餐都成奢求。家中院裏有核桃樹，打下的核桃存起來就是大家的晚飯，每頓晚飯一個孩子只能分到三顆核桃！在奶奶眼中，父親那麼伶俐懂事，他是長子，小小年紀就自覺挑起家庭的責任，家務、農活他都能做得有模有樣。缺衣少食並不能妨礙父親對學問的渴求，他嗜書如命，經常一邊幫奶奶煮飯，一邊就着竈臺裏的火光看書。因爲家裏實在無錢點燈，他省出一點菜油，在別人熟睡的深夜點上油燈，凑着豆大的光亮繼續苦讀。

在姥姥眼中，父親是幾個女婿中最讓她喜愛的一位，稱他是個"能文能武"的姑爺：既是滿腹經綸、知書達理的文人，又是個能工巧匠——農家人的農活、粗活他都駕輕就熟，家居物件的修補製造也是一把好手。我們就親眼看到一口壞掉的鍋，在父親手中被神奇地修復如新。

親戚眼中的父親，是最值得信賴和有求必應的。父親年輕時求知若渴，因爲那時他能讀到的書有限，別的書都讀完了，他就讀醫書。中醫的博大精深引發了他濃厚的興趣，他一路鑽研把中醫的知識融會貫通，不久就能爲人診脈開方。爲解病人的痛苦，父親又專門學習了外科。學醫去幫助別人，這可能是父親飽讀中國聖賢之書後一個很大的心願。親戚常向父親尋醫問藥，父親有問必答。我們記得，父親的侄兒在老家有疾，父親親自抓藥配好寄他服用。1949年，追求進步的父親來到北京，進入華北革命大學（現中國人民大學前身）學習，一年後分配到《光明日報》報社擔任校對。當時他的工資微薄，勉强維持一家人的用度，但他每月必將近五分之一的工資按時寄回老家孝養自己母親。新中國成立之前，父親就持續供養自己的弟弟——我們的叔叔學醫。而我們的叔叔果然没有辜負父親的希望，後來成爲當地頗有名望的醫生，惠及家鄉百姓。

　　同事眼中的父親，工作嚴謹而審慎。父親從《光明日報》報社調入哲學社會科學部（今天中國社會科學院的前身）歷史所工作，在學術上以精於考據聞名。他的考據資料翔實、旁徵博引、讓人信服，很多謹慎的學者都用來引據。父親寫文章時，爲核驗一個時間的準確，要持續數日往返於圖書館，埋頭徧翻相關史料直到得出令人信服的答案。父親平日温文爾雅，和同事唯一提高嗓門説話的時候，就是他爲學術據理爭辯的時候，這時候不論對方是誰，他都要争得面紅耳赤——不把學術當人情，是他們那一代知識分子一貫的職業操守。而工作之外，父親對同事又是那麽熱情而關懷入微。逢年過節闔家歡樂之日，也是他記掛那些單身同事的時候。在歷史所工作時，父親一位四川的同鄉是我家週末飯桌上的常客，做一桌地地道道的家鄉菜聊解同鄉思鄉之苦，或改善一回同鄉的伙食，父親和母親都樂此不疲。

　　在父親勞動過的貧困地區的百姓眼中，他是治病救人的"半仙"。父親在"四清"工作組時期曾入駐山東，當地農村生活窮困，更是缺醫少藥。父親同情當地農民，就用自己學醫的一技之長幫助他們，還讓母親從北京寄去醫書及針灸圖譜，爲山東一隅無力看病的貧苦農民當起了赤脚醫生，緩解了很多人的病痛之苦。當地百姓感激他，對他親愛有加，都用"張半仙"的綽號稱呼他。又因爲他行動迅速，爲了及時和更多地爲大家做些事情，他走起路來都是疾步如飛，所以人們還稱他是"飛毛腿"。父親隨工作組離開時，當地百姓都依依不捨。

　　在我們子女眼中，父親是我們的慈父。我們兄弟姊妹一共六人。在我們兒時的印象裏，幾乎都没有父親對我們動怒發火的記憶。他清瘦的臉龐總是寫滿慈愛，對我們有無盡的耐心。不論對哪個孩子他都關懷備至，我們在學習和生活中遇到困難，他總能及時循循善誘，引導我們去解決問題。

　　父親來到北京時，有很長一段時間，母親肺結核病極爲嚴重。那時我（張正學）還未出生，大哥張正平、大姐張亞芬和二姐張正鵠年齡尚幼，父親一人挑起家庭的全部責任。每天下班回到家，他既要給予母親無微不至的照顧，又要給予三個孩子無所不在的呵護。家裏生火熱竈、買菜做飯、漿洗衣物的事情均是他一人操持。二姐每每回憶那段歲月都不禁感慨：真不知道父親那時是怎樣過來的！那時父親即便是一面當爹、一面當媽，在家人都睡下後，他仍要挑燈夜讀，爲他的文章引經據典、追根溯源，常常熬到很晚很晚。

我們每個孩子小時候生病，多是父親親自治癒的。我們都記得他會擬出藥方，親手煎藥、親自餵我們服下，直到把我們的病根除去。我們長大後離開父親身邊，每遭病痛之苦，父親一定是我們的救星。二姐後來作爲知青赴北大荒勞動不慎摔傷，回京幸由父親親手針灸而徹底痊癒。

大哥、大姐和二姐當年作爲知青遠赴他鄉，父親分別爲他們購買了《赤腳醫生手册》《中草藥手册》《針灸手册》等書籍，在扉頁題上字並一一寄去。他不能陪在自己孩子們身邊了，就希望這些醫書能代替自己給孩子們一分關照和健康的保障。同時他也勉勵哥哥姐姐們用心專研這些實用的醫典，希望他們也能獲得醫藥知識的一技之長，可以在自己所支援建設的貧困地區救死扶傷，踐行中國共產黨"爲人民服務""爲貧下中農服務"的號召。

父親也是我們的嚴父。1967年我從四川老家被接到北京時，父母已由哲學社會科學部安排住進永安南裏高知樓四室一廳的漂亮公寓。我剛踏進這個寬敞而"豪華"的大宅裏，就感受到父親在這裏布置的重重規矩。

因正值"文化大革命"中，學校基本停課。我當時只有11歲，仍被父親要求和哥哥姐姐們一樣，每天都要讀報、學習時事，學習的報紙有《參考消息》《光明日報》等。哥哥和姐姐們還要每天堅持寫日記，記錄自己的學習心得。上了飯桌，規矩可謂"森嚴"。食不語，年紀小的孩子可以少說話，大笑是不允許的；舉手投足都要不失儀態，搶菜搶飯、大聲咀嚼飯菜都是絕對不允許的。當有客人在，客人夾菜，我們不能同時把自己的筷子伸向同一份菜；也不能在客人夾菜時，越過客人的筷子去夾另一份菜。我們幾個孩子外出，必須說明原因和回家的時間。無論什麼原因，女孩都不準在外面過夜。家長里短、人是人非的閒話不準帶進家門。

家中年紀稍大的孩子要承擔起一些家庭義務。大哥排行老大，自然要力所能及地照顧弟弟妹妹。那時父母還住在東四頭條一號，夜裏弟弟或妹妹突然生病，父親就會把大哥從床上喚起，讓他捏緊剛寫下的方子，去東四的永安堂抓藥。三更半夜，從家到永安堂還要經過一家棺材鋪，大哥孤身一人在這條漆黑的路上心驚膽戰地奔跑，以至於他後來在學校的體育科目中，唯獨跑步的成績優異。他後來常笑稱，這個成績就是小時候給弟弟妹妹半夜抓藥時練出來的。

而父親自己的時間安排得非常緊凑，在家中的作息極爲規律。下班回來，家人一起晚餐後他就移步書房，沉浸在他視同珍寶的書籍中。他翻閱那些綫裝古籍，發現意境深遠的詩句，就捧起書册在屋裏來來回回踱步，口中抑揚頓挫地朗聲吟唱。我們聽起來像是在唱戲，其實那正是古人吟詩的方式。晚上十一時後，待我們都已入睡，父親伏案書寫的工作才剛剛開始。我們曾好奇地問他爲什麼不跟大家一樣休息，他說到了夜裏就安靜了，寫文章時思路就不容易被打斷了。其實，一天之中忙完工作、陪過家人，只剩下深夜那點時間才真正屬於他自己，父親哪裏捨得那點寶貴的時間而去休息呢！

等我們長大了，才理解到，父親一直在通過讀書學習、甚至喫飯等這細索之事，潛移默化地給予我們中國傳統禮儀的培養和中國正統的家風家訓教育。

父親還是一位巧父。他多才多藝。或許是自幼肩負着持家的責任，以及成長於清苦家境而養成的節儉品格，家中殘破的家居物品，父親都不會輕易扔掉，而是動手把它們修復一新。二姐上小學時，學校給每個學生佈置過購買紅纓槍的任務。父親省下了這點開支，自己爲二姐做了一杆。他用木頭一刀一刀削出槍頭，再刷上銀漆，系上紅絲穗裝在竹竿上。二姐拿到學校時特別自豪，因爲這和那些神氣的同學們花錢買來的紅纓槍幾乎一模一樣；而不一樣的是，這杆紅纓槍是父親專門爲自己做的，是獨一無二的！

父親能書善畫。我們住在永安南裏高知樓時，每逢中央有新的指示精神，緊跟時勢的父親都要用漂亮的書法抄下毛主席語錄，畫上生動的配圖，貼在家中牆壁，還會用紅色的皺紋紙折出朵朵紅花裝飾一番。

父親從不排斥新生事物，對新生事物的接受能力特別快，他總有巧妙的心思，讓全家人與他一起保持着對新鮮事物的熱情。北京第一條地鐵綫路（現在的地鐵一號綫）開通，當時很多人還對這行駛在地下深處的運輸工具心存疑慮時，父親就迫不及待地帶領全家來了一次歡樂的地鐵一日遊，讓我們成爲新中國首條地鐵的第一批乘客。歷史博物館、北京天文館、民族飯店等北京其他大型公共建築的建成或開放，對父親來說都是前往參觀而策劃全家出遊的良機。人民大會堂的春節聯歡會、十一晚會，天安門廣場國慶節或勞動節的焰火晚會，父親都要盡可能帶齊一家人感受那舉國歡慶的氣氛。休息日他也常利用來帶着全家去博物館、逛動物園，或去清華池泡個舒舒坦坦的澡。他總能把節日變成凝聚家庭親情的日子，把普通的日子過得像節日。他樂見北京這個城市的發展、樂見國家的進步，也想方設法讓孩子們在感受社會變化、享受社會進步中增長見聞，做好將來爲社會繼續進步而努力學習的準備。

父親尊重師長。他有一位我們稱作熊公公（熊十力）和一位我們稱作呂公公的老師，每年都前來北京參加政協會議。一到這個時間，父親就讓母親精心烹飪一鍋汽鍋雞——這是熊公公所好的佳肴——再連菜帶鍋仔細包裹好，趁熱送到老師們下榻的民族飯店。有一次他帶着大哥一同前去，也許是因爲大哥當時年尚幼小，父親擔心他失禮，只讓大哥待在走廊，自己抱着香氣四溢的汽鍋鷄進了老師的房間。結果那次老師和父親相聚言歡，父親陪同老師盡興才走出房門，可憐大哥在走廊裏苦苦等了兩個鐘頭。

父親敬重郭沫若先生的學術和品格。郭沫若先生爲父親抄寫過一幅毛主席詩詞，父親非常珍愛，裝裱後一直懸掛在家中客廳。大哥那時年幼，無意損壞了字幅的一角，父親罕見地對他進行了一次嚴厲的訓斥。

父親在學術上常直言不諱，敢於講真話。在生活中也是嫉惡如仇。據母親說，在外面看到孩子被欺負，父親都忍不住要管一管。父親50多歲時，一天晚上母親驕傲地對我們宣佈：今天你們爸爸在公交車上親手抓住了一個小偷，扭送到派出所。他這個年齡還敢於挺身而出和壞人壞事做鬥爭，你們都要向他學習！

父親和母親的感情真摯、無私而浪漫。母親與父親結婚後就患有肺結核，那個時代的肺結核病如同絕症。來京後母親的病一度非常嚴重，父親陪母親在北京協和醫院、同仁醫院都做過治療，但久久未見好轉。父親一面無微不至地照料母親，一面爲母親尋找新的療法，功夫不負有心人，他翻了各種醫書，終於新發現了一個偏方。偏方要用到白果油，父親託付同事收集哲學社會科學部院內的銀杏果實，又委託朋友將果實榨油，再收集成箱的500毫升葡萄糖注射液的瓶子，洗净後裝滿白果油保存家中。就是用這個偏方，父親鍥而不捨，終於把母親從長年的肺結核病苦中徹底解救了出來！

父親嗜書。如果說他有什麼自己的愛好，那就是淘舊書。難得有空閒，他就流連在琉璃廠、燈市口東口或新街口西的中國書店。遇到善本古籍他欣喜若狂，一定買回家中，醫書也是父親搜尋的目標。父母在生活中一向躬行節儉，父親上下班都是步行——他捨不得坐車，因爲坐車一次要5分錢——而他却捨得買書，母親也全力支持。買回一本善本古籍，父親能亢奮好幾天，有片刻空閒就捧起來翻上一兩頁。這時他購書的經過、讀書的快樂，一定意猶未盡地分享給母親。母親不但是他最忠實地聽衆，也是最默契的交流對象，一本書背後的民俗野史、作者的命運際遇，他們倆總能相談甚歡、言無不盡。

母親本在哲學社會科學部歷史研究所資料室工作，當時父母均有工資收入，我們雖然一家八口人，日常用度也並不捉襟見肘。1959到1961年中國經歷"三年困難時期"，全國持續出現糧食和副食品短缺危機，那時國家曾動員高收入的家庭騰出一個工作崗位，父親就是積極的響應者——他希望母親退職回家。但母親是知識女性，怎麼會甘心變成家庭主婦？父親就向母親開展起説服工作。母親後來説，是父親兩個理由打動了她，一是讓出這個崗位可能會救活另外一家人；二是專心相夫教子可以給父親的工作最切實的支持。1960年初母親終於心甘情願地從喜愛的工作崗位退職。後來父親英年早逝，失去工作的母親要撫養年幼的弟弟張正雄和妹妹張正儀，生活極爲拮據，但母親終無怨言。

大是大非，母親總能和父親保持着一致。20世紀60年代國家提出的號召，政府組織城市"知識青年"去農村定居和勞動，父母就把大哥、大姐和二姐三個適齡的孩子作爲第一批"上山下鄉"的青年送了出去。

"文化大革命"開始後，父親於1970年赴河南信陽縣的"五七干校"。那期間，遠在北京的母親每天都會收到父親的一封信。信卷在當日的一份《參考消息》中寄到家中，這樣即可按印刷品郵寄而節省郵資，又可讓家人持續關注新聞時事，更重要的，是每天用一封信與家緊密相連。父親用他的方式告訴母親，自己須臾不和牽掛的親人分離，天涯咫尺，丈夫和妻子總能心心相印。

1971年4月，父親突然病重，從河南返回北京醫治，二姐從北大荒趕回來探望他，他那時説話已經吃力。二姐牢牢記住父親當時的囑咐：要相信國家，不會一直亂下去（當時國家正處於"文化大命革"内亂時期）。要嚴格要求自己、努力學習，成爲對國家和社會有用的人！

1971年12月15日傍晚，父親感覺頗有精神，同病房的三位病友圍攏起來，父親興致勃勃地和他們説些故事，不久父親停了下來，説："我有些頭暈"，便休息下來，18：03分，父親輕輕離開了這個世界。

他輕輕地走了，甚至不等愛他、敬他、依賴他的妻子和孩子們準備好悲傷。他走得那麼平静、那麼安詳，該留給這個世界的他都留下了，我們的父親再没有遺憾吧……

父親是個什麼樣的人呢？他把畢生所學獻給了自己的事業；把畢生之愛獻給了自己的親人。他在乎身邊的每一個人，却常常忽視自己。

就像那個時代每一位情繫新中國建設的知識分子，他熱愛這個偉大的國家，相信這個國家、忠於這個國家，隨時隨地準備爲這個國家付出自己所有。

他一生沉浸在中國源遠流長的歷史文化中，深入儒家、釋家的旨趣，不喜高談闊論，甘願默默無聞，以出世的平常之心，做入世的艱難之事。父親的一生，就是在做道德的修行。

父親，照亮了我們的一生。

後　　記

　　不知不覺之間，己亥年又要轉瞬而過。回想起我和《張德鈞文集》的結緣，差不多也快六年了。在這六年裏，我從最初的僅僅一個項目聯絡人，到現在的項目實際承擔者，期間有太多的曲折。

　　還記得2013年5月14日，成都師範學院的王彤女士，帶著張德鈞先生發表的一些論文，來到四川大學古籍整理研究所，與我談了想要編纂《張德鈞文集》的事情。這是我第一次聽說並稍稍有些瞭解張德鈞先生。之後的9月11日，王彤女士發來了課題申報書，擬將《張德鈞文集》申請加入《巴蜀全書》項目。經過《巴蜀全書》編纂組和評審組專家的評議，張集納入了《巴蜀全書》的後期出版資助項目。2014年10月，經過張德鈞先生的遺孀傅應乾女士的授權，《張德鈞文集》在王彤女士的負責下，開始編纂起來。此間，王彤女士主要負責文獻的查找，我則主要負責項目的聯繫工作。後來，由於王彤女士在查找文獻的過程中遇到一些實際困難，以及時間和精力等各方面的原因，便請我幫助完成《張德鈞文集》。於是，我便接手了這個項目，幫王彤女士盡力去查找、收集張集的各種文獻資料，並負責編排文集目錄，安排文集的錄入、校對、標點和審稿等。2017年9月，因我個人身體原因，《張德鈞文集》便轉給鄭偉老師，由他負責後期的統稿工作。不過2018年9月隨著鄭偉老師調動工作，這一年底《張德鈞文集》又回到了我手上。這樣兜兜轉轉，似乎冥冥之中我與張德鈞先生就有這麼一份緣，需要由我自始至終地把這個文集編好。

　　有了責任，也就有了壓力。2019年，注定是一個忙碌的年份。經過緊張的統稿、復審、查漏補缺以及和出版社的反覆溝通，《張德鈞文集》終於在歲末畫上了一個自己期望的休止符。緊張許久的心情，這一刻稍稍有了些許輕鬆的感覺。疲憊的身軀，也似有了想偷懶的想法。翻閱這厚厚一沓書稿，再回首望望張集的整個編纂過程，確有諸多的收穫和感動。

　　張德鈞先生出生於1916年，嘗從學於歐陽竟無、馬一浮，不僅天資聰穎、學問淵博，而且刻苦好學、勤奮著述，平生雖無專著行世，然所著論文概有七十篇之多，涉及經學研究、哲學及思想史研究、歷史研究、科技及雜論、佛學研究、文學研究及創作等，而尤以考據學見長。在文集的編纂過程中，通過一字一句的校點、編審，不僅讓我涉獵了更爲廣泛的學術內容，尤其是以前從未深入瞭解的佛學知識，而且也學到了如何對待文獻學的方法論問題，這可以說是我最大的收穫。

與此同時，本書的編纂，也讓我感受到了老師、朋友的關心、支持與厚愛。我的三位老師前輩，四川省委黨校的邱進之先生，四川大學古籍整理研究所的舒大剛先生、李文澤先生，他們爲張集全稿進行了極爲認真和謹嚴的通審；我的師弟、現四川師範大學的鄭偉老師，在我休假的時候，幫我處理了張集很多相關的事宜；四川大學出版社的舒星副主任、袁捷編輯，爲張集的出版付出了辛苦的勞動；張德鈞先生的女兒張正學女士，時刻關心張集的進展，爲張集提供了非常有價值的線索、材料和圖片，並撰寫長文來回憶父親，讓嚴謹的學術著作，增添了暖暖的親情；成都師範學院的王彤女士是張集編纂的首倡者，爲張集的前期編纂，投入了大量的時間和精力。如此等等，讓我非常感動，在此一併表示感謝！張集的順利完成，離不開大家的支持和幫助，謝謝大家！

李冬梅

2019 年 12 月 20 日於四川大學